Die Iberer

Die Iberer

Hirmer Verlag München

Die Deutsche Bibliothek – CIP-Einheitsaufnahme
Die **Iberer** : Paris, Galeries nationales du Grand Palais, 15. Oktober 1997 - 5. Januar 1998 ; Barcelona, Centre Cultural de la Fundació "la Caixa", 30. Januar - 12. April 1998 ; Bonn, Kunst- und Ausstellungshalle der Bundesrepublik Deutschland, 15. Mai - 23. August 1998 ; [anläßlich der Ausstellung Die Iberer] / [Hrsg.: AFAA ... Wiss. Red.: Michael Koch ; Helga Willinghöfer. Kataloggestaltung: Francisco Colacios]. - München : Hirmer, 1998
ISBN 3-7774-7710-9

Umschlagabbildung: Kopf eines Kriegers vom Cerrillo Blanco, Museo Provincial, Jaén (Kat.-Nr. 16).
Photo: Peter Oszvald, Bonn

Herausgeber:
© 1997 Association Française d'Action Artistique/Ministerio de Educación y Cultura/ Fundació "la Caixa"/Kunst- und Ausstellungshalle der Bundesrepublik Deutschland

Katalogkoordination: Petra Kruse
Wissenschaftliche Redaktion: Michael Koch, Helga Willinghöfer
Lektorat: Helga Willinghöfer
Kataloggestaltung: Francisco Colacios
Umschlaggestaltung: Christoph Schubert
Lithographie, Druck, buchbinderische Verarbeitung: Lunwerg, Barcelona

Printed in Spain
ISBN 3-7774-7710-9

Die Ausstellung »Die Iberer« steht unter der Schirmherrschaft von

S. M. König Juan Carlos I. und
I. M. Königin Sofía von Spanien

Jacques Chirac
Präsident der Französischen Republik

Prof. Dr. Roman Herzog
Bundespräsident der Bundesrepublik Deutschland

Ehrenkomitee

Frankreich

Hubert Védrine, Außenminister
Catherine Trautmann, Ministerin für Kultur und Kommunikation, Regierungssprecherin
Alain Decaux, Académie Française, Präsident der Association Française d'Action Artistique
S. E. François Scheer, Botschafter der Französischen Republik in der Bundesrepublik Deutschland
S. E. Patrick Leclercq, Botschafter der Französischen Republik in Spanien
Pierre Brochand, Abteilungsleiter, zuständig für kulturelle, wissenschaftliche und technische Angelegenheit im Außenministerium
Françoise Cachin, Direktorin der Musées de France

Spanien

Excma. Sra. Esperanza Aguirre Gil de Biedma, Ministerin für Erziehung und Kultur
Excmo. Sr. Miguel Ángel Cortés, Staatssekretär im Ministerio de Educación y Cultura
Excmo. Sr. Carlos Manuel de Benavides, Botschafter von Spanien in der Französischen Republik
Excmo. Sr. José Pedro Sebastián de Erice, Botschafter von Spanien in der Bundesrepublik Deutschland
Excmo. Sr. Juan Antonio Samaranch, Präsident der Caixa d'Estalvis i Pensions de Barcelona, "la Caixa"
Excmo. Sr. José Vilarasau Salat, Generaldirektor der Caixa d'Estalvis i Pensions de Barcelona, "la Caixa"
Excmo. Sr. José Juan Pintó Ruiz, Präsident des Vorstands der Fundació "la Caixa"

Deutschland

Dr. Manfred Kanther, Bundesminister des Innern
Anke Brunn, Ministerin für Wissenschaft und Forschung des Landes Nordrhein-Westfalen und Präsidentin der Ständigen Konferenz der Kultusminister der Länder in der Bundesrepublik Deutschland
S. E. Dr. Immo Stabreit, Botschafter der Bundesrepublik Deutschland in Paris
S. E. Dr. Henning Wegener, Botschafter der Bundesrepublik Deutschland in Madrid
Dr. Oscar Schneider, Kuratoriumsvorsitzender der Kunst- und Ausstellungshalle der Bundesrepublik Deutschland, Bonn
Prof. Johannes Cladders, Vorsitzender des Programmrates der Kunst- und Ausstellungshalle der Bundesrepublik Deutschland, Bonn

Exekutivkomitee

Jean Digne, Direktor der Association Française d'Action Artistique, Paris
Benigno Pendás García, Generaldirektor für Schöne Künste und Staatliche Kulturgüter im Ministerio de Educación y Cultura, Madrid
Luis Monreal Agustí, Generaldirektor der Fundació "la Caixa", Barcelona
Wenzel Jacob, Direktor der Kunst- und Ausstellungshalle der Bundesrepublik Deutschland, Bonn

Kuratoren der Ausstellung

Carmen Aranegui Gascó, Professorin für Archäologie der Universitat de Valencia
Jean-Pierre Mohen, Direktor des Laboratoire de recherche des musées de France
Pierre Rouillard, Direktor für Forschung am Centre National de Recherche Scientifique, Paris
Christiane Éluère, Oberkonservatorin des Laboratoire de recherche des musées en France, Wissenschaftliche Kommissarin für Frankreich, Koordinatorin für Paris

Organisationskomitee

Frankreich

Association Française d'Action Artistique
Claude Mathis, secrétaire général
Pierre Bonzi, chef du service administratif et financier
Marie-Paule Serre, conseiller pour les arts visuels
Marie-Claude Vaysse, chargée de mission pour le patrimoine

Henri Reynaud, Conseiller culturel près l'Ambassade de France en Allemagne

Spanien

Ministerio de Educación y Cultura
Marina Chinchilla Gómez, Subdirectora General de Promoción de las Bellas Artes
Ana Cabrera Lafuente, Koordinatorin der Ausstellung

Fundació "la Caixa"
Imma Casas Ballonga, Leiterin der Abteilung für Schöne Künste
Elisenda Vives Balmaña, Koordinatorin der Ausstellung

Deutschland

Wissenschaftlicher Beirat
Hartmut Galsterer, Professor für Alte Geschichte an der Rheinischen Friedrich-Wilhelms-Universität, Bonn
Jürgen Untermann, emeritierter Professor für historisch-vergleichende Sprachwissenschaft der Universität zu Köln

Kunst- und Ausstellungshalle der Bundesrepublik Deutschland
Ina Busch, Projektentwicklung
Petra Kruse, Medien/Kommunikation/Publikationen

Diese Publikation erscheint anläßlich der Ausstellung »Die Iberer«, die vom 15. Oktober 1997 bis 5. Januar 1998 in den Galeries nationales du Grand Palais in Paris, vom 30. Januar bis 12. April 1998 im Centre Cultural de la Fundació "la Caixa", Barcelona, und vom 15. Mai bis 23. August 1998 in der Kunst- und Ausstellungshalle der Bundesrepublik Deutschland in Bonn stattfindet.

Kunst- und Ausstellungshalle der Bundesrepublik Deutschland, Bonn

Direktor: Wenzel Jacob

Kuratoren: Carmen Aranegui Gascó, Jean-Pierre Mohen, Pierre Rouillard
Wissenschaftliche Beratung: Helmut Galsterer, Jürgen Untermann
Projektentwicklung: Ina Busch
Projektleitung: Susanne Kleine
Projektassistenz: Marcus Pretor
Ausstellungsarchitektur: Paolo Martellotti
Mitarbeiterin des Architekten: Laura Musa
Ausstellungsmanagement: Susanne Wichert-Meissner
Direktionsassistenz: Hubert Ringwald
Sekretariat: Heidrun Küpfer
Transport und Versicherung: Marla B. Manna
Restaurierung: Ulrike Klein, Friederike Waentig, Karin Weber, Cecilia Illa
Aufbau: Michael Haacke
Licht: Gerd Graef
Presse: Maja Majer-Wallat
Forum: Bernd Busch, Annett Müller
Medien/Kommunikation: Petra Kruse
Pädagogischer Dienst: Hanns-Ulrich Mette
Public Relations: Maria Nußer-Wagner
Technische Medien: Ulrich Best
Bibliothek: Margot Flatow
Verwaltung: Wilfried Gatzweiler
Technik: Rudi Link
Katalogkoordination: Petra Kruse
Wissenschaftliche Redaktion: Michael Koch, Helga Willinghöfer
Lektorat: Helga Willinghöfer
Kataloggestaltung: Francisco Colacios
Umschlaggestaltung: Christoph Schubert
Produktion: Hirmer Verlag GmbH, München
Lithographie, Druck, buchbinderische Verarbeitung: Lunwerg, Barcelona

Printed in Spain

DANKSAGUNGEN

Frankreich

Jean-Pierre Angremy
Michel Amandry
Michel-Edouard Bellet
Philippe Camin
Annie Caubet
Claire-Anne de Chazelles
Bernard Delran
Claude Domergue
Hélène Fauré
Pierre Garmy
Christine Lorre
Jean Marcadé
Catherine Metzger
Myriam Morel
Gérard Nicolini
Christian Olive
Alain Pasquier
Patrick Perin
Angelika Sauermost
Martine Schwaller
Yves Solier
Michel Vidal

Wir danken den folgenden Institutionen für die Leihgaben:

Association Régionale pour la mise en valeur de la Via Domitia, Montpellier
Bibliothèque Nationale de France, Cabinet des Monnaies et Médailles, Service des expositions extérieures, Paris
Direction Régionale des Affaires Culturelles de Midi Pyrénées, Toulouse, Service Régional de l'Archéologie
Direction Régionale des Affaires du Languedoc-Roussillon, Montpellier, Service Régional de l'Archéologie
Mairie de Narbonne
Musée des Antiquités Nationales de Saint-Germain-en-Laye
Musée des Corbières, Sigean
Musée Dubalen, Mont-de-Marsan
Musée d'Ensérune (Hérault)
Musée d'Histoire de Marseille
Musée du Louvre, Département des Antiquités orientales
Musée du Louvre, Département des Antiquités grecques, étrusques et romaines
Oppidum de Montlaurès, fouilles C. A. de Chazelles

Spanien

Ayuntamiento de Carmona
Ayuntamiento de Santa Pola
Ayuntamiento de Valencia
Biblioteca de Catalunya, Barcelona
Colección Emeterio Cuadrado
Colección Ramos – Museo Monográfico de La Alcudia, Elche
Colección José Luis Várez Fisa
Museo Monográfico de »El Cigarrelejo«, Mula
Museo Arqueológico Provincial, Córdoba
Museo de Linares. Monográfico de Cástulo, Linares
Museo Arqueológico de Murcia
Museo Arqueológico de Sagunto
Museo Arqueológico Provincial de Sevilla
Museo Arqueológico Municipal »Alejandro Ramos Folqués«, Elche
Museo Arqueológico Municipal »José Mª Soler«, Villena
Museo Arqueológico Nacional, Madrid
Museo Arqueológico Provincial de Alicante
Museo de Albacete
Museo Provincial de Jaén
Museo de Prehistoria de Valencia
Museo de Teruel
Museo del Mar, Santa Pola
Museo Municipal »Jerónimo Molina«, Jumilla
Museo Municipal de Valencia
Museu Arqueològic Comarcal de la Plana Baixa, Burriana
Museo Arqueológico d'Eivissa i Formentera
Museu Arqueològic Municipal »Camil Visedo Moltó«, Alcoi
Museu d'Arqueologia de Catalunya, Barcelona
Museu d'Arqueologia de Catalunya, Ullastret
Museu Comarcal del Maresme, Mataró
Museu de Badalona

Emilia Aglio
Oswaldo Arteaga
Joan Emili Aura
Francisco Ávila
Rainiero Baglioni
Rita Barberà
Helena Bonet
Begoña Carrascosa
Teresa Carreras
Miguel Català
José Luis Chicharro
Concepción Choclán
Pedro Colmenares
Albert Colomer
Emeterio Cuadrado
Manuelo Cuadrado
Dolores Domingo
Fernando Fernández
Jordi Fernández Gómez
Francisco Gago
Asunción García
José Mª García Cano
J. García i Roselló
Francisco Godoy
Eudald Guillamet
Laura Hernández
E. Hernández
Mª Carmen Jiménez
Christian Landes
Teresa Llecha
Enrique Llobregat
Antonio Madrigal
Carlos Marfà
Aurora Martín
Sebastián Martín Recio
Norberto Mesado
Pedro Molina
José Luis Moreno Castro
Manolo Olcina

Pepita Padrós
Virginia Page
Mª Dolores Pegalajar
Mª Carmen Pérez Die
Carme Prats
Rafael Ramos
Antonio del Rey
Alicia Rodero
Isabel Rodríguez
María José Sanchez
Rubi Sanz Gamo
José Mª Segura
José Mª Soler
Dr. Francesc Tarrats
José Luis Várez Fisa
Jaime Vicente Redón
Joan Villarroya

Deutschland

Dr. Jochen Bloss
Univ.-Doz. Dr. Markus Egg
Jesús Silva Fernández
Ulrich Frohberg
Jürgen Kleidt
Laszlo Lehoczky
Prof. Dr. Hans-Georg Niemeyer
Dr. Ulrich Schaaf
Dieter Schimmang
Prof. Dr. Hermanfrid Schubart
Dr. Walter Trillmich
Prof. Dr. Tilo Ulbert
Angelika Viets
Dr. Konrad Weidemann

Einige Forscher vermuten, daß die Seevölker noch vor ihrer geheimnisvollen Landung auf den ägäischen Inseln im 13. Jahrhundert v. Chr. Kleinasien verwüsteten und das ägyptische Reich bedrohten. Einige dieser Seefahrer gelangten bis zu den westlichen Ufern des Mittelmeers und kolonisierten die dem Atlantik zugewandte Seite unseres Kontinents, von den britischen Inseln bis nach Spanien. Hier im fernen Westen lebte jenes Volk, das die Griechen später, in der Blütezeit ihrer Kultur, Iberer nannten.

Die Zivilisation dieses tatendurstigen Volkes, dessen künstlerisches Schaffen uns heute neben den Werken der Griechen, Etrusker und Kelten als eine wesentliche Komponente der abendländischen Kunst erscheint, ist dem großen Publikum noch fast unbekannt.

Die Steinskulpturen aus Porcuna, vom Cerro de los Santos, aus Elche und Osuna, die Vasenmalerei aus Lliria oder Teruel, der Goldschmuck von Mairena, die Silberschalen aus Tivissa, die bronzenen Votive aus dem Heiligtum von Despeñaperros in Andalusien und aus La Luz in der Nähe von Murcia zeugen von einer künstlerischen Phantasie, die nicht nur den jungen Picasso, sondern auch die Schaffenskraft einer Zivilisation inspirierte, die sich auch unter römischer Herrschaft noch weiter entfalten konnte. Zwischen dem Languedoc und Andalusien gelegen, blickte dieses Volk auf die Weite des Ozeans und das kontinentale Europa. Offen gegenüber Italien wie auch gegenüber den Nebeln des Nordens, gehört die Kultur der Iberer zu den erhaltenswerten großen Kulturen Europas, deren Umrisse sich heute wieder nachzeichnen lassen.

Die Ausstellung, die für Paris, Barcelona und Bonn organisiert und zuerst in Paris in den Galeries nationales du Grand Palais gezeigt wird, läßt bereits in ihrer Organisation die gemeinsamen Anstrengungen erkennen. Die Ausstellungen sind in erster Linie Ergebnis einer langen wissenschaftlichen Zusammenarbeit zwischen spanischen und französischen Altertumswissenschaftlern. Die französischen Archäologen Pierre Paris und Arthur Engel veröffentlichten bereits vor einem Jahrhundert die ersten Untersuchungen über die Welt der Iberer. Ihre Nachfolger auf diesem Gebiet gehören der Casa Velázquez und dem Deutschen Archäologischen Institut an.

Die Präsentation der Exponate ist dem spanischen Ministerium für Erziehung und Kultur, der Stiftung "la Caixa" in Barcelona, der Kunst- und Ausstellungshalle der Bundesrepublik Deutschland in Bonn, dem französischen Außenministerium und der Association Française d'Action Artistique in Paris zu verdanken.

Die Großzügigkeit der Leihgeber, insbesondere der spanischen und französischen Museen, hat die Präsentation von mehr als 350 Werken ermöglicht. Unter ihnen befinden sich die Reliefs von Osuna aus dem Archäologischen Nationalmuseum von Madrid und aus dem Musée des Antiquités Nationales in Saint-Germain-en-Laye, die zum ersten Mal nach ihrer Entdeckung dem Publikum präsentiert werden. Die Bundesrepublik Deutschland hat einen wertvollen Beitrag zur Restaurierung der Skulpturen von Porcuna geleistet, die im Museum von Jaén aufbewahrt werden.

Diese gemeinschaftlichen Bemühungen ermöglichen es, dem Publikum eine Ausstellung zu präsentieren, die ein neues Licht auf die Wurzeln der europäischen Zivilisation wirft.

Hubert Védrine
Außenminister der Französischen Republik

Eine Ausstellung über die Iberer zu organisieren, war schon seit langem unser Wunsch, und dank der gemeinsamen Anstrengungen der spanischen, deutschen und französischen Institutionen werden die Exponate nun ihre Reise durch Europa antreten, von Paris über Barcelona nach Bonn.

Aus diesem Grund möchte ich folgenden Institutionen, die das Vorhaben in die Tat umgesetzt haben, meinen herzlichen Dank, meine Anerkennung und meinen Glückwunsch aussprechen: der Association Française d'Action Artistique in Frankreich, der Kunst- und Ausstellungshalle der Bundesrepublik Deutschland in Bonn und ganz besonders der Stiftung "la Caixa" in Spanien, die durch ihre enge Zusammenarbeit mit unserem Ministerium ihr großes Interesse an der Kultur deutlich gemacht hat.

Die Ausstellung ist nicht nur den Anstrengungen der oben erwähnten Institutionen zu verdanken, sondern auch der Großzügigkeit der Museen und Sammler in Spanien und Frankreich, die uns die Exponate zur Verfügung gestellt haben und somit zum ersten Mal die Präsentation dieses archäologischen Erbes ermöglichten, das dem Publikum die geographische Ausdehnung und das hohe künstlerische Niveau der iberischen Zivilisation vor Augen führt.

Die Zivilisation der Iberer zählt zu den bedeutendsten Kulturen des westlichen Mittelmeerraums vor dem römischen Imperium. Die Iberer gehören sowohl wegen ihres archäologischen Reichtums als auch wegen ihrer historischen Bedeutung zu den wichtigsten vorrömischen Völkern. Erst Ende des letzten Jahrhunderts rückte diese Zivilisation in den Blickpunkt des Interesses und übte auf die Wissenschaft in Spanien eine besondere Anziehungskraft aus. Die iberische Kultur wurde von renommierten Archäologen, Historikern und Linguisten wie Bosch Gimpera, Gómez-Moreno oder Fletcher Valls erforscht, und auch an diese Pioniere, denen die Archäologie großen Dank schuldet, soll hier erinnert werden.

Die Aufmerksamkeit, die der Kultur der Iberer im Laufe des 20. Jahrhunderts in Spanien zuteil wurde, hat niemals nachgelassen und bleibt auch weiterhin für Forschungszentren wie den Consejo Superior de Investigaciones Científicas, die Universitäten, die dem Ministerium für Erziehung und Kultur unterstellt sind, oder für große ausländische Institutionen mit Sitz in Spanien, darunter das Deutsche Archäologische Institut und die Casa Velázquez, von großer Bedeutung. Nicht zu vergessen die Arbeit, die im Laufe der letzten Jahrzehnte durch die autonomen Regionen und auf Gemeindeebene geleistet wurde, indem man Forschungsprogramme entwickelte, die der Bereicherung unseres Wissens über unsere Vergangenheit und deren Bewahrung dienen.

Diese Ausstellung ist nicht nur eine besonders gelungene Präsentation iberischer Kunst, sie erfüllt uns auch mit Stolz und Genugtuung, da sie den aktuellsten Stand der Forschung widerspiegelt und uns unser historisches Erbe wieder ins Bewußtsein ruft. In diesem Zusammenhang seien die mit großer Sorgfalt ausgeführten Restaurierungsarbeiten erwähnt, die an den im Museum von Jaén aufbewahrten Skulpturen aus Porcuna vorgenommen wurden. Diese erstrahlen dank der Kunst- und Ausstellungshalle nun wieder in ihrem ursprünglichen Glanz.

Mein herzlicher Dank gilt zu guter Letzt all denen, die mit uns gemeinsam dieses ehrgeizige Projekt realisiert haben. Gleichzeitig möchte ich meinen Wunsch zum Ausdruck bringen, daß diese auf der Schwelle zum 21. Jahrhundert präsentierte Ausstellung die Besinnung auf die Vergangenheit fördert und gleichzeitig das Bewußtsein für ein künftiges Europa weitet, mit dem sich alle unsere Hoffnungen verbinden.

Esperanza Aguirre Gil de Biedma
Ministerin für Erziehung und Kultur des Königreichs Spanien

Die Ausstellung »Die Iberer« ist in mehrfacher Hinsicht ein besonderes Ereignis. Es ist das erste Mal, daß die Welt der Iberer in allen ihren Erscheinungsformen einem internationalen Publikum vorgestellt wird. Diese Ausstellung hat denn auch keine vergleichbaren Vorläufer, weder hinsichtlich ihrer Qualität noch in bezug auf die Fülle der hier gezeigten Objekte. Zwar waren Gegenstände der iberischen Kunst- und Kulturgeschichte aus einzelnen Sammlungen bereits zu sehen; es bedurfte aber erst einer großen gemeinsamen Anstrengung, des Zusammenschlusses dreier europäischer Länder und ihrer kulturellen Institutionen, um die vielfach noch unbekannte Kultur dieser mediterranen Völkergruppe in einer einzigen großen Ausstellung der Öffentlichkeit vorzustellen. Keine der berühmten iberischen Sammlungen, sei es in spanischen oder in französischen Museen, wäre für sich allein imstande, ein derartig umfassendes Bild zu vermitteln, wie es diese mit fast 400 Objekten reich bestückte Ausstellung vermag.

Selbst in ihren Ursprungsländern Spanien und Frankreich nur wenigen wirklich bekannt, führt die Kultur der Iberer uns Reichtum und Vielfalt der kulturellen Wurzeln Europas vor Augen. In dieser Ausstellung erleben wir, wie die vertraute Perspektive auf die scheinbar erforschte Welt der klassischen Antike sich erneut öffnet und uns den Blick auf eine eigenständige, faszinierende Kultur freigibt. Das vormals so einheitliche Bild der griechisch-römischen Klassik weicht einem farbigen Mosaik des Miteinanders der Kulturen rund um das Mittelmeer: Etrusker, Phönizier, Griechen, Karthager, Römer und Iberer.

Wir können feststellen, daß trotz globaler Kommunikationssysteme und eines zusammenwachsenden Europas immer noch geheimnisvolle Welten vor unserer Tür zu entdecken und zu entschlüsseln sind. Eines dieser Rätsel geben uns die Großskulpturen vom Cerrillo Blanco aus Porcuna auf: Krieger, Sphingen, Greifen und Wölfe, von denen einige, mit Mitteln der Bundesrepublik Deutschland restauriert, erstmals auf die Reise gehen können. An ihrer Schönheit und Ausdruckskraft läßt sich auf das Überzeugendste der starke Wille dieser Gesellschaft zu einer gemeinsamen kulturellen Identität ablesen. Welcher historische Anlaß jedoch der Auslöser für die gewaltsame Zerstörung dieser Skulpturen durch die Iberer selbst war, ist auch heute noch ein Geheimnis.

Es ist der geduldigen, nicht nachlassenden Arbeit der Wissenschaftler und den beteiligten Museen zu danken, wenn uns in einer Welt fortschreitender Globalisierung die Augen für die Eigenständigkeit und die Besonderheiten, für Vielfalt und Reichtum der einzelnen Kulturen geöffnet bleiben. Früh-, Blüte- und Endphasen einzelner Kulturen in ihrem Eigenwert zu erfassen, sich vom Dogma der bescheidenen, provinziellen Imitation klassischer griechischer Vorbilder zu lösen, ist eines der großen Verdienste der Archäologie und der Kunstgeschichte dieses Jahrhunderts und wird eines der Verdienste dieser Ausstellung sein.

Ich möchte all denen meinen Dank aussprechen, die an der Realisierung dieses Projektes tatkräftig mitgewirkt haben, und hoffe, daß die Ausstellung nicht nur die Beziehungen zwischen Spanien, Frankreich und Deutschland fördern, sondern den Prozeß der europäischen Integration insgesamt weiter voranbringen wird.

Manfred Kanther
Bundesminister des Innern
der Bundesrepublik Deutschland

Mit dem Namen »Iberer« bezeichneten die griechischen und römischen Historiker einen Verbund von Stämmen, die verschiedene Regionen in Andalusien, in der Levante und im Nordosten der Iberischen Halbinsel bewohnten. Die Iberer bildeten keine echte ethnische Gemeinschaft, sondern bestanden aus Gruppen, die auf einer gemeinsamen Kultur gründeten. Diese war, wie auch andere Kulturen der mittleren Eisenzeit in Europa, durch umfassende Kenntnisse der Metallverarbeitung, eine hierarchisch gegliederte Gesellschaft und eine spezifische Infrastruktur gekennzeichnet. Die iberische Kultur entwickelte sich zwischen dem 6. und 1. Jahrhundert v. Chr. und verbreitete sich bis nach Andalusien, über die östliche Meseta und den Südosten der Halbinsel, die Levante und den Nordosten bis in den Süden Frankreichs.

Die ersten wissenschaftlichen Arbeiten über die iberische Kultur gehen auf das Ende des 19. Jahrhunderts zurück. Als Pionierarbeit gilt das Werk von Pierre Paris. In den ersten Jahrzehnten unseres Jahrhunderts initiierte Pere Bosch Gimpera ein ehrgeiziges Programm systematischer und ausgedehnter Ausgrabungen und legte die erste zusammenfassende Dokumentation vor. Eine Reihe von archäologischen Entdeckungen hat in den letzten Jahren unsere Kenntnisse über die iberische Kultur bereichert. 1970 wurde in Pozo Moro (Albacete) das älteste und am besten erhaltene Monument der iberischen Kultur entdeckt und 1975 auf dem Cerrillo Blanco de Porcuna (Jaén) ein Ensemble von Skulpturen mit einer überraschend neuen Ikonographie. 1988 begann man mit den Untersuchungen im Heiligtum von Torreparedones, das noch nicht ausgegraben war, obwohl man seine Lage seit dem letzten Jahrhundert gekannt hatte. In den letzten Jahren hat die Auswertung der Ausgrabungen stark zugenommen und wertvolle Informationen über die Organisation der Gesellschaft, die Sprache und die Kunst der Iberer geliefert, so daß eine genaue Chronologie der iberischen Kultur erstellt werden konnte.

Heute bemühen sich die Wissenschaftler, von den Ausgrabungen in den Siedlungen ausgehend, Gemeinsamkeiten zwischen den verschiedenen iberischen Stämmen und den benachbarten Völkern zu definieren. Man untersucht die Struktur der Siedlung, ihre Beziehungen zum Umland, die Wirtschaft, den Handel und die Verteidigung. Und auch der soziale Aspekt der Siedlung ist von Bedeutung: das Aufkommen einer militärischen Aristokratie mit ihren neuen Machtstrukturen sowie die Organisation der Gemeinwesen bei unterschiedlichen Herrschaftssystemen. Darüber hinaus sind heute Themen wie Ikonographie, Inschriften, Waffen oder religiöse Darstellungen Gegenstand spezieller Studien.

Die Wurzeln der iberischen Kultur gehen auf das 9. vorchristliche Jahrhundert zurück. In dieser Zeit führt die Bevölkerungskonzentration zur Entstehung zahlreicher *Oppida,* die befestigt und strukturiert wurden und sich später zu iberischen Siedlungen entwickeln. Das Aufkommen einer intensiven Landwirtschaft durch den technischen Fortschritt der Eisenverarbeitung (die Verwendung des Pfluges und spezialisierter Geräte) sowie die Vorratshaltung von Getreide brachten eine radikale Veränderung der Lebensformen mit sich. Im Laufe des 6. Jahrhunderts v. Chr. entstand eine aristokratische Gesellschaft fürstlicher Krieger, die von befestigten Zitadellen aus weitläufige Gebiete beherrschten. Diese Gesellschaft von Fürsten entwickelte eigenständige Formen kulturellen Lebens: Schrift, Architektur und Keramik.

Die Iberer knüpften zahlreiche Verbindungen zu den Kelten, Phöniziern und Griechen, mit denen sie auf der Iberischen Halbinsel zusammenlebten. Von den Beziehungen der Iberer zu diesen Völkern wissen wir heute noch recht wenig. Mit dem Begriff »keltiberisch« wird der kulturelle Austausch zwischen Kelten und Iberern bezeichnet, der auf die Nachbarschaft von Kelten und Iberern ab dem 4. Jahrhundert v. Chr. zurückzuführen ist. Dabei handelte es sich um eine nicht klar umrissene Beziehung, die für die Entstehung neuer künstlerischer Formen sorgte: Gefäße mit roter Bemalung auf hellem Grund mit zoomorphem Dekor und Waffen mit Einlegearbeiten aus Silber von bemerkenswerter Originalität.

Das Zusammenleben mit den Phöniziern beruhte im wesentlichen auf wirtschaftlichen Motiven. Die Phönizier gründeten ihre Kolonien in Gebieten, die eine wichtige strategische Bedeutung hatten und bauten Kontakte zur einheimischen Bevölkerung auf, die den Transport von Metallen, Vieh und landwirtschaftlichen Produkten aus dem Landesinneren übernahm.

Die Entdeckung der Iberischen Halbinsel durch die Griechen ist Seeleuten aus der ionischen Polis Phokäa in Kleinasien zu verdanken. In ihrem Drang, neue Märkte zu erschließen, gründeten die Phokäer Kolonien im gesamten Mittelmeerraum, vom Nildelta bis nach Tartessos. Mit diesen Kolonien bauten sie ein Handelsnetz auf, das auf dem Tauschhandel mit qualitativ hochwertigen Fertigprodukten basierte (Bronzen, Schmuck, Stoffe und parfümiertes Salböl), da es in der orientalischen Welt an Rohstoffen hierfür mangelte. Wie die Phönizier etablierten sie sich ohne den Einsatz von Waffengewalt und in enger Zusammenarbeit mit den Einheimischen, die auf diese Weise Zugang zum Mittelmeer erhielten.

Der Handel zwischen Phöniziern, Griechen und Iberern bestand nicht nur aus dem Kauf und Verkauf von Waren, sondern führte auch zu kulturellem Austausch. Dieser Vorgang ging über die Akkulturation der einheimischen Stämme hinaus; es entwickelte sich eine beständige Wechselbeziehung zwischen zwei Sphären – der kolonialen und der einheimischen –, die schließlich zu einer Einheit verschmolzen.

Die punische Eroberung im 3. Jahrhundert v. Chr. erscheint als ein kulturelles und politisches Ereignis, das für die iberische Welt einen großen Einschnitt bedeutete, da sie mit der endgültigen Übernahme hellenistischen Formenguts einherging. Ohne dieses Phänomen ließe sich der spätere Erfolg der Romanisierung nicht erklären. Die Karthager besaßen ein viel ambitionierteres Konzept zur Schaffung urbaner Zentren. Diese hatten den Charakter wirklicher Metropolen, von denen eine rege wirtschaftliche Aktivität ausging und durch die sie gleichzeitig Einfluß auf weite Teile des Landes gewannen.

Der Anpassungsprozeß der iberischen Bevölkerung an die neue punische Ordnung verlief nicht in allen Fällen gleich, doch kann man sagen, daß sich im allgemeinen die Städte und die besonderen Merkmale der iberischen Kultur in diesem letzten Abschnitt ihrer Geschichte klar behaupteten. Die Romanisierung brachte eine kulturelle Dynamik, die facettenreicher war, als man noch bis vor kurzem geglaubt hat. Die Leistungen der iberischen Kultur, die über Jahrhunderte unter dem kulturellen und historiographischen Übergewicht Roms verborgen waren, erscheinen heute in einem neuen Licht.

Die Iberer schufen keine bedeutenden Bauwerke wie Brücken oder gepflasterte Straßen, doch planten sie städtische Zentren und bauten mächtige Festungen. Sie interessierten sich auch nicht für den Guß von Großbronzen, die Bearbeitung harter Steine, großformatige Werke oder für mehrteilige, komplizierte Skulpturengruppen, doch entwickelten sie im Laufe von fünf Jahrhunderten eine eigenständige Kunst. Bronzen, Terrakotten und Vasen weisen die gleiche Tendenz zur Schematisierung sowie eine Vorliebe für dekorative Details auf. Sie vermitteln außerordentlich genaue Kenntnisse über die Kleidung, die Sitten und die religiösen Vorstellungen der Iberer.

Die griechischen Einflüsse, die auf den direkten Kontakt mit den Griechen oder auf die Vermittlung von Phöniziern und Puniern zurückgehen, konnten die Originalität der iberischen Kunst nicht mindern. Die iberischen Bildhauer haben es verstanden, die Fremdeindrücke nach eigenem Geschmack und eigenen Kriterien zu bewerten, auszuwählen und umzuwandeln.

Wie andere große Ausstellungen, die in den letzten Jahren den Skythen, den Phöniziern, den Wikingern oder den Kelten gewidmet wurden, soll die Ausstellung »Die Iberer« eine Zusammenfassung der jüngsten Forschungsergebnisse über diese Kultur bieten. Sie präsentiert mehr als 350 Exponate aus 24 spanischen und sieben französischen Museen.

Zum ersten Mal werden die Steinskulpturen vom Cerro de los Santos, aus Porcuna, Elche und Osuna, Vasen aus Alcoy, Lliria, Albacete und Teruel, bronzene Votivgaben aus Albacete, Murcia und Despeñaperros, Ritualgeräte und Goldschmuck aus Mairena und Silberarbeiten aus Tivissa gemeinsam ausgestellt. Viele dieser Stücke sind in den letzten zwanzig Jahren ausgegraben worden. Um eine zu starke Spezialisierung zu vermeiden, haben die Organisatoren versucht, eine übergreifende Sichtweise auf die verschiedenen Aspekte der iberischen Kultur zu bieten: von der Geschichte und der Archäologie bis zur Münzkunde, der Sprache und den Inschriften.

Die Ausstellung ist eine Kooperation zwischen dem Französischen Außenministerium, der Kunst- und Ausstellungshalle der Bundesrepublik Deutschland, dem Spanischen Ministerium für Erziehung und Kultur und der Stiftung "la Caixa".

Jean Digne
Direktor der Association Française d'Action Artistique, Paris

Benigno Pendás
Generaldirektor für Schöne Künste und Staatliche Kulturgüter im Ministerium für Erziehung und Kultur, Madrid

Luis Monreal
Generaldirektor der Fundació "la Caixa", Barcelona

Wenzel Jacob
Direktor der Kunst- und Ausstellungshalle der Bundesrepublik Deutschland, Bonn

Inhalt

Einleitung

Hartmut Galsterer

Um 630 v. Chr. wurde ein Kaufmann aus Samos namens Kolaios, der mit seinem Schiff auf dem Weg nach Ägypten war, von Stürmen so weit nach Westen abgetrieben, daß er schließlich durch die Straße von Gibraltar bis nach Südwestspanien kam, in das Reich Tartessos. Mit Hilfe des freundlich gesonnenen Königs Arganthonios (vielleicht verstanden die Griechen seinen Namen als »der Silbermann«) tauschte er seine Waren mit solchem Gewinn ein, daß er schließlich mit 60 Talenten (1 ½ Tonnen) Silber an Bord in seine Heimat zurückkehrte. Dieser Bericht bei dem griechischen Historiker Herodot (IV, 152) ist das früheste Zeugnis, das wir über die Iberer haben.

Wie so vieles sonst in der Weltgeschichte beginnt auch die Geschichte der Iberer im vorderen Orient, genauer in den phönizischen Städten Tyros, Sidon und Byblos. Diese hatten nach dem Fall der mykenisch-minoischen Seeherrschaft die Rolle der Vermittler zwischen den großen Kulturreichen in Ägypten und im Zweistromland und dem Westen des Mittelmeerraums übernommen, wo sie Luxusgüter aus dem Osten und aus eigener Produktion (Purpurtuche, Glas, Parfums) gegen Rohstoffe, vor allem Metalle, eintauschten. Eines der wichtigsten Ziele dieser Handelsfahrten war das wegen seines Silberreichtums sagenumwobene Reich Tarschisch (oder Tartessos, wie es später die Griechen nannten) im heutigen Andalusien, im Bereich der schon im 2. Jahrtausend v. Chr. ausgebeuteten Silbervorkommen am oberen Río Tinto. Auf einer Insel nahe der Mündung des Guadalquivir gründeten sie eine Handelsniederlassung, Gadir, das heutige Cádiz; nach der Überlieferung geschah dies bereits um 1100 v. Chr., doch dürfte nach Meinung der Archäologen das Datum wohl einige Jahrhunderte später, um 800 v. Chr., liegen. Kurz danach, d.h. im 8. Jahrhundert, entstehen phönizische Faktoreien, Handelsniederlassungen, auch an der spanischen Südküste, in Sexi, Mainake und Abdera (Provinzen Málaga und Almería). Die phönizischen Mutterstädte standen in dieser Zeit unter starkem assyrischem Druck, und so dürfte hinter diesen Gründungen neben den wirtschaftlichen Motiven vielleicht auch eine zahlenmäßig nicht unerhebliche, politisch motivierte Auswanderung gestanden haben. Wie lebhaft die Verbindungen zwischen östlichem und westlichem Mittelmeer in dieser Zeit waren, zeigt sich u.a. daran, daß die Elfenbeinarbeiten einer phönizischen Werkstatt, die im 7. Jahrhundert v. Chr. in Spanien aktiv war, sich an so weit entfernten Orten wie Karthago und Delphi fanden.

Die noch in der spätbronzezeitlichen Urnenfelderkultur lebenden Bewohner des südlichen Spanien, die spätestens ab dem 5. Jahrhundert v. Chr. in den Quellen »Iberer« genannt werden, kamen so mit Kunst und Kultur des Orients in Berührung, und wie in Griechenland und in Mittelitalien bewirkte dies auch in Spanien eine tiefgreifende Revolution in den Lebensumständen, deren kunsthistorischer Aspekt nach der Keramikdekoration mit dem Namen »orientalisierender Stil« bezeichnet wird. Der Handel mit den Phöniziern brachte den Iberern fremde Luxusobjekte, Goldschmuck, Luxuswaffen und Trinkgefäße, die sie in einer manchmal fast vulgär wirkenden Art zur Schau stellten – für uns heute vorwiegend in ihren Gräbern, doch brauchen wir nicht daran zu zweifeln, daß sie dies sicher ebenso in ihren Städten taten.

Bezahlt wurden diese Waren in erster Linie mit Edelmetallen. Wer solche Objekte erwerben wollte, mußte andere Menschen dazu bringen, für ihn zu arbeiten, in der Landwirtschaft oder in Bergwerken – die bislang nach den archäologischen Befunden recht egalitäre Gesellschaft differenzierte sich. Zwar gibt es auch schon aus der Zeit bevor die Phönizier nach Spanien kamen große Goldschätze (z.B. den von Villena), und auch bei den Siedlungen zeigt sich bereits ab dem 9. Jahrhundert v. Chr. eine gewisse Urbanisation, doch nahm dies ab dem 8. Jahrhundert v. Chr. exponentiell zu.

Ebenfalls in diese Zeit und in dieses geistige Umfeld gehört die Übernahme der Schrift von den Phöniziern, von der unten noch ausführlicher die Rede sein wird. Man kann sie aufgrund ihrer Ähnlichkeit mit dem phönizischen Alphabet heute einigermaßen lesen; die Sprache oder Sprachen, die mit ihr notiert wurden, sind uns freilich noch weitestgehend unbekannt – wir wissen nicht einmal, zu welcher größeren Sprachgruppe sie gehörten. Vermutlich schrieben die Iberer ihre historischen Überlieferungen nicht nieder, und wenn doch, hat keiner der uns erhaltenen antiken Geschichtsschreiber diese Aufzeichnungen zur Kenntnis genommen. So bestehen unsere literarischen Quellen über das Volk und die Zivilisation der Iberer meist aus Berichten von Ausländern, die nach der römischen Eroberung und häufig aus dem Blickwinkel der Römer schrieben (die früheste und ausführlichste Beschreibung stammt von dem Griechen Strabo und ist aus augusteischer Zeit). Die iberischen Inschriften tragen zur Rekonstruktion der Geschichte der Iberer kaum etwas bei. Es sind deshalb immer noch in erster Linie die archäologischen Funde, mit deren Hilfe wir uns über das Volk, seine Gesellschaft und seine Kultur informieren müssen. Eine archäologische Ausstellung über die Iberer ist also etwas anderes als eine über Tut-anch-Amun oder über Pompeji, die mit ihren Exponaten das, was wir aus anderen Quellen über die jeweilige Zeit wissen, nur noch illustrieren oder ergänzen: Die Geschichte der Iberer ist aus diesen Exponaten erst zu schreiben.

Die iberische Kultur breitet sich also von Südwestspanien entlang dem Guadalquivir und entlang der Südküste nach Valencia und nach Katalonien aus. Selbst der Küstenstreifen im Languedoc bis zum Hérault gerät bis zur römischen Eroberung unter iberischen Einfluß: Ensérune (zwischen Narbonne und Béziers) ist eines der besten Beispiele für eine iberische Stadt. Verstärkt wird der »orientalisierende« Einfluß östlich und westlich der Pyrenäen noch durch die Ausläufer der griechischen Kolonisation. Phokäer aus Kleinasien flohen vor der Bedrohung durch die Perser und ließen sich im westlichen Mittelmeer, in Massalia (Marseille) nieder, das bald eine wichtige Rolle in der Versorgung des Ostens mit dem für die Bronzeherstellung wichtigen britischen Zinn übernahm. Von dort aus wurden um 575 v. Chr. Dependancen an der spanischen Küste gegründet, Rhode (Rosas) an der gleichnamigen Bucht und gegenüber Emporion (Ampurias). Vor allem letzteres übte einen beherrschenden kulturellen Einfluß auf sein Hinterland aus: In Ullastret, 20 Kilometer südlich von Emporion, sind griechische und iberische Keramiken nahezu gleich zahlreich vertreten.

Ab dem 6. Jahrhundert v. Chr. macht sich in Südspanien dann auch mehr und mehr der Einfluß von Karthago bemerkbar, das selbst eine sehr frühe phönizische Gründung war. Als die phönizischen Heimatstädte an der Küste des Libanon mit dem Untergang des assyrischen Reiches in eine tiefe Krise gerieten (573 v. Chr. Eroberung von Tyros durch Nebukadnezar), ging die Vorherrschaft über die Niederlassungen der Phönizier im Westen anscheinend ohne Bruch an Karthago über.

Diese frühen »Kolonisationen« sind, im Gegensatz zu der späteren römischen Herrschaft und vielleicht auch der letzten Phase der karthagischen, unmittelbar vor dem Ausbruch des Zweiten Punischen Krieges, nicht auf Landgewinn gerichtet, und die einzelnen Ansiedlungen, sowohl die der Phönizier wie auch die der Griechen, blieben immer unabhängig voneinander und wurden nie zu einer Art von Provinz zusammengefaßt. Auch dieser politische Separatismus wirkte sich auf die Kultur der Iberer aus.

Im Zusammenhang mit diesen östlichen Einflüssen entsteht also das, was man die Kultur der Iberer nennt. Ob sie sich selbst so nannten und ob sie sich als eine Einheit verstanden, wissen wir nicht; man muß es eher bezweifeln. Im 3. Jahrhundert, als mit dem Einmarsch der Römer im Zweiten Punischen Krieg die Quellen dann etwas reichlicher zu fließen beginnen, sind sie jedenfalls keine politische Einheit, sondern bestehen aus vielen kleineren Staatswesen, unter einem König oder von einer Aristokratie geleitet, die sich vielleicht auch wirtschaftlich und sozial erheblich voneinander unterschieden. Die Fragmentierung der Herrschaftsgebiete setzte sich in römischer Zeit fort: Bis zu Augustus sind dann auch die Stämme im iberischen Teil Spaniens als politische Einheiten weitestgehend verschwunden und durch die aus ihrem Zerfall hervorgegangenen Städte ersetzt.

Die materielle Kultur der Iberer ist faßbar zuerst um oder kurz nach 600 v. Chr. im Guadalquivirtal, d.h. im westlichen Andalusien, und es ist mit Sicherheit die Kultur, die die Griechen nach Tartessos benannten. Ob es sich hierbei um eine Landschaft mit einer gleichnamigen Hauptstadt handelte und diese, trotz allen Suchens, heute nur noch nicht gefunden ist oder ob die Griechen in der ihnen selbstverständlichen Meinung, zu einem zivilisierten Land gehöre auch eine Hauptstadt, diese sozusagen erfanden, gehört zu den heftig umstrittenen Themen der Forschung. Von dort jedenfalls verbreiten sich in der zweiten Hälfte des 6. Jahrhunderts v. Chr. der orientalisierende Keramikstil, die Eisenverarbeitung und der Gebrauch der Töpferscheibe, der Ölbaum und die Weinrebe, die Urbanisation und die Schrift in das östliche Andalusien und bis nach Katalonien, im beginnenden 4. Jahrhundert bis in das Ebrotal und über die Pyrenäen bis in das südliche Frankreich aus. Wohl auch im 4. Jahrhundert (doch schwanken die hauptsächlich auf Funden attischer Keramik basierenden Datierungen) kommt es in der iberischen Welt zu heftigen inneren Auseinandersetzungen, möglicherweise eine Folge der wirtschaftlichen Entwicklung. Städte wie Ullastret in Katalonien werden niedergebrannt, Heiligtümer wie das vom Cerrillo Blanco bei Porcuna so gründlich zerstört, daß es heute schwierig ist, die Fragmente der dort gefundenen Skulpturen wieder zusammenzusetzen. Doch bleibt bis zur Ankunft der Römer so etwas wie eine kulturelle Koine bestehen.

Es waren die extrem reichen Silbervorkommen im Hinterland von Huelva, die die Phönizier herbeigelockt hatten; das dort seit den Römern und bis heute abgebaute Kupfer interessierte in dieser Zeit anscheinend nur am Rande. Später kamen dann auch die Silbergruben von Castulo beim heutigen Linares hinzu. Der eigentliche Abbau lag wohl in der Hand von Einheimischen. Die Ausgrabungen der letzten Jahrzehnte haben eine sehr gut organisierte Zusammenarbeit erkennen lassen zwischen den eigentlichen Minenarbeitern vor Ort, den Lebensmittellieferanten und den Produzenten der für die Verhüttung des Erzes notwendigen Holzkohle, denen die Eichenwälder ganzer Provinzen zum Opfer fielen. Diejenigen, die diese arbeitsteilige Wirtschaftsform organisierten und unterhielten, waren die Partner der phönizischen Händler in den Küstenstädten. Unter ihnen fanden die Kultur und die Technologien, über die die phönizischen Kolonien an der spanischen Süd- und Südwestküste verfügten, eifrige Nachahmer. Die Produkte dieser »orientalisierenden« Gewerberichtungen, soweit sie uns heute als Grabbeigaben erhalten sind, waren in erster Linie auf die Zurschaustellung von Reichtum und Macht ausgerichtet: Luxuswaffen unterstrichen die kriegerische Ideologie dieses Adels, die auch in den großen Grabplastiken zum Ausdruck kommt; die Goldschmiedearbeiten (wie der Schatz von El Carambolo/Sevilla) zeigen den Reichtum der Familien, und die Trinkgefäße verweisen – wie zur gleichen Zeit in Italien – auf die Übernahme des griechischen Symposions, des Trinkgelages unter Standesgenossen, als Statussymbol. Möglicherweise führte diese Übernahme fremder Sitten auch zu sozialer Angleichung, die durch gegenseitige Heiraten unterstrichen wurde, wie man es später bei den Karthagern (sowohl Hasdrubal als auch Hannibal hatten, als karthagische Vizekönige in Spanien, iberische Frauen) und dann noch später bei den Römern sieht. Auch die »Hellenisierung« von Ullastret gehorchte sichtlich denselben Mechanismen.

Vielleicht die wichtigste Folge dieser Orientalisierung war, daß die bei den Iberern schon vorhandenen Ansätze zu einer Urbanisierung konsequent weiterentwickelt wurden. Da gerade die größten und wichtigsten dieser iberischen Städte, allen voran Gades, bis heute bewohnt sind, gestaltet sich ihre Erforschung schwierig. Hier haben Ausgrabungen der letzten Zeit in Siedlungen, die noch in iberischer Zeit aufgelassen oder zerstört wurden, das Bild wesentlich geklärt. Solche meist auf Anhöhen gelegenen Ansiedlungen (sogenannte *Oppida*) wurden seit dem 7. Jahrhundert v. Chr. befestigt und dann einer neuartigen Stadtplanung unterzogen. Neben anderen Beispielen (Tejada la Vieja/Huelva, Porcuna in Andalusien, Lliria und La Bastida de Les Alcuses in Valencia) sind vor allem Puente Tablas (Jaén) und Ullastret signifikant. In Puente Tablas wurde die alte Stadtmauer aus kleinen Steinen im 5. Jahrhundert v. Chr. durch eine »moderne« im griechischen Stil aus großen Quadern ersetzt. Das Stadtinnere wurde aufgesiedelt, u.a. wohl durch Bauern der Umgebung, die in die Stadt umzogen (oder dazu bewegt wurden). Die Häuser waren einheitlich geplant, aber unterschiedlich groß, wobei die Spanne von 70 bis über 300 Quadratmetern (ein sogenannter »Adelspalast«) reichte. Quartiere mit kleineren Häusern waren geschieden von solchen mit größeren, wo wohl die Aristokratie wohnte. Daneben war meist auch ein öffentlicher Raum für religiöse Zwecke abgesondert, obwohl deren Organisation – in Tempeln, Innenhöfen oder Freiflächen – im Iberergebiet höchst unterschiedlich war. In Ullastret wurde ein Plateau von 11 Hektar dicht besiedelt und mit einer beeindruckenden Mauer umgeben; man kann sich des Eindrucks nicht erwehren, daß die iberische Kopie wesentlich imposanter wirkte als das griechische Original.

Dennoch sollte man das Ausmaß der iberischen Urbanisation nicht überbewerten. Neben den von den Phöniziern beeinflußten Gebieten im Südwesten Spaniens und dem iberisch-griechischen Katalonien gab es weite Gebiete im Osten und Südosten, wo wenige Städte entstanden und dies auch erst spät. Haben wir hier eine unterschiedliche politische Kultur vor uns? Unklar ist auch die genaue politische Funktion der Städte bei den Iberern. Man geht davon aus, daß sie bereits Zentralorte für einen von dort aus beherrschten Raum waren, wie dies später auch bei den Römern der Fall war; eine solche lange Tradition würde den raschen Erfolg des römischen Städtewesens in den früher iberischen Gebieten mit erklären. Es gibt auch Anhaltspunkte dafür, daß in Valencia viele kleine Oppida von größeren abhingen, es also eine Hierarchie von verschieden berechtigten Städten gab. Wir müssen jedoch zugeben, daß unsere Vorstellungen über die politischen Verhältnisse bei den Iberern außerordentlich vage sind.

Wohl zur ideologischen Untermauerung ihres Herrschaftsanspruchs übernahm die iberische Aristokratie einen weiteren Baustein aus der Angebotsliste ostmittelmeerischer Provenienz, nämlich die Heroisierung der oder eines Ahnen und ihre Beisetzung in aufwendigen Gräbern mit reicher Skulpturenausstattung. Das Grabmal von Pozo Moro in der Provinz Albacete war ein mindestens 5 Meter hoher Turm mit Darstellungen einer uns unbekannten Mythologie (s. S. 148 ff.). Anscheinend werden einem furchterregenden Herrn der Unterwelt (in einer Art Hölle?) Menschen zum Verzehr angeboten. Andere Bilder zeigen vielleicht eine »Heilige Hochzeit«. Eine mögliche Interpretation ist, daß es sich um eine Unterweltsfahrt des Beigesetzten handelt.

Einfacher zu deuten sind die etwa 40 Figuren, vielleicht Werke eines wandernden griechischen Bildhauers und um 450 v. Chr. entstanden, von einem Grab am Cerrillo Blanco von Porcuna: Sie stellen Krieger und Jäger, also die Lebensumwelt eines Aristokraten dar. Eine neugefundene Kriegerstatue von El Pajarillo war auf einem Podium u.a. von Greifen, Wölfen und Löwen umgeben. Interessanterweise wurden die meisten dieser großen Skulpturengruppen mit Absicht und mit erheblichem Arbeitsaufwand zerschlagen, teilweise (am Cerrillo Blanco) hat man die Trümmer auch sorgfältig vergraben. Es sieht ganz so aus, als ob nach einer Revolution die neuen Herren auch die legitimationsstiftenden Grabmäler ihrer Vorgänger beseitigt hätten, doch wieder fehlen die Quellen, um die archäologisch feststellbare Tatsache mit einem historischen Kontext verbinden zu können. Iberische Söldner kämpften spätestens seit dem 5. Jahrhundert v. Chr. auf der Seite der Karthager – und sicher nicht allein in deren Diensten – in vielen Kriegen rings um das Mittelmeer. Neben Geld und Beute brachten sie sicherlich neue Ideen aus der weiten Welt und einen sehr reduzierten Respekt vor alten Hierarchien mit nach Hause; sie könnte man sich als Träger einer solchen »Revolution« vorstellen, doch ist dies reine Spekulation.

Wir kennen keine Götter der Iberer aus der vor-orientalisierenden Phase. Danach übernehmen sie, zumindest was ihr Äußeres betrifft, die Gestalt der phönizischen Gottheiten: Baal, Melkart, Tanit, Astarte. Damit ist nicht gesagt, daß die religiöse Konnotation, die mit diesen Gottheiten verbunden war, unbedingt dieselbe blieb. Vorstellbar ist auch eine Art von *Interpretatio Iberica* dieser Gottheiten, wobei phönizische Namen und Darstellungsformen mit iberischen Inhalten verknüpft wurden; vielleicht ist es in diesem Zusammenhang bedeutungsvoll, daß es bislang in Spanien noch keine Belege für die bei Phöniziern und Karthagern verbreiteten Menschenopfer gibt. Die Tempel zeigen, soweit ergraben, eine große Formenvielfalt – ein, wenn nicht das Vorbild war für viele sicher das berühmte Heiligtum des Herakles/Melkart in Cádiz, das nach seiner Beschreibung bei Silius Italicus (im 1. Jahrhundert n. Chr.) verblüffende Ähnlichkeit mit dem in Könige 1 geschilderten salomonischen Tempel in Jerusalem besaß, aber auch dieser war ja von phönizischen Handwerkern errichtet worden.

Unklar ist weiterhin der Kontext, in den die »thronenden Frauen« gehören, neben anderen die 1971 gefundene *Dama de Baza* und die berühmteste von allen, die *Dama de Elche,* für viele Nichtspezialisten sicher das einzige iberische Kunstwerk, das sie von Abbildungen kennen (s. S. 82 ff.). Die *Dama de Baza* wurde in einem Grab gefunden, zusammen mit Vorrichtungen für Trankopfer und der verbrannten Waffenrüstung eines adligen Herrn. Auf der Rückseite des mit Flügeln versehenen Thrones befindet sich eine Höhlung, die zur Aufnahme des Aschengefäßes gedient haben könnte. Eine derartige Vertiefung findet sich auch bei der *Dama de Elche.* Haben wir es hier mit einer Besonderheit des iberischen Glaubens zu tun?

Die römische Eroberung des iberischen Spanien ging, nach ersten Aufständen, ohne allzu große Widerstände vonstatten, ganz im Gegensatz zum keltiberischen Binnenland. Vermutlich war die auf der Stadt basierende, aristokratische Regierung der iberischen Stämme dem Provinzialregiment der Römer kongenialer als die »primitivere« Sozial- und Wirtschaftsform der Keltiberer. Die Romanisierung war so durchgreifend, daß einheimische politische Institutionen und Götter bald ebenso rar wurden wie einheimische Namen. Einhundert Jahre nach der Eroberung wurde der erste »Römer« aus Spanien Mitglied des römischen Senats, zweihundert Jahre später zwei Andalusier, Trajan und Hadrian, römische Kaiser. Niemand entdeckte bei ihnen iberische Eigentümlichkeiten, und ebenso verlief die Suche nach iberischen Eigentümlichkeiten in der römischen Provinzialkunst oder nach Hispanismen im Stil der aus Spanien stammenden Literaten Seneca, Lucan und Martial ohne Erfolg. Es scheint, daß die Iberer den römischen »way of life« ebenso mühelos und erfolgreich übernahmen wie sie dies 500 Jahre zuvor mit dem der Phönizier getan hatten.

Das Bild der Iberer hat sich in den letzten einhundert Jahren dramatisch verändert, seit im August 1897 die *Dama de Elche* gefunden und von Pierre Paris für den Louvre erworben wurde. Dieses Glanzlicht iberischer Skulptur aus dem 4. Jahrhundert v. Chr., das in der Zwischenzeit nach Madrid zurückgekehrt ist (wenn auch nicht nach Elche, zum großen Kummer von dessen Bewohnern), fehlt in der Ausstellung; unter den mehr als

350 Exponaten ist jedoch eine solche Fülle von Neuem und Unbekanntem (darunter viele Stücke vom Cerrillo Blanco), daß die Vorstellung von einem primitiven Spanien, in das erst die Römer Kultur gebracht hätten, ein für alle Mal aufgegeben werden muß.

Jürgen Untermann

Zu den alten Kulturvölkern des Mittelmeerraums haben wir Europäer von heute einen, wie es scheint, unüberwindlich zwiespältigen Zugang. Wir fühlen uns uneingeschränkt eingebunden in alles, was aus dem griechischen und römischen Altertum auf uns gekommen ist, vermittelt durch unentwegt tätige Abschreiber alter Texte, immer neue Renaissancen und Klassizismen, in denen unseren Vorfahren und uns die Modellhaftigkeit und Aktualität jener alten Schriften nahegebracht und manchmal geradezu aufgezwungen worden ist: Homer und Vergil, Plato und Seneca sprechen durch ihre Werke zu uns, als ob sie leibhaftig vor uns stünden. Eng verwoben mit dieser Ansprache sind die Bauten und Bildwerke jener Zeit: die Akropolis, das Kolosseum, Theater, Triumphbögen, Aquädukte, Skulpturen, Vasen, Gemmen, Münzen – alle bezeugt und gedeutet nicht nur von der heutigen Forschung, sondern auch in der uns erhaltenen antiken Literatur selbst.

Dieser Welt steht hautnah eine zweite zur Seite – im Zentrum und im Westen des Mittelmeerraums ist es die der Etrusker, Samniten, Umbrer, Messapier, Veneter, Gallier und Iberer: Dies sind Kultureinheiten, die man als »Randkulturen« des Altertums zu bezeichnen pflegt – kein schöner und schon gar kein treffender Ausdruck, der hier auch nur deswegen verwendet wird, weil es bis jetzt noch keinen besseren gibt.

Diese zweite Welt unterscheidet sich nur durch einen einzigen, freilich wesentlichen Umstand von der ersteren: Keine Bibliothek, kein Philologe alter Zeiten hat es für nötig oder nützlich gehalten, die in ihr geschriebenen Texte weiterzugeben, abzuschreiben und zum Gegenstand gelehrter Reflexion zu machen. Und doch wissen wir, daß auch in dieser Welt geschrieben wurde, und dies nicht etwa mit primitiven Kritzeleien, sondern mit ausgewogenen, oft hoch stilisierten eigenständigen Schriften, oft auch einfach mit dem griechischen Alphabet – dem gleichen, in dem uns die Werke von Homer und Plato überliefert sind.

Alle Träger dieser Kulturen hatten ihre staatlichen Ordnungen, ihre Religion, ihr Familienleben, sie alle gebrauchten Schrift zur Wiedergabe ihrer Sprachen und damit selbstverständlich auch von Inhalten, aber nichts davon ist, anders als bei den Griechen und Römern, in eine überdauernde Überlieferung eingeflossen. Erhalten ist nur, was die letzten zwei Jahrtausende überdauert hat, unter oder über der Erde: Münzen und städtische Bauwerke, im Glücksfall auch einmal eine Inschrift mit juristischem Text als Zeugen sozialen Zusammenlebens; Tempel, Götterbilder, Weihgaben und hin und wieder eine Weihinschrift als Zeugen für religiöse Riten und Gedanken; Hausrat aus Keramik und Metall, Schmuck, Notizen auf Tonscherben oder Bleiblechen, Grabdenkmäler und Grabbeigaben – mit oder ohne Text darauf – als Zeugen der privaten Sphäre. Es ist dann die Qualität und Vielfalt eben dieser Gegenstände, die uns erkennen läßt, daß wir es mit Menschen zu tun haben, die auf einer Kulturstufe gelebt haben, die der der Griechen und Römer durchaus ebenbürtig gewesen sein kann. Aber was diese Menschen gedacht, gesagt, gedichtet und gesungen haben, haben sie auf Papyrus, Pergament, Holz, Wachstafeln oder Leinentüchern festgehalten – auf Material, das (außer im alles konservierenden Sand der ägyptischen Wüste) längst dem Verfall, der Verwesung und dem Feuer zum Opfer gefallen ist.

Daß diese Völker weitaus mehr von ihren Gedanken schriftlich fixiert haben, als auf uns gekommen ist, zeigen allerlei Schlaglichter in der antiken Literatur und gelegentlich sogar glückliche archäologische Funde: So ist – nicht zufällig in Ägypten – ein Leinenstreifen zutage gekommen, in den eine Mumie eingewickelt war, die sogenannte Agramer Mumienbinde. Auf ihm steht ein umfangreicher Sakraltext in etruskischer Schrift und Sprache, der zusammen mit den sieben dicht beschriebenen Bronzetafeln aus dem umbrischen Iguvium – heute Gubbio in der italienischen Provinz Perugia – eine wichtige Quelle für die komplizierte altitalische Theologie und Religionspraxis ist; in Gallien wurde – in Coligny, unter dem Westabhang des Jura – ein großes Fragment eines sehr detaillierten Kalenders gefunden, aus dem man eine Fülle von Informationen über Kosmologie und Zeitvorstellungen der Gallier gewinnen kann. Caesar erzählt in seinem *Bellum Gallicum* (VI, 14), daß die Priesterkaste der Gallier, die Druiden, zwar ihre religiöse Überlieferung nicht niederschreiben durften, für alles übrige aber – »in reliquis fere rebus, publicis privatisque rationibus« – die Schrift, und zwar die griechische Schrift verwendeten. Schließlich im iberischen Bereich: Der griechische Geograph Strabo berichtet (III, 1, 6), daß die Turdetaner, ein großes Volk im Südwesten der Halbinsel, die weisesten aller Iberer gewesen seien, daß sie ein Alphabet gebraucht und eine Überlieferung ihrer Geschichte besessen hätten mit Gedichten und in Versen verfaßten Gesetzen, die sechstausend Jahre zurückreichten. Diese sechstausend Jahre darf man gern für übertrieben halten, sicher ist aber, daß die Turdetaner und (wie Strabo ausdrücklich hinzufügt) auch die anderen Iberer schreiben konnten. Zudem zeigt die seltsam langbeinige Gestalt der Buchstaben, die uns in Inschriften auf Grabsteinen des äußersten Südwestens der Halbinsel entgegentreten, daß die Schrift dieser Gegend nicht nur in Stein gemeißelt wurde, sondern auch auf Materialien wie Papyrus oder Holz geschrieben wurde, wo die geriffelte Oberfläche einen kursiven Duktus mit langen senkrechten Linien erforderte.

Angefügt sei noch, daß alle beteiligten Schriften mehr oder minder direkt im ostmediterranen Bereich ihre Wurzeln hatten: Das griechische Alphabet wurde unverändert bei den Oskern und Messapiern in Süditalien, bei den Galliern in Frankreich und in einigen Ibererstädten verwendet; vom griechischen Alphabet abgeleitet war das etruskische, das wiederum von den Samniten, Umbrern, Venetern und von den oberitalischen Galliern übernommen und abgewandelt wurde. Die Schrift der Iberer, die hier in einem von Javier de Hoz verfaßten Kapitel (S. 207 ff.) ausführlich erläutert wird, ist aus der Verbindung eines phönizischen Alphabets mit starken griechischen Einflüssen entstanden.

So interessant alle diese Zeugnisse sind, sie bleiben, gemessen an der Gesamtheit der verfügbaren Hinterlassenschaft, doch eine verschwindend kleine Quellengattung, die zwar eine wesentliche, ständig präsent zu haltende Errungenschaft dieser Völker war, uns aber nicht der Aufgabe enthebt, für die ausführliche und ganzheitliche Beschreibung der betreffenden Kulturen die archäologischen Funde im engeren Sinne nach ihren Aussagen zu befragen. Man kann (auch wenn man es nicht tun sollte!) klassische Philologie, also griechische und lateinische Literatur und Sprache, studieren, ohne einen einzigen Blick auf einen griechischen Tempel oder einen römischen Triumphbogen zu werfen: In den »Randkulturen« können wir entscheidende Bereiche der staatlichen, religiösen und wissenschaftlichen Leistungen und Eigenarten nur aus Bodenfunden erschließen, die wir mit unseren Deutungen der stummen Gegenstände gleichsam in die beschreibenden Texte umsetzen müssen, die uns die Griechen und Römer durch ihre Literatur expressis verbis übermittelt haben.

Externe Anregungen für die althispanische Kultur

Wie die Schrift, so sind auch Kunstformen, technische Gerätschaften und Errungenschaften des Haus- und Stadtbaus in historischer Zeit nicht aus dem Nichts entstanden; sie alle verdanken ihre Entstehung einer Anregung von außen, und bei allen ergibt sich dann das zuweilen nur schwer durchschaubare Wechselspiel zwischen Vorgegebenem und Neugeschaffenem, zwischen Imitation und Originalität. Während es im alten Italien und weitgehend auch bei den Galliern so gut wie ausschließlich die Griechen waren, deren Vorbild die Entfaltung materieller Kunstfertigkeiten begleitet hat, kam im alten Hispanien eine weitere Kraft hinzu, die Phönizier, von denen im ersten Teil dieser Einleitung die Rede war. Mit ihnen kamen keramische – die Töpferscheibe – und metallurgische Techniken ins Land, deren spektakulärste Zeugnisse die Goldschmiedearbeiten sind, die man im westlichen Andalusien gefunden hat (Kat.-Nr. 250–255), aber auch ästhetische Anregungen des alten Orients, die von der spanischen Archäologie unter der Bezeichnung »orientalisierender Stil« zusammengefaßt werden: Besonders schöne Beispiele in dieser Ausstellung sind die Vasen aus Carmona (Kat.-Nr. 7, 8). Kaum später waren aber auch hier die Griechen auf dem Plan: Erste Importe, die vielleicht durch die Phönizier, vielleicht aber auch schon von griechischen Kaufleuten nach Spanien gebracht wurden, sind in das 8. Jahrhundert v. Chr. zu datieren, und für das frühe 6. Jahrhundert liegt bereits das zu Anfang des ersten Einleitungskapitels zitierte Zeugnis des griechischen Geschichtsschreibers Herodot vor.

Iberische und griechische Keramik

Deutlicher als durch diese Berichte wird die Präsenz der Griechen dadurch erkennbar, daß die iberische Großplastik und – für unser Thema interessanter – die iberische Vasenmalerei, die sich im Verlauf des 6. Jahrhunderts zu entfalten beginnen, unverkennbare Einflüsse der archaischen griechischen Kunst aufweisen, Einflüsse, die zeitweise dazu geführt haben, daß man diese iberischen Werke viel früher datiert hat, als es nach den Ergebnissen der heutigen Forschung zulässig ist. Die bemalten iberischen Tongefäße mit ihren roten Ornamenten und Figuren auf beigefarbenem oder ockergelbem Ton sind über mehrere Jahrhunderte hin in allen uns bekannten Ibererstädten zwischen Andalusien und Südfrankreich anzutreffen – in dieser Ausstellung bilden sie den am zahlreichsten vertretenen Fundtyp, zugleich auch den, der uns Heutige durch seine harmonische Schönheit und seine phantasievollen Darstellungen unmittelbar beeindrucken kann. Im übrigen ist wenig bekannt, wie intensiv und welcher Art in den Jahren zwischen 600 und 350 v. Chr. der direkte Einfluß griechischer Importware auf die iberische Kultur gewesen ist. Es sind jedenfalls die kreativen Jahre der Iberer, in denen ihre bedeutendsten Kunstwerke entstehen und ihre Schriftpraxis ausgebildet wird.

Eine neue Phase beginnt mit der zweiten Hälfte des 4. Jahrhunderts v. Chr. Die kulturellen Kontakte mit der phönizischen Welt sind geringer geworden, dagegen werden die griechischen Aktivitäten schlagartig intensiver, und zwar durch einen direkten, sehr umfangreichen Warenimport über fest etablierte Umschlagplätze, von denen zwei, Ensérune im südfranzösischen Département Hérault und Ullastret in der Provinz Gerona, vorzüglich erforscht sind. Beide waren verhältnismäßig große, befestigte Städte, Ensérune in typischer Oppidum-Lage auf einem auf drei Seiten steil abfallenden Berg, Ullastret auf einem flachen, aber von ungewöhnlich starken Mauern geschützten Hügel im Sumpfland des Ampurdán. Beide lagen in der Nähe griechischer Handelsstädte, Ensérune 25 Kilometer entfernt von Agde, dem antiken Agathé, einer Filiale der großen griechischen Kolonie Massalia (Marseille), Ullastret 15 Kilometer südlich von der Griechenstadt Emporion, heute Empúries (Ampurias). An beiden Orten wurde neben iberischer Keramik eine ungewöhnlich große Menge griechischer Gefäße gefunden, deren älteste die rotfigurigen Vasen aus Attika sind, während die jüngeren und jüngsten zur aus Süditalien stammenden sogenannten »Kampanischen Keramik« gehören. Diese jüngere Ware ist vor allem in

Ensérune anzutreffen, das bis um die Zeitwende weiterbestand. Die enorme Fülle von importierten Gefäßen macht wahrscheinlich, daß diese in den beiden Städten nicht dem täglichen Gebrauch dienten, sondern in den Magazinen von Händlern lagen, die sie bei den Griechen erwarben, um sie an einheimische Kunden im Hinterland weiterzuverkaufen. Gestützt wird die Vermutung, daß Ensérune und Ullastret in erster Linie Handelszentren waren, dadurch, daß an beiden Orten Bleibleche mit Inschriften vermutlich kommerziellen Inhalts gefunden wurden (Kat.-Nr. 86), von denen weiter unten noch einmal die Rede sein wird.

Die griechische Importware der letzten vorchristlichen Jahrhunderte hat offensichtlich keinen Einfluß mehr auf die einheimische Kunstgestaltung ausgeübt, die damals längst ausgereift war und ihre innovative Vitalität verloren hatte. Es war sicher einerseits das Prestigebedürfnis einer Bevölkerung, die es nobel fand, ihren Gästen neben den althergebrachten Töpfen einheimischer Herkunft auch modisches Tafelgeschirr aus dem fernen Griechenland vorsetzen zu können. Spätestens mit dem Aufkommen der kampanischen Keramik mit ihrem stabilen schwarzen Firnis ist aber auch damit zu rechnen, daß diese bei den Iberern (wie übrigens auch bei den Galliern und überall in Italien) deswegen beliebt war, weil sie qualitätvoller und zugleich vielleicht auch – als Massenware – preiswerter war als die inländische Produktion von entsprechendem ästhetischem Rang.

Ein anderes in dieser Ausstellung vertretenes Beispiel für diese Wertschätzung griechischer Keramik ist ein Grab in der iberischen Siedlung auf der Punta de Orleyl, unweit der Küste zwischen Sagunt und Castellón de la Plana gelegen (Kat.-Nr. 79 und S. 137 ff.). In der von Domingo Fletcher Valls und seinen Mitarbeitern ergrabenen Nekropole dieser Stadt fehlt es nicht an Funden teils schlichter, teils durchaus ansehnlicher Aschengefäße iberischer Produktion; einer der Bestatteten hat sich aber für seine sterblichen Überreste einen – im übrigen eher prächtigen als schönen – griechischen Krater ausgesucht; daß er ein Iberer war, geht daraus hervor, daß sich in diesem Gefäß drei eingerollte Bleibleche mit iberischen Texten befanden (Kat.-Nr. 79a–c), die sich vermutlich auf irgendwelche wichtigen Ereignisse im Leben des Verstorbenen beziehen: Daß er ein Kaufmann gewesen ist, zeigen die übrigen Grabbeigaben – eine Waagschale und mehrere Gewichte.

Zum Schriftgebrauch haben die verschiedenen Typen der Produktion und des Imports von Keramik in Hispanien ein durchaus unterschiedliches Verhältnis. Bei den bemalten iberischen Gefäßen zeigen die meisten, insbesondere die bewundernswert schönen des »klassischen Stils« (z.B. Kat.-Nr. 39, 42, 199, 205), nie auch nur die Spur einer Inschrift, weder einer gemalten noch einer eingeritzten, obwohl sie mit Sicherheit aus einem Milieu stammen, in dem man damals bereits das Schreiben gelernt hatte. Von wenigen Ausnahmen abgesehen, wurden nur an einem Ort solche Vasen mit Inschriften in iberischer Schrift versehen, aufgemalt mit der gleichen Farbe und oft dem gleichen Pinsel, mit dem auch die Bilder und Dekors aufgemalt sind: in der Ibererstadt auf dem Tossal de Sant Miquel am Rand der heutigen Stadt Lliria, 30 Kilometer nordwestlich von Valencia. Hier gibt es wiederum zwei Typen: erstens einige wenige Gefäße mit kommentierenden Beischriften zu figürlichen Szenen (Kat.-Nr. 49), wie sie nur hier, in Etrurien (dort vor allem auf Spiegeln und in ausgemalten Grabkammern) und – ebenfalls auf Vasen – im archaischen Griechenland vorkommen; und zweitens durchweg längere zusammenhängende Texte, die um die Wölbung der Gefäße (Kat.-Nr. 48) oder auf den waagerechten Rand der sogenannten *sombreros de copa* (Kat.-Nr. 97) aufgemalt wurden – ausnahmslos Texte, deren Inhalt wir noch nicht verstehen. Es kann sich um Stiftungen an Gottheiten handeln, ebensogut aber auch um Texte, in denen eine Person einer anderen etwas widmet; unsere derzeitige Kenntnis der iberischen Sprache erlaubt keine Entscheidung darüber.

Um die Datierung der Llirianer Vasen mit aufgemalten Inschriften ist lange und sehr kontrovers gestritten worden: Aus den neueren archäologischen Untersuchungen scheint hervorzugehen, daß sie im 4. und 3. Jahrhundert v. Chr. entstanden, also in der letzten Phase der Herstellung bemalter iberischer Keramik. Merkwürdig bleibt, daß diese Art von Bemalung mit Inschriften bis jetzt so gut wie ausschließlich auf Lliria beschränkt ist. Daß es sich hierbei nur um ein Defizit der archäologischen Funde handelt, ist schwer zu glauben; es sieht eher so aus, als handele es sich um einen neuen Ansatz innerhalb der iberischen Vasenmalerei, den eine Werkstatt oder »Schule« in Lliria entdeckt und weiterentwickelt hat. Merkwürdig ist dabei auch, daß, wie bereits erwähnt, Vorbilder für eine solche Beschriftung von Vasen nur im archaischen Griechenland zu finden sind: Hat sich die Erinnerung an diese Vorbilder in der iberischen Kunsttradition so lange halten können, ohne an der Oberfläche sichtbar zu werden? Oder handelt es sich um einen originellen, nur zufällig mit griechischen Modellen vergleichbaren Neuansatz, auf den die Lliriaer Töpfer ganz allein gekommen sind?

Im Zusammenhang mit den großen Importen griechischer und süditalischer Keramik, die seit etwa 350 v. Chr. über Städte wie Ullastret und Ensérune ins Land gekommen sind, taucht eine ganz andere, viel einfachere Art der Beschriftung auf: Auf die Töpfe, meist unter ihren Boden, werden Wörter geritzt, die man in aller Regel leicht als Personennamen identifizierten kann, gelegentlich versehen mit Suffixen wie »-mi«, »-ar« oder »-en«, die man im Sinne von »Eigentum von …« oder »bestimmt für …« deutet (Kat.-Nr. 88–92). Es handelt sich also um Angaben, die von den Besitzern dieser Gefäße angebracht wurden, um ihr Eigentum zu kennzeichnen, wie man heute sein Exlibris oder seinen Namensstempel auf die erste Seite eines neu gekauften Buches setzt. Daß dies die einzige Funktion dieser Texte ist, kann allerdings zumindest dort bezweifelt werden, wo statt vollständiger Wörter in großer Anzahl Abkürzungen in Form von einem oder zwei Buchstaben oder monogrammartigen Kombinationen von zwei oder mehr Schriftzeichen auftreten, so vor allem in Ensérune und besonders zahlreich in der nahe dem Ebro, 50 Kilometer unterhalb von Zaragoza gelegenen Libererstadt bei Azaila: Hier muß man wohl auch mit Marken rechnen, die die Händler auf die von ihnen erworbenen und zum Weiterverkauf gehorteten Objekte graviert haben.

Einen besonderen Bereich stellen die großen Amphoren dar, die wie allenthalben in der antiken Welt auch auf iberischem Boden gefunden wurden. Sie waren das normale Transportmittel für Flüssigkeiten – Wein, Öl oder auch das *garum,* eine Fischsoße, die als im ganzen Römerreich beliebte appetitanregende Speisenzutat vor allem an der spanischen Mittelmeerküste hergestellt wurde. Für Wirtschaftshistoriker sind Amphoren eine wichtige Quelle, insbesondere auch dadurch, daß viele von ihnen durch Inschriften etwas über ihre Herkunft aussagen. Manche sind mit iberischen Buchstaben beschriftet: Es können Stempel sein, die von der Töpferei angebracht wurden, die die Amphore herstellte (Kat.-Nr. 96), es könnten eingeritzte Mitteilungen über den Besitzer oder Hersteller des Inhalts sein (Kat.-Nr. 93) oder auch aufgemalte Angaben, wie sie vor allem – mit Ziffern und Abkürzungen, die man noch nicht sicher deuten kann – in einem Handelslager in Vieille-Toulouse zutage gekommen sind (Kat.-Nr. 99).

Grabdenkmäler

Durch die oben erwähnte griechische Aschenurne aus Orleyl wurde bereits das Thema der Bestattungsformen gestreift. Bekanntlich haben die Griechen und Römer – im Gefolge der letzteren auch die romanisierten Hispanier der Jahrhunderte nach der Zeitwende – auf die Gräber ihrer Toten Grabsteine gesetzt, sofern sie es sich finanziell leisten konnten. Es gab dementsprechend – wie auch auf unseren heutigen Friedhöfen – eine breite Spanne zwischen sehr schlichten, kaum behauenen Steinblöcken und prächtigen, künstlerisch hochwertigen Grabdenkmälern. Aber sie alle tragen eine Inschrift, die je nach Aufwand aus kürzeren oder längeren formelhaften Wendungen oder regelrechten Texten (oft auch kurze Gedichte, sogenannte Grabepigramme) bestehen kann, eines aber ausnahmslos leistet: Sie nennt den Namen des Bestatteten und bewahrt damit über den Tod hinaus die Erinnerung an seine Person. Von der etruskischen Sprache wissen wir fast alles, was uns sicher bekannt ist, aus der enormen Anzahl von Inschriften auf Aschengefäßen oder auf Ziegeln, die in den großen Grabkammern die Einzelbestattungen bedeckten: Sie nennen in stereotyper Regelmäßigkeit die Namen der Verstorbenen, oft dazu deren Abstammung oder ihre verwandtschaftliche Beziehung zu den Hinterbliebenen, den Beruf, das Alter. Das kleine Volk der Veneter in Oberitalien hat uns qualitätvolle Grabsteine mit Reliefdarstellungen und eine Menge schlichter Urnen hinterlassen – auf allen, auch auf den einfachsten Urnen ist der Name des Bestatteten zu lesen.

Besonders ungewöhnlich verhält es sich bei den Iberern. Die Archäologie hat überall in ihrem Gebiet und über weite zeitliche Spannen hinweg eine große Zahl von Nekropolen nachgewiesen, die meistens deutlich abgegrenzt in der unmittelbaren Nähe von Wohnorten liegen (s. Chapa Brunet, S. 125 ff.) und oft viele Einzelbestattungen in tönernen Urnen oder Behältern aus Stein umfassen. Für keines dieser Gräber ist durch irgendeine Art von schriftlicher Äußerung der Name des Verstorbenen bekannt, die einzige Ausnahme am Rande des iberischen Kerngebiets ist eine steinerne Kiste, wahrscheinlich (aber nicht sicher) eine Aschenkiste aus Pech Maho in Südfrankreich mit einer ziemlich rätselhaften Inschrift. Und was noch merkwürdiger ist, auch die großen Grabmonumente der Oberschicht, hier im Katalog durch den Beitrag von Martín Almagro-Gorbea über das von ihm ausgegrabene, publizierte und restaurierte Monument von Pozo Moro repräsentiert (S. 148 ff.), tragen keine Inschriften, und es weist auch nichts darauf hin, daß eine solche verlorengegangen sein könnte, beispielsweise, weil sie auf einer Metallplatte stand, die entwendet und eingeschmolzen worden ist. Entweder sind diese Denkmäler also älter als der Gebrauch der Schrift, oder die darin bestatteten Fürsten hielten es für unter ihrer Würde, Schrift zu ihrer Selbstdarstellung zu verwenden, vergleichbar mit den Helden der homerisch-mykenischen Zeit in Griechenland, in deren Augen Schreiben und Lesen ausschließlich eine Sache des niederen Palastpersonals war.

Grabsteine, die mit denen der Römer oder Griechen vergleichbar sind, kommen, wenn die üblichen Datierungen zutreffen, erst spät, nach der Ankunft der Römer auf, also erst vom Beginn des 2. Jahrhunderts v. Chr. an, und man hat – vielleicht mit Recht – vermutet, daß es das römische Vorbild war, das die Iberer veranlaßte, nun auch in ihrer eigenen Schrift und Sprache mitzuteilen, wer unter dem jeweiligen Hügel begraben lag. Insgesamt kennen wir dreißig iberische Grabsteine mit Inschriften, gemessen an der für damals anzunehmenden Bevölkerungsmenge immer noch eine so geringe Zahl, daß man sich fragt, welche Privilegien eine Person zu ihren Lebzeiten besessen haben muß, damit ihr die Ehre einer solchen Dokumentation zuteil wurde. Dabei sind nur fünf der erhaltenen Denkmäler etwas aufwendiger gestaltet, eines mit einem Löwen als Bekrönung, vier mit Reliefdarstellungen. Alle übrigen, fast ausnahmslos von der Mittelmeerküste und deren nahem Hinterland, sind flache Steinplatten ohne jeden anderen Schmuck als die Schrift selbst, meistens in höchstens drei Zeilen (Kat.-Nr. 87), nur in vier Fällen mit längeren Inschriften. Der bis jetzt längste Text steht auf der ebenfalls hier ausgestellten Stele aus Sinarcas, ein weit oben in den Bergen der Provinz Valencia gelegener Ort (Kat.-Nr. 350); neben den obligatorischen Personennamen enthält sie so viele singuläre Wörter, daß es durchaus denkbar ist, daß es sich hier um ein iberisches »Grabgedicht« handelt.

Die Religion

Noch stummer, geradezu druidenhaft verschwiegen waren die Iberer, wenn es um Religion ging. Es gab zahlreiche iberische Kultstätten, »santuarios« in spanischer Terminologie, und viele von ihnen – die Serreta bei Alcoy, der Cerro de los Santos in der Provinz Albacete, El Cigarralejo in der Provinz Murcia, um nur die wichtigsten zu nennen – sind archäologisch gut erforscht; aber keine hat eine Inschrift geliefert, die man als Sakraltext verstehen könnte, etwa als Weihinschrift für eine Statue oder für einen Altar: Ein winziges Altärchen mit stark zerstörter Inschrift hat man – ohne archäologischen Kontext – in der Nähe von Perpignan in Frankreich gefunden, und die wenigen nicht der Fälschung verdächtigen Buchstaben, die auf den Statuen vom Cerro de los Santos stehen (Kat.-Nr. 228), enthalten nichts, was auf einen Götternamen schließen läßt – eher handelt es sich um die Namen der dargestellten irdischen Personen. Dieses Schweigen wird noch viel deutlicher durch die späteren lateinischen Inschriften aus dem Gebiet der iberischen Sprache und Kultur. Während in anderen Teilen der Halbinsel ebenso wie in Gallien und Italien nichtrömische Götter recht häufig, im Nordwesten Hispaniens sogar extrem häufig in sonst gänzlich lateinischen Weihinschriften erscheinen, gibt es im iberischen Bereich keine einzige lateinische Inschrift, die eine einheimische Gottheit nennt: Alle einschlägigen Monumente sind römischen Göttern geweiht. Natürlich können diese durch die *Interpretatio Romana* an die Stelle von vorrömischen Göttern mit vergleichbarer Funktion getreten sein, aber dies hilft uns wenig, wenn wir wissen wollen, wie die vorrömischen tatsächlich hießen. Auch die figürlichen Darstellungen aus den Heiligtümern helfen uns nicht viel weiter: Die großen Statuen (Kat.-Nr. 210, 225–227) lassen sich als »Adoranten«, als Priester, Priesterinnen oder auch als Besucher des Heiligtums deuten, die der Gottheit ihre Opfergabe bringen; die kleinen Bronzefigürchen, die als Votivgaben anzusehen sind und in schier unerschöpflicher Menge in diesen Heiligtümern gefunden wurden (Kat. 257–333), sind ebenfalls eher mehr oder minder abstrakt wiedergegebene Repräsentanten ihrer Stifter und keine Zeugen für die äußere Gestalt von göttlichen Wesen. Daß die iberischen Münzen mit ihren Frauen- oder Männerköpfen auf der Vorderseite und dem Reiter auf der Rückseite Gottheiten abbilden, wie die spanische Forschung annimmt, scheint mir äußerst zweifelhaft: Es kann sich ebensogut um ikonographische Traditionen aus der phönizischen, griechischen oder römischen Münzprägung handeln, die die Iberer übernommen und als heraldische Kennzeichen für ihre Münzen ausgewählt haben.

Auf der Serreta sind zwar Inschriften gefunden worden, ein Bleiblech mit iberischen Texten in griechischem Alphabet (Kat.-Nr. 81, 82) und einige Bleiinschriften in iberischer Schrift, diese bieten jedoch keinen Grund zu der Annahme, daß es sich um Texte mit religiösem Inhalt handelt; sie enthalten sogar eindeutige Merkmale kommerzieller Korrespondenz, so daß man annehmen möchte, daß hier, wie oft auch anderswo in der antiken Welt, Heiligtümer mit Banken für Kredite und Depositen verbunden waren.

Der Handel und die Münzen

Damit sind wir beim letzten Bereich angekommen, in dem Bodenfunde über den Schriftgebrauch der Iberer Auskunft geben: Die soeben erwähnten Bleibleche enthalten die längsten und kompliziertesten Texte in dieser Sprache, die Münzen sind die besten Zeugen dafür, wie weit die Schrift bei den Iberern verbreitet war. Außerdem sind sie die am sichersten »deutbaren« iberischen Texte, da sie in ihrer Mehrzahl Namen von Völkern oder Städten nennen, die auch aus anderen Quellen bekannt sind; eben dadurch haben auch seinerzeit die Münzen den Schlüssel zur Entzifferung des iberischen Alphabets geliefert, und schließlich zeigen Münzen und Bleibleche am deutlichsten, in welchem räumlichen und zeitlichen Umfang die iberisch sprechende Bevölkerung Handel und Geldgeschäfte betrieben hat.

Fast im gesamten Einzugsgebiet der iberischen Kultur sind Bleibleche gefunden worden (Kat.-Nr. 79a–83, 85, 86), die iberische Texte mit bis zu 600 Schriftzeichen enthalten, oft bei einer Wiederverwendung entfernt und überschrieben (Kat.-Nr. 83). Seit im Nordosten, in Ampurias und im südfranzösischen Pech Maho, Bleche völlig gleichen Aussehens, beschrieben mit Texten in griechischer Sprache, gefunden worden sind (Kat.-Nr. 80), wissen wir genau, was manche Indizien auf den iberischen Bleien, Ziffern im Text und Personennamen als Unterschriften, bereits ahnen ließen: Es handelt sich um Korrespondenz zwischen Kaufleuten und vielleicht auch zwischen Personen anderen Standes, jedenfalls aber um ein Mittel privater Informationsübermittlung, das in gleicher Weise von Iberern und von Griechen, die in jenen Gegenden tätig waren, verwendet wurde.

Ein »Verständnis« des Inhalts ist nur in äußerst geringem Maße möglich. Ohne weiteres können wir Ziffern erkennen, die gewöhnlich in den laufenden Text eingestreut sind. Mit großer Wahrscheinlichkeit lassen sich Personennamen (Ortsnamen kommen fast nie vor) identifizieren, die zuweilen am Anfang, oft im Verlauf des Textes, auf einer Reihe von Bleien auch ganz am Ende stehen, manchmal etwas abgesetzt, so daß man deutlich erkennt, daß es sich um die Unterschrift des Verfassers handeln muß. In einigen Fällen scheinen diese Inschriften regelrechte Listen von Personen zu enthalten – vielleicht Namen von Kunden oder Schuldnern einer Firma. Darüber hinaus kann man mehrfach wiederkehrende Wörter identifizieren, die offensichtlich zum sachbezogenen Vokabular solcher Briefe gehören: Die häufigsten derartigen Wörter sind »iunstir« und »salir«, die übrigens fast nie zusammen in demselben Text vorkommen, so daß man annehmen kann, daß es zwei Gattungen von Texten auf Blei gibt, vielleicht einerseits Geschäftsvereinbarungen oder -anweisungen, in denen es direkt um Geldbeträge geht (»salir« kommt auch auf Silbermünzen vor, weswegen man an eine Bedeutung wie »Silbergeld« gedacht hat), und andererseits so etwas wie Verträge oder Verfügungen genereller Art.

Schließlich die Münzen, deren Geschichte, Aussehen und Verwendung auf den Seiten 221–231 ausführlich beschrieben wird. Münzen müssen nicht unbedingt mit Aufschriften, sogenannten Legenden, versehen sein, aus manchen Gegenden kennt man den Brauch, Herkunft und Wert einer Münze nur durch Bildsymbole kenntlich zu machen. Schriftlose Münzen kommen im alten Hispanien jedoch nur selten vor; fast immer wird nach dem Vorbild der Drachmen aus dem griechischen Emporion im Nordosten und nach dem der phönizischen Münzen aus Gades (Cádiz) im Südwesten zumindest der Name des Gemeinwesens mitgeteilt, gelegentlich auch einmal zusammen mit Personennamen, die – wie oft auch römische Münzen – Beamte zu nennen scheinen, die für die Münzausgabe zuständig waren (Kat.-Nr. 137). Damit liefern die Münzen die engsten Parallelen zu dem, was wir bereits aus solchen Quellen wußten, die in anderen Schriften und Kontexten überliefert sind, insbesondere Ortsnamen wie barceno (Barcino, heute Barcelona), iltirta (Ilerda, heute Lérida) (Kat.-Nr. 145, 146), saitabi (Saetabis, heute Játiva) (Kat.-Nr. 152–154) und viele weitere. Einen Einblick in die Grammatik liefert das Suffix »-sken«, das auf iberischen Münzen dort erscheint, wo in griechischen und lateinischen Quellen die Völkernamensuffixe »-etes« und »-itani« verwendet werden: ausesken (Ausetani), iltirkesken (Ilergetes), laiesken (Laietani) (Kat.-Nr. 139), seteisken (Sedetani) und andere mehr.

Die Kriterien für die räumliche Verteilung der Münzlegenden sind ungeklärt: Im heutigen Katalonien hat fast jede auch sonst nennenswerte Stadt Münzen mit iberischen Legenden ausgegeben, kaum weniger dicht die Städte in der nördlichen Ebroebene, in der sonst keine Inschriften in iberischer Schrift zutage gekommen sind; der aktivste Ort dieser

Gegend war die Stadt Osca, das heutige Huesca, in dem die gewaltige Menge der Silberdenare mit der Legende »bolskan« geprägt worden ist (Kat.-Nr. 162). Dagegen gab es in dem an iberischen Inschriften überaus reichen Valenciano, den heutigen Provinzen Castellón, Valencia und Alicante, nur vier Münzstätten, die iberische Legenden verwendeten: Sagunt (Kat.-Nr. 131, 132, 148, 149), das bereits erwähnte Saetabis und zwei Orte, die nicht in anderen Quellen vorkommen, gili und kelin, letztere vielleicht identisch mit der in Los Villares bei Utiel in der Nordwestecke der Provinz Valencia ausgegrabenen Ibererstadt. Erst im östlichen Andalusien werden die Münzprägestätten wieder etwas häufiger (aber längst nicht so häufig wie im Nordosten), und hier werden die Legenden, von einzelnen Ausnahmen abgesehen, nicht in der nordöstlichen, sondern in einer südlichen Variante der iberischen Schrift geschrieben (s. S.193), am wichtigsten kastilo (Castulo, bei der heutigen Stadt Linares) (Kat.-Nr. 157) und ibolka (Obulco, heute Porcuna) (Kat.-Nr. 158), nahe dem Fundort der in dieser Ausstellung gezeigten großen Skulpturengruppe vom Cerrillo Blanco.

Bei den bildlichen Darstellungen auf den iberischen Münzen wiederholt sich noch einmal die Konkurrenz zwischen dem südwestlichen Primat des phönizischen Einflusses und dem griechischen Modell im Nordwesten. Das Markenzeichen der griechischen Stadt Emporion ist der Pegasus. Genau übernommen wird sein Bild von den Münzen mit der Legende »untikesken« (Kat.-Nr. 137), die der in der gleichen Gegend ansässige Ibererstamm der Indigeten geprägt hat. An Münzstätten in der weiteren Nachbarschaft wird er abgewandelt zu einem Pferd mit einem Reiter, der einen Palmzweig trägt (Kat.-Nr. 147, 152, 153), später und vor allem weiter im Binnenland zum Reiter mit einer Lanze, dem häufigsten Emblem in der nordostiberischen Münzprägung (Kat.-Nr. 154, 160, 161). Im Südwesten werden Münzen phönizischer Städte, vor allem von Gades (Cádiz), mit dem Thunfisch und mit dem Delphin zum Vorbild. Diese beiden Tiere wurden tiefer im Binnenland, wo nicht der Fischfang, sondern der Ackerbau die Existenzgrundlage bildete, zu einer Ähre und zu einem Pflug umgedeutet (Kat.-Nr. 158).

Einführung

Ein neuer Blick auf die iberische Kultur

Carmen Aranegui Gascó/Jean-Pierre Mohen/Pierre Rouillard/Christiane Éluère

Kopf eines Kriegers vom Cerrillo Blanco, Porcuna; 1. Hälfte 5. Jahrhundert v. Chr.; hellgelber Kalkstein; Höhe: 37 cm; Museo Provincial, Jaén. Kat.-Nr. 16

Die Entdeckung der Iberer, ihrer Kunst und ihrer Kultur ist der historischen Forschung und der modernen Archäologie zu verdanken. Die ersten iberischen Skulpturen wurden vor knapp einem Jahrhundert gefunden. Diese Ausstellung will sich nicht nur auf diese Zeit konzentrieren, sondern von regionalen Phänomenen und Grenzen absehen und zum ersten Mal eine übergreifende Sicht auf die Kultur der Iberer vermitteln, die sich vom ausgehenden 6. Jahrhundert v. Chr. bis zum 2./1. Jahrhundert v. Chr. in dem Gebiet zwischen Andalusien und dem Languedoc entwickelte. Die Ausstellung zeigt besonders die bei den jüngsten Ausgrabungen gefundenen außergewöhnlichen Stücke, die das Bild des Primitiven, das der iberischen Kunst lange Zeit anhaftete, korrigieren sollen. Die künstlerische Vitalität der Iberer, die Originalität der iberischen Vasenmalerei und der späten Bildhauerei unter der Herrschaft Roms nach dem Zweiten Punischen Krieg (218–202 v. Chr.) war außergewöhnlich.

Was empfindet der Betrachter, wenn er vor der beeindruckenden Skulpturengruppe vom Cerrillo Blanco de Porcuna (Jaén) steht, dieser außergewöhnlichen Entdeckung, die in den Jahren zwischen 1975 und 1979 im iberischen Teil Andalusiens gemacht wurde? Etwa 2000 Fragmente von Kalksteinskulpturen ließen auf Plastiken schließen, die für die Dekoration von Gräbern geschaffen worden sind. Diese Denkmäler hatten heroische Themen zum Inhalt, die vermutlich auf das Jenseits anspielten. Sie stammen aus dem 5. Jahrhundert v. Chr., einer Epoche, in der Skulpturengruppen – teilweise aus gebranntem Ton – auch in Griechenland und in Etrurien eine Blütezeit erlebten. Der Auftraggeber für ein solches Projekt war ein iberischer Fürst: Die Ikonographie (Bekleidung, Waffen, reale und phantastische Tiere) fügt sich nahtlos in die iberische Kultur, wie sie seit Mitte des 6. Jahrhunderts v. Chr. bekannt ist, ein.

Diese Entdeckung bestätigt die Ergebnisse der aktuellen Forschung, die deutlich gemacht hat, daß schon in frühgeschichtlicher Zeit auf der Iberischen Halbinsel eine hohe kulturelle Entwicklung vorhanden war. Während die Ausgrabung der Nekropolen von Galera, La Toya, Baza oder Pozo Moro bereits eine große Vielfalt bei den Grabanlagen gezeigt hat, lassen die Untersuchungen der iberischen Siedlungen ebenfalls auf eine hierarchische Organisation schließen. Ab dem 4. Jahrhundert v. Chr. wird die Vormachtstellung einiger Siedlungen über andere durch ihre unterschiedliche Größe, unterschiedlichen Wohlstand und unterschiedliche Funktion deutlich. Es zeigte sich, daß Rom Ende des 3. Jahrhunderts v. Chr. auf eine iberische Kultur traf, die sich durch gut organisierte Städte und klar voneinander abgegrenzte Gebiete auszeichnete, so daß die Römer sie leicht an die eigene Kultur anpassen konnten.

Zu einem bestimmten Zeitpunkt am Anfang des 5. Jahrhunderts v. Chr. und in privilegierten Gebieten, wie Oberandalusien, der Mancha, Murcia und Alicante, zeigt sich eine ausgeprägt hierarchische Gesellschaft mit einem Fürsten an der Spitze. Gleichwohl befand sich auch das übrige iberische Gebiet auf einem hohen kulturellen Niveau, das je nach Regionen und Epochen variieren konnte. Davon zeugen nicht nur die Fertigungstechniken, sondern auch das repräsentative Erscheinungsbild der Sand- bzw. Kalksteinplastik oder der Keramik.

Die Ausstellung beginnt chronologisch mit den iberischen Großplastiken, welche zu den originellsten Kunstwerken gehören, die in der Eisenzeit im Mittelmeerraum geschaffen wurden. Die idealisierende Wiedergabe des Helden-Kriegers, des Jägers, der *Damas* oder der Würdenträger läßt sich einerseits mit der besonderen Beziehung der Iberer zu den benachbarten Kulturen und Bevölkerungsgruppen erklären und andererseits mit der Konsolidierung von Machtstrukturen, die sich aus der Organisation ihres eigenen Territoriums ergab. Dies sind die beiden wichtigsten Aspekte bei der Definition einer eigenständigen iberischen Kultur. Dabei muß noch einmal festgehalten werden, daß sich die iberische Kultur in einem reichen Umfeld mit vielfältigen Kontakten zu den Zivilisationen des Mittelmeerraums entwickelte, wobei sicherlich nicht allein die äußeren Einflüsse die iberische Kultur hervorbrachten: Die Iberer übernahmen zunächst orientalische Vorbilder und Stilelemente sowie von der Archaik und der griechischen Frühklassik inspirierte Formen, später adaptierten sie punische und italische Anregungen. Die Kunstwerke, die so entstanden, unterscheiden sich deutlich von den Werken aus anderen, stärker kolonisierten Gebieten. Die Iberer zeigten sich in ihrer Formensprache autonom, was vor allem der Tatsache zu verdanken ist, daß ihre kulturelle Entwicklung so früh begonnen hatte.

Die iberische Kultur ist das Ergebnis verschiedener Prozesse, die sich am Ende der Bronzezeit vollzogen und denen der Kontakt mit den Phöniziern seit dem 8. Jahrhundert v. Chr. neue Impulse gab. Ausgehend von ihren Kolonien an der Südküste der Iberischen Halbinsel, trieben die Phönizier im gesamten westlichen Mittelmeerraum Handel. Infolgedessen trafen die Griechen aus Phokäa, als sie in den äußersten Westen segelten, auf ein Gebiet, das einen sehr hohen Entwicklungsgrad aufwies, wie ihn Herodot (I, 163) in seinem Bericht über den König Arganthonius schildert. Iberien war bereits nicht mehr nur ein unerforschtes Land, das wegen seiner reichen Bodenschätze das Interesse der Mittelmeervölker auf sich zog, sondern ein gut erschlossenes Handelsgebiet, vor allem im Tal des Guadalquivir und im nordöstlichen Gebiet zwischen dem Ebro und dem Languedoc. Aufgrund dieser Gegebenheiten nahmen die Iberer, vor allem ab der Mitte des 5. Jahrhunderts v. Chr., auch als Lieferanten und Käufer am Handel mit attischen Produkten teil und entwickelten eine intensive Nachfrage nach attischen Vasen, die als Trinkgeschirr für den Konsum von Wein begehrt waren.

Doch zur gleichen Zeit sah sich die iberische Kultur einer ganzen Reihe neuer Erfahrungen gegenüber, sowohl im technischen Bereich auf dem Gebiet des Handwerks als auch auf kultureller Ebene, etwa durch die Schrift. Diese Erfahrungen führten größtenteils zu einer einfachen, archaischen Stilsprache, wie sie einer Gesellschaft eigen ist, die auf bestimmten Gebieten keine eigenen Traditionen hat. In der Architektur, der Stadtplanung und auch bei der Keramikherstellung, wo man die Technik des Firnis noch nicht kannte, entstanden in dieser Epoche Werke, die durch die Einfachheit der technischen Möglichkeiten geprägt waren. Auch die religiösen Vorstellungen, die sich in den Bronze- und Terrakottavotiven spiegeln, scheinen einfach und unprätentiös gewesen zu sein.

Um den einzigartigen Charakter der iberischen Kultur richtig beurteilen zu können, muß man sie im Gesamtzusammenhang der frühgeschichtlichen Kulturen des westlichen Mittelmeerraums betrachten. Man darf aber auch das verblüffende Nebeneinander von Überschwang und Einfachheit nicht übersehen und nicht vergessen, daß die Iberer eine eigene Gesellschaftsordnung entwickelten und auf die Selbstdarstellung ihrer führenden

Schicht großen Wert legten. Dieser gesellschaftsimmanente Prozeß vollzog sich in regionalen und entwicklungsgeschichtlichen Varianten und erwies sich im südöstlichen Bereich der Iberischen Halbinsel als besonders dynamisch. Die Beziehungen zwischen diesen Regionen blieben gleichwohl erhalten, was schon die Tatsache belegt, daß man dort überall die gleiche Sprache verwendete. Es ist kein Zufall, daß die Hauptverkehrsader, die von Norden nach Süden entlang der Mittelmeerküste verläuft, den Süden der Meseta durchquert, das Tal des Guadalquivir und schließlich Cádiz erreicht, ursprünglich eine iberische Straße war. Die gleiche Route benutzte Hannibal, viel später wurde sie für die Römer zur *Via Augusta.*

Unsere Reise in die iberische Vergangenheit verläuft entlang einer chronologischen und thematischen Route. An ihrem Anfang stehen einige orientalisierende Stücke aus Bronze und Ton, die auf iberischem Boden nach orientalischen Vorbildern geschaffen wurden. Im 5. Jahrhundert v. Chr. entstanden die im eigentlichen Sinne iberischen Skulpturengruppen aus Elche (Alicante) und Porcuna (Jaén). Die Siedlungsformen unterschieden sich in den einzelnen Regionen deutlich voneinander, und so zeigen wir drei Beispiele, und zwar aus Andalusien, dem »Pais Valenciano« und Katalonien. Anhand dieser Modelle kann der Betrachter sich ein fundiertes Urteil über die für jede Kulturzone so wichtigen Aspekte wie den Städtebau und die Hausformen bilden. Die wirtschaftlichen und kulturellen Beziehungen zu anderen Kulturen des Mittelmeerraums spiegeln der Transport und Austausch von Handelswaren und Schriftzeichen, die zwar verschiedene Transaktionen dokumentieren, deren Bedeutung aber noch im dunkeln liegt. Einen weiteren kulturellen Fortschritt für die Iberer stellt die ab dem 3. Jahrhundert v. Chr. einsetzende eigene Münzprägung dar.

Im Totenkult spiegelt sich die Gesellschaft mit ihren Hierarchien, gleichzeitig waren die Nekropolen der Ort, an dem die Bildhauer im 5. und 4. Jahrhundert ihre Fähigkeiten entfalteten. Was die Religiosität der Iberer betrifft, so sind es vor allem die von den Archäologen entdeckten Votive, die uns über diesen Bereich Auskunft geben können. In den Heiligtümern fanden sich auch Steinskulpturen, die Votive aus Bronze oder Terrakotta bezeugen jedoch eine erheblich größere stilistische Vielfalt.

Am Ende der Ausstellung werden die Skulpturen von Osuna (Sevilla) gezeigt. Sie gelten als Beweis für die Kontinuität iberischer Schaffenskraft unter römischer Herrschaft vor den großen Reformen des Augustus.

Das Ziel der Ausstellung ist es, einen Dialog zwischen der iberischen Kultur, die zahlreiche Gemeinsamkeiten mit anderen klassischen antiken Kulturen aufweist, und dem europäischen Publikum in Gang zu bringen. Doch wird der Betrachter auch verstehen, daß nicht allein die Summe dieser Bezüge den Schlüssel für das Verständnis der iberischen Kultur liefert, die originell und ausdrucksstark und in vielen ihrer Schöpfungen einzigartig ist.

Die Völker der Iberischen Halbinsel im 2. Jahrhundert v. Chr. und die iberischen, phönizischen und griechischen Fundstätten

ILERGETES Iberische Völker
ASTURES Keltische und keltisierte Völker
● Iberische Orte und Fundstätten
■ Moderne Städte
● Griechische Orte und Fundstätten
● Phönizische und punische Orte und Fundstätten

Karte: Carlos Sánchez, Casa de Velázquez

Die Iberer und ihre Nachbarn

Die Iberer aus der Sicht der Iberischen Halbinsel

Carmen Aranegui Gascó

Gruppe eines vom Pferd gestiegenen Reiters, der einem besiegten Gegner gegenübersteht (Detail: besiegter Krieger), vom Cerrillo Blanco, Porcuna;
1. Hälfte 5. Jahrhundert v. Chr.; hellgelber Kalkstein; Höhe: 90 cm; Museo Provincial, Jaén.
Kat.-Nr. 18

Im Vorwort zur ersten modernen Abhandlung über die Iberer (Arribas 1965), das von Maluquer de Motes verfaßt wurde, heißt es: »Die allzu sehr vereinfachte Frage nach dem ›Ursprung‹, wie sie sich bei jedem Volk und jeder Kultur stellte, wurde aufgegeben in dem Grade, in dem der Fortschritt der Forschung die enorme Komplexität aller historischen Prozesse sichtbar machte. Folgerichtig wurde die traditionelle Frage nach dem Ursprung durch die Frage nach der Ausbildung eines Volkes oder einer Kultur abgelöst.« Diese Sätze befreien uns von einer Betrachtungsweise, die bis zu diesem Zeitpunkt das Verständnis der iberischen Kultur erschwert hatte. Die Konzentration auf Afrika als Ursprungsland, die in der archäologischen Forschung der ersten Hälfte des 20. Jahrhunderts vorherrschte, ging von der Zuwanderung von Volksstämmen aus Nordafrika aus und betrachtete die iberische Kultur als den fortschrittlichsten Vertreter eines von außen eingewanderten Volkes. Auf der anderen Seite stand die Überbewertung der Kolonisierung oder auch der keltischen Wanderungsbewegungen als Impulse des kulturellen Wandels, wobei jede Errungenschaft der iberischen Kultur als Beitrag der Phönizier, Griechen, Karthager, Kelten oder Römer betrachtet wurde. Im Gegensatz zu diesen beiden Ansätzen standen diejenigen, die, von einem romantischen, ursprünglichen und grundsätzlichen Nationalismus getragen, für die Autonomie des Phänomens »Iberien« eintraten. Da der Positivismus auf die Erforschung des Iberischen kaum Auswirkungen hatte und in Spanien in den 40er bis 60er Jahren ein extremer Nationalismus herrschte, verkamen diese Standpunkte zu einem Streit zwischen zwei Parteien: den »Iberisten« und den »Keltisten«. Damit wiederholte sich, explizit oder unausgesprochen, die Konfrontation der »zwei Spanien« des Antonio Machado, bei der sich Ideologien und keine wissenschaftlichen Ansätze gegenüberstanden. Vor diesem Hintergrund gewinnt das Zitat von Maluquer de Motes an Bedeutung, das für die wissenschaftliche Reflexion eines historischen Prozesses eintritt, der vorangegangene Epochen fortsetzt und Neues, Fremdes assimiliert und dabei deutlich mediterrane Züge trägt.

Ein pluralistisches kulturelles System

Jeder Zugang zur Kultur der Iberer muß von der Vielfalt als Voraussetzung ausgehen. Das Hügelland des Empordá und Rosselló bis hin zum Fluß Aude, die alluvialen Formationen der Mündung des Llobregat und des Ebro, das Ödland des Iberischen und Paenibaetischen Massivs, die Mancha oder die Kulturlandschaft Andalusiens – jedes für sich repräsentiert so viele Landschaftsformen, Mikroklimata und natürliche Lebensbedingungen, daß sie die erwähnte Pluralität evident machen. Im Blick auf die iberische Kultur ist es seit

Gruppe eines vom Pferd gestiegenen Reiters, der einem besiegten Gegner gegenübersteht (Detail: der Reiter), vom Cerrillo Blanco, Porcuna; 1. Hälfte 5. Jahrhundert v. Chr.; hellgelber Kalkstein; Höhe: 90 cm; Museo Provincial, Jaén. Kat.-Nr. 18

der Bronzezeit im 2. Jahrtausend die Abgrenzung dieser Landschaften, die die kulturelle Parzellierung des iberischen Raumes zur Folge hatte: in Richtung auf den Atlantik, über die Pyrenäen nach Norden, oder in nördliche und südliche Gegenden des westlichen Mittelmeerraums mit ihren unterschiedlichen regionalen Entwicklungen. Nach 900 v. Chr. entsteht in Huelva, dem Zentrum der tartessischen Metallgewinnung, ein hochwertiges Kunsthandwerk (Schmuck, Bronzen, Elfenbein und Keramik), das für die einheimische Gesellschaft bestimmt ist (Fernández Jurado 1988–1989). Parallel dazu gewinnt in der nordwestlichen Mittelmeerzone der Halbinsel der Anbau von Weizen und Gerste an Bedeutung, erkennbar an den Getreidesilos, die dort gefunden wurden; ihre Ausdehnung bis zum Ebro läßt auf einen zweiten offenen Wirtschaftsraum aus der Zeit vor der iberischen Kultur schließen (Maya 1993, 7–20).

Die wechselseitigen Beziehungen zwischen den verschiedenen Handelspartnern entlang der gesamten Mittelmeerküste und die Aufnahme immer neuer kultureller Impulse leiten nun eine spektakuläre Entwicklung ein: Das Gebiet, das sich vom südlichen Andalusien bis zum Languedoc erstreckt, wird ungefähr um 600 v. Chr. zum eigentlichen Raum für die iberische Kultur, gegliedert in drei Bereiche: den Norden, das Zentrum und den Süden.

Die unterschiedlichen regionalen Formen der iberischen Kultur haben indessen die Suche nach dem, was diesen verschiedenen Regionen gemeinsam sein könnte, keineswegs behindert. Im Gegenteil: der Gebrauch einer eigenen vorlateinischen Schrift hat zur klaren Abgrenzung eines iberischen Sprachraums geführt, wenn auch bekanntlich die iberi-

Die Siedlung von San Antonio de Calaceite (Teruel)

sche Sprache über die Handelskontakte in entlegenere Gebiete jenseits des iberischen Kulturraums gelangt ist; es ist also zu beachten, daß das Iberische als Sprache oder in Gestalt seiner Schrift auch außerhalb seiner eigentlichen Grenzen verwendet werden konnte. Ferner springt die frühe Verwendung von Münzen im ganzen iberischen Gebiet ins Auge, und dasselbe gilt für den Gebrauch der Töpferscheibe, mit der seit dem 6. Jahrhundert v. Chr. Keramik hergestellt wird, für den Fortschritt in der Werkzeugherstellung durch die Einführung des Eisens ab dem 5. Jahrhundert v. Chr., für die Verbesserung der Wohnkultur und der Befestigungsanlagen und für die enorme Aufnahmebereitschaft für importierte Güter an der Küste und im Inland – dies alles trug zur Ausformung der iberischen Kultur im Kreise ihrer Nachbarvölker bei.

Kontinuität und Diskontinuität

Die Herausbildung der iberischen Kultur läßt sich nicht ohne Einbeziehung der mittleren Bronzezeit als entferntem Vorläufer verstehen, auch wenn die ununterbrochene Besiedlung von Orten über einen so weiten Zeitraum kaum einmal festgestellt werden konnte. Während der späten Bronze- und der beginnenden Eisenzeit werden neue Siedlungszentren geschaffen. In diesem Zeitraum ist auch der Beginn der iberischen Kultur anzusetzen. Das Bild der Ansiedlungen spiegelt trotz der zahlreichen Unterbrechungen in der Besiedlung eine große Dynamik wider.

Die Siedlung von Ullastret (Gerona)

Im Süden sind die Anfangsphase der tartessischen Kultur und die orientalisierende Epoche gut dokumentiert, gegliedert in eine ältere, eine mittlere und eine späte Phase (8. Jahrhundert, 7. Jahrhundert, 6. Jahrhundert v. Chr.). Die zunehmende Präsenz der Phönizier bis in das Tal des Guadalquivir hinein und entlang der mittleren und nördlichen Küstengebirge am Mittelmeer ist unübersehbar (Aubet/Delgado, im Druck), ebenso der Versuch, ein Handelsnetz für die Gewinnung einheimischer Rohstoffe aufzubauen, ausgehend von sogenannten »Palastzentren« (Celestino/Jiménez 1993), die gelegentlich von komplexen Befestigungsanlagen umgeben waren. Einen neuen Schub erhielt die Entwicklung durch den Zustrom von Elementen der europäischen Urnenfelderkultur nach Katalonien, begleitet von Bevölkerungsverschiebungen, die an der Gründung von Siedlungen mit neuartigem Grundriß zu beobachten sind, zuweilen versehen mit Speichern, in denen für den Mittelmeerhandel bestimmte Güter gelagert werden konnten (Mascort/Sanmartí/Santacana 1991). Jedoch noch vor dem ausgehenden 6. Jahrhundert v. Chr. beginnt der Niedergang dieses expansiven orientalisierenden Modells: Alle Ausgrabungen zeigen die Aufgabe oder Zerstörung der für diese Zeit typischen Siedlungsstrukturen. Aus dieser Krise erwuchs die iberische Kultur.

In der ersten Phase (6. und 5. Jahrhundert v. Chr.) bewahrt die iberische Kultur noch bestimmte Merkmale ihrer unmittelbaren Vorgänger; allerdings verlagern sich jetzt ihre aktivsten Zentren vom Westen weiter in den Osten der Halbinsel: Oberandalusien und die heutigen Provinzen Albacete, Murcia und Alicante auf der einen Seite und das untere Ebrotal auf der anderen beweisen die Fähigkeit zum kulturellen Wandel. Die soziale Ent-

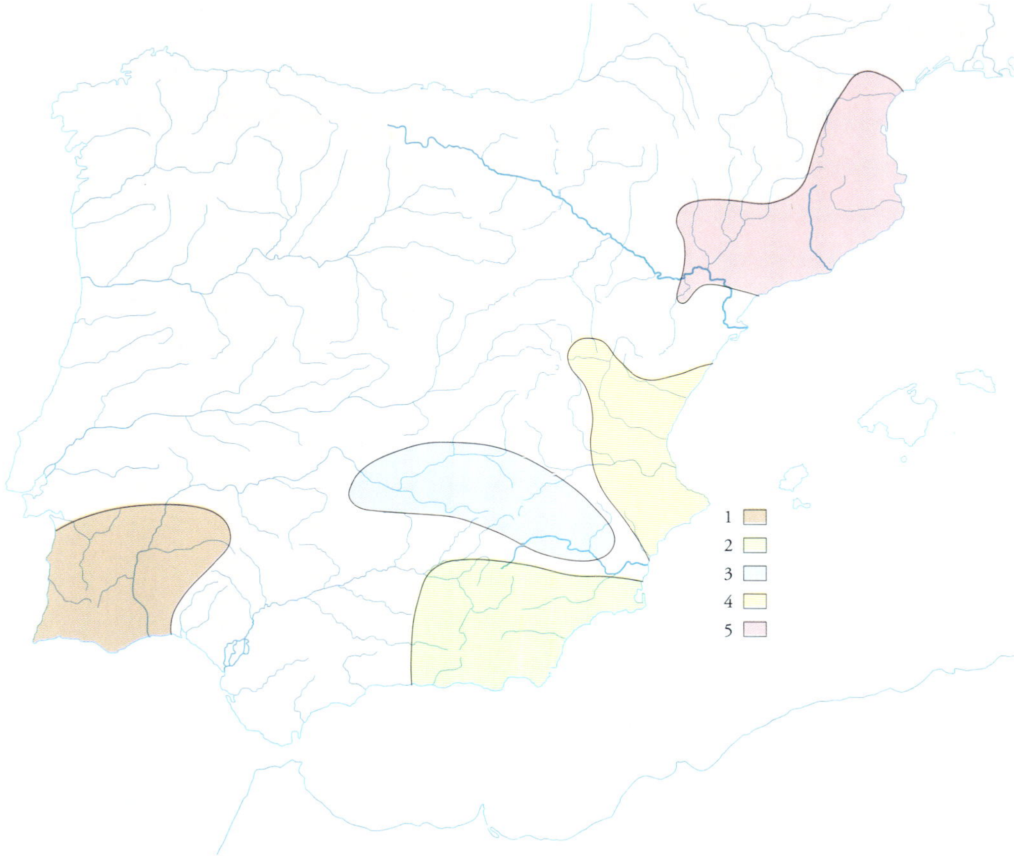

Die mittlere Bronzezeit auf der Iberischen Halbinsel (1500–1200 v. Chr.)
1 Südwestliche Gruppe
2 Gruppe von El Argar
3 Die »motillas« der südlichen Meseta
4 Valencianer oder levantinische Gruppe
5 Katalonische Gruppe und der Südwesten Frankreichs

wicklung führte allerdings in diesen beiden Gegenden zu Resultaten von unterschiedlichem Niveau. Nur im südlichen Teil wurden monumentale Grabkammern gebaut, die mit ihrem Skulpturenschmuck zeigen, daß der zunehmende Reichtum zu »fürstlichen« Herrschaftsformen geführt hat, wie sie charakteristisch für weiter fortgeschrittene prähistorische Gesellschaften sind.

Die zweite Phase der iberischen Kultur (4. und 3. Jahrhundert v. Chr.) besteht in der Überwindung der aristokratischen Exklusivität zugunsten der Stadt. Es ist die Zeit der Vorrangstellung der städtischen gegenüber der ländlichen Gesellschaft, die in der Errichtung von Heiligtümern ihren sichtbaren Ausdruck findet. Die Iberer gliedern sich in die Mittelmeerkulturen ein, greifen punische Einflüsse, vor allem aus Ibiza, auf, ebenso auch Elemente der La-Tène-Kultur, die sich in Objekten aus Metall und einigen rituellen Gebräuchen zeigen, die sich im Kontext einer Hellenisierung von Emporion aus verbreitet haben (Sanmartí 1994, 335–351). Auch Kontakte nach Italien werden durch den Austausch von Keramik und Amphoren deutlich. Es ist die Periode der größten Verbreitung der *Falcata,* der Schrift, der grauen monochromen Ware und der bemalten iberischen Keramik (Pons 1993, 103–128; Ugolini 1993). Das Ende dieser Phase fällt mit dem Zweiten Punischen Krieg zusammen.

Die dritte Epoche (2. und 1. Jahrhundert v. Chr.) ist gekennzeichnet durch eine von Rom aus verwaltete iberische Gesellschaft, die sich zu römischen Vorbildern hinwendet. In dieser Situation zeichnet sich der iberische Kulturraum durch größere Stabilität aus als der atlantische oder keltiberische Bereich der Iberischen Halbinsel. Seine städtische Organisationsform sowie seine Beziehungen zur Außenwelt erleichtern den reibungslosen Umgang mit Rom. Kunstformen und funktionale Gegenstände setzen in dieser Zeit ihre

Tejada la Vieja (Huelva)

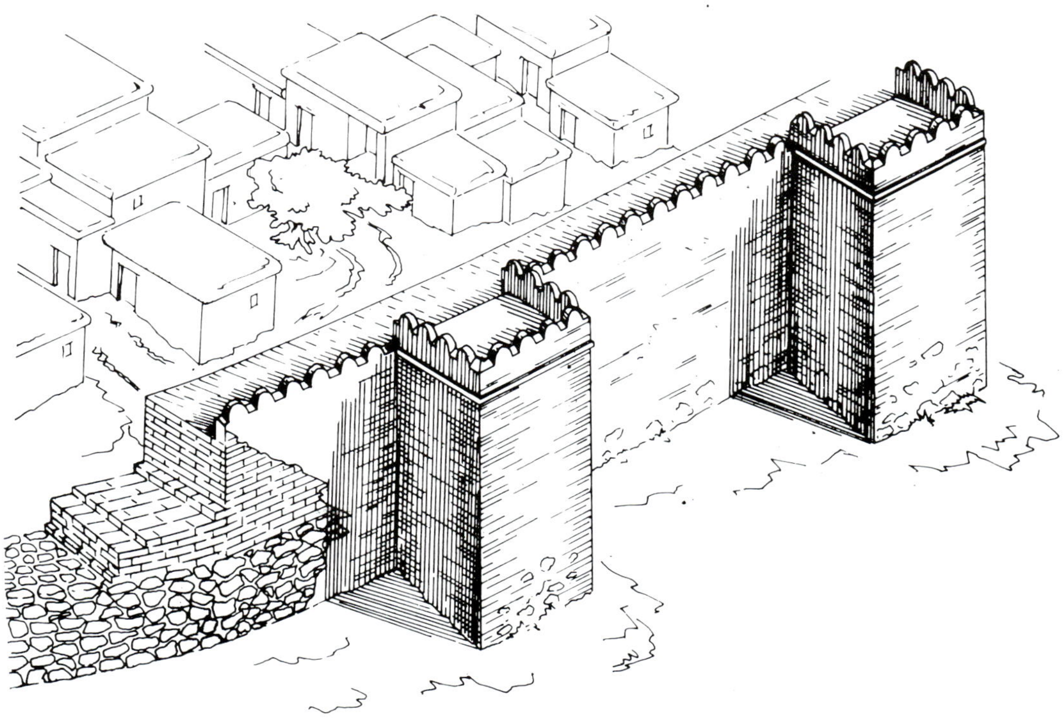

Die Befestigung von La Bastida de Les Alcuses, Mogente (Valencia) (nach H. Bonet und E. Díes Cusí)

Tumulus Nr. 19 (mit Reiterskulptur und Silicernium) von Los Villares, Hoya Gonzalo (Albacete)

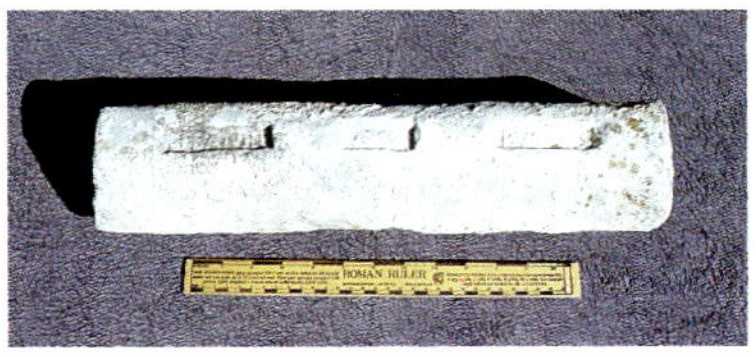

Bleibarren aus Carthago Nova (Cartagena) mit Stempel »LL Planius«

Entwicklung fort; einige iberische Produkte finden sich auf den Märkten, die Rom, jetzt Herrin des Mittelmeers, erobert hat. Während der *sombrero de copa* ein bescheidener Vertreter dieser Beteiligung am Handel ist, ebenso wie auch die Amphoren für den Weintransport, die die Produktionskapazität des Landes zwischen Llobregat und Ebro erkennen lassen, sind es zweifellos die Silberbergwerke von Carthago Nova und der Metallhandel, die den iberischen Raum für Investoren besonders attraktiv machen. Damit wird nun bald die letzte Seite der kleinen großen Geschichte der iberischen Kultur aufgeschlagen.

Die Iberer, Fürsten des Westens

Die intensive Kommunikation mit dem Orient und Griechenland, das Aufgreifen einer mit der tartessischen Kultur begonnenen Entwicklung, die Rolle des Bindeglieds zwischen Norden und Süden im westlichen Mittelmeerraum, die Nähe des Atlantischen Ozeans – all dies erzeugt in Iberien eine Kultur von großer Eigenständigkeit. Die moderne Forschung erkannte Grundformen, die typisch für komplexe Herrschaftsformen sind, und gelangte so zu einer tiefgreifenden Neubewertung der vorrömisch-iberischen Geschichte. Bei den Völkern, deren Namen durch die antiken Schriftsteller überliefert sind, wurde eine hierarchische Organisation sichtbar, ihre Gräber, Heiligtümer und Städte bestätigen das Vorhandensein klar strukturierter politischer Formen. Der iberische Raum erscheint als Kern einer Zivilisation und keineswegs nur als Empfänger von Einflüssen anderer Kulturen, und das ist es, was uns erlaubt, die Dinge, die in dieser Ausstellung gezeigt werden, als Selbstzeugnisse der iberischen Geschichte vorzustellen, denen man zuhören muß, wie sie mit ihrer eigenen Stimme zu uns sprechen.

505

Die Iberer und ihre Zeitgenossen

Jean-Pierre Mohen/Pierre Rouillard/Christiane Élvère

Wolf aus El Pajarillo, Huelma (Jaén); Anfang 4. Jahrhundert v. Chr.; gelblicher Sandstein; Höhe: 50,5 cm; Museo Provincial, Jaén. Kat.-Nr. 47

An der Küste des Mittelmeeres hatte die iberische Kultur Anteil an zwei Welten, an der des Meeres und an der des Festlandes, das Mittelmeer und Atlantik voneinander trennt. Der Raum, in dem die Iberer lebten, war zugleich ein Ort des Ausgleichs und der Begegnung, denn hier grenzten verschiedene Völker und Kulturen aneinander. Allerdings ist in diesem Bereich das Bild, das wir uns von den verschiedenen Völkern machen können, die Kontakt zu den Iberern hatten, uneinheitlich: Die Griechen, die sich in einem begrenzten Sektor des Mittelmeerraums und in kleinen Gruppen im äußersten Westen ansiedelten, haben ihre Geschichte selbst überliefert, während uns alle anderen Völker – die Phönizier, Etrusker, Tartessier, Punier, Kelten und Iberer, alles nichtgriechische Völker – nur indirekt durch griechische oder römische Schriftquellen oder die Archäologie bekannt sind – wir können uns nur eine sehr undeutliche Vorstellung von ihnen machen. Zunächst sei das Bild wiedergegeben, das die Griechen von ihren westlichen Nachbarn zeichneten. Daran anschließend werden wir unter Einbeziehung archäologischer Daten versuchen, diejenigen Zeitgenossen der Iberer vorzustellen, deren nächste Partner sie waren.

Die Sicht der anderen

Um die Position zu rekonstruieren, die die Iberische Halbinsel in den griechischen Vorstellungen einnahm, muß man die verschiedenen literarischen Überlieferungen über die westlichen Grenzen eines sich zumindest bis zur römischen Eroberung ständig weiter ausdehnenden Mittelmeerraums betrachten. Auch wenn der Dialog zwischen Orient und Okzident im Mittelpunkt steht, kann die Darstellung sich keinesfalls auf den Austausch mit der griechischen Welt allein beschränken, denn ein noch fernerer Orient, der der Semiten, ist noch jenseits der Meerenge von Gibraltar präsent. Von Homer bis Avienus, von Herodot bis Strabo, von Hesiod bis Ephoros ist der ferne Westen ständig gegenwärtig, aber der Blickwinkel, aus dem diese Autoren die einzelnen Gebiete betrachteten, hat sich laufend verändert; in jedem Augenblick sehen die betrachteten Regionen anders aus, entsprechend dem mehr oder minder bedeutenden Platz, den sie jeweils einnehmen. Eine radikale Veränderung in der Beurteilung der Iberer von außen, vor allem durch die Griechen und Römer, trat mit den Punischen Kriegen ein, als die Iberische Halbinsel als aktiver Partner an den Konflikten im Mittelmeerraum teilzunehmen begann.

Verwundeter Krieger mit herabsinkendem Schild vom Cerrillo Blanco, Porcuna; 1. Hälfte 5. Jahrhundert v. Chr.; hellgelber Kalkstein; Höhe: 84 cm; Museo Provincial, Jaén. Kat.-Nr. 20

Der äußerste Westen – die Meerenge von Gibraltar, der tartessische Raum – zog als erstes die Fremden an. Hier lag das Ziel der ersten Erkundungsfahrten der Phönizier und Griechen. Das an Metall reiche Tartessos war zweifellos das *Tarschisch* der Bibel; am Rande dieses Gebietes, auf dem Küstenstreifen zwischen Cádiz und Málaga, gründeten seit dem

*Sphinx aus Los Higuerones,
Castulo (Jaén);
Anfang 7. Jahrhundert v. Chr.;
Bronze; Höhe: 9,7 cm;
Museo Arqueológico, Linares.
Kat.-Nr. 2*

*Tanzender Silen aus Capilla
(Badajoz); 500/450 v. Chr.;
Bronze; Höhe: 11,2 cm; Museo
Arqueológico Nacional, Madrid.
Kat.-Nr. 38*

8. Jahrhundert v. Chr. oder vielleicht sogar schon früher die Phönizier immer neue Faktoreien. Zur selben Zeit unterhielten auch die Euböer ohne jede Feindseligkeit gegenüber den Phöniziern Handelsbeziehungen mit der Halbinsel und nannten die Meerenge nach einem mit Euböa verbundenen Heros, Briareos. Der Kosmos fand dort, in Gestalt des Atlas, eine seiner Stützen; schließlich stellt diese Region – von Herakles erobertes Land – den Endpunkt des griechischen Einflußgebietes dar: Hier raubte Herakles die Rinder des Ungeheuers Geryon, Sinnbild für den Sieg über die Barbaren.

Das 6. Jahrhundert v. Chr., gegen Ende der archaischen Epoche, ist die Zeit, in der sich der dynamische Pol der Halbinsel von Süden nach Osten verlagert. In jener Zeit, als man aus dem Gebiet von Tartessos in das Gebiet der späteren iberischen Kultur hinüberwechselte, taucht Europa zum ersten Mal aus der Anonymität auf, dank antiken Historikern und Geographen, die uns die Namen verschiedener Bevölkerungsgruppen überliefert haben.

Das Bild, das die griechischen und später die römischen Historiker und Geographen von diesem Gebiet zeichneten, war sehr konfus, und sie hatten zusätzlich mit einer Schwierigkeit zu kämpfen, die die antiken Schriftsteller mit den heutigen gemeinsam haben: Man weiß nicht, wie die Völker der Halbinsel sich selbst nannten. Vor dem Beginn der römischen Eroberung, etwa um das Jahr 200 v. Chr., verband man mit den Wörtern »Iberer« und »Iberien« verschiedene Bedeutungen. Diese Namen bezeichneten im 6. und 5. Jahrhundert v. Chr. einen von mehreren im äußersten Westen lebenden Stämmen. Wenn man aber Avienus, Thukydides oder Pseudo-Skymnos folgt, dann bewohnten diese Iberer auch andere Gebiete, wie Andalusien oder die Ufer des Júcar in der Region von Valencia. Dieselben Begriffe wurden auf eine Nation, eine Gemeinschaft bezogen, die sich, dem Mythographen Herodoros von Herakleia zufolge, der im 5. Jahrhundert v. Chr.

Priester oder Gottheit (Ptah?); Cádiz; 8./7. Jahrhundert v. Chr.; vergoldete Bronze; Höhe: 13 cm; Museo Arqueológico Nacional, Madrid

Oinochoe aus dem Schatz von La Aliseda (Cáceres) mit hieroglyphischen Inschriften; 8./7. Jahrhundert v. Chr.; Glas; Höhe: 15 cm; Museo Arqueológico Nacional, Madrid

Attische Vasen aus Grab Nr. 19 von Los Villares, Hoya Gonzalo (Albacete): Oinochoe und Kantharos, Typ Saint-Valentin; 430/400 v. Chr.; Ton; Museo de Albacete.
Kat.-Nr. 182

lebte, in verschiedene Stämme gliederte. Von Polybios bis Strabo bezeichnete »Iberien« die gesamte Halbinsel: Das Wort hatte nun eine geographische Bedeutung und wurde zum Synonym für »Hispania«. Gleichzeitig begannen die antiken Autoren die Namen der Völker zu überliefern, die diese Einheit bildeten; erst durch die Teilnahme am Zweiten Punischen Krieg, in dem sie auf der Seite Roms oder Karthagos kämpften, nahmen die einzelnen iberischen Völker bei den griechischen und römischen Historiographen deutlicher Gestalt an.

Am Ende eines langen Prozesses (und nachdem endlich die Idee von einer »iberischen Rasse« aufgegeben worden war) konnten Historiker und Archäologen unseres Jahrhunderts, konfrontiert mit diesen antiken Texten, schließlich schrittweise eine konkretere Vorstellung von der iberischen Kultur entwickeln, die sich entlang der Mittelmeerküste vom Guadiana bis zum Hérault erstreckte: Dies ist die iberische Welt, auf die hier näher einzugehen sein wird.

Die Iberer und ihre Nachbarn am Beginn der europäischen Geschichte

Die Iberer waren eine von verschiedenen Kulturgemeinschaften, die sich während der Eisenzeit auf der Iberischen Halbinsel entwickelt haben. Die Kelten waren Nachbarn der Iberer, die sich am westlichen Rand des Mittelmeers niedergelassen hatten und von den klassischen Kulturen beeinflußt waren. Typisch für diese Kulturen des westlichen Mittelmeerraums waren die Entwicklung von städtischen Lebensformen, steinerne Monumentalarchitektur, auf der Töpferscheibe gedrehte, oft reich verzierte Keramik sowie ein ausgiebiger Gebrauch der Schrift. So entstand die iberische Kultur in einer geographischen Zone verschiedenster Begegnungen. Wie integrierten sich die Iberer in den Kontext des frühgeschichtlichen Europa, und wie unterschieden sie sich von den anderen Völkern?

Wenn man von der Erwähnung der Phönizier und ihrer tartessischen Handelspartner im Alten Testament absieht, werden die verschiedenen Völker des westlichen Mittelmeerraums (und die Beziehungen zwischen ihnen) zum ersten Mal im 5. und 4. Jahrhundert v. Chr. erwähnt und geographisch eingeordnet. Sowohl Himilkon, ein Karthager, den wir durch die *Ora Maritima* (Verse 117, 383, 412) des Avienus kennen, eines Dichters aus dem 4. Jahrhundert n. Chr., der sich seinerseits wahrscheinlich auf eine Küstenbeschreibung, verfaßt von massaliotischen Seefahrern, aus dem 6. Jahrhundert v. Chr. stützte, als auch der griechische Historiker Herodot (I, 163; II, 33; IV, 49), der auf die Schriften des Hekataios von Milet zurückgreift, berichten von der Iberischen Halbinsel und ihren Bewohnern, den Tartessiern, Iberern und Kelten. Aber die ältesten Quellen, wie Herodot, liefern lediglich eine geographische Einordnung der Völker des fernen Westens; sie beschreiben weder Sitten noch Lebensgewohnheiten, das politische System oder religiöse Vorstellungen. Wir erfahren auch, daß die Iberer vor den Punischen Kriegen zu den antiken Kulturen außerhalb ihres eigenen Territoriums – in bescheidenem Umfang – Beziehungen unterhielten: Man trifft sie als Söldner in den Armeen Siziliens oder als Lieferanten von Fischprodukten in Athen.

Die Iberer und die Zivilisation der Eisenzeit

Die Iberer, wie sie sich zu Beginn der historischen Zeit darstellen, zeigen keine ethnischen Untergebilde, sondern bilden Gemeinschaften, die durch kulturelle Gemeinsamkeiten verbunden waren. Diese Kulturgemeinschaften fügen sich in die Eisenzeit in Westeuropa ein, in der man Metalle wie Gold, Silber, Bronze und Eisen kannte, die man zu Waffen, Schmuckstücken und Werkzeugen verarbeitete: Typische Metallgegenstände, wie Antennenschwerter und -dolche, Helme, Panzer und Beinschienen, Halsringe (Torques) und Fibeln mit Federmechanismus zum Schließen von Tuniken oder Mänteln sind nun überall in Europa verbreitet.

In der 1. Hälfte unseres Jahrhunderts interpretierten Archäologen wie Pere Bosch Gimpera die weite Verbreitung der Brandbestattung von Mitteleuropa bis zur Iberischen Halbinsel, vom Ende der Bronzezeit bis zum Beginn der Eisenzeit, als den Beweis für eine Indoeuropäisierung dieser Gebiete, die in mehreren aufeinanderfolgenden Wellen (wahrscheinlich drei oder vier) erfolgt sei. Inzwischen ist man zu dem Schluß gekommen, daß Nekropolen mit Aschenurnen, die man meist als »Urnenfelder« bezeichnete, ausschließlich ein Phänomen des Bestattungsritus sind und weder mit der Verbreitung einer indoeuropäischen Sprache – in diesem Fall des Keltischen – noch mit Invasionen von Völkern aus dem Osten in Verbindung standen. Diese These wird durch zahlreiche Einzeluntersuchungen der letzten Jahre über die regionalen Besonderheiten einzelner archäologischer Fundgruppen bestätigt. Auch die Besonderheiten der iberischen Bestattungsriten scheinen dies zu bestätigen.

Die Organisation des iberischen Lebensraumes mit seinen ländlichen Bereichen, befestigten Siedlungen, Heiligtümern und Nekropolen läßt auf eine strukturierte Gesellschaft schließen, wie man sie zumindest in der 2. Hälfte des letzten Jahrtausends v. Chr. in einem großen Teil Mitteleuropas findet.

Im 6. Jahrhundert v. Chr. ist in ganz Mitteleuropa eine ähnliche Entwicklung zu beobachten: Fürsten, die bisher von befestigten Burgen aus über ein weites Gebiet herrschten und sich in großen Grabhügeln mit vierrädrigen Wagen und aus dem Mittelmeerraum importierten Grabbeigaben bestatten ließen, werden von Häuptlingen abgelöst, die zwar in größerer Zahl regierten, aber sicherlich von bescheidenerem Rang und stets kriegerischen Idealen zugewandt waren. Auf der Iberischen Halbinsel läßt sich eine ähnliche Entwicklung beobachten: Die aufwendigen orientalisierenden Grabmäler im tartessischen Raum und einige iberische Grabbauten mit reichem Skulpturenschmuck aus dem 5. Jahrhundert v. Chr. im südöstlichen Teil der Halbinsel werden von Gräbern mit bescheideneren Beigaben abgelöst; in einem gewissen Grade scheint die Gesellschaft in diesen beiden Regionen egalitärer zu werden.

Die Iberer und ihre keltischen Nachbarn

Die Bedeutung lokaler Gegebenheiten wird besonders deutlich, wenn man sich der Frage nach den Keltiberern zuwendet, eine Bezeichnung, die seit der römischen Eroberung von den Historikern verwendet wird. Das politische Keltiberien stimmt allerdings nur annähernd mit dem kulturellen und dem archäologisch nachweisbaren überein: Das erstgenannte ist aus griechisch-römischen Schriftquellen bekannt und spiegelt sich in der Münzprägung; es erstreckte sich vom östlichen Rand der Meseta bis zum rechten Ufer des mittleren Ebro. Ein anderes Bild des keltiberischen Gebiets ergibt sich aus der Verbreitung von Objekten; es umfaßt auch die nördliche Meseta und einen großen Teil des Dourobeckens.

Beweise für die Präsenz der Kelten im Zentrum und im Westen der Halbinsel liefern uns die Ortsnamen; hier finden sich keltische Endungen auf »-briga«, im Osten und Süden nichtindoeuropäische Ortsnamen mit »ili-« oder »ilu-« sowie keltiberische (auch hispano-keltisch genannte) Texte wie die große Inschrift von Contrebia Belaisca bei Botorrita (Provinz Zaragoza) und zahlreiche *Tesserae hospitales*. Die Sprache zeichnet also eine deutliche Grenze, und Herodot erwähnt im 5. Jahrhundert v. Chr. Kelten im äußersten Westen der Halbinsel. Die nachweisbare Vielfalt der Bestattungssitten und der handwerklichen Erzeugnisse zeigt die Anpassungsfähigkeit der Kelten an unterschiedliche Umgebungen. Man sollte die Kelten nicht auf die La-Tène-Kultur reduzieren, denn es ist klar, daß im strengen Sinne latènezeitliche Produkte im Inneren der Iberischen Halbinsel sehr selten sind. Die archäologischen Funde zeugen vielmehr von internen kulturellen Veränderungen und Integrationsprozessen sowie zweifellos von einem auf einer »protokeltischen« Grundlage keltisierten westlichen Teil der Halbinsel.

Auf die materielle Kultur angewendet, bezieht sich der Begriff keltiberisch auf einen doppelten Akkulturisierungsprozeß, der von der keltischen und der iberischen Kultur des 4. Jahrhunderts v. Chr. ausging. In dieser Phase entwickelte sich ein eigenständiges Kunsthandwerk, für das bestimmte Kennzeichen charakteristisch sind: Keramik mit roter Bemalung auf hellem Grund mit Tier- und Pflanzenmotiven, mit silbernen Einlegearbeiten verzierte Eisenwaffen und Fibeln mit einer zoomorphen Ikonographie. Das 133 v. Chr. von den Römern zerstörte Numantia war einer der ergiebigsten Fundplätze solcher Arbeiten.

An den Küsten des Mittelmeers, im westlichen Languedoc und in Katalonien, beides iberische Gebiete, sah die keltische Präsenz anders aus. Keltische Gegenstände, oft latènezeitlich, vor allem Waffen und Fibeln, waren hier in großer Zahl vorhanden, und in Katalonien gab es Gottheiten, die keltische Namen trugen. In Ensérune bleibt die Frage nach ethnischer, linguistischer und kultureller Identität, angesichts der großen Anzahl von latènezeitlichen Beigaben in den Gräbern einerseits und der Inschriften in iberischem Alphabet und iberischer Sprache andererseits, die seit dem 4. Jahrhundert v. Chr. iberische, keltische und ligurische Namen enthalten, weiterhin ungeklärt.

Der Austausch zwischen Europa und dem Mittelmeerraum

Die Archäologie informiert uns genau über den Tauschverkehr zwischen den Iberern und dem prähistorischen Europa: Die Iberer benötigten Zinn und Bernstein, das sie aus dem Norden importierten. Das Mittelmeergebiet bot zweifellos weitere Produkte. Es lieferte zum Beispiel vom 6. bis zum 4. Jahrhundert v. Chr. in ständig zunehmender Zahl griechische Vasen, während noch nicht recht zu erkennen ist, was von den Iberern exportiert wurde. Belegt ist die Ausfuhr von Metallen und Getreide aus dem Ampurdán und für das 5. Jahrhundert v. Chr. von Fischsaucen von der Küste bei Cádiz nach Korinth, Athen und

Attischer Glockenkrater aus La Toya (Jaén); 1. Viertel 4. Jahrhundert v. Chr.; Ton; Höhe: 34 cm; Museo Arqueológico Nacional, Madrid. Kat.-Nr. 192

Attischer Glockenkrater aus La Toya (Jaén); 400/350 v. Chr.; Ton; Höhe: 42 cm; Museo Arqueológico Nacional, Madrid. Kat.-Nr. 193

Attischer Glockenkrater aus La Toya (Jaén) (Detail). Kat.-Nr. 193

Olympia; außerdem wurden an den Küsten des Languedoc und in der Provence aus iberischen Werkstätten stammende Amphoren gefunden, die wohl zum größten Teil Wein enthalten haben. Weiter im Landesinneren und im Norden scheinen die Verhältnisse aristokratisch geprägt gewesen zu sein, wie durch die Funde von Silberpokalen aus dem 3. Jahrhundert v. Chr. in Aubagnan (in den Landes) ersichtlich ist. Wie bedeutend die Handelsbeziehungen der Iberer tatsächlich waren, muß noch weiter erforscht werden. Der Umfang der Handelstätigkeit der Iberer ist ein vielschichtiges Thema, wenn die kommerziellen Bleiinschriften des 5. Jahrhunderts aus Ampurias und Pech Maho sichtbar machen, wie die Iberer am Warenaustausch teilgenommen haben.

Iberer, Phönizier und Griechen

Diese Orientierung der Iberer nach außen paßt sich in die lange Entwicklung von Beziehungen zu Völkern aus dem Mittelmeerraum ein. Die Handelspartner waren Phönizier, Griechen und in geringerem Umfang Etrusker. Die Phönizier hatten seit der Mitte des 8. Jahrhunderts v. Chr. – zur gleichen Zeit, in der sich Griechen aus Euböa auf Pithecussae (Ischia) in der Bucht von Neapel niederließen – kleine Siedlungen als Handelsstützpunkte an der andalusischen Küste und in Cádiz gegründet. Sie kamen von den Küsten des Libanon, siedelten sich auf den Inseln und Kaps von Zypern bis Sizilien und an den Küsten Afrikas an und betrieben Handel mit Metallen (zum Beispiel Silber aus Spanien) und Waren von geringerem Wert. Andalusien, das Ziel ihrer Expeditionen, profitierte von dem, was die Phönizier mitbrachten: Orientalische Techniken (Bronze- oder Goldarbeiten, Elfenbeinschnitzereien), Formen und Bildmotive (Löwe, Sphinx, Lotosblüte) gelangten hier zu besonderer künstlerischer Ausdruckskraft. Die orientalisierende tartessische Kunst war eine der Wurzeln der iberischen Kunst.

Doch auch die Griechen (zweifellos Euböer) zog es in dieser Zeit nach Andalusien, aber ihre Entdeckungsfahrten führten nicht zur Gründung von Siedlungen. Dennoch stabili-

Das Mittelmeer im 4. und 3. Jahrhundert v. Chr.

Olbia
Pharagoreia
Pontos Euxeinos
(Schwarzes Meer)
Sinope
ALEXANDERREICH
hes Meer
ULER
Tarent
CANER
Phokäa
Ägäisches Meer
ATHEN
Milet
Ionisches
Meer
Olympia
Korinth
Salamis
kus
EER
Tyros
Alexandria
Memphis

sierte sich der Austausch mit der griechischen Welt, als sich gegen 600 v. Chr. die Phokäer, die sich als letzte unter den Griechen auf das Abenteuer der Gründung von Handelskolonien einließen, dem Nordwesten des Mittelmeers zuwandten, also dem Gebiet, das bis dahin von solchen Abenteuern unberührt geblieben war. Von Massalia (Marseille) bis Ampurias und von Ampurias bis Huelva waren die Modalitäten ihrer Niederlassung unterschiedlich. Zwischen der vor 600 v. Chr. gegründeten Kolonie Massalia und Huelva, das in der gleichen Epoche sicher einige Jahrzehnte lang eine kleine griechische Gemeinde beherbergt hat, gibt es einen natürlichen Unterschied; aber zwischen Huelva und Béziers zeigen die Orte, an denen sich Griechen eingerichtet haben, einen gemeinsamen Zug: die Nähe zur einheimischen Bevölkerung. An der iberischen Küste sind die Formen der Kolonien untereinander verschieden, aber eben dies erlaubt es, diese Niederlassungen grundlegend von Massalia zu unterscheiden, das eine *Apoikie* war, die auch Einheimische in ihren Mauern aufnahm, sich auf weitem Raum ausdehnte und im Laufe des 6. Jahrhunderts einen Umfang von über 50 Hektar erreichte.

Ampurias, am Golf von Rosas gelegen, ist niemals explizit als *Apoikie* bezeichnet worden; dennoch weisen die antiken Quellen (Strabo III, 4, 8–9, Titus Livius XXXIV, 9) und die archäologischen Funde darauf hin, daß dort im ersten Viertel des 6. Jahrhunderts v. Chr. eine griechische Siedlung entstand (wahrscheinlich eher von Phokäa als von Massalia aus gegründet), und zwar in direkter Nachbarschaft zu einer einheimischen Siedlung. Diese Gründung ist räumlich immer klein geblieben; obwohl man von der kleinen Insel der ersten Besiedlung auf eine größere umzog, umfaßte der Ort nie mehr als drei oder vier Hektar.

Die bescheidene Größe der griechischen Ansiedlungen zeigt sich entlang der gesamten spanischen Küste, in Mainake (in Andalusien), in Rosas (nördlich von Ampurias) oder im Süden von Valencia, wo Strabo (III, 4, 6) drei kleine, von Massalia aus gegründete Orte erwähnt; die Archäologie liefert uns auf diese griechischen Gründungen keine weiteren Hinweise.

Eine dieser Regionen, das südliche Valenciano, war besonders privilegiert: Es gab dort große iberische Bildhauerwerkstätten, wo man seit dem 5. Jahrhundert v. Chr. griechische Elemente in die einheimische Skulptur einbezog, und dort wurde die iberische Sprache in griechischen Buchstaben geschrieben; weitere griechische Einflüsse finden sich in der Urbanistik und der Architektur, beispielsweise in der Siedlung von La Picola in Santa Pola (Alicante).

An der hispanischen Küste waren die Methoden, sich zu etablieren, bei Griechen und Phöniziern sehr ähnlich. Tauschkontakt mit privilegierten Einheimischen, Besetzung eines begrenzten Raumes nahe an der einheimischen Bevölkerung – all dies waren Merkmale eines *Emporions.* Mit den phönizischen und griechischen Kolonien auf der Iberischen Halbinsel befinden wir uns in den Randgebieten der Kolonisation überhaupt; mit Ausnahme vielleicht der phönizischen Stadt Cádiz finden sich im äußersten Westen keine Kolonien von der Größe, wie man sie aus Großgriechenland (Unteritalien) oder Sizilien kennt. Dennoch fehlte es nicht an Kontakten zur griechischen Welt, denn am Ende der Kette sind hellenistische Züge durchaus präsent in der Bronze- und Steinskulptur, in der Goldschmiedekunst und der Architektur der Iberer. In jedem Fall könnten die Werke griechischer Plastik, die der spanische Boden geliefert hat – es sind dieselben, die die iberischen Künstler sehen konnten –, kaum für sich allein das Aufblühen der iberischen Großplastik erklären. Außer den Gegenständen selbst sind auch griechische Pläne und Modelle in Umlauf gewesen; es ist möglich, daß es emigrierte griechische Künstler gab, ebenso auch wandernde Handwerker. Das Studium des Transfers von ikonographischen und stilistischen Modellen ist immer eine heikle Sache, dennoch sind solche Untersuchungen der geeignetste Weg, die Rolle der Partner der Iberer deutlich zu machen.

Die Phönizier und die Griechen waren, neben den Kelten, die Partner der iberischen Kultur; am Anfang stand sicherlich der Austausch von Waren, von Menschen und vor allem von kulturellen Vorbildern. Das mittelmeerische Element war hier entscheidend. Dieser Austausch hat sich vom westlichen Languedoc bis nach Andalusien vollzogen und von der archaischen Epoche bis zur Klassik, ohne Gewalt oder imperialistische Ambitionen. Dies wurde anders, als sich die Barkiden aus Karthago gegen Ende des 3. Jahrhunderts v. Chr. auf der Iberischen Halbinsel festsetzten, und mehr noch durch Roms Eingreifen ab 218 v. Chr. Dennoch fanden unter römischer Herrschaft viele künstlerische Ausdrucksformen ihre Vollendung, was etwa die Skulpturen von Osuna oder die Vasenmalerei von Lliria oder Elche deutlich macht.

Lit.: Bosch Gimpera 1944; Schüle 1969; Solier 1976–1978; *Celtíberos* 1988; *Les princes celtes et la Méditerranée* 1988; Barceló 1988; Brun 1988; Domergue 1990; Lenerz de Wilde 1991; Rouillard 1991; *Paleoetnología* 1992; Bruni 1992; *Contribution au problème ibérique* 1993; *Los Celtas* 1993; *L'Âge du Fer en Europe sud-occidentale* 1994; Aubet 1994; Cunliffe 1995; Gras 1995; Gras u.a. 1995; Gailledrat 1996; Moret 1996; Antonelli 1997

Phönizier und Punier

Maria Eugenia Aubet

Blick auf die Straße von Gibraltar: die Säulen des Herakles

Die Bedeutung der Kolonisation im Mittelmeerraum läßt sich an den sozioökonomischen und kulturellen Veränderungen ablesen, die sich von 800 bis 600 v. Chr. auf der Iberischen Halbinsel vollzogen und die ihren Höhepunkt mit der Entstehung der iberischen Kultur im 6. Jahrhundert v. Chr. erreichten. Archäologische Funde belegen, daß die Kolonisation der Phönizier der der Griechen um etwa 150 Jahre vorausgegangen ist: Die ältesten phönizischen Kolonien, die in der Bucht von Cádiz und an der Küste von Málaga nachgewiesen wurden, entstanden Mitte des 8. Jahrhunderts v. Chr. Lange Zeit herrschten in der Forschung sehr widersprüchliche Ansichten über den Einfluß der phönizischen Kolonisation auf die indigene Bevölkerung des Westens. So nahm man beispielsweise an, daß die Ankunft der ersten Kolonisten im westlichen Mittelmeerraum eine ganze Reihe von kulturellen Prozessen ausgelöst hat, die die Entstehung vorrömischer Völker im Westen, wie der Etrusker, Sarden, Latiner oder Iberer, begünstigt haben. Bezüglich der Iberischen Halbinsel vermutete man, daß das Erblühen der iberischen Kultur vom 6. Jahrhundert v. Chr. an die Antwort »barbarischer« Gesellschaften auf mediterrane Einflüsse gewesen sei, die unter anderem zur Verbreitung der Schrift, neuer Technologien, hochentwickelter künstlerischer und architektonischer Formen sowie »moderner« soziopolitischer Organisationsstrukturen wie der Stadt, dem Staat und der Zivilisation geführt hätten.

Selbstverständlich führten die Handelsbeziehungen zwischen den phönizischen Kolonisten und der einheimischen Bevölkerung des Hinterlandes zu Veränderungen der gesellschaftlichen Strukturen und wirtschaftlichen Grundlagen dieser autochthonen Gruppen, die sich bis zum 8. Jahrhundert v. Chr. vorwiegend an den durch den Atlantik und Kontinentaleuropa bestimmten Kultursphären orientiert hatten. Dennoch war das Phänomen der »Iberisierung« keineswegs nur ein Prozeß der Akkulturation oder der Verbreitung östlichen Gedankengutes und orientalischer Sitten und Gebräuche; vielmehr war dies ein komplexer Vorgang der ständigen Interaktion zwischen der fremden und der einheimischen Kultur, der in dem Prozeß gipfelte, der unter dem Begriff »orientalisierend« zusammengefaßt wird.

Die phönizische Kolonisation bedeutete für die Iberische Halbinsel in jeder Beziehung einen kulturellen und sozioökonomischen Fortschritt. Die phönizische Handelsstrategie hatte beispielsweise die Intensivierung der Silbergewinnung in Tartessos und den Ausbau der landwirtschaftlichen Produktion durch die Einführung neuer Produkte – vorwiegend Wein und Oliven – im Tal des Guadalquivir und an der Mittelmeerküste der Halbinsel zum Ziel. Diese Politik führte dazu, daß die indigenen Bevölkerungsgruppen, die die wichtigsten Verbindungswege kontrollierten, Zugang zu den Rohstoffen hatten und die überregionalen Märkte beherrschten, bald eine privilegierte Position innehatten. Sie wurden nach und nach in die großen Kreisläufe des internationalen Handels integriert, die vom östlichen Mittelmeer und der Ägäis bis zum Tyrrhenischen Meer und Karthago reichten. Vom Handel mit den Kolonien profitierten unterschiedliche Bevölkerungsgruppen, und zwar in dem Maße, als dieser seine Einflußsphäre von der Bucht von Cádiz bis zur Ostküste des Mittelmeers ausdehnte. So war durch die Gründung von Cádiz und anderer Siedlungen im Laufe des 8. Jahrhunderts zunächst Tartessos die reichste und dynamischste Region, gefolgt vom Südosten, wo an der Küste der Provinzen von Málaga, Granada, Almería und Alicante zahlreiche phönizische Handelsfaktoreien entstanden waren. Schließlich führte die Landung der Phönizier auf der Insel Ibiza im 7. Jahrhundert v. Chr. dazu, daß auch die letzten mittelmeerischen Küstenstreifen der Iberischen Halbinsel in den Mittelmeerhandel integriert wurden.

Die phönizischen Kolonien integrierten sich um so problemloser in jene einheimischen Gebiete, als sowohl deren ökonomische Ressourcen als auch die politische Organisation den Interessen von Tyrus und den anderen Stadtstaaten entgegenkamen, die den größten Teil des Handels mit Rohstoffen und Fertigwaren im Mittelmeerraum kontrollierten. Die Handelskolonien wurden an Orten mit hoher strategischer Bedeutung gegründet, wo die Organisation der einheimischen Bevölkerung so weit entwickelt war, daß die regelmäßige Versorgung mit Metallen und landwirtschaftlichen Produkten aus dem Landesinneren gewährleistet war. Somit konnten sich die Phönizier darauf beschränken, eine bereits bestehende Infrastruktur zu nutzen und die einheimischen Produkte auf den Mittelmeermärkten zu vertreiben. Daß die Interessen beider Seiten absolut deckungsgleich waren, zeigt die Lage einiger phönizischer Kolonien, zum Beispiel El Castillo de Doña Blanca (in der Bucht von Cádiz), Montilla (an der Mündung des Guadalquivir) oder die Siedlung bei Almuñécar, wo der Handelsstützpunkt der Kolonisten ursprünglich nur aus einem einfachen »Geschäftsviertel« unter- und außerhalb der einheimischen Siedlung bestand.

Die eigentliche Kolonisierung des 8. bis 6. Jahrhunderts v. Chr. ist relativ gut erforscht, während über die punische Periode vom 6. bis 3. Jahrhundert v. Chr. noch wenig bekannt ist. Gleichzeitig mit dieser entwickelte sich die iberische Kultur an der Mittelmeerküste der Halbinsel. Als direkte Erben der (aus Tyros an der Küste des Libanon stammenden) Phönizier übernahmen die Punier (die im von den Phöniziern gegründeten Karthago in

Punische Maske aus Ibiza; Museo de Ibiza

Nordafrika beheimatet waren) die Umwandlung der alten tyrischen Kolonien in urbane Zentren. Wie im Südosten der Iberischen Halbinsel und auf den Balearen nachgewiesen werden konnte, führten die allmähliche Entstehung erster einheimischer Machtzentren – der iberischen *Oppida* – sowie die immer schwieriger werdenden geostrategischen Bedingungen im Zentrum und Osten des Mittelmeerraums zum Verschwinden der meisten kleinen phönizischen Handelszentren und zur Konzentration der Kolonisten an den Orten, wo ab dem 6. Jahrhundert v. Chr. die großen punischen Hafenstädte entstehen sollten: Gadir (Cádiz), Malaka (Málaga), Baria (Villaricos), Sexi (Almuñécar) und Ebusus (Ibiza). Das Interesse dieser Städte galt eher der »industriellen« Herstellung von speziellen Produkten wie Wein und Öl sowie der Fischverarbeitung als dem intensiven Handel mit dem iberischen Hinterland.

Lit.: *Los fenicios en la Península Ibérica* 1986; Moscati 1989; Gómez Bellard u.a. 1990; González Prats 1990; *El mundo púnico* 1994; Aubet 1994; López Castro 1995; Ramón Torres 1995

Die Griechen

Enrique Sanmartí

Schon die traditionelle Geschichtsschreibung wies der phönizischen und der griechischen Kolonisation eine bedeutende Rolle bei der Entstehung der iberischen Kultur zu, aber erst die Entwicklung der archäologischen Feldforschung hat gezeigt, daß die Phönizier bereits einige Jahrhunderte vor der griechischen Einwanderung ihre Spuren auf der Iberischen Halbinsel hinterlassen haben. Auch wenn eine griechische Präsenz vor dem ausgehenden 7. Jahrhundert v. Chr. im allgemeinen ausgeschlossen wird, so dürfen doch einige antike Quellen, die sich auf Unternehmungen der Griechen lange vor dieser Zeit beziehen, nicht außer acht gelassen werden. Strabo erwähnt, daß Seefahrer aus Rhodos schon vor der ersten Olympiade (776 v. Chr.) an der Küste des Ampurdán, möglicherweise an der Stelle des heutigen Rosas, die Kolonie Rhode gegründet hätten. Auch wurde über regelmäßige Landungen chalkidischer Seeleute an den Küsten Andalusiens spekuliert, die zeitgleich mit der Ankunft der ersten Phönizier zu Beginn des 8. Jahrhunderts stattgefunden haben könnten. Anlaß zu solchen Überlegungen gab die Tatsache, daß die Säulen des Herakles (die Straße von Gibraltar) zuvor den Namen des Zyklopen Briareos getragen hatten, eines auf Euböa verehrten mythischen Wesens, und daß eben von dieser Insel die Gründer von Pithecussae (Ischia), der ersten griechischen Niederlassung im Westen, aufgebrochen waren. Auch bei Hekataios von Milet finden sich Hinweise auf die Anwesenheit der Bewohner von Euböa an der Küste Nordafrikas, dem heutigen Tunesien. In diesem Zusammenhang müssen auch die Ortsnamen erwähnt werden, die wahrscheinlich ionischer Herkunft waren und auf die Silbe »-ussa« endeten. Diese finden sich von der italischen Küste (Pithecussae) bis zur andalusischen Atlantikküste (Kalathussa bei Huelva). Sie ziehen eine Linie zwischen den Inseln und markieren den Weg, den die Seeleute aus Euböa auf ihrer Fahrt nach Westen genommen haben.

Blick von Süden auf die griechische Stadt Ampurias. Im Hintergrund Sant Martí d'Empuries, wo die Palaiopolis (Altstadt), die erste phokäische Kolonie lag, damals noch eine kleine Insel vor der Küste des Ampurdán. Im Vordergrund die Neapolis (Neustadt), so benannt von Josep Puig i Cadafalch, um die später entstandene Ansiedlung auf dem Festland von dem älteren Handelskontor, der Palaiopolis, zu unterscheiden

Folgt man indessen – neben den archäologischen Hinweisen – zuverlässigeren historischen Quellen, wie zum Beispiel Herodot, dann zeigt sich, daß die eigentliche griechische Entdeckung der Iberischen Halbinsel von Phokäa, einer wenig erforschten kleinasiatischen ionischen Polis, ausging. In den Augen der Nachwelt haben ihre Bewohner sich mehr durch ihre mutigen Seefahrer und ihre Handelsaktivitäten als durch ihre intellektuellen oder künstlerischen Leistungen hervorgetan. Die Entdeckungsfahrten der Phokäer begannen gegen Ende des 7. Jahrhunderts v. Chr. Sie trieben eine ehrgeizige Handelspolitik, die zur Gründung von Lampsakos an den Dardanellen führte, ihre Spuren am panhellenischen Handelsumschlagplatz von Naukratis im Nildelta hinterließ, die Erforschung des äußersten Westens des Mittelmeerraums mit sich brachte und so, den Spuren des Kolaios von Samos folgend, zum Kontakt

Geschäftsbrief auf einer Bleitafel aus Ampurias. Abgeschickt von einem Kaufmann, der den ionischen Dialekt von Phokäa sprach, an seinen Vertreter in der Stadt, enthält er Anweisungen, die sich auf ein Handelsgeschäft beziehen.
Ende 6./Anfang 5. Jahrhundert v. Chr.; Höhe: 9,5 cm; Gewicht 90,2 g

Palmettenförmiges Antefix aus Kalkstein, der im Languedoc gebrochen wurde. Es schmückte das Dach eines Tempels im südlichen Teil von Ampurias.
2. Hälfte 5. Jahrhundert v. Chr.; Höhe: 27 cm

Innenseite einer rotfigurigen attischen Schale aus dem Atelier des Penthesilea-Malers. Aus der iberischen Fundstätte Puig de la Nau, Benicarló (Castellón). Das Bild zeigt eine Unterhaltung zwischen zwei Jünglingen (auf der Rückseite befinden sich Ringkampf-Szenen). Angesichts der außergewöhnlichen Größe kann man davon ausgehen, daß es sich um ein Geschenk der Emporitaner handelte, die sich die Gunst eines lokalen Potentaten sichern wollten.
Um 460 v. Chr.; Höhe: 11,2 cm; Durchmesser (Rand): 37 cm

mit dem Handelsplatz Tartessos in Andalusien führte. Darüber hinaus gründeten sie Massalia (Marseille) und Ampurias zu beiden Seiten des Golfe du Lion.

Der Grund für die Expansionspolitik der Phokäer lag nicht so sehr in der Suche nach neuem Land mit vielversprechenden Möglichkeiten für Ackerbau und Viehzucht und der Gründung von Städten, in denen sich die wachsende Bevölkerung ansiedeln konnte, was seit 200 Jahren das Motiv der anderen griechischen Städte war; vielmehr trieb die Phokäer der Wunsch, neue Märkte für einen lukrativen Handel in Gebieten zu erschließen, die häufig noch als barbarisch galten. Dabei handelte es sich um Tauschgeschäfte, bei denen hochwertige Fertigprodukte wie Bronzen, Schmuck, Stoffe, Parfumöl und ähnliches gegen Rohstoffe eingetauscht wurden, die in der östlichen Mittelmeerwelt selten waren und deshalb große Gewinne erzielten.

Die Strategie der Phokäer wird bei einer Analyse ihrer Siedlungspolitik im Westen verständlich: Da ihre geringe Zahl eine Unterwerfung der einheimischen Bevölkerung nicht zuließ, mußten sie sich – natürliche Küstenvorsprünge nutzend – mit der Einrichtung kleiner Faktoreien, sogenannter Emporien, begnügen, deren Existenz vom Wohlwollen der einheimischen Bevölkerung abhing. Da diese sich nicht bedroht fühlte, sondern vielmehr den Wert dieser Handels- und Umschlagplätze als Tor zur Mittelmeerwelt erkannte, ging sie mit den Griechen eine nützliche und für beide Seiten vorteilhafte Beziehung ein, die Livius in einem berühmt gewordenen Kapitel über die topographischen und sozialen Verhältnisse in Ampurias beschreibt.

Obwohl die Phokäer erst relativ spät auftauchten, hatten sie wirtschaftlich und kulturell entscheidenden Einfluß auf die Entwicklung der iberischen Gesellschaft. Sie setzten politische und soziale Veränderungen in Gang, die im Süden und Südosten der Halbinsel zu Organisationsformen führten, die mit dem Begriff »staatlich« bezeichnet werden können. Dies waren die notwendigen Bedingungen für die Entwicklung einer vielschichtigen Kultur, die auf ganz eigene Weise die Grundlagen des griechischen Denkens und der griechischen Kunst interpretierte. Darüber hinaus trat die »Iberia« dank der Phokäer in die Gemeinschaft der klassischen Kulturen ein. Zugleich wurde das Land durch diesen Prozeß kulturell darauf vorbereitet, die Saat der Zivilisation, die einige Jahrhunderte später von Rom auf der Iberischen Halbinsel ausgesät wurde, aufgehen zu lassen.

Die Keltiberer

Martín Almagro-Gorbea

Keltiberoi oder Celtiberi: So nannten die Griechen und Römer zu Zeiten der römischen Eroberung (200–100 v. Chr.) die »Kelten aus Iberien«. Damit bezeichnete man die keltischen Stämme, die die etwa 1 000 Meter hohen Gebirgszüge des *Sistema Ibérico* (das spanische Zentralmassiv) bewohnten. Der Name verweist aber auch auf die iberische Komponente in der Kultur dieses Volkes, die sich aus der Vermischung von Iberern und Kelten erklärt – so schreibt es schon der im keltiberischen Bilbilis bei Calatayud geborene Dichter Martial (*Epigr.* 1,55, 8–10).

Den historischen Quellen zufolge gab es vier keltiberische Stämme oder Ethnien: die Arevaker in der Ebene von Soria mit der Hauptstadt Numantia, die Titter und Beller im Ebrotal und die Lusonen zwischen Moncayo und Ebro. Weitere Gruppen waren die Lobetaner, die Turboleten und Olkaden, deren Siedlungsgebiet vom südlichen Zentralmassiv bis zu den Bergen des Valenciano reichte. Darüber hinaus gab es noch keltiberisierte Völker wie die Pelendonen im Norden von Soria, die Beroner aus der Rioja oder die Keltiker aus der Extremadura. Im Norden grenzte das Gebiet der Keltiberer an das Siedlungsgebiet der Kantabrer und der Vaskonen, im Osten an das der Iberer und im Süden und Westen an das der Karpetaner und Vakkäer.

Die Kultur dieser Stämme ist archäologisch gut greifbar. Sie bildete sich zu Beginn des 6. Jahrhunderts v. Chr. zusammen mit anderen Ethnien der Iberischen Halbinsel heraus. Ihr den keltischen Sprachen zugehörender Dialekt ist, wie die Sprachwissenschaft gezeigt hat, der archaischste in dieser Sprachfamilie; dokumentiert ist er jedoch erst ab dem 2. Jahrhundert v. Chr. in Inschriften, die vorwiegend in iberischer Schrift geschrieben sind. Obwohl man annimmt, daß die Keltiberer im Zuge von »Invasionen« aus Zentraleuropa auf die Iberische Halbinsel gekommen sind, enthält ihre Kultur auch protokeltische Elemente, die im westlichen Bereich der Iberischen Halbinsel überdauern konnten, mit sehr archaischen sozialen und ideologischen Merkmalen, aber doch denen der historischen Kelten verwandt. Über dieses Substrat lagerten sich Elemente der Urnenfelderkultur, die aus den Ländern jenseits der Pyrenäen kamen und ihre eigene Organisation – Patriarchat und Klientel – mitbrachten. Die hierarchische Gliederung der Gesellschaft dokumentiert sich in den Grabbeigaben ihrer Brandbestattungen. Ihre als *castros* bekannten befestigten Siedlungen und ihre Waffen machen ihren kriegerischen Charakter evident.

Die schwierigen Lebensbedingungen in den Bergen, die nur im Sommer ein Weiden der Schafe zuließen, formten eine Gesellschaft von »Kriegerhirten« und erklären den zunehmenden Expansionsdrang dieser Völker, der durch die Nutzung der reichen Eisenerzvorkommen zur Herstellung von Waffen begünstigt wurde, und ihre berühmte Widerstandskraft gegenüber den Römern, bis sie schließlich von diesen bezwungen und dann allmählich von dem Prozeß absorbiert wurden, den wir als Romanisierung bezeichnen. Dieser Prozeß begünstigte auch die entsprechende Verschmelzung mit der Kultur der Nachbarvölker, besonders im Ebrotal, wo die Akkulturation so stark war, daß sich Keltiberer und Iberer kaum unterscheiden lassen. Von den Iberern übernehmen sie die Technik der Eisenbearbeitung, einige Waffentypen, die Töpferscheibe und die bemalte Keramik und schon im 2. Jahrhundert v. Chr., nach Ankunft der Punier und Römer, die Schrift, die für Freundschaftsverträge und Gesetze verwendet wurde, die Münzen und die stadtähnlichen Siedlungen, *Oppida*, die bereits über öffentliche Gebäude verfügten und ein Territorium staatlichen Charakters kontrollierten – Neuerungen, die die wachsende kulturelle Verschmelzung der Keltiberer mit der iberischen Welt dokumentieren.

Lit.: *Celtiberos* 1988; *Los Celtas* 1993

Kampf zwischen einem Heroen und Tritonen; Museo de Numantia (Soria)

Die Wiederentdeckung der iberischen Kultur

Die Iberer in den antiken Schriftquellen

Domingo Plácido

Reiter; Bronzevotiv aus dem Heiligtum von La Luz (Murcia); 3./2. Jahrhundert v. Chr.; Höhe: 9,2 cm; Museu d'Arqueologia de Catalunya, Barcelona. Kat.-Nr. 29b

Das Bild Iberiens

Die Beziehungen zwischen Völkern führen immer zu bestimmten Vorstellungen, die man sich voneinander macht, wobei diese mindestens ebenso sehr die Realität des anderen wie die Mentalität des eigenen Landes spiegeln. Gegenseitiges Kennenlernen ist deshalb von der mehr oder weniger vorhandenen Fähigkeit abhängig, einander zu verstehen. Andererseits hat immer dann, wenn der Entwicklungsgrad zweier Völker unterschiedlich ist, das kulturell weiter entwickelte Volk unvergleichlich größere Chancen, seine Vorstellungen dem anderen aufzuoktroyieren. Deshalb ist das Bild der Iberer in den antiken Schriftquellen nur ein verzerrtes Spiegelbild ihrer Realität, gefiltert durch die Kultur der herrschenden Völker: zunächst durch die Griechen, später durch die Römer. Diese Völker konnten mit Hilfe der Schrift ihre Erfahrungen festhalten, in denen die Iberer lediglich eine Facette von vielen waren, die ihr Weltbild ausmachten.

Die Entdeckung des westlichen Mittelmeerraums durch die Griechen war das Ergebnis der im 8. Jahrhundert v. Chr. einsetzenden kolonialen Expansionsbestrebungen. Nachdem sie sich in Italien und auf Sizilien niedergelassen hatten, nahmen die Griechen relativ dauerhafte Kontakte mit noch entlegeneren Gegenden auf, zum Beispiel mit der Iberischen Halbinsel. Es ist nicht sicher, ob in mythischer Vorzeit – diese wird zumeist mit der Bronzezeit gleichgesetzt – bereits Möglichkeiten zur Begegnung gegeben waren, beispielsweise durch die Teilnahme von Griechen an den Expeditionen der Phönizier; denn die Phönizier waren die ersten, die Handelsniederlassungen im fernen Westen gegründet hatten. Auf jeden Fall dürften solche Erfahrungen für die Griechen nicht mehr als ferne Erinnerungen gewesen sein, die idealisiert und verzerrt wurden, und die, wunderbar und schrecklich zugleich, Quellen für alle Arten von Legenden waren. Diese Legenden verblaßten im Laufe der Zeit, wurden jedoch nie völlig vergessen.

Dama aus Castellar de Santisteban; 4./2. Jahrhundert v. Chr.; im Wachsausschmelzverfahren hergestelltes Bronzevotiv; Höhe: 7,6 cm; Museu d'Arqueologia de Catalunya, Barcelona. Kat.-Nr. 33

Als es den Griechen später durch den Fortschritt in der Navigation, das phönizische Vorbild und die koloniale Expansion möglich wurde, den Westen sehr viel besser kennenzulernen, vermischte sich deshalb die Wahrnehmung der Wirklichkeit mit den nebulösen Erinnerungen der Legende. Gleichzeitig mit der Kolonisation des Westens begannen die Griechen mit Expeditionen an die Küsten des Schwarzen Meeres, des *Pontos Euxeinos,* wo sie bis an dessen östlichste Küste vordrangen. Auch hier wurden Erinnerungen an die graue Vorzeit wach, die eine Mischung aus Fiktion und Realität waren und sich in den mythischen Reisen der Argonauten spiegeln, die im fernen Kolchis (wohl im heutigen Georgien gelegen) nach dem Goldenen Vlies suchten. Aber die Erzählungen von den großen mythischen Reisen hatten die Tendenz, einander widersprechende Versionen der jeweiligen Reisen zu den Extremen der damals bekannten Welt zu erzeugen. So waren beispielsweise die Argonauten nach einer sizilischen Version durch die Meerenge von Gibraltar zurückgekehrt, nachdem sie den äußeren Ozean durchquert hatten. Möglicherweise bezeichnete man deshalb die Bewohner der beiden an den entgegengesetzten Enden der Welt liegenden Gebiete als »Iberer«, die im übrigen beide für ihre Viehzucht und ihren Reichtum an Edelmetallen bekannt waren (Domínguez 1983; Alvar in: Plácido/Alvar/Wagner 1991, 184).

Man darf darüber hinaus nicht vergessen, daß sich der Begriff »Iberia« auf ein Gebiet bezog, das weit im Westen gelegen war und, nach den Vorstellungen der Antike, an die kalten Wasser des nördlichen Ozeans sowie an die Völker des Nordens, Germanen und Britannier, grenzte. Diese Sichtweise spiegelt sich noch im Werk von Dionysios dem Periegeten (*Periegesis tes oikoumenes,* 331–338) in hadrianischer Zeit (um 120 n. Chr.) und dessen lateinischem Pendant, der *Descriptio Orbis Terrae* (414–419) des Avienus aus dem 4. Jahrhundert n. Chr. In diesen Werken ist noch der Mythos von der Reise des Herakles zu den an der Meerenge von Gibraltar gelegenen Säulen lebendig, die der Zugang zum Atlantischen Ozean waren. Von den drei Halbinseln des Mittelmeers bewohnten die Iberer die westlichste. So wurden nicht nur die Sagen der heroischen Vorzeit wieder lebendig, sondern die griechischen Historiographen übernahmen auch phönizisches Gedankengut, was sich etwa in der Gleichsetzung des Herakles mit Melkart spiegelt. Diese Sichtweise findet sich auch noch zu Zeiten der römischen Herrschaft, als die griechische Bezeichnung Iberia neben dem Begriff Hispania bestehen blieb.

Dennoch gab es neben dieser ersten Darstellung Iberiens, das als westlicher Abschluß des Mittelmeers definiert wurde, einen zweiten Überlieferungsstrang, bei dem Mythos und Realität ähnlich untrennbar miteinander verwoben sind. Herodor von Herakleia, ein Geschichtsschreiber der klassischen Epoche zwischen dem 5. und 4. Jahrhundert v. Chr., verfaßte ein Werk über die Reisen des Herakles, den Gründer seiner Geburtsstadt Herakleia Pontika (am Schwarzen Meer). Er spricht von den zwei Iberien und erwähnt (Frag. 2) in dem »Iberien bei den Säulen« die verschiedenen Völker, zum Beispiel die Gleten, die Kyneten, die Tartessier, die Cilbicener und die Bewohner von Mastia, die üblicherweise im Süden lokalisiert werden.

Die Tendenz, die Iberer an den Küsten des Ozeans wohnen zu lassen und dabei auch die Bewohner von Tartessos miteinzubeziehen, findet sich auch im Werk des Avienus, der im 4. Jahrhundert n. Chr. in seiner in lateinischen Versen verfaßten *Ora maritima* Berichte von Reisenden aus archaischer Zeit verarbeitete (243–248). So erwähnt er westlich der Meerenge einen Fluß mit Namen Hiberus, der der Halbinsel ihren Namen gegeben haben soll und der später mit dem Río Tinto identifiziert wurde (Padilla in: Mangas/Plácido 1994, 84). In diesem Gebiet wurde auch das älteste iberische Schriftdokument gefunden, das in der tartessisch oder turdetanisch genannten Schrift verfaßt ist (Tovar 1989, II, 3, 21, 24).

Dennoch lokalisiert derselbe Avienus am Mittelmeer einen *Terminus Tartesiorum,* hinter dem das Siedlungsgebiet der Hiberi beginnt, das sich bis zu den Pyrenäen erstreckt. Ebenso zählt Hekataios von Milet (Frag. 38–52), ein Historiograph des 6. vorchristlichen Jahrhunderts, den man als älteste Quelle bezeichnen kann, eine Reihe von Völkern und Städten der Iberischen Halbinsel auf und unterscheidet Mastiener, Tartessier und Iberer. Zu den Volksstämmen Iberias zählte er die Esdeter und die Ilaraugaten, die in den jüngeren Schriftquellen gewöhnlich als Edetani und Ilergeti bezeichnet werden, während die Bewohner von Mastia als Ahnen der Bastetani gelten, die erst nach den Punischen Kriegen, als sich die Ethnien neu konstituierten und sich die Grenzen verschoben, auftauchen (Ruiz/Molinos 1973, 247–249). Auch Herodot (I, 163) unterscheidet bereits im 5. Jahrhundert v. Chr. Iberia von Tartessos, als er von den Expeditionen der Phokäer aus Kleinasien (an den Küsten der heutigen Türkei) in das westliche Mittelmeer berichtet.

Die Gleichsetzung der Iberer mit Tartessos und die Verwendung der Bezeichnung Iberia für die gesamte Halbinsel ist das Ergebnis einer unklaren Wahrnehmung der ethnischen und politischen Realität des Landes. So irrte zum Beispiel Ephoros (Frag. 133), des-

Unbekleideter Krieger; im Wachsausschmelzverfahren hergestelltes Bronzevotiv vom Collado de los Jardines (Jaén); Höhe: 12,6 cm; Museo Arqueológico Nacional, Madrid. Kat.-Nr. 27

Unbekleideter, ithyphallischer Krieger; im Wachsausschmelzverfahren hergestelltes Bronzevotiv vom Collado de los Jardines (Jaén); Höhe: 13,3 cm; Museo Arqueológico Nacional, Madrid. Kat.-Nr. 264

Unbekleideter Krieger; im Wachsausschmelzverfahren hergestelltes Bronzevotiv; Höhe: 13 cm; Museo Arqueológico Nacional, Madrid. Kat.-Nr. 265 sen Urteil bereits die antiken Schriftsteller für falsch hielten, als er behauptete, daß die Iberer, obwohl sie ein so großes Gebiet im Westen bewohnten, nur eine einzige *Polis,* das heißt nur einen einzigen Staat mit einem Verwaltungszentrum ausgebildet hätten. Im Gegensatz dazu erschien Strabo (III, 4, 5), die Iberia als Mosaik aus einzelnen Stämmen, die durch nicht genau festgelegte Grenzen voneinander getrennt seien, welche sich im Laufe der Jahrhunderte darüber hinaus immer wieder verschoben hätten.

Die Iberer auf den Mittelmeerinseln

Eine der bei Hekataios erwähnten Städte Iberiens trug den Namen Sicane. Mehrere Autoren bestätigen, daß Iberer ursprünglich auf Sizilien beheimatet waren. Diese Behauptung beruht auf einer Gleichsetzung der Iberer mit den Sikanern, die auf Hellanikos (Frag. 79a) und Thukydides (VI, 2, 2–6) zurückgeht, der die Iberer für die ersten Bewohner der Insel hielt. Auch Philistos (Frag. 45; Diodor V, 6, 1) erklärt, daß die Bewohner Iberiens, die an den Ufern des Flusses Sicanos lebten, aus Sizilien gekommen seien. Ephoros (Frag. 136) hielt die Iberer ebenfalls für die Ureinwohner Siziliens (Strabo VI, 2, 4). Strabo hingegen unterscheidet Sikaner und Iberer. Mythisch verschlüsselt findet sich eine Variante dieser Geschichte in der Beschreibung der Reise des Norax, des Sohnes des Hermes und der Erytheia, der Tochter des Geryon, wieder, die Pausanias (X, 17, 5) im Zusammenhang mit der Fahrt der Iberer nach Sardinien gibt. Nach Solinus (4, 1) kam Norax aus Tartessos nach Sardinien und gab der Stadt Nora ihren Namen. Der Ursprung dieser beiden Überlieferungsstränge liegt wahrscheinlich darin, daß die Iberer sich häufig als Söldner zur Verfügung stellten. Der erste, der dies erwähnt, war Herodot (VII, 165), der berichtet, daß Hanno, der König von Karthago, dem Tyrannen Terillos von Himera in der 1. Hälfte des 5. Jahrhunderts v. Chr. zur Hilfe eilte. Auch Thukydides (VI, 90, 3) läßt Alkibiades von den Kämpfen der barbarischen Söldner, vor allem von den Iberern, sprechen. In seiner *Hellenika* (VII, 1, 20) berichtet Xenophon, daß Dionysios von Syrakus keltische und iberische Söldner in seinem Heer hatte.

Die Beziehungen der Iberer zu den anderen Mittelmeervölkern

Das Söldnerwesen war für die Iberer nicht die einzige Möglichkeit, andere Kulturen kennenzulernen. Ihre Kontakte mit den Phöniziern spielten in dieser Beziehung ebenfalls eine wichtige Rolle. Diodor (V, 35–36) berichtet von den iberischen Silberminen, die von den Phöniziern ausgebeutet wurden. Diese tauschten das Metall in den Emporien gegen Waren von geringem Wert. Auf diese Weise wurden die Phönizier wohlhabend und konnten so viele weitere Kolonien gründen. Später lernten die Iberer, selbst Erz abzubauen, und erzielten mit ihrem Silber große Einkünfte.

Die Kontakte zu den Griechen wurden mit der Zeit immer enger, vor allem in Ampurias, wo es nach Livius (XXXIV, 8–9) zwei Oppida gab, ein griechisches und ein iberisches. Obwohl die Iberer als »wildes und kriegerisches Volk« galten, unterhielten die Griechen Handelsbeziehungen mit ihnen. Die Iberer waren zwar der Seefahrt unkundig, aber an den Waren, die die griechischen Schiffe importierten, sehr interessiert. Ein ähnliches Phänomen beschreibt Pseudo-Aristoteles in seinen *Mirabilium Auscultationes* (85) in bezug auf die *Via Heraclea,* die in Italien begann. Alle, die diesen Weg nahmen, seien es Griechen oder Einheimische, standen unter dem Schutz der iberischen Stämme, wenn sie auf dieser Straße reisten.

Mosaik aus den Thermen an der Via dei Vigili, Ostia (Italien). Weiblicher Kopf mit einem Kranz aus Olivenblättern (Allegorie der Hispania). Nach Giovanni Becatti, Scavi di Ostia, *IV, Rom 1961, 46–47, Nr. 68, Taf. CXXIII*

Die Iberer im Zweiten Punischen Krieg

Vom Beginn des Konfliktes zwischen Puniern und Römern, der den iberischen Völkern das Tor zur Weltgeschichte öffnete, weisen die griechischen und lateinischen Autoren auf bestimmte Eigentümlichkeiten in den politischen und gesellschaftlichen Strukturen der Iberer hin. Sagunt, die Stadt, um die der Konflikt entbrannte, wurde von Livius (XXI, 7–12) als »besonders prächtig« bezeichnet. Er führte ihren Reichtum auf die »Früchte des Meeres und der Erde«, ihr klar umgrenztes Gebiet, ihre wohlbestellten Felder, ihre Befestigungsmauern, ihre zur Ebene offene Lage, den »großen Turm«, ihre »erlesene Jugend« und auf ihre Art zu kämpfen zurück: in geordneter Formation, angepaßt an die Schlacht auf offenem Feld. Für Friedensverhandlungen bedienten sich die Saguntiner eigens dafür bestellter Gesandter. Offensichtlich verfügte die Stadt über komplexe Verwaltungsstrukturen für ihr Territorium und eine zumindest proto-bürgerliche Verfassung. Rivalitäten zwischen Städten und Stammesfürsten – die als Vorwand für den Beginn des Zweiten Punischen Krieges dienten – müssen außerdem mit der wachsenden Hierarchisierung der Siedlungsformen zu jener Zeit in Verbindung gebracht werden (Ruiz 1987). In diesem Zusammenhang muß die Existenz der Stadt als formativer Prozeß in einem von Widersprüchen gekennzeichneten Kontext verstanden werden (Ruiz/Molinos 1988; anders Jacob 1985, 40).

In den literarischen Quellen wird andererseits als die auf das engste mit der städtischen Organisation verbundene Institution am häufigsten das Königtum erwähnt. Dieses regelte die politischen Beziehungen des Adels untereinander; sein Zentrum war die Stadt. Die frühesten Bemerkungen, deren Realitätsgehalt schwer zu bestimmen ist, beziehen sich auf das mythische Königtum des Geryon oder von Gargoris und Habis. Polybios (XXXIV, 9, 14–15), überliefert bei Athenaios (I, 16 C), berichtet von einem iberischen König, der mit dem König der Phäaken rivalisierte, welcher Odysseus Unterkunft gewährt haben soll, und Appian verbindet das Königtum *(basileia)* des Arganthonios mit den Iberern (*Iberica* 2). Aber erst mit dem Zweiten Punischen Krieg werden die Hinweise auf diese Institution genauer. So berichtet Appian, daß Hamilkar sich, als er 229 auf der Iberischen Halbinsel landete, Königen und anderen *dunatoí* gegenübergesehen habe. Die in den lateinischen Texten erwähnten *potentes* oder Fürsten lassen auf die Existenz eines Königtums auf aristokratischer Grundlage schließen, das vor allem eine militärische Funktion besaß (Ruiz/Molinos 1979). Einige dieser Könige oder *reguli* scheinen recht große Gebiete beherrscht zu haben, wie etwa Culchas, der im Jahre 206 v. Chr. über 28 Städte herrschte (Livius XXVIII, 13, 3). Polybios (XI, 20, 3) erklärt, daß Colichas (Culchas) Scipio mit 3000 Mann Infanterie und 500 Reitern unterstützt habe. Wenig später, im Jahr 197, als in Hispanien eine Rebellion losbrach, taucht Culchas erneut auf, dieses Mal zusammen mit einem gewissen Luxinius (Livius XXXIII, 21, 7–8). Culchas zählte jetzt 17 Oppida zu seinem Hoheitsgebiet, während Luxinius Städte wie Carmo und an der Küste Malaca und Sexi beherrschte. Seine Macht dehnte sich auch über die Baeturia aus (21, 8), das heißt die bergige Region nördlich des Guadalquivir bis etwa zur heutigen Provinz Badajoz. Das Verschwinden von Tartessos hat also die Entstehung einer Kultur mit Oppida und *reguli* ermöglicht, die nun als iberisch bezeichnet werden kann (Plácido 1994, 43).

Die geographische Verortung der Iberer

Man hat immer wieder versucht, die Siedlungsgebiete der iberischen Stämme exakt zu lokalisieren. Aber die Ungenauigkeit der Texte und die Mobilität der Stammesverbände, die sich nicht nur aus der halbnomadischen Lebensweise, wie sie sich in vielen Regionen fand, sondern auch aus ihrer inneren Entwicklung erklärt, bereiten erhebliche Schwierigkeiten. Zu den Völkern, die Hannibal 221 v. Chr. angriff, zählten nach Livius (XXI, 5, 3–4) neben den Turdetanern die Olkaden, die danach in den Quellen nicht mehr erwähnt werden. Strabo erwähnt (III, 4, 12) nur die Bastetaner, die Oretaner und die Edetaner, die in den Bergen der Oróspeda wohnten, das heißt im südöstlichen Viertel der Iberischen Halbinsel. Man ist verblüfft, daß die Contestaner an dieser Stelle nicht genannt werden (Tovar 1989, II, 3, 33–34). Es handelt sich nicht unbedingt um einen Fehler der Quellen, sondern ihr Fehlen erklärt sich aus den spezifischen Eigentümlichkeiten der Contestania, einem Grenzgebiet mit sich ständig verändernden Beziehungen zu seinen Nachbarn (Ruiz/Molinos 1993, 254). Nach Plinius (III, 19) lag die Contestania mit der Hauptstadt Carthago Nova an der Küste und schloß nach Norden an die Bastetania an. Auch Ptolemaios (II, 6, 14) lokalisiert die Contestania mit Carthago Nova und dem *Portus Illicitanus* zwischen der Bastetania und der Edetania. Nördlich des Ebro lebten, so erklärt Strabo (III, 4, 1), »einige Edetani«, ihnen folgen die Indiketen, die in vier Gruppen unterteilt sind. Hier stellt sich die Frage nach der Existenz der Sedetani, die möglicherweise mit den Edetani verwechselt wurden (Tovar 1989, II, 3, 33–34). Die Sedetaner lebten im Binnenland, ihre Hauptstadt war Salduvia, das spätere Caesaraugusta (Fatás 1973).

Nur für die Zeit zwischen 211 und 184 v. Chr. wird in den Quellen auch das Volk der Suessetaner erwähnt (Tovar 1989, II, 3, 41). Sie werden südwestlich des Gebietes der Jacetaner lokalisiert, deren Zentrum in Jaca war, bis in das Gebiet der Cessetaner nördlich des Ebro. Von den zahlreichen Stämmen, die nach den Schriftquellen im Nordosten der Iberischen Halbinsel siedelten, scheinen die Ausetaner entweder am Fuß der Pyrenäen oder am Ebro gelebt zu haben. Am bekanntesten waren die Ilergeten, vor allem, weil sie unter ihren Führern Indibilis und Mandonius so lange Widerstand gegen Rom leisteten. Möglicherweise vereinten sich die meisten Stämme dieses Gebietes im Zweiten Punischen Krieg unter der Führung der Ilergeten, was sie jedoch nicht daran hinderte, bei entsprechender Gelegenheit eigene Aktionen durchzuführen.

Zusammenfassend ergibt sich, daß die literarischen Quellen zu den Iberern unter zwei Gesichtspunkten interpretiert werden müssen: Sie sind auf der einen Seite durch die spezielle Weltsicht der Griechen und Römer beeinflußt, zum anderen reflektieren sie die historische Dynamik der Entwicklung, der sich die Iberer unterworfen sahen. Diese Entwicklung veränderte die Iberer bis zum vollständigen Aufgehen in der römischen Welt, veränderte aber gleichzeitig auch die Vorstellung, die sich die Eroberer von ihnen gemacht hatten. Es wäre deshalb ebenso ungerecht, diesen Quellenaussagen kritiklos zu glauben, wie sie insgesamt abzuweisen. Ohne sie wäre es unmöglich, die iberische Geschichte nachzuzeichnen.

Zusammenfassender Überblick über die klassischen Textquellen zu den Iberern
Hekataios von Milet schrieb im 6. Jahrhundert v. Chr. *Genealogien* und eine *Erdbeschreibung*, mit der intellektuellen Brillanz, die typisch für das zeitgenössische Ionien ist. Sein wichtigster Nachfolger im 5. Jahrhundert v. Chr. war Herodot aus Halikarnassos, der als Begründer der Geschichtswissenschaft gilt, die zu jener Zeit eine Mischung aus Reisebeschreibung und Analyse der politischen Verhältnisse war. Im Zusammenhang damit ist auch Thukydides zu nennen, dessen *Geschichte des Peloponnesischen Krieges* im Athen des ausgehenden 5. Jahrhunderts v. Chr. das erste wirkliche Geschichtswerk ist. Seine Nachfolger waren Xenophon aus Athen, Philistos aus Syrakus, Ephoros aus Cumae und Hellanikos von Lesbos, deren Werke den Übergang zur hellenistischen Geschichtsschreibung markieren. Bei ihnen vermischen sich die mythischen Traditionen und die Analyse der realen politischen Ereignisse, so daß es schwierig ist, zwischen den beiden Aspekten zu unterscheiden. Man wird diesen Autoren nur gerecht, wenn man sie als Schriftsteller betrachtet, die vor dem Hintergrund eines genau festgelegten Weltbildes die näher oder ferner liegende Realität beschrieben. Die hellenistische Epoche und die Eroberung durch die Römer ebneten einer pragmatischen Historiographie den Weg, deren namhaftester Vertreter Polybios ist, ein Zeuge der römischen Eroberungen im Mittelmeerraum. Livius greift später häufig auf seine Schriften und auf die Tradition der römischen Annalisten zurück.

Männerkopf vom Llano de la Consolación, Montealegre del Castillo (Albacete); Anfang 5. Jahrhundert v. Chr.; hellgelber Kalkstein; Höhe: 20,5 cm; Musée des Antiquités Nationales, Saint-Germain-en-Laye. Kat.-Nr. 186

In römischer Zeit gab es erneut Schriftsteller, die sich mit der Beschreibung der Welt befaßten. Sie sammelten und überarbeiteten ältere griechische Berichte, reale ebenso wie imaginäre. So hinderte Strabos Begeisterung für die politische Analyse ihn nicht daran, antike Sagen und Mythen aufzugreifen. Die letzten großen Reiseschriftsteller waren Dionysios der Perieget und Avienus.

Lit.: Die meisten Texte sind zusammengestellt in : A. Schulten/P. Bosch Gimpera/L. Pericot, *Fontes Hispaniae Antiquae* (*FHA*), Barcelona 1922–1987
Zu Avienus: J. Mangas/D. Plácido, *Testimonia Hispaniae Antiquae* (*THA*), I, Madrid 1994
F. Jacoby, *Die Fragmente der griechischen Historiker*, Berlin/Leiden 1962 (Neudruck), hat die Fragmente der folgenden Autoren zusammengestellt: Hellanikos (4), Herodoros von Herakleia (31), Ephoros (70), Philistos (556)

Editionen der anderen Autoren:

Herodot: C. Hude (OCT), 1908; Thukydides: J. de Romilly u.a. (Budé) 1908, 1953–1972; Polybios: T. Buettner-Wobst (Teubner) 1889–1905; Diodor: F. Vogel/C. T. Fischer (Teubner) 1888–1906[3]; Strabo III: F. Lasserre (Budé) 1966; Pausanias: M. H. Rocha-Pereira (Teubner) 1973–1981
Die Schriften von Dionysios Periegetes sind zusammengestellt in: *Geographi Graeci Minores*, hrsg. von C. Müller, Paris 1855–1861; Pseudo-Aristoteles hrsg. von O. Apelt (Teubner) 1888; Solinus in den *Monumenta Germaniae Historica*, hrsg. von Theodor Mommsen, 1895

Die iberische Kultur aus der Sicht der Forschung

Ricardo Olmos

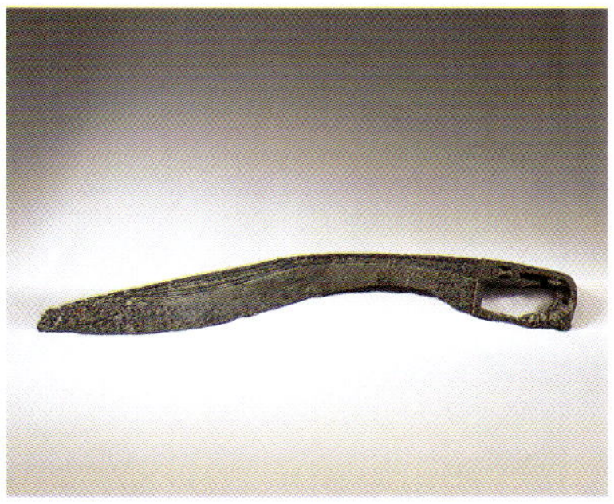

Falcata von Almedinilla; 4. Jahrhundert v. Chr.; Eisen mit Einlegearbeiten aus Silber; Länge: 59 cm; Museo Arqueológico Nacional, Madrid. Kat.-Nr. 23

Falcata von Almedinilla (Detail). Kat.-Nr. 23

Die ältesten wissenschaftlichen Erkenntnisse über die Welt der Iberer sind etwa 100 Jahre alt (Arribas 1982, 31–40; Nicolini 1973, 1–6; Ruiz/Molinos 1993). Man könnte die Entdeckung der *Dama de Elche* im August des Jahres 1897 als das entscheidende Ereignis betrachten, das die iberische Kultur als eine neue, eigenständige Erscheinung in den Blickwinkel der europäischen Wissenschaft rückte (*La Dama de Elche* 1997). Aber die Erforschung der Vergangenheit ist ein langsamer und komplexer Prozeß, der sich nicht auf einzelne Ereignisse reduzieren läßt. Zunächst müssen Fragen gestellt werden, die später beantwortet, präzisiert, bestätigt oder neu gestellt werden. Die Erforschung der iberischen Kultur ist heute mehr denn je durch viele offene Fragen und große Erwartungen gekennzeichnet. Nach wie vor sind wir darum bemüht, ihre charakteristischen Merkmale und unterschiedlichen Facetten zu entdecken und einzuordnen.

In jüngerer Zeit bestimmten unterschiedliche Interessen die Forschung. So ist es für die zweite Hälfte des 19. Jahrhunderts im Europa der Nationalstaaten typisch, daß die eigene Geschichte aggressiv herausgestrichen wird. Wie die Franzosen, die Anspruch auf ihre gallische Vergangenheit erhoben (Viallaneix/Erhard 1982), verspürten die spanischen Historiker den Wunsch, die heroischen Gestalten des vorrömischen Spanien besser kennenzulernen und ihre materielle Kultur zu erforschen. Man kannte die antiken Texte, aber sie mußten in einem dialektischen Prozeß den archäologischen Befunden gegenübergestellt und mit diesen in Einklang gebracht werden. Es ging darum, Raum und Chronologie der iberischen Kultur zu bestimmen, ein spezifisches Vokabular zu entwickeln – Namen, die das Individuelle dieser Kultur herausstellten – (Olmos 1996b), die Objekte zu beschreiben, sie durch Zeichnungen und Fotografien zu reproduzieren und schlüssige Modelle zu entwerfen, mit deren Hilfe sich ihre historische Entwicklung erklären ließ.

Gegen Ende des Mittelalters war der Cerro de los Santos wegen der dort gefundenen Skulpturen, die man für Heiligenbilder hielt, bereits unter diesem Namen bekannt (Savirón 1875, 12–13). Im 18. Jahrhundert schrieb man über *Falcatas* als eine Art Sicheln, die in den antiken Siedlungen ausgegraben worden waren; diese waren bei den Antiquaren sehr beliebt, die sie für römische Arbeiten hielten (Ceán-Bermúdez 1832, XXIV). Im Jahre 1800 beschrieb ein Domherr aus Baza die Plünderung einer iberischen Nekropole aus dem 4. Jahrhundert v. Chr., bei der griechische Urnen und Vasen entdeckt wurden, die mit weiblichen Figuren verziert waren. Der Kirchengelehrte Pedro Álvarez Gutiérrez hielt sie für römisch, während der Volksmund sie als maurisch bezeichnete (Olmos 1996b, 42–45). Bereits früher, zu Beginn des 17. Jahrhunderts, war eine Silberschale mit iberischer Inschrift, die aus dem antiken Castulo stammte, beschrieben und gezeichnet worden. In ihr befand sich ein Schatz aus iberischen und römischen Münzen (Hübner 1893, 175). Seit dieser Zeit, vor allem aber seit dem 18. Jahrhundert, versuchten die Sammler, die geheimnisvollen Zeichen auf den iberischen Münzen zu entziffern, für die sie Parallelen bei den griechischen und römischen Münzen von der Iberischen Halbinsel suchten (Hübner 1888; Cacciotti/Mora 1995). Es wurden verschiedene Deutungen vorgeschlagen, aber der Schlüssel zur Entzifferung wurde erst im Jahre 1922 von Gómez-Moreno gefunden (Gómez-Moreno 1949, 219–231).

Im 19. Jahrhundert nahm das Interesse an den vorrömischen Sprachen der Iberischen Halbinsel stetig zu. Durchdrungen von einem romantischen Geschichtsbild, widmete sich der deutsche Gelehrte Wilhelm von Humboldt dem Studium der iberischen Orts- und Eigennamen, die durch die antiken Autoren überliefert waren, und zwar unter Berücksichtigung der baskischen Sprache, von der er glaubte, daß sie aus der vorrömischen iberischen Sprache hervorgegangen sei. Er konzentrierte sich völlig auf die Parallelen bei der Namengebung, von denen wir heute wissen, daß sie falsch waren, und kam zu dem Schluß, daß die Bewohner der Iberischen Halbinsel ein einziges Volk bildeten, das eine gemeinsame Sprache redete (Humboldt 1821).

Der Wunsch, eine auf Volkskunst und Sprache basierende kollektive Identität zu konstruieren, beeinflußte die meisten historischen Untersuchungen des vergangenen Jahrhunderts (Blas Guerrero 1995, 26–46). Die Erfindung einer in der Antike wurzelnden baskischen Mythologie fand eine romanhafte Übertragung in der Haltung eines alten Volkes, das angesichts der römischen Unterdrückung seine Reinheit und Integrität bewahrte (Juaristi 1987; im Roman: Navarro Villoslada 1879). Ethnographische Argumente wurden angeführt und das neue Gebiet der physischen Anthropologie in die Forschung mit einbezogen (Pereira de Lima 1902). All diese Interpretationsversuche basierten auf dem tiefen Interesse des 19. Jahrhunderts, den Ursprung der Völker kennenzulernen. Gleichzeitig wurde die Vorstellung von einer iberischen Nation, die durch unlösbare historische Bande zusammengehalten wird, von dem einflußreichen konservativen Politiker Antonio Cánovas mit großem Eifer verbreitet. Cánovas, der zur Zeit der monarchistischen Restauration verschiedenen Regierungen vorstand und ein Verfechter der Idee des *Paniberismus* in der Politik war, erwarb damals mehrere Skulpturen vom Cerro de los Santos.

In diesem günstigen Klima beginnt also in der zweiten Hälfte des 19. Jahrhunderts die wissenschaftliche Entdeckung Iberiens. Diese Entdeckung fiel mit dem Beginn der staatlichen Förderung der Archäologie zusammen. Die Historiker interessierten sich sehr bald für die archäologischen Funde, die immer häufiger in öffentlichen Instituten aufbewahrt wurden. Hier einige Daten: 1867 begann die offizielle Ausgrabung der Nekropole von Almedinilla (Córdoba), und die *Falcatas,* die dort entdeckt wurden, erlaubten die Zuordnung von Objekt und antikem Namen (Quesada 1992a). Im darauffolgenden Jahrzehnt waren es zwei Entdeckungen von überragender Wichtigkeit, die man in der Provinz Albacete machte und die eine heftige Diskussion über ihre kulturelle Einordnung und ihre Datierung auslösten: die *Bicha von Balazote* und die Skulpturen vom Cerro de los Santos. Zu welchen Völkern und in welche Zeit gehörten diese Skulpturen? Bei der *Bicha von Balazote* handelt es sich um einen Stier mit menschlichem Gesicht; man glaubte, daß er chaldäischer Herkunft sei und verglich ihn mit den großen geflügelten Stieren aus Assyrien. Aber man vermutete auch, daß es sich um die Verzierung des Eingangs eines byzantinischen Palastes handelte (Amador de los Ríos 1889, 720; Olmos 1996b, 45ff.). Die Meinungen über die Skulpturen vom Cerro de los Santos differierten – nachdem in einer offiziellen Kampagne des Madrider Museums der Ort im Jahre 1871 ausgegraben worden war –, je nach vorherrschender Ideologie, und sie dienten vor allem zur Rechtfertigung der nationalen Geschichte. So wurden diese Funde der westgotischen Zeit zugeordnet (hierbei waren die »Opfernden« Märtyrer und Opfer der arianischen Häresie, die ein Gefäß mit ihrem für den wahren Glauben vergossenen Blut in Händen halten) (Amador de los Ríos 1862, 157ff.; 1883, 5, 13ff.; Hübner 1888, 236), oder man brachte sie mit den

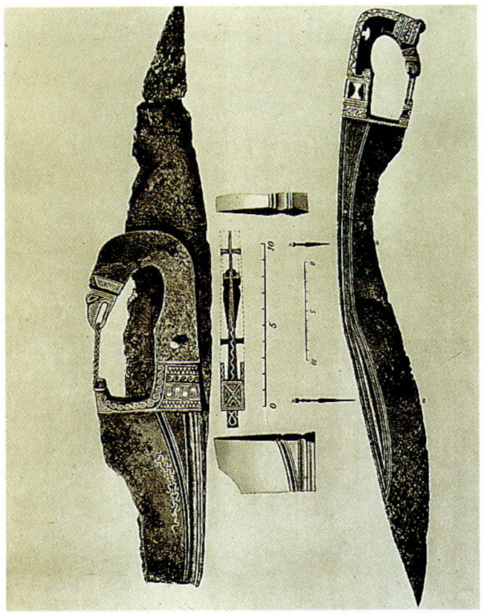

Falcatas von Almedinilla; 4. Jahrhundert v. Chr.; Museo Arqueológico Nacional, Madrid; Zeichnung, Schnitte und Foto von Juan Cabré; abgebildet bei Antonio Garciá y Bellido in: Ars Hispaniae *1947, Abb. 343*

Silberschale mit iberischer Inschrift, die bei ihrer Entdeckung einen Münzschatz enthielt. Gefunden 1618 in Torres, 12 Kilometer von Baeza, nicht weit von Cazlona (Jaén). Beschrieben in der Carta del Marqués de La Aula escrita a Rodrigo Caro desde Estepa el 15 de febrero de 1623. *Zeichnung abgebildet bei E. Hübner 1893, 175.*
Kat.-Nr. 346

Silberschale aus Torres (Jaén);
150/100 v. Chr.;
Durchmesser: 13,4 cm;
Musée du Louvre.
Kat.-Nr. 346

gnostischen Lehren der Spätantike in Verbindung (Facundo Riaño 1872, 72ff.; Hübner 1888, 236). Andere sahen in ihnen eine eklektische Mischung von chaldäischem, ägyptischem und griechischem Stil und wiesen die Funde aufgrund ihrer symbolhaften, fast esoterischen Inschriften einem Hemeroskop oder Planetarium zu (Rada y Delgado 1875). Diese Deutungen gingen mit einem in ganz Europa wachsenden Interesse am Orient sowie mit der Anfertigung von Fälschungen einher, die die Suche nach Exotik und alten Traditionen stimulierten. Viele der Skulpturen und Inschriften vom Cerro de los Santos wurden in den 70er Jahren des letzten Jahrhunderts von einem Uhrmacher aus Yecla (Murcia) gefälscht oder überarbeitet, der in geistiger Umnachtung starb. Dieser unglückselige Betrug hatte verheerende Konsequenzen für die Erforschung der iberischen Kultur, die damit für einige Zeit in der europäischen Wissenschaft diskreditiert war. Die Weltausstellung in Wien im Jahre 1873 zeigte keine iberischen Exponate (Hübner 1898; Reulaux 1891, 210). Die großen, grundlegenden kunsthistorischen Publikationen jener Zeit, etwa die von Perrot und Chipiez (1882–1914), hielten die iberische Kunst nicht für würdig, in ihre luxuriösen Veröffentlichungen aufgenommen zu werden.

Fünf Skulpturen vom Cerro de los Santos. Alle sind gefälscht oder durch Überarbeitung und das Hinzufügen von Inschriften oder Attributen verfälscht, und zwar um 1870 von D. Juan Amat, einem Uhrmacher aus Yecla. Sie wurden von Juan de Dios de la Rada y Delgado als echt publiziert (1875, Taf. VI). Zeichnung: J. Bustamante; Lithographie: Donon, Madrid

In diesem Zusammenhang bedeutete die Entdeckung der *Dama de Elche* 1897 ein erstes eindeutiges Indiz für die Existenz einer iberischen Kultur. Ihr sofortiger Erwerb durch den Archäologen Pierre Paris für den Louvre bestätigte die Bedeutung dieses Fundes. Wenig später veröffentlichte der französische Wissenschaftler seinen berühmten *Essai sur l'Art et l'Industrie de l'Espagne primitive,* in dem er den iberischen Skulpturen den Rang wirklicher Kunstwerke zugestand und den positivistischen Begriff des Handwerks einführte (Paris 1904a). In jener Zeit (1904) leitete Pierre Paris zusammen mit Arthur Engel die Ausgrabungen in der befestigten ibero-römischen Siedlung von Osuna (Sevilla), die durch die großartigen Reliefs berühmt wurde.

In unserem Jahrhundert ist die Entwicklung einer genauen Chronologie das wichtigste Anliegen der Wissenschaftler, auch wenn diese bis heute Anlaß für Auseinandersetzungen ist (Olmos 1994). Solange Pierre Paris die iberischen Skulpturen mit den griechischen verglich, datierte er die iberische Keramik in mykenische Zeit (*Formes archaïques et arts ibériques* 1996). Noch stand die Wissenschaft ganz unter dem Eindruck der spektakulären Funde Schliemanns in Mykene, die den Horizont der griechischen Kunst um ein Jahrtausend erweitert hatten, und so schien es ganz natürlich, deren Spuren jetzt auch in Spanien zu suchen.

Die Forschungsgeschichte im 20. Jahrhundert läßt sich als langsame und gelegentlich widersprüchliche Annäherung an eine effektive Begrifflichkeit, räumliche Abgrenzung und Datierung der iberischen Kultur definieren (Olmos 1994). Dabei wurden verschiedene Wege beschritten. Ganz allgemein sucht man zum einen nach Gemeinsamkeiten mit anderen Kulturen des Mittelmeerraums, auf die man diese Kultur zurückführte: den Phöniziern, Karthagern, Etruskern, Griechen und Römern. Zum anderen bemüht man sich, eine größere Übereinstimmung zwischen den archäologischen Funden und den Zeugnissen der antiken Geschichtsschreibung über die Völker der Iberischen Halbinsel herzustellen. Hierbei steht man in der Nachfolge der sogenannten »philologischen Archäologie« des 19. Jahrhunderts, die vor allem in Deutschland gepflegt wurde. Hinzu kam in den ersten Jahrzehnten unseres Jahrhunderts die Förderung systematischer Ausgrabungen von Fundplätzen aus vorrömischer Zeit, die von der damals neu gegründeten *Junta Superior de Excavaciones Arqueológicas* geleitet wurden. Durch sie kennen wir heute Heiligtümer wie das von Castellar de Santisteban (Jaén) (Lantier 1917) und die iberischen Nekropolen von La Toya (Jaén) oder Galera (Granada) (Cabré 1920; Cabré/Motos 1920) mit ihrer iberischen und griechischen Keramik.

Einige Namen und die wichtigsten Etappen auf dem Weg der Forschungsgeschichte sollen hier genannt werden. Die unschätzbare Arbeit des deutschen Gelehrten Adolf

Opfer darbringendes Ehepaar vom Cerro de los Santos, Montealegre del Castillo (Albacete); 2. Jahrhundert v. Chr.; beigefarbener Kalkstein; Höhe: 63 cm; Museo Arqueológico Nacional, Madrid. Kat.-Nr. 210

Schulten, der in der ersten Hälfte unseres Jahrhunderts eine systematische Publikation der griechisch-römischen Quellen zur historischen Geographie des antiken Spanien in Angriff nahm. Von der These ausgehend, daß die antiken Beschreibungen getreu die Realität widerspiegeln, versuchte er, die verschiedenen Völker der Iberischen Halbinsel zu beschreiben und ihre geographische Ausdehnung unter einer historischen Perspektive zu betrachten (Schulten 1922; 1955). Zeitgenosse und Freund von Schulten war Pere Bosch Gimpera, der mit diesem zusammen die *Fontes Hispaniae Antiquae* sammelte und herausgab und Autor einer ambitionierten *Etnología de la Península Ibérica* war (1932). Er forschte über Ursprung und historische Entwicklung der »iberischen Zivilisation«, die er als Synthese aus dem kulturellen Erbe früherer Völker und Zivilisationen – die Bosch zeitlich im Neolithikum und geographisch in Nordafrika ansetzte – und der in der frühen Eisenzeit von den Kelten getragenen Hallstattkultur verstand. Die Blütezeit der iberischen Kultur, die er in das 3. und 2. Jahrhundert v. Chr. datierte, läßt sich seiner Meinung nach jedoch ohne den starken kolonialen Einfluß der Phönizier und Griechen, von dem die antiken Autoren berichten, nicht verstehen. Bosch und nach ihm andere Autoren verwiesen immer wieder auf die kulturelle Mittlerfunktion der iberischen Söldner, die sich im Dienste der Karthager und Griechen auf Sizilien und in der Magna Graecia (Unteritalien) aufhielten. Bosch Gimpera versuchte, das vielschichtige Phänomen der iberischen Kultur zu verstehen und dabei auch die Anthropologie, die Ethnographie, die Volkskunst, die Archäologie und die Philologie mit einzubeziehen. Er initiierte damit die Arbeit eines anderen Universalgelehrten, Julio Caro Baroja, des Autors von *Los pueblos de España* (1981). Andere Forscher dieser Generation betonten die historische Kontinuität sowie das wahrscheinliche Überleben der iberischen Kultur in den volkstümlichen Traditionen und den nationalen Wurzeln Spaniens.

Parallel zu den ethnographischen Untersuchungen versuchten andere Wissenschaftler, eine genaue Definition der iberischen Kunst zu finden (García y Bellido 1947; 1954). Die Datierungen basierten auf stilistischen Vergleichen mit den Werken anderer Kulturen. Die Inspirationsquellen wurden vor allem im Mittelmeerraum gesucht. In den 20er Jahren definierte der Amerikaner Rhys Carpenter die iberische Keramik und Skulptur als eine Kunst, die die griechische imitierte, ohne jedoch über geeignetes Werkzeug und technisches Können zu verfügen, die es erlaubt hätten, deren Perfektion zu erreichen (Carpenter 1925). Nach diesem Raster einer hierarchischen Abfolge der Mittelmeerkulturen analysierte Antonio García y Bellido die Zeugnisse der griechischen Präsenz in Spanien und kam zu dem Schluß, daß die iberische Plastik und die Goldschmiedearbeiten eine Art provinzielle griechische Kunst gewesen seien, die im Westen von Griechen für Griechen geschaffen wurde (García y Bellido 1947; 1948). Gleichzeitig datierte er andere iberische Kunstwerke, wie die Keramik oder die sogenannte *Dama de Elche,* in römische Zeit. Seine Arbeit ebnete den Weg für spätere Forschungen (Langlotz 1966; Blanco Freijeiro 1960a).

Dennoch akzeptierten nicht alle Wissenschaftler die Hypothese über den mediterranen Ursprung der iberischen Kultur. Einige gingen von einem starken keltischen Einfluß aus. Zweifellos unter dem Eindruck eines erstarkenden Deutschland gingen sie so weit, die Existenz einer iberischen Ethnie und Kultur überhaupt zu leugnen. Die Verfechter einer iberischen Kultur schlossen sich zur Verteidigung ihrer Thesen gegen diese »Verräter« zusammen (Fletcher 1949). Die Politik war zu jener Zeit überdies niemals weit entfernt, wie die ideologische Manipulation der iberischen Symbole – die als Wurzeln der spanischen Identität beansprucht wurden – zu Beginn der Herrschaft Francos zeigt (Olmos u.a. 1992).

Seit den 40er Jahren sind Fortschritte in der Datierung der Funde zu verzeichnen (García y Bellido 1943; Olmos 1994). Größere Siedlungen wie Sant Miquel de Lliria (Valencia, *CVH* Lliria) oder die Nekropole von El Cigarralejo (Murcia)(Cuadrado 1950; 1987), in denen iberische Keramik neben griechischer und italischer gefunden wurde, waren ausgegraben und publiziert worden. Die wachsende Menge an ausgegrabenem Material mußte klassifiziert, die Formen und Motive typologisch geordnet werden (Olmos 1996b). Die systematische Erfassung der iberischen Keramik aus Azaila (Teruel) und Lliria (Valencia) (Azaila: *CVH* Azaila; Lliria: *CVH* Lliria) in Corpus-Bänden wurde in Angriff genommen. Die Bronzestatuetten aus den iberischen Heiligtümern wurden publiziert und stilistisch eingeordnet (Alvarez-Ossorio 1941; Nicolini 1969; Prados 1992) und einige Jahre später die zoomorphe und anthropomorphe Skulptur aus Stein (Chapa 1985; Ruano Ruiz 1987; Ruiz Bremón 1989). Man klassifizierte, verglich, man suchte Parallelen innerhalb und außerhalb des iberischen Kulturkreises, man präzisierte die Chronologie und versuchte, die Bedeutung äußerer Einflüsse abzuschätzen.

Gegenüber der früheren Konzentration auf griechische Einflüsse rückte in den 60er und 70er Jahren die kulturell prägende Wirkung der Phönizier und des östlichen Mittelmeerraums in den Mittelpunkt des Interesses. Diese alte Debatte wurde erneut und mit

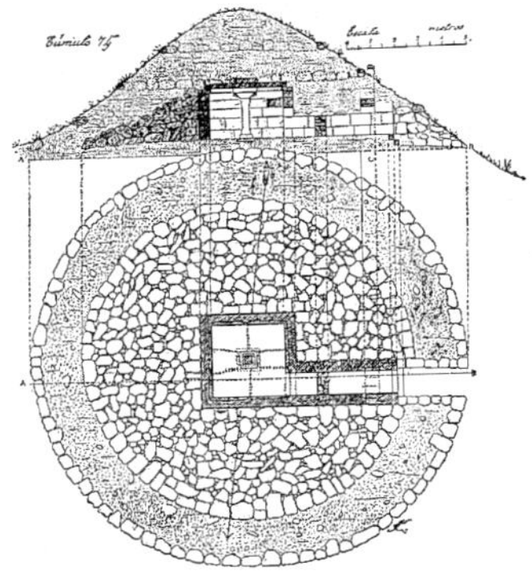

Querschnitt und Grundriß eines Hügelgrabs in Tutugi, Galera (Granada); nach einer Zeichnung von Juan Cabré (1920–1921)

Stilistischer und chronologischer Vergleich von drei Pferdeköpfen, nach Rhys Carpenter 1925, Taf. XVI.
a graeco-iberischer Kopf auf einem Gefäß aus Elche; nach einer Zeichnung von Pierre Paris
b iberischer Kopf auf der sogenannten Kriegervase aus Archena, heute im Museo Arqueológico Nacional, Madrid
c griechischer Kopf auf einer schwarzfigurigen attischen Vase im Nationalmuseum, Athen

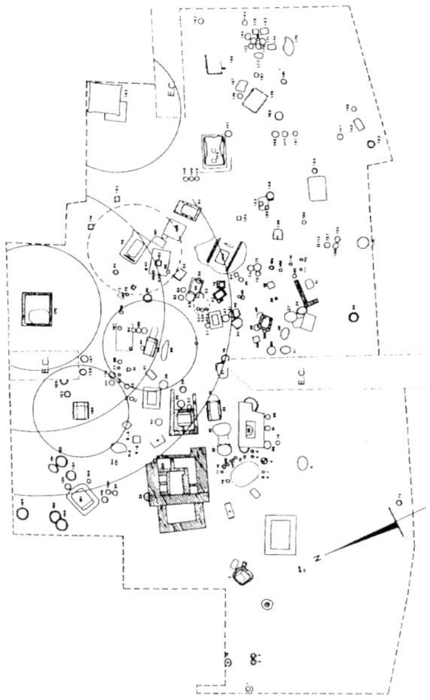

Die soziale Hierarchie in der Nekropole von Baza im Umkreis des Grabes der Dama de Baza*; Darstellung nach Ruiz u.a.* (Las necrópolis *1992, 429)*

großer Heftigkeit aufgenommen (Blázquez 1975). Die Entdeckung, daß die Phönizier im Süden und Osten Spaniens sehr präsent waren, veränderte die Vorstellung von der Frühgeschichte der Halbinsel grundlegend. Die Ursprünge der iberischen Kultur (Bildhauerei, Keramik, Toreutik, Goldschmiedekunst und Elfenbeinschnitzerei, Grabbauten und Schrift) schienen auf die orientalisierende Phase zurückzugehen (7. und 6. Jahrhundert v. Chr.), die mit der Blütezeit von Tartessos zusammenfiel. Die Frage nach der Herkunft, der Entwicklung und der Verbreitung von Techniken und orientalisierenden Motiven beherrschte die Diskussion. Das von Almagro-Gorbea in den 70er Jahren ausgegrabene und veröffentlichte Monument von Pozo Moro (Albacete) brachte neue Erkenntnisse über die ostmediterranen Wurzeln der aristokratisch geprägten iberischen Kultur (Almagro-Gorbea 1983a). Die Untersuchung dieses Fundes, aber auch die der Nekropole von Los Villares de Hoya Gonzalo (Albacete), ermöglichte unter anderem eine präzisere Datierung, eine allmähliche Rekonstruktion der iberischen Bestattungsriten sowie die Entwicklung einer Typologie der Grabformen (Almagro-Gorbea 1983c; Blánquez 1992, 235–278). Die Bestattungsriten wurden als Spiegel der iberischen Gesellschaft betrachtet (*Las necrópolis* 1992). Das Monument von Pozo Moro, die *Dama de Baza* (Granada) (Presedo 1973), die Reiterskulpturen aus Los Villares de Hoya Gonzalo oder die Plastiken aus Porcuna (Jaén) (Negueruela 1990a) erweiterten die Kenntnisse über Formen, Einflußbereiche und die Bedeutung der Skulptur im Totenkult der iberischen Aristokratie. Von dieser Zeit an begann sich das Bild einer von Fremdeinflüssen beherrschten Kultur zu verändern; statt von einer unreflektierten Übernahme fremder Vorbilder auszugehen, betrachtet man in den 70er und 80er Jahren die iberische Kultur als organische und von innen heraus gewachsene Struktur, deren Entwicklung immer stärker als von indigenen Faktoren bestimmt betrachtet wurde.

Heute bemüht sich die Forschung um eine möglichst breite, übergreifende Sicht der verschiedenen iberischen Kulturen. Die Ausgrabungen der Siedlungen mit ihren reichen Funden ermöglichten eine Rekonstruktion von deren ursprünglicher Verwendung (Lliria: Bonet 1995). Die Produktions- und Handelsstätten, die Sakralbauten und Kultstätten (Aranegui 1994) bilden den Rahmen für die dialektische Entwicklung einer Geschichte, deren Wurzeln in einer unter östlichem Einfluß entstandenen Aristokratie liegen und die nach der römischen Eroberung und nach vielen sozialen und politischen Krisen ein dichtes Netz der kulturellen Interaktion entstehen ließ. Nicht nur die Ursprünge, sondern auch die verschiedenen Entwicklungsstufen mit ihren lokalen und historischen Besonderheiten sind für die Forschung interessant (Ruiz/Molinos 1993). Man untersuchte die Ikonographie, einen indirekten Spiegel der Gesellschaft und Quelle für das mythische und religiöse Weltbild der Iberer (*La Dama de Elche* 1996; Aranegui u.a. 1997).

Jahr für Jahr wachsen und verändern sich unsere Kenntnisse, nicht nur dank der neuen Funde, die die traditionellen Vorstellungen modifizieren, sondern auch durch die neuen Interpretationsansätze, die diese Funde ermöglichen. All dies trägt zu einem genaueren Verständnis der komplexen iberischen Welt bei. Die übergreifende Betrachtung der iberischen Kultur, so unterschiedlich die einzelnen Aspekte auch sein mögen (Texte, Münzen, Sprache und Epigraphik, Land und Wirtschaft, Umfeld und Bilder), erfordert einen Vergleich mit anderen Kulturen der Halbinsel und Europas, insbesondere mit denen des Mittelmeerraums. Es geht darum, die vorsichtigen Versuche der Vergangenheit mit den vielversprechenden, weitreichenden Perspektiven unserer Tage in Einklang zu bringen, um die Bedeutung und den Stellenwert der iberischen Kultur ermessen zu können.

Die Dama de Elche

Pilar León

Wenn es ein Werk gibt, das die ästhetischen Prinzipien der Iberer auf den ersten Blick verdeutlicht, so ist es die *Dama de Elche.* Die geheimnisvollen Fundumstände gaben Anlaß zu verschiedenen Spekulationen, die dem Werk eine besondere künstlerische Aura verliehen. Innerhalb der iberischen Skulptur nimmt die *Dama de Elche* von jeher einen bevorzugten Platz ein, wie er nicht einmal den herausragenden Skulpturen von Porcuna eingeräumt wurde. Das alles hätte lediglich anekdotischen Wert, wenn nicht damit eine ganz bestimmte Theorie über den Einfluß der Phokäer auf die iberische Plastik verbunden wäre, die bis heute diskutiert wird. In diesem Zusammenhang muß – auch wenn dies selbstverständlich scheint – darauf hingewiesen werden, daß die *Dama de Elche* ein authentisches iberisches Kunstwerk ist, das jedoch tief in der künstlerischen Tradition des Mittelmeerraums wurzelt und durch eine überaus detailfreudige Gestaltung fasziniert. Im folgenden sollen diese Aspekte näher untersucht werden.

Zunächst muß festgehalten werden, daß dem Werk jede organische Struktur fehlt. Genauer gesagt, wirkt die Skulptur wie eine Art Gerüst oder eine Schaufensterpuppe, die mit zahlreichen Schmuckstücken behängt ist. Die Schwierigkeiten der iberischen Bildhauer bei der Darstellung des menschlichen Körpers offenbaren sich in dem Kontrast zwischen dem amorphen unteren Teil – der Büste – und der monumentalen Gestaltung des triptychonartigen oberen Teils – des Kopfes. Zahlreiche iberische Plastiken jener Zeit spiegeln dieses Problem. Aufgrund der großen Ähnlichkeit seien hier nur Werke wie die *Gran Dama Oferente* vom Cerro de los Santos (Abb. S. 166) oder die weiblichen Statuetten vom selben Fundort erwähnt. Die starre Haltung des Halses und das auf den Schultern lastende Gewicht sind nicht nur eine Konsequenz des enorm schweren Kopf- und Brustschmucks (Frisur, Diademe, Halsketten), sondern sie gehen auch auf die erwähnten Schwierigkeiten bei der Ausführung zurück.

Ebenso wichtig ist die Ikonographie, die trotz ihrer großen Originalität Vorläufer im Mittelmeerraum hatte. Folgende Elemente sind typisch: die aufwendige Bekleidung, die sich aus zwei Tuniken oder anderen dünnen Gewändern und einem dicken, weiten Umhang zusammensetzte, der reiche Schmuck, insbesondere der beeindruckende Brustschmuck mit Anhängern, sowie die originelle Haartracht mit den übergroßen schneckenförmigen Seitenteilen. Jedes dieser Elemente findet Parallelen in der Kleinkunst, vor allem in der von Karthagern und Griechen im gesamten Mittelmeerraum verbreiteten Koroplastik, wie Antonio García y Bellido anhand der in Süditalien und auf Ibiza gefundenen Serien von Terrakotten festgestellt hat. Typisch für sie sind die Pektorale mit Anhängern und die beiden großen seitlich am Kopf angebrachten radähnlichen Gebilde.

Das Pektorale mit Anhängern ist ein typisches Schmuckstück von Göttinnen, und es taucht um 500 v. Chr. bei Terrakotten aus Agrigent auf. Im 4. Jahrhundert v. Chr. findet es Eingang in die punisch-ebusitanische Koroplastik vom Puig des Molins. Die Anhänger am Pektorale der *Dama de Elche* sind mit denen der erwähnten Statuetten jedoch nicht direkt vergleichbar; es sind vielmehr typisch einheimische Ornamente, die sich bei besonders qualitätvollen Stücken der iberischen Goldschmiedekunst wiederfinden (García y Bellido).

Paul Jacobsthal hat sich mit dem Ursprung der radförmigen Haartracht beschäftigt. Vorläufer fand er in archaischen griechischen Statuen, beispielsweise bei der Kore 666 im Akropolis-Museum in Athen. Noch größer ist die Ähnlichkeit bei Terrakottastatuetten aus dem 5. Jahrhundert, die als Votive dienten. Die außergewöhnliche Größe dieser Haarschaukeln und der vor den Ohren schneckenförmig gerollten Zöpfe sowie die Rosetten, Blumen oder Bänder, die als zusätzliches Dekor verwendet wurden, veranlaßten Jacobsthal zu der Annahme, daß es sich um Perücken gehandelt hat, die bei bestimmten religiösen Zeremonien getragen wurden. Ähnlich interpretiert Simone Besques eine besonders qualitätvolle Terrakottastatuette aus dem Kabirenheiligtum von Theben, die stilistisch den von Jacobsthal untersuchten Terrakottafiguren ähnelt. Auch sie trägt eine ausladende Perücke mit vor den Ohren rundgeflochtenen Zöpfen, was Besques auf ägyptischen Einfluß zurückführt. Dieses ikonographische Element ist bei der *Dama de Elche* anders eingesetzt: Hier wird es so in die komplizierte, kunstvolle Haartracht integriert, daß daraus zwei voneinander unabhängige, starre Zusätze werden, die nur formal noch an die weiche, flexible Struktur der Perücken bei den griechischen Terrakotten erinnern.

Erste Hinweise auf eine originäre einheimische Kunst lassen sich besonders gut bei den Gesichtszügen erkennen. Diese folgen in ihrer hieratischen Strenge zwar frühklassischen Vorbildern, wurden jedoch nach iberischer

Die Dama de Elche; Höhe: 56 cm; Museo Arqueológico Nacional, Madrid

Vorstellung stilisiert. Das heißt, sie wurden einem Abstraktionsprozeß unterworfen, der dem Gesicht seine knöcherne Basis nahm, um es wie eine Maske erstarren zu lassen. Darüber hinaus bedienten sich die iberischen Bildhauer einer archaischen Formensprache: Die Augen sind schräg gestellt, die gewölbten Brauen weit von den Lidern entfernt, die Lippen fein geschwungen. Die Archäologen führten diese stilistischen Merkmale auf phokäischen Einfluß zurück. Möglicherweise bevorzugten die Iberer aufgrund ihrer speziellen Vorlieben jedoch gerade die archaisierende Stilrichtung. Diese Formen kamen zum einen der Begeisterung der Iberer für Prunk und Selbstdarstellung sehr entgegen, zum anderen ließen sie sich gut mit ihrem Hang zu Strenge und Geschlossenheit vereinbaren. Das Profil der *Dama de Elche* macht einen gewissen orientalischen Einfluß deutlich. Es ist zu erkennen, daß die iberischen Künstler in der Übernahme oder Adaption von stilistischen Vorbildern außerordentlich unabhängig waren.

Typisch für die iberische Kunst ist das Vorherrschen des Dekorativen gegenüber dem funktionalen Element und eine Vorliebe für eine oberflächliche Modellierung. Diese beiden Aspekte ergänzen einander und äußern sich in einer fast manieristischen Liebe zum Detail, über die der plastische Gesamtzusammenhang vergessen wird. Besonders charakteristisch ist die Ausarbeitung der Falten, die entweder durch Dreiecke, Zickzackformen oder lange Einkerbungen, ähnlich denen bei der *Gran Dama Oferente* vom Cerro de los Santos, wiedergegeben wurden. Diese Technik war typisch für die iberischen Bildhauer und blieb lange in Verwendung. Iberische Künstler waren an die Verarbeitung weichen Materials gewöhnt und gingen meisterhaft damit um, wie die Augen der *Dama de Elche* beweisen.

Das ursprüngliche Aussehen dieser Skulptur ist schwer zu rekonstruieren, und man kann kaum mehr beurteilen, ob es sich um eine Büste oder um eine vollständige stehende oder sitzende Figur handelte. Letzteres ist eher unwahrscheinlich, obwohl nicht völlig auszuschließen, denn es gibt klein- und großformatige Vergleichsbeispiele: Am berühmtesten ist die *Dama de Baza* (Abb. S. 129), ein Werk aus dem 4. Jahrhundert v. Chr. Ricardo Olmos verteidigte seine Theorie, daß es sich um eine Büste gehandelt haben muß, die in Bezug zur Vergöttlichung der Dargestellten stand. Geht man von einer solchen Annahme aus, so wäre die Darstellung Ausdruck iberischer Religiosität, deren Inhalte bis heute unbekannt sind. Die Darstellung müßte jedoch im Zusammenhang mit dem religiösen Synkretismus gesehen werden, der zu jener Zeit den Mittelmeerraum beherrschte. Für eine aufrecht stehende Gestalt spräche die Häufigkeit dieser Darstellungsform sowohl bei Steinskulpturen als auch bei Bronzestatuetten und Terrakotten. Auch hier drängt sich wieder der Vergleich mit der *Gran Dama Oferente* vom Cerro de los Santos auf. Die Frage nach der ursprünglichen Gestalt der *Dama de Elche* bleibt dennoch offen, und so bewahrt die Skulptur eines ihrer Geheimnisse.

Zusammenfassend sollte noch einmal darauf hingewiesen werden, daß sich die mysteriöse Aura dieser Skulptur auch orientalischen Einflüssen verdankt. Das Gesicht ist völlig unbewegt, und der gesamte Ausdruck wird von dem starren, abwesenden Blick beherrscht. Es entsteht fast der Eindruck, als sei die Frau hypnotisiert. Dieses Gefühl der Leere, verstärkt durch die abstrahierten Gesichtszüge, führt zu der Annahme, daß es weniger die Absicht des Künstlers war, eine Figur in ihrer physischen Realität zu schaffen, als vielmehr eine idealisierte Darstellung mit menschlichen Zügen zu entwerfen. Dabei ist die Frisur als eine Art Schrein aufgefaßt, der den Hintergrund der Büste bildet und diese gleichzeitig rahmt. Die prunkvoll geschmückte Statue vermittelt eine Vorstellung von Reichtum und Macht und erweckt die Assoziation an ein privilegiertes, höheres, vielleicht übermenschliches Wesen. Ihr Äußeres war geschaffen, einfache Menschen zu beeindrucken, die für diese Art der Zurschaustellung empfänglich waren.

Das kulturelle Umfeld und der enge Zusammenhang mit Werken des 4. Jahrhunderts v. Chr. – der *Gran Dama Oferente* vom Cerro de los Santos und der *Dama de Baza* – lassen vermuten, daß auch die *Dama de Elche* aus dieser Zeit stammt.

Lit.: Jacobsthal 1932; García y Bellido 1943a; Blanco 1960; Langlotz/Hirmer 1963, 60, Abb. 20; Langlotz 1966, 40; Fernández 1983, 85, Abb. 14; Olmos u.a. 1992, 34, Nr. 2, 110, Nr. 1; Besques 1994, 28, Nr. 45; *La Dame d'Elche* 1997 (P. Léon/G. Nicolini)

Die Dama de Elche (Detail); Museo Arqueológico Nacional, Madrid

Pierre Paris, Wegbereiter der iberischen Archäologie

Pierre Moret

In der Geschichte der iberischen Archäologie ist der Name Pierre Paris (1859–1931) vor allem mit dem Erwerb der *Dama de Elche* für den Louvre im Jahre 1897 verbunden, eine der Glanzleistungen seiner Karriere. Das Bild dieses jungen Universitätsprofessors, der auf der Suche nach archäologischen Abenteuern Spanien durchstreift, gehört einem anderen Zeitalter an, nämlich dem 19. Jahrhundert, als die Museen von Berlin, London und Paris sich auf Kosten derjenigen Länder füllten, die die Schätze ihrer Vergangenheit noch nicht unter gesetzlichen Schutz gestellt hatten.

Es wäre indes ungerecht, die wissenschaftliche Bedeutung von Pierre Paris auf diese Episode zu reduzieren. Weder seine Arbeitsweise noch sein Ehrgeiz machten ihn zu einem »Napoleon der Archäologie«, als der er auch heute noch gelegentlich dargestellt wird (Lucas 1994, 33). In Wirklichkeit vertrat Pierre Paris, der Spanien liebte, lediglich eine Art von Archäologie, wie sie nördlich der Alpen gänzlich unbekannt war. Auch war er einer der wichtigsten Anwälte einer kulturellen Annäherung zwischen Frankreich und Spanien in den unruhigen Zeiten vor und nach dem Ersten Weltkrieg.

Geboren wurde Pierre Paris 1859 in Rodez. Er absolvierte die École Nationale Supérieure und war als *agrégé des lettres* von 1882 bis 1885 Mitglied der École Française in Athen. Erst nach seiner Berufung auf den Lehrstuhl für Archäologie der Universität von Bordeaux begann er sich für die Welt der Iberer zu interessieren. Seine erste archäologische Studienreise nach Spanien unternimmt er 1895 – mit 36 Jahren – und besucht von 1897 bis zu seinem Tod das Land jedes Jahr. Zunächst konzentrierten sich seine Aktivitäten auf den Südosten der Iberischen Halbinsel, wo er das Gebiet von Meca, El Amarejo, Orihuela, Rojales, Elche und Sagunt erforschte (Rouillard 1995). Später galt sein Interesse Andalusien, wo er in Osuna (1903), Almedinilla (1904), Bolonia (1917–1921) und Setefilla (1926–1927) grub. In den 20er Jahren konzentrierte sich sein Interesse auf Aragón (Ausgrabungen in der Nähe von Alcañiz, Teruel).

Die intensiv betriebene Feldforschung – Zeitgenossen und eigenen Tagebuchaufzeichnungen zufolge war er ein unermüdlicher Reisender, ein ausdauernder Wanderer und ein eifriger Radfahrer (Paris 1979; Legendre 1933) – tritt in den ersten Jahren des 20. Jahrhunderts in den Hintergrund, und ein anderer Pierre Paris wird sichtbar: der Anreger, Lehrer und Organisator. Vom Temperament her war Pierre Paris alles andere als ein Stubengelehrter; einsames Forschen und pure Gelehrsamkeit waren seine Sache nicht. In den letzten 30 Jahren seines Lebens sah er seine Aufgabe darin, Gelehrten und Künstlern beider Länder die Mittel für einen fruchtbaren Austausch ihrer Erfahrungen an die Hand zu geben. Er war an der Gründung des *Bulletin Hispanique* der Universität von Bordeaux beteiligt (1899) und wirkte entscheidend mit, als 1909 die École des hautes études hispaniques, das Institut Français in Madrid (1913) und 1928, ebenfalls in Madrid, sein *opus magnum*, die Casa de Velázquez, gegründet wurde, deren erster Direktor er war und wo er 1931 starb (Delauney 1994).

Pierre Paris' Beitrag zur iberischen Archäologie ist nicht leicht einzuschätzen, zumal dies eine unvollendete Arbeit geblieben ist. Genau betrachtet, bedeuten die sieben Jahre zwischen seiner ersten Spanienreise und der Endfassung seines *Essai sur l'art et l'industrie de l'Espagne primitive* im Jahre 1903 wissenschaftlich die einzig wirklich fruchtbare Periode seiner Laufbahn, zumindest was die iberische Eisenzeit betrifft. Er selbst kam in den Jahren nach dem Ersten Weltkrieg zu der Einsicht, daß sein Aufsatz »ganz neu geschrieben werden müsse« (Legendre 1933, 157). Es ist sein großes Verdienst, als erster einen Entwurf vorgelegt zu haben, der den gesamten Bereich aller Aktivitäten der Iberer, von der Kunstproduktion bis zum Handwerk, in einem Überblick zusammenfaßt. Aber der Essay kam damals zu früh; man konnte sich weder auf die Ergebnisse der Siedlungsarchäologie noch auf präzise Datierungen stützen, und abgesehen von der Plastik war das Material noch viel zu lückenhaft. Pierre Paris war in Wirklichkeit nur der Wegbereiter einer iberischen Archäologie, die erst 20 Jahre später von Pere Bosch Gimpera begründet wurde. Außerdem war er mehr Kunsthistoriker als Archäologe. Während Siret, Déchelette und Bosch Gimpera die Grundlagen für eine chronologische und geographische Einordnung der eisenzeitlichen Kulturen auf der Halbinsel legten, entwickelte Paris die vage Vorstellung einer idealen Iberia, in deren Chronologie nur ein Datum zählte, nämlich die römische Eroberung, und deren einzige Grenze die Pyrenäen bildeten.

Datierungsfragen ging er beharrlich aus dem Weg, was sein Festhalten an der vielfach kritisierten These von einer direkten Abhängigkeit der iberischen von der mykenischen Kunst verständlich macht (Rouillard 1996a). Spanien vor den Römern besitzt für ihn keine wirkliche Geschichte und deshalb auch keine Chronologie: Mykenische, phönizische und phokäische Einflüsse verschmelzen miteinander zu einem sich langsam entwickelnden Kontinuum des vorgeschichtlichen Westens.

Pierre Paris gestaltete sein Iberien nach dem aktuellen Spanienbild des späten 19. Jahrhunderts. Es gibt zahlreiche Parallelen zwischen den Reiseeindrücken in seinen Tagebüchern aus den Jahren 1895 bis 1897 und den ästhetischen Urteilen in seinem Essay von 1903. Für ihn entspricht den starken Kontrasten der iberischen Landschaft, die er 1895 bewundert, die primitive Brutalität der Skulpturen, die Paris, hin- und hergerissen zwischen Abscheu und Faszination, nicht wirklich zu beurteilen vermag. Der Trostlosigkeit eines in der Erinnerung an seine verflossene Größe dahindämmernden Kastilien entspricht die Vorstellung einer durch die römische Herrschaft zur Bedeutungslosigkeit reduzierten Iberia.

Doch das beherrschende Bild ist das von Spanien als einem »europäischen Orient« (Paris 1979, 89). Paris, der bereits Palästina und Algerien bereist hatte, war von dem levantinischen Charakter von Toledo, Alicante und Elche so überwältigt, daß seine Beschreibung der *Dama de Elche* ganz und gar davon durchdrungen ist: Orientalisch die üppige Haarpracht, noch »verstärkt durch spanische Übertreibung«, orientalisch auch ihre schweren Ohrgehänge, »an deren pittoresker Eleganz auch heute noch so manche dunkelhaarige Andalusierin Gefallen finden würde« (Paris 1903, 300).

Angesichts einer solchen Beschwörung des Klischees vom »immerwährenden Spanien« kann man ein Lächeln kaum unterdrücken. Aber so war Pierre Paris: einseitig und leidenschaftlich, ohne Furcht vor Anachronismen und stets bereit, analytische Kühle emotionaler Beurteilung zu unterwerfen. Aber auch ohne tiefergehendes Verständnis für die iberische Kunst war er einer der ersten, die mit Leidenschaft für sie eintraten.

Arthur Engel (links), Pierre Paris und sein Sohn in Osuna 1903 (Archiv Jérôme Blanc)

Pere Bosch Gimpera

Emili Junyent

Pere Bosch Gimpera (Barcelona 1891 – Mexiko Stadt 1974) gehörte, wie Miquel Tarradell schrieb, zu der Generation von Intellektuellen, die Ende des 19. und Anfang des 20. Jahrhunderts die katalonische Wissenschaft und Kultur grundlegend verändert haben. Er war der wichtigste Archäologe dieser Zeit. Seit der Renaissance waren Geschichte und Archäologie die Basis der intellektuellen Theorien des katalonischen Bürgertums. Der *Noucentisme* verstärkte die Verbindung dieser beiden Wissenschaften mit der katalonischen Politik und Kultur, und Pere Bosch Gimpera führte dieses Programm fort. Allein die Betrachtung seiner außergewöhnlichen wissenschaftlichen Leistungen reicht aus, um ihn gemeinsam mit Ferrán Soldevilla und Jaume Vicens Vives zu den größten Historikern unseres Landes zu zählen. Darüber hinaus war Bosch eine vitale, vielseitige Persönlichkeit, die ihre Kreativität auch auf humanistischer, gesellschaftlicher und politischer Ebene zum Ausdruck brachte.

Er wurde in Barcelona als Sohn einer gutbürgerlichen, kultivierten, liberalen und kosmopolitischen Familie geboren und studierte Philologie und Rechtswissenschaften an der dortigen Universität (1905–1910). Der Schwerpunkt seiner Arbeit lag auf der griechischen Philologie, die er bei Lluís Segalà i Estalella studierte. Den Doktorgrad erlangte er in Madrid mit einer Dissertation über den Dichter Bakchylides (1910–1911). Durch sein Jurastudium kam er in Kontakt mit Fernando Giner de los Ríos, mit dessen Hilfe er von der *Junta de Ampliación de Estudios* ein Stipendium erhielt, mit dem er nach Berlin gehen konnte (1911–1912). Hier besuchte er die Vorlesungen von Wilamowitz-Möllendorf, Meyer, Kossinna, Schmidt, Frickenhaus, Loeschke und Rodenwaldt. Wilamowitz-Möllendorf überzeugte Bosch, daß die Vor- und Frühgeschichte der Iberischen Halbinsel ein lohnenderes Gebiet als die klassische Philologie sei und lenkte sein Interesse auf die Archäologie.

Diese Zeit war ausschlaggebend für Boschs Entwicklung zum Prähistoriker, sein Denken sollte jedoch immer vom Historismus beeinflußt bleiben, wie er ihn in Berlin kennengelernt hatte. Folgende Erklärungsmethoden bildeten die Grundlage für seine Theorie: Die Definition archäologischer Kulturen, innerhalb deren sich ganze Völker selbst identifizieren, und ein invasionistisch-diffusionistisches Modell, das aber mit autochthonistischen Erklärungsmodellen einherging, waren seine grundlegenden Werkzeuge.

Zurück in Spanien, erlangte er einen zweiten Doktortitel in Geschichte mit einer Arbeit zur Chronologie der iberischen Keramik (1913). Hierbei handelte es sich um die erste wissenschaftliche Untersuchung der iberischen Kultur. Anhand stilistischer Merkmale entwickelte er eine Chronologie für den Zeitraum zwischen dem 6. Jahrhundert v. Chr. und der römischen Zeit. Er definierte die verschiedenen Gruppen und Verbreitungsgebiete, wobei er von einer Expansion von Süden nach Norden ausging und den Ausgangspunkt der Entwicklung im Südosten vermutete. Obwohl er der Meinung war, daß die iberische Kultur nach dem 6. Jahrhundert v. Chr. einen griechischen Ursprung hatte, konnte Bosch sich nie von der Vorstellung lösen, daß die Iberer eine ethnische Einheit bildeten, die bereits im Neolithikum existierte und mit afrikanischen Völkern verwandt war.

Nach einem zweiten Aufenthalt in Deutschland (1913–1914) lehrte er – nach Katalonien zurückgekehrt – neben Rubió i Lluch, Puig i Cadafalch, Pompeu Fabra, Eugeni d'Ors, Pau Vila und Vincens Vives u.a. an den *Estudios Universitarios Catalanes*. Im Jahr 1916 wurde Bosch Professor für alte und mittlere Geschichte an der Universität von Barcelona. Sehr bald sollte sich im Umkreis seines Seminars für Prähistorie mit J. de C. Serra Ràfols, L. Pericot, A. del Castillo und J. Martínez Santa Olalla eine Gruppe von Forschern zusammenfinden, die den Grundstein für die berühmte *Escuela de Arqueología Catalana* oder die »Schule von Barcelona« legten. Bosch verwendete einen großen Teil seiner Energie darauf, die überkommene zentralistische und bürokratisierte Struktur der Universität entsprechend den Erfordernissen der katalonischen Politik zu verändern. Als Dekan der philosophischen Fakultät (1931) konnte er diese Reform vorantreiben; schließlich wurde er zum Rektor und einem der Herausgeber der Statuten der neugegründeten *Universidad Autónoma de la Generalitat de Catalunya* (1933–1939).

Puig i Cadafalch beauftragte den jungen Professor mit Forschungsarbeiten und Ausgrabungen im südlichen Aragón (Bajo Aragón) und ernannte ihn nach der Gründung des *Servicio de Investigaciones Arqueológicas de la Mancomunitat* zum Direktor dieser Institution (1915). Das von Prat de la Riba im Jahr 1907 eingerichtete *Institut d'Estudis Catalans* (IEC) betreute als Forschungsgebiet alle Regionen mit katalonischer Sprache und Kultur, das »Catalunya Grande«, hatte darüber hinaus jedoch auch einen Fond für die Arbeit außerhalb des offiziellen Aufga-

Pere Bosch Gimpera
(aus: Pere Bosch Gimpera i el Museu … *1986, 11, 57)*

benbereiches dieses »Prinzipats« gegründet (was das Wirken Boschs in Bajo Aragón erklärt). Der *Servicio* entwickelte in wenigen Jahren eine ausgedehnte Forschungstätigkeit in Katalonien, in deren Rahmen J. Colominas Ausgrabungen auf Mallorca und im País Valenciano durchführte. Die ambitionierte und beispiellose Forschungstätigkeit von Bosch im südlichen Aragón (Bajo Aragón) umfaßte systematische und ausgedehnte Ausgrabungen an Stätten wie Sant Antoni und Els Castellans (Calaceite), La Gessera (Casseres) oder San Cristóbal (Mazaleón) und gipfelte in der Publikation einer brillanten Zusammenfassung der zeitlichen und kulturellen Entwicklung der iberischen Kultur.

Das zu Beginn seiner Diktatur (1923–1930) von Primo de Rivera erlassene Dekret zur Unterdrückung des Separatismus führte zur Einstellung der Ausgrabungen. Die Subventionen an das *Institut d'Estudis Catalans* wurden gestrichen und die *Servicios de Arqueología* (Archäologischer Dienst) wurden mit der *Conservación de Monumentos* (Denkmalschutz) zusammengelegt und der *Diputación* unterstellt. Auf Anraten von Puig i Cadafalch übernahm Bosch die Leitung dieser Einrichtung, um zu verhindern, daß die begonnenen Arbeiten vollständig eingestellt wurden. Im selben Jahr (1924) wurde die archäologische Abteilung des Museo de Bellas Artes gegründet. Damit war der Grundstein für die Realisierung von Boschs Traum von einem archäologischen Museum gelegt, welcher 1935, kurz vor Ausbruch des Bürgerkriegs, mit der Einweihung des Palacio de Artes Gráficas de la exposición de Montjuic wahr wurde. Es handelte sich hierbei um eine moderne Museumsinstitution, die mit dem *Servicio* und den Ausgrabungen in Empúries (Ampurias) verbunden war und über vorbildliche Einrichtungen sowie eine Fachbibliothek

Pere Bosch Gimpera (Mitte) beim Servicio de Investigaciones Arqueológicas, dessen Direktor er 1915 wurde

Pere Bosch Gimpera mit einer Gruppe von Besuchern in Ampurias, um 1935 verfügte und als Informations- und Forschungszentrum dienen sollte.

Bosch gelang es, anläßlich der Internationalen Ausstellung in Barcelona (1929) den vierten internationalen Kongreß für Archäologie auszurichten. Bei diesem Kongreß fanden Boschs und Puig i Cadafalchs Verdienste um die prähistorische und klassische Archäologie auch internationale Anerkennung. In Barcelona bildete sich 1935 auch die *Conferéncia de la Comisión Internacional de la Prehistória Mediterránea.* In weniger als 20 Jahren waren in der Archäologie spektakuläre Ergebnisse erzielt worden, und die archäologischen Forschungen in Katalonien konnten mit den europäischen Wissenschaftsströmungen Schritt halten. Bosch hatte dank seiner sprichwörtlichen Fähigkeit zur Synthese die Vorgeschichte Kataloniens und der Iberischen Halbinsel systematisiert und somit die Grundlage für eine Vision unserer Vergangenheit geschaffen, die die Erforschung der Frühzeit bis in unsere Tage geprägt hat.

Die durch die Diktatur verursachten Umwälzungen, die Ereignisse des 6. Oktober 1934 und der Aufstand des Militärs ließen Bosch immer größere politische Verantwortung innerhalb der Zweiten Republik und der Regierung der *Generalitat* übernehmen, bis hin zu seiner Ernennung zum Justizminister der *Generalitat de Cataluña* (1937–1939). In seiner Abwendung vom romantischen Katalonismus und Separatismus kann Pere Bosch Gimperas politische Einstellung als konservativ bezeichnet werden, wobei er den von Cambó so genannten »konstruktiven Katalonismus« vertrat. Nachdem Bosch die *Lliga* verlassen hatte, trat er in die *Acció Catalana* des Nicolau d'Olwer ein.

Mit dem Sieg der *Front d'Esquerres* und der Wiedereinsetzung des *Estatuto de Autonomía* (1936) eröffneten sich neue Möglichkeiten. 1934 trat das Gesetz zum Schutz des künstlerischen und geschichtlichen Erbes in Kraft (*Ley del Patrimonio Histórico y Artístico*), durch das Bosch nun über den notwendigen legislativen und exekutiven Handlungsspielraum und die entsprechenden Institutionen – den archäologischen Dienst, das Museum und die Universität – verfügte, um ein einheitliches Konzept für die Archäologie seines Landes zu erarbeiten. Der Militärputsch gegen die Republik verhinderte jedoch die Verwirklichung seines Planes.

Nach dem Sieg des Faschismus ging Pere Bosch Gimpera nach Mexiko ins Exil, wo er an der Universidad Nacional (UNAM) seine wichtige Forschungs- und Lehrtätigkeit fortsetzte. Aus seiner Position als Katalonier, Republikaner und Föderalist widmete er einen großen Teil seiner Forschungstätigkeit der Neubewertung der spanischen Geschichte. Von der Peripherie her entwickelte er ein neues, multinationales Konzept der Entstehungsgeschichte der Völker Spaniens, das die politischen Forderungen des Katalonismus historisch legitimierte. Seine Theorie von den Suprastrukturen (römische, westgotische, arabische und ausländische Dynastien wie die der Habsburger und Bourbonen) präsentierte den Staat als Einrichtung zur Unterdrückung der Völker.

Lit.: (s. seine Veröffentlichungen in der allgemeinen Bibliographie)
Verschiedene Autoren, *A Bosch Gimpera en el septuagésimo aniversario,* Mexiko 1963; Grau/López, *Pere Bosch i Gimpera, Ictíneu Diccionari de les ciències de la societat als Països Catalans,* Edic. 62, Barcelona 1979, 90–92; verschiedene Autoren, *Pere Bosch Gimpera i el Museu Arqueològic de Barcelona. 50 aniversari,* Barcelona 1986; Grau, *Pere Bosch i Gimpera, Diccionari d'Història de Catalunya,* Edic. 62, Barcelona 1994

MM-484

Der iberische Raum und das Alltagsleben

Die Iberer und ihr Lebensraum

Arturo Ruiz Rodríguez

Pyxis vom Tossal de Sant Miquel, Lliria (Valencia); nach dem 4. Jahrhundert v. Chr.; ocker-grauer Ton; Höhe: 23,3 cm; Museo de Prehistoria Domingo Fletcher, Valencia. Kat.-Nr. 48

Bemalte Kanne aus Ensérune (Hérault); 425/300 v. Chr.; hellbeigefarbener Ton; Höhe: 18 cm; Musée d'Ensérune (Hérault). Kat.-Nr. 59

Im ersten Drittel des 20. Jahrhunderts präsentierte Pere Bosch Gimpera den ersten Entwurf zur geographischen Bestimmung des iberischen Lebens- und Kulturraums (Bosch Gimpera 1932). Dabei unterschied er zwischen dem im eigentlichen Sinne iberischen Gebiet nördlich des Segura und dem von tartessischen Traditionen geprägten Guadalquivirtal. Diese von Vorurteilen nicht freie Vorstellung, deren Diskussion der Spanische Bürgerkrieg zunächst verhinderte, entsprach verdächtig genau der Grenze zwischen dem katalonischen und dem kastilischen Sprachraum. Gleichwohl gaben seine Thesen von der kulturellen Mannigfaltigkeit und regionalen Differenziertheit der iberischen Kultur den Anstoß zu einer sehr lebendigen Forschungsdebatte, auch wenn Boschs Thesen aus archäologischer Sicht wenig solide begründet waren und sehr stark von literarischen Quellen mit beschränktem Aussagewert abhingen.

Üblicherweise hatte man die iberische Kultur mit Hilfe von Gebrauchsgegenständen unter Berücksichtigung der Herstellungstechniken definiert, beispielsweise das typische iberische Schwert mit gebogener Klinge (*Falcata*) aus dem Bereich der Eisenwaffen oder *Kalathoi* als scheibengedrehte Gefäßkeramik. Auch Anlagen wie die typischen rechteckigen Häuser oder Kammergräber, die einzeln in Nekropolenzusammenhängen auftauchen, gehörten, wenn auch in geringerem Umfang, in diesen Bestimmungskanon. Dieses wissenschaftliche Gerüst war jedoch sehr unzuverlässig, da es ihm an konzeptioneller wie begrifflicher Klarheit fehlte, die nicht zu erreichen war, da die Funde häufig aus ihrem Kontext gerissen und ihre Beschreibung irreführend war. Heute wird darum die iberische Kultur unter anderen Gesichtspunkten definiert: der aristokratische Aufbau der Gesellschaft, die neuen Machtstrukturen, Widerstand gegenüber beziehungsweise Akzeptanz von Strukturen, die in verwandtschaftlichen oder Klientelbeziehungen gründeten und vor allem die Lebensräume, deren diese neuen Formen des sozialen Miteinanders und ihre Weiterentwicklung bedurften und die sie ausfüllten.

Da alle diese neuen sozialen Faktoren in direkter Beziehung zum iberischen *Oppidum* und dem dazugehörigen Territorium standen, muß eine Analyse des iberischen Lebensraums von dieser Siedlungsform ausgehen. Nach unserem Verständnis ist das Oppidum die reinste Ausformung politischen Gestaltungswillens der iberischen Aristokratie.

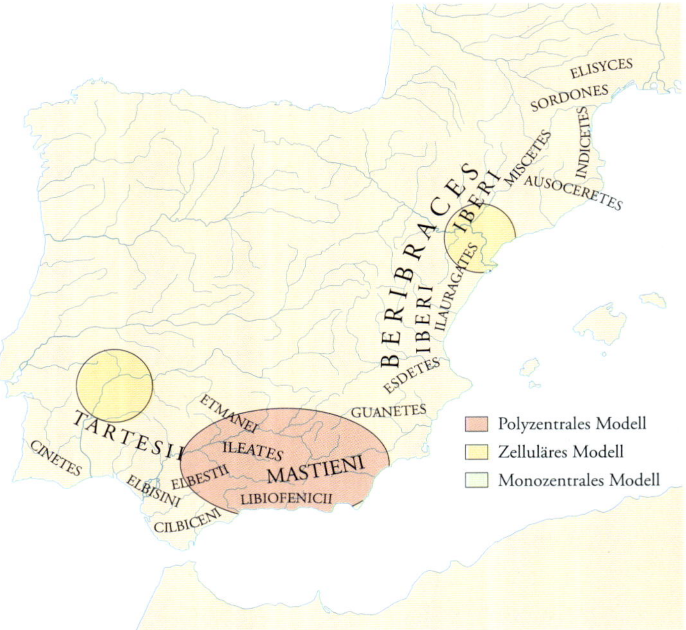

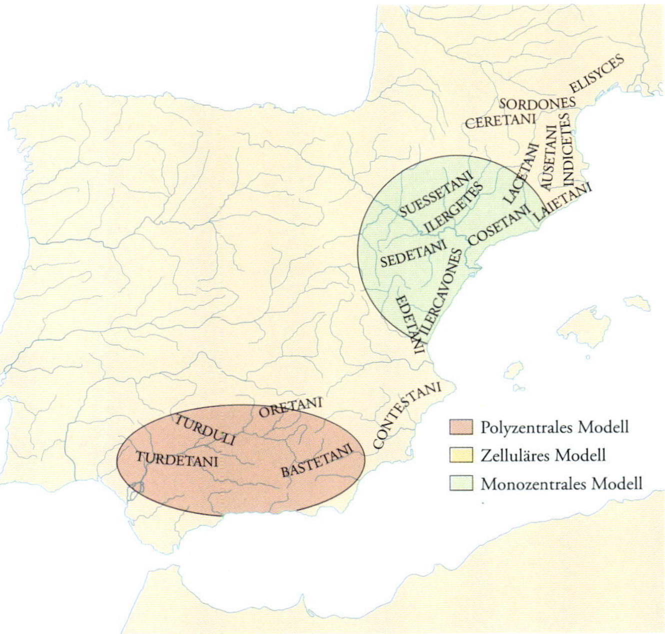

Die Iberische Halbinsel im 6. Jahrhundert v. Chr.

Die Iberische Halbinsel zwischen dem 3. und 1. Jahrhundert v. Chr.

Der Ursprung der iberischen Oppida

In ganz Andalusien, in der Provinz Murcia und im Süden der Provinz Alicante ist gegen Ende des 9. Jahrhunderts v. Chr. eine extreme Siedlungsdichte in Hüttendörfern zu beobachten. Im Laufe des 7. Jahrhunderts v. Chr. entwickelten sich diese Dorfanlagen in den meisten Fällen zu Oppida, die zu einem späteren Zeitpunkt als iberisch bezeichnet werden können. Das heißt: Wohnplätze, die zum Teil hundert oder mehr Jahre alt sind, werden befestigt und ändern ihre städtebauliche Struktur. Es entstehen eckige Häuser, und die veränderten Siedlungen werden zum Wohnsitz einer Gruppe von Aristokraten und ihrer Klientel. Dieses Phänomen ist vielfach auch über große Entfernungen hinweg belegt: Tejada la Vieja bei Escacena del Campo (Huelva) (Fernández Jurado 1987), Torreparedones bei Baena (Córdoba) (Cunliffe u.a. 1993) oder Plaza de Armas bei Puente Tablas (Jaén) (Ruiz/Molinos 1993).

Diese im Entstehen begriffenen Oppida teilten sich das Land mit bescheidenen dörflichen Siedlungen, die in bestimmten Fällen nicht befestigt wurden, wie Saladares (Alicante) (Arteaga/Serna 1975), oder gründeten Kolonien in Form von kleinen, weit gestreuten landwirtschaftlichen Einheiten, wie sich Ende des 7. Jahrhunderts v. Chr. bei Torreparedones beobachten läßt. Auch Reaktionen der lokalen Bevölkerung auf solche Kolonisationsbestrebungen sind bekannt. So wurde in der Campiña de Jaén eine Reihe von Türmen errichtet, die das Tal des Salado von den Weilern des kolonisierten Gebietes trennen sollten, daß heißt, man zog eine Grenze (Molinos u.a. 1994).

Politisch konnten in demselben Gebiet sehr gegensätzliche Tendenzen wirksam sein. Einerseits überwiegen im unteren und mittleren Tal des Guadalquivir die Oppida, wie aus der Besiedlung des Gebietes um Torreparedones deutlich wird, welche eine territoriale Expansion zeigt, die über das Gebiet des Oppidums selbst weit hinausging. Andererseits gibt es Hinweise auf andere politische Organisationsformen. Die Mastiener, wie die Bewohner das Seguratals gewöhnlich bezeichnet werden, kannten zwar ebenfalls das Oppidum als politische Organisationsform, beschränkten sich aber nicht darauf, wie die kleine Siedlung von La Quéjola (Albacete) aus dem späten 6. Jahrhundert v. Chr. zeigt (Blánquez/Olmos 1993).

Im Norden ist in dieser Zeit ein Synoikismus auf dörflichem Niveau nicht bekannt. Es gab aber Herrschaftsräume in Form kleiner Ansiedlungen sehr unterschiedlichen Charakters, die so etwas wie aristokratische Machtzellen darzustellen scheinen. Cancho Roano in Extremadura beispielsweise war ein wirtschaftliches Zentrum mit politischer und religiöser Funktion (Almagro-Gorbea u.a. 1990). Der dreiteilige Grundriß zeigt einen zentralen Kultraum sowie um diesen gruppierte Lagerräume und Produktionsstätten (Celestino/ Jiménez 1993). Man kennt heute diesen Siedlungstyp auch anderswo im mittleren Guadianatal und im Norden der Provinz Córdoba.

Ein zweiter Typ kleiner Siedlungen findet sich im Ebrotal und allgemein im iberischen Gebiet nördlich des Júcar. Allerdings ist hier die politische Funktion der Siedlungen nicht so eindeutig wie im Falle von Cancho Roano. Als exemplarisch kann Aldovesta (Tarragona) aus dem 7. Jahrhundert v. Chr. gelten (Mascort u.a. 1991), eine Siedlung mit der eindeutigen Funktion wirtschaftlicher Umverteilung.

Die Entwicklung dieser »zellenförmigen« Niederlassungen nördlich der Achse Guadalquivir-Segura verlief sehr unterschiedlich. Die Siedlung von Cancho Roano verschwindet zu Beginn des 4. Jahrhunderts v. Chr. als Folge kriegerischer Auseinandersetzungen. Ihr Untergang bezeugt das Ende der iberischen Kultur am mittleren Guadiana bis über die römische Eroberung hinaus. Demgegenüber machte das Gebiet um Ebro und Júcar bereits Mitte des 6. Jahrhunderts v. Chr. eine Krise durch, die eine weitere Konzentration der Siedlungsform bewirkte: Diese hören auf dörflich zu sein und folgen dem iberischen Muster. Oppida wie El Tossal de Sant Miquel (Lliria, Valencia) (Bonet Rosado 1995) oder El Puig de Sant Andreu bei Ullastret (Gerona) (Martin 1987) bezeugen diese Entwicklung.

Die wichtigsten iberischen Siedlungsformen am Ende des 5. Jahrhunderts v. Chr.

Im ausgehenden 5. Jahrhundert v. Chr. vollzog sich der Niedergang der kleinen aristokratischen Machtzentren, und es bildeten sich neue Siedlungsformen, in deren Mittelpunkt die Oppida standen. Ein polyzentrales Siedlungsmodell ist in der Campiña de Jaén im Guadalquivirtal untersucht worden (Ruiz 1988). Gegen Ende des 6. oder am Beginn des 5. Jahrhunderts v. Chr. kam es in diesem Gebiet zu einem zweiten Entwicklungsprozeß, in dessen Verlauf die Bewohner der verschiedenen Siedlungstypen in die jeweiligen Oppida integriert wurden. Über das gesamte Territorium legte sich ein Netz von Niederlassungen, die jeweils rund acht Kilometer voneinander entfernt lagen und in drei verschiedenen Größen vorkommen. Der größte Siedlungstyp besaß eine Ausdehnung von über 16 Hektar, und die kleinste Ansiedlung war mindestens einen Hektar groß. In der Regel besaß jedes Oppidum eine gewisse Autonomie und bildete damit eine politische Einheit. Bündnisse einzelner Oppida oder Abhängigkeiten voneinander können aber nicht ausgeschlossen werden. Diese neue Siedlungsform betraf freilich kein ausgedehntes Territorium und dürfte zu keiner Zeit sehr stabil gewesen sein, wie die Fortdauer des Stammesnamens »Turdetaner« bezeugt, ein Erbe der tartessischen Phase der Geschichte Südspaniens. Einen Sonderfall gab es im oberen Guadalquivirtal, im Osten der heutigen Provinz Jaén. Dort wurde zu Beginn des 4. Jahrhunderts v. Chr. auf dem Cerro del Pajarillo bei Huelma die Kultstätte einer lokalen Gottheit angelegt. Dieser Hügel liegt am Oberlauf des Jandulilla, eines südlichen Nebenflusses des Guadalquivir. An der Mündung des Jandulilla hat man seit jeher das Oppidum Úbeda la Vieja lokalisiert. Dessen Bewohner betrachteten den Fluß als ihr Eigentum und richteten einen *pagus* auf der Grundlage der gemeinsamen Wasserquelle ein, was wiederum die Entstehung eines zweiten Oppidums auf dem Hügel Loma del Perro zur Folge hatte.

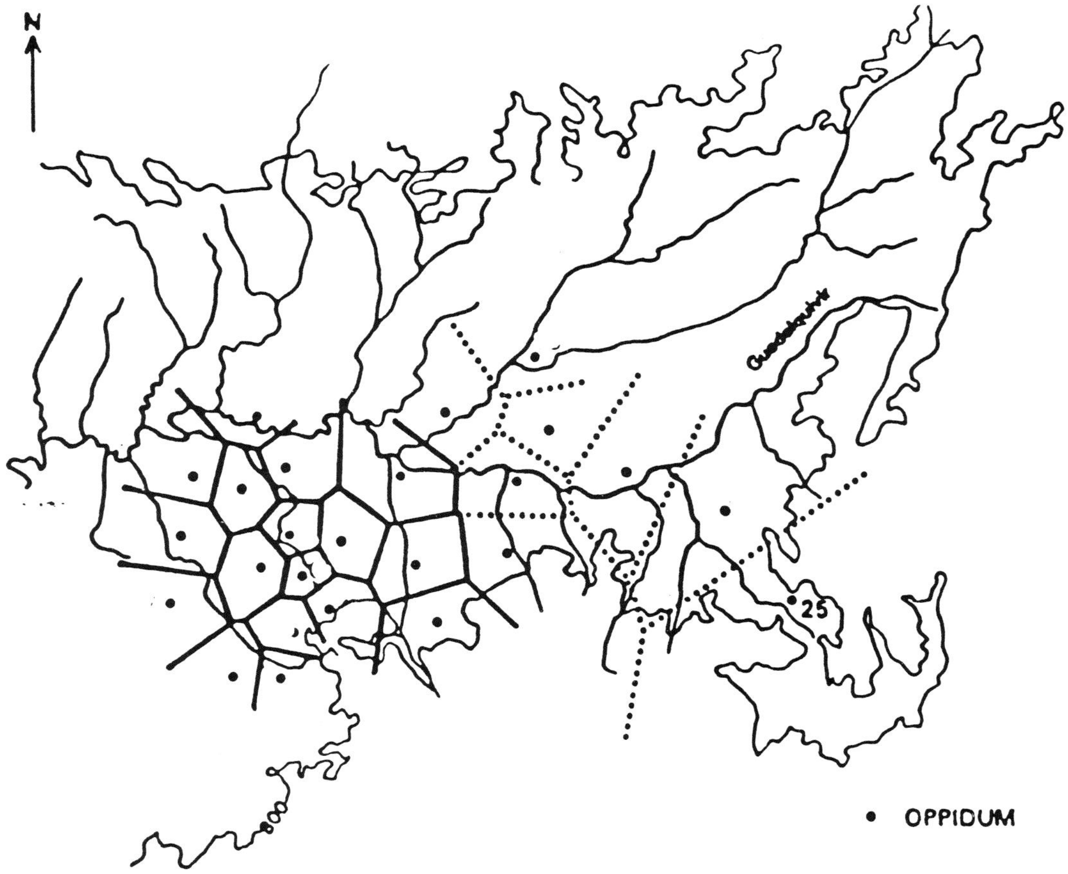

Das polyzentrale Modell am Beginn des 4. Jahrhunderts v. Chr. in der Campiña de Jaén (nach Ruiz/Molinos 1993)

Territoriale Einheiten, die durch Flußläufe bestimmt sind, lassen sich am Guadalimar und am Guadiana Menor beobachten, die beide durch dasselbe Gebiet fließen und an deren Ufern im 4. Jahrhundert v. Chr. Oppida gegründet wurden: Giribaile am Guadalimar und Castellones de Ceal am Guadiana Menor. Es scheint, als habe die Tendenz zur Zusammenfassung von Oppida zugenommen, denn am Ende des 3. Jahrhunderts herrschte Culchas als *regulus* über insgesamt 28 Siedlungen dieser Art. Anzeichen für eine Vereinzelung der Oppida gibt es erst im 2. Jahrhundert v. Chr. und auch nur in diesem Teil des Guadalquivirtals.

Das monozentrale Siedlungsmodell ist besonders gut am Mittellauf des Turia in der Provinz Valencia zu beobachten (Bernabeu u.a. 1987). Wie bereits erwähnt, verlief die Entwicklung zum Synoikismus hier parallel zu demjenigen Prozeß, der im 5. Jahrhundert v. Chr. im Guadalquivirtal zur Integration der letzten verstreuten Siedlungen in die Oppida geführt hatte. In dieser ersten Phase entwickelten sich im Tal des Turia zwei Typen von Siedlungen: ein zentrales Oppidum, das, wie im Fall von El Tossal de Sant Miquel de Llíria, bis zu 10 Hektar Land umfaßte, und ein anderes mit kleinen Zentren und jeweils ungefähr einem Hektar Land, für das La Seña charakteristisch ist. Obwohl nicht zu beweisen ist, daß es eine Abhängigkeit des zweiten Siedlungstyps vom ersten gab, besteht kein Zweifel, daß zu Beginn des 4. Jahrhunderts v. Chr. ein Hierarchisierungsprozeß zur Integration der kleineren Wohnplätze in die zentralen Oppida führte.

Die zweite Entwicklungsstufe zu Beginn des 4. Jahrhunderts v. Chr. ist durch die Besiedlung des Flußtals gekennzeichnet. Wie das Beispiel von Castellet de Bernabé zeigt (Bonet u.a. 1994), besaß der dafür gewählte Siedlungstyp eine Hauptstraße. Jüngere Forschungen belegen, daß es in dieser Zeit noch eine andere Art von Siedlung mit Haupt-

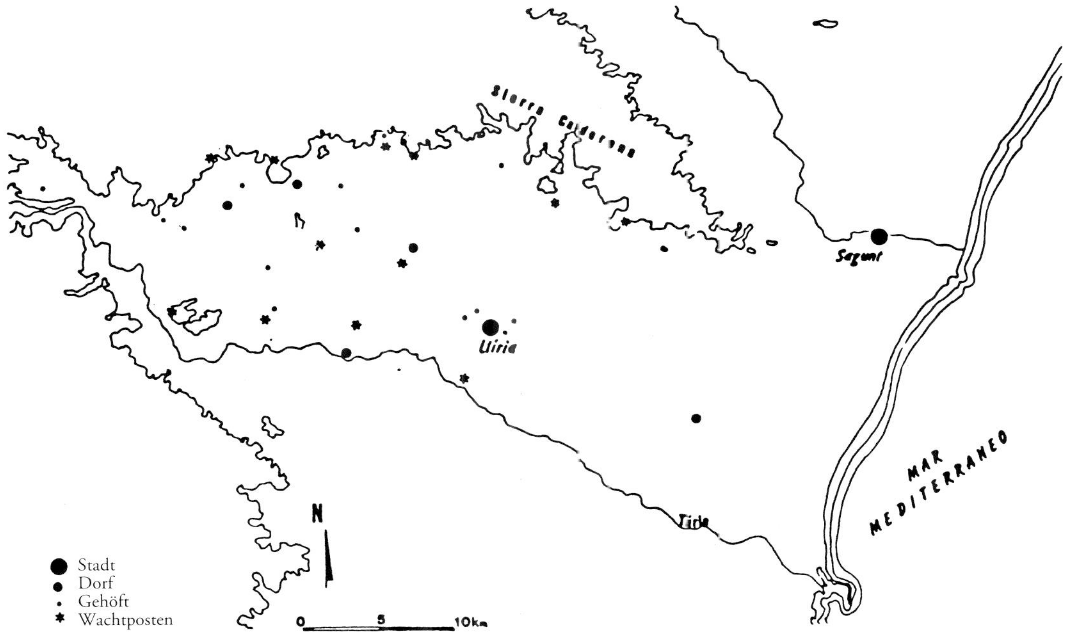

Das monozentrale Modell am Beginn des 4. Jahrhunderts v. Chr. im Tal des Turia (Valencia) (nach Bonet u.a. 1994)

straße gab, die im Unterschied zu jener besonders hoch lag und sehr gute Sicht bot. Siedlungen dieses Typs, wie z.B. El Puntal dels Llops, sind durch viereckige Wachttürme (*atalayas*) am äußersten Ende der Ummauerung gekennzeichnet (Bonet u.a. 1981). Es ist möglich, daß dieses System territorialer Kontrolle mit Hilfe solcher *atalayas* jüngeren Datums ist; zweifellos aber handelt es sich um eine neue Form von Inbesitznahme eines Territoriums. Anders als im oberen Guadalquivirtal liegen die einzelnen Wohnplätze verstreut, und der Umfang ihrer Territorien übertrifft denjenigen der Oppida bei weitem.

Dieser monozentrale Siedlungstyp paßt zu Hinweisen literarischer Quellen auf iberische Stämme, die sich nach ihrem politischen Zentrum oder auch nach einem politischen Führer bezeichneten: Edeta und Edeco (Edetani), Oretum und Orisson (Oretani), Ausa (Ausetani) oder Indika (Indiketes). Die monozentralen Oppida gab es vor allem nördlich des Júcar. Tatsächlich sind der Puig de Sant Andreu, der Turó de Mongrós oder Burriac Siedlungen von über 10 Hektar Größe, die einzigen, die am oberen und unteren Ter oder am unteren Llobregat über so große Territorien verfügten.

Interessant ist die Situation im oberen Llobregattal (Molas/Sánchez 1994). Keine der monozentralen Niederlassungen dieses Raums ist mit dem Oppidum von Typ 1 und 2 im Turiatal zu vergleichen. Auch die größten Siedlungen, wie Cogulló oder Sant Miquel de Sorba, waren stets kleiner als 0,5 Hektar, und die meisten Wohnplätze besaßen Vorläufer in der späten Bronze- und frühen Eisenzeit. Und schließlich: sie alle waren in Tälern von Nebenflüssen des Llobregat angelegt. Ein zweiter Siedlungstypus in diesem Raum besaß eine Größe von weniger als 0,2 Hektar und befand sich in der Nähe von großen Zentren. Wahrscheinlich dienten diese kleinen Siedlungen der Verteidigung, mit *atalayas,* oder landwirtschaftlichen Zwecken, wie im Falle von Can Bonell. Diese Anlage ist besonders interessant, weil sie eine kleinere Ausgabe von Castellet de Bernabé zu sein scheint, allerdings mit einem gemeinsamen Dach. Dies könnte einen wichtigen Unterschied in den verwandtschaftlichen Beziehungen innerhalb der kleinsten Wohneinheiten bezeichnen. Kurz gesagt, wir haben es hier mit dem (Grenz-)Fall eines marginalen Iberisierungskonzeptes zu tun, da ein Oppidum im eigentlichen Sinne nicht zu erkennen ist.

Die Definition des iberischen Oppidums

Wir haben versucht, das Oppidum als wichtigste Organisationseinheit innerhalb des iberischen Lebensraums darzustellen. Dies gilt sowohl für das polyzentrale Modell als auch für den monozentralen Typus. Die Definition des Oppidums ist in der Forschung nicht sehr präzise, da diese sich bisher auf die Beschreibung äußerer Merkmale, wie die Größe der Siedlungen in einem bestimmten Territorium, Befestigungswerke oder die Darstellung einer »komplexen urbanen Struktur« beschränkt hat. Mit allen diesen Merkmalen ist jedoch der Bedeutung der Niederlassungen in ihrem territorialen und historischen Kontext nicht beizukommen. Um dem Ziel einer Definition des iberischen Oppidums näherzukommen, sollen im folgenden zwei ganz unterschiedliche Oppida vorgestellt werden, die den verschiedenen oben beschriebenen Siedlungsmodellen entsprechen.

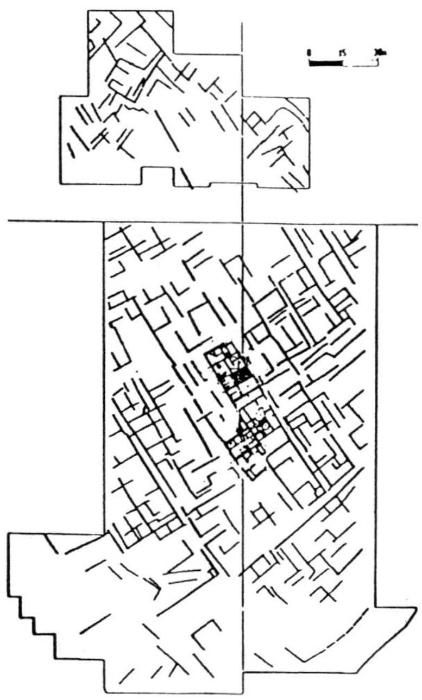

1. Der Cerro de la Plaza de Armas in Puente Tablas (Jaén) (Ruiz/Molinos 1985; 1986) ist mit seinen 6 Hektar Land der exemplarische Fall des polyzentralen Typs eines Oppidums. Die ursprüngliche Niederlassung, die durch Synoikismus beziehungsweise im Zuge einer Zusammenlegung von Wohnplätzen gegen Ende des 9. Jahrhunderts v. Chr. entstanden war, lag in einer Senke zwischen zwei Anhöhen, die im Laufe der Zeit durch Sedimentation aufgefüllt wurde und zu Beginn der iberischen Phase zu einer Hochebene angewachsen war. Zur endgültigen Gestaltung des Platzes trug wesentlich bei, daß in der ersten Hälfte des 7. Jahrhunderts v. Chr. eine Befestigung errichtet wurde, die rund 80 Prozent dieser Ebene umfaßte. Die Festungsmauer aus kleinen Steinen und Lehm war ursprünglich mit einer mörtelverkleideten Außenwand gesichert. In bestimmten Abständen war sie von viereckigen Türmen durchbrochen, die vor allem die fundamentlose Mauer stützten. Außerdem besaß sie eine zweite Schale aus Ziegeln. Bei Umbauten gegen Ende des 5. Jahrhunderts v. Chr. wurden die Außenverkleidung und der Aufputz sorgfältig entfernt und die Mauerkonstruktion verbessert.

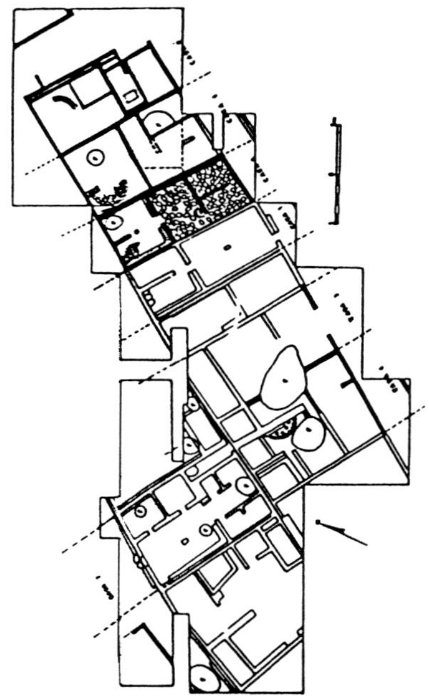

Die städtische Struktur des Oppidums auf dem Cerro de la Plaza de Armas in Puente Tablas (Jaén) im 4. Jahrhundert v. Chr.

Häuserblock in Puente Tablas

Diese Anlage wurde im ausgehenden 4. Jahrhundert v. Chr. aufgelassen, wenig später aber und bis zum Ende des Zweiten Punischen Krieges wieder besiedelt. Die Planimetrie des Oppidums in der ersten Hälfte des 4. Jahrhunderts v. Chr. ist durch Grabungen sowie geoelektrische und geomagnetische Untersuchungen bekannt. Die Anlage zeichnet sich durch besondere Regelmäßigkeit aus. Die gesamte Siedlungsfläche war in Einheiten von 30 Metern Breite und unterschiedlicher Länge aufgeteilt. Gegen eine Mittelmauer lehnten sich beidseitig Häuserreihen. Jedes dieser Häuser war auf der entgegengesetzten Seite zu einer Straße geöffnet. Die Häuser besaßen eine Tiefe von 13,5 bis 14 und eine Breite von 5 bis 9 Metern. Alle verfügten vorn oder hinten über einen großen, zur Hälfte überdachten Hof mit einer Feuerstelle. Die Anlage der überdachten Räume richtete sich nach der Lage des Hofes im vorderen oder rückwärtigen Teil des Hauses.

Eine Sonderstellung unter den freigelegten *Insulae* nimmt Haus Nr. 2 ein, in dem es außer dem Eingangshof auch noch einen Seitenflügel mit zwei Zimmern gab. Der hintere Teil des Hauses gliederte sich in drei parallele Abteilungen, über denen ein zweites Stockwerk errichtet worden war. Das Haus besaß eine Grundfläche von 125 Quadratmetern und hob sich damit deutlich von den anderen Häusern mit ca. 84 Quadratmetern Grundfläche ab. Dieses Beispiel zeigt, daß die Wohneinheiten der Siedlung einer hierarchischen Ordnung unterlagen.

Insgesamt siebenmal kommt die beschriebene Wohneinheit zwischen zwei Straßen im Zentrum des Oppidums vor. Lediglich im Westen der Siedlung durchschneidet eine Straße die Wohnanlage und läuft schnurgerade auf eine Gruppe von Häusern zu, die aus dem üblichen Schema fallen. Darunter befindet sich ein einzelnes, freistehendes Gebäude mit ei-

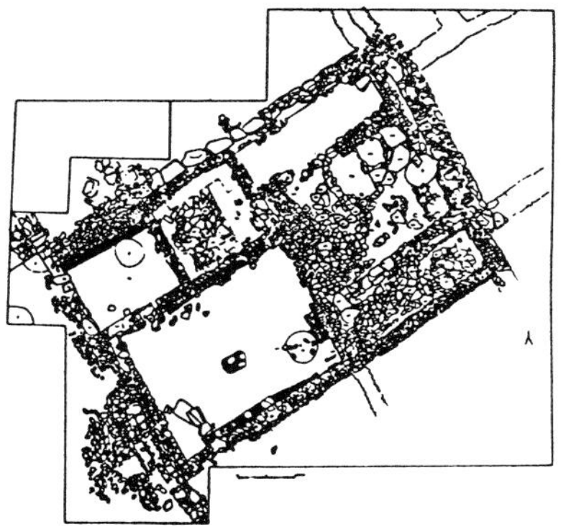

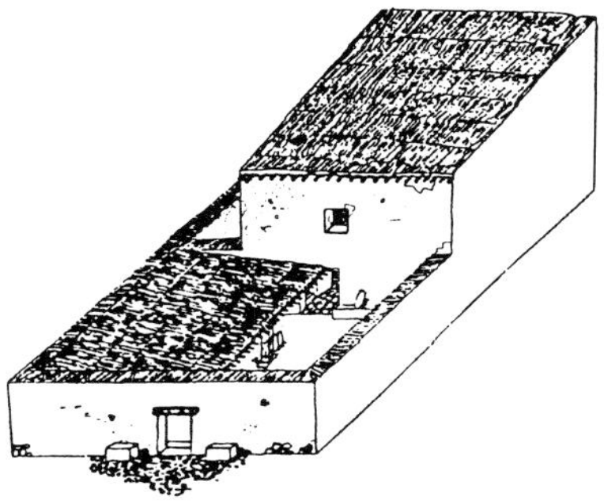

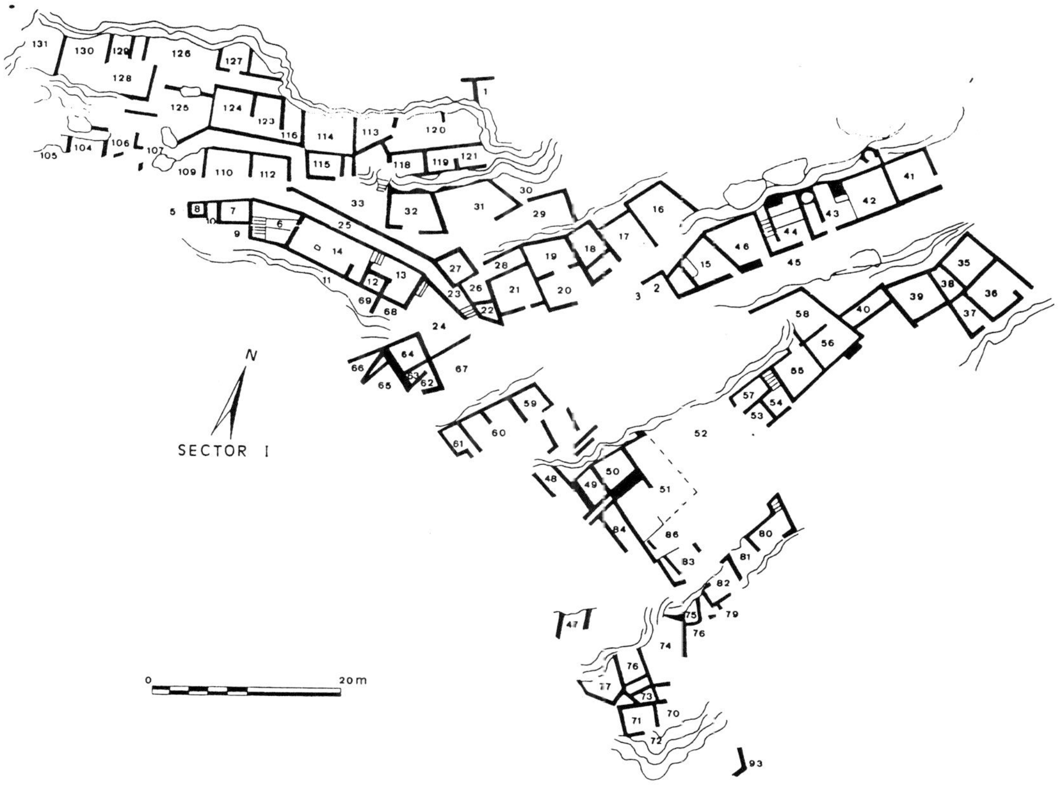

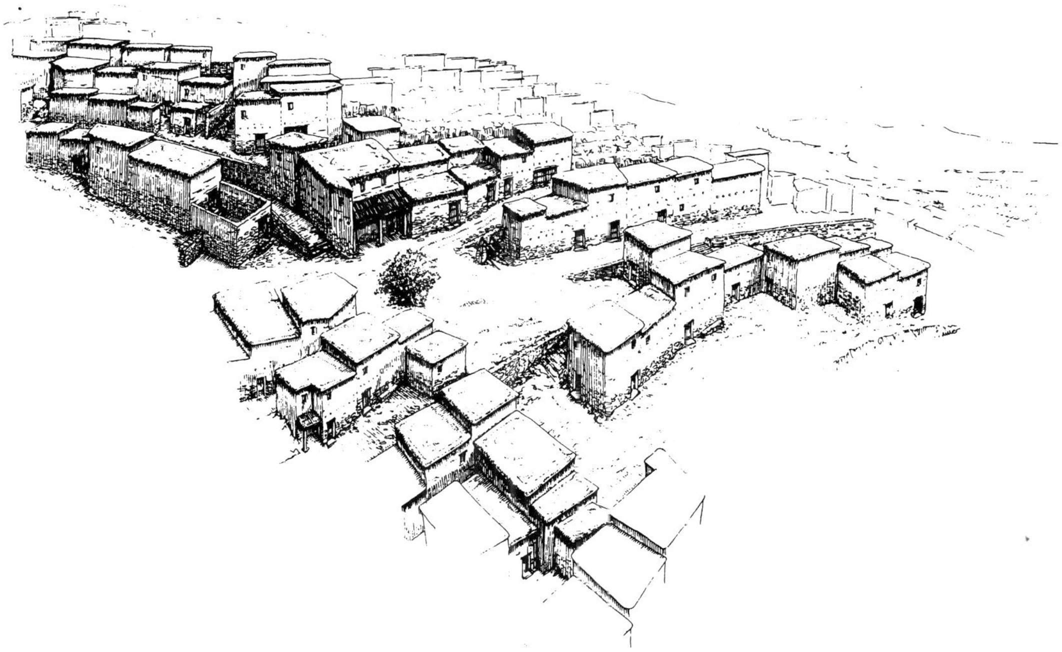

Grundriß des Hauses Nr. 2 von Puente Tablas

Hypothetische Rekonstruktion des Hauses Nr. 2 von Puente Tablas (nach Ruiz/Molinos 1993)

Das Oppidum von Sant Miquel de Lliria (Valencia) (nach Bonet 1995)

Hypothetische Rekonstruktion des ausgegrabenen Bereichs des Oppidums von Sant Miquel de Lliria (Valencia) (nach Bonet 1995)

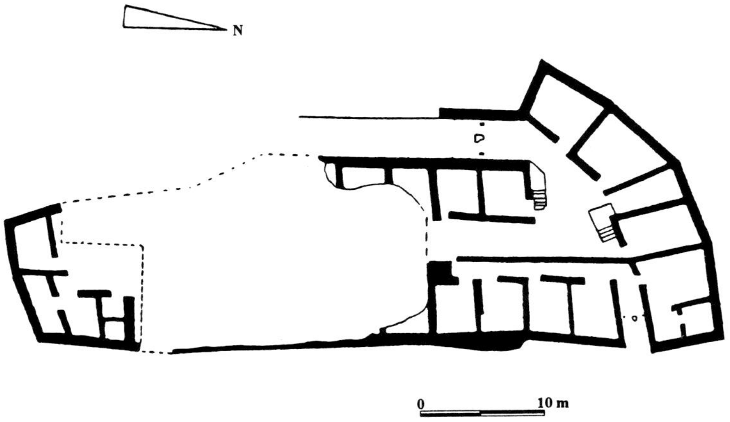

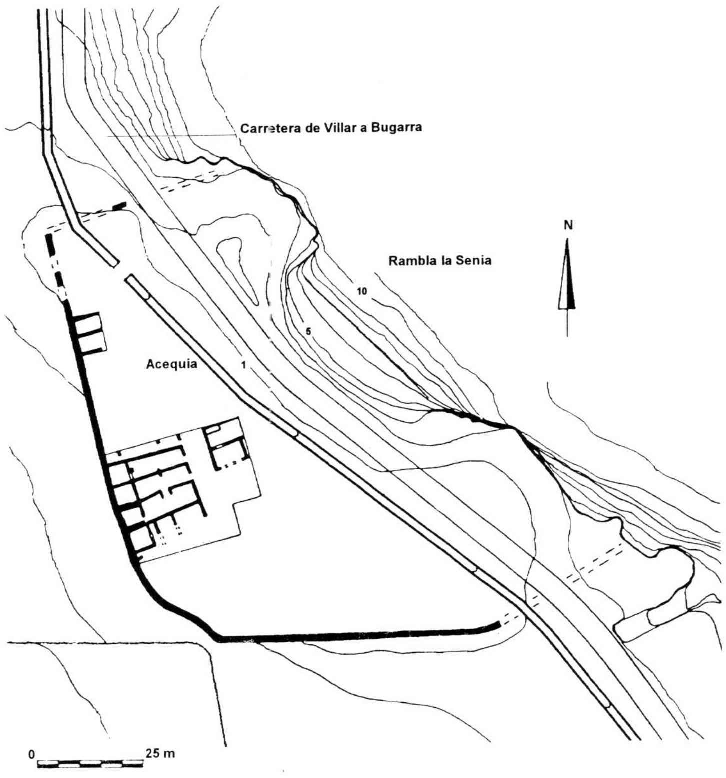

Plan des Castellet de Bernabé, Lliria (Valencia) (nach Bonet u.a. 1994)

Plan des Puntal dels Lops, Olocau (Valencia) (nach Bonet u.a. 1994)

Plan von La Seña, Villar del Arzobispo (Valencia) (nach Bonet u.a. 1994)

ner Portikus (Säulenhalle an der Eingangsseite). Möglicherweise befand sich in diesem westlichen Teil des Oppidums die Residenz des Stadtherrn. Aber auch im Osten wird die Regelmäßigkeit der Stadtplanung aufgegeben, möglicherweise um Platz für Gemeinschaftsräume zu schaffen.

Das auf einer Hochfläche gelegene Oppidum ist zwar der am häufigsten vorkommende, aber nicht der einzige polyzentrale Siedlungstyp, den wir kennen. Wohnplätze wie Castellones de Ceal (Jaén) zeigen, daß die Iberer auch in Hanglagen siedelten. Am Beispiel einer Siedlung in Hanglage soll der Typus eines monozentralen Oppidums genauer beschrieben werden.

2. El Tossal de Sant Miquel de Lliria ist eine Hanglage-Siedlung, die in iberischer Zeit 10 Hektar umfaßte und deren Anlage sich vom Scheitel bis zum Fuß der Form des Hügels anpaßte. Eine äußere Befestigungsanlage ist bislang nicht bekannt (Bonet Rosado 1995), doch bildet die terrassierte Siedlung von sich aus eine natürliche Befestigung. Normalerweise war auch dieser Siedlungstyp befestigt, wie die mit viereckigen oder runden Türmen versehenen Mauern an den Hängen von Burriac oder Ullastret zeigen (Sanmartí/Santacana 1993).

Während in Puente Tablas die Häuser zu Insulae-Einheiten zusammengefaßt sind, gruppieren sich die Häuser von El Tossal de Sant Miquel zu Terrassen-Einheiten. Terrassiert wurde zunächst maximal 15 Meter tief. Im hinteren Teil wurden die einstöckigen Häuser gegen den Hang gelehnt errichtet. Unmittelbar davor befanden sich die Wege, von denen bis heute insgesamt neun freigelegt worden sind. Zwei, die als Hauptstraßen zu gelten haben, folgten dem Hangverlauf und sind 2 Meter breit, während andere, erheblich schmalere Wege die Terrassen miteinander verbanden.

La Bastida de les Alcuses, Mogente (Valencia); 5./4. Jahrhundert v. Chr.

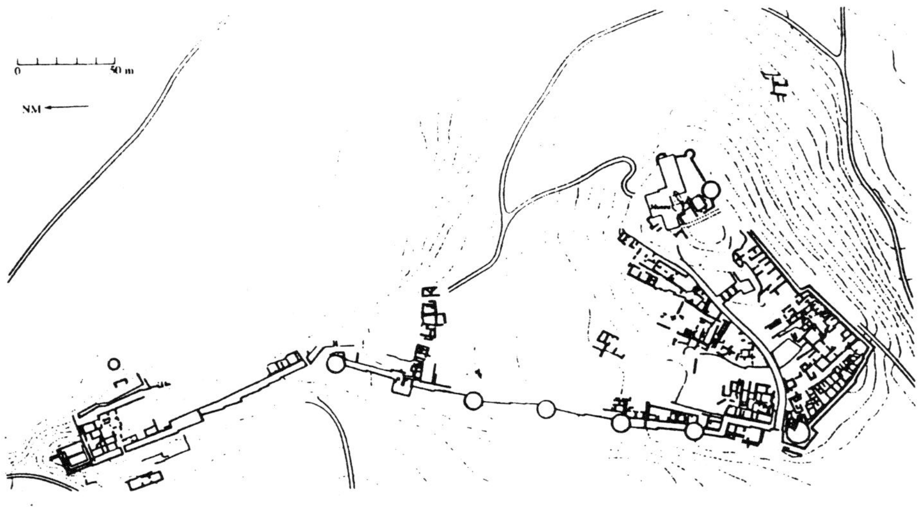

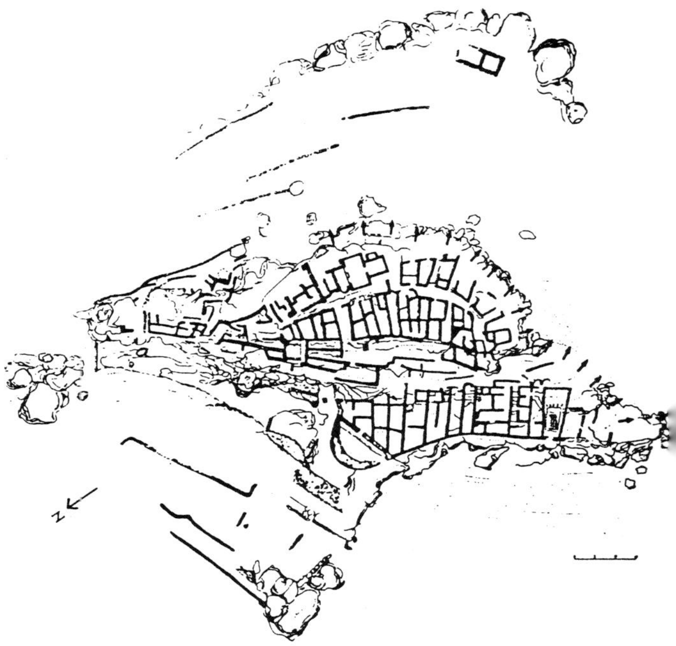

Die in ihrem jeweiligen Kontext gefundenen Gegenstände geben Auskunft über die je nach Wohn- und Terrasseneinheit sehr unterschiedliche ökonomische Situation der Bewohner. Zu den interessantesten Teilen der Siedlung gehört ein Gebäude, das aufgrund der großen Menge an figürlich bemalter Keramik vom Typ Liria als Tempel oder Heiligtum interpretiert wurde. Es handelt sich um einen geschlossenen Komplex mit einem *Baitylos* beziehungsweise einem zentralen Opferaltar, einem Innenhof und einer Vertiefung – *favissa* – für Opfergaben. Möglicherweise handelt es sich um das Heiligtum einer Dynastie, das zur Residenz des Fürsten im Oppidum gehörte.

Obwohl die an Hängen beziehungsweise auf Terrassen gebauten Siedlungen im allgemeinen dem größeren monozentralen Typ entsprechen, kommt zumindest die kleinere Ausformung dieses Typs auch auf hochgelegenen Ebenen vor. Das gilt ebenso für La Seña im Tal des Turia wie für La Moleta del Remei am unteren Ebro (García u.a. 1991) und für Alorda Park bei Calafell (Tarragona) (Sanmartí/Santacana 1992). Allerdings wären diese Wohnplätze auf ihren Rang als Oppidum zu überprüfen. Bemerkenswert ist bei diesem Siedlungstyp das Auftauchen eines neuen Grundrisses, wie in La Seña im 5. Jahrhundert v. Chr. Siedlungen wie Alorda Park, die eine lange Entwicklung hinter sich und im Laufe der Zeit funktionale Sektoren umgewandelt oder ersetzt haben, nehmen unter diesen Oppida (?) eine Sonderstellung ein.

Nach dem bisher Ausgeführten dürfte klar sein, daß eine konzeptionelle Definition der Oppida, will man es nicht bei der reinen Beschreibung belassen, von zwei Gegebenheiten ausgehen muß: erstens von der Existenz von Herrschaftsgebieten in Verbindung mit Fürstensitzen, die sowohl politische als auch kultische Funktionen erfüllten. Dort verehrten die Klienten mit Opfern und Weihgeschenken die Vorfahren des lokalen Dynasten. Zweitens von der Besonderheit der Wohneinheiten, sowohl bei Hangsiedlungen als auch bei Wohnplätzen auf Hochflächen, die größer sind als die normalen Häuser. Hier zeigt sich, daß Personen gleicher sozialer Stellung in gleichartigen städtischen Siedlungsräumen lebten. Die Machtstrukturen zeigen sich in Form einer Gebäudehierarchie, die mindestens drei Stufen eines Klientelsystems unterscheidbar macht: den Herrn, seine unmittelbaren Klienten, das heißt die Chefs des *oikos* beziehungsweise der Sippe, und zuletzt die mittelbaren Klienten beziehungsweise die Krieger.

So betrachtet, lassen sich die Siedlungen mit zentraler Straße kaum als Oppida begreifen. Die Zahl ihrer Bewohner war so gering, daß eher an einen hier siedelnden Sippenver-

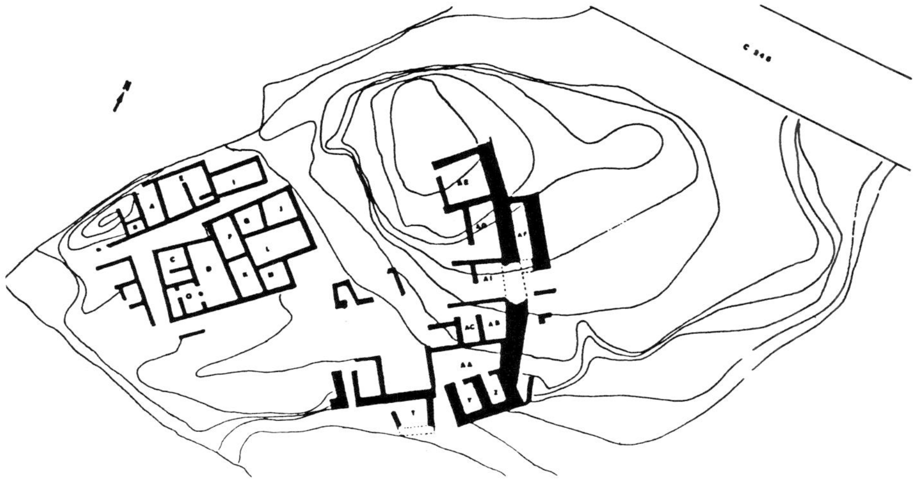

Plan von Ullastret (Gerona) (nach Sanmartí/Santacana 1991)

Plan von San Antonio de Calaceite (Teruel) (nach Sanmartí/Santacana 1991)

Plan von Alorda Park, Calafell (Tarragona) (nach Sanmartí/Santacana 1991)

band zu denken ist, auch wenn diese Wohnplätze bestimmte Charakteristika aufweisen, wie wir sie bei Territorialherrschaften kennengelernt haben. Interessant ist in diesem Zusammenhang ein Vorgang, scheinbar eine Anekdote, tatsächlich aber von entscheidender Bedeutung, in Castellet de Bernabé, einer bäuerlichen Siedlung im monozentral bestimmten Turiatal. Hier trennte man gegen Ende des 3. Jahrhunderts v. Chr. durch eine Mauer entlang der Hauptstraße eine Gruppe von fünf Wohneinheiten von der übrigen Siedlung ab. Ein Zugang zwischen dem abgetrennten Komplex und der Siedlung blieb erhalten. Bald danach wurden diese Räume umfunktioniert: Man richtete eine Kultstätte ein und lagerte Waffen, Ackerbaugeräte und vor allem, wie in Sant Miquel de Lliria, figürlich bemalte iberische Keramik ein (Guérin 1995). Ob dieser Vorgang eine Änderung der Herrschaftsverhältnisse beinhaltete, wissen wir nicht; die Aneignung und Umgestaltung des Baukomplexes macht noch keinen Fürsten. Zum einen war die Siedlung Bestandteil einer übergeordneten territorialen Struktur, was eine unabhängige Herrschaftsbildung sehr erschwert hätte, zum anderen verfügte die bescheidene Siedlung nicht über eine differenzierte Gesellschaft mit ausgebildeter interner Rangordnung, unabdingbare Voraussetzung für eine Qualifizierung als Oppidum.

Noch komplexer zeigt sich das Problem, wenn man versucht, die Wohnplätze zweiten Ranges innerhalb des monozentralen Systems zu analysieren. In Ausnahmefällen, wie San Antonio de Calaceite, läßt sich ein Oppidum klar definieren. Dort wurde durch Anlage einer zweiten Terrasse die Zahl der Wohneinheiten verdoppelt. Zeitgleich mit diesem Vorgang erfolgte die Errichtung eines runden Turms zu Verteidigungszwecken. Parallel dazu ist ein allgemeines Anwachsen der Oppida in dieser Region zu beobachten. Grundsätzlich bleibt aber die Analyse von Siedlungen dieser Größenordnung schwierig, wie im Fall von Alorda Park, das sich möglicherweise aus einer einzigen zentralen Wohneinheit entwickelt hat, oder wie in El Oral (Alicante), wo die Wohneinheit sich um einen einzigen zentralen Hof bildete (Abad/Salas 1993). Das aus den Räumen C, D und O bestehende Gebäude in der Wohneinheit von Alorda Park, ausgestattet mit einer zentralen Säule sowie einer großen Feuerstelle im Inneren, hat verständlicherweise eine lebhafte Forschungsdiskussion ausgelöst: Handelt es sich hier um einen Versammlungsplatz für Krieger, vergleichbar dem Ratssaal einer Kleingemeinde beziehungsweise eines Clans, oder handelt es sich um einen Raum für öffentliche Versammlungen in der Residenz eines Häuptlings (Sanmartí/Santacana 1992)?

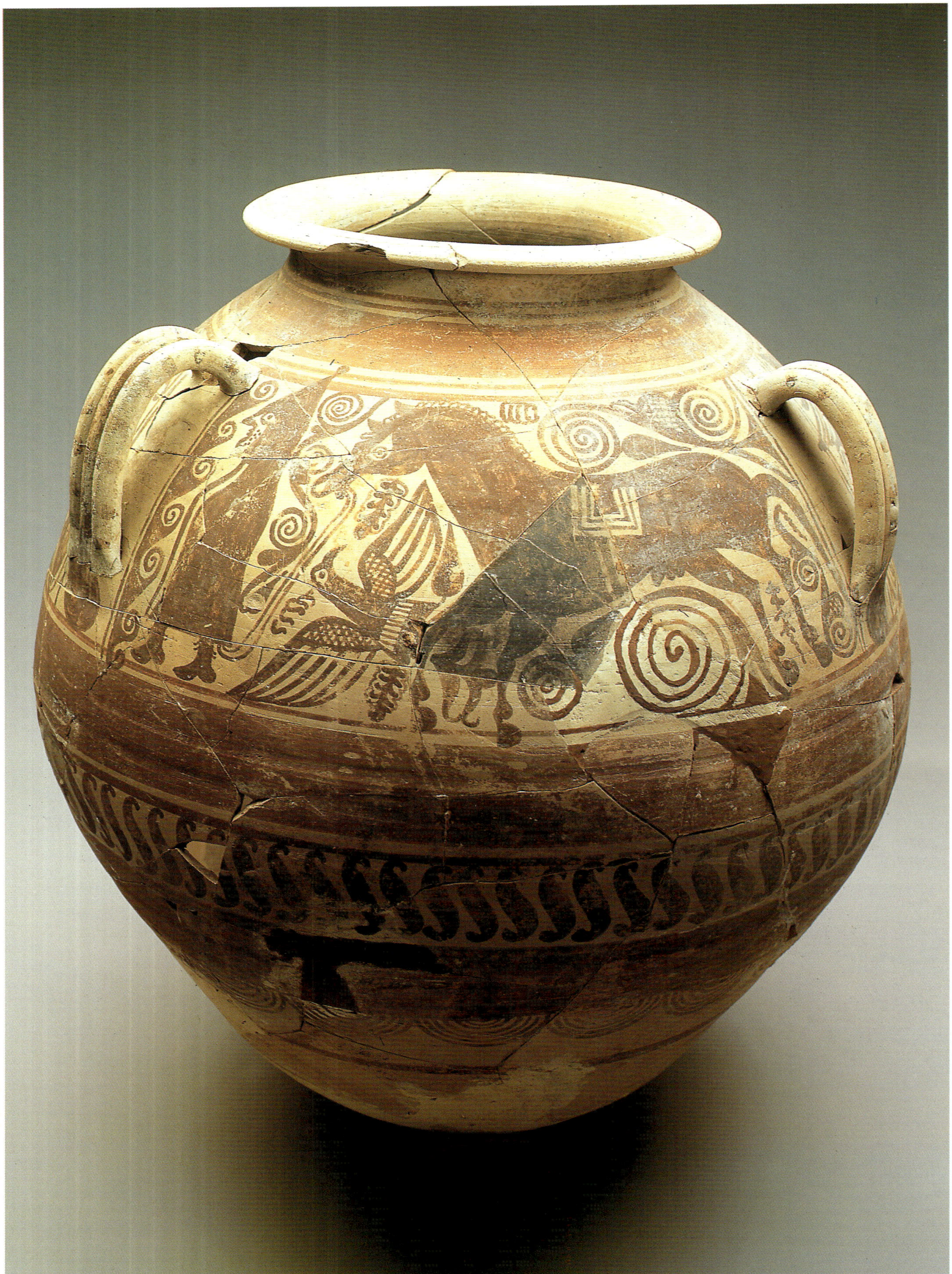

Solche Interpretationsschwierigkeiten sind die Folge mangelhafter Einsicht in die Struktur der Familienverbände und Klientelbeziehungen, welche die Grundlagen dieses Gesellschaftssystems bildeten. Sie können erst durch eine umfassende Kenntnis des Lebensraums der iberischen Gesellschaft auf allen Ebenen und in allen historischen Phasen beseitigt werden.

Tonkrug mit der Darstellung eines Bauern; 200/50 v. Chr.; beigefarbener Ton mit roter Bemalung; Höhe: 56 cm; Museo Monográfico de La Alcudia de Elche, Sammlung Ramos. Kat.-Nr. 42

Bautechniken

Helena Bonet Rosado

Von Andalusien bis ins französische Languedoc ist seit dem 6. Jahrhundert v. Chr. eine homogene Entwicklung der Baumaterialien und Konstruktionstechniken festzustellen. Die Iberer waren keine begnadeten Ingenieure und bauten weder Straßen noch Brücken, statt dessen planten sie städtische Zentren und errichteten bedeutende Befestigungsanlagen. Fundamente wurden beim Mauerbau nur selten gelegt, so daß die Umfassungsmauern der Siedlungen direkt auf dem gewachsenen Boden standen. Sie bestehen aus einem Steinsockel von 4 oder 5 Metern Höhe, auf den luftgetrocknete Ziegel gesetzt wurden, wie zum Beispiel in Puente Tablas (Jaén), El Oral (Alicante), La Bastida de les Alcuses (Valencia), Els Vilars (Lérida) oder Puig de la Nau (Castellón). Die Konstruktion wurde von außen mit Lehm verputzt, geweißt und sehr wahrscheinlich mit Zinnen aus luftgetrockneten Ziegeln oder Palisaden aus Holzpfählen gekrönt (*Fortificacions* 1991; *Habitat i habitació* 1994; Moret 1996).

Beim Hausbau waren Steine, Lehm und Holz die wesentlichen Materialien. Das iberische Haus wurde auf einem Steinsockel errichtet, der zwischen 0,5 und zwei Metern hoch war. Die Wände baute man aus luftgetrockneten Ziegeln, die auf der Halbinsel seit dem 8. Jahrhundert v. Chr. bekannt waren (Moret 1994), oder in Ausnahmefällen aus Lehm (Belarte/Barberà 1994). Die Türen, 0,7 bis einen Meter breit, waren in die Frontmauern eingelassen. Es gab auch Maueröffnungen mit einer Breite von mehr als zwei Metern, möglicherweise Wageneinfahrten. An die Hauswände gelehnte Treppenaufgänge kommen von Andalusien bis Katalonien vor

Tossal de Sant Miquel, Llíria (Valencia); 3./2. Jahrhundert v. Chr.; Häuser, deren Mauern bis zu einer Höhe von vier Metern erhalten sind, im Vordergrund eine große, drehbare Mühle. Archiv des Museo de Prehistoria Domingo Fletcher, Valencia; Foto: Helena Bonet

(Ruiz/Molinos 1993). Sie belegen die Existenz von Mezzaninkonstruktionen und mehrgeschossigen Häusern, wie in La Moleta del Remei (Tarragona) oder El Tossal de Sant Miquel bei Lliria (Valencia).

Die Mauern wurden verputzt und getüncht und konnten in Schwarz-, Blau- oder Rottönen oder mit geometrischen Mustern bemalt sein (Oliver/Gusi 1995). Gips- oder Kalkverputz wurde bei der Ausstattung von Wirtschaftsräumen in mehr kunsthandwerklicher Weise verwandt, zum Beispiel bei Vorratsgefäßen oder Zisternen (Vaquerizo u.a. 1991; *Habitat i habitació* 1994). Öfen, Herde und Fußböden bestanden aus Ton. Nur gelegentlich finden sich Fliesen, Pflasterungen oder Fußböden aus dicken Kalkschichten, die mit Abdrücken von Seilen oder Malerei verziert waren. Fußböden aus luftgetrockneten Ziegeln wurden lediglich in wirtschaftlich genutzten Räumen verlegt, wie z. B. in Ölmühlen oder in Werkstätten, die der Textilherstellung dienten (Blasco/Rafel 1995; Bonet/Guérin 1989; Abad/Sala 1993).

Die Hausdächer bestanden aus terrassenförmig übereinandergeschichteten Lagen von Erde, die eine rasche Erosion bei heftigen Regenfällen verhindern sollten. Diese zwischen 10 und 15 Zentimeter dicke Erdschicht lag auf Holzbalken und wurde mit Rohrgeflecht und Astwerk verstärkt (Bonet u.a. 1994). War der Raum breiter als 4 Meter, wurde das Dach von Pfosten gestützt, die sich auf einer steinernen Basis erhoben. Die großen Nägel, die man unter den kalzinierten Resten eingestürzter Dächer in Castellet de Bernabé (Valencia) fand, die eisernen Schlüssel für Holztüren in Puntal dels Llops (Valencia) oder in der Serreta (Alicante) machen deutlich, daß es ein auf den Hausbau spezialisiertes Schmiedehandwerk gab (Bonet/Guérin 1995).

La Seña, Villar del Arzobispo (Valencia); 2. Jahrhundert v. Chr.; Becken einer Ölmühle, aus Luftziegeln gebaut. Innen sind noch Putzreste zu erkennen. Archiv des Museo de Prehistoria Domingo Fletcher, Valencia; Foto: Helena Bonet

Puig de la Nau, Benicarló (Castellón); 5. Jahrhundert v. Chr.; Treppe aus Stein und Erde, die in das Obergeschoß von Haus Nr. 2 führt. Archiv des SIAP, Castellon; Foto: Helena Bonet

Das iberische Haus

Joan Sanmartí

Aus der Frühphase der iberischen Kultur (6. Jahrhundert v. Chr.) wissen wir über Hausarchitektur kaum etwas. Erst vom 5. Jahrhundert an und vor allem im 4. und 3. Jahrhundert v. Chr. ist die Dokumentation relativ umfangreich und betrifft das gesamte Verbreitungsgebiet der iberischen Kultur. Die archäologischen Belege zeigen eine bemerkenswerte Vielfalt bei der Anlage der Häuser, sowohl hinsichtlich ihrer Größe als auch in bezug auf Anlage und Innenausbau. Diese Vielfalt resultiert in erster Linie aus der komplexen Sozialstruktur der iberischen Gesellschaft. Aber auch topographische und klimatische Faktoren spielten dabei eine Rolle.

Plan von Alorda Park, Calafell (Tarragona); 3. Jahrhundert v. Chr. (nach Pou/Sanmartí/Santacana/Morer/Bruguera)

Wohneinheiten, die nur aus einem einzigen Raum bestanden und in der späten Bronzezeit in Katalonien relativ häufig waren, gibt es in allen Phasen der iberischen Geschichte. Im allgemeinen besaßen die Häuser aber mindestens zwei Zimmer. Zum einen gab es einen besonders großen »Mehrzweckraum« (25 Quadratmeter oder mehr), dessen Hauptmerkmal die Feuerstelle ist. Hier wurden die wichtigsten häuslichen Tätigkeiten verrichtet: Es wurde gekocht und gegessen, man führte Textilarbeiten und andere handwerkliche Verrichtungen aus. Außerdem diente der Raum als Schlaf- und Kultstätte. Zum anderen gab es einen Lagerraum. Beide Zimmer fanden Platz in einem Mauergeviert, welches normalerweise höchstens 50 Quadratmeter Nutzfläche bot und durch eine Wand unterteilt war, so daß die verschiedenen Funktionen voneinander getrennt werden konnten. Oft jedoch bestanden iberische Wohnanlagen auch aus drei oder mehr Mauergevierten. Dies bedeutete, daß bestimmte Arbeiten, die in den einfacheren Häusern im Haushalts- oder Mehrzweckraum ausgeführt werden mußten, hier separat verrichtet werden konnten. In einigen Häusern wurde der Lagerraum vergrößert oder eine Werkstatt, ein Abstellplatz für Karren, ein Stall oder ein Gehege eingerichtet. In solchen Fällen betrug die Nutzfläche meistens zwischen 50 und 200 Quadratmetern.

Die innere Aufteilung von komplexeren Anlagen ist unterschiedlich. So können die einzelnen Räume einem Seitengang zugeordnet sein, von dem aus sie betreten werden konnten; oder sie liegen halbkreisförmig hintereinander. In den Hangsiedlungen hatten die Häuser ein weiteres Stockwerk, das entweder vom Erdgeschoß aus oder über eine höher gelegene Straße zu erreichen war. Das bedeutete eine beträchtliche Erweiterung der Wohnfläche, erschwerte jedoch die Rekonstruktion des Hausinneren, da die oberen Stockwerke nicht erhalten sind. In einigen Fällen, wie bei Haus I–II von Les Toixoneres, das mit seinem Obergeschoß wahrscheinlich mehr als 500 Quadratmeter Wohnfläche besaß, hat man Gebäude dieser Größenordnung als Residenzen von Stammesoberhäuptern, sozusagen als »Paläste« interpretiert.

Der sakrale Charakter des iberischen Hauses ergibt sich aus zahlreichen unter dem Fußboden gemachten Funden von Überresten von Tierop-

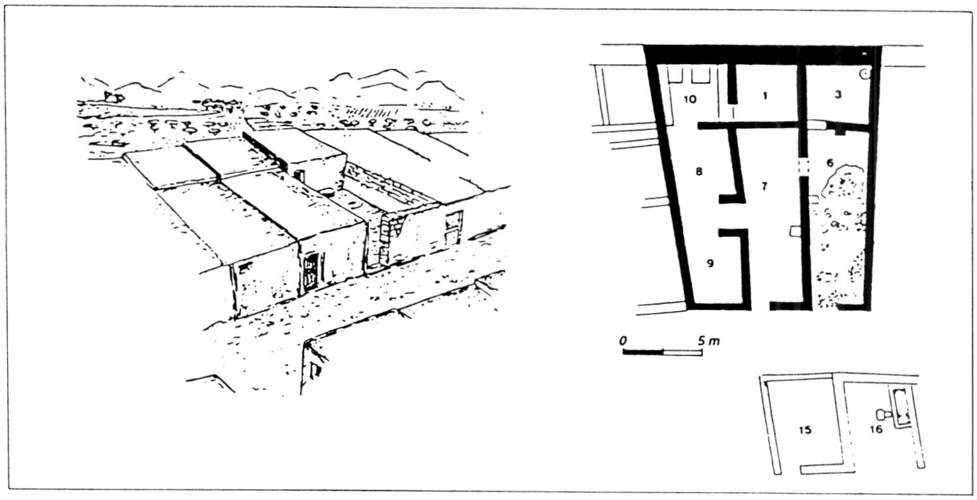

Grundriß und Rekonstruktionsvorschlag eines Hauses in La Seña, Villar del Arzobispo (Valencia): 1, 3, 10 Vorratsräume, 7 Mehrzweckraum, Viehstall

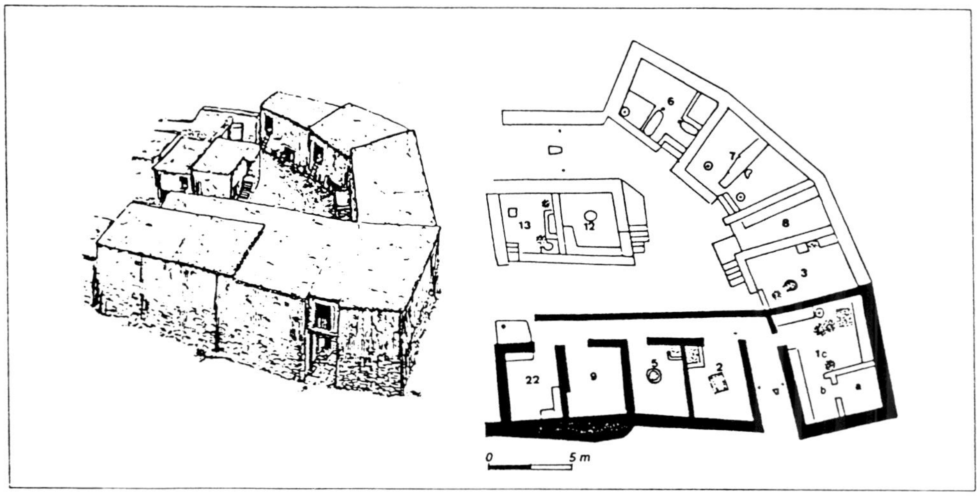

Grundriß und Rekonstruktionsvorschlag des Landgutes vom Castellet de Bernabé, Lliria (Valencia). Wohnbereich (schwarz): 1c gemeinsamer Aufenthaltsraum, 1a, 1b Vorratsraum, 2 Heiligtum, 5 Mühle, 22 Schlaf- und Wohnraum. Bereiche für Produktion und Vorratshaltung (weiß)

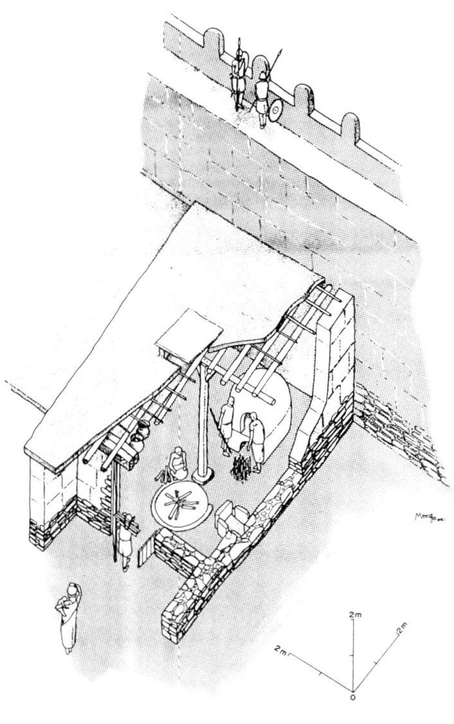

Rekonstruktionsvorschlag eines der Häuser von La Moleta del Remei, Alcanar, Montsià (Tarragona)

fern oder auch von bestatteten Kindern, die möglicherweise ebenfalls geopfert worden waren. In einigen Fällen konnte eine Beziehung zwischen diesen Opfergaben und Instandsetzungsarbeiten am Haus erschlossen werden. Außerdem wurden häufig Opfergaben wie Muschelschalen im Aufbau der Feuerstelle oder Eierschalen im Putz der Wände gefunden. Die Größe oder die ungewöhnliche Verzierung mancher Feuerstellen sowie Funde von Objekten, die wahrscheinlich eine rituelle Bedeutung hatten, geben Anlaß zu der Vermutung, daß es sich bei ihnen um »Hauskapellen« gehandelt haben könnte.

Lit.: Belarte/Barberà 1994; Bonet/Guérin/Mata 1994; Ruiz 1994; Bonet/Guérin 1995; Belarte 1997

Ökonomie und Produktivität bei den Iberern

Consuelo Mata Parreño

Bronzevotiv aus La Bastida de les Alcuses, Moixent (Valencia); angeschirrter Ochse; 4. Jahrhundert v. Chr.; Länge: 4,1 cm; Museo de Prehistoria Domingo Fletcher, Valencia

Wie die meisten Gesellschaften in Antike und Mittelalter, so lebte auch die große Mehrheit der iberischen Bevölkerung direkt oder indirekt von Landwirtschaft und Viehzucht. Hier wurde der Überschuß erwirtschaftet, mit dem Handwerker, Händler und die nicht produktiven Gewerbe entlohnt wurden. In einem solchen agrarisch geprägten Wirtschaftssystem wurden sowohl die benötigten Nahrungsmittel als auch Handwerkszeug für den Eigenbedarf produziert, hingegen blieben außergewöhnliche Objekte und Luxusgüter dem Tauschhandel vorbehalten (Ste. Croix 1988).

Ackerbau und Viehzucht als Existenzgrundlage

Gerätschaften, Pflanzenreste und auch die Lage der Siedlungen weisen darauf hin, daß die Iberer überwiegend Trockenfeldbau betrieben haben. Die kleinste Produktionseinheit war die Familie. Da in fast allen Häusern Arbeitsgerät gefunden wurde, das mit Landwirtschaft oder der Weiterverarbeitung von Nahrungsmitteln zu tun hatte, ist anzunehmen, daß die Bauern Eigentümer ihrer Produktionsinstrumente waren. Unter den verschiedenen landwirtschaftlichen Gerätschaften aus Eisen spielte der Pflug die wichtigste Rolle. Durch die Nutzung des Pfluges, mit dem größere Ackerflächen bearbeitet werden konnten, nahm nicht nur die Produktion, sondern auch die Produktivität zu, da der Boden dank der abwechselnden Zyklen von Bebauung und Brache fast unbegrenzt nutzbar wurde (Daryll Forde 1965).

Der iberische Pflug war symmetrisch und besaß eine Deichsel. Erhalten sind nicht nur eiserne Pflugscharen und -reiteln, sondern auch plastische Darstellungen: ein Votivpflug aus Covalta (Albaida, Valencia), ein eingespanntes kleines Bronzerind aus La Bastida de les Alcuses (Moixent, Valencia). Zwei *Kalathoi* aus Teruel zeigen einen Bauern mit Ochsengespann. Auch Untersuchungen der Fauna bestätigten den Einsatz von Rindern und Equiden als Last- und Zugtiere.

Kalathos »mit dem Pflug« vom Cabezo de la Guardia, Alcorisa (Teruel); 125/50 v. Chr.; ockerfarbener Ton mit roter Bemalung; Höhe: 35 cm; Museo Arqueológico, Teruel. Kat.-Nr. 41

Weitere Werkzeuge vervollständigen das Bild des iberischen Ackerbaus: die Sämannsschaufel für die Saat, Spaten, Haue, Hacke, Dechsel, Jäthaue, Doppelspitzhacke, Rebschere und Rechen für die Bestellung sowie Sichel und Schneidgerät für die Ernte (Pla 1968).

Die in den Siedlungen gefundenen Samen, Pollen und karbonisierten Pflanzenreste belegen den Anbau der mittelmeerischen Trias: Getreide, Wein und Oliven. Hinzu kamen Hülsenfrüchte wie Kichererbsen, grüne Erbsen, dicke Bohnen und Linsen, nicht zuletzt, um die Leistungsfähigkeit des Bodens wiederherzustellen und außerdem für eine abwechslungsreichere Ernährung zu sorgen. Obst und Früchte wie Äpfel, Feigen, Granatäpfel, aber auch Trockenfrüchte erweiterten das Angebot der wichtigsten landwirtschaftlichen Erzeugnisse.

Der Gartenbau (Gemüse- und Obstbau) scheint jedoch keine sehr große Rolle gespielt zu haben. Zwar gab es Geräte und Erzeugnisse, die mit bewässertem Boden in Verbindung stehen, doch deutet die Lage der meisten Siedlungen in der Nähe von Geestland auf Trockenfeldbau. Im oberen Guadalquivirtal war es im 4. Jahrhundert v. Chr. üblich, in möglichst großer Entfernung von Flußniederungen zu siedeln (Ruiz Rodríguez 1988). Im Gebiet von Edeta gab es nur fünf Siedlungen, die am nördlichen Ufer des Turia lagen (Guérin u.a. 1989) und sich somit für den Gartenbau eigneten.

Die Viehzucht ist unerläßlicher Bestandteil des bäuerlichen Lebens. Aber obgleich es im iberischen Kulturbereich Siedlungen gab, die aufgrund ihrer Lage zur Viehzucht prädestiniert gewesen wären, spielte diese hier eine zweitrangige Rolle. Im allgemeinen wurden die Tiere als Arbeitstiere, für den Transport, zur Gewinnung von Rohstoffen und als Nahrungsmittel eingesetzt. Von wenigen Ausnahmen abgesehen, hielt man vor allem Schafe und Ziegen sowie Rinder und Schweine; Hühner gab es fast überall.

Die Verarbeitung und Konservierung von Nahrungsmitteln und ergänzende Tätigkeiten

Bei der Herstellung von Nahrungsmitteln spielten Wein und Öl die wichtigste Rolle. Im Siedlungsgebiet der Edetaner besaßen alle Dörfer oder Weiler entsprechende Produktionsanlagen. Daß diese auf wenige Anwesen pro Siedlung beschränkt blieben, hing sowohl mit der für die Herstellung dieser Güter notwendigen Spezialisierung wie auch damit zusammen, daß die benötigten Einrichtungen, obgleich einfach, viel Platz brauchten. Benutzt wurden sie nur einmal im Jahr (Pérez Jordà 1993).

Demgegenüber erscheint das Mahlen des Getreides als vorrangige Arbeit im Haus- und Familienbereich. Es gab in jedem Haus eine oder mehrere Handmühlen sowie besondere Räume für große Mühlen.

Zum familiären Charakter der Landwirtschaft paßte auch die Lagerung der Agrarprodukte im Haus. Die Vorratskammer war deshalb im iberischen Haus ein wichtiger Raum und lag weit entfernt von der Eingangstür. Sie kam in unterschiedlichen Formen und Größen vor, war aber häufig ein kleines Zimmer, in dem sich Amphoren und Tonkrüge stapelten. Ein gutes Beispiel bietet das Haus von Mas Boscà (Badalona, Barcelona), das aus zwei Räumen besteht, von denen einer als Vorratskammer genutzt wurde (Junyent/Baldellou 1972).

Gemeinschaftseinrichtungen waren eher selten, es gab aber Getreidesilos und Kornspeicher. Von den Kornspeichern, die von El Amarejo (Bonete, Albacete) bis La Moleta del Remei (Alcanar, Tarragona) vorkommen, sind lediglich die steinernen Fundamente erhalten. Die rechtliche Grundlage für ihre Nutzung ist schwer zu rekonstruieren, außer in La Illeta dels Banyets (El Campello, Alicante), wo ein Magazin einem der dort gefundenen Tempel zugeordnet werden kann (Bonet u.a. 1994).

Um ihren Lebensunterhalt zu sichern, gingen die bäuerlichen Familien auch anderen Tätigkeiten nach. So belegen Knochenfunde und Darstellungen in der iberischen Vasenmalerei, daß die Jagd auf Hirsche, Wildschweine, Kaninchen und verschiedene Vogelarten bekannt war. Möglicherweise war die Jagd den Mitgliedern der iberischen Oberschicht vorbehalten. Fischfang gab es wenig, und wenn, dann in Küstensiedlungen wie Les Toixoneres (Calafell, Tarragona), wo biologische Überreste und Angelhaken gefunden wurden (Sanmartí/Santacana 1992).

Bronzegewichte aus La Bastida de les Alcuses, Moixent (Valencia); 4. Jahrhundert v. Chr.; Museo de Prehistoria Domingo Fletcher, Valencia

Die Imkerei war vermutlich weiter verbreitet, als die Bienenstöcke aus Keramik, die im Gebiet von Edeta gefunden wurden, vermuten lassen. Man kannte die Qualitäten des Honigs und wußte vielleicht schon, wie es später Vergil formulierte, daß ein guter Bienenstock genauso ertragreich sein konnte wie ein Weinberg.

Das Kunsthandwerk

Kunsthandwerkliche Tätigkeiten wurden in der iberischen Gesellschaft von Spezialisten ausgeführt. Im allgemeinen befand sich die Werkstatt in einem Raum des eigenen Hauses. Der Kunsthandwerker verkaufte seine Produkte selbst, entweder zu Hause oder auf dem Markt. In einem der Häuser von La Bastida de Les Alcuses (Moixent, Valencia), fand sich eine Bleitafel, die eine Auflistung von Personen und Mengenangaben enthielt. Ein Raum dieses Hauses war der Metallverarbeitung vorbehalten (Bonet/Guérin 1995).

Kunsthandwerker waren in Wohnsiedlungen jeder Art zu finden, sogar in Weilern wie Castellet de Bernabé (Lliria, Valencia), wo sie von der Nachfrage der umwohnenden Bauern und des Grundherrn abhängig waren.

Nicht alle handwerklichen Tätigkeiten hinterlassen verwertbare Spuren. Das holzverarbeitende Handwerk oder die Gerberei beispielsweise sind meist nur indirekt durch Produkte wie Nieten, Schnallen, Fibeln und Spangen oder bildliche Darstellungen von Möbeln und Lederzeug bekannt. Arbeitsgerät findet sich selten. Töpfereiprodukte, Metall- und Schmuckarbeiten hingegen sind in großer Zahl erhalten. Das Töpferhandwerk kennen wir gut, nicht nur durch die gefundene Ware, sondern auch aufgrund einiger Produktionsstätten. Dort sind bislang weder Klär- oder Schlämmbottiche noch Modellierwerkstätten gefunden worden, jedoch zahlreiche Brennöfen, die fast alle in der Nähe eines Wasserlaufs außerhalb oder an der Peripherie der Siedlung lagen. Sie bestehen aus zwei Kammern, rund oder viereckig, die durch einen Rost unterteilt sind, der gleichzeitig den Boden des Brennraums bildet. Ein spezialisiertes Töpferhandwerk hat es nicht gegeben. Die Töpfereien versorgten die jeweiligen Siedlungen mit den benötigten Gefäßen. Einige ungewöhnliche Gefäßformen, die teilweise mit pflanzlichen Motiven und Figuren aufwendig dekoriert waren (Olmos 1987b), lassen erkennen, daß die Töpfer wohl auch auf Bestellung produzierten und gelegentlich mit Künstlern zusammenarbeiteten.

Die Metallverarbeitung besaß große wirtschaftliche Bedeutung. Nachdem zunächst lediglich die fertigen Produkte erforscht wurden, widmete die Wissenschaft ihre Aufmerksamkeit in den letzten Jahren auch den Herstellungsverfahren (Lliria, Valencia) (Guerín u. a. 1989) und somit den Werkstätten, wie zum Beispiel derjenigen von La Bastida de Les Alcuses (Moixent, Valencia). Die Werkzeuge und Waffen der Iberer bezeugen, daß sie Eisen verarbeiten konnten, so, wie persönliche Gegenstände und Gefäße die Bronzebearbeitung belegen. Aber auch mit Blei, Kupfer und Edelmetallen verstanden die Iberer umzugehen. Ein Desiderat ist die Erforschung des iberischen Erzabbaus, denn eine so hochentwickelte Metallverarbeitung war nur möglich, wenn es genügend Erzvorkommen gab, die abgebaut werden konnten. Da die Minen häufig in weit voneinander entfernten Regionen lagen, muß es Kontakte zwischen den verschiedenen Territorien gegeben haben, die die Weiterverarbeitung oder auch Reparatur von schadhaften Gegenständen sicherten.

Andere handwerkliche Tätigkeiten wie die Weberei, Seilerei und das Flechtwerk mit Spartgras wurden im häuslichen Bereich verrichtet. In iberischen Häusern findet man Spinnwirtel ebenso wie Gewichte für den vertikalen Webstuhl, auf dem Woll- und Leinenstoffe hergestellt wurden. Von der Spartgrasverarbeitung sind verbrannte Reste von Kordeln, Körben und Matten erhalten. Alle diese Tätigkeiten setzten Nadel und Schere als Handwerkszeug voraus. Jüngst wurde in Coll del Moro (Gandesa, Tarragona) eine Leinenweberei entdeckt, die wahrscheinlich nicht im häuslichen Bereich untergebracht war (Rafel u.a. 1994). Dieser Fund ist der erste archäologische Beleg für ein Gewerbe, das nach Plinius in Saiti (Játiva, Valencia) sehr bedeutend war.

Der Handel – ein Blick nach außen

Obwohl der Fernhandel für die iberische Wirtschaft von großer Bedeutung war, ist über die verhandelten Güter und seine Organisation kaum etwas bekannt. Unsere Vorstellungen zu diesem Thema sind nur vage und beruhen auf unvergänglichem Material, das überwiegend in den Bereich der Keramik gehört. Amphoren und Krüge dienten der Aufbewahrung von Öl, Wein, Getreide, Honig, Duftessenzen und Salben. Aber auch andere Güter, wie Textilien und Mineralien, die kaum oder gar nicht erhalten sind, waren für den Handel von Bedeutung.

Den lokalen Handel bedienten die Bauern oder Kunsthandwerker selbst, indem sie ihre Waren zu Markte trugen oder direkt ab Hof oder Werkstatt verkauften. Diese Handelsform ergab sich aus der sozialen Organisation der Iberer, derzufolge die Siedlungen für die Grundversorgung ihres Territoriums zuständig waren. Es gab jedoch auch Produkte, die über das engere Gebiet hinaus Verbreitung fanden. Das heißt, es muß Händler gegeben haben.

Funde belegen, daß die Iberer einen Überlandverkehr kannten, der die verschiedenen Territorien untereinander und mit der Küste verband. Nicht jeder verfügte über ein Transportfahrzeug (Ste. Croix 1988), deswegen stehen Wagenräder, die in Siedlungen wie El Amarejo (Bonete, Albacete) (Broncano/Blánquez 1985) oder am Cerro de la Cruz (Almedinilla, Córdoba) (Vaquerizo u.a. 1994) gefunden wurden, mit vielbefahrenen Wegstrecken in Verbindung, die seit iberischer Zeit durch Radspuren gekennzeichnet sind.

Verschiedene epigraphische Zeugnisse machen deutlich, daß die Iberer für die Völker der Mittelmeerwelt die Rolle von Zwischenhändlern und Verteilern für Handelsgüter übernahmen, die die Häfen Iberiens erreichten. Nach Quantität und Qualität kommt unter den Importgütern der griechischen rotfigurigen und schwarz gefirnisten Keramik besondere Bedeutung zu. Darüber hinaus gab es Handelsgüter, von denen nur diejenigen zu identifizieren sind, die in Amphoren abgefüllt waren.

Welche Produkte wurden von den Iberern im Gegenzug mittelmeerischen Händlern angeboten? Aus späteren literarischen Quellen erfahren wir vom Verkauf landwirtschaftlicher Erzeugnisse und von Textilien. Die Ladung iberischer Amphoren auf einem Schiff, das Anfang des 3. Jahrhunderts v. Chr. bei Binisafuller (Menorca) Schiffbruch erlitten hat, macht deutlich, daß diese Waren schon vor der römischen Eroberung exportiert wurden (Guerrero u.a. 1989).

Die Bedeutung des iberischen Zwischenhandels erhellt aus der großen Verbreitung bestimmter keramischer Produkte, deren Herstellungsorte wir kennen: gestempelte und sogenannte »barniz rojo«-Ware aus dem Südosten. Sie resultiert auch aus dem Bedürfnis der Bewohner von Gebieten ohne Erzvorkommen nach entsprechenden Rohstoffen und zeigt sich in der Verbreitung griechischer und punischer Keramik im Landesinnern.

Im allgemeinen ist die iberische Wirtschaft vor dem 2. Jahrhundert v. Chr. als prämonetär zu bezeichnen, auch wenn die Iberer teilweise fremde Münzen benutzten. Erst gegen

Landwirtschaftliche Geräte aus der Region von Valencia (La Bastida, Moixent; Sant Miquel de Lliria, Lliria; El Charpolar, Alcalá de la Jovada); Eisen; Museo de Prehistoria Domingo Fletcher, Valencia.
Kat.-Nr. 40

Ende des 3. Jahrhunderts v. Chr. prägten sie erstmals eigene Münzen, und auch dies nicht überall. Es gab überwiegend Tauschhandel mit allen möglichen Gütern, vor allem jedoch mit Edelmetallen. Die Existenz eines Meßsystems ist durch Funde von Gewichten und Bleiblechen mit numerischen Zeichen bezeugt (Fletcher/Mata 1981; de Hoz 1981).

Die Handelsbeziehungen waren vielfältig: Die Iberer pflegten direkte oder indirekte Kontakte im gesamten Mittelmeerraum. Nach Schiffsladungen zu urteilen, die im westlichen Mittelmeerbecken, zum Beispiel bei El Sec (Calvià, Mallorca), geborgen wurden, waren es vor allem die Punier, mit denen die Iberer während ihrer Blütezeit regen Handel trieben.

Bienenkörbe vom Puntal dels Llops, Olocau (Valencia), aus La Monravana, Lliria (Valencia) und vom Tossal de Sant Miquel, Lliria (Valencia); Museo de Prehistoria Domingo Fletcher, Valencia

Der Eigentumsbegriff – eine Herausforderung für die Forschung

Eine Annäherung an das Problem der Eigentumsverhältnisse aufgrund archäologischen Materials ist sehr schwierig, weil ökonomische, rechtliche und soziologische Aspekte miteinander zu verknüpfen sind. Wenn wir davon ausgehen, daß es bei den Iberern eine Form von Dienstbarkeit gab (Rodríguez Adrados 1946), die in den Quellen als *fides* oder *devotio* bezeichnet wird, dann müssen wir auch (Grund-)Eigentumsverhältnisse unterstellen, auf die sich Dienstbarkeiten beziehen. Die Bronzetafel von Lascuta aus dem Jahr 189 v. Chr. enthält eine römische Verordnung, die die Bewohner von Lascuta aus ihrer Abhängigkeit von der Stadt Hasta entläßt. Dieser Text hat, ebenso wie die territoriale Organisation am oberen Guadalquivir, zu der Hypothese von einem System kollektiver Abhängigkeit lokaler oder territorialer Art geführt (Mangas 1977; Ruiz Rodríguez u.a. 1986). In einem solchen System wären die nicht produzierenden Angehörigen der in der Stadt lebenden Oberschicht Eigentümer des von abhängigen Arbeitern bestellten Landes gewesen. Allerdings erhebt diese Hypothese keinen Anspruch auf Allgemeingültigkeit für den gesamten iberischen Raum.

Eine alternative Hypothese, die sich auf Forschungen im Territorium von Edeta stützt, gründet sich auf die Tatsache, daß die Handwerker selbst Eigentümer sind, da sie über das Arbeitsgerät und die Produktionsmittel verfügen. Außerdem befinden sich die Werkstätten in ihren Wohnhäusern, und die Hersteller selbst sorgen für den Vertrieb ihrer Erzeugnisse.

Ein anderes Bild ergibt sich bei Handwerkern, die zu einem bestimmten landwirtschaftlichen Betrieb gehörten, wie in Castellet de Bernabé (Lliria, Valencia). Auch der Grundbesitz ist individuell geregelt, wie am Beispiel der territorialen Gliederung von Edeta zu sehen ist (Bernabeu u.a. 1987). Gegen Ende des 5. Jahrhunderts v. Chr. kam es im mittleren Tal des Turia zur Anlage eines Systems von Siedlungen mit dem Ziel einer effizienteren Nutzung der landwirtschaftlichen Ressourcen. Diese Kolonisation stützte sich wahrscheinlich in einer ersten Phase auf eine gleichgewichtige Verteilung des Bodens, das überlieferte Siedlungsmuster aus dem frühen 2. Jahrhundert v. Chr. weist jedoch große und kleine Flächen aus.

Ein Großgrundbesitz war durch ein Gehöft gekennzeichnet, auf dem Bauern und Handwerker abhängige Arbeit verrichteten. Der Eigentümer mußte nicht unbedingt selbst dort wohnen. Kleineigentümer lebten in dörflichen Gemeinschaften oder in der Stadt, wo Häuser mit landwirtschaftlichen Nutzgeräten und Gerätschaften für die Weiterverarbeitung, wie die Herstellung von Wein und Öl, ausgegraben wurden. Auch in den kleinen Festungen, die der Verteidigung und Kontrolle des Territoriums dienten, wurden landwirtschaftliche und handwerkliche Tätigkeiten, wie Viehzucht, Jagd, Imkerei oder auch Metallverarbeitung, ausgeübt. Die Großgrundbesitzer nahmen nicht an der Feldar-

Gefäß mit Jagdszene vom Tossal de Sant Miquel, Lliria (Valencia) (Detail); Museo de Prehistoria Domingo Fletcher, Valencia

beit teil, wie gemalten Szenen auf der Keramik zu entnehmen ist, sondern hatten ihren Hauptwohnsitz in der Stadt.

Die Konzentration der Inschriften und Importgüter in Sant Miquel sind der archäologische Nachweis der kommerziellen und administrativen Bedeutung von Edeta.

Techniken der iberischen Goldschmiedekunst

Christiane Éluère

Seit dem Chalkolithikum und der anschließenden Bronzezeit hat es auf der Iberischen Halbinsel eine blühende Goldschmiedeproduktion gegeben. Insbesondere in der späten Bronzezeit erreichte die für den europäischen Atlantikraum allgemein typische Herstellung massiv gearbeiteter Schmuckstücke mit den schweren Torques (Halsringen), die in Portugal (Evora, Sintra) und in Zentralspanien (z. B. in Berzocana) gefunden wurden, einen Höhepunkt. Zu den Charakteristika dieser Arbeiten gehören die Verwendung von Legierungen, die Technik der Ziselierung mit geometrischen Mustern als Oberflächenverzierung und schließlich die Einführung der Löttechnik und verschiedener Methoden der mechanischen Zusammenfügung von Einzelteilen, was eine neue Phase der technischen Entwicklung einleitete, was sich besonders gut an dem Halsring von Sintra zeigen läßt. Wahrscheinlich entstanden diese technischen Neuerungen im atlantischen Bereich unabhängig von Einflüssen aus dem Mittelmeerraum. Der Gebrauch des Wachsausschmelzverfahrens oder der Fertigbearbeitung mit mechanischen Mitteln, wie möglicherweise bei Armreifen vom Typ Villena, ist eine andere Neuerung aus der Endphase der späten Bronzezeit.

Während der orientalisierenden Periode, vermutlich als Folge der Kontakte zu den Phöniziern, ist seit dem 7. Jahrhundert v. Chr. ein radikaler Wandel bei den Techniken und Formen der Goldschmiedekunst im Süden der Iberischen Halbinsel zu beobachten (im Tal des Guadalquivir, in den Provinzen Cádiz und Huelva, in der Extremadura und in Südportugal). Die nördliche Begrenzung der Zone, in der

Der Schatz von Mairena del Alcor (Sevilla); Museo Arqueológico Provincial, Sevilla. Kat. Nr. 251–255

sich diese Veränderungen vollzogen, ist das Gebiet um Valencia.

Neben verschiedenen traditionellen Legierungen erscheint jetzt eine neue Art von Gold auf dem Markt: Feingold mit einem Silberanteil von weniger als 0,1 Prozent, das in der iberischen Epoche am häufigsten verarbeitet wurde. Auch das Formenrepertoire weist eine Vielzahl von Neuerungen auf: spiralförmig gedrehte Reifen, Siegel, große Pektorale, große, schwere Ohrringe, mehrteilige, bewegliche »Diademe« sowie eine Fülle von Schmuckgehängen, bei denen die Ziermotive von menschlichen Masken bis hin zu Palmetten und anderen Pflanzen- und Tiermotiven reichen.

Eine weitere Neuerung, typisch für die orientalische und mediterrane Goldschmiedekunst, ist die Herstellung einfacher Ketten, die aus verschiedenartigen Gliedern zusammengesetzt sind. Generell ist die Schmuckproduktion von nun an von neuen Konzepten geprägt: dem Bemühen um eine sparsame Verarbeitung des Edelmetalls und dem Streben nach raffinierterer Ornamentik. Letzteres manifestiert sich in der zunehmenden Häufung von Dekorationselementen und in der Betonung des Dekors durch Granulation (d. h. das Auflöten von Kügelchen zur Belebung der Oberfläche). Da die Fixierung dieser Kügelchen schwierig war, wendete man ähnliche Verfahren an wie bei der Filigrantechnik (das heißt, man arbeitete mit Hitze, meistens mit einer komplizierten Löttechnik mit geschmolzenem Kupfer und Quecksilber).

In der orientalisierenden Phase gab es lokale Werkstätten in der Extremadura, wie Schmuckstücke aus Serradilla (Cáceres), Segura de León (Badajoz) und einzelne Stücke des Schatzes von Aliseda (Cáceres) belegen. In der Blütezeit der iberischen Kultur wurde die Produktion immer vielfältiger. Die Erzeugnisse kleiner lokaler Werkstätten weisen Besonderheiten auf, die teilweise an der punischen Goldschmiedekunst orientiert sind.

Im 4. Jahrhundert v. Chr. sind solche Werkstätten zum Beispiel in Villaricos (Almería), La Albufereta (Alicante) und vor allem in Cádiz bekannt. Letztere sorgte für eine gewisse Standardisierung der Formen und eine weitreichende Anwendung der Filigrantechnik und von Draht: Die Goldschmiedekunst wird demokratisch. Der griechische Einfluß, der in der Keramik so deutlich ist, bleibt in der Goldschmiedekunst auf nebensächliche Details beschränkt, die vielleicht auf die Präsenz griechischer Goldschmiede zurückzuführen sind, die für eine iberische Klientel arbeiteten und sich an deren Geschmack anpaßten.

Diese vorbereitenden Phasen erklären die allmähliche Herausbildung der typischen Merkmale der Goldschmiedekunst in der iberischen Blütezeit, für die vor allem die Schatzfunde von Jávea und Mairena del Alcor Beispiele liefern. Die schweren Ohrringe, die Diademe und zahlreiche andere Schmuckstücke sind aus Elementen zusammengesetzt, die ihre Form in Matrizen erhielten. Die Matrizen des Hortes von Cabezo Lucero sind im europäischen Bereich einzigartig.

Ein weiteres Kennzeichen der iberischen Goldschmiedekunst ist die allgemeine Einführung kunstvoll gestalteter Filigranleisten, die die verzierten Felder oder die verschiedenen Einzelteile eines Schmuckstücks rahmen.

Verbreitet sind seit iberischer Zeit Schmuckstücke, bei denen ein Metallkern – meist aus Bronze – mit Blattgold überzogen ist. Die Filigrantechnik erreicht ihren Höhepunkt, und die Granulation ist in seltenen Fällen so fein, daß sie fast mit der »a pulviscolo«-Technik der Etrusker vergleichbar ist. Eine neue Dekorationstechnik wird entwickelt: die Prägung »à trémolo«. In dieser Zeit, wo sich der größte Teil der Schmuckherstellung auf die Mitte und den Osten der Iberischen Halbinsel konzentriert, wird vor allem Halsschmuck mit Medaillons und anderen Anhängern hergestellt; die Produktion von Ohrringen hingegen geht zurück. Gegen Ende der iberischen Epoche ist eine wachsende Vorliebe für Silber, nicht nur im Bereich des Tafelgeschirrs, sondern auch bei Schmuck feststellbar. Es werden hier die gleichen Techniken angewandt wie in der Goldbearbeitung. Im Hinblick auf die benachbarten Kulturen im Zentrum und im Norden der Halbinsel ist festzuhalten, daß sich besonders bei den Keltiberern eine von der iberischen Kultur unabhängige Schmuckproduktion entwickelte; typisch sind vor allem aus nicht sehr hochwertigen Legierungen gefertigte Halsringe, die aus einem massiven Metallstab mit rundem oder viereckigem Querschnitt bestehen und an den beiden Enden jeweils mit einer Kugel abschließen.

Es scheint, als manifestiere sich der Charakter eines Volkes in besonders markanter Weise in der Goldverarbeitung. Zwar wurden häufig technische Neuerungen aus anderen Kulturen übernommen, aber fertige Schmuckstücke wurden selten in größeren Mengen importiert. Die Iberer waren in dieser Hinsicht wesentlich empfänglicher für die mediterranen Einflüsse als die Kelten und haben sich auch zahlreiche aus dem östlichen Mittelmeerraum stammende Goldschmiedetechniken angeeignet. Doch ebenso wie ihre Nachbarn haben auch sie einen eigenen Stil entwickelt, der innerhalb der mediterranen Goldschmiedekunst seinen Rang behauptet wie die punische, griechische und etruskische Goldschmiedekunst.

Silberne Phiale aus Vielle-Aubagnan (Landes); Musée de Mont-de-Marsan; Zeichnung und Foto des Mittelteils. Kat.-Nr. 94

Ein Paar goldene Armreifen aus Mairena del Alcor; 2. Hälfte 3. Jahrhundert v. Chr. Kat.-Nr. 253

Lit.: Éluère 1990; Nicoloni 1990; Perea 1991; Nicolini 1993; Perea 1993

Die Getreidespeicher aus iberischer Zeit

Enriqueta Pons Brun

Silos sind unterirdische Getreidespeicher mit engen Öffnungen, die sich hermetisch verschließen ließen und in der Antike für die Konservierung von Getreide über einen längeren Zeitraum (mindestens ein Jahr) benutzt wurden. Dieses Lagersystem war in verschiedener Hinsicht entscheidend für das Überleben, da es eine Lösung für mehrere Probleme bot: Es sicherte die Ernährung (mittel- und langfristige Konservierung von Nahrungsmitteln), die Landwirtschaft (Verwahrung von Saatgut für schlechte Erntejahre) und den Handel (große Lagerbestände als Tauschware) (Sigaut 1978).

Im Neolithikum und in der Bronzezeit dienten große Tongefäße und Kornspeicher der Lagerung. Die luftdichte Lagerung von Getreide war aber bereits im Neolithikum bekannt. In Mitteleuropa und auch in Katalonien kannte man schon damals in die Erde eingelassene Kisten oder Behälter aus Lehm und Stroh (Cova 120, La Garrotxa) oder kleine Gruben wie in Can Sadurní und Les Goges-Girona für die mittelfristige Lagerung von Nahrungsmitteln (Pons u. a. 1994; Buxó 1996).

Die Einführung und allgemeine Verbreitung des Lagerungssystems in Silos in den Ebenen des nordwestlichen Mittelmeerbogens war die Folge der kräftigen Zunahme einheimischer Getreideproduktion, insbesondere der Gerste (*Hordeum vulgare*). In der Eisenzeit übte diese Region als Handelszentrum eine starke Anziehungskraft sowohl auf die benachbarten Iberer, Kelten und Ligurer als auch auf die phönizischen, etruskischen, griechischen und später römischen Händler aus. Hier lassen sich die Methoden zur Bevorratung und Lagerung von Getreide am besten untersuchen. Im Süden Frankreichs und im Norden der Iberischen Halbinsel kam es zu einer großen Bevölkerungskonzentration und in der Folge zur Erhöhung der landwirtschaftlichen Produktion dank neuer und verbesserter Methoden, die mit den technologischen Errungenschaften der Eisenzeit (Verwendung des Pfluges und anderer neuer Gerätschaften) verknüpft sind. Es kam zu einer Überproduktion von Getreide, die sich in der Einrichtung sogenannter »Getreidespeicherfelder« manifestierte.

Diese Anhäufungen von Getreidesilos, die ab dem 5. Jahrhundert v. Chr. allgemein üblich werden, befinden sich in Ebenen und in flachem Hügelland in der Nähe von natürlichen Verbindungswegen, Terrassen und Flußtälern und stehen in Verbindung mit besonders ertragreichen Landwirtschaftsgebieten. Diese Getreidespeicher sind größer als die im privaten Bereich errichteten. Während letztere ein Fassungsvermögen von 300 bis 1000 Liter haben, verfügen die gemeinschaftlich genutzten Getreidespeicher einer Wohnsiedlung über 1000 bis 3000 Liter Inhalt. Die Silos der »Silofelder«, die für Handelszwecke eingerichtet worden waren, faßten mehr als 3000 Liter.

Im Süden Frankreichs sind die Silofelder im Aude-Tal hervorzuheben, einer ertragreichen Gegend in der Nähe der iberischen *Oppida* des Languedoc, von denen Ensérune am bekanntesten ist (García 1987). Im Norden der Iberischen Halbinsel finden sich »Getreidespeicherfelder« vor allem in den Küstenebenen des Ampurdán und speziell auf den Terrassen zwischen den Flüssen Muga und Fluvià, im Einzugsbereich der Handelsstädte Rhode und Emporion. Allein im Umkreis von 15 Kilometern um die iberische Siedlung von Mas Castellar bei Pontós hat man 30 Silofelder registriert, von denen einige eine Fläche von etwa drei Hektar einnehmen. In der Nähe und innerhalb der befestigten iberischen Siedlungen an der Küste Kataloniens (Castell de Palamós) und entlang der Ufer des Flusses Ter (Puig de Sant Andreu, Ullastret) und im Congost de Girona (Sant Julià de Ramis) sind beachtliche »Getreidespeicherfelder« vorhanden. Erwähnenswert ist auch die Konzentration von Silofeldern in Llagostera (Burch 1996) und weiter südlich im zentralen Küstengebiet Kataloniens, im Vallés (Turó del Vent, Ca n'Olivé), im Penedès, Maresme (Burriac) und am unteren Llobregat, wo die Lagerung in Silos bereits seit dem Neolithikum und der Bronzezeit üblich war.

Die einheimische Tradition der »Getreidespeicherfelder« des zentralen Küstengebiets breitete sich seit der frühen Eisenzeit (7. Jahrhundert v. Chr.) nach Norden aus. Im Süden oder im Zentrum Kataloniens finden sie sich kaum.

Ein Getreidesilo muß in einem Arbeitsgang gefüllt oder geleert werden: Es ist nicht möglich, ihn zu öffnen und wieder zu schließen, um kleine Mengen für den täglichen Bedarf zu entnehmen. Anscheinend hat das System der Silofelder zu einer bestimmten Zeit in einem bestimmten Raum eine wirtschaftliche und soziale Rolle kollektiver Art gespielt, die über den privaten und familiären Bedarf weit hinausging (Sigaut 1978).

Bau und Verwendung eines Getreidesilos

Der Silo von Mas Castellar, Pontós (Gerona)

Dieses System wurde ab dem 2. und 1. Jahrhundert v. Chr. aufgegeben, offenbar als Folge der Romanisierung, die eine wirtschaftliche Umstrukturierung mit sich brachte.

Die Funktion eines Getreidespeichers

Wenn der Silo mit Korn gefüllt ist, wird die Öffnung mit einer Mischung aus Lehm, Stroh, Sand oder trockenem Dung hermetisch verschlossen. Der Bau des Speichers auf trockenem und vor Überschwemmung geschütztem Grund gewährleistet eine gleichbleibende Innentemperatur. Das Korn verbraucht den Sauerstoff im Silo und setzt gleichzeitig Kohlendioxyd frei, welches das Wachstum von Bakterien, Parasiten und Schädlingen hemmt. Das an den Wänden lagernde Korn atmet schneller als das übrige, keimt und bildet eine Membran aus Fasern von ca. zwei Zentimetern Stärke, die den Speicher umschließt und das Korn im Inneren schützt. Wenn die Luft verbraucht ist, endet der Keimungsprozeß, und das Korn kann jahrelang konserviert werden, ohne daß seine Keimfähigkeit und sein Proteingehalt sich reduzieren.

Die Wiederverwendung von Silos

Über die Wiederverwendung der unterirdischen Getreidespeicher wird in der Forschung noch diskutiert. Sicher ist, daß diese Silos für die Konservierung von Getreide gebaut und daß sie manchmal nach gründlicher Reinigung in gleicher Funktion wiederverwendet wurden. In Anbetracht der Verseuchung durch Bakterien und karbonische Gase war es hingegen ökonomischer, neue Speicher anzulegen (daher vielleicht die großen Mengen von Silos) und die alten als Abfalldeponie zu benutzen. Einige Silos sind auch für andere Zwecke verwendet worden: als Gruben für Opfergaben, für Tier- oder in einigen Fällen auch für Humanbestattungen sowie als Feuerstellen, Kühlkammern oder für andere Aufgaben des häuslichen Bereichs (Adroher u. a. 1993).

Der Totenkult

Der Totenkult der Iberer

Teresa Chapa Brunet

Grabcippus aus Jumilla (Murcia) (Detail). Kat.-Nr. 174

Die systematische Anlage von Nekropolen war ein neues Element und besonderes Kennzeichen der iberischen Kultur. Die Nekropole wurde zum Bestandteil der Siedlungen, prägte das Erscheinungsbild der Landschaft und konzentrierte gleichzeitig in hohem Maße symbolische und soziale Elemente. Ihre Größe, die monumentalen Gräber und die wertvollen Grabbeigaben spiegeln die Bedeutung des Totenkults in der iberischen Kultur wider. Wie bei anderen Kulturen jener Zeit ging die Entwicklung des Bestattungsrituals mit der Entstehung einer Aristokratie einher, die ihre privilegierte Position durch aufwendige Grabanlagen und Beigaben betonte. Diese Sitte erfaßte im Laufe der Zeit alle Schichten der Gesellschaft. Daher ermöglicht eine detaillierte Analyse der Bestattungsriten Aussagen über die Gesellschaft, die sie entwickelte, sowie über die ideologischen Grundlagen, in denen sie wurzelten.

Auf diese Weise wird die Verschiedenartigkeit von Gräbern und Grabbeigaben zum Indikator sozialer Differenzierung und trägt dazu bei, eine zunehmend komplexe Gesellschaftsstruktur zu verstehen. Logischerweise spielen Geographie und Zeit eine große Rolle bei der Entwicklung des Totenkults; sie reflektieren sowohl ethnische Unterschiede als auch verschiedenartige Entwicklungen bei den iberischen Stämmen. Die Nekropole gewinnt auf diese Weise eine Schlüsselstellung bei der Erforschung der iberischen Kultur, sowohl hinsichtlich der Gesellschaft selbst als auch in bezug auf deren weltanschauliche Grundlagen.

Mit nur wenigen Ausnahmen lagen die iberischen Nekropolen in Sichtweite der Siedlung, zu der sie gehörten. Es gab auch Wohnplätze mit mehreren Nekropolen. Häufig befanden sich diese auf demselben Hügel wie die Siedlung. In anderen Fällen wurde die Nekropole auf einem Nachbarhügel in etwas geringerer Höhe als die Siedlung angelegt, immer außerhalb der Siedlungsmauern. Es gab auch Nekropolen auf einem nahen Hügel, in gleicher Höhe wie die Siedlung, von dieser aber durch einen Wasserlauf getrennt. Immer jedoch wurden sie in der Nähe von Verkehrswegen oder direkt entlang der Zugangswege zu den Siedlungen angelegt. Daraus läßt sich schließen, daß mit Hilfe von Nekropolen auch eine Art Gebietskontrolle ausgeübt wurde, und zwar über das eigentliche Wohngebiet hinaus.

Die Gestaltung der Nekropolen im einzelnen war sehr unterschiedlich und hing von ihrer Bedeutung und geographischen Lage ab. Obwohl Ummauerungen nur selten belegt sind, müssen die Anlagen irgendwie begrenzt gewesen sein, denn die Gräber waren häufig übereinander angeordnet und bildeten mehrere Ebenen oder füllten Lücken. Es war also immer nur beschränkt Raum vorhanden. Diese Überfüllung läßt häufig nicht erkennen, ob es eine geregelte Planung für die Anordnung der Grablegen gab. Jedenfalls hat die Vielfachbelegung in manchen Nekropolen größte Unordnung hinterlassen. Andererseits

Grabcippus aus Jumilla (Murcia); 4./3. Jahrhundert v. Chr.; hellgelber Sandstein; Höhe: 92 cm; Museo Municipal Jerónimo Molina García, Jumilla (Murcia). Kat.-Nr. 174

schufen die Grabbauten von größerer Bedeutung einen gewissen Freiraum um sich herum, der von kleineren Gräbern eingenommen wurde, die sich anscheinend auf die größeren hin orientierten. So entstand eine eigenartige Filiation zwischen beiden Typen.

Die iberischen Gräber unterscheiden sich nicht nur nach ihrer geographischen Lage, sondern auch durch ihre Zeitstellung oder den sozialen Rang der Toten. Am größten waren die Turm- oder Pfeilergrabmäler aus Kalkstein, die meistens mit Reliefs, freistehenden Skulpturen oder Tierprotomen verziert waren. Schon am Beginn der iberischen Kultur (6./5. Jahrhundert v. Chr.) begegnen wir beiden Grabtypen. Nicht nur ihre architektonische Gestaltung war zu jener Zeit eine technische Neuheit, sondern vor allem ihr ikonographischer Apparat, der die Vorliebe der Iberer für großplastische Skulpturen ausdrückt, ein Charakteristikum der iberischen Kunst bis in römische Zeit. Pozo Moro oder Monforte del Cid bieten eindrucksvolle Beispiele für diese Art von Grabmälern, die mit Sicherheit Toten von herausragender sozialer Stellung gehörten.

Die Grabkammern waren halb unterirdische Quaderbauten, die mit einer Eingangstür versehen waren und aus mehreren Räumen bestehen konnten, wie das Beispiel von La Toya zeigt. Es handelte sich dabei um Familiengrüfte mit mehreren Bestattungen. Auch an weniger monumentalen Bauten, wie zum Beispiel den Tumuli von Hoya Gonzalo, fanden sich Skulpturen. Die meisten dieser Grabhügel, die in Andalusien und im Südosten der Iberischen Halbinsel sehr verbreitet waren, blieben jedoch undekoriert. Es handelt sich um schlichte quadratische Bauten aus unregelmäßig behauenen Steinen und Lehm, deren Äußeres kubisch oder pyramidal sein kann. Die einfachsten Gräber waren *cistae* oder Löcher im Boden, die in entsprechender Größe ausgehoben und mit Lehm ausgekleidet waren.

Bevor jedoch die Verstorbenen in den ihnen nach Rang, Familienbeziehungen oder den besonderen Umständen ihres Todes zukommenden Gräbern beigesetzt wurden, war ein aufwendiges Bestattungsritual unverzichtbar, in dessen Mittelpunkt die Leichenverbrennung stand, die nahezu ausschließlich praktiziert wurde. Nur bei Neugeborenen oder kleinen Kindern findet sich die Körperbestattung, und zwar häufig nicht in den Nekropolen, sondern unter den Wohnhäusern. Die allgemeine Verbreitung der Brandbestattung geht wahrscheinlich auf die späte Bronzezeit zurück, als in Verbindung mit der Urnenfelderkultur dieser Brauch in weiten Teilen der Halbinsel übernommen wurde. Auch die Phönizier praktizierten die Brandbestattung. Ihr starker Einfluß auf die benachbarten einheimischen Siedlungen unmittelbar vor der Ausbildung der iberischen Kultur könnte dazu beigetragen haben, daß die Iberer sich so konsequent an diese Bestattungsweise hielten.

An Fundorten wie Castellones de Ceal (Jaén), Los Villares de Hoya Gonzalo (Albacete), Cigarralejo (Murcia), Cabezo Lucero (Alicante) oder Turó dels Dos Pins (Barcelona) läßt sich die Entwicklung des Bestattungsrituals bei den Iberern gut nachvollziehen. Die Verstorbenen wurden zur Nekropole gebracht, wo die Leichenverbrennung stattfand. Hierfür hob man eine flache Grube aus, in welcher Äste und Gestrüpp zu einem Scheiterhaufen aufgeschichtet wurden. Der Leichnam blieb bekleidet, und ihm wurden Waffen und andere persönliche Gegenstände beigegeben, die ebenfalls Opfer der Flammen wurden. Die Verbrennungstemperatur betrug häufig mehr als 600 Grad, was sich an der Farbe und Beschaffenheit der Knochenreste ablesen läßt. Während der Bestattung wurde ein rituelles Mahl abgehalten, an dessen Ende das benutzte Geschirr zerschlagen und vergraben wurde, wie dem *Silicernium* der Nekropole von Hoya Gonzalo zu entnehmen ist. Nach Beendigung dieses Rituals wurden die Überreste des Verstorbenen im Grab in einer Urne beigesetzt. Diese konnte ein attischer Krater oder auch eine einfache Steinkiste sein.

Eine Ausnahme bildet die bekannte Skulptur der *Dama de Baza,* eine sitzende Frauenfigur, in deren Thron sich eine Öffnung für den Leichenbrand (wahrscheinlich einer

Grabmonument aus Monforte del Cid (Alicante); um 500 v. Chr.; hellgelber Sandstein; Höhe des Stiers: 65 cm; Museo Arqueológico Municipal Alejandro Ramos Folqués, Elche (Alicante). Kat.-Nr. 173

Bestattung im Turó dels Dos Pins, Mataró (Barcelona); 3. Jahrhundert v. Chr.

Die Nekropole von Cabezo Lucero, Guardamar del Segura (Alicante); 5./4. Jahrhundert v. Chr.

Folgende Seiten:
Kalathos (sombrero de copa) aus Cabecico del Tesoro, Verdolay (Murcia);
1. Hälfte 2. Jahrhundert v. Chr.; ockerfarbener Ton mit roter Bemalung; Höhe: 35 cm; Museo Arqueológico, Murcia. Kat.-Nr. 199

Die Dama de Baza;
4. Jahrhundert v. Chr.; bemalte Steinskulptur; Höhe: 130 cm; Museo Arqueológico Nacional, Madrid

Frau) befindet. Persönliche Gegenstände und Grabbeigaben legte man ebenfalls in die Urne; besonders erwähnenswert sind Kleidungszubehör und Schmuckstücke wie Gürtelschnallen, Ohrgehänge, Perlen und Knöpfe, aber auch Waffen aus Eisen sowie Trink- und Opfergefäße zählten dazu. Gelegentlich finden sich auch Arbeitsgeräte der Verstorbenen, zum Beispiel landwirtschaftliche Werkzeuge, Waagen, Goldschmiedewerkzeug und ähnliches.

Alle diese Elemente helfen nicht nur, den Ablauf des iberischen Totenkults zu rekonstruieren, sondern leisten auch einen wichtigen Beitrag zum besseren Verständnis seiner gesellschaftlichen Bedeutung. Die Lage der Gräber, ihre architektonische Gestaltung und die Beigaben sind dabei die entscheidenden Faktoren für die Unterscheidung der sozialen Schichten wie für die Weltanschauung, die hinter diesen Grabmonumenten stand und die sich besonders in deren Skulpturendekoration manifestierte.

Nach dem allgemeinen Aufschwung, den der Südosten der Halbinsel in der ausgehenden Bronzezeit erlebte, gewann auch der östliche Rand des tartessischen Einflußgebiets zunehmend an Bedeutung und wurde ein Interessengebiet ersten Ranges für den Mittelmeerhandel. Eine Überproduktion von Gütern kam in Gang, Grundlage dafür, daß sowohl innerhalb als auch außerhalb des iberischen Territoriums intensiv Handel getrieben werden konnte. Dies wiederum führte zu einer Spezialisierung der Produktion und somit zu tiefgreifenden technologischen Neuerungen, die vor allem traditionelle Wirtschaftszweige wie das Töpferhandwerk, die Landwirtschaft und den Bergbau betrafen. Die neue ökonomische Lage begünstigte die Entstehung von gesellschaftlichen Eliten, die um die Steuerung der Produktion, den Vertrieb der Waren und die Kontrolle der Handelswege konkurrierten. Die Skulpturen, die sich an den iberischen Grabmälern finden, repräsentieren das Selbstverständnis dieser Eliten, die auf diese Weise ihre privilegierte Position zu rechtfertigen suchten.

In der Anfangsphase der iberischen Kultur besaßen nur wenige Personen ein Anrecht auf das oben beschriebene Bestattungsritual, das den einzig standesgemäßen Weg ins Jenseits eröffnete. Die monumentalen Grabmäler der Aristokraten setzen die Existenz von Archi-

tekten, Steinmetzen und Bildhauern voraus, die für ihre neuen Aufgaben von ihrer üblichen Arbeit freigestellt werden mußten. Die Grabkammern waren die endgültigen Aufenthaltsorte für die Verstorbenen, die das Leben nach dem Tod symbolisierten und mittels figürlicher oder szenischer Darstellungen die Reise des Verstorbenen ins Jenseits illustrierten, auf der er Kämpfe mit Fabelwesen zu bestehen hatte, aus denen er stets siegreich hervorging. Die Grabplastik bezieht sich immer auf diese Unternehmungen *post mortem.* Löwen werden zu Wächtern, die äußere Gefahren fernhalten und den Mut und die aristokratische Würde des Verstorbenen symbolisieren. Sphingen ruhen auf den Gräbern oder werden zu geflügelten Transportmitteln, wie zum Beispiel in Elche. Greifen hingegen widersetzen sich der Reise – so in Porcuna – und müssen vom Verstorbenen, der so zum Heros wird, niedergekämpft werden. In Pozo Moro hingegen ist ein Greif auf einer attischen Schale abgebildet, die die Asche des Verstorbenen bedeckte. Der Vogel hat hier eine Schutzfunktion. Stiere, mit denen körperliche Kraft und Fruchtbarkeit assoziiert wurden, waren außerdem würdige Repräsentanten der Macht, sowohl ökonomisch wie symbolisch. Das Pferd, das mit kostbarem Geschirr auf vielen Grabmälern erscheint, galt als privilegiertes Fortbewegungsmittel und Kriegswaffe und war somit ebenfalls ein Standessymbol.

Neben den zahlreichen Einzeldarstellungen in den Nekropolen waren aber auch Gruppenszenen üblich, die den Siegeszug des Toten durch die gefährlichen Gefilde des Jenseits – wie in Pozo Moro – oder den Krieg zwischen verfeindeten Gruppen – wie in Porcuna – zeigen. Jeder Aristokrat setzte sich sein eigenes Denkmal und entschied damit auch über die Bilder, die den Besuchern der Grabstätte am besten vermittelten, auf welchem Weg der Verstorbene seine Position erreicht hatte. Für seine Nachkommen bedeuteten diese Darstellungen die Legitimation ihres Anspruchs auf eine führende gesellschaftliche Stellung. Da die Grabmonumente die Geschichte einer einzelnen Person erzählen, sind sie als Individualmonumente zu bezeichnen. Dies erklärt auch die Vielzahl der Typen und Bilder, die sich in den iberischen Nekropolen finden.

Im Laufe der Zeit wurde das iberische Gesellschaftsgefüge immer komplexer. Die Schicht der Privilegierten und die Massen, auf die sie sich stützten, wurden umfangreicher und bildeten Strukturen aus. Damit wurde das Bestattungsritual größeren Kreisen zugänglich, und die Nekropolen dehnten sich aus. Die mit Skulpturen geschmückten Gräber finden sich nicht mehr ganz so häufig, verschwinden aber auch nicht völlig. Ihres individuellen Charakters wegen gerieten die meisten Monumente in Vergessenheit oder wurden gelegentlich von den neuen herrschenden Schichten bewußt zerstört. Dennoch behielten sie zumeist ihren Platz in den Nekropolen. Ihre Ikonographie änderte sich nicht grundsätzlich, griff jedoch neue Themen auf, die eher mit den Bestattungsriten im Diesseits als mit dem Jenseits zu tun hatten. Nun werden Klageweiber, Leichenzüge und Opfergaben dargestellt.

In dieser Zeit, gegen Ende des 5. Jahrhunderts v. Chr., wenden sich die figürlichen Darstellungen von der Architektur zu den Grabbeigaben; die attischen Vasen, die von jetzt an importiert werden, sind mit zusammenhängenden Szenen bemalt. Dabei sind es vor allem drei Themen, die bevorzugt werden: die Dionysien, Bankettszenen und Kämpfe zwischen Amazonen, Arimaspen und Greifen. Auf die Beziehungen zwischen der realen Welt und dem Jenseits wird auch hier angespielt, aber die symbolträchtigen Beigaben werden nun im Inneren des Grabes verschlossen. Dies geht so weit, daß man sogar die steinernen Skulpturen als Beigaben im Inneren des Grabes unterbringt – die *Dama de Baza* ist in diesem Zusammenhang bereits erwähnt worden. Die Differenzierung des Totenkults, das heißt die Wiedergabe individueller und sozialer Unterschiede, verlagert sich somit in die Grabkammern. Auffällig ist dabei das Fehlen von Regeln, die die unverzichtbaren Bestandteile einer Grabausstattung festschreiben. So finden sich Gräber, in denen der Leichenbrand ohne weitere Beigaben lediglich in ein Loch oder eine Grube versenkt worden ist. In den meisten

Bemalte Urne vom Cerro del Real, Galera (Granada); 1. Hälfte 4. Jahrhundert v. Chr.; gelb-grauer Kalkstein; Höhe: 28 cm; Museo Arqueológico Nacional, Madrid. Kat.-Nr. 194

Fällen befinden sich die sterblichen Überreste jedoch in einer Urne, und Zahl und Art der Grabbeigaben sind mannigfaltig.

Durchschnittlich wurden in den Gräbern von Cabezo Lucero 12,5, in Turó dels Dos Pins 5,5, in Cabecico del Tesoro 4,5 und in Castellones de Ceal 6,6 Grabbeigaben gezählt. Diese Zahlenangaben müssen allerdings relativiert werden. Die Verteilung ist unregelmäßig; einige Gräber enthalten außerordentlich viele Beigaben. In Cabezo Lucero zum Beispiel gibt es Bestattungen mit über 40 Stücken. Auch wenn einige Gräber mehr Grabbeigaben aufweisen, so bedeutet dies nicht unbedingt eine Zurschaustellung des Reichtums einer einzelnen Person, denn es war durchaus nichts Ungewöhnliches mehr, mehrere Personen in einem Grab zu bestatten. Eine der wichtigsten Grabkammern von Baza (Grab 43), in der mehr als 35 Beigaben gefunden wurden, enthielt die Asche von drei Personen, während Grab 51 von Turó dels Dos Pins mit 83 Objekten die sterblichen Überreste von sieben Menschen enthielt. Die Nekropole von Castellones de Ceal mit 37 Einzel- und 20 Doppel- oder Mehrfachbestattungen (mit insgesamt 59 Toten) ist ein anschauliches Beispiel dafür, daß die Menge der Grabbeigaben keineswegs nur auf den Reichtum eines Toten, sondern auch auf die Zahl der Bestatteten hinweisen kann.

Unter den Grabbeigaben finden sich immer wieder Objekte, die für die Iberer von besonderer Bedeutung waren: eiserne Waffen, darunter vor allem *Falcatas* und Dolche, Lanzen und *Soliferrea* oder Wurfspeere für den Angriff sowie Helme, Brustpanzer und Schilde für die Verteidigung. Nur in Ausnahmefällen wurden vollständige Rüstungen mit ins Grab gegeben; meistens wurden die Waffenbeigaben auf ein oder zwei Stücke beschränkt, darunter fast immer die Falcata oder eine Wurfwaffe. Das Fehlen kompletter Ausrüstungen scheint darauf hinzuweisen, daß einzelnen Waffen ein hoher Symbolwert zukam, der an den sozialen Status des Verstorbenen gebunden war. Diese Annahme wird auch dadurch bestätigt, daß in einigen Einzelgräbern mehrere Falcatas gefunden wurden, die gelegentlich sogar in Kindergräbern vorkamen. Nicht selten wurden diese und andere Bestandteile eines Kriegergrabes durch Verbiegen und Verbrennen auf dem Scheiterhaufen unbrauchbar gemacht.

In Verbindung mit den Waffen fanden häufig auch attische Vasen, die in der ersten Hälfte des 4. Jahrhunderts v. Chr. weit verbreitet waren, als Grabbeigaben Verwendung. In den reichsten Grabkammern wurden große Glocken- oder Kolonettenkratere mit umfangreichem ikonographischem Repertoire entdeckt. Dies waren Gefäße, die für das Mischen von Wein verwendet wurden und deshalb auf Bankette und Feste hindeuten, die in den Häusern der herrschenden Gesellschaftsschicht gefeiert wurden. Im Zusammenhang mit der Bestattung wurden sie häufig als Urnen benutzt. Da die Ikonographie der Vasenmalerei auf den aristokratischen Besitzer abgestimmt war, wird auch hier eine direkte Verbindung mit dem Verstorbenen hergestellt. Häufiger sind Trinkgefäße wie Schalen, Becher und *Skyphoi,* deren Dekor sehr einheitlich war; oft handelte es sich auch um schwarz gefirniste Ware. Diese Grabbeigaben zeigen, daß auch der Genuß von nicht alltäglichen Getränken wie Wein ebenso wie die dazugehörigen Gefäße rituelle Bedeutung hatten. In der Tat gibt es Hinweise darauf, daß anläßlich der Bestattung bestimmter Persönlichkeiten ein symbolisches Totenmahl stattfand, das mit der Zerschlagung des benutzten Geschirrs endete, dessen Scherben auf dem Scheiterhaufen verbrannt wurden. Mehr als drei Viertel der griechischen Vasen, die in Cabezo Lucero gefunden wurden, wiesen Brandspuren auf.

Eindeutige Hinweise auf *Silicernia,* das heißt rituelle Bankette im Zusammenhang mit Bestattungen, fanden sich auch in der Nekropole von Los Villares de Hoya Gonzalo (Albacete), wo es zwei Fundzusammenhänge mit entsprechenden Merkmalen gibt, in einem dieser Fälle mit 53 attischen Vasen, darunter auch Eß- und Trinkgefäßen. Auch an den *Ustrina* in Oberandalusien sind, bezogen auf »reiche« Gräber, Hinweise auf solche Bankette entdeckt worden, so der Scheiterhaufen vom Grab 43 aus Baza, auf dem Becher, Schüsseln

Pferd mit Reiter aus Los Villares, Hoya Gonzalo (Albacete); um 410 v. Chr.; ockergelb verfärbter Kalkstein; Höhe: 100 cm; Museo de Albacete. Kat.-Nr. 181

und Teller deponiert wurden, die mit rotfiguriger Bemalung dekoriert oder schwarz gefirnist waren.

Zu den prestigeträchtigen Objekten gehörten auch solche, die mit der Reiterei in Verbindung standen. Die Grabskulpturen machen deutlich, daß angesehene Persönlichkeiten immer auch beritten waren, und ihnen wurden verschiedene Teile des Zaumzeugs als Statussymbole und persönliches Eigentum mit ins Grab gegeben. Wer den höchsten sozialen Rang erreicht hatte, war Besitzer eines Wagens, von dem Teile, vielfach Räder, in Gräbern von herausragender Bedeutung, wie zum Beispiel in der Grabkammer von La Toya, gefunden wurden.

Die übrigen Beigaben waren in der Regel Kleidungszubehör und Schmuck. Zu ersterem gehörten Ringfibeln und Spangen, die Tuniken und Mäntel zusammenhielten, sowie silberverzierte Gürtelschnallen aus Bronze oder Eisen. Auch diese Objekte wurden dem Feuer übereignet, da sie zur Kleidung des Verstorbenen gehörten. Das Gleiche galt für Schmuckstücke, unter denen besonders Halsketten, Armbänder, Ringe und Ohrgehänge aus verschiedenen Materialien wie Glaspaste, Silber und Gold erwähnt werden müssen. Im allgemeinen wurden diese Beigaben ins Grab oder direkt zum Leichenbrand in die Urne gelegt. In einigen Fällen jedoch, wie in den Nekropolen von Galera und Baza

(Granada) oder Castellones de Ceal (Jaén), wurden sie an der Verbrennungsstätte zurückgelassen. Da man möglicherweise nicht alle Objekte, die beim Bestattungsritual Verwendung fanden, dem Verstorbenen auch tatsächlich mit ins Grab gab, ist Vorsicht bei der Beurteilung des Reichtums einzelner Grabstätten allein anhand der Beigaben geboten.

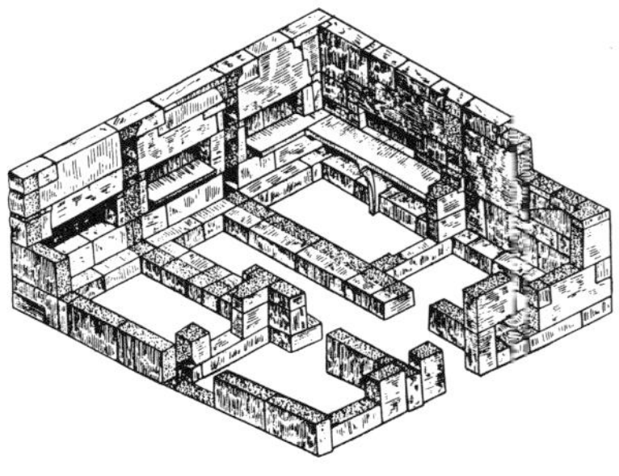

Kammergrab von La Toya (Jaén); 4./3. Jahrhundert v. Chr.; Breite innen: 4,55 Meter

Trotz der Menge und Vielfalt der Grabbeigaben und des Reichtums vieler Grabausstattungen muß darauf hingewiesen werden, daß einige besonders wertvolle Gebrauchsgegenstände nicht auftauchen. So wissen wir aus literarischen Quellen und durch archäologische Einzelfunde, daß gesellschaftlich hochstehende Personen und Familien Gold- und Silbergeschirr sowie goldene Gerätschaften benutzten und gern zur Schau stellten. Solche Gegenstände wurden nie als Grabbeigaben gefunden, was vermuten läßt, daß ihr hoher Wert sie im Lauf der Zeit zu unveräußerbaren Familienerbstücken werden ließ, über die Einzelpersonen nicht verfügen konnten.

Eine geschlechtsspezifische Zuordnung der Grabbeigaben ist schwierig. Auch in diesem Punkt macht sich das Fehlen fester Normen bemerkbar, die für die Entwicklung geschlechtsspezifischer Modelle gesorgt hätten. In den letzten Jahren konnten die Untersuchungen des Leichenbrandes erheblich weiterentwickelt werden, so daß von dieser Seite eine Lösung des Problems zu erwarten ist.

Auch wenn männliche und weibliche Elemente bei Grabbeigaben nicht klar zu unterscheiden sind, werden wohl die meisten Waffen und auch Trinkgefäße Männergräbern, in denen sich aber auch Kleidung und Schmuck, wie zum Beispiel goldene Finger- oder Ohrringe, finden, zuzuordnen sein. In Frauengräbern entdeckte man hingegen überwiegend lokale Töpferwaren. Ihre Ausstattung ist in der Regel, aber nicht immer, schlichter als die der Männergräber: Gelegentlich finden sich auch hier typisch weibliche Beigaben wie zum Beispiel Webgewichte. Dennoch bleibt die geschlechtsspezifische Bestimmung der Gräber anhand von Beigaben schwierig. Die Frau scheint in der Welt der Iberer an die Familie gebunden gewesen zu sein. Ihr sozialer Rang resultierte aus Abstammung oder Eheschließung. Die gemeinsamen Gräber von Frauen und Kindern bestätigen diese Annahme. Von wenigen Ausnahmen abgesehen, waren diese Gräber sehr bescheiden ausgestattet.

Im allgemeinen vermitteln die iberischen Nekropolen das Bild einer Gesellschaft, in der der Status jedes einzelnen festgelegt war und in der das Zusammenleben der verschiedenen Gruppen durch ein Geflecht von Beziehungen geregelt wurde, die ihren Ausdruck in unterschiedlichen Statussymbolen fanden. Sicherlich hat die iberische Oberschicht die Nekropolen von Anfang an zur Darstellung ihrer privilegierten sozialen Position genutzt. Typisch dafür sind die monumentalen Grabmäler, die mit großformatigen Skulpturen aus Stein und kostbaren Beigaben ausgestattet waren, deren Beschaffung Reichtum und Einfluß voraussetzen. Trinkgelage und Kriegswesen waren ihre Domäne, Ausdruck ihrer Macht ebenso wie die Übernahme fremder Bräuche oder der privilegierte Zugang zum Jenseits. Die Anhäufung von Beigaben und die Komplexität der Grabbauten legen die Vermutung nahe, daß nach dem Tode solcher Persönlichkeiten eine lange Trauerzeit eingehalten wurde, verbunden mit ausgiebigen und aufwendigen Bestattungsfeierlichkeiten, die Kampfspiele und rituelle Bankette einschlossen.

Die hier beschriebenen Gräber bildeten das Zentrum der Nekropolen. Gemeinsam mit den anderen Gräbern spiegeln sie eine hierarchisch strukturierte Gesellschaft wider, in der sich familiäre Beziehungen oder Abhängigkeitsverhältnisse in der Ausstattung der Gräber manifestieren. Auffällig ist jedoch die Tatsache, daß die Zahl der Grablegen im Verhältnis zur geschätzten Bevölkerungsdichte der einzelnen Gebiete zu niedrig ist. Möglicherweise waren nicht alle sozialen Schichten in den Nekropolen bestattet. Obwohl das Bestattungsritual ab dem 4. Jahrhundert v. Chr. allgemein zugänglich war, kann man dennoch davon ausgehen, daß in einer Gesellschaft wie der iberischen, die von Abhängigkeitsverhältnissen geprägt war, nicht allen Menschen nach dem Tod die gleiche Behandlung zuteil wurde. Deshalb ist anzunehmen, daß es einen archäologisch »stummen« Bereich gibt, der keinesfalls vergessen werden darf.

Lit.: Presedo 1982; Almagro-Gorbea 1983a; Cuadrado 1987; *Las necrópolis* 1992; Aranegui u.a. 1993; *Al otro lado del espejo* 1996

Die griechische Vase im Totenkult

Juan Blánquez/Pierre Rouillard

Kelchkrater aus Grab 2 von Orleyl, Vall d'Uxó (Castellón); Mitte 4. Jahrhundert v. Chr.; Höhe: 33,5 cm; Museo Comarcal de la Plana Baja, Burriana (Castellón). Kat.-Nr. 79

Ob als Abdeckung, als Aschenurne, als Grabbeigabe, als Opfergefäß oder bei gemeinschaftlichen Zeremonien beim Totenkult, griechische Vasen in unterschiedlichen Formen sind in den iberischen Nekropolen des 5. und vor allem der ersten Hälfte des 4. Jahrhunderts v. Chr. sehr häufig zu finden.

Bereits früher hatten Gegenstände griechischer Provenienz auf der Iberischen Halbinsel, wenn auch in anderem Kontext, im Totenkult Verwendung gefunden: So gibt es beispielsweise in den phönizischen Gräbern von Almuñécar (Granada, um 700 v. Chr.) protokorinthische *Skyphoi,* und in Villaricos (Almería) entdeckte man griechische Fundstücke aus dem 6. Jahrhundert v. Chr. Auch in den punischen Gräbern von Puig des Molins auf Ibiza vom Ende des 6. Jahrhunderts v. Chr. gibt es griechische Importstücke. Selbstverständlich sind auch in den Gräbern der griechischen Siedlung von Ampurias, die im ausgehenden 7. oder frühen 6. Jahrhundert v. Chr. gegründet wurde, griechische Vasen häufig anzutreffen.

In einzelnen einheimischen Nekropolen wie Medellín (Badajoz), Cerro de Real (Galera, Granada) und El Molar (San Fulgencio, Alicante) waren griechische Vasen, in der Regel Trinkgefäße, Schalen oder Skyphoi, Bestandteil der Grabausstattung. Eine ähnliche Praxis, die offensichtlich als prestigeträchtig galt, ist in den einheimischen Nekropolen des Languedoc schon früher, bereits ab dem 7. Jahrhundert v. Chr. zu beobachten, beispielsweise in Agde-Le-Peyrou und später in Mailhac.

Griechische Vasen waren vor allem im 5. und 4. Jahrhundert v. Chr. bei den Iberern verbreitet. Die Trinkschale kommt am häufigsten vor. Um 500 v. Chr. wurden dem Fürsten, der sich in Pozo Moro (Albacete) ein steinernes Grabmal hatte errichten lassen, zwei attische Gefäße auf den Weg ins Jenseits mitgegeben: ein Becher und eine *Lekythos,* das Grabgefäß schlechthin.

Griechische Vasen, bemalt und unbemalt, waren bei den Iberern zwar sehr verbreitet, doch erfüllten sie einen anderen Zweck als bei den Griechen. So gab man den Griechen in Ampurias beispielsweise *Lekythen* mit ins Grab, Gefäße für Salböl, wie sie für die griechische Kultur typisch waren, und keine Trinkschalen, die nur von den Lebenden benutzt wurden. Den Iberern hingegen wurden Lekythen als Trinkgefäße ins Grab gelegt. Hat man die Darstellungen auf den Vasen verstanden? Zu der schwierigen Frage, wie die einheimische Bevölkerung die Bilder auf den importierten Vasen deutete, kann man nur mutmaßen, daß die Iberer die griechischen Vasenbilder nicht so sahen wie der attische Künstler, der diese Bilder malte. Daher richtet die Forschung ihr Augenmerk mehr auf den Gegenstand selbst als auf Probleme seiner Form und Verwendung.

Kelchkrater aus Grab 2 von Orleyl, Vall d'Uxó (Castellón); Detail. Kat.-Nr. 79

Griechischen Vasen wurden nur selten als Urnen verwendet. Es finden sich zwar Beispiele, doch sind sie im wesentlichen auf Oberandalusien und den südöstlichen Teil der Meseta beschränkt: im Fürstengrab von La Toya (Peal de Becerro, Jaén), vereinzelt in den

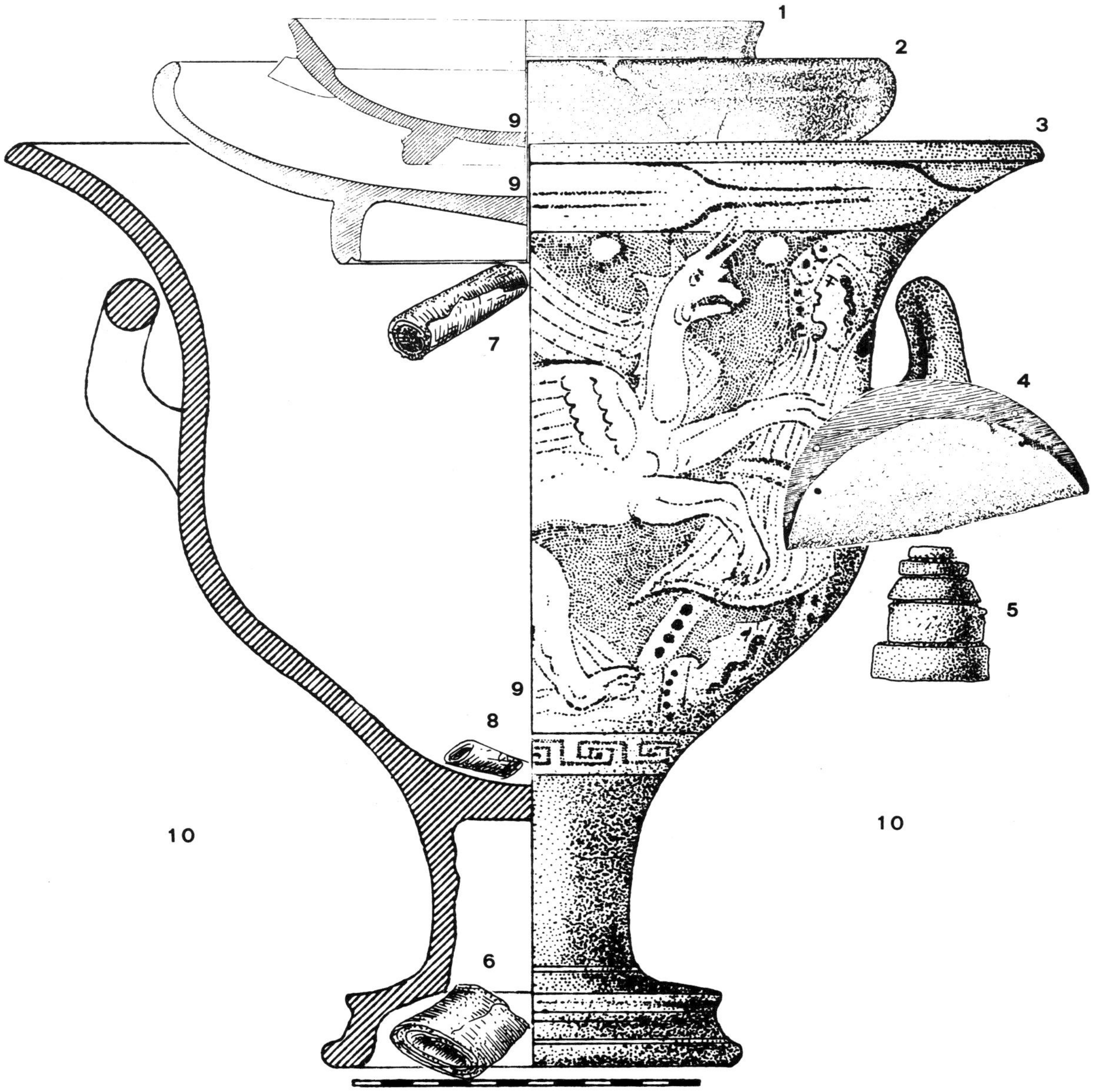

Grab Nr. 2. von Orleyl, Vall d'Uxo (Castellón)
1 attische Schale ohne Fuß, 2 attische Schale, 3 rotfiguriger attischer Krater, 4 Waagschale, 5 Gewichte, 6, 7, 8 zusammengerollte Bleistreifen mit iberischen Inschriften, 9 kalzinierte menschliche Knochen, 10 Asche (in einem Umkreis von 50 cm)

Grab Nr. 19 von Los Villares, Hoya Gonzalo (Albacete): das Silicernium (das für das Totenmahl verwendete Geschirr)

Grab Nr. 19 von Los Villares, Hoya Gonzalo (Albacete): die griechischen Gefäße des Siliceriums; 430/400 v. Chr.; nach der Restaurierung. Kat.-Nr. 182

Kammergräbern von Castellones de Ceal (Hinojares, Jaén) sowie in El Salobral (Albacete). In Grab 2 von Orleyl (Vall d'Uxò, Castellón), einer Siedlung an der Küste, verwendete man einen attischen Krater aus dem 4. Jahrhundert v. Chr. als Urne. In Ensérune im Languedoc dienten oft Kohlebecken als Behälter für die Asche eines Verstorbenen. Häufig wurde eine attische Schale als Deckel benutzt. In all diesen Fällen wurde die griechische Vase als Bestandteil des Tischgeschirrs zum Aschenbehälter umfunktioniert.

Vor allem im Südosten der Iberischen Halbinsel findet sich, zunächst in einigen Gräbern der Oberschicht, dann in zahlreichen Männergräbern, eine bisweilen üppige Ansammlung attischer Vasen, die Bestandteil des Tafelgeschirrs waren und dem Verstorbenen als Grabbeigabe mitgegeben wurden. Die Modalitäten wechseln; es gibt Beispiele für Depots, gefüllt mit Bechern und Schalen.

In mehreren Nekropolen lassen sich auch Spuren von Zeremonien nachweisen. So wurden in Cabezo Lucero (Guardamar del Segura, Alicante) griechische Vasen in die Asche des Scheiterhaufens gelegt, auf dem der Verstorbene verbrannt worden war. Es handelt sich dabei immer um Eß- oder Trinkgefäße, Schalen, Schüsseln und Skyphoi, wie sie zum griechischen Symposion gehörten oder als Opferschalen für Trankopfer dienten. In Los Villares (Hoya Gonzalo, Albacete) im Landesinneren wurden die Reste zweier *Silicernia* entdeckt, bei denen im letzten Drittel des 5. Jahrhunderts v. Chr. griechische Vasen eine wichtige Rolle spielten. Hier dominieren Objekte, die als Trinkgefäße verwendet wurden: Schalen, Skyphoi und *Kantharoi* vom Typ Saint-Valentin; an einem der Fundplätze waren es insgesamt 53 Stücke. Diese und weitere Beispiele in Pozo Moro (Albacete) und Baza (Granada) zeigen, daß im Rahmen bestimmter Zeremonien griechische Vasen von Angehörigen der iberischen Oberschicht gemeinsam verwendet wurden.

Es wäre verfehlt, die iberischen Praktiken mit griechischen Gemeinschaftsveranstaltungen in Verbindung zu bringen, wenn die Benutzung bestimmter Gefäßtypen bei letzteren den Lebenden, bei ersteren aber dem Totenkult vorbehalten war. Andererseits ist festzuhalten, daß das iberische Totenritual eine Kollektivhandlung kannte und zudem den Gebrauch von Wein und einem griechischen Gefäß, die man beide von griechischen und gewiß auch punischen Händlern übernommen hatte.

Taffanel 1962; Olmos 1982; Presedo 1982; Cuadrado 1987; Iniesta/Page/García 1987; Laurens/Schwaller 1987; Olmos 1987; Nickels 1989; Rouillard u.a. 1990; Aranegui u.a. 1993; Blánquez 1993b; 1994b; Rouillard 1994; Schwaller u.a. 1995

Waffen für die Verstorbenen

Fernando Quesada Sanz

Verbogene Schwertscheide aus Grab Nr. 13 (1945) von Ensérune (Hérault); 4. Jahrhundert v. Chr.; Eisen; Länge: 35 cm; Musée d'Ensérune. Kat.-Nr. 197

Ein besonders auffälliges Merkmal der iberischen Kultur ist die häufige Darstellung von Waffen und kriegerischen Themen in Plastik, Votiven, Reliefs und Vasenmalerei. Auch unter den Grabbeigaben sind Waffen ganz besonders zahlreich. Hier finden sie sich in der Regel jedoch nicht als Einzelstücke, sondern als funktional zusammenhängende Ausrüstungsteile.

Die Forschungen der letzten zehn Jahre ermöglichen eine klare Unterscheidung zwischen der Bewaffnung der iberischen Stämme im umfassenden Sinn, das heißt einschließlich Kataloniens und des westlichen Andalusien, und derjenigen der im Zentrum der Halbinsel wohnenden Bevölkerung. Hier sollen nur der iberische Kulturbereich und seine regionalen Unterschiede untersucht werden; dennoch darf die Tatsache des ständigen kulturellen Austauschs zwischen den verschiedenen Regionen der Iberischen Halbinsel bei der Betrachtung iberischer Bewaffnung aber auch in anderer Hinsicht nicht unberücksichtigt bleiben.

Vom späten 7. Jahrhundert bis zur Mitte des 6. Jahrhunderts v. Chr., ein Zeitraum, über den wir wenig wissen, entwickelt sich die iberische Waffenherstellung. In dieser Zeit setzt sich die Eisenverarbeitung allgemein durch, und als Folge endet die Tradition der geraden, langen Schwerter aus der späten Bronzezeit. Schwerter waren in dieser Zeit auf der Iberischen Halbinsel selten. Während sie in der Meseta unbekannt waren, kommen sie im 6. Jahrhundert v. Chr. mit gerader, langer und schmaler Klinge gearbeitet gelegentlich in besonders reich ausgestatteten Gräbern vor, wie zum Beispiel in Palmarón (Huelva) oder Can Canyís (Tarragona). Gewöhnlich wurde mit Lanzen gekämpft, die sehr lang, schwer und stabil waren und sich besonders gut für den Nahkampf eigneten. In Niederandalusien – dem zukünftigen Turdetanien – fanden sich in nur wenigen Gräbern Waffen als Beigaben. Statt dessen entdeckte man in den Siedlungen Tausende von bronzenen Pfeilspitzen mit seitlich angebrachten Widerhaken semitischen Ursprungs.

Die Frühphase oder »Phase der aristokratischen Panoplie«

Lebes mit tanzenden Kriegern vom Tossal de Sant Miquel, Lliria (Valencia) (Detail); 250/150 v. Chr.; rotbrauner Ton mit roter Bemalung; Museo de Prehistoria Domingo Fletcher, Valencia. Kat.-Nr. 62

Ohne Bruch mit älteren Traditionen betrachten wir die Zeit von der Mitte des 6. Jahrhunderts bis zum Ende des 5. Jahrhunderts v. Chr. als Frühphase der iberischen Bewaffnung, die hier als »Phase der aristokratischen Panoplie« bezeichnet werden soll. Obwohl in dieser Zeit Gräber mit Waffenbeigaben selten sind, abgesehen von einigen Ausnahmen im Südosten und insbesondere an der nördlichen Levanteküste, wo die Gräber Beigaben schwerer Angriffswaffen aus Eisen und Defensivwaffen aus Bronze auf Leder enthalten, läßt sich die Frühphase gut an den Waffendarstellungen der Skulpturen von Porcuna (Obulco, Jaén) und Elche (das antike Ilici, Alicante) erläutern.

Die zuvor eher seltenen Schwerter kommen jetzt häufiger vor, allerdings stark verändert: Sie sind kürzer. Grundsätzlich gab es zwei Typen: Das Frontón-Schwert mit gerader, breiter Klinge und aufwendigem Griff, und die *Falcata*, zweischneidig, mit gekrümmter Klinge, mit einem Tierkopf als Knauf oder Griff (Skulptur aus Porcuna, Kat.-Nr. 18; Falcata aus Almedinilla, Musée de St. Germain-en-Laye, Kat.-Nr. 24). Damit war der Wandel in der Tradition der Waffenherstellung unübersehbar. Auch Dolche mit dreieckiger Klinge stammen aus dieser Zeit; sie sind mit damasziertem Silber aufwendig verziert und waren wahrscheinlich mehr Prestigeobjekte als Kampfwaffen. Die wichtigste Angriffswaffe bleibt jedoch die lange, schwere Lanze für den Nahkampf, zu der oft noch eine zweite, leichtere zum Werfen hinzukommt (Speere, *pila* oder *Soliferrea*, die ganz aus Eisen bestanden). Diese Waffen eigneten sich als Wurfgeschosse unmittelbar vor Beginn des Nahkampfes.

Die Krieger schützten sich mit Lederhelmen, die mit großen Federbüschen versehen waren, wie der »Krieger von Mogente«, oder sie trugen Helme, wie die der Skulpturen von Porcuna (Kat.-Nr. 16). Außerdem hatten sie Brustpanzer aus Eisen oder ziselierter Bronze, lederne Beinschienen, die mit Bronzelamellen überzogen waren, und runde Schilde von ungefähr 60 Zentimetern Durchmesser, deren getriebene Bronzebuckel mit einem Strahlenrand verziert waren. Diese Rüstungen sind durch die Skulpturen von Elche und Porcuna gut dokumentiert. Es handelt sich um vollständige, ziemlich schwere und kostbare Rüstungen, geeignet für den Zweikampf aristokratischer Kämpen, wie er in Porcuna dargestellt ist, Ausdruck einer »heroischen« Weltsicht. Diese wertvollen Rüstungen waren nicht für die Guerilla der leicht und ärmlich bewaffneten Truppen bestimmt, womit nicht gesagt sein soll, daß es solche »Hilfstruppen« nicht gab. Möglicherweise stellten diese sogar die größten Kontingente, aber als Angehörige der niederen Gesellschaftsschichten haben sie keine archäologischen Spuren hinterlassen. Wahrscheinlich gab es damals noch keine Kavallerie; es ist denkbar, daß in die Schlacht geritten, dann jedoch zu Fuß gekämpft wurde (Porcuna, Kat.-Nr. 18). Skulpturen Berittener, wie die von Porcuna, Los Villares (Kat.-Nr. 181) oder etwas später die von Casas de Juan Núñez (Albacete), zeigen die große Bedeutung des Pferdes als Statussymbol.

Unter den Waffen, die in einigen der »Fürstengräber« aus dieser Zeit gefunden wurden, befanden sich auch Pfeilspitzen (Granja Soley, Barcelona), die aber vielleicht nicht so sehr für den Krieg als vielmehr für die Jagd bestimmt waren. Diese repräsentiert eine weitere gewalttätige Facette des Lebens iberischer Aristokraten.

Zu dieser Zeit läßt sich eine gewisse Ähnlichkeit mit der Bewaffnung des nichtiberischen Kulturbereichs der Meseta feststellen, der starke Einflüsse sowohl vom Süden und Osten (Diskus-Panzer, Frontón-Schwerter, Schildborten) als auch aus dem Raum nördlich der Pyrenäen empfangen hatte. Schwerter sind hier allerdings selten, und die Falcata kommt nicht vor.

Zusammenfassend läßt sich sagen, daß sich schon zu Beginn des 5. Jahrhunderts v. Chr. eine charakteristische Bewaffnung entwickelt hatte, die einerseits die starke kulturelle Dynamik lokalen Ursprungs zeigt, andererseits auf zwei Arten von Fremdeinflüssen basierte: den typischen Waffen des Mittelmeerraums, wo die Prototypen der Falcata, des Frontón-Schwerts und des Diskus-Panzers herstammten, die starke italische Ausprägung besaßen, und zum anderen aus dem Gebiet nördlich der Pyrenäen, von wo die ersten Soliferrea herkamen sowie viele der Antennenschwerter, die zunächst in der Meseta gebräuchlich waren, mit beginnendem 4. Jahrhundert v. Chr. jedoch auch in Andalusien und im Südosten hergestellt wurden (Illora, Meca usw.).

Die Entwicklung der iberischen Waffen

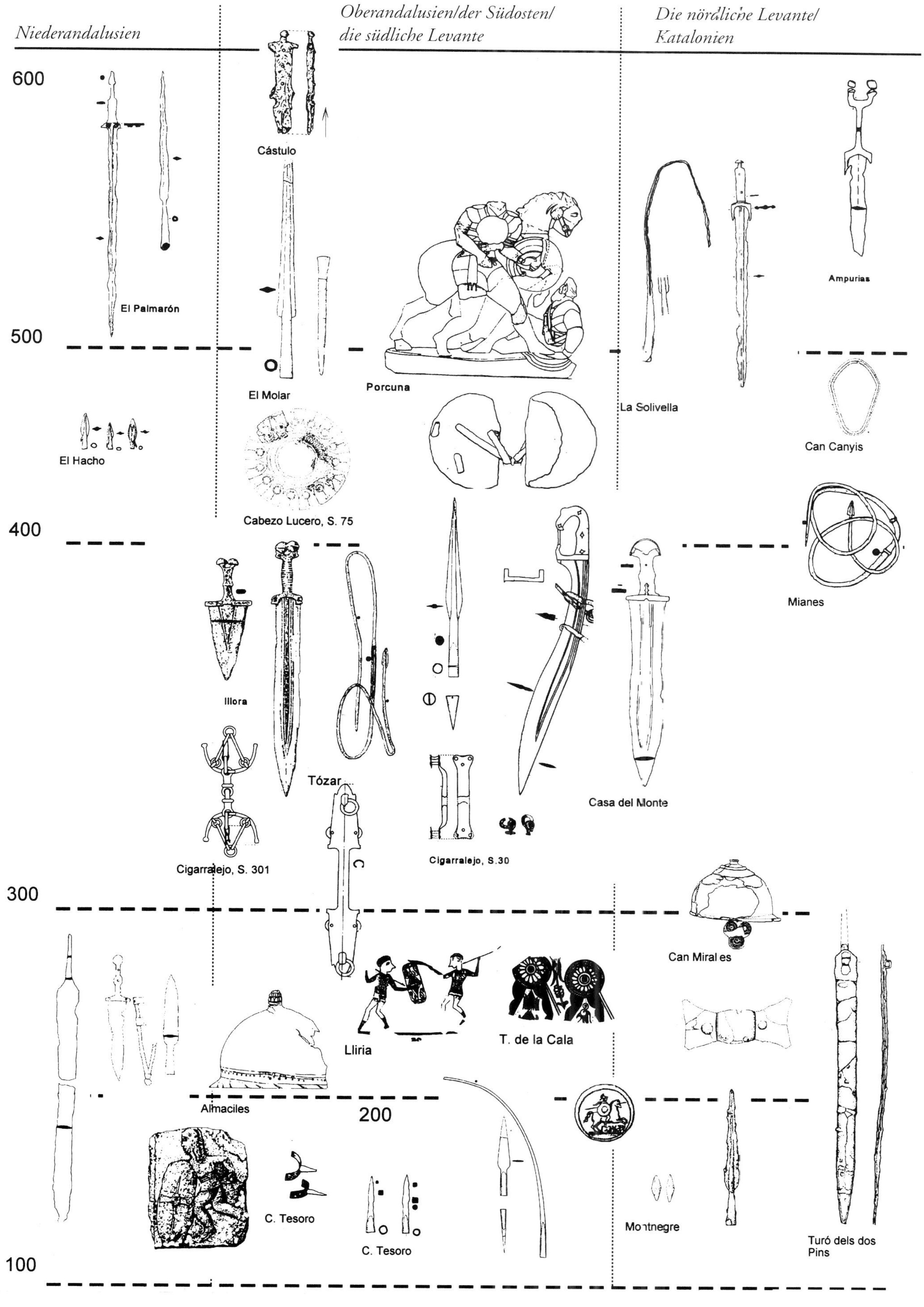

Niederandalusien
Oberandalusien/der Südosten/
die südliche Levante
Die nördliche Levante/
Katalonien
600
500
400
300
200
100
El Palmarón
Cástulo
El Molar
Porcuna
La Solivella
Ampurias
Can Canyis
El Hacho
Cabezo Lucero, S. 75
Mianes
Illora
Tózar
Casa del Monte
Cigarralejo, S. 301
Cigarralejo, S.30
Can Miral es
Lliria
T. de la Cala
Almaciles
C. Tesoro
C. Tesoro
Montnegre
Turó dels dos
Pins

Die mittlere oder »allgemeine Phase der Panoplie«

Zu Beginn des 4. Jahrhunderts v. Chr. setzte die mittlere oder allgemeine Phase iberischer Waffentechnik ein, die bis zum letzten Drittel des 3. Jahrhunderts v. Chr. dauerte. Diese Zeit ist durch ein Phänomen gekennzeichnet, das mit Waffentechnik zunächst nichts zu tun hat und von großer Tragweite ist: Bis zum 4. Jahrhundert v. Chr. waren ausgedehnte Nekropolen selten, und mit Ausnahme weniger reicher Gräber kommen Waffen ebenfalls kaum vor. Danach jedoch begannen sich die Nekropolen flächenmäßig auszudehnen. Orte wie El Cabecico del Tesoro oder El Cigarralejo (Murcia) haben Nekropolen, die jeweils bis zu 600 Gräber umfassen. Die Zunahme an Gräbern ging mit einer Zunahme von Waffen als Grabbeigaben einher. In mehr als 60 Prozent der Gräber von Cabezo Lucero (Alicante) oder Coimbra (Murcia) fanden sich Waffen. Nun enthalten im Durchschnitt rund 35 Prozent aller Gräber einer iberischen Nekropole Waffen, allerdings differieren die Zahlen von Fall zu Fall beträchtlich. Demnach spricht vieles dafür, daß nur eine bestimmte soziale Schicht Zugang zu einer offiziellen Bestattung hatte und daß die Waffen meistens Kriegern ins Grab gelegt wurden. Jüngere anthropologische Studien stimmen darin überein, daß trotz lokaler Unterschiede eine enge Übereinstimmung zwischen Gräbern mit Männerbestattungen und Waffen als Teil der Grabausstattung besteht. Daraus kann geschlossen werden, daß nun ein größerer Teil der Bevölkerung Zugang zu Waffen erhielt und die Panoplie allgemeiner wurde.

Diese Entwicklung geht mit einer Vereinfachung besonders der Defensivwaffen einher. Die metallenen Diskus-Panzer, die mit Bronze verkleideten Beinschienen und die breiten, verzierten Ränder der Schilde, typisch für die Ausstattung der Krieger in der vorangegangenen »heroischen« Phase, verschwinden schnell. Möglicherweise wurden sie durch weniger beeindruckende und preiswertere Verteidigungswaffen aus organischem Material ersetzt, von denen jedoch wenig erhalten blieb. Unter den Grabbeigaben befanden sich Schilde, die nur noch durch ihren metallenen Griff archäologisch dokumentiert sind (El Cigarralejo, Grab 217, Kat.-Nr. 195), da das übrige Material auf dem Scheiterhaufen verbrannte. Dieser Griff war mit zwei langen, dreieckigen Flügeln am Schild befestigt (Relief von La Alcudia, Kat.-Nr. 13) und häufig mehr als 60 Zentimeter lang, was auf sehr große Schilde schließen läßt. Aus dieser Periode sind weder ovale Schilde (*scuta*) noch Bronzehelme bezeugt, wie sie für die folgende Periode bestimmend werden sollten.

Unter den Angriffswaffen war während der ersten Hälfte des 4. Jahrhunderts v. Chr. fast ausschließlich die Falcata in Gebrauch, während Frontón-Schwerter und Dolche nur selten begegnen. Die Lanzen werden kürzer, breiter und leichter und kommen häufig gepaart mit Wurfspieß, *Falarica,* Soliferreum oder einem besonders schweren Typ von Spieß vor (Waffen aus El Cigarralejo, Kat.-Nr. 195). Pfeilspitzen oder Eichelschleudern gab es nicht, so daß man annehmen kann, daß die Iberer, wie andere Mittelmeervölker, diesen Waffen mit aristokratischer Verachtung begegneten, da man Verweichlichung und Feigheit mit ihnen assoziierte.

Insgesamt läßt sich bei diesen Grabbeigaben eine Tendenz zur Standardisierung feststellen, die für eine schwere, in engerem Verbund kämpfende Infanterie spricht, wenn auch nicht unbedingt für eine geschlossene Formation. Dieser Trend zu einer »Standardrüstung« mit Schwert, Lanze und Schild, wobei die Überrepräsentanz der Falcata auffällt, ist klar erkennbar. Das Vorherrschen der Falcata kann nicht allein aus militärischen Gründen erklärt werden, vielmehr hatte diese Waffe für die Iberer eine symbolische Bedeutung, die mit dem Opferritual zusammenhing. Vielleicht wurden die Falcatas häufig deshalb mit aufwendigen Damaszierungen aus Silber verziert (Valencia, Kat.-Nr. 25; Almedinilla, Kat.-Nr. 23). Auch die Vernichtung der Waffen durch Verbiegen, Durchbohren oder Stumpfmachen hat rituelle Gründe, allerdings anderer Art.

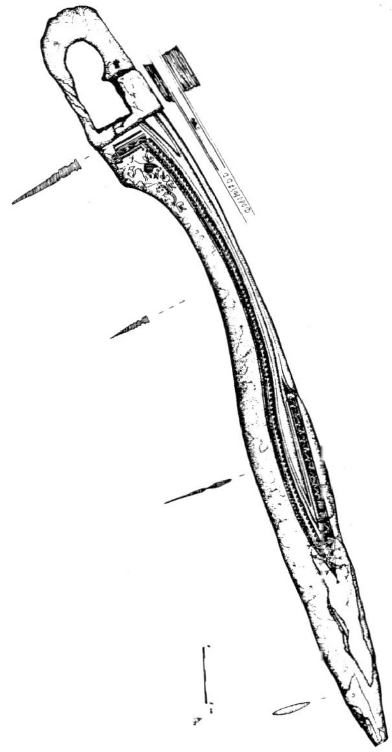

Falcata mit geometrischem Muster und Inschrift; 4./3. Jahrhundert v. Chr.; Eisen mit silberner Einlegearbeit; Länge: 60 cm; Museo de Prehistoria Domingo Fletcher. Valencia; Zeichnung mit Querschnitten und Photographie. Kat.-Nr. 25

Pferdegeschirr (Trensen und Sporen) findet sich sehr selten in Gräbern und dann nur in besonders bedeutenden. Vielleicht gab es im 4. Jahrhundert v. Chr. noch keine Kavallerie, das heißt Verbände, die zu Pferd kämpften. Mit Sicherheit jedoch gab es einzelne Berittene (Häuptlinge oder Kundschafter), wie sie als Votive in iberischen Heiligtümern vorkommen (Beispiele von Reiterstatuetten, Kat.-Nr. 29–32).

Obwohl Waffen in dieser Phase nicht so eindeutig wie zuvor Kennzeichen einer sozialen Differenzierung sind, fällt doch auf, daß die Gräber mit Waffen reicher ausgestattet sind als die übrigen. Prestigeobjekte wie Gürtelschließen (Kat.-Nr. 6) oder importierte attische Vasen deuten darüber hinaus auf die besondere Stellung des Verstorbenen hin.

Da es im 4. Jahrhundert v. Chr. große regionale Unterschiede in der Grabkultur gab, treffen die oben gemachten Feststellungen nur auf Oberandalusien, den Südosten und die Levante zu. In Turdetanien, das heißt in Niederandalusien, finden sich dagegen in den Gräbern überhaupt keine Waffen, während nördlich des Ebro die Einflüsse der La-Tène-Kultur erkennbar werden. Diese nehmen mit der Zeit so an Bedeutung zu, daß man für den Nordosten der Halbinsel, zwischen Ebro und den Pyrenäen, nicht mehr von »iberischer Bewaffnung« sprechen kann.

Die Spätphase oder die »vereinfachte Panoplie«

Die Spätphase iberischer Bewaffnung beginnt gegen Ende des 3. Jahrhunderts v. Chr., als der iberische Raum zum Schauplatz der Auseinandersetzung zwischen Römern und Karthagern wurde. Was sich in dieser Zeit waffentechnisch entwickelte, kann man als »vereinfachte Panoplie« bezeichnen. In Sertorianischer Zeit und noch darüber hinaus bis zur Verschmelzung der iberischen mit der römischen Kultur kämpften einheimische Truppen mit ihren traditionellen Waffen, so zum Beispiel Mitte des 1. Jahrhunderts v. Chr. an der Seite Caesars – oder gegen ihn.

0Iberische Kanne aus Grab Nr. 13 (1945) von Ensérune (Hérault); 4. Jahrhundert v. Chr.; Ton; Höhe: 19,5 cm; Musée d'Ensérune. Kat.-Nr. 197

In dieser Zeit wurden viele neue Elemente in die Bewaffnung eingeführt, insbesondere der Helm vom Typ »Montefortino« sowie ovale Schilde. Beides übernahm man wahrscheinlich von der Ausrüstung karthagischer Truppen. In Katalonien hingegen finden sich fast ausschließlich Waffen der La-Tène-Kultur, wie die Funde von Turó dels Dos Pins und Cabrera de Mar (Barcelona), Ullastret (Gerona) und weiteren Fundplätzen belegen (Kat.-Nr. 196–198). Obwohl Falcata und Soliferreum weiterhin gebräuchlich waren, gab es eine Tendenz zu leichteren Angriffswaffen: Die Lanzen werden kleiner und haben häufig keinen Strang mehr, die Speere kürzer, und es gibt weniger metallene Schildgriffe. Insgesamt dauerte es bis weit ins 1. Jahrhundert v. Chr. – und nicht, wie man bisher glaubte, bis zum 2. Jahrhundert v. Chr. –, bis die Waffen ganz aus den Nekropolen verschwanden. In den römischen Heeren kämpften seit dem Zweiten Punischen Krieg iberische Hilfstruppen mit gemischter Ausrüstung: einheimische Falcatas oder Antennenschwerter und römische Waffen, wie der ovale Schild, wie die aus spätiberischer Zeit stammenden Reliefs von Osuna (Kat.-Nr. 334–335) zeigen.

Auf den iberischen Münzen der Spätzeit spielt der Reiter eine wichtige Rolle (Kat.-Nr. 139–141, 145–148, 150, 152–156, 160–163, 166–167), obwohl dieses ikonographische Muster möglicherweise der hellenistischen Welt entnommen ist. Literarische Quellen berichten, daß es bereits im ausgehenden 3. Jahrhundert v. Chr. starke einheimische Reiterkontingente gab, vor allem keltiberische, die im Dienste Roms und Karthagos standen. Das bedeutet, daß sich diese Form des Kampfes schon im Laufe des 3. Jahrhunderts v. Chr. entwickelt haben muß.

Lit.: Quesada 1989; Cuadrado 1992; Kurtz 1992; Quesada 1992a; Garcia Mauriño 1993; Quesada 1993; Stary 1994

Pozo Moro

Martín Almagro-Gorbea

Blick auf die Ausgrabung. In der Mitte das orientalisierende Grabmonument, umgeben von iberischen Gräbern. Pozo Moro wurde vom Ende des 6. Jahrhunderts v. Chr. bis in römische Zeit belegt. Das Monument ist aus lokalem Sandstein errichtet, die Gräber aus Stein und ungebrannten Ziegeln. Die Reste des Grabmonuments waren über ein Areal von 12 x 12 Metern verstreut. Museo Arqueológico Nacional, Madrid

Das Grabmonument von Pozo Moro; die Reliefs; um 500 v. Chr.

Pozo Moro in der Provinz Albacete liegt 900 Meter hoch und 125 Kilometer von der Küste entfernt an der Kreuzung verschiedener in der Antike strategisch wichtiger Verbindungen: Hier stieß die Straße, die Carthago Nova (Cartagena) mit Complutum (Alcalá de Henares) in der zentralen Meseta verband, auf die *Via Heraclea,* die von Gades (Cádiz) aus dem Lauf des Guadalquivir folgte und weiter bis zur Levante führte. Das 1970 ausgegrabene Areal von Pozo Moro dokumentiert den orientalischen Ursprung der iberischen Kultur. Gemeinsam mit anderen spektakulären Funden, wie der *Dama de Baza* oder den Skulpturen von Porcuna, vermittelten die Ausgrabungen von Pozo Moro neue Einsichten in deren soziale und ideologische Struktur (Almagro-Gorbea 1983a). Dort fand sich unter einer iberischen Nekropole ein Monument, das sich ein iberischer König um 500 v. Chr. für seine Grabstätte hatte errichten lassen. Es ist das älteste und besterhaltene aller bisher bekannten iberischen Grabmonumente. Die Sturzlage der Quadersteine hat seine Rekonstruktion ermöglicht. Es muß ungefähr 10 Meter hoch gewesen sein und auf einem stufenförmigen Sockel von 3,65 Meter Seitenlänge (12 Fuß à 30,5 cm) gestanden haben. Vier steinerne Löwen, die jeweils die Ecken zierten und an die Löwen auf orientalischen Palasttüren und Gräbern erinnern, trugen einen turmförmigen Aufbau. Dieser war mit Reliefs geschmückt, deren mythologische Szenen sich auf das Jenseits beziehen und gegenüber der Gesellschaft die sakrale Bedeutung des Königs und seine besondere Beziehung zur Gottheit betonen sollten. Auf den Reliefs finden sich verschiedene Götterdarstellungen: zum Beispiel ein beeindruckend grauenerweckender Gott der Unterwelt mit zwei Köpfen und aufgerissenem Schlund, der vor einem Opfertisch thront, dem sich eine Prozession monströser Gestalten

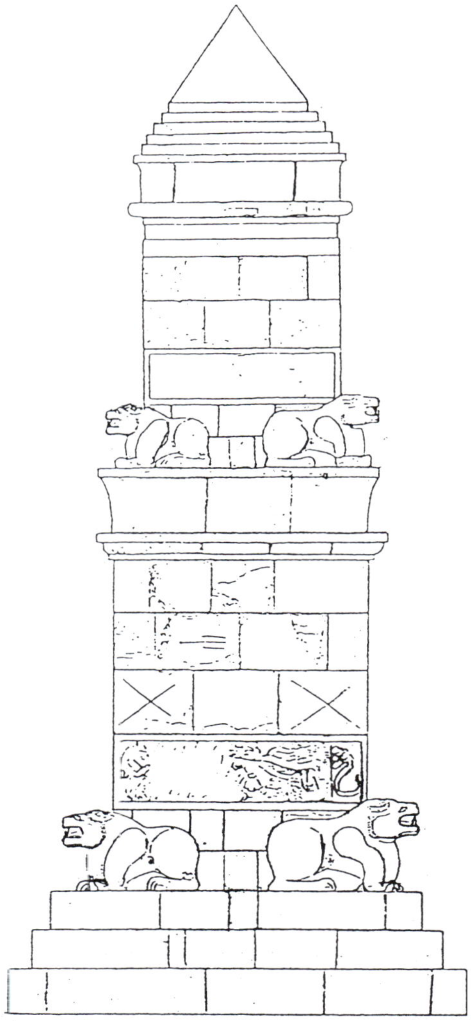

Das Grabmonument von Pozo Moro; Rekonstruktion im Museo Arqueológico Nacional, Madrid, und ein weiterer Rekonstruktionsvorschlag (Zeichnung)

nähert. Eine dieser Figuren hält ein riesiges Messer in den Händen, um ein Wildschwein und ein menschliches Wesen zu schlachten, die der Gottheit auf einer Schale zum Mahl gereicht werden. Ein zweiter, weniger gut erhaltener Baukörper war ebenfalls mit Reliefs geschmückt; möglicherweise enthielt er eine Grabkammer und endete in einer Pyramide mit einem Reiter auf der Spitze.

Der Verstorbene wurde zusammen mit wertvollen Beigaben, wie Gegenständen aus Elfenbein und griechischen Importen, zum Beispiel einem Trinkservice, bestehend aus Bronzekrug, *Kylix* und *Lekythos, in situ* verbrannt. Um den sakralen Charakter des Ortes zu betonen, war um den Scheiterhaufen herum eine Art *Temenos* angelegt, der die Form von »Metallbarren« hatte, wie bei den Altären des Palastheiligtums von Cancho Roano (Badajoz), den Pektoralen des Schatzes von El Carambolo (Sevilla) oder bei einer Götterdarstellung von Enkomi (Zypern). Damit erhielt das Grabmonument einen orientalischen Sinngehalt als *nefesh* oder Seele des vergöttlichten Königs.

Nicht nur die Bautechnik, sondern auch die politisch-theologische Ideologie eines Gottkönigtums, die hinter dem Monument von Pozo Moro steht, reflektierte den Einfluß der phönizischen Kolonisierung während der orientalisierenden Phase, die den Grundstein für die Ausbildung der iberischen Kultur legte. In der Tat sind die Löwen und die mythologischen Reliefs der Friese syrisch-hethitischen Ursprungs und das anschaulichste Beispiel für die orientalisierende Phase der iberischen Kunst, bevor sich griechisch-orientalische Einflüsse gegen Ende des 6. Jahrhunderts v. Chr. durchsetzten. Aus diesem Grund ist das Grabmonument von Pozo Moro für unser Verständnis der orientalisierenden Akkulturation im westlichen Mittelmeerraum und die Beurteilung der Bedeutung des phönizischen Einflusses auf die Entwicklung der iberischen Kultur und Kunst von unschätzbarem Wert.

Die Heiligtümer

Heiligtümer – Die Begegnung mit der Gottheit

Carmen Aranegui Gascó/Lourdes Prados

Gruppe mit Sphinx aus dem Park von Elche (Alicante); um 500 v. Chr.; hellgelber Kalkstein; Höhe: 62 cm; Museo Arqueológico Municipal Alejandro Ramos Folqués, Elche (Alicante). Kat.-Nr. 177

Die iberische Religiosität unterschied sich grundlegend von derjenigen der Kolonisten. Die Verehrung, die Herakles-Melkart in Cádiz genoß, scheint diesem Gott der Seefahrer in Tartessos nicht zuteil geworden zu sein, obwohl es dort zum Beispiel in Cancho Roano (Zalamea de la Serena, Badajoz) (Celestino/Jiménez 1993) ein Heiligtum gab, das eine Landhandelsroute kontrollierte, vergleichbar mit der Rolle, die das Heiligtum von Cádiz für die Seewege gespielt hat. Auch die Kulte und Tempel von Emporion (Ampurias) (Marcet/Sanmartí 1989, 83–100) hatten keine Entsprechungen in der Welt der Einheimischen, sondern waren, wie in Cádiz, derjenigen zugedacht, die den griechischen Hafen anliefen. Dennoch lassen sich gewisse Gemeinsamkeiten zwischen den Höhlenheiligtümern sowie den Votivgaben aus Terrakotta, die auf Ibiza, der Insel des Gottes Bes, gefunden wurden, und bestimmten Ritualen der iberischen Kultur feststellen, zweifellos deshalb, weil es sich um sehr einfache religiöse Praktiken handelte (Aubet 1982).

Man muß also von einem deutlichen Unterschied zwischen der kolonialen und der indigenen Gesellschaft ausgehen. So konnten die iberischen Völker die religiöse »Infrastruktur« der Kolonien schon deshalb nicht assimilieren, weil sie über keinen entsprechenden Organisationsrahmen verfügten. Phönizier, Griechen und Karthager gestalteten ihre Vorherrschaft über Iberien so, daß die Kontakte mit der indigenen Bevölkerung möglichst selten blieben und somit die Übernahme von fremden Mythen und Kulten von vornherein unmöglich war. In der Anfangsphase der iberischen Kultur finden sich religiöse Darstellungen auf Grabmälern (Chapa 1995), wobei das Ritual der Sakralisierung oder Heroisierung des Stammesführers wiedergegeben ist. Dieses System entspricht einer animistischen Glaubensvorstellung, die im Kontext der Mittelmeervölker des 6. und 5. Jahrhunderts v. Chr. sehr archaisch wirkt. Das Monument von Pozo Moro, die Sphingen von Elche und die Skulpturen vom Cerrillo Blanco de Porcuna sind die einzigen frühen Beispiele, in denen Göttinnen und Götter in Menschengestalt wiedergegeben werden. Die geflügelte Gestalt vor der Sphinx von Elche ist als die karthagische Tanit (Tinit) identifiziert worden (Martín Ceballos 1987). Aus dieser frühen Vorstellung vom Göttlichen entwickelte sich später eine kollektive Form der Religiosität, die in Verbindung zur Stadt und zum Gebiet stand, das eine Vermenschlichung der Gottesbilder ermöglichte. Damit war eine neue Stufe der Glaubensvorstellung erreicht, die universale Merkmale trug.

Votiv von der Serreta, Alcoy (Alicante); Ende 3./Anfang 2. Jahrhundert v. Chr.; ockerfarbener Ton; Höhe: 16,5 cm; Museo Municipal Camilo Visedo, Alcoy (Alicante). Kat.-Nr. 232

Die *Dama de Elche* als schmucküberladene, thronende Frauengestalt entsprach der großen Reiterdarstellung, beide spiegelten den Status der Angehörigen der Oberschicht und ihren Wunsch nach Unvergänglichkeit. Die Wiederholung dieses Darstellungstypus bei den opferbringenden Frauengestalten vom Cerro de los Santos verdeutlicht, daß die sozialen Aspekte Vorrang vor religiösen Erwägungen hatten. Seit dieser Zeit werden die Götterbilder vermenschlicht und mit Attributen ausgestattet: der Vogel in der Hand der

Dama de Baza oder die Mohnblume der sitzenden *Dama* aus Elche sind anschauliche Beispiele für diesen Prozeß, der in der *Kourotrophos* aus der Serreta mit dem Vogel und den Flötenspielern seinen Höhepunkt findet, übrigens ohne Zurschaustellung von Schmuck.

Mit Beginn des 4. Jahrhunderts v. Chr. setzte die Einrichtung von Heiligtümern mit öffentlichem Charakter ein; Funde von Votivgaben und einige architektonische Überreste dokumentieren diese Anlagen, die in römisch-republikanischer Zeit umfassenden Umbauten unterzogen wurden. Bis zu dieser Zeit hatte die religiöse Vorstellungswelt der Iberer im Kern ihre Autonomie gewahrt, auch wenn sie sich weitgehend äußeren Einflüssen geöffnet hatte. Die ersten iberischen Götterbilder wie Stiere, Löwen, Greifen und Sphingen wirken im Vergleich zu zeitgenössischen Darstellungen anderer Kulturen archaisch. Allmählich fand jedoch eine Annäherung und Angleichung statt, bis die Formen und Typen schließlich denen der anderen, fortgeschritteneren Kulturen entsprachen. In der Tat können die iberischen Kleinbronzen, Terrakottastatuetten und Kalksteinstatuen mit italischen oder punischen Arbeiten verglichen werden. Hingegen bleibt das ihnen zugrundeliegende iberische Pantheon unverständlich.

Darstellungen der Demeter erreichten die Iberische Halbinsel vom 4. bis zum 2. Jahrhundert v. Chr. in Form von Thymiaterien, die als Grabbeigaben verwendet, in Votivgruben niedergelegt oder in den Häusern aufbewahrt wurden. Sie wurden in zwei Varianten für kultische und profane Zwecke hergestellt (Muñoz 1963; Pena 1987). Trotz ihrer Bezeichnung verwendete man sie jedoch nicht zum Verbrennen von Duftstoffen. Auch deutet nichts auf einen Demeterkult oder spezielle Heiligtümer für diese Göttin hin, deren Bild vor allem in der iberischen Küstenregion im Zusammenhang mit landwirtschaftlichen Ritualen stand.

Die religiöse Verehrung des Pferdes läßt sich auf punischen Einfluß zurückführen. Als Votivgabe fanden sich Pferdedarstellungen in einigen Heiligtümern, wie zum Beispiel in El Cigarralejo. Es stand wahrscheinlich im Zusammenhang mit der auf Reliefs oder in der Vasenmalerei dargestellten und manchmal geflügelten Gottheit, einem sogenannten *despotes,* der zwei Pferde am Zügel hält (nicht vor 200 v. Chr.).

In der Keramik finden sich zwischen 200 und 50 v. Chr. iberische Gottheiten, die entweder als Personen oder in Form bestimmter Symbole dargestellt wurden, was typisch für religiöse Vorstellungen ist, die eng mit der Natur verknüpft sind. Weibliche und männliche Gottheiten können hier sowohl konkrete als auch symbolische Gestalt annehmen. Eine junge Göttin, die einer Blume entsteigt (Olmos 1987b, 25–28, Abb. 3), wird so mit einem Vogel in Verbindung gebracht; ein Gott, dessen Attribut ein herzförmiges Blatt ist, erscheint neben einem Wolf oder *carnassier.* Beide können, wie auch bestimmte Wesen in ihrem Gefolge, geflügelt sein, wie man es auf einer Opferschale aus Tivissa und auf verschiedenen bemalten Vasen sieht. Münzen zeigen oft Stadtgötter wie Herakles, Aphrodite oder Artemis (García-Bellido 1992, 245–246). Bei diesen Darstellungen handelt es sich um die Nachahmung fremder Vorbilder, denn die Iberer versuchten nur sehr selten, ihren Göttern Menschengestalt zu verleihen. Im allgemeinen waren die iberischen Götter namenlos als Bestandteil einer Kultur, die ihren religiösen Vorstellungen eher durch Symbole als durch menschliche Gestalten Ausdruck verlieh.

In die Stirn eines grob modellierten Kopfes gravierte – wahrscheinlich sehr spät – ein Gläubiger, der Latein schreiben konnte, »dea cael(estis)«. Er benutzte somit zur Bezeichnung der Adressatin seines Gebets eine bei den romanisierten Puniern geläufige Anrede der Göttin Tanit. Andererseits nannten die Römer, als sie die Stationen an den hispanischen Straßen mit Namen versahen, die an dem alten iberischen Kultort Cerro de los Santos liegende *Ad Palem* und erinnerten damit an die italische Göttin der Viehherden (Stylow 1995, 29). Im Heiligtum von Muntanya Frontera, in der Nähe von Sagunt, opferten sie dem Liber Pater (del Hoyo 1990). Die ersten Münzen von Ilici zeigen einen Tempel,

Das Heiligtum von Despeñaperros, Collado de los Jardines (Jaén): die Grotte am Fuß der Felswand

der Juno geweiht war. Antike Geographen und Historiker wie Strabo, Livius oder Plinius erwähnen zahlreiche Kultstätten auf iberischem Boden, in denen Venus oder Diana verehrt wurden. Diese Beispiele sprechen dafür, daß die Götter des iberischen Pantheons eine *interpretatio* erlaubten und den Göttern der benachbarten Kulturen angepaßt wurden, auch wenn es eine religiöse Kolonisation der Iberer nie gegeben hat.

Die Kultstätten

In der iberischen Kultur wurden Orte, die sich durch ihre besondere Lage auszeichneten, in den Rang von Kultstätten erhoben. Strategisch günstig gelegene Höhlen wurden zu Heiligtümern, in denen die Iberer kleine Objekte und in Ausnahmefällen auch Bronzestatuetten deponierten. Häufig wurden auch heilende Quellen zu geweihten Orten, weil man ihre Herkunft unterirdischen Gottheiten zuschrieb (Gil-Mascarell 1975).

Darüber hinaus fanden sich zahlreiche Kultorte an den Hauptverkehrswegen; Heiligtümer wie das von Despeñaperros oder Huelma wurden als geheiligte umgrenzte Bezirke oder als Kontrollpunkte an einer Handelsroute gegründet. Man kannte auch kleine Kultstätten an den Straßen (Ruiz-Gálvez 1995). Das Heiligtum vom Cerro de los Santos an der »Straße des Hannibal« (Sillières 1977), der späteren *Via Augusta,* verdankte seine besondere Bedeutung diesem wichtigen Handelsweg. Maluquer de Motes (1985, 19–25) sprach mit Bezug auf diese Strecke, welche die Minen im Südwesten des Landes mit dem Mittelmeer verband und damit von unschätzbarer Bedeutung für den Metallhandel war, von einer »Straße der Heiligtümer«. Sie berührte Cancho Roano in der Extremadura und das Heiligtum von La Luz in der Provinz Murcia. Entlang dieser Verbindung fanden sich zahlreiche Bronzevotive, die eine typische Ausdrucksform der iberischen Religiosität sind. Ein Heiligtum an einem Verkehrsweg konnte ebenso an einer Viehtrift wie in der offenen Ebene am Meer eingerichtet werden, grundsätzlich richteten die Iberer ihre Heiligtümer eher *extra muros* ein als innerhalb ihrer Siedlungen.

Die religiösen Feste boten Gelegenheiten für die vielfältigsten Formen von Austausch zwischen Küste und Landesinnerem (Aranegui 1994; 1995b), wie es die Verbreitung der graeco-iberischen Schrift in Siedlungen mit Heiligtümern zeigt. In El Cigarralejo war ein

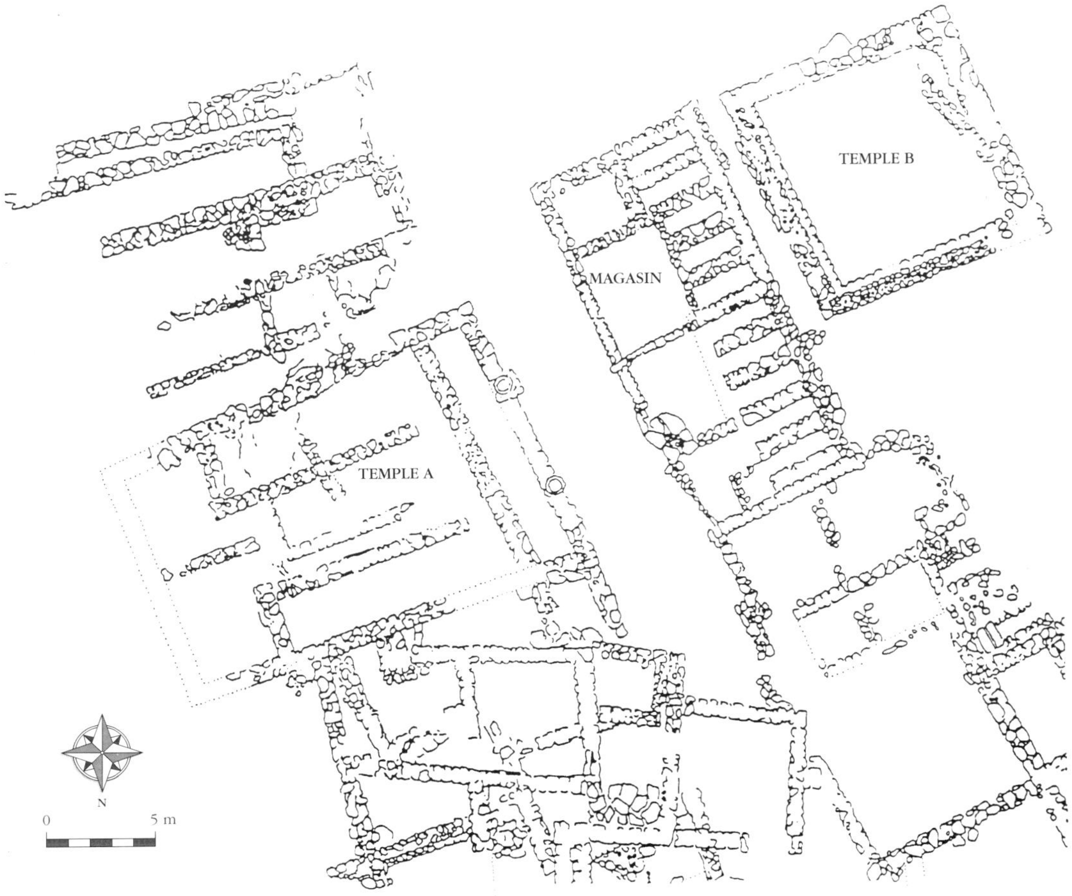

Illeta dels Banyets, Campello (Alicante); 5.–2. Jahrhundert v. Chr. (nach E. A. Llobregat)

kleines Pferd aus Stein die typischste Opfergabe (Cuadrado 1950); in Coimbra del Barranco Ancho fanden sich zahlreiche Thymiaterien und Masken in Form von Demeterköpfen (García Cano/Page 1997), während in der Serreta Terrakottaabbildungen der Gottheit oder, sehr viel häufiger, der Gläubigen selbst von Männern und Frauen der lokalen iberischen Gesellschaft dargebracht wurden (Visedo 1920–1923). Diese Heiligtümer bestanden aus zwei Bereichen. Das Innere wies eine Folge von Räumen auf, die zum Teil als *favissae,* Opfergruben für die Votive, dienten. Bei den Kultstätten am Meer, wie Campello, lagen Opferstätten neben Magazingebäuden (Llobregat 1988, 137–145). Bei all diesen Kultorten war das Heiligtum in ein gut organisiertes Handelsnetz eingebunden.

Urbane Heiligtümer sind ein verhältnismäßig spätes Phänomen, und sie besitzen nicht die im Mittelmeerraum bevorzugte Monumentalität. Es ist aufgrund regionaler Unterschiede schwierig, genau festzustellen, wann kultische Handlungen nicht mehr nur Privileg des Adels waren, sondern einem größeren Teil der Bevölkerung – bestimmten Familien, der Klientel oder der Allgemeinheit – zugänglich gemacht wurden. Sakralbauten wie der Tempel A von Campello oder die Tempel A und B in Ullastret (Martín 1980; Miró 1990, 305–309) gehören architektonisch zum Typus des *templum in antis,* einer für die vorrömische Zeit typischen Tempelform: Dieser Typus existierte parallel zu ummauerten Bezirken unter freiem Himmel, die Altäre und Kultobjekte beherbergten, wie etwa der Tempel B von Campello. Ein anderer Typus des Heiligtums bestand einfach aus einem auffällig großen Raum, der der Durchführung gemeinschaftlicher Kulthandlungen vorbehalten war, zu dem jedoch nur bestimmte gesellschaftliche Gruppen Zugang hatten, wie zum Beispiel Raum A in Calafell zeigt (Sanmartí/Santacana 1987; Gracia u.a. 1994, 90–101). Auch die Funde von Säuglingsbestattungen unter Wohn- oder Arbeitsräumen sind in gewissem Maße ein Hinweis auf Gemeinschaftsrituale, die sowohl in der Stadt als auch auf dem Land üblich waren (*Inhumaciones infantiles* 1989).

Die Illeta dels Banyets, Campello (Alicante): in der Mitte links die Tempel

In Edeta (Lliria) wurde ein Heiligtum von 70 Quadratmetern Größe entdeckt, das von einer Straße aus zugänglich war. Man betrat zunächst einen trapezförmigen Hof mit Opfergrube, von dem aus drei Stufen in einen länglichen Raum führten, in dessen Mitte sich ein *Baitylos* und ein Platz für Opfergaben befanden (Bonet 1995, 87–107). Diese Anlage wird in die Zeit zwischen 250 und 150 v. Chr. datiert. Mit figürlichen Darstellungen verzierte Vasen, kleine Terrakottastatuetten, ein *Askos* in Form einer Taube, Lampen sowie Krüge und sogenannte Fischteller deuten darauf hin, daß hier die Oberschicht ihre Riten zelebrierte, die den Vorfahren und den Göttern galten. Die Kombination von *Baitylos*, Opfergrube und Aschenaltar ist einmalig in der iberischen Archäologie, auch wenn sich diese Elemente einzeln an anderen Orten finden.

Die iberischen Sakralstätten waren architektonisch relativ schlicht gestaltet, eine Ausnahme war das Heiligtum in El Pajarillo de Huelma, wo man vor kurzem außergewöhnlich viele skulptierte Architekturteile gefunden hat. Die Heiligtümer an den Handelsrouten zeichneten sich durch große, freie Flächen aus, wo sich die Gläubigen versammeln und Kulthandlungen ausführen konnten.

Die Votive

Die Iberer traten durch bestimmte Rituale in Verbindung zu ihren Gottheiten, die keine Spuren hinterlassen haben, es sei denn, daß Altäre, Opfergruben, Quellen und Herdstellen oder spezifische Kultgegenstände wie Gefäße, Messer, Thymiaterien und Lampen erhalten geblieben sind oder die Opfergaben aus unvergänglichem Material bestanden. Wie in anderen Religionen des Mittelmeerraums (Blázquez 1983) war es auch bei den Iberern üblich, durch Weihgaben mit den Göttern in Kontakt zu treten. Diese geheiligten Opfergaben aus Bronze, Terrakotta oder Stein weisen anthropomorphe, gelegentlich auch zoomorphe Formen auf. Sehr selten stellen sie die Gottheit dar. Je nach Region und Wohlstand der Gläubigen variierten die Opfergaben. Waffen, oft in Miniaturgröße, Schmuck, Fibeln, Haarnadeln und Kämme aus Bein, Gürtelschließen, Metallplatten, Ringe, Schalen für Trankopfer, Kelche und Salbentöpfchen sowie Zangen und Schaufeln für kultische Handlungen erscheinen gegenüber den vorgenannten Votivgaben jedoch zweitrangig, nicht nur, weil sie sehr viel seltener gefunden wurden, sondern auch, weil sie sehr viel schlechter erforscht sind (Domínguez 1995).

Iberische Bronzevotive stammen vom Collado de los Jardines und aus El Castellar, beides Orte in der Provinz Jaén (Lantier 1935), sowie aus dem Heiligtum von La Luz bei Murcia. Es handelt sich um vor Ort hergestellte Statuetten, die barfuß in Opfer- oder Gebetshaltung dargestellt sind. Die unbekleideten, männlichen Figuren strecken der Gottheit ihre Waffen oder ihren erigierten Phallus entgegen – eine Anspielung auf den rituellen Geschlechtsakt, die Quelle und die Kraft des Lebens; der breite Gürtel, den sie um die Taille tragen, reicht aus, um sie als Krieger zu identifizieren. Auch die, die eine kurze Tunika tragen, präsentieren ihre Waffen und die Gürtel mit damaszierten Schnallen, gelegentlich ist auch ihr Geschlecht auffallend betont. Es finden sich auch Reiter, die mit Lanze und Schwert bewaffnet sind, häufig tragen sie eine *Chlamys,* eine Art Umhang, die auf der Schulter mit einer Fibel zusammengehalten wird. Es gibt auch Votive von Männern mit langer Tunika und von einem Band zusammengehaltenen Haaren; manchmal tragen sie eine Tonsur auf dem Schädel oder eine Art Helmfrisur oder einen Backenbart. Ihre Arme sind flach an den Körper angelegt. Diese Figuren scheinen einer anderen gesellschaftlichen Gruppe anzugehören als die Krieger. Wahrscheinlich handelt es sich um die Hüter der heiligen Stätten, die als Priester bezeichnet worden sind (Nicolini 1969; Prados 1992).

Frauen wurden sehr selten unbekleidet dargestellt, und ihre Gesten unterscheiden sich kaum. Der Darstellung ihrer langen Gewänder und ihres Schmucks wurde besondere Aufmerksamkeit gewidmet. Die hohe oder niedrige Haube (Mitra), der nicht immer vorhandene Umhang, die »schneckenartigen« Gebilde über den Ohren und die Haltung der Hände (manchmal wird ein Vogel dargeboten) kennzeichnen ihre Darstellung. Einige unterscheiden sich durch besonders aufwendige Kleidung von den anderen, sie könnten mit den männlichen Priestern verglichen werden. Darüber hinaus gibt es Votive in Gestalt von gewickelten Neugeborenen, die man unter göttlichen Schutz stellen wollte.

Bei vielen Bronzevotiven handelt es sich um schematische Figuren, einfache Stäbe oder Nadeln aus Metall, die auf eine allgemeine Verbreitung des Bildes mit dem entsprechenden Verlust an Individualität hinweisen. Dieses Phänomen könnte mit Veränderungen in der sozialen Zusammensetzung der Besucher des Heiligtums in Verbindung stehen.

Darstellungen von Pferden, Rindern und Ziegen sind recht selten unter den iberischen Kleinbronzen. Sie weisen auf die praktische Bedeutung der Viehzucht hin, scheinen aber nicht als Ersatz für Tieropfer gedient zu haben. In der Tat bestätigen Knochenfunde von kleineren Tieren, wie Vögeln, Zicklein und Lämmern, oder auch größerer Wildtiere, wie etwa von Hirschen, daß Tiere geopfert wurden. Ein Wagen aus Bronze wurde mit dem Erzabbau in Verbindung gebracht, im allgemeinen hatten die Votive jedoch keinen Bezug zum täglichen Leben, sondern stellten Krieger und Würdenträger dar, deren Rang von ihrem Alter und ihrer Funktion abhing. Darstellungen in Form von Beinen, Augen oder Zähnen wurden mit der Bitte um Heilung geweiht. Anatomische Votive wurden allerdings erst sehr spät, nach dem 2. Jahrhundert v. Chr., dargebracht.

Die Terrakotten aus der Serreta bilden eine eigene Gruppe, in der sich fast keine Krieger und noch seltener Unbekleidete finden. Unter den Votiven treten neue Typen, darunter insbesondere männliche Votivköpfe, Gruppen von Menschen in Gesellschaft einer

Unbekleideter Krieger; im Wachsausschmelzverfahren hergestelltes Bronzevotiv (Detail); Höhe: 13 cm; Museo Arqueológico Nacional, Madrid. Kat.-Nr. 265

Betende Frau vom Castellar de Santisteban (Jaén); 4./2. Jahrhundert v. Chr.; im Wachsausschmelzverfahren hergestelltes Bronzevotiv; Höhe: 6,6 cm; Museu d'Arqueologia de Catalunya, Barcelona. Kat.-Nr. 34a

Gottheit von der Serreta, Alcoy (Alicante); Ende 3./Anfang 2. Jahrhundert v. Chr.; rötlicher, handmodellierter Ton; Höhe: 16,7 cm; Museo Municipal Camilo Visedo, Alcoy (Alicante). Kat.-Nr. 204

Gottheit sowie bemalte Tontafeln, die *Pinakes,* auf. Der Schmuck der weiblichen Figuren ist meistens sehr viel konventioneller als bei den Bronzen. Auch ihre Kleidung ist in vielen Details anders: Ihre Tunika wird in der Taille mit einem Gürtel zusammengehalten, und sie tragen über dem Kopf einen schalartigen Schleier, der auf die Arme herabfällt. Manchmal tragen die weiblichen Figuren Hauben, gelegentlich auch besonders hohe (Mitren). Die Gesten der dargestellten Personen sind sehr reduziert: Die Männer werden gelegentlich mit gebeugten Knien und zum Gebet erhobenen Armen gezeigt, während die Frauen häufig die Hände auf den Leib legen. Die meisten blicken nach oben, ein Effekt, der durch die vorstehenden Augäpfel und die Betonung des Kinns noch gesteigert wird. Das Heiligtum der Serreta war einer Fruchtbarkeitsgöttin geweiht, die im gesamten Mittelmeerraum als stillende Frau dargestellt ist. Die Gläubigen riefen sie mit Gesängen und Flötenspiel an, ohne in allen Fällen Gaben zu bringen, was im Gegensatz zu den Gesten der weiblichen bronzenen Votivfiguren steht.

In den Werkstätten der Serreta wurden unterschiedliche Techniken angewandt. Für die Köpfe verwendete man Hohlformen, die Körper wurden auf der Töpferscheibe gedreht, während man die Details mit der Hand einritzte. Zum Schluß wurde die gesamte Statuette mit weißer Farbe bemalt. Da die Qualität der Terrakottafiguren von Anfang an nicht besonders hoch war, vollzog sich rasch eine Standardisierung der Produktion, wie man sie auch bei den andalusischen Bronzen beobachten kann. Im Gegensatz zu den Bronzevotiven war die Geschichte der Terrakotten aus der Serreta sehr kurz, ihre Produktion brach um 150 v. Chr. ab. Obwohl das Heiligtum noch in der späten Kaiserzeit besucht wurde, entstanden die Tonstatuetten nur in iberischer Zeit.

Die Bildhauerwerkstätten vom Cerro de los Santos arbeiteten für eine Kundschaft, die in privater Kleidung abgebildet werden wollte (Ruiz Bremón 1989; Ruano 1987). So entstanden die mittelgroßen bis großen Ehrenstatuen aus Kalkstein von meist männlichen Würdenträgern. Einige der aufrecht stehenden Männer tragen eine lange Tunika und einen auf der Schulter geschlossenen Mantel. Die Tasche, die sie an der Hüfte tragen, und das um den Hals gelegte Band mit überkreuzten Enden deuten, wie ihre Barfüßigkeit, auf die Funktion, die sie im Heiligtum innehatten (Aranegui 1995b).

Die verbreitetste Opfergabe jedoch war ein Kopf mit stereotypen Gesichtszügen; die Ohren waren zum besseren Hören der göttlichen Stimme überproportional groß und mit einem Ring als Statussymbol geschmückt. Das Haar wurde nur schematisch durch Ritzlinien angedeutet. Es handelt sich dabei um eine sehr einfache Technik, bei der die optische Wirkung wichtiger ist als die formale Struktur des Kopfes.

Frauen sind fast immer rundplastisch wiedergegeben. Die sitzende Haltung einiger Frauen, deren Hände auf den Knien ruhen, spielt wahrscheinlich auf das höhere Alter der Dargestellten an, während es sich bei den stehenden Opfernden, deren große Hände mit langen, starren Fingern ein kelchförmiges Gefäß halten, wohl um junge Frauen handelt. Beide Typen tragen die traditionelle iberische Frauenkleidung, die aus mehreren übereinanderliegenden Tuniken aus feinem Stoff besteht, welche mit Fibeln und Spangen zusammengehalten werden. Darüber hinaus gehört zur Tracht ein feiner Schleier und ein dicker Umhang, der den Hinterkopf bedeckt und in breiten Falten bis zu den Füßen fällt. Die steifen Hauben, die den Kopf bekrönen, unterscheiden sich in Form und Höhe. Sie bedeckten das Haar, und an ihnen wurde der Mantel befestigt, so daß die Frauen die Hände frei behielten (de la Bandera 1977; 1978). Auch die Schmuckstücke sind typisch (Nicolini 1990; Perea 1991). Sie bestehen aus einem Diadem, das den Haaransatz verdeckt und den Schleier hält, sowie radförmigen Elementen oder Etuis, die das zu Zöpfen geflochtene und über die Ohren geführte Haar halten und an denen bis zu den Schultern reichende Anhänger befestigt sind, die häufig für Ohrgehänge gehalten werden. Mehrere Ketten bilden einen üppigen Brustschmuck, darüber hinaus trug die iberische Frau Fingerringe und

Detail der Gran Dama Oferente vom Cerro de los Santos, Montealegre del Castillo (Albacete)

Sitzende Dama vom Cerro de los Santos, Montealegre del Castillo (Albacete); 3./2. Jahrhundert v. Chr.; gelblicher Kalkstein; Höhe: 39,4 cm; Museo Arqueológico Nacional, Madrid. Kat.-Nr. 226

Detail der Gran Dama Oferente vom Cerro de los Santos, Montealegre del Castillo (Albacete)

Armbänder. Eine Inschrift in iberischen Buchstaben befindet sich auf der Brust einiger Frauen. Die *Gran Dama Oferente* liefert ein herausragendes Beispiel für den reichen Schmuck, mit dem diese Damen der iberischen Oberschicht ausgestattet waren. Zu erwähnen ist eine Gruppe, bestehend aus einem Mann und einer Frau, die gemeinsam ein Gefäß darbieten. Diese Darstellung gewährt einen flüchtigen Einblick in die Entwicklung familiärer Beziehungen zur Blütezeit der iberischen Kultur zwischen dem 4. und 2. Jahrhundert v. Chr., wie man sie im 6. bis 5. Jahrhundert v. Chr. nicht gekannt hatte.

Im Laufe der Zeit nahmen die Skulpturen vom Cerro de los Santos immer stärker römische Züge an (Noguera 1994, 95–144). Es tauchen neue Typen auf, etwa *Togati,* und in einige Figuren sind Namen in lateinischer Sprache graviert, möglicherweise handelt es sich um eingebürgerte Einheimische, die zu römischen Magistraten der Hispania Citerior aufgestiegen waren. In dieser Phase wurde das Straßenheiligtum, das reich an Wasser und Mineralsalzen war, mit einem ionischen *templum in antis* ausgestattet, und das Heiligtum profitierte von einer reichen und mächtigen iberischen Klientel.

Thymiaterion aus La Quéjola, San Pedro (Albacete); Ende 6. Jahrhundert v. Chr.; im Wachsausschmelzverfahren hergestellte Bronzestatuette; Höhe: 25,7 cm; Museo Provincial, Albacete. Kat.-Nr. 4

Die Begegnung mit der Gottheit

Die Begegnung mit der Gottheit stand in der iberischen Gesellschaft nur einer Elite offen. Obwohl im Laufe der Zeit immer größere Schichten Zugang zu den Heiligtümern fanden, blieb das Recht, die Götter zu verehren, einer kleinen Minderheit vorbehalten. Sicher war die Weihung kleiner, grauer, sogenannter caliciformer Gefäße in einer Höhle oder die Niederlegung von Miniaturwerkzeugen in einem Erdloch, selbst die Bestattung Neugeborener unter einem Wohnhaus ein Ritual, welches das einfache Volk ausübte. Demgegenüber betont die Oberschicht durch die Darbringung von Votiven ganz bewußt ihren Rang. Ihre Weihgeschenke, die niemals etwas Alltägliches thematisieren, sind reine Prestigeobjekte. Darüber hinaus fanden sich nur in sehr großen, außerordentlich gut ausgestatteten Wohnhäusern Hauskapellen.

Obwohl es keine Hinweise auf eine strenge Geschlechtertrennung gibt, scheinen einige Heiligtümer (El Castellar, La Serreta) nur von Frauen besucht worden zu sein, während in anderen (El Collado de los Jardines) fast nur männliche Weihgaben gefunden wurden. Daraus kann man schließen, daß in den genannten Heiligtümern jeweils andere Götter verehrt wurden und daß sich auch die Feste unterschieden. Es ist sehr wahrscheinlich, daß die meisten Statuetten aus Bronze oder Terrakotta bei Initiations- oder Übergangsriten der führenden Schichten geweiht wurden; die Figur der Braut oder Ehefrau, die kleine Fibeln und Toilettenartikel weiht, wäre dabei die weibliche Seite. In El Castellar bittet die Frau um Fruchtbarkeit und opfert der Gottheit kleine Brote, Früchte oder Tauben, während sie im Heiligtum von der Serreta als Zeichen des Dankes für ihre Schwangerschaft die Hände auf den Bauch legt. Der jugendliche Krieger, der seine Waffen und seine Zeugungskraft präsentiert, wäre das männliche Pendant zu den opfernden Frauen.

Die Iberer brachten Trankopfer dar, um das Wohlwollen der Gottheiten zu erlangen. Verschiedene Phialen und Schalen aus Silber, Ton aus Calès und andere Keramik dienten diesem Zweck. Dabei wurde nach alter Tradition zu Ehren der Götter eine Flüssigkeit – meistens Wein, Milch oder Honig – vergossen. Es gibt auch Indizien für rituelle Feuer, die mit Zangen und Schaufeln glühend gehalten wurden, um darin die den Göttern geweihten Opfergaben zu reinigen. Auch das Opfern kleiner Tiere gehörte zu den religiösen Praktiken, während sich in den Heiligtümern keine Spuren gemeinschaftlicher Bankette fanden. Musik, Tanz und Gesänge begleiteten die Zeremonien.

Unter den Votivstatuetten fanden sich zwei kleinere Gruppen, die als Priester und Priesterinnen gedeutet wurden (wobei letztere nur bei den andalusischen Bronzen vorkom-

Phiale vom Castellet de Banyoles, Tivissa (Tarragona) (Detail): Opferszene; 3. Jahrhundert v. Chr.

men). Ihre Zugehörigkeit zur sozialen Oberschicht steht außer Zweifel. Möglicherweise handelte es sich bei ihnen um einfache Hüter des Heiligtums oder um Vermittler zwischen den Gläubigen und der Gottheit, der sie barfuß, mit bedecktem Haupt oder Tonsur und einem über der Brust gekreuzten Band gegenübertraten. Die Gläubigen wußten um ihre besondere Fähigkeit, die Gottheit anzusprechen und die göttlichen Zeichen zu lesen. Verschiedene Darstellungen in der Vasenmalerei oder auf silbernen Phialen lassen darauf schließen, daß die Iberer den Vogelflug zu deuten wußten. Einige ihrer Priester müssen also in der Mantik, der Kunst der Weissagung, bewandert gewesen sein (Aranegui 1995c).

Das Recht auf die Ausübung religiöser Praktiken ging mit der Zeit von den aristokratischen Eliten zunehmend auf die städtische Gemeinschaft über. Der Ahnenkult, die Säule und der Baitylos als Symbole für die Gottheit, der Vogel, der Wolf und das Pferd als göttliche Inkarnationen, ferner die geflügelten Göttinnen und die große nährende Mutter, alle Formen des Opfers, die aus uralten Traditionen stammten oder aus orientalischen und klassischen Kulten übernommen wurden, gingen eine Synthese ein, die kennzeichnend für die Originalität der iberischen Kultur ist.

Die iberischen Kleinbronzen

Gérard Nicolini

Die große Zahl iberischer Bronzen ist zweifellos auf den Reichtum an Bodenschätzen auf der Iberischen Halbinsel zurückzuführen; vielleicht aber auch auf die besondere Vorliebe der Iberer für Metallgegenstände als Votivgaben. Drei Viertel der bronzenen Weihgeschenke, die zumeist nur 8 bis 11 Zentimeter groß waren, stammen aus den beiden großen Höhlenheiligtümern der Sierra Morena, Despeñaperros (Collado de los Jardines) und Castellar (beide in der Provinz Jaén). Die übrigen Stücke verteilen sich über den gesamten iberischen Raum zwischen dem Mittelmeer, dem Guadiana und dem Ebro (Nicolini 1969; 1977b; Prados 1992).

Die Werkzeuge, die man bei Ausgrabungen in den beiden großen Heiligtümern gefunden hat, belegen die Existenz von Werkstätten direkt vor Ort. Die qualitätvollsten Bronzen, die meist auch die größten sind, wurden im Wachsausschmelzverfahren hergestellt. Anatomische Details oder Bekleidung wurden häufig nach dem Erkalten mit Hilfe von Sticheln oder Graviernadeln angedeutet. Die kleineren, eher schematisch angelegten Votive wurden aus gegossenen, in Stücke geschnittenen Bronzestäben hergestellt und mit der Feile nachbearbeitet; die oft sehr feinen Details gravierte man mit dem Stichel. Es wurden auch Votive aus Bronzeblech ausgeschnitten und anschließend graviert. Die Metallanalysen ergeben häufig eine Legierung aus Kupfer, Zinn und Blei, wobei letzteres einen Anteil von bis zu 20 Prozent an der Mischung haben konnte. Die Zugabe von Blei erleichterte den Guß und die anschließende Kaltarbeit. Auch die Farbe der Patina, die im allgemeinen olivgrün ist, deutet auf einen hohen Bleianteil hin, wobei die Patinierung jedoch auch von der Zusammensetzung des Bodens abhängig ist, in dem das jeweilige Stück seit der Antike lagerte (Nicolini 1969; Prados 1988; 1992, 147–156; Nicolini/Parisot 1995, o. S.).

Unbekleideter, ithyphallischer Adorant; im Wachsausschmelzverfahren hergestelltes Bronzevotiv; Höhe: 10,5 cm; Museo Arqueológico Nacional, Madrid. Kat.-Nr. 262

Betende Frau mit langer Tunika vom Collado de los Jardines (Jaén); Bronzevotiv; Höhe: 13,8 cm; Museo Arqueológico Nacional, Madrid. Kat.-Nr. 301

Ab der Mitte des 6. Jahrhunderts v. Chr. gerieten die Toreuten der Iberischen Halbinsel, wahrscheinlich über die Vermittlung Etruriens und der Magna Graecia (Nicolini 1976–1978, 463–478), unter den Einfluß der griechischen, insbesondere der ionischen Kunst. Mit Hilfe stilistischer Vergleiche kann man ab der Mitte des 5. Jahrhunderts v. Chr. eine archaische Phase erkennen, in der sich eine Reihe von Typen herausbildete, die mehr oder weniger von fremden Vorbildern geprägt sind: Reiter (in Despeñaperros), Männer mit Tonsur oder Diadem, die aufwendige Kleidung oder Mäntel tragen (Priester oder Würdenträger?), Männer von hohem Rang in langer Tunika, Krieger zu Fuß, Männer mit kurzer Tunika, unbekleidete Männer, die manchmal den griechischen Vorbil-

Reiter; Bronzevotiv; Höhe: 6,5 cm; Musée des Antiquités Nationales, Saint-Germain-en-Laye. Kat.-Nr. 296

Unbekleidete Frau; Bronzevotiv; Höhe: 13,1 cm; Museo Arqueológico Nacional, Madrid. Kat.-Nr. 299

dern sehr nahekommen, usw. Die Typologie der weiblichen Statuetten ist weniger variantenreich: Frauen mit Mitra und/oder Schleier, Damen in langen Gewändern, »Priesterinnen«, die in ihrer Kleidung und Haltung ihren männlichen Pendants ähneln. Einige Formen aus Despeñaperros wurden in Castellar nachgeahmt. Tiere, besonders Pferde, fanden sich hauptsächlich in Despeñaperros (Prados 1992, 139–146; Nicolini 1969; 1977b).

Im 4. und 3. Jahrhundert v. Chr., der mitteliberischen Epoche, entwickelten sich die verschiedenen Typen stilistisch und zahlenmäßig. Neu sind unbekleidete Krieger, stilisierte Darstellungen des Typs, der in den beiden großen Heiligtümern vorkommt, sowie unbekleidete männliche und weibliche Statuetten im gleichen Habitus, deren Geschlecht man nur an den Geschlechtsorganen oder durch das Vorhandensein von Waffen unterscheiden kann.

In dieser Zeit nahm die Produktion schematisierter Votive zu, die im allgemeinen gegossen oder ausgeschnitten wurden. Einzelne Körperteile wie Arme, Hände, Beine, Augen oder Brüste, seltener ein Phallus, finden sich ebenfalls häufiger (Prados 1991). Die datierten Funde aus Castellar fügen sich in diese Entwicklung ein (Nicolini u.a. 1987). Im Gegensatz dazu entstanden Stücke, die von der Steinplastik des Südostens inspiriert sind und von dieser eine gewisse Grobheit in der Ausführung sowie die Art der Wiedergabe von Schmuck und Kleidung übernommen haben (Nicolini 1969, 253–254). In der Spätphase der iberischen Kultur führten die Toreuten die vorgezeichnete Entwicklung der überlieferten Typen und die Schematisierung der Formen fort.

Der Einfluß der griechischen Kunst wird in einer freieren, weniger starren und frontalen Haltung und dem Versuch, das Volumen von Stoff sowie Emotionen wiederzugeben, deutlich. Wahrscheinlich ist das Heiligtum von La Luz, in der Nähe von Murcia, in dieser Phase umgebaut und erweitert worden. Diese Kultstätte blieb bis in die römische Kaiserzeit ein wichtiger und vielbesuchter Ort, anders als die Heiligtümer in der Sierra Morena, die vermutlich zu dieser Zeit einen gewissen Niedergang erlebten (Nicolini 1969, 255–256).

Die Kleinbronzen zeichnen ein recht deutliches Bild der iberischen Männer und Frauen, ohne daß bestimmte Typen oder gar die soziale Schicht, aus der sie stammen, genauer bestimmt werden könnten, da es keine Texte oder Inschriften gibt, die sie charakterisieren. Dennoch vermitteln die detailgetreu gearbeiteten Bronzestatuetten sehr präzise Informationen über die iberische Kleidung, mehr noch als die steinernen Großplastiken. Die Toreutik leistet einen unschätzbaren Beitrag zu unserem Wissen über die iberische Religion.

Die Gesten des Gebets und des Opfers sind eindeutig wiedergegeben. Auch wenn man die Namen der Gottheiten in den Heiligtümern nicht kennt, kann man auf ihre Zuständigkeitsbereiche schließen. Sie waren für die Heilung von Krankheiten ebenso zuständig (anatomische Votive) wie für Fruchtbarkeit (Opfer von Früchten und Tieren; Gesten, die sich auf das Geschlecht oder den Bauch beziehen, usw.), jeweils in Verbindung mit einem chthonischen Kult. Die Schutzfunktion der Gottheiten wird durch handförmige Votive, herzförmige Objekte und die Darstellung von Nacktheit symbolisiert. Die Weihungen von Waffen oder Gürtelblechen, die sehr häufig sind, müssen eine ähnliche Bedeutung gehabt haben (Nicolini 1968; Prados 1991; 1994; 1996).

Das Heiligtum von Torreparedones

María Cruz Fernández Castro/Barry W. Cunliffe

Die iberische Stadt, die seit dem 19. Jahrhundert unter dem Namen Torres bzw. Torre de las Vírgenes oder Torreparedones bekannt ist, liegt auf einer Anhöhe, von der aus man auf das Tal des Guadalquivir südöstlich von Córdoba blickt. Auch wenn die erste Besiedlung des Ortes bereits in der Kupferzeit erfolgte, wurde die Stadtmauer, die ein Gebiet von 10,5 Hektar umfaßte, erst im 6. Jahrhundert v. Chr. gebaut. In ihrem südlichsten Verlauf umschließt die Mauer auch die Spitze eines Hügels, an dessen Südhang außerhalb der Stadtmauer das Heiligtum von Torreparedones liegt.

Daß sich an dieser Stelle ein Heiligtum befand, war schon lange bekannt, weil Bauern hier beim Pflügen zahlreiche kleine Steinfiguren ausgegraben hatten, die in die Hände lokaler Sammler gerieten. Raubgrabungen bedrohten den Erhalt der Fundstätte, so daß die zuständige Provinzialbehörde von Córdoba schließlich 1988 einen Dringlichkeitsantrag auf die Durchführung von Grabungsarbeiten stellte. Ein langfristig angelegtes Forschungsprojekt sollte darüber hinaus die Bedeutung des Ortes untersuchen.

Durch die Ausgrabungen ließ sich die lange und komplexe Geschichte des Heiligtums nachvollziehen. Das erste Gebäude aus dem 4. Jahrhundert v. Chr. wurde im 3. Jahrhundert v. Chr. einem Umbau unterzogen. Über die architektonische Gestalt dieses ersten Heiligtums ist wenig bekannt. Es wurden jedoch zwei steinerne, halbkreisförmige Konstruktionen entdeckt, die wahrscheinlich als Opferstellen dienten. Einer der beiden Halbkreise war intakt erhalten, und man konnte die einzelnen Phasen seiner rituellen Verwendung problemlos rekonstruieren.

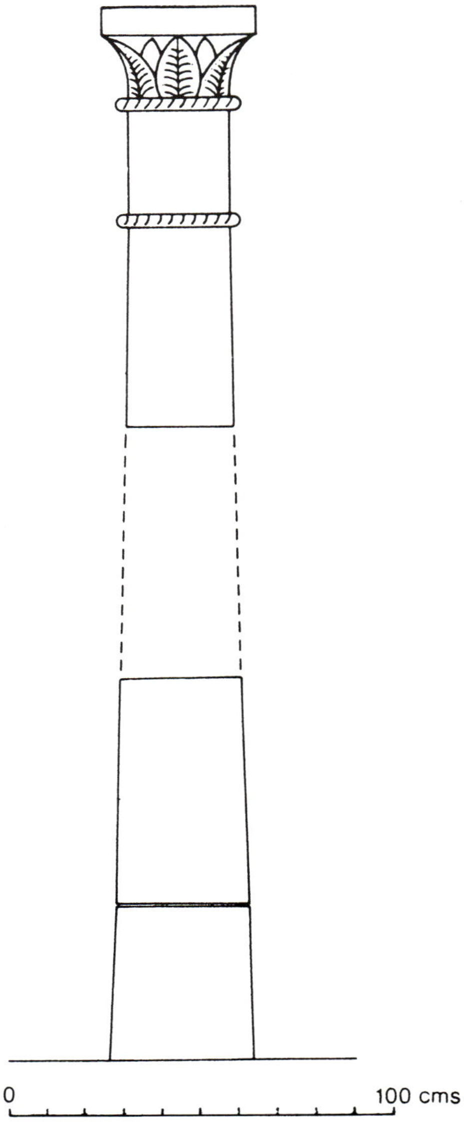

Säule

Weibliches Votiv aus Torreparedones; 2./1. Jahrhundert v. Chr. (?); Kalkstein; Höhe: 28,5 cm; Museo Arqueológico Provincial, Córdoba. Kat.-Nr. 240

Im 2. Jahrhundert v. Chr. wurde das gesamte Heiligtum renoviert und ein monumentales Sakralgebäude errichtet. Dieses bestand aus einer kleinen *Cella* (Innenmaße: 5 x 4,2 Meter), die sich im Süden auf einen größeren Raum oder Hof öffnete. In der Mitte der Cella stand eine Säule auf einem hohen, schlichten Sockel. Sie stützte wahrscheinlich das Dach beziehungsweise den Fußboden eines höher gelegenen Raumes, der aus Holzbalken, Brettern und einer dicken Schicht Mörtel bestand. Eine weitere Säule mit einem Blattkapitell befand sich in der Mitte vor der Rückwand der Cella. Da diese Säule keine statische Funktion hatte, könnte sie vielleicht Träger eines Kultobjektes (vielleicht einer Skulptur) gewesen sein.

Der Hof vor der Cella war nach Osten ausgerichtet. In einer Ecke, westlich der Tür, stand eine kleine Bank, östlich im rechten Winkel zum Eingang eine größere. Direkt gegenüber dem Eingang zur Cella befand

Der südliche Abschnitt der Mauer und das Heiligtum

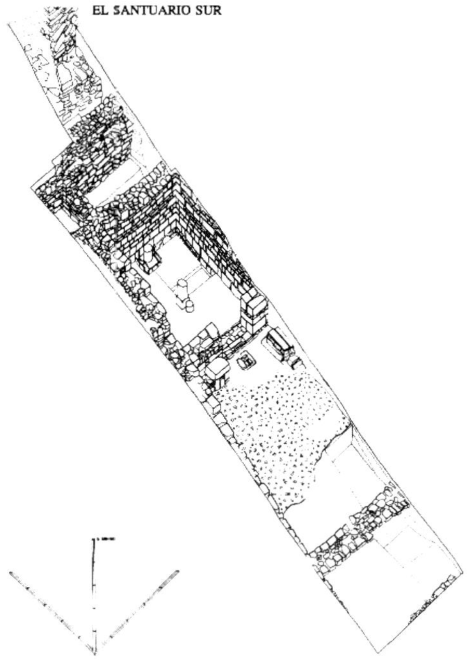

Das Heiligtum, axonometrische Ansicht

sich ein kleiner Steinsockel, auf dem vielleicht ein Altar errichtet war (zwei weitere kleinere Altäre wurden im Bauschutt innerhalb der Cella entdeckt).

Gegen Ende der Benutzung des Heiligtums wurden zahlreiche steinerne Votivstatuetten in der Cella deponiert. Sie standen wahrscheinlich auf den Bänken oder in Regalen. Meistens waren es sitzende oder stehende weibliche Figuren, bei einigen handelte es sich jedoch lediglich um einzelne oder paarweise wiedergegebene Füße. Insgesamt wurden bei den Ausgrabungen 56 einzelne Statuetten gefunden, etwa 80 weitere Objekte konnten als sicher von diesem Fundort stammend identifiziert werden.

Die Untersuchung der Fragmente, die 1988 ausgegraben wurden, hat ergeben, daß viele der Statuetten zerbrochen wurden, als das Heiligtum im 1. Jahrhundert n. Chr. schließlich aufgegeben wurde. Einige zusammengehörige Bruchstücke lagen bis 10 Meter voneinander entfernt, was auf eine bewußte Zerstörung der Votive hindeuten könnte. Das Gebäude blieb auch nach der Aufgabe des Heiligtums intakt, bis ein Brand im 2. Jahrhundert n. Chr. das Dach zerstörte.

Die Mauern des Heiligtums von Torreparedones

Lit.: Cunliffe/Fernández Castro 1988a; 1988b; Morena López 1989a; 1989b; Fernández Castro 1995

Der Cerro de los Santos

José Miguel Noguera

Der Cerro de los Santos gehört aufgrund der großen Zahl von ganz unterschiedlichen anthropomorphen Skulpturen, die dort gefunden wurden, zu den berühmtesten Heiligtümern der Iberischen Halbinsel. Der Cerro de los Santos, an der sogenannten »Straße des Hannibal« gelegen, einer natürlichen Verbindung zwischen der Levante und dem nördlichen Andalusien (Sillières 1990, 808–810), war vor allem zwischen dem 4. und 1. Jahrhundert v. Chr. zahlreichen sehr unterschiedlichen kulturellen Einflüssen ausgesetzt. Diese erklären die typologische Vielfalt der Votive, die hier gefunden wurden. Das ursprüngliche Gesicht der Landschaft hat sich durch Veränderungen der Vegetation, durch Raubgrabungen und durch die im 19. Jahrhundert in dieser Gegend einsetzenden archäologischen Kampagnen grundlegend gewandelt. Eine wissenschaftliche Untersuchung der oft stark veränderten, wenn nicht völlig zerstörten Votivdepots ist deshalb sehr schwierig; auch über die religiösen Riten und die innere Organisation dieses Heiligtums wissen wir fast nichts.

Die Zahl der Hypothesen zur Bedeutung des Cerro de los Santos ist groß: Ruiz (1988) deutet den Ort als eine Art medizinische Einrichtung, während Ruano (1988) das Heiligtum als geopolitisches Zentrum verschiedener iberischer Stämme betrachtet. Letztgenannte Funktion kann es keinesfalls vor der römisch-spätrepublikanischen Zeit gehabt haben. Während der Blütezeit der iberischen Kultur (4. bis 3. Jahrhundert v. Chr.) ähnelte das Heiligtum wahrscheinlich einem einfachen *Temenos* in freier Natur. Allerdings ist auf der Randscherbe eines Votivgefäßes vom Cerro de los Santos

Blick auf den nördlichen Abhang des Cerro de los Santos

ein Tempel zu erkennen, vor dem eine mit einem ionischen Kapitell bekrönte Säule steht (Ramallo/Noguera/Brotóns 1995). Zusammen mit weiteren Funden, wie der Ritualschaufel aus Santa Catalina (Jorge 1969), deutet diese Darstellung auf das Vorhandensein einzelnstehender Säulen an solchen *loca sacra* hin, die vielleicht als stilisiertes Bild eines Lebensbaumes und symbolische Hinweise auf die Präsenz eines Gottes gelten können. Aus dieser Zeit scheinen verschiedene Opfergaben zu stammen: Skulpturen, Keramik, Gewichte, Webgewichte, Gefäße für Färbemittel oder Kosmetika, Waffen sowie Gegenstände aus Kupfer oder Bronze (Ringe, Armreifen und Fibeln). Diese Funde können zwar nicht präzise datiert werden, entsprechen aber denjenigen aus anderen Heiligtümern aus der Zeit zwischen dem 5. und 3. Jahrhundert v. Chr., etwa La Encarnación und El Pinar de la Algaida (Corzo 1991).

Im 2. und 1. Jahrhundert v. Chr. vollzogen sich auf dem Cerro de los Santos als Folge der Romanisierung tiefgreifende Veränderungen, deren Auswirkungen in ihrer gesamten Tragweite noch nicht erforscht sind: Der

Die Gran Dama Oferente vom Cerro de los Santos; 4. Jahrhundert v. Chr.; Höhe: 136 cm; Museo Arqueológico Nacional, Madrid

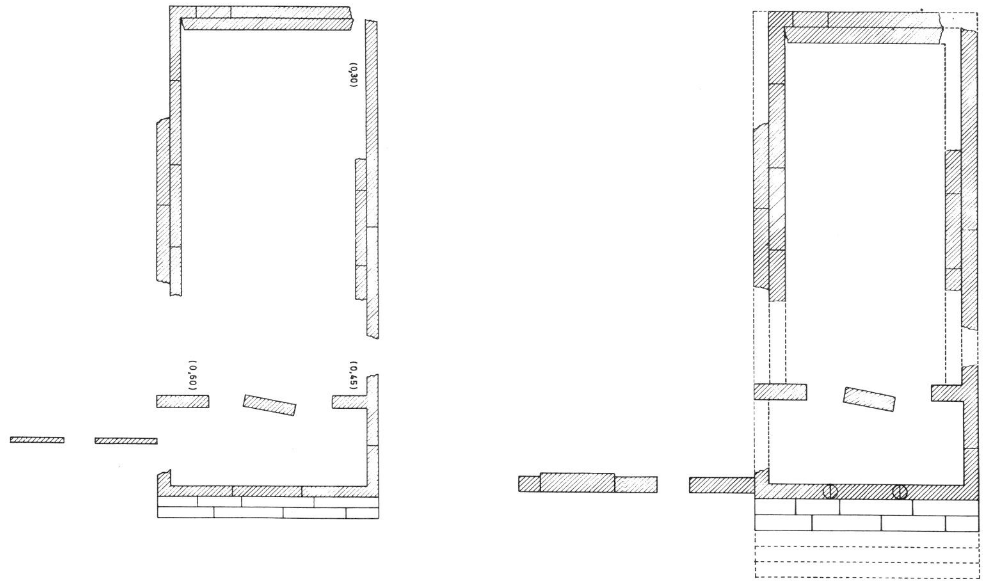

Grundriß des Tempels vom Cerro de los Santos: 1 nach Savirón, 2 Rekonstruktionsvorschlag auf der Grundlage der Grabungsberichte von Lasalde und Savirón
Zeichnungen: A. López Cánovaso

ehemals schlichte Temenos wurde mit einem monumentalen Bauwerk ausgestaltet, dessen Vorbild zweifellos die Tempelarchitektur Mittel- und Süditaliens war (Noguera 1994, 189–221). Wir wissen nicht, aus welchem Grund und durch wen diese Entwicklung ihren Anfang nahm, die sich auch in anderen iberischen Heiligtümern, vor allem in La Encarnación (Ramallo 1992; 1993) und La Luz (Lillo 1991–1992) wiederholte und auch in einigen Regionen Italiens im 2. Jahrhundert v. Chr. nachzuweisen ist. In dieser Zeit wurde ein ionischer Tempel errichtet, der aus *Pronaos* und *Cella* bestand. Noch C. Lasalde und P. Savirón entdeckten Mauerreste, von denen heute kaum mehr Spuren sichtbar sind (López 1994). In der Cella befand sich eine Bank, wo wahrscheinlich die Weihgaben aufgestellt waren. An der Fassade des Tempels standen zwei Säulen *in antis.* Möglicherweise waren die Anten zusätzlich mit Pilastern und Halbsäulen geschmückt, wie bei Tempel B in La Encarnación in der zweiten Bauphase (Brotóns/Ramallo 1994).

Zu den interessantesten Fundstücken zählt ein ionisches Kapitell, wohl eine provinzielle Form des ionisch-italischen Typs, und die bereits erwähnte Vase mit der Darstellung einer Säule, deren Kapitell dem steinernen sehr ähnlich ist. In dem Vasenbild steht die Säule vor dem dreieckigen, mit einem Akroter geschmückten Giebel des Tempels. Die Opfergaben dieser Phase lassen sich nur grob in Kategorien zusammenfassen. Vermutlich stammt aus dieser Zeit die graue, sogenannte caliciforme Ware ebenso wie die bemalte iberische Keramik und die meisten Votivplastiken – zum Beispiel die Serie der männlichen Köpfe –, die häufig italische oder hellenistische Elemente aufweisen, etwa die Toga, den Schleier oder das individualisierende Porträt. Zwischen der älteren und der römischen Phase lag möglicherweise eine kurze Periode karthagischen Einflusses (2. Hälfte des 3. Jahrhunderts v. Chr.), der sich in den Heiligtümern von Torreparedones (Cunliffe u. a. 1993) und der Serreta (Llobregat u. a. 1992) ebenfalls bemerkbar machte. Allerdings weiß man nicht, ob sich dieser Einfluß auch auf die Organisation des Heiligtums oder auf den Kult erstreckte. Wahrscheinlich hatte das Heiligtum vom Cerro de los Santos bis in die römische Kaiserzeit Bestand.

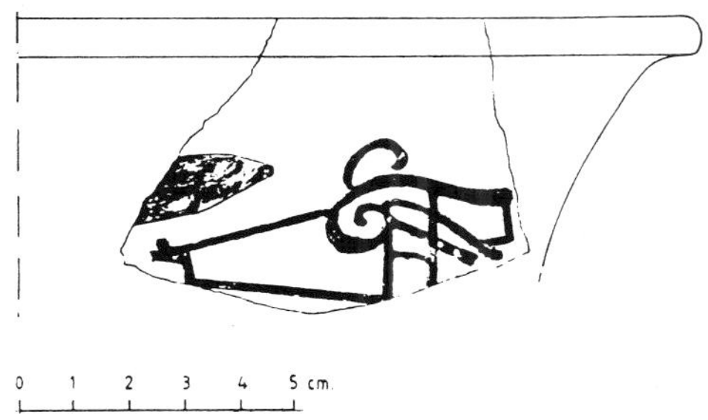

1 Fragment einer bemalten Vase vom Cerro de los Santos mit der Darstellung einer Säule mit ionischem Kapitell sowie der Fassade und des Giebels eines Tempels
Zeichnung: A. López Cánovaso

2 Ionisches Kapitell vom Cerro de los Santos, verschollen
Zeichnung: J. Aguado Alarcón

Skulptur und Malerei

Die iberische Skulptur

Pilar León

Greifenkopf aus Redován (Alicante); 550/450 v. Chr.; hellgelber Kalkstein; Höhe: 18,5 cm; Museo Arqueológico Nacional, Madrid. Kat.-Nr. 184

Die iberische Kunst ist innerhalb des antiken Kunstschaffens ein randständiges Phänomen, was am deutlichsten die iberische Skulptur zum Ausdruck bringt. Die Lage der Iberischen Halbinsel am Rande der damals bekannten Welt prägte entscheidend den Charakter der iberischen Bildhauerkunst. Das Problem der geographisch dezentralen Lage wurde in der Wissenschaft selten in Betracht gezogen. Die räumliche Distanz zu den großen künstlerischen und kulturellen Zentren der antiken Welt verstärkte die Eigenarten der iberischen Kunst. Wenn man bedenkt, daß infolge der Kolonisation an der Süd- und an der Levanteküste der Iberischen Halbinsel die verschiedensten Kultureinflüsse zusammenkamen, so werden die speziellen Entstehungsbedingungen der iberischen Skulptur verständlich: einerseits das hybride Element, welches das einheimische Substrat überlagert, andererseits die Filterung der Fremdeinflüsse bei der einheimischen Rezeption. Die Mischung der von der iberischen Kultur aufgenommenen Anregungen – phönizische, griechische, punische, zypriotische, süditalische Elemente – ist unzweifelhaft griechisch-orientalisch geprägt und übte einen entscheidenden Einfluß auf das einheimische Substrat aus, auf dessen Grundlage sich die iberische Skulptur entwickeln konnte.

Die ältesten Skulpturen lassen keinen Zweifel an ihrer Abstammung aus der mediterranen Welt und an dem Einfluß, den die Entdeckung der griechischen Kunst auf sie ausübte, der zwar zunächst auf die Kleinkunst beschränkt blieb, aber stark genug war, um die Einheimischen so zu faszinieren, daß sie diesen Impuls auch auf andere Kunstgattungen übertrugen. Auf die ersten Kontakte mit den griechischen Kolonisten – Phokäern aus dem Westen – reagierte das indigene Handwerk rasch und mit großer Aufnahmebereitschaft. So erklären sich die ersten griechischen Züge in der frühiberischen Kunst.

Traditionell wurde die iberische Plastik an der griechischen gemessen, in der Absicht, gemeinsame Vorbilder zu finden. Doch die auf diese Art erzielten Ergebnisse wurden den Eigenheiten der iberischen Skulptur nicht gerecht. Beurteilt man ein Phänomen wie die iberische Skulptur nach einem ästhetischen Kanon wie dem der griechischen Kunst, drängt sich der Eindruck von Undiszipliniertheit und Anarchie auf. Wenn man sich dieser Kunst allerdings unvoreingenommen nähert und flexibler vorgeht, erkennt man, daß die Iberer Kunstwerke von unbestreitbarer Originalität, Unabhängigkeit und Kompromißlosigkeit schufen. Die iberischen Bildhauer wählten unter den von der griechischen Kunst vorgegebenen Regeln und Normen beliebig aus und setzten, was ihnen gefiel, in vollem Bewußtsein nach eigenen Maßstäben und Vorlieben um.

Kopf eines Kriegers vom Cerrillo Blanco, Porcuna (Jaén); 1. Hälfte 5. Jahrhundert v. Chr.; Höhe: 37 cm; Museo Provincial, Jaén. Kat.-Nr. 16

Die iberischen Bildhauer beschränkten sich darauf, einige Wesenszüge und Motive aus der Spätarchaik und der frühen Klassik zu imitieren und zu reproduzieren. Dabei interessierten sie sich wenig für Stilfragen, denn zur Bearbeitung des weichen einheimischen Sandsteins reichte ihnen ein gewisses manuelles Geschick. Hier liegt der Grund dafür, daß

Löwe; 500/430 v. Chr.; beigefarbener Sandstein; Höhe: 76 cm; Sammlung Várez Fisa. Kat.-Nr. 171

man sich mit einem Kunstschaffen zufriedengab, welches von rein handwerklichen Kriterien bestimmt war und in dem die künstlerische Qualität vom Grad der Geschicklichkeit und der Sachkenntnis des Bildhauers abhängig war. Der Vergleich unterschiedlicher Versionen eines Statuentypus, die zwar möglicherweise nach einem gemeinsamen Vorbild geschaffen, aber von verschiedenen Händen gestaltet wurden, belegt diesen Sachverhalt. Die Gegenüberstellung der *Dama de Elche* mit ihren Nachahmungen vom Cerro de los Santos oder der Vergleich zwischen dem Frauenkopf aus Alicante und dem von Úbeda la Vieja (Jaén) zeigen sehr deutlich die unterschiedliche Qualität von Arbeiten auf, die etwa gleichzeitig entstanden sind.

Eine aufschlußreiche Beobachtung zur Eigenart iberischer Skulptur und wichtig für das Verständnis ihrer Grundlagen ist die Unfähigkeit oder das Desinteresse iberischer Künstler bei Problemen, die sich beim Guß von Großbronzen, bei der Bearbeitung von harten Materialien, bei großen Formaten oder bei Gruppenkompositionen ergaben. Diese Haltung deutet auf eine einfache, lokal geprägte Kunst hin, die sich bestimmte grundlegende Fragen gar nicht stellte und sich ausschließlich formalen und dekorativen Fragen widmete. Bereits Rhys Carpenter suchte nach Ursachen und Erklärungen für dieses Phänomen. Er wies auf mögliche Schwierigkeiten des einheimischen Handwerks hin, den von griechischen Bildhauern vorgegebenen künstlerischen und technischen Entwicklungen zu folgen, und auch auf die rasche Distanzierung von den klassischen Vorbildern der griechischen Welt, nachdem der Mittelmeerraum in eine griechische und eine punische Einflußsphäre geteilt war. Die Folgen der Einbeziehung Iberiens in den punischen Machtbe-

Die »Kore von Alicante«; um 500 v. Chr.; hellbeigefarbener Sandstein; Höhe: 24 cm; Museu d'Arqueologia de Catalunya, Barcelona. Kat.-Nr. 188

Kopf aus Verdolay (Murcia); Ende 5./Anfang 4. Jahrhundert v. Chr.; hellgelber Kalkstein; Höhe: 15,3 cm; Museo Arqueológico, Murcia. Kat.-Nr. 189

reich waren bedeutsam und verstärkten die orientalisierenden und punischen Elemente, die John Boardman in der iberischen Kultur nachgewiesen hat. Doch selbst die halbherzige und inkonsequente Kolonisierung durch Griechen beziehungsweise West-Phokäer im Mittelmeerraum blieb nicht ohne Folgen für die iberische Kultur, wie die Studien von Barry Cunliffe und Enrique Sanmartí belegen.

Die Eingliederung der iberischen Kultur in die westgriechische Einflußsphäre führte zu »Anleihen« beim kulturellen Repertoire der Griechen und zu einem Wandel der künstlerischen Formensprache. Neben den genannten Gründen führten möglicherweise auch die besonderen Vorlieben der iberischen Gesellschaft zu einer nur ephemeren Übernahme der neuen Formen, und obwohl sie Spuren hinterließen, wurden sie bald durch ein lokal geprägtes Formengut ersetzt.

Die Innovationskraft der iberischen Bildhauer war indes gering und äußerte sich lediglich in der Weiterentwicklung bestehender Vorbilder und in der Auswahl von Typen und Motiven, die sie recht willkürlich verwendeten, mit dem Ergebnis, daß das Endprodukt mit seinem Vorbild in den meisten Fällen nur noch wenig gemeinsam hatte. So verhält es sich mit den Köpfen aus Verdolay (Murcia), die von den Vorbildern des Strengen Stils erheblich abweichen. Es reichte schon aus, die Haartracht abzuwandeln, um den Charakter des Vorbilds zu verändern; wurden darüber hinaus Haarschmuck und ein Ohrring von einheimischem Typus hinzugefügt, wirkte der Kopf bereits völlig iberisch.

Bei den iberischen Kunstwerken, die als Vorbilder dienten, herrschte bereits ein Mischstil vor, von dem nur mit Schwierigkeiten bestimmte, für die iberische Skulptur charakteristische Elemente abgeleitet werden können. Ein aussagekräftiges Beispiel ist in diesem Zusammenhang die Skulpturengruppe, die als Sphinx aus dem Park von Elche (Alicante) bekannt ist. Sie zeigt eine männliche Figur, die auf einer Sphinx reitet, welche von einer geflügelten weiblichen Gestalt – einer seelengeleitenden Göttin – geführt wird. Rafael Ramos Fernández und Alejandro Ramos Molina verglichen diese Gruppe sowohl mit etruskischen als auch mit süditalischen und punischen Terrakotta-Arbeiten aus dem Mittelmeerraum, was allein schon zeigt, auf welche eigenartige Weise der iberische Bildhauer die den verschiedensten Kulturbereichen entstammenden Kompositionselemente miteinander verknüpfte. Die beeindruckende Figur der Göttin mit der Haartracht im Stil der ägyptischen Göttin Hathor, einer Lotosblüte an der Brust und eng am Körper anliegenden Flügeln hingegen ist ein großartiges Beispiel dafür, was die iberische Kunst der orientalischen Welt verdankt. Dies gilt freilich auch in bezug auf Griechisches. Beispiel hierfür ist der menschenköpfige Stier, der als *Bicha de Balazote* (Albacete) bekannt ist. Abgesehen von den orientalischen Bezügen ist dabei kaum mehr festzustellen, ob es sich ursprünglich um die Personifikation eines Flusses handelte, bei der das griechische Vorbild als liegender Stier wiedergegeben wurde, oder ob es sich um ein typisch iberisches Grabmonument handelt, das mit dem griechischen Bild eines Flußgottes verbunden wurde. Geschmack und Neigung der iberischen Künstler machen letzteres wahrscheinlich, wobei das griechische Vorbild in weite Ferne gerückt ist.

Was die Qualität und die Herkunft der Vorbilder betrifft, so läßt sich ein großer Reichtum an unterschiedlichen Formen feststellen. In diesem Zusammenhang ist an die wichtige Rolle Süditaliens als direkte und indirekte Inspirationsquelle zu erinnern. Der Süden der Apenninenhalbinsel war als wichtiger Handelsumschlagplatz auch ein Treffpunkt verschiedenster Kulturen, wo aus Ost und West stammende Produkte des Kunsthandwerks vertrieben wurden. Gleichfalls ist auf die Bedeutung der sogenannten Kleinkunst hinzuweisen, auch wenn die Vorbilder aus der Großplastik aus Stein und Ton wichtiger sein mögen. Steinplastiken jeder Größe und noch die bescheidensten Votivstatuetten zeugen von der unmittelbaren Bereitschaft, die plastischen Vorbilder abzuwandeln und umzugestalten. Innerhalb der Skulpturen aus Stein spielten die Darstellungen der »opfernden« und der »thronenden Dame« eine große Rolle, die sich am orientalischen Geschmack orientierten, was García y Bellido dazu veranlaßte, von der »juwelenbesetzten Pracht eines barbarischen Barock« zu sprechen. Hingegen zeichnet sich die Darstellung der in Terrakotta ausgeführten *Kourotrophos* aus der Serreta (Alcoy) durch ihre ergreifende Schlichtheit aus. Diese szenischen Darstellungen, darunter auch eine Gruppe Musikanten, bringen die für die iberische Kunst typischen Kennzeichen besonders gut zum Ausdruck.

Sitzende Dama vom Cerro de los Santos, Montealegre del Castillo (Albacete); 3./2. Jahrhundert v. Chr.; grau-beigefarbener Kalkstein; Höhe: 32,7 cm; Museo de Albacete, aufbewahrt im Museo Arqueológico Nacional, Madrid. Kat.-Nr. 225

Definition eines eigenen Stils

Die aktuelle Forschung zur iberischen Skulptur ist zur Zeit zwischen der Diskussion chronologischer Aspekte und der Behandlung der Frage des phokäischen Einflusses geradezu eingezwängt. Die auf der Grundlage von Stilanalysen vorgeschlagene Chronologie läßt sich mit dem kulturellen Kontext der Ergebnisse archäologischer Ausgrabungen anscheinend nicht in Einklang bringen, was zu Widersprüchen führt, die große Schwierigkeiten bereiten. Sie sind nur zu lösen, wenn man akzeptiert, daß sich aus den Forschungsergebnissen nicht immer eine stringente und vollständige Entwicklungslinie ergibt. Entwicklungsgeschichtliche Lücken müssen ebenso akzeptiert werden wie die Tatsache, daß auch stilistisch sehr unterschiedliche Werke gleichzeitig entstanden sein können. So ist es zunächst wichtig, die charakteristischen Merkmale der iberischen Skulptur herauszuarbeiten, mit deren Hilfe sich die Skulpturen ohne Dissens in einen historischen und kulturellen Rahmen einordnen lassen.

Die Idee vom phokäischen Einfluß auf die iberische Skulptur ist Ende des 19. Jahrhunderts entstanden und in der modernen Fachwelt bereits zu einem Topos geworden. Diese sehr komplexe Problematik, die weit über das Thema der iberischen Plastik hinausreicht, muß mit großer Behutsamkeit behandelt werden, denn die stilistischen Merkmale, die als Beweise für eine Herleitung der iberischen Plastik aus der griechischen Skulptur angeführt werden, sind gattungsspezifische und zeigen lediglich allgemeine Merkmale der archaischen Plastik Ioniens. Daß da und dort etwas phokäisch wirkt, ist nicht zu bestreiten, aber Boardman selbst hat eingeräumt, daß, wenn die in Frage kommenden Stücke aus der Zeit zwischen der Mitte und dem Ende des 5. Jahrhunderts v. Chr. stammen, eine direkte Verbindung mit griechischen Vorbildern sehr unwahrscheinlich ist. Würden die Skulpturen früher datiert, so dürfte man stilistische Merkmale erwarten, die wesentlich eindeutiger auf diese Verbindung schließen ließen.

Die iberische Skulptur besitzt einen eigenen Stil, und um ihn zu definieren, müssen zwei Faktoren in Betracht gezogen werden, die ihn bestimmen: einerseits das Fehlen einer bildhauerischen Tradition an der Levanteküste, der Wiege der iberischen Skulptur, und andererseits das Zusammenfließen unterschiedlicher Kulturströme. Zunächst der orientalische Impuls, der zu einer orientalisierenden Kunst auf der Iberischen Halbinsel führte, Folge dauerhafter und enger Beziehungen mit Phöniziern und Puniern; später direkter griechischer Einfluß sowie indirekter griechischer Kontakt infolge der durch Phönizier und Punier vermittelten Produkte griechischen Kunsthandwerks. Das, was man als einheimische Komponente bezeichnen könnte, ist die Mischung aus der Rezeption der beschriebenen Einflüsse und individuellen Vorlieben, die sich auf niedrigem kulturellem Niveau bildeten, eine Kunst, welche man als »volkstümlich« zu bezeichnen pflegt und die in gewissem Sinne ein gemeinsames Erbe aller Mittelmeerkulturen ist. Ist so die Frage der Grundlage geklärt, können die wichtigsten stilistischen Merkmale der iberischen Werke beschrieben werden, denen andere untergeordnet sind: Auffällig ist das Fehlen eines strukturellen Überbaus, die Fixierung auf das archaische Ideal und die Tendenz zur Abstrak-

Löwe aus Bujalance (Córdoba);
5. Jahrhundert v. Chr.;
hellgelber Kalkstein;
Höhe: 62 cm;
Museo Arqueológico Provincial, Córdoba.
Kat.-Nr. 178

tion. Diese Charakteristika verraten ein völliges Desinteresse an übergeordneten Konzepten, was durch eine Vorliebe für formalen Überschwang und ein außerordentliches deskriptives Talent wettgemacht wird.

Das Fehlen einer authentischen schöpferischen Dynamik und die Unsicherheit, hervorgerufen durch immerwährendes Festhalten an einigen kunsthandwerklichen Entwürfen, erschweren das Erkennen einer wirklichen stilistischen Entwicklung. Daraus resultiert, daß in der modernen Forschung bezüglich der historisch-kulturellen Voraussetzungen im Mittelmeerraum und in Iberien mit vagen Begriffen gearbeitet wird, was es Barry Cunliffe erlaubte, den Prozeß der Hellenisierung auf der Iberischen Halbinsel systematisch darzustellen.

Werkstätten und regionale Stile

Die neuesten Untersuchungen, wie die von Iván Negueruela und José Miguel Noguera, haben die Bedeutung regionaler Stile für das Verständnis der iberischen Skulptur deutlich gemacht. Durch die vergleichende Analyse von Motiven, Details und formalen Elementen könnte es gelingen, die Geheimnisse der Techniken und dazugehörigen Werkstätten zu entschlüsseln. Auch wenn es sich hier zunächst nur um erste Ansätze handelt, ist es von großer Bedeutung, diese näher ins Auge zu fassen.

Eine grundsätzliche Schwierigkeit solcher Untersuchungen besteht in der Definition eindeutiger Kriterien zur Unterscheidung der Arbeitsweisen einzelner Werkstätten, denn die Trennlinien fluktuierten, was gelegentlich zu Verwechslungen führt. Um die Existenz einer Werkstatt zu belegen, ist es jedoch notwendig, über genügend Fundmaterial zu verfügen, um Stilelemente zu analysieren und Schlüsse daraus ziehen zu können. Zu diesem Zweck scheint es sinnvoll von der Prämisse auszugehen, daß die Werkstätten *sensu lato* Einrichtungen waren, fähig zu zeitlicher und räumlicher Mobilität, wie es die Werkstätten vom Cerro de los Santos-Llano de la Consolación und Baena-Nueva Carteya offenbar waren.

Ein weiterer Gesichtspunkt in bezug auf die Werkstätten, der nicht vernachlässigt werden darf, betrifft die Techniken, die in ihnen entwickelt wurden, denn diese hatten Auswirkungen auf den Stil. In diesem Zusammenhang ist zu beobachten, daß sich, ohne den Boden eines gemeinsamen Nenners zu verlassen, in den verschiedenen Werkstätten charakteristische Eigenarten entwickelten, die man als regionale Stile bezeichnen könnte. Gemeinsamkeiten bestehen in der Art der Bearbeitung, das heißt des Meißelns, des Gravierens und Schleifens. Dadurch wurden Einkerbungen und Rillen erzeugt, die den Anschein erwecken, als sei der Stein mit sehr viel Kraft behandelt worden. Im Gegensatz dazu stehen die großen glatten Flächen, die getrennt bearbeitet wurden und die nicht miteinander zu einer organischen Einheit verschmolzen. Mit etwas Glück wurde räumliche Tiefe durch verschiedene feine, übereinanderliegende Schichten erreicht. Dies erinnert an Techniken, die am Ende der archaischen Epoche gebräuchlich waren, in der sich auch das handwerkliche Können der iberischen Bildhauer herausbildete. In diesem Zusammenhang muß betont werden, daß zu Anfang des 5. Jahrhunderts v. Chr., als die Steinbearbeitung im iberischen Raum begann, eine Ausbildung der einheimischen Handwerker gar nicht oder bestenfalls rudimentär vorhanden war. Die jüngsten von Boardman im Mittelmeerraum durchgeführten Untersuchungen beweisen, daß es in der Tat ein lokales Kunsthandwerk gab, das sich mit bestimmten griechischen Gestaltungsprinzipien auskannte, ohne daß dabei die Möglichkeit einer Präsenz von zweit- oder drittklassigen griechischen Bildhauern ausgeschlossen werden soll.

Hat man schließlich bei der iberischen Skulptur auch noch die starke punisierende Komponente berücksichtigt, so zeigt sich, daß es einen Lernvorgang durch das Studium griechischer, vielleicht kolonialer Vorbilder gab, mit dem Ergebnis, daß Werke entstanden, die allgemein griechisch wirken. Eine paradoxe Feststellung zur *Dama de Elche* und der *Gran Dama Oferente* vom Cerro de los Santos, zunächst von Blanco geäußert, der sich später Boardman anschloß, faßt die vorangegangenen Ausführungen zusammen: »Keines der beiden Werke ist wirklich griechisch, aber ohne die griechische Kunst hätten sie keine Form annehmen können.«

Unter Berücksichtigung der geschilderten komplexen Sachverhalte und angesichts der Fundorte der Skulpturen läßt sich ein Panorama iberischer Kunstproduktion mehr erahnen als bestimmen, in dem sich bestimmte Schwerpunktzonen mit folgenden Werkstätten abzuzeichnen beginnen.

Stier aus Sagunt (Valencia); 5. Jahrhundert v. Chr.; grau-beigefarbener Sandstein; Höhe: 52 cm; Museo Arqueológico, Sagunt. Kat.-Nr. 51

Die Ostküste

Zwei Werkstätten waren an der östlichen Mittelmeerküste von besonderer Bedeutung, eine im Gebiet Elche-Alicante und ein im Bereich Verdolay-Murcia-Mula.

Die Werkstatt von Elche-Alicante

Die ältesten Arbeiten sind gegen Ende des 6. oder zu Anfang des 5. Jahrhunderts v. Chr. entstanden. Sie bilden die Quintessenz der iberischen Skulptur. Es ist vorstellbar, daß sich unter den griechischen Kolonisten ein griechischer Bildhauer befand, der die Einheimischen in der Technik der Steinbildhauerei unterwies und ihnen einen Einblick in den griechischen Themenkanon verschaffte. Es ist gleichwohl schwierig, in den ältesten Arbeiten dieser Werkstatt die Handschrift eines griechischen Künstlers zu erkennen – trotz der ho-

Torso eines Kriegers mit Brustpanzer aus La Alcudia, Elche (Alicante); 4. Jahrhundert v. Chr.; hellgelber Kalkstein; Höhe: 41 cm; Museo Monográfico de La Alcudia de Elche, Sammlung Ramos. Kat.-Nr. 12

hen Qualität einiger Stücke, wozu die Sphinx von Agost, der Greifenkopf von Redován, die beiden weiblichen Köpfe von Alicante und La Alcudia de Elche und die zoomorphe Skulptur von Cabezo Lucero (Guardamar de Segura, Alicante) gehören, die alle aus dem ausgehenden 6. und beginnenden 5. Jahrhundert v. Chr. stammen. Die Vereinfachung in der Arbeitsweise, die Neigung zum Ornamentalen und die Überstilisierung der ohnehin stilisierten Motive sind charakteristisch für diese Skulpturen. Sie lassen die Hand eines lokalen Bildhauers erkennen, der sich mit der aktuellen griechischen Formensprache zwar gut auskannte, aber gleichzeitig dazu neigte, diese in persönlicher Art und Weise zu interpretieren. Noch deutlicher wird diese Vorgehensweise bei der Sphinx aus dem Park von Elche, dem Paradebeispiel für diejenigen Skulpturen, die für das Wurzelfassen orientalischer Einflüsse und für das untrennbare Amalgam orientalischer und griechischer Elemente stehen.

Gemeinsam sind diesen Werken die gleichmäßige Oberflächenbehandlung des Steins, ihre Zartheit, Plastizität und Nüchternheit. Das zeigt sich an Details wie den runden, vorquellenden Augäpfeln, den in ihrer Weichheit markanten Hautfalten und den in einem konzentrischen Rhythmus angeordneten Furchen und Rillen. Dies bedeutet, daß sich im Laufe des 5. Jahrhunderts v. Chr. ein Stil herausbildete, der gegen Ende dieses Jahrhunderts seinen Höhepunkt erreichte und das ganze 4. Jahrhundert v. Chr. hindurch Bestand hatte.

Obwohl die Vorherrschaft der künstlerischen Anleihen bei den Griechen erkennbar ist, setzten sich die erlernten Arbeitstechniken und bestimmte Eigenarten durch. Topoi wie die zickzackförmigen Falten, die übereinanderliegenden Stoffbahnen und die mandelförmigen Augen verschmolzen mit den lokalen Tendenzen zu Abstraktion, Schematismus und einfacher, beschreibender Ornamentierung zu einem Stil, der die iberische Skulptur am nachhaltigsten prägte, dem »Stil von Elche«. Seine Eigenarten lassen sich dem Faltenwurf des Stoffes, der Form der Finger und der Feinheit der Epidermis der Stücke aus La Alcudia de Elche genau ablesen.

Der klassische Hintergrund, der dies alles bewirkte, ist von der süditalischen Plastik aus Stein und Terrakotta inspiriert, eine Hypothese, die sich angesichts von exzeptionellen Schöpfungen wie dem Antlitz der *Dama de Elche* zu bestätigen scheint. Der Bezug auf Süditalien interessiert nicht nur hinsichtlich der Entstehung und Entwicklung der Werkstatt, sondern auch im Hinblick auf die Art der Vorbilder, die, nach der iberischen Groß- und Kleinplastik zu schließen, gelegentlich in der süditalischen Kleinkunst zu suchen sind. Die Unterschiede zwischen Modell und Imitation vermitteln eine Vorstellung davon, wie wenig die iberischen Bildhauer über den Rahmen formaler Imitation hinausgelangten.

Die Werkstatt von Elche-Alicante strahlte auf den gesamten iberischen Raum aus, aber speziell auf die nahegelegenen Werkstätten war ihre Wirkung beachtlich. In der iberischen Spätzeit ließ die Aktivität dieses Ateliers jedoch stark nach.

Greifenkopf aus La Alcudia, Elche (Alicante); 1. Hälfte 4. Jahrhundert v. Chr.; beigefarbener Sandstein; Höhe: 43 cm; Museo Monográfico de La Alcudia de Elche, Sammlung Ramos. Kat.-Nr. 11

Die Werkstatt von Verdolay-Murcia-Mula

Die Untersuchungen von José Miguel García Cano und Virginia Page über die Skulpturen aus dem Raum Murcia erlauben es, die Aktivitäten der Werkstatt in die Zeit zwischen dem ausgehenden 5. und der Mitte des 4. Jahrhunderts v. Chr. zu datieren. Die Ähnlichkeiten mit den Arbeiten der Werkstatt von Elche-Alicante legt nahe, bei der Werkstatt von Verdolay-Murcia-Mula an eine zeitweilige Verlagerung oder an eine »Zweigstelle« des Ateliers von Elche zu denken, und zwar in ein Gebiet von besonderer Dynamik.

Die Skulpturenfunde, insbesondere die anthropomorphen Darstellungen, haben García Cano und Page zu wichtigen Schlüssen über die geringe Etablierung spezifisch griechischer Formen in der einheimischen Kultur geführt. Ein überzeugendes Beispiel sind die Köpfe aus Verdolay, bei denen motivische Verwandtschaften zu Werken der Spätarchaik und der frühen Klassik den spezifisch iberischen Motiven deutlich untergeordnet sind.

Die Art der Steinbearbeitung zeigt die typischen Merkmale der Arbeiten aus der Werkstatt von Elche-Alicante. Dies belegt neben anderen Beispielen ein Skulpturenfragment im Museum von Murcia, das zu einer Kriegerfigur gehörte und den Skulpturen von La Alcudia de Elche sehr ähnlich ist.

Die verschiedenen Aktivitäten der Werkstatt (oder vielleicht auch der kleinen Werkstätten) aus der Region Murcia haben außerordentlich interessante Stücke hervorgebracht, die von den Köpfen von Verdolay bis zu den Exvotos von El Cigarralejo reichen, nicht zu vergessen den Cippus aus Jumilla, ein Werk aus der Blütezeit der iberischen Kultur und zugleich eines der bedeutsamsten aus den künstlerischen Zentren an der Levanteküste.

Relieffragment mit der Darstellung eines Schildes aus La Alcudia, Elche (Alicante);
2. Hälfte 5. Jahrhundert v. Chr.;
hellgelber Kalkstein;
Höhe: 39 cm;
Museo Monográfico de La Alcudia de Elche, Sammlung Ramos.
Kat.-Nr. 13

Die südliche Meseta

Im Landesinneren weisen die plastischen Werke ganz andere Merkmale auf, die einen regionalen Stil erkennen lassen, der sich speziell an der Werkstatt vom Cerro de los Santos-Llano de la Consolación (Montealegre, Albacete) orientierte. Möglicherweise gab es noch andere Ateliers in dieser Zone, aber zur Zeit läßt sich nur die Werkstatt von Pozo Moro (Chinchilla, Albacete) identifizieren.

Die Werkstatt von Pozo Moro

Diese Werkstatt gehört zu den ältesten, die wir kennen. Ihre Skulpturen zählen zu den frühesten Ausprägungen iberischer Bildhauerei und erscheinen nach aktuellem Wissensstand im Bereich der iberischen Plastik als ein völlig isoliertes Phänomen. Tatsächlich deuten weder Thematik noch Stil auf Berührungspunkte mit der iberischen Bildhauerkunst hin. Die grausame Phantasmagorie der Themen der Reliefs und die Prototypen für die Löwenfiguren verraten orientalische Einflüsse, die wesentlich intensiver und viel direkter waren als die orientalischen Reminiszenzen, die wir sonst in der iberischen Kunst finden. Martín Almagro-Gorbea, der Ausgräber des Grabmals von Pozo Moro, brachte dessen Skulpturenausstattung mit einer Werkstatt in Gadir (Cádiz) in Verbindung, der alten phönizisch-punischen Metropole von Südspanien. Diese interessante Hypothese unterstreicht nicht nur den durch die Punier vermittelten orientalischen Einfluß, sondern macht auch die direkten Kontakte mit dem Orient deutlich, die sich an Techniken erkennen lassen, welche bestimmten Arbeitsweisen der Toreutik und der Glyptik eigen sind. Die Art, wie die Figuren herausgearbeitet und parataktisch vor einem glatten, neutralen Hintergrund angeordnet sind, mag als Beispiel dienen.

Die Aktivitäten der Werkstatt scheinen sich auf das ausgehende 6. und beginnende 5. Jahrhundert beschränkt zu haben.

Die Werkstatt vom Cerro de los Santos-Llano de la Consolación

Der für diese Werkstatt typische lokale Stil zeichnet sich durch eine recht derbe und schematische Bearbeitung des Steins aus. Die Formensprache ist der griechischen Archaik entlehnt. Lineare Formen, Strenge und Trockenheit in der Steinbehandlung und ein vereinfachter sowie reduzierender Entwurf sind Merkmale, die für die gesamte Schaffenszeit der Werkstatt bestimmend waren. Sie finden sich schon in den ersten Schöpfungen wieder: in den Sphingen von Bogarra und Salobral sowie in der *Bicha de Balazote,* die alle in das frühe 5. Jahrhundert v. Chr. datiert werden können. Die qualitätvollste Darstellung einer menschlichen Figur ist der Reiter von Los Villares (Hoya Gonzalo, Albacete), den sein Entdecker Juan Blánquez in die Zeit um 490 v. Chr. datiert. Gesicht und Haartracht des Reiters zeigen, was das lokale Handwerk aus einem archaisierenden Ideal machte, das nach iberischem Geschmack stilisiert und umgeformt wurde (dieses Stück ist nicht zu verwechseln mit dem jüngeren, kopflosen Reiter von Los Villares, Kat.-Nr. 181).

In der zweiten Hälfte des 5. Jahrhunderts steigerte sich die Plastizität der Werke, und es setzte sich eine sorgfältigere Technik durch. Dies bezeugen die Köpfe vom Llano de la Consolación, die den Skulpturen vom Cerrillo Blanco de Porcuna (Jaén) nahestehen (s. unten) und die wahrscheinlich von einem speziell beauftragten Bildhauer oder von einer mit diesem Heiligtum besonders eng verbundenen Werkstatt gefertigt wurden.

Auf dem Höhepunkt der iberischen Kultur konzentrierten sich alle Aktivitäten der Werkstatt auf das Heiligtum vom Cerro de los Santos. Im Laufe des 4. Jahrhunderts v. Chr. bildet sich ein regionaler Stil heraus, der sich etablierte und bis in die iberische Spätzeit fortdauerte. Opfernde und sitzende Frauenfiguren sowie Männerköpfe weisen als charakteristisches Merkmal eine hölzern wirkende Oberfläche auf, eine Folge von Graten, Ritzlinien, trockenen Abkantungen und zickzackförmigen Linien. Im allgemeinen ist eine derbe und grobe Arbeitstechnik vorherrschend, die den Stil dieser Werke grobschlächtig wirken läßt. Ein anschauliches Beispiel für wichtige ikonographische Veränderungen ist die umfangreiche Serie von Männerköpfen, die in der Art der Haartracht und im Schmuck, wie beispielsweise einem Ohrring, auf eine Zugehörigkeit zu einer bestimmten sozialen Schicht hindeuten.

Das ganze Spektrum der dem »Stil vom Cerro de los Santos« innewohnenden Eigentümlichkeiten schließt Ähnlichkeiten zu anderen Arbeiten nicht aus, wie das Pferd von Casas de Juan Núñez (Albacete) verdeutlicht. Dabei handelt es sich um eine außergewöhnliche Arbeit der Werkstatt vom Cerro de los Santos, die von dem Gefühl für das Plastische und dem Raffinement des »Stils von Elche« beeinflußt erscheint. Die Skala der stilistischen »Abtönungen« oder der in der Werkstatt verwendeten Motive und Inhalte reicht von der in ihrer archaisierenden Stilgebung und in ihrer Feierlichkeit beeindruckenden *Gran Dama Oferente* bis zum Pferd von Casas de Juan Núñez, das als die qualitätvollste Ausformung eines sensiblen Naturalismus gilt.

Auch in spätiberischer Zeit blieb die Werkstätte ihrem charakteristischen Stil treu, doch kündigten sich hier bereits die Auswirkungen der Romanisierung an. Zunächst wirkte sich dieser Einfluß jedoch eher auf die Ikonographie als auf den Stil aus, was die Darstellungen von *Palliati* und die einheimischen Ehrenstatuen bezeugen.

Männerkopf vom Llano de la Consolación, Montealegre del Castillo (Albacete); Anfang 5. Jahrhundert v. Chr.; hellgelber Kalkstein; Höhe: 19,8 cm; Musée du Louvre, aufbewahrt im Musée des Antiquités Nationales, Saint-Germain-en-Laye. Kat.-Nr. 187

Andalusien

Die andalusischen Werkstätten spiegeln die Auswirkungen dieser unterschiedlichen, sich miteinander vermischenden Einflüsse und einer je nach Zeit und historischen Umständen ständig wechselnden politischen und wirtschaftlichen Situation besonders deutlich wider.

Die Werkstatt von Baena-Nueva Carteya

Diese Werkstatt existierte schon in frühester Zeit und erlebte zwei Blütephasen. Gegen Anfang des 5. Jahrhunderts v. Chr. stand sie unter orientalisierendem Einfluß. Die Herstellung von Skulpturen beschränkte sich in dieser Epoche fast ausschließlich auf zoomorphe Darstellungen. Ihre Formensprache verrät Starrheit, Abstraktion und einen gewissen Schematismus, was kennzeichnend für ein primitives Stadium künstlerischer Tätigkeit ist. Die Löwen von Baena (Córdoba) und Nueva Carteya (Córdoba) illustrieren die Unterschiede in der Auswahl von Motiven und Formen, durch die sich das örtliche Handwerk von anderen Werkstätten abhebt.

Ohne die einzelnen Entwicklungsstufen bereits genau zu kennen, können wir feststellen, daß sich die künstlerischen Techniken in der Spätzeit der iberischen Bildhauerei nicht besonders stark verfeinert zu haben scheinen, und obwohl die Skulpturen mehr handwerkliches Geschick in der Bearbeitung verraten, zeigen sich weiterhin die alten Unzulänglichkeiten. Die Plastiken, die bei den Ausgrabungen im Heiligtum von Torreparedones (Baena, Castro del Rio, Córdoba) gefunden wurden, weisen ebenso wie die

Pferd aus Casas de Juan Núñez (Albacete); 5. Jahrhundert v. Chr.; hellgelber Kalkstein; Höhe: 75 cm; Museo Provincial, Albacete. Kat.-Nr. 37

Skulpturen vom Cerro de los Santos zu Beginn der Romanisierung ikonographische Neuerungen auf.

Die Veränderungen deuten auf die Rezeption hellenistischer Einflüsse aus Italien, wie sie die schlecht erhaltenen Skulpturenfragmente in Santaella (Córdoba) belegen. Vielleicht verlagerte sich die Werkstatt zu diesem Zeitpunkt und trat mit den Werkstätten in Unterandalusien in Verbindung, wo die Romanisierung sich bereits in voller Entwicklung befand.

Die Werkstatt von Porcuna

Die ersten Arbeiten der Werkstatt von Porcuna entstanden im ausgehenden 6. Jahrhundert v. Chr. und nahmen die von der zoomorphen Plastik Andalusiens vorgezeichnete Linie auf. Sie zeigen dabei die Besonderheiten eines Mischstils, der die Einflüsse der griechischen Kunst von der Mittelmeerküste und des orientalisierenden Stils aus dem Süden der Iberischen Halbinsel in sich vereint. Der Stier von Porcuna ist das markanteste Beispiel. Er zeigt einerseits die Abhängigkeit von konventionellen Schemata – Festlegung auf den Steinblock als Rohmaterial, herzförmige Ohren – und andererseits ein Streben nach Verfeinerung durch die elegante Stilisierung des Liniensystems.

Ihre volle Reife erreichte die Werkstatt in der zweiten Hälfte des 5. Jahrhunderts v. Chr. Es war die Zeit, die, wie Cunliffe feststellte, durch die harmonische Verbindung griechischer Elemente mit einheimischen Vorstellungen geprägt war. Die Künstler, die den Stil von Porcuna ausbildeten, waren einheimische Bildhauer, die sich mit den Themen, Techniken und Vorbildern der Griechen gut auskannten, ohne je ihren eigenen kulturellen Horizont aus den Augen zu verlieren. Aus diesem Grund spielt die Werkstatt von Porcuna eine ausschlaggebende Rolle innerhalb des Panoramas der iberischen Skulptur. Die durch Iván Negueruela wiederhergestellten freistehenden Figuren und Statuengruppen belegen eine weitreichende Kenntnis künstlerischer Möglichkeiten, wie Ponderation, perspektivische Verkürzung, Wiedergabe der Anatomie durch die Art der Gewandbehandlung und Gestaltung der Figur-Raum-Relation. Die Übernahme dieser künstlerischen Lösungen erscheint wenig kompatibel mit einem bedeutsamen Phänomen: der ablehnenden oder ignoranten Haltung gegenüber strukturellen Fragen, vor allem in bezug auf die Anatomie des menschlichen Körpers. Dieses Desinteresse äußerte sich plastisch in massigen, kugeligen, weichen Formen, die den menschlichen Körper als ein fleischiges, mit Waffen und Schmuck behängtes Wesen erscheinen lassen. Die Fähigkeit iberischer Bildhauer zum Beschreiben und Analysieren stand stärker im Dienste des Ornamentalen als des Funktionalen und Strukturellen. Dies gilt nicht nur für die Werkstatt von Porcuna, sondern ist allgemein typisch für die iberische Plastik.

Geht man vor diesem Hintergrund zur stilistischen Detailanalyse über, so versteht man das Desinteresse an Formeln und Lösungen, ja an den Inhalten des griechischen Stils und die Vorliebe der iberischen Bildhauer für einige ausgewählte Motive wie Augen, Münder, Haarlocken, sich überschneidende Gewandfalten aus der griechischen Spätarchaik und frühen Klassik. Der iberische Künstler eignete sich sogar die Technik an, die der Oberfläche des Steines den besonderen Schliff verlieh, den der Marmor in der Übergangsphase zwischen Archaik und Klassik im sogenannten Strengen Stil aufwies. Es war wesentlich geläufiger, bestimmte Formeln zu übernehmen als den griechischen Stil und die spezifisch griechischen Themen. Die Freiheit iberischer Interpretation zeigt sich in der Tendenz zu stilisieren und in der Neigung, das Funktionale durch das Ornamentale zu ersetzen, so daß die Motive einen rein iberischen Charakter annehmen.

Das Bemerkenswerteste an den Skulpturen von Porcuna ist ihre ausgeprägte künstlerische Individualität, ein außergewöhnlicher Sinn für das Plastische sowie eine verfeinerte und materialgerechte Technik für die Bearbeitung des einheimischen Kalksteins nach eigenen Vorstellungen, das heißt durch eine oberflächliche und vor allem an dekorativer Wirkung ausgerichtete Formgebung. Obwohl sich thematische und motivische Bezugspunkte zur griechischen Kunst finden lassen, sind die Skulpturen von Porcuna genuin iberische, nach den plastischen Prinzipien eines begabten einheimischen Bildhauers gestaltete Werke. Arbeiten wie der »Priester« und die Gruppe mit dem vom Pferd abgestiegenen Reiter, der einen gestürzten Feind mit der Lanze angreift, sowie das Relief, das einen Jäger mit Hund zeigt, um nur einige der Werke nennen, bestätigen diese Eigenständigkeit sehr deutlich. Das gleiche gilt für den Krieger mit Helm, ein Werk, das in Anbetracht der Bedeutung, die ihm nach den jüngsten Forschungen zukommt, nicht ungenannt bleiben darf. Kopf und Gesicht des Kriegers wurden als Beweis für einen phokäischen Einfluß gewertet. In der Tat jedoch handelt es sich um stark stilisierte iberische Nachahmungen süditalischer Vorbilder, die ihrerseits wiederum archaische Formen abstrahierten.

Einzuräumen, daß sich der Stil von Porcuna durch Kontakt zu einem Bildhauer der ersten Generation herausgebildet haben könnte, die mit den West-Phokäern nach Spanien kam, bereitet keinerlei Schwierigkeiten. In der Tat bedeutet die Blütezeit der Werkstatt von Porcuna in der zweiten Hälfte des 5. Jahrhunderts v. Chr. die natürliche Konsequenz eines solchen Vorgangs, anders gesagt, ein erstes Anzeichen von künstlerischer Reife in einem rein lokal geprägten Kontext. Daher wohl ihr Einfluß auf andere lokale Werkstätten

Relief aus Torreparedones (Córdoba): Zwei opfernde Frauen vor einer Säule; 2./1. Jahrhundert v. Chr.; hellgelber Kalkstein; Höhe: 83 cm; Museo Histórico Municipal de Cañete de Las Torres, Córdoba. Kat.-Nr. 216

Grypomachie vom Cerrillo Blanco, Porcuna (Jaén); 1. Hälfte 5. Jahrhundert v. Chr.; hellgelber Kalkstein; Höhe: 70 cm; Museo Provincial, Jaén. Kat.-Nr. 19

Stier (»Torito«) aus Porcuna; 550/475 v. Chr.; hellgelber Kalkstein; Höhe: 55 cm; Museo Provincial, Jaén. Kat.-Nr. 15

Auf einer Palmette ruhender Greif vom Cerrillo Blanco, Porcuna (Jaén); 1. Hälfte 5. Jahrhundert v. Chr.; hellgelber Kalkstein; Höhe: 82 cm; Museo Provincial, Jaén. Kat.-Nr. 22

und Stile – dies jedenfalls legen Arbeiten wie die Köpfe vom Llano de la Consolación und sogar einige Werke aus La Alcudia nahe.

Die Entwicklung dieser Werkstatt kann in ihren einzelnen Schritten nur mit Mühe nachvollzogen werden, obwohl auch einige Arbeiten aus der iberischen Spätzeit bekannt sind. Vielleicht verlagerten sich in dieser Zeit die Aktivitäten in Richtung Castulo, einem wichtigen Bergbauzentrum, wo mehrere zoomorphe Skulpturen gefunden wurden, die in engem Zusammenhang mit den für diese späte Epoche typischen Grabmälern stehen.

Die Werkstatt von Osuna-Estepa

Nach heutigem Kenntnisstand war der Betrieb dieser Werkstatt auf die spätiberische Zeit beschränkt. Sie scheint sich auf Reliefs spezialisiert zu haben, die in der Mehrzahl bearbeitete Quader waren und für Denkmäler gefertigt wurden.

Verschiedene Serien von Reliefs lassen sich in der Werkstatt von Osuna (Sevilla) unterscheiden. Die erste und ältere datiert in die Zeit zwischen dem 3. und 2. Jahrhundert v. Chr. und war thematisch und stilistisch auf die Ansprüche des lokalen Publikums ausgerichtet. Prozessionen und Kämpfe zwischen Kriegern sind die häufigsten, wenn auch nicht die einzigen Themen, die in flachem Relief mit Hilfe einer raffinierten Technik ausgearbeitet wurden, die jedoch auf traditionelle Maßgaben zurückgeht. Die Figuren haben einfache und schematische Konturen und heben sich gegen einen neutralen Hintergrund ab. Das Dekorative beherrscht das Organische und Funktionale. Die Weiterentwicklung zeigt sich in einer größeren handwerklichen Geschicklichkeit; die anatomischen Formen werden deutlicher herausgearbeitet und die Bewegung durch die Luftigkeit des Gewandes betont. Die reifste Darstellung dieser Serie, die Flötenspielerin, mag hierfür als Beispiel dienen.

Die zweite Reliefserie aus Osuna entstand zwischen dem 2. und dem 1. Jahrhundert v. Chr. und zeigt thematische Neuerungen, die im Laufe des Romanisierungsprozesses Aufnahme in das iberische Repertoire fanden. Stilistisch werden hellenistische Einflüsse aus Italien deutlich, die die traditionellen Techniken der Gravur und holzschnittartigen Eintiefung sowie die Neigung zum Schematismus nicht beseitigten, aber mäßigten. Eine Neuerung war auch die dynamischere Komposition, wie sie in einer für die zweite Reliefserie typischen Arbeit, dem sogenannten *Cornicen,* zum Ausdruck kommt.

An diese Serie schließen sich die Reliefs von Estepa (Sevilla) an, die aus der gleichen oder einer nahegelegenen Werkstatt stammen. Ein Relief, auf dem Legionssoldaten dargestellt sind, ist das anschaulichste Beispiel für ein Werk aus dem 1. Jahrhundert v. Chr., in dem thematische, technische und stilistische Neuerung zum Tragen kommen, die auf die Romanisierung zurückzuführen sind.

Über ganz Andalusien verstreut gibt es Fundstücke und Skulpturen von großer Wichtigkeit, wie zum Beispiel die *Dama de Baza* (Granada). Gerade diese Streuung sowie die unzureichende Information erlauben nicht, sie einer der bisher erwähnten Werkstätten zuzuschreiben. Da es sich aber in vielen Fällen um relativ neue Entdeckungen handelt, werden weitere Forschungen sicherlich noch neue Erkenntnisse bringen.

An dieser Stelle seien die bisherigen Ausführungen zur iberischen Skulptur in einigen grundlegenden Punkten zusammengefaßt:

1. Die iberische Kunst will spontan beeindrucken. Sie ist Ausdruck einer Formenfreude, die nicht nur bestimmten Konzepten oder Definitionen folgt und an diesen festhält. In der Praxis ist eine Begeisterung für ornamentale Effekte festzustellen, die sich um die Intentionen des Vorbilds nicht weiter kümmert und einen kunsthandwerklichen Zug niemals verliert.

2. Griechisch-orientalische Einflüsse einerseits und aus dem Repertoire der Archaik und der beginnenden Klassik stammende Vorbilder andererseits prägen nachhaltig den iberischen Stil. Die Plastizität des Werkes war abhängig von der Ausbildung und den Fähigkeiten des Bildhauers im Hinblick auf diese Vorbilder.

3. Die aus der Kleinkunst Süditaliens stammenden Typen und Modelle, wie die Steinskulpturen und die Koroplastik, wurden verändert und dem einheimischen Geschmack soweit angepaßt, daß schließlich eine genuin iberische Schöpfung entstand.

4. Die regionalen Stile blühten in den bedeutendsten und dynamischsten und, soweit wir heute sagen können, den Wünschen der einheimischen Klientel ausschließlich verpflichteten Zentren. Elche-Alicante, Porcuna und der Cerro de los Santos-Llano de la Consolación (Osuna-Estepa in später Zeit) sind die Werkstätten, die den besonderen Charakter der iberischen Skulptur am deutlichsten zum Ausdruck bringen.

Lit.: Carpenter 1925; García y Bellido 1943a; 1954; Blanco 1960; Langlotz/Hirmer 1963; Langlotz 1966; Trillmich 1975; Tarradell 1977; Blanco 1981; Chapa 1986a; Blanco 1987–1988; Gonzáles Navarrete 1987; Ruano 1987; García Cano/Page del Pozo 1990; Negueruela 1990a; Trillmich 1990; Olmos u.a. 1992; Cunliffe 1993; Boardman 1994; García Cano 1994; Noguera 1994

Die Skulpturen vom Cerrillo Blanco de Porcuna

Iván Negueruela

Zwischen 1975 und 1979 fand man am Cerrillo Blanco de Porcuna in einem Graben, der mit schweren Steinplatten abgedeckt war, zahlreiche Skulpturenfragmente. Das Museum von Jaén ließ Ausgrabungen durchführen, bei denen die Bruchstücke geborgen und einige Skulpturen soweit wie möglich rekonstruiert wurden. Allerdings konnte keine einzige Plastik vollständig wiedergewonnen werden. Die Qualität der Stücke ist außergewöhnlich, sie gewähren außerdem neue Erkenntnisse über die Ikonographie der iberischen Kunst und bestechen durch ihre originalgetreue Darstellung bestimmter Details wie Waffen, Kleidung, Frisuren u. ä. Ende 1984 wurde ich mit der Direktion des Museums von Jaén betraut, die Ergebnisse der Untersuchungen wurden 1990 veröffentlicht. Der Anschaulichkeit halber sollen hier alle Skulpturen aufgezählt werden, deren Rekonstruktion aus den etwa 1 500 geborgenen Fragmenten relativ gesichert ist: eine Gruppe von 10 Kriegern, bestehend aus Siegern und Besiegten; ein Mann mit Tunika und Manipel; eine bekleidete Frau mit nacktem Kind; eine Göttin mit einer Schlange auf der Schulter; eine sitzende Frau; ein Mann mit zwei Böcken auf dem Rücken; der Torso eines masturbierenden Mannes; ein nacktes Kind; zwei Faustkämpfer; ein Hasenjäger mit Hund; ein Rebhuhnjäger; ein Kopf mit einer komplizierten Frisur; eine Greifenkampfgruppe; eine Löwenkampfgruppe; ein Wolf, der ein Lamm angreift; das Fragment eines *carnassiers,* der ein Kalb reißt, sowie Fragmente von zwei weiteren *carnassiers;* eine Sphinx, ein Adler, ein Greif auf einer Palmette sowie Bruchstücke von Möbeln und Architekturelementen.

Diese Liste macht die thematische Vielfalt der Funde aus der *favissa* vom Cerrillo Blanco deutlich. Das große Problem, das sie aufwerfen, besteht jedoch in der Identifikation des übergeordneten Programms, nach dem die Skulpturen geschaffen wurden, denn zu viele Fragmente, die uns einer Lösung näher bringen könnten, sind verloren.

Dennoch konnte eine Gruppe von mindestens zehn Kriegern rekonstruiert werden, die aus bewaffneten Männern, die jeweils in Zweikämpfe verwickelt sind, besteht. Diejenigen Krieger, die vollständig bewaffnet und unverletzt sind, gehörten wohl zu einer Gruppe Kämpfender, die gegen diejenigen antraten, deren Waffen ganz oder teilweise fehlen und die außerdem verletzt oder tot sind. Es handelt sich also um die Darstellung eines Kampfes, in dem eine Gruppe von Kriegern völlig überraschend angegriffen und getötet wird. Alle Krieger sind barfuß, und neben den Toten hocken Vögel. Die gesamte Gruppe bestand aus je zwei Kriegern, die aus einem einzigen Steinblock gemeißelt waren, was für den iberischen Bildhauer eine nie dagewesene technische Herausforderung gewesen sein muß. Eine dieser Gruppen hebt sich aufgrund ihrer besonders komplizierten Komposition von den anderen ab: Sie besteht aus einem Reiter, einem Pferd und einem verletzten Krieger. Der Reiter, der vom Pferd gestiegen ist, tritt auf die Hand seines Gegners und stößt ihm gleichzeitig die Lanze in den – heute nicht mehr vorhandenen – Mund und durch den Hals, so daß sie aus dem Rücken wieder austritt. Die Grausamkeit des Kampfes ist bei allen Gruppen mit atemberaubender Detailfreude wiedergegeben, als habe sich der Künstler ganz besonders um eine möglichst realistische Darstellung des Krieges bemüht. Bei der vorliegenden Darstellung handelte es sich zweifellos um einen Überraschungsangriff, der die Besiegten völlig unvorbereitet traf.

An zahlreichen Fragmenten wurden Kerben und Bohrlöcher festgestellt, die zur Befestigung verschiedener Attribute aus Edelmetall, Bein oder Elfenbein dienten. Dieser technische Kunstgriff, der hier zum ersten Mal in der iberischen Skulptur angewandt wurde, verleiht den Skulpturen ein besonders kostbares und interessantes Aussehen. Die Helme der Krieger waren mit seitlichen Flügeln versehen; der vom Pferd gestiegene Reiter trug in der rechten Hand eine (bronzene?) Lanze, und viele Beinschienen waren seitlich mit Flügeln geschmückt. Ein weiteres Detail, das das technische Können der iberischen Bildhauer belegt, ist die Darstellung von Adern, die bei einigen Tieren, vor allem an den Beinen, mit außerordentlicher Sorgfalt reliefartig herausgearbeitet wurden. Die Liebe zum Detail und die Virtuosität jener Bildhauer aus Porcuna wird jedoch besonders bei der Darstellung einer Brosche deutlich, die, obwohl sie unter einem Umhang verborgen ist, so genau wiedergegeben wurde, daß der Typus präzise identifiziert werden kann. Es handelt sich um eine iberische Ringfibel, deren Durchmesser und Länge exakt gemessen werden können. Die Perfektion der Ausführung zeigt sich auch bei dem Körper des stehenden, mit einer Tunika bekleideten Mannes, dessen Rückenmuskulatur durch die Tunika hindurch zu sehen ist. Das einzige komplett erhaltene Gesicht dieser Gruppe, das des Kriegers Nr. 1, ist ebenfalls perfekt modelliert. Alle anderen Köpfe aus Porcuna sind leider verloren oder nur sehr fragmentarisch erhalten.

Neben den großartigen Kampfszenen fand sich eine überraschende Vielfalt an Motiven, die wahrscheinlich iberischen Mythen entlehnt sind: Die Greifenkampfgruppe zeigt einen Mann, der unbewaffnet gegen einen Greifen kämpft. Dieses Thema taucht in den Kulturen des Vorderen Orients häufig auf. Die Löwenkampfgruppe, bei der ein Mann im Kampf mit einem Löwen wiedergegeben ist, spielt wohl auf mythische Figuren wie Herkules, Samson, Melkart, Sargon I. oder Dumuzi an. Eine andere Gruppe besteht aus einem Löwen und einer langen, ihn würgenden Schlange; auch eine Frau mit einer kleinen Schlange auf der Schulter ist erhalten. Die Gestalt des *Moschophoros* wird von einem Mann in langer Tunika verkörpert, der zwei Schafsböcke auf dem Rücken trägt. Es ist deutlich, daß die Darstellungen der im Mittelmeerraum verbreiteten Mythenwelt entstammen, und ihr Vorhandensein in Griechenland, Italien oder Sizilien würde nicht verwundern. Erstaunlich ist jedoch, daß diese Themen auch im äußersten Westen und darüber hinaus im Landesinneren, weit entfernt von der Küste, anzutreffen sind. Ähnlich ungewöhnlich sind die Szenen des täglichen Lebens: Hier ist die Darstellung des Faustkampfes zu nennen, bei dem zwei junge unbewaffnete Männer, fast noch Kinder, die eine Art Sportkappe tragen, miteinander ringen. Handelt es sich hier um ein (kampf)sportliches Training? Die Szene, in der ein Jugendlicher von der Jagd zurückkehrt, begleitet von seinem treuen Hund und mit einem Hasen als Trophäe in der Hand, gehört ebenso in diesen Themenkreis wie das sehr bestoßene Fragment eines jungen Mannes, der mit zwei erlegten Rebhühnern von der Jagd kommt. Alle diese Themen finden sich auch in der griechischen Bildwelt – die sicherlich auch hier aufgrund ihrer weiten Verbreitung vorbildhaft war –, vor allem in der attischen Vasenmalerei.

Gruppe eines vom Pferd gestiegenen Reiters, der einem besiegten Gegner gegenübersteht, vom Cerrillo Blanco, Porcuna (Jaén) (nach Iván Negueruela). Kat.-Nr. 18

Die Arbeitstechnik der Bildhauer, die Modellierung der Gesichter, die mythischen Themen, die einzigartigen Zweikämpfe sowie die Szenen aus dem täglichen Leben legen den Schluß nahe, daß griechische Kunstwerke, direkt oder indirekt, das Vorbild für die Skulpturen aus Porcuna waren. Das Material stammt aus den Steinbrüchen der Gegend, und Details wie Waffen und Kleidung kommen ausschließlich aus dem indigenen Bildrepertoire. Die Tiere waren ebenfalls ein Bestandteil des lokalen Repertoires. Die Analyse aller Daten (Stratigraphie, Schmuck, Waffen, Stil) erlaubt eine Datierung der Skulpturen von Porcuna in das 5. Jahrhundert v. Chr.

Meiner Ansicht nach kamen die Bildhauer aus dem Umkreis der ionischen »Diaspora« des späten 6. und beginnenden 5. Jahrhunderts v. Chr. Ihre Werke zeichnen sich durch eine sehr eklektische Mischung verschiedener Stilrichtungen aus. Möglicherweise standen die Künstler, die sich hier niederließen, in den Diensten eines künstlerisch aufgeschlossenen Königs, dessen ästhetische Vorstellungen von der kulturellen *Koine* des Mittelmeerraums geprägt waren. Das Grabmal von Pozo Moro und die iberischen Pfeilerstelen sind weitere Beispiele dieser kulturellen »Internationalisierung«. In jener Zeit betrachtete Herodot Iberien als eine Art Schlaraffenland, das unermeßlich reich war, ein El Dorado von enormer Attraktivität für alle, die ihrer Heimat den Rücken kehren wollten. So mögen auch die Bildhauer gedacht haben, die sich ihrem neuen Umfeld und seinen Möglichkeiten anpaßten. Sie hinterließen außergewöhnliche iberische Großplastiken, unter denen die Werke aus Porcuna bis heute zu den großartigsten zählen.

Lit.: González Navarrete 1987; Negueruela 1990a

Die iberischen Terrakotten

Michael Blech

Die Anfänge der iberischen Terrakotten gehen auf die engen Verbindungen mit den Mittelmeerkulturen der Griechen der Magna Graecia, Siziliens und besonders der Punier Ibizas und Karthagos zurück. Sie gehören zu dieser Zeit ausnahmslos zu Grabausstattungen von Nekropolen der spanischen Levante wie der von der Albufereta (Alicante), Verdolay (Murcia), El Cigarralejo (Mula, Murcia) oder El Cabecico del Tesoro (Verdolay, Murcia). Aus einem mit reichen Beigaben versehenen Grab der Albufereta, dessen Ausstattung mit attischen rotfigurigen Schalen eine Datierung nach dem 1. Viertel des 4. Jahrhunderts v. Chr. ermöglicht, stammt eine repräsentative Auswahl: So findet die weibliche Protome mit dem spätklassischen Kopf ihre nächsten Parallelen in der punischen Nekropole vom Puig des Molins (Ibiza) und auf Sizilien. Der weit verbreitete Typus der *Kourotrophos* – vielleicht eine der griechischen Demeter verwandte mütterliche Gottheit mit einem Kind in den Armen – hat die gleichen klassischen Vorbilder, während der große, nimbusartig den Kopf umgebende Schleier der iberischen Statuetten auf punische Prototypen zurückgeht. Die kleine, handmodellierte Terrakottagrotte hingegen spiegelt ein iberisches Naturheiligtum wider.

Neben den in »klassischer« Tradition stehenden Statuetten, wie die auf ein großgriechisches Vorbild zurückgehende Kitharaspielerin aus der Nekropole des Cabecico del Tesoro, begegnen plumpe, handgeformte Terrakotten, wie die sitzende Frau mit ihrer charakteristischen hohen iberischen Haube vom selben Fundort.

Die Terrakotten aus der Serreta bei Alcoy zeigen hingegen ein anderes

Nachbildung einer Grotte aus Grab L-127-A der Nekropole von La Albufereta de Alicante; Breite: 18,5 cm; Museo Arqueológico Provincial, Alicante

Kitharaspielerin aus einem Grab in der Nekropole des Cabecico del Tesoro, Verdolay (Murcia); Höhe: 16,3 cm; Museo de Murcia

Bild. Sie stammen aus einem spätiberischen Heiligtum, und unter ihnen finden sich Idole mit vogelähnlichen Köpfen, schematisch geformte weibliche Statuetten in iberischer Tracht, für die die hohen Hauben besonders typisch sind, sowie männliche und weib-

Kourotrophos aus Grab L-127-A der Nekropole von La Albufereta de Alicante; Höhe: 21 cm; Museo Arqueológico Provincial, Alicante

liche Köpfchen nach italisch-hellenistischen Vorbildern, die die italischen Einflüsse auf die Iberische Halbinsel im Gefolge der römischen Eroberung illustrieren.

Statuetten mit stark schematisierten Formen stammen auch von spätiberischen Fundplätzen des spanischen Nordostens, etwa das Idol mit vogelähnlichem Kopf aus dem Töpferbezirk von Fontscaldes bei Barcelona. Der spitze Hinterkopf ist jedoch eine Besonderheit, der man auch bei einer Reihe weiterer weiblicher Statuetten mit sehr summarischen Formen aus dem 1. Jahrhundert v. Chr. bis zum Beginn der frühen Kaiserzeit begegnet. Es handelt sich vermutlich um eine Frisur mit Nackenknoten, wie sie sich auch bei einigen Köpfen aus der Serreta findet. Auch diese Statuetten

Räuchergefäß aus Camarles (Tarragona);
2. Jahrhundert v. Chr.; Ton;
Höhe: 16,1 cm; Museu d'Arqueologia de Catalunya, Barcelona.
Kat.-Nr. 206

Räuchergefäß vom Tossal de la Cala, Benidorm (Alicante);
4. Jahrhundert v. Chr.; ockerfarbener Ton;
Höhe: 22 cm; Museo Arqueológico Provincial, Alicante.
Kat.-Nr. 207

stammen nicht aus Gräbern, sondern aus Häusern oder Heiligtümern.

Unter den iberischen Terrakotten finden sich sogenannnte »Thymiaterien« besonders häufig, die auf einen ursprünglich in einer griechisch-sizilischen Werkstatt entwickelten Kopftypus zurückgehen. Sie fanden im gesamten punisch beeinflußten Westen, besonders zwischen Ensérune (Hérault) und Villaricos (Almería), weite Verbreitung. Ihre ursprüngliche Verwendung als Räuchergerät wurde bald aufgegeben, nur wenige weisen Brandspuren auf, und die Löcher der Räucherplatte wurden geschlossen. Sie dienten nur mehr als Grabbeigaben und als Votive in den Heiligtümern. Ihre Produktion, die zu Beginn des 4. Jahrhunderts v. Chr. auf der Iberischen Halbinsel einsetzte und vermutlich Anfang des 1. Jahrhunderts v. Chr. abbrach, unterlag derselben Tendenz zur Schematisierung, wie sie sich auch in der Entwicklung der übrigen iberischen Terrakotten zeigt. Ein Vergleich zwischen den frühen »Thymiaterien« von der Albufereta von Alicante aus dem 4. Jahrhundert v. Chr. und denen aus der Serreta aus dem 2. Jahrhundert v. Chr. macht dies deutlich.

Lit.: Rubio Gomis 1986; Juan i Moltó 1987–1988; Pena 1991; Blech 1993; Garcés i Estallo 1993; Ruiz de Arbulo 1994

Die Iberer in ihren Bildern

Carmen Aranegui Gascó

Pinax 1 von der Serreta, Alcoy (Alicante); Ende 3./Anfang 2. Jahrhundert v. Chr.; handmodellierter ockerfarbener Ton mit roter Bemalung; Museo Municipal Camilo Visedo, Alcoy. Kat.-Nr. 66

Pinax 1 von der Serreta, Alcoy (Alicante); Detail. Kat.-Nr. 66

Die iberische Keramik

Einleitung

Die iberische Keramik rückte ins Blickfeld der Archäologen, als gegen Ende des 19. Jahrhunderts die ersten iberischen Siedlungsplätze prospektiert und ausgegraben wurden. Dort fanden sich zahlreiche Tongefäße, die auf der Töpferscheibe gefertigt und häufig mit Motiven in roter Farbe bemalt waren (Martín Bueno/García Martínez-Toledo 1981, 89–90). Diese Fundstücke wurden zunächst mit griechischer Keramik verglichen, die man für mykenisch hielt – heute weiß man, daß sie aus geometrischer Zeit stammte –, und später mit den rotfigurigen attischen Vasen, die damals als Vorbilder für die figürlichen Motive auf den iberischen Gefäßen galten. Schließlich ließen sich die Typologie und die Herstellung auf der Töpferscheibe auf phönizischen Einfluß zurückführen. Die Kontakte zwischen der iberischen Bevölkerung und den Kolonisten, die sich zunächst im Süden der Halbinsel niedergelassen hatten, führten dazu, daß sich auch die Iberer diese Technik aneigneten.

Heute wissen wir um die Vielseitigkeit und Komplexität der iberischen Keramik. Es gab einige regionale Varianten, die deutlich voneinander zu unterscheiden sind. Darüber hinaus existierten zu bestimmten Zeiten allgemein verbreitete Formen, andererseits sind jedoch Regionen bekannt, in denen etwa Gefäße mit figürlichen Kompositionen völlig unbekannt waren. Im Norden fand die graue Ware während der gesamten iberischen Zeit Verbreitung, während im Süden die phönizische Technik des roten Firnis und des Banddekors verwendet wurde. Daraus kann man folgern, daß es im iberischen Kulturraum dauerhafte lokale oder regionale Stile bei den Töpferwaren gab. Dennoch fällt die Verbreitung bestimmter Typen im gesamten iberischen Raum und sogar darüber hinaus auf, wie zum Beispiel die Urnen mit durchbohrten Henkeln aus der frühesten Phase, die *Kalathoi* (*sombrero de copa*) aus der jüngeren oder die Amphoren ohne Hals vom Typ B3. Zusammenfassend läßt sich feststellen, daß es eine gewisse Hierarchie beim Vertrieb von Töpferwaren gab, die vom lokalen über regionalen bis hin zum überregionalen Handel alles einschloß.

Die Chronologie der iberischen Keramik beginnt mit dem 6. Jahrhundert v. Chr. Nur in wenigen Handelszentren oder Siedlungen scheint es bereits im 7. Jahrhundert v. Chr. phönizische Amphoren gegeben zu haben, die teilweise vor Ort gefertigt wurden; andere Vorratsgefäße aus voriberischer Zeit gab es in Cádiz und Málaga sowie im Flußtal des Vinalopó oder am Ebrodelta. Die Funde von Setefilla, Carmona und Montemolín, alle in der Provinz Sevilla, gehören zu den großartigsten Beispielen für Keramik der orientalisierenden Phase von Tartessos: Diese Vasen sind mit Greifen, Stieren und Lotosblüten geschmückt. Sie wurden anscheinend nur sehr selten verwendet und fanden in der iberischen Kultur keine unmittelbaren Nachfolger. Charakteristisch für die früheste Phase der iberischen Keramik ist eine Verbesserung der Qualität des Tons, der nun sorgfältig gereinigt wurde. Für die Dekoration wurde ein Mehrfachzirkel verwendet, und die alten Gefäßtypen wurden weiterentwickelt. Diese waren insbesondere in bezug auf ihr Profil, die Anzahl der Henkel, die Form von Rand und Fuß sowie hinsichtlich der Fertigungstechnik autonomer. Diese Neuerungen setzten sich, je nach Region, unterschiedlich stark und schnell durch. Das 4. Jahrhundert v. Chr. war die Blütezeit der iberischen Keramik: Formen und Verzierungen waren abwechslungsreich, sowohl bei den ockerfarben bemalten Gefäßen als auch bei der grauen Ware, die einige Werkstätten mit weißem Dekor verzierten. Seit dieser Zeit wurden hauptsächlich fünf Gefäßtypen von hoher Qualität gefertigt und mit geometrischen Mustern verziert: Transportgefäße, große Vorratsgefäße, Behälter für die Lagerhaltung in Privathaushalten, Tischgeschirr und sogenannte Mikrovasen. Diese Formen hielten sich bis in die Zeit der Romanisierung (Mata/Bonet 1992).

Ab 300 v. Chr. wurden diese Gefäße auch mit figürlichen Szenen geschmückt, womit sie in erster Linie zu Vorzeigeobjekten wurden. Wie viele andere Kulturen nutzten auch die Iberer fortan die Keramik als Medium zur Verbreitung ihrer eigenen Ikonographie. Die Ausbildung eines eigenständigen ikonographischen Systems ging in der iberischen Kultur mit einem Prozeß der gesellschaftlichen Umstrukturierung in Verbindung mit wachsender Urbanisierung einher, mit der Bildung einer Elite aufgrund von Herkunft und Alter. Allerdings waren es nur wenige Orte im Zentrum des iberischen Kulturraums, deren Keramik zu einem Spiegel für die künstlerische und soziale Struktur ihrer Besitzer wurde.

Krieger, Jäger und *Damas* (300–150 v. Chr.)

Die ersten Darstellungen von Pflanzen, Tieren und Menschen finden sich in der Gegend zwischen Valencia und Murcia auf Gefäßen mit besonders großem Fassungsvermögen, die wahrscheinlich zur Lagerhaltung verwendet wurden. Aber auch auf Haushaltsgeschirr kommen sie vor. Diese Gefäße waren nicht sehr zahlreich, und es handelte sich dabei nie um Serienprodukte, sondern wahrscheinlich um Einzelanfertigungen. In der Nekropole von Cabezo del Tío Pío (Archena, Murcia), in der Siedlung Santa Catalina del Monte (Verdolay, Murcia), in der Nekropole von El Cigarralejo (Mula, Murcia), im Heiligtum von der Serreta (Alcoy, Alicante), in Covalta (Albaida-Agres, Valencia-Alicante), in der Nekropole von Castellar (Oliva, Valencia), in Arse-Saguntum (Sagunt, Valencia), aber vor allem in El Tossal de Sant Miquel de Lliria (Valencia), dem antiken Edeta, dem politischen Zentrum dieser Region, wurde Keramik gefunden, die sowohl mit vegetabilen Motiven als auch mit figürlichen Kompositionen mit Menschen und Tieren geschmückt war. Sie wurden mit unterschiedlich großem handwerklichen Geschick nach Vorlagen gemalt, die in allen Werkstätten vorhanden waren (*CVH* Lliria, 1954; Aranegui u.a. 1997). Häufig wiederholte Motive sind das herzförmige Blatt, die Rosette und ein sternförmiges Gebilde, das als »Schuster« (Wasserspinne) bezeichnet wird. Die Kleidung und das Pferdegeschirr, die Hände, die Gesichter, die Augen und die Art, wie Bewegung dargestellt wird – die Personen scheinen meist auf den Zehenspitzen zu stehen –, waren stets gleich und konventionell. Es gab zahlreiche Produktionsstätten, aber nur in wenigen Ausnahmefällen, wie Edeta-Lliria (Valencia) oder Fontscaldes (Tarragona), wurden keramische Produkte mit figürlichem Dekor über das lokale Gebiet hinaus vertrieben.

Die Figuren wurden stilisiert wiedergegeben und, fast wie in einem chinesischen Schattenspiel, nur als Silhouetten angedeutet, oder man zeigte sie nur im Profil. Auf die Binnenzeichnung wurde wenig Wert gelegt. Im allgemeinen bestand die Tendenz, einzelnen Details Priorität gegenüber der Form des Ganzen einzuräumen und die Figuren eher be-

Krug mit orientalisierendem Dekor aus der Casa Saltillo, Carmona (Sevilla); 650/550 v. Chr.; ockerfarbener Ton mit roter und brauner Bemalung; Höhe: 75 cm; Rathaus von Carmona. Kat.-Nr. 7

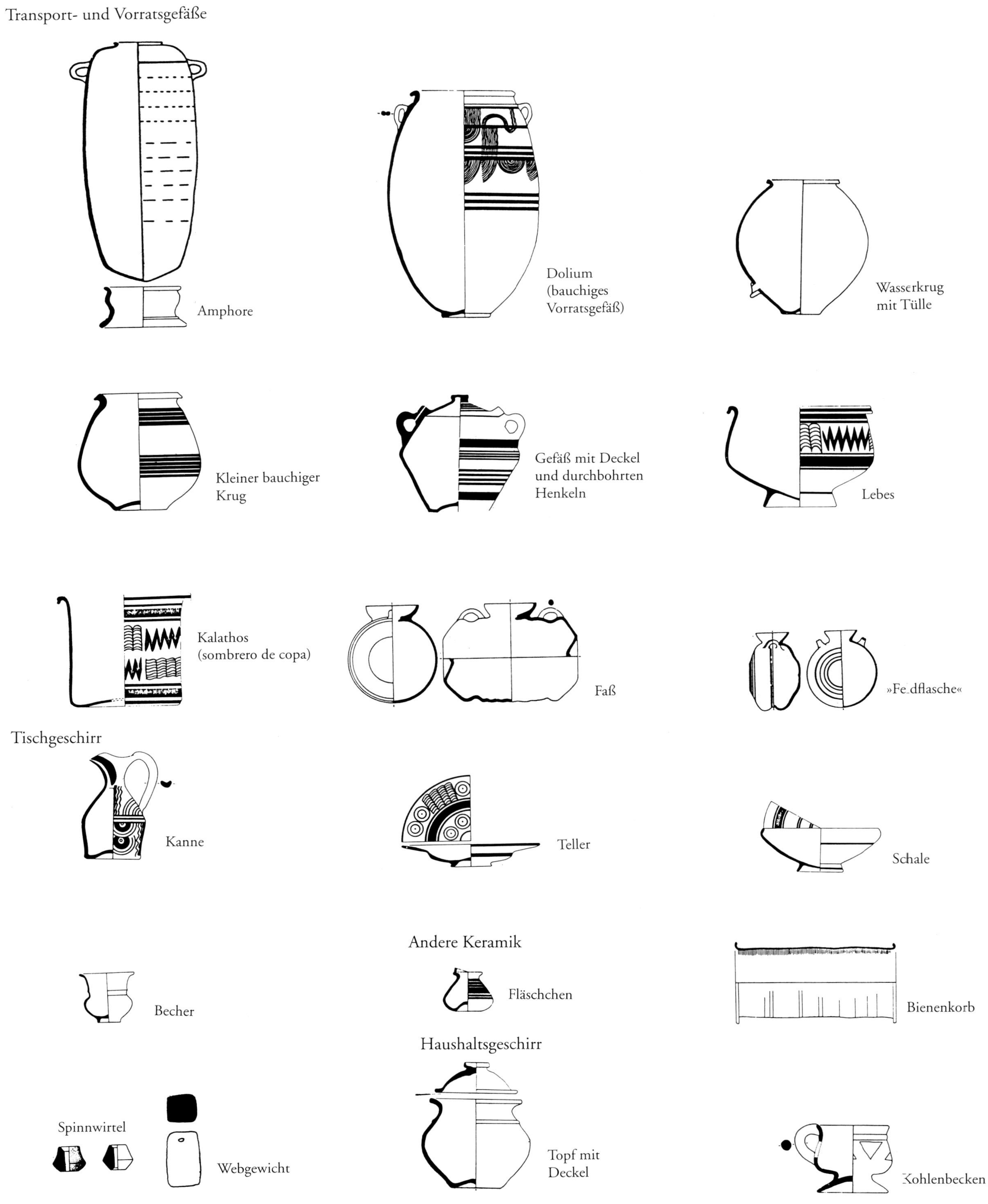
Transport- und Vorratsgefäße
Amphore
Dolium (bauchiges Vorratsgefäß)
Wasserkrug mit Tülle
Kleiner bauchiger Krug
Gefäß mit Deckel und durchbohrten Henkeln
Lebes
Kalathos (sombrero de copa)
Faß
»Fe.dflasche«
Tischgeschirr
Kanne
Teller
Schale
Becher
Andere Keramik
Fläschchen
Bienenkorb
Haushaltsgeschirr
Spinnwirtel
Webgewicht
Topf mit Deckel
Kohlenbecken

Hochzeitstanz; Kalathos vom Tossal de Sant Miquel de Lliria (Valencia) (Detail); 250/150 v. Chr.; Museo de Prehistoria Domingo Fletcher, Valencia. Kat.-Nr. 63

wegt als mit plastischem Volumen wiederzugeben. Einige Figuren wurden in Dreiviertelansicht gezeigt, andere in Bewegung, wieder andere in verschiedenen Ebenen, aber es handelt sich stets um schematische Darstellungen ohne Tiefe. Die beliebteste Komposition der Vasenmaler dieser Zeit war die in einem fortlaufenden Fries, der auf den Teil des Gefäßes gemalt wurde, der am deutlichsten sichtbar war. Auf diesem Streifen konnten sich dann szenische Darstellungen ausbreiten. Gelegentlich unterteilten die Künstler die Bildfläche auch in einzelne Felder, die in der Regel unterschiedlich groß waren und sich der Form der Vase nur unvollständig anpaßten (gewöhnlich befinden sie sich zwischen den Henkeln). Es handelt sich hier um quadratische Felder, die von Spiralen, Blattgirlanden oder geometrischen Mustern gerahmt werden.

Die figürlichen Szenen können als fortlaufende Handlung gelesen werden, wie zum Beispiel ein Tanz oder eine Prozession; oder es wird ein Zyklus von Einzelepisoden als Zusammenschau wiedergegeben. Häufig wählt der Künstler gegensätzliche oder einander ergänzende Motive, um Spannung in die Darstellung zu bringen: Reiter und Infanteristen, wilde und zahme Tiere, Tiere, die in Netzen gefangen sind, und solche, die in freier Wildbahn leben, werden einander gegenübergestellt. Die Form der Erzählung ist insgesamt sehr einfach. In der Regel werden die erzählenden Szenen durch vegetabile oder geometrische Elemente, die wie Zeichen wirken, verstärkt, und gelegentlich erscheinen auch Inschriften. In Lliria ist mehr als ein Drittel der aufwendig verzierten Vasen mit gemalten Inschriften in iberischer Sprache versehen. Diese kann man zwar nicht übersetzen, man nimmt jedoch an, daß es sich dabei eher um Hinweise auf den Anlaß der Herstellung handelt als um eine Kommentierung der dargestellten Szene, denn nur selten läßt sich eine direkte Verbindung zwischen den Inschriften und den abgebildeten Figuren feststellen.

Die Darstellungen zeigen die herrschenden Minderheiten der Stadt mit den Insignien ihrer Macht. Dabei handelt es sich weder um realistische noch um historische Bilder; es werden vielmehr ideale Situationen zum Ausdruck gebracht, die die kollektive Vorstellungswelt widerspiegeln. Sie ermöglichen uns, den Entwicklungsgrad einer bestimmten Gesellschaft zu beurteilen, indem man ihre Bilderwelt mit der ihrer Nachbarn vergleicht, das heißt mit den anderen Kulturen des westlichen Mittelmeerraums. In diesem Sinne ist die Dekoration der iberischen Keramik ein außergewöhnlicher Fundus von Archetypen, Topoi und Bräuchen, die in den Traditionen der umliegenden städtischen Gemeinschaften wurzeln.

Der Krieger steht in der iberischen Gesellschaft für den Bürger par excellence, da er dank der Beherrschung der Waffen und seiner Geschicklichkeit zu Pferde die übrige Gemeinschaft verteidigen kann. Die Männer wurden fast immer gerüstet und in Waffen, dem Zeichen ihrer Zughörigkeit zur herrschenden Minderheit, dargestellt. Der Krieger wurde nie allein wiedergegeben – sonst würde es sich um einen Heros handeln – oder im Kreise seiner Familie. Es gibt keine Abschieds- oder Grabszenen, vergleichbar den Darstel-

Die Formen der iberischen Keramik (nach Mata/Bonet 1992)

Kriegerzug; Lebes vom Tossal de Sant Miquel de Lliria (Valencia); 250/150 v. Chr.; Museo de Prehistoria Domingo Fletcher, Valencia

lungen, wie sie zum Beispiel in Griechenland und in Süditalien so verbreitet waren. Bei den Iberern handelt es sich immer um Gruppen aus Berittenen oder Infanteristen, die in stereotyper Form wiedergegeben sind. Manchmal sieht man ein Pferd, das auf das Ende des Zweikampfes seines Reiters mit einem anderen Krieger wartet; oder ein Krieger zu Fuß überrascht einen Reiter von hinten und zwingt ihn zu einer schnellen Drehung, mit der letzterer seine Reitkunst unter Beweis stellen kann, die zweifellos ein Ausweis seiner gesellschaftlichen Stellung war. Die Reiter auf der sogenannten Kriegervase aus Lliria, die mit kurzgeschnallten Steigbügeln und mit einer Lanze in der Hand galoppieren, zeigen eine fast akrobatische Geschicklichkeit im Umgang mit ihren Pferden, was die Bedeutung der Reitkunst bei den Iberern belegt. Einige dieser Krieger haben geschminkte Augen oder tragen einen aufwendigen Kopfschmuck, der kaum etwas mit einem militärischen Rang zu tun haben kann. Wir haben es mit Persönlichkeiten zu tun, die sich dieser Bilder bedienten, um ihre exemplarische Männlichkeit, bezogen auf verschiedene Altersstufen, erkennbar am Bart oder an ihrer Bartlosigkeit, zu präsentieren. Sie stellen einen kollektiven Charakter ohne heroische Konnotationen vor.

Diese Krieger tauchen häufig in Jagdszenen auf, die ein beliebtes Dekorationselement auf Vasen sind. Ein Fragment zeigt einen einsamen Jäger, der sich einer wilden Bestie von imposanter Größe gegenübersieht (*carnassier*). Das gängigere Motiv ist jedoch eine Gruppe berittener, mit Lanzen bewaffneter Jäger, die einen Hirsch hetzen. Diese beiden Darstellungen spiegeln das iberische Ideal der vornehmen Jagd wider. Sie sind zu unterscheiden von anderen, weniger eindrucksvollen Jagdszenen. Dort wird gezeigt, wie man Hirsche mit Hilfe von Netzen fängt, und diese Szenen, sei es wegen ihrer unbeholfenen Maltechnik, sei es, weil man eine mehr schlaue als tapfere Form des Jagens darstellen wollte, lassen den aristokratischen Charakter vermissen.

Die Darstellungen von Frauen finden sich im Zusammenhang mit gemeinschaftlichen Festlichkeiten oder in »Frauengemachsszenen«, in denen sitzende Matronen dargestellt sind, die Schmuck tragen und als Attribut ihrer vornehmen Stellung einen Fächer, ein Wollknäuel oder auch eine Spindel in der Hand halten, während man im Hintergrund einen Webstuhl erkennt. Die jungen Frauen werden beim Tanz in der Öffentlichkeit gezeigt, anläßlich ihres Eintritts in die »gute Gesellschaft« der Stadt; die älteren Damen werden in Anspielung auf das Haus in geschlossenen Räumen abgebildet. Sie ruhen aus oder betätigen sich ihrer Stellung entsprechend am Webstuhl oder am Spinnrocken.

Die iberische Ikonographie kennt das Thema der *Prothesis* – die öffentliche Aufbahrung des Verstorbenen vor der Bestattung – ebensowenig wie Abschiedsszenen, bevor der Held in den Krieg oder auf die Jagd geht, oder das Symposion in Gegenwart von Frauen. Dies bedeutet aber nicht, daß Frauen je nach Alter keine wichtige Rolle in der iberischen Stadt spielten.

Bärtiger Jäger vor einem Raubtier; Lebes vom Tossal de Sant Miquel de Lliria (Valencia); 250/150 v. Chr.; Museo de Prehistoria Domingo Fletcher, Valencia

Hirschjagd mit Fallen; Krug vom Tossal de Sant Miquel de Lliria (Valencia); 250/150 v. Chr.; Museo de Prehistoria Domingo Fletcher, Valencia

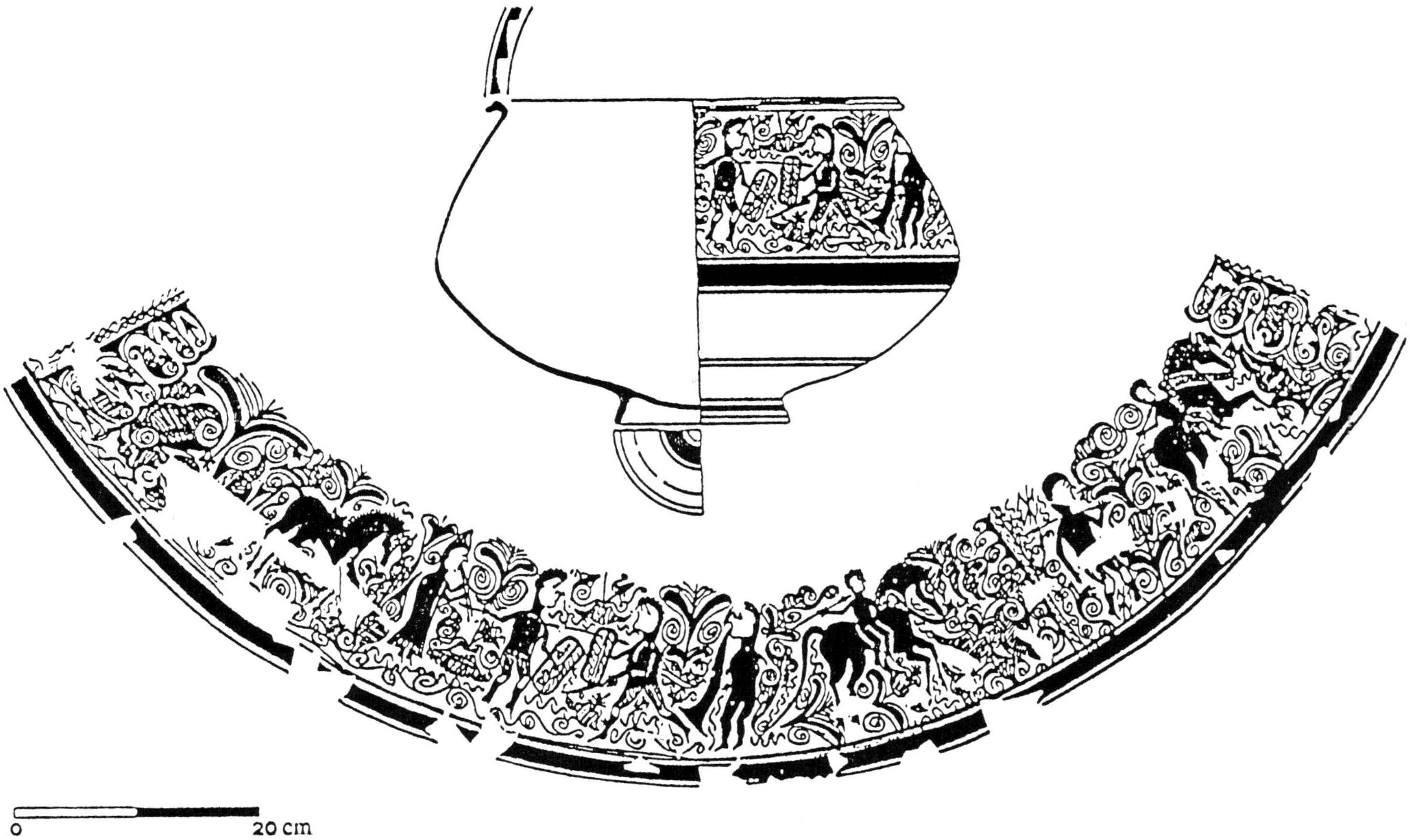

Tanzende Krieger; Lebes vom Tossal de Sant Miquel de Lliria (Valencia); 250/150 v. Chr.; Museo de Prehistoria Domingo Fletcher, Valencia

Strabo (III, 3, 7) hat darauf hingewiesen, daß sich bei den Iberern Männer und Frauen beim Tanzen an den Händen hielten. Es gab keine Einzeltänzer, sondern an den Tänzen nahmen stets mindestens zwei Personen teil. Dies zeigen die Vasenbilder, auf denen die speziellen Tanzbewegungen deutlich zu erkennen sind. Die Füße der Tänzer sind entweder in Ruhestellung oder im Sprung gestreckt dargestellt; auch ihre Kleidung und die der Musiker, die zum Tanz aufspielten, wurde genau wiedergegeben. Drei Tänze kann man unterscheiden: Bei dem ersten handelt es sich um eine Darstellung oder Pantomime, an der Musiker und Tänzer teilnehmen. Bei dem zweiten sieht man Krieger im Wettstreit, die sich rhythmisch zur Musik bewegen, wie man es in der klassischen Tradition häufig sieht, und die dritte Variante zeigt Prozessionen von Männern, Frauen oder gemischten Paaren.

Das Blasinstrument, das am häufigsten auf den Vasen dargestellt wurde, gehört wahrscheinlich zur Gattung der *Syrinx,* einer griechischen Hirtenflöte, oder des *Aulos,* einer Art Oboe. Der Unterschied zwischen beiden besteht darin, daß das Mundstück des letztgenannten Instruments eine Membran hat, die es tiefer klingen läßt. Außerdem spielt man es weniger mit den Lippen als durch entsprechenden Atemdruck. In der archäologischen Literatur werden die beiden Instrumente häufig verwechselt und unter dem Begriff Aulos zusammengefaßt, obwohl sie sehr unterschiedliche musikalische Eigenschaften haben. Beide können aus einem oder zwei unterschiedlich langen Rohren bestehen (*Diaulos* oder doppelter Aulos). Auf dem rechten Rohr spielt man die Melodie in den hohen Lagen, während das linke die Begleitung in den tiefen Tönen gibt. Die iberische Flöte wurde manchmal bei kultischen Handlungen und bei Bestattungsriten gespielt, besonders häufig jedoch zum Tanz. Sowohl Männer als auch Frauen spielen sie. Die iberische *Auletris* trägt eine charakteristische Haube und einen feinen, durchsichtigen Schleier über der Tunika, deren unterer Teil mit einem schachbrettartigen Muster verziert ist. Gelegentlich sind Gürtel oder Haube mit Glöckchen geschmückt, um den Rhythmus der Musik zu verstärken, wenn die Flötenspielerin selbst auch tanzte. Diese Ikonographie der iberischen Auletris ist einmalig und hat nichts mit den punischen Terrakottafiguren aus Ibiza zu tun, die ebenfalls Flötenspielerinnen zeigen und von denen einige in den iberischen Bereich gelangten.

Die Flöte wurde manchmal von einer Tuba begleitet, eine Bezeichnung für eine lange Trompete, die stark gebogen war und kegelförmig auslief. Ihre Töne waren nicht sehr angenehm für die Ohren, ursprünglich war sie ein Alarm- oder Rufinstrument. Die Römer fertigten dieses Instrument aus Bronze; das iberische Instrument ähnelte in gewisser Hinsicht der keltischen *Karnyx* und dem von römischen Reitern gespielten *Lituus,* aber es handelt sich um einen anderen Typus. Die Tuba wurde immer von einem Krieger zu Fuß gespielt. Sie wurde sehr viel seltener abgebildet als der Aulos.

Als Schlaginstrument benutzten die Iberer eine Art Taktstock oder Stab, mit dem sie ihre Gesänge und Märsche begleiteten. Andere Abbildungen lassen darauf schließen, daß sie bei Tänzen oder Paraden ihre Schilde rhythmisch gegeneinanderstießen. Vibrationsinstrumente wie Klappern oder Rasseln sind auf einer Vase aus Lliria zu erkennen, auf der die Zähmung eines Stiers dargestellt ist. Auch die Lyra oder Leier finden wir auf einem Gefäß aus El Cigarralejo zusammen mit der Flöte, deren Spiel eine Prozession von Lanzenreitern begleitet.

Gottheiten, Mythen und Riten (200–50 v. Chr.)

Nach dem Zweiten Punischen Krieg erscheinen in einigen Städten im Südosten der Iberischen Halbinsel neue Bildthemen auf der iberischen Keramik: einzelne Fabelwesen und individualisierte menschliche Gestalten, die ihre Macht auf verschiedenen Ebenen demonstrieren, indem sie die Phantasiewesen bekämpfen oder die übrigen Sterblichen beherrschen. Ein hochentwickelter Zeichenkodex mit sakralem Charakter wurde für diese Darstellungen verwandt, der nur aus einer Stadt wie La Alcudia de Elche, dem römischen Ilici, stammen kann, wo sich die Oberschicht über die Religion definierte (Kukhan 1962; Ramos Folquès 1990; Olmos 1996b).

Die Maler, die diese Vasen und Gefäße gestaltet haben, waren Meister ihres Faches (Tarradell 1968). Die Gestalten gewinnen an Körperlichkeit und an Beweglichkeit, da die Vogelfedern sowie die Mähnen und Rippen der *carnassiers* nun detailliert dargestellt werden. Auch der gezielte Einsatz der Farbe verwandelt die wichtigen Formen in chromatisches Volumen.

Die Kompositionen werden sorgfältig auf das Thema bezogen – zwischen Vorder- und Rückseite der Vase wird genau unterschieden. Eine Figur oder eine Szene nimmt auf einem breiten, deutlich abgesetzten Fries – sehr selten auf zwei übereinanderliegenden Friesen – jeweils die gesamte Höhe desselben ein. Der Naturalismus der meisten Tierdarstellungen kontrastiert mit der Wiedergabe der Götter, die im Profil oder von vorn gezeigt werden: Ihre Körper sind steif und flach, die Gesichter wenig ausdrucksstark und die Mimik konventionell. Die Augenbrauen sind zusammengezogen, die Wangen gerötet. Die Menschen werden in einer Weise dargestellt, die an die Bilder aus Lliria erinnert. Die Sorgfalt der Ausführung nimmt jedoch ab, je weiter die Werkstätten räumlich oder zeitlich von den großen Städten entfernt sind. Es gibt sogar einige Vasen, bei denen der Künstler das dargestellte Thema nicht richtig verstanden hat: Die Figuren wirken schematisch, und ihnen zugehörige Attribute fehlen.

Vegetationsgöttin; Gefäß aus La Alcudia, Elche (Alicante); Museo Monográfico de La Alcudia de Elche, Sammlung Ramos

Abrollung der Dekoration des Kalathos (sombrero de copa) »mit den Puppen« aus La Alcudia, Elche (Alicante), mit einer weiblichen und einer männlichen Gottheit; 200/50 v. Chr.; Museo Monográfico de La Alcudia de Elche, Sammlung Ramos. Kat.-Nr. 205

Geflügelte Wesen und Vögel; Oinochoe aus La Alcudia, Elche (Alicante); 200/50 v. Chr.; beigefarbener Ton mit roter Bemalung; Höhe: 46 cm; Museo Arqueológico Municipal Alejandro Ramos Folqués, Elche. Kat.-Nr. 39

Reiter; Gefäß aus La Alcudia, Elche (Alicante); 200/50 v. Chr.; Museo Monográfico de La Alcudia de Elche, Sammlung Ramos

Kalathos »mit dem Pflug« vom Cabezo de la Guardia, Alcorisa (Teruel); 125/50 v. Chr.; ockerfarbener Ton mit roter Bemalung; Höhe: 35 cm; Museo Arqueológico, Teruel. Kat.-Nr. 41

Kampfszene auf einem Gefäß aus Los Villares, Caudete de Las Fuentes (Valencia)

Die Gottheiten wurden auf unterschiedliche Weise charakterisiert, entweder in bezug auf ihren Platz im Pantheon oder als Empfänger von Anrufungen und Gebeten. Häufig sind sie geflügelt, was man traditionell weiblichen Gottheiten zusprach, in anderen Fällen handelt es sich einfach nur um Gesichter. Aber insgesamt gewinnt man den Eindruck, daß es sich bei den Vasendekorationen um zwei Hauptgottheiten handelt, eine weibliche und eine männliche mit ihren Attributen. Der *carnassier* (Wolf?) und das Pferd sind männliche Symbole, der Vogel und die Rosette waren der weiblichen Gottheit zugeordnet. Zu den Göttern gehören viele kleine Tiere im Wasser, in der Luft und auf dem Lande, Sterne sowie S- oder spiralförmige Zeichen.

Einige Bilder zeigen Initiations- und Übergangsriten. Der junge Mann, der den *carnassier* besiegt, der einsam galoppierende Lanzenreiter, die Prozessionen von Männern mit Zweigen in den Händen oder die junge tanzende Frau sind idealisierte Darstellungen, die uns zeigen, wie sich die städtische Elite in die sakrale Hierarchie integrierte, die die Stadt beherrschte. Diese Art, gesellschaftliche Vorstellungen in mythische Szenen zu transponieren, ist nicht nur für Elche typisch. Die »Vase mit dem Krieger und der Sphinx« aus Corral de Saus (Moixent, Valencia) oder der Krug mit dem Kampf zwischen Männern und Tritonen aus Los Villares (Caudete de las Fuentes, Valencia) zeigt, wie verbreitet diese metaphorische Bildersprache in der Spätzeit der iberischen Vasenmalerei war; in dieser Zeit und in diesem Kontext waren auch die sogenannten iberischen Fischteller am weitesten verbreitet (Aranegui 1996).

In Aragón gab es in dieser späten Phase spezielle Darstellungen, die auf Verträge über die Bodennutzung und den Ackerbau in diesem Gebiet anspielen. Die Kalathoi aus Alcorisa und Azaila ähneln sich sowohl in der Thematik als auch in der Ausführung, auch wenn sie nicht aus der gleichen Werkstatt stammen (Atrián Jordán u.a. 1980, 98; Maestro 1989, 52). Die Dekoration dieser Vasen mit Pflug und Jagd erinnert an den Abschluß eines Vertrages, der vielleicht durch den Austausch von Vasen oder großen Gefäßen besiegelt werden sollte.

Ähnlich berichtet der Text der Bronze aus Contrebia (Fatás 1980) über die Organisation der Wasserversorgung in benachbarten Gemeinden. So erinnern die Bilder auf den großen Krügen aus Alcorisa und Azaila an den Austausch von Geschenken anläßlich einer Vereinbarung zwischen zwei benachbarten Städten. Auf diese Weise wurden iberische Vasen zum Zeugnis für politische Vereinbarungen.

Der sombrero de copa

María José Conde Berdós

Im variationsreichen Repertoire der iberischen Keramik ist ein Gefäß besonders charakteristisch: der sogenannte *sombrero de copa.* Dieser Name ist von der Form des Gefäßes hergeleitet, das einen geraden oder leicht gewölbten Gefäßkörper, einen flachen Rand und keinen Fuß oder Hals hat. Es entspricht damit der Form eines umgekehrten Zylinderhutes. Dieser Gefäßtyp, ein »klassisches« Element der iberischen Kultur, ist einer der späten Vertreter von Behältnissen, die unter dem griechischen Namen *Kalathoi* bekannt sind. Er tritt erst in der Spätzeit der iberischen Kultur in Erscheinung, das heißt nicht vor der Mitte des 3. Jahrhunderts v. Chr., in dessen Verlauf er zu einer der gebräuchlichsten Keramikformen wird.

Die Form des *sombrero de copa* ist genuin einheimisch. Das Gefäß wurde über zweihundert Jahre lang hergestellt und variierte seine Form und seine Bemalung häufig. Die verschiedenen Ausführungen sind verschiedenen Werkstattgruppen in unterschiedlichen Regionen zuzuordnen, und ihre Datierung konnte präzisiert werden. Es zeigte sich, daß der *sombrero de copa* zum ersten Mal in der Blütezeit der iberischen Kultur auftaucht, zu einer Zeit, als die Keramik ihre aufwendigsten und repräsentativsten Produkte hervorbrachte. Stilistisch fügt er sich in die keramische Produktion aus Lliria – Oliva ein, die durch einen narrativen Stil und künstlerisch herausragende szenische Kompositionen auffällt. Auch im Südosten der Halbinsel und im Süden von Katalonien, wo ein eher »barocker« Vegetationsstil in der Vasenmalerei verbreitet war, fanden sich schon im 3. Jahrhundert v. Chr. Beispiele des *sombrero de copa.*

Emporitanischer sombrero de copa (Kalathos) aus Ensérune (Hérault); 175/125 v. Chr.; ockerfarbener Ton mit roter Bemalung; Höhe: 17 cm; Musée d'Ensérune. Kat.-Nr. 60

Aber erst im 2. Jahrhundert v. Chr. setzte sich diese Form im gesamten iberischen Raum durch; ganz besonders häufig kommt der Gefäßtypus, mit geometrischen Motiven verziert, im Nordosten vor, wo er nach heutigem Wissensstand fast als einziger Typ bemalter iberischer Keramik archäologisch vertreten ist. Der *sombrero de copa* wurde hier in den bedeutendsten Werkstätten der iberischen Spätzeit gefertigt: Fontscaldes, Azaila und Elche-Archena. Wie früher gab es auch hier keine einheitliche Produktion, sondern jeder Ort hatte seine eigene Formvariante. Der *sombrero de copa* vom Typ Elche-Archena hielt sich mit seinen letzten Ausformungen bis zum Beginn der Kaiserzeit.

Es ist bemerkenswert, daß gerade ein für das iberische Kunsthandwerk so typisches Produkt seine Blütezeit in einer Kulturphase erreichte, die bereits völlig von der Romanisierung erfaßt war. Doch gerade die römische Präsenz hat wohl dazu beigetragen, daß sich die iberische Kultur weit über ihr eigenes Gebiet hinaus verbreitet hat – und damit auch ihre Keramik. Während des gesamten 2. und bis in die Mitte des 1. Jahrhunderts v. Chr. gab es den *sombrero de copa* in vielen mittelmeerischen Fundgebieten, darunter den Balearen, Italien, Korsika, Sardinien, Sizilien, Nordafrika und sogar an der östlichen Adriaküste. Auch auf der Iberischen Halbinsel wurde er weit entfernt von seinem Herkunftsgebiet gefunden, wie jüngste Hortfunde aus Galizien und Asturien belegen. Der *sombrero de copa* wurde vorwiegend auf dem Seeweg transportiert, am weitesten die Stücke aus dem Nordosten Kataloniens. Aber auch Typen aus dem Süden Kataloniens und, wenngleich weniger häufig, aus dem Südosten der Halbinsel fanden sich in anderen Teilen des Mittelmeerraums wieder.

Die große Akzeptanz des *sombrero de copa* muß in engem Zusammenhang mit seiner Funktionalität gesehen werden. Die gleichbleibende Form des Gefäßes und seine dauerhafte Präsenz in den Siedlungen zeigen, daß die Iberer es zur Aufbewahrung von einheimischen Massenprodukten wie Honig, Trockenobst, Nüssen oder *garum* (Fischsauce) verwandten. Konsequenterweise glaubte man, daß diese Güter in eben diesem Gefäß auch exportiert wurden. Dies konnte bisher nicht bewiesen werden. Kürzlich hat diese Vermutung, dank wachsender Kooperation zwischen Chemie und Archäologie, an Wahrscheinlichkeit gewonnen: Proben aus entsprechenden

Kalathos »mit dem Pflug« vom Cabezo de la Guardia, Alcorisa (Teruel); 125/50 v. Chr.; ockerfarbener Ton mit roter Bemalung; Höhe: 35 cm; Museo Arqueológico, Teruel. Kat.-Nr. 41

Die Verbreitung des sombrero de copa im 2. und 1. Jahrhundert v. Chr.

Gefäßen aus Asturien erwiesen sich als Reste von Honig und Obst.[1]

Der *sombrero de copa* wurde auch für rituelle und sakrale Zwecke verwendet. Dies geht aus den symbolträchtigen Themen der Vasenmalereien sowie aus den Inschriften auf einigen Gefäßen hervor. Die Tatsache, daß der *sombrero de copa* in den Nekropolen ebenfalls sehr häufig gefunden wurde, weist darauf hin, daß man ihn auch als Urne verwendete.

1 Diese Vasen stammen aus dem *castro* von La Campa Torres. Sie werden zur Zeit noch untersucht. Wir danken Prof. José Luis Maya, der uns freundlicherweise gestattet hat, auf diese noch unveröffentlichte Analyse Bezug zu nehmen.

Lit.: Aranegui/Pla 1979; Pericot 1979; Atrián u.a. 1980; Fernández Mateu 1985; Conde Berdós 1990; 1991; 1992; Mata/Bonet 1992; de Nicolás/Conde 1992; Sala 1992; Bonet 1995

Schrift und Münzen

Die iberische Schrift

Javier de Hoz

Gewicht aus Santa Coloma de Gramenet (MLH C.8.2); Stein; Durchmesser: ca. 7 cm; Museu d'Arqueologia de Catalunya, Barcelona. Kat.-Nr. 84

Die Iberer kannten die Schrift schon sehr früh, der genaue Zeitpunkt ihrer Einführung ist allerdings schwer festzustellen. Zum einen fehlt es an einschlägigen Quellen, zum anderen gibt es unterschiedliche Kriterien für das, was als »iberisch« zu gelten hat. Deshalb muß zunächst einmal definiert werden, was als iberische Epigraphik zu bezeichnen ist. Grundsätzlich gilt eine Inschrift dann als iberisch, wenn sie in der iberischen Sprache geschrieben ist, unabhängig davon, welche Schrift benutzt wurde, die, wie wir noch sehen werden, verschiedenartig waren. In der Praxis kann dieses Kriterium ziemlich problematisch werden angesichts unserer geringen Kenntnis der iberischen Sprache und der starken Fragmentierung vieler Inschriften. Aus diesem Grund benutzen wir als sekundäres Definitionskriterium den Begriff des »epigraphisch definierten iberischen Areals«: Damit ist das Gebiet gemeint, in dem bis heute keine nichtiberische Inschrift aus vorrömischer Zeit aufgetaucht ist, mit Ausnahme des Phönizischen oder Griechischen. In einigen Grenzgebieten, besonders im Ebrotal und im Norden Andalusiens, kommt es dennoch zu Problemen der Identifizierung. Es sollte auch von Anfang an darauf hingewiesen werden, daß der Begriff »iberisch«, auf die Sprache angewandt, rein konventionell ist und nicht den Anspruch erhebt, völlig präzise zu sein. In dem von mir gebrauchten Sinn bezieht sich der Terminus »iberische Sprache« auf die »Sprache, in der Inschriften abgefaßt waren, die in dem Territorium der als iberisch bezeichneten archäologischen Kultur gefunden wurden«. Diese Definition steht aber keineswegs im Zusammenhang mit bestimmten Ethnien, wie wir später noch sehen werden.

Es gibt ungefähr 2000 althispanische Inschriften in vorrömischen hispanischen Sprachen, von denen mehr als 1750 im strengen Sinn iberisch, das heißt in iberischer Sprache verfaßt sind, unabhängig von der benutzten Schrift. Das von Jürgen Untermann herausgegebene Corpus der iberischen Schriftzeugnisse (*MLH*) umfaßt 1400 Inschriften in iberischer Schrift und Sprache, 54 Münzen mit Legenden, die ebenfalls in iberischer Schrift abgefaßt sind, zu denen man noch einige Münzen aus dem Ebrotal hinzuzählen kann, 24 graeco-iberische Inschriften, 29 Inschriften in iberischer Sprache und meridionaler Schrift, zu denen möglicherweise noch andere des gleichen Schrifttyps, die aber linguistisch nicht einzuordnen sind, gehören könnten, acht Münzen mit meridionaler Schrift sowie drei iberische Inschriften in lateinischer Schrift. Zusammen mit dem nach Erscheinen der *MLH* veröffentlichten Material kommt man auf eine Gesamtzahl von etwas mehr als 1750 Inschriften. In engem Zusammenhang mit dem iberischen Inschriftencorpus müssen die epigraphischen Zeugnisse in anderen Sprachen gesehen werden, vor allem solche in lateinischer Sprache, die iberische Personennamen (PNN) enthalten. Die iberische Epigraphik ist nach der etruskischen wahrscheinlich die umfangreichste der Randsprachen der klassischen Welt.

Stele aus Sinarcas (MLH F.14.1); Kalkstein; erhaltene Höhe: 78 cm; Museo de Prehistoria Domingo Fletcher, Valencia. Kat.-Nr. 350

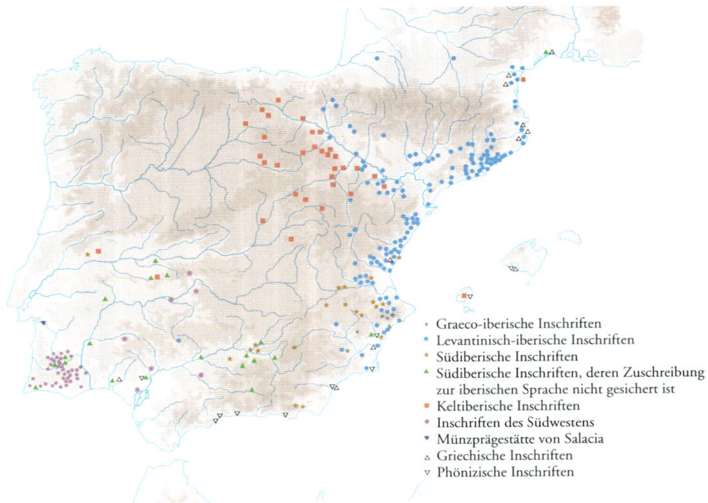

Karte der Verteilung der wichtigsten althispanischen Inschriften (die vorrömischen iberischen Inschriften sind durch einen Kreis gekennzeichnet)

Manuel Gómez-Moreno, der Wissenschaftler, der die iberische Schrift entziffert hat

Trotzdem wissen wir sehr wenig über den Inhalt der iberischen Texte, und es ist nicht wahrscheinlich, daß sich unsere Kenntnisse in nächster Zeit erheblich verbessern werden. 1922 bedeutete die Entzifferung der iberischen Schrift durch Manuel Gómez-Moreno einen großen Sprung nach vorn bei der Arbeit mit dieser Sprache (Gómez-Moreno 1922; 1925), und auch in den letzten Jahren gab es manche Fortschritte, gekrönt von der Veröffentlichung des Inschriftencorpus durch Jürgen Untermann. Dennoch wird die iberische Sprache so lange weitgehend unverständlich bleiben, wie keine Funde von informativen bilinguen Texten auftauchen. Denn die Semantik einer Sprache erschließt sich immer nur über die einer anderen. Nach der Dechiffrierung der Schrift kann eine jede hypothetische Entschlüsselung der entsprechenden Texte nur dann in Betracht gezogen werden, wenn diese auf der Kenntnis der iberischen Semantik aufbaut. Dies wäre aber nur möglich, wenn es Sprachverwandtschaften mit anderen uns bekannten Sprachen gäbe, was im vorliegenden Fall leider auszuschließen ist (Michelena 1974).

Wenden wir uns nun den Schriften zu, die in iberischen Inschriften benutzt wurden. Zwei davon, die graeco-iberische und die iberisch-levantinische, sind ohne größere Probleme zu lesen. Im ersten Fall wurde für die schriftliche Wiedergabe des iberischen Textes einfach das griechische Alphabet benutzt (*MLH* III 1, 133; de Hoz 1987). Dabei wurden einige überflüssige Zeichen weggelassen und phonetische Varianten mittels diakritischer Zeichen markiert.

Die iberisch-levantinische Schrift ist die bekannteste und am besten dokumentierte althispanische Schrift. Sie wurde zwar auch in Südfrankreich und an einigen anderen Orten des Mittelmeerraums benutzt, wohin sie wahrscheinlich durch Leute aus Hispanien gelangt ist, entstanden ist sie aber auf der Iberischen Halbinsel, und hier hat sie sich weiterentwickelt. Charakteristisch für diese Gruppe insgesamt ist, als Folge ihres gemeinsamen Ursprungs, ihr Mischcharakter – das heißt, ein Teil der Zeichen steht für Silben, während der andere aus eigenständigen Phonemen besteht und damit alphabetisch ist. Die drei Schriften, die bisher eindeutig identifiziert werden konnten, sind die des Südwestens, in dem nicht iberisch gesprochen wurde, das meridionale und das levantinische Iberisch.

Wie bereits erwähnt, gelang es Gómez-Moreno 1922 die levantinische Schrift zu entziffern. Bei einem einzigen Zeichen, das dem Y ähnelte, blieb die Bedeutung fraglich, was

Die iberischen Schriften (folgende Phoneme waren wahrscheinlich in allen iberischen Dialekten vorhanden: a e i o u, b t d k g, n l r ŕ s ś; des weiteren ein nicht bestimmbarer Nasal [geschrieben Y] sowie an einigen Orten m und vielleicht ein weiterer Vokal)

a Die graeco-iberische Schrift (2) im Vergleich zum ionischen Alphabet. Das graeco-iberische Alphabet findet sich auf beschrifteten Bleiplatten aus El Cigarralejo und der Serreta (Kat.-Nr. 81, 82). Das ionische wurde für archaische Texte aus Samos und die meisten Inschriften aus Samos des 6. und frühen 5. Jahrhunderts verwendet

b Die althispanischen Schriften (normalisierte Fassung der zahlreichen vorhandenen Varianten)
1 – Das wahrscheinliche phönizische Vorbild
2 – Die Schriftzeichen des Südwestens, Beispiel für die möglichen direkten Vorläufer der iberischen Schriften
3 – Die südlichen Schriftzeichen, deren Bedeutung im allgemeinen der des Südwestens entspricht (die Frage nach der Existenz eines sechsten Vokals in der südlichen Sprache ist noch nicht geklärt, auch die zweifelhaften Zeichen der südlichen Variante [S51–60] werden hier noch nicht transkribiert)
4 – Die levantinischen Schriftzeichen

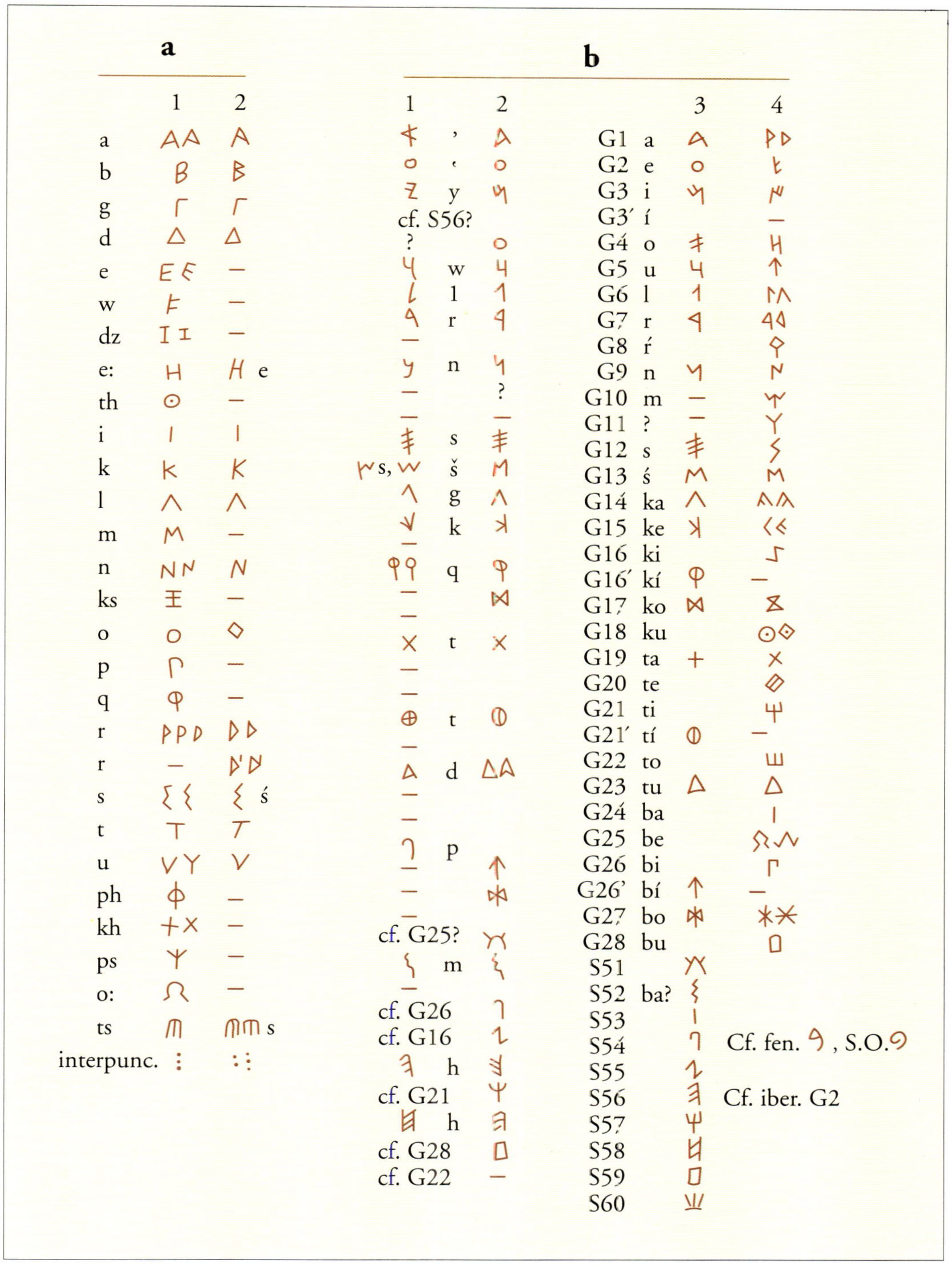

trotz verschiedener jüngerer Untersuchungen bis heute gilt. Darüber hinaus gab es nur noch eine einzige neuere Erkenntnis zum Thema der levantinischen Zeichen: Es zeigte sich, daß in einer Schriftprovinz, die nördlich der Stadt Castellón begann und sich bis an die nördliche Grenze der iberischen Epigraphik erstreckte, zu einem bestimmten, nicht genau datierbaren Zeitpunkt Varianten eingeführt wurden, mit denen bei vielen syllabischen Zeichen die stimmlosen von den stimmhaften Verschlußlauten unterschieden wurden. Diese Differenzierung wurde sonst von der iberischen Schrift nicht übernommen (Correa 1992).

Im Gegensatz zur levantinischen Schrift ist die Entschlüsselung der meridionalen Schrift noch sehr rudimentär (*MLH* III 1, 140–146; de Hoz 1976; 1993). Es gibt einige gesicherte Erkenntnisse, auf die Gómez-Moreno und andere Autoren schon hingewiesen hatten, die aber erst zwischen 1961 und 1963 durch die Arbeiten von Ulrich Schmoll eine systematische Grundlage erhielten. Die Schwierigkeit liegt darin, daß die iberischen Schriftzeichen in komplexen meridionalen Inschriften isoliert betrachtet werden müssen und daß oft nicht genügend vergleichbare Fälle einzelner Zeichen vorliegen, um feststellen zu können, ob die meridionalen Zeichen bei identischer Form die gleiche Geltung haben wie die levantinischen. Bei der Mehrdeutigkeit mancher althispanischer Schriftzeichen fanden sich oft Übereinstimmungen, die sich bald als trügerisch erwiesen; dazu kommt, daß die Zahl der südlichen Inschriften nicht groß genug ist, um eine Identifizierung abzusichern, zumal manche der Inschriften dieser Region möglicherweise nicht iberisch sind. So erklären sich die zum Teil erheblichen Unterschiede der Deutung durch die verschiedenen Autoren, ganz abgesehen davon, daß sich leider auch längst überholte Lesungen bis heute gehalten haben (*MLH* III 140–146; Correa 1994; de Hoz 1985; 1989; 1995d).

Der Ursprung der meridionalen Schrift muß genau wie der der levantinischen im Kontext der Entwicklung aller paläohispanischen Schriften gesehen werden. Dieses Thema ist nicht frei von Polemik; ich möchte aber trotzdem noch einmal auf der gelegentlich kontrovers diskutierten Vorstellung bestehen, daß der Ursprung der paläohispanischen Schriften im Gebiet von Tartessos anzusiedeln ist und daß die Iberer die Schrift nicht direkt von einem orientalischen Vorbild übernommen haben, sondern – mit Ausnahme des graecoiberischen Alphabets – von einem anderen hispanischen Volk (de Hoz 1993b; 1995e; Correa 1989; Untermann 1997).

Die entscheidende Frage, die nach wie vor ungelöst ist, ist die, warum die Iberer die paläohispanische Schrift in zwei verschiedenen Varianten verwendet haben, was um so unverständlicher ist, als wir aus geographischen Gründen annehmen dürfen, daß der Ursprung beider Schriften der gleiche gewesen ist.

Es gibt unterschiedliche Typen iberischer Texte, aber mit Ausnahme der Bleitafeln sind sie denen anderer epigraphischer Kulturen vergleichbar. Allerdings muß unterschieden werden zwischen denen, die während der gesamten iberischen Epoche in Gebrauch waren, und solchen, die erst mit Beginn der römischen Präsenz in Hispanien auftauchen. Zunächst zu letzteren:

Es gibt drei Inschriften auf Mosaiken, eine davon in lateinischer Schrift. Die beiden anderen, erst kürzlich gefunden, sind in levantinischer Schrift verfaßt und einander sehr ähnlich, nicht nur in technischer Hinsicht und stilistisch, was das Musivische angeht, sondern auch linguistisch, was bedeutet, daß auf diesem Gebiet wesentliche Neuentdeckungen zu erwarten sind, zumal es sich hier um Texte aus römischer Zeit handelt, deren italische Vorbilder möglicherweise erhellend sein können. An diesen Vorbildern orientieren sich zum Beispiel auch Inschriften, die sich auf die Herstellung und den Vertrieb von Gebrauchsgefäßen wie *Dolia* und Amphoren beziehen. Ein besonders interessantes Beispiel hierfür sind die Inschriften auf Amphoren aus Vieille-Toulouse (Kat.-Nr. 99). Inschriften

Figürliches Gefäß mit Inschrift vom Puig de Sant Andreu, Ullastret (Gerona) (MLH C.2.8); 5./3. Jahrhundert v. Chr.; grauer Ton; Höhe: 10,7 cm; Museu d'Arqueologia de Catalunya, Ullastret.
Kat.-Nr. 52

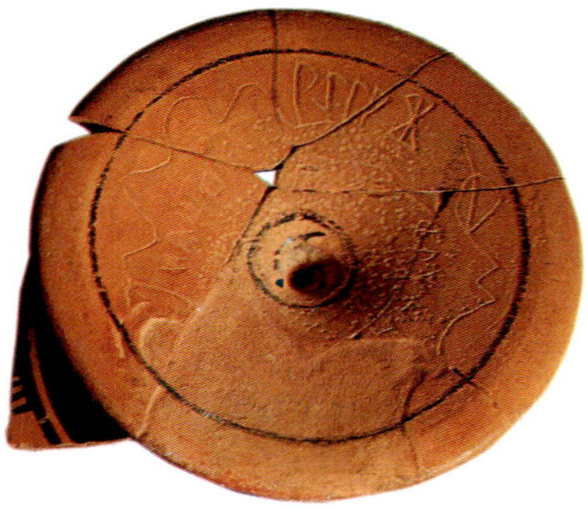

Attische Schale mit iberischen Graffiti auf der Unterseite des Fußes aus Ensérune (MLH B.1.13); 375/350 v. Chr.; Durchmesser des Fußes: 10,8 cm; Musée d'Ensérune.
Kat.-Nr. 90

Inschrift auf dem Rand eines Gefäßes vom Tossal de Sant Miquel, Lliria (Valencia)(F.13.2.4); ockerfarbener Ton mit roter Bemalung; Durchmesser: 12,5 cm; Museo de Prehistoria Domingo Fletcher, Valencia. Kat.-Nr. 97

mit ähnlicher Funktion finden sich auch in früheren Epochen, aber ihre Identifizierung ist nicht immer leicht, da sie weniger normiert waren und deshalb ihre Aufschriften mit bloßen Hinweisen auf Eigentumsverhältnisse verwechselt werden könnten.

Bei den Grabinschriften (Untermann 1986) gibt es zwei Probleme von größerem Gewicht. Das erste besteht darin, daß trotz bestimmter Wiederholungen die Variationsbreite des Formulars zu groß ist, um durch Vergleich mit entsprechenden Formularen von Grabinschriften anderer Kulturen, deren Sprachen wir kennen, zum Verständnis der iberischen Sepulkraltopik zu gelangen. Das zweite betrifft den Zeitpunkt, zu dem Grabinschriften im iberischen Kulturraum auftauchen (Beltrán Lloris 1993; 1995; de Hoz 1995), was bedeutet, daß sie grundsätzlich von römischen Vorbildern abhängen, auch wenn es mit Sicherheit schon früher das eine oder andere Zeugnis gegeben hat.

Weitere wichtige epigraphische Zeugnisse sind die Münzinschriften, die im ersten Band des *MLH* enthalten sind (s. auch de Hoz 1995c; Villaronga 1994). Im folgenden Kapitel wird ausführlich von der iberischen Numismatik die Rede sein; hier sei nur angemerkt, daß die Münzlegenden einen entscheidenden Beitrag zur Dechiffrierung der Schrift geleistet haben, daß es eine kleine Zahl von Münzen gibt, auf denen sich meridionale Schriftzeichen finden, und weitaus mehr, die die levantinische Variante verwenden, und daß diese Prägetätigkeit zwar bereits vor Ankunft der Römer auf der Iberischen Halbinsel begonnen hatte, deren weitere Entfaltung aber eindeutig mit der Anwesenheit der Römer verbunden ist.

Andere Inschriften – neben banalen und allgegenwärtigen Graffiti auf Vasen und Besitzerinschriften auf mehr oder weniger wertvollen Objekten (Kat.-Nr. 89–92) – scheinen

Lebes mit der Darstellung einer Seeschlacht vom Tossal de Sant Miquel, Lliria (Valencia); 250/150 v. Chr.; rotbrauner Ton mit roter Bemalung; Höhe: 24 cm; Museo de Prehistoria Domingo Fletcher, Valencia. Kat.-Nr. 49

Graeco-italische Amphore mit iberischem Stempel aus Ensérune (Hérault) (MLH B.1.369); 250/200 v. Chr.; beigefarbener, feiner Ton; Höhe des Stempels: 1,8 cm; Musée d'Ensérune. Kat.-Nr. 96 älter zu sein als die Ankunft der Römer. Ein Sonderfall der Epigraphik auf Keramik sind die gemalten Aufschriften, vor allem aus der iberischen Stadt bei Lliria (Kat.-Nr. 97).

Felsinschriften (de Hoz 1995f), die in der Regel schwer zu entziffern sind, können zur Gruppe der Inschriften in Höhlen gezählt werden, die in kulturellem Zusammenhang mit den Malereien religiösen Charakters an den gleichen Orten stehen. Es gibt aber noch einen zweiten Typ von Felsinschriften mit teilweise anderen Merkmalen: Inschriften in hochgelegenen Gegenden, in denen es keinerlei Hinweise auf Wohnungen oder Wallfahrten gab. Diese Inschriften sind bislang auf die Cerdagne in den Pyrenäen beschränkt, von wo Campmajo und Untermann immer wieder neue Funde veröffentlichen konnten. Sie sind zwar nicht genau zu datieren, dürften aber einer späteren Zeit zuzuweisen sein, in der mit der Anwesenheit der Römer dieses Gebiet nicht mehr isoliert war.

Sicherlich ist jedoch das beschriebene Bleiblech der bemerkenswerteste und zugleich interessanteste Träger iberischer Inschriften. Es handelt sich um ein epigraphisches Zeugnis reinster Art, denn das Bleiblech hatte lediglich die Funktion des Inschriftenträgers, so wie es bei Papyrus- oder Pergamentrollen der Fall war. Im Gegensatz zu anderen Trägern ist hier jedoch das Material von Dauer, was andererseits aber eine leichte Wiederverwertung ermöglicht.

In den letzten Jahren haben wir eine immer größere Kenntnis über den Gebrauch von Bleiblechen in der Antike gewonnen, der weit über ihren längst bekannten Einsatz als Träger von Verwünschungen hinausgeht. In der griechischen Welt haben sich Funde dieser Art in jüngster Zeit gehäuft; sie zeigen eine relative Vielfalt an Inschriften: Geschäftsbriefe, Verträge und Protokolle von Handelsgeschäften sowie Listen von Personennamen (Immerwahr 1990, 125–127, 187). In den letzten Jahrzehnten sind im westlichen Mittelmeerraum auch Bleie mit Inschriften in anderen Sprachen, wie der gallo-griechischen (Lejeune 1985, 30–36, 162–163, 268–269; *MLH* II, 379–380) oder der etruskischen (Rix 1991, 332), aufgetaucht, deren Inhalt sicher nichts mit Verwünschungen zu tun hat.

Insgesamt kennen wir rund 70 iberische Bleibleche, auf denen die drei Schrifttypen der Iberer vertreten sind (z. B. Kat.-Nr. 82). Auch das erste direkt überlieferte Zeugnis der iberischen Sprache steht auf einer Bleitafel. Es handelt sich dabei um einen Text in ionisch-griechischer Schrift vom Beginn des 5. Jahrhunderts v. Chr. (Kat.-Nr. 80).

Selbst wenn wir nicht in der Lage sind, die Inschriften zu verstehen, sind diese Bleibleche heute doch von größtem Interesse, da ihre äußere Erscheinung und der Vergleich mit denen der Griechen Rückschlüsse auf ihren Inhalt zuläßt. In einigen Fällen sind die Bleie eindeutig kommerzielle Dokumente oder private Briefe, bei vielen anderen läßt sich eine ähnliche Funktion vermuten. Darüber hinaus interessieren vor allem ihre sprachwissenschaftlichen Aspekte, da es sich zum Teil um sehr viel längere und weniger stereotype Texte handelt als bei anderen epigraphischen Zeugnissen. Deshalb sind diese die einzigen iberischen Texte, die im Detail analysiert werden können. Sie ermöglichen auch eine separate Analyse grammatikalischer Elemente (Untermann 1987b; *MLH* III, 155–194) und das Erarbeiten von Hypothesen für eine Typologie der iberischen Sprache. Dadurch könnten bedeutende Fortschritte erzielt werden, die vor allem dann entscheidend wären, wenn es den Forschern gelänge, durch bilingue Texte einige semantische Unbekannte zu lösen.

Unter historischen Gesichtspunkten ist die Frage nach den Benutzern der iberischen Schrift von wesentlicher Bedeutung: Wer schrieb, wo wurde geschrieben, warum wurde geschrieben? Eine Karte mit iberischen Isoglossen (de Hoz 1993a, 645), das heißt mit sprachlich gleichen Merkmalen, die der Zeit der größten epigraphischen Verbreitung im 2. und 1. Jahrhundert v. Chr. entspricht, erreicht mit ihrer nördlichsten Eintragung

Das sogenannte »erste Blei« von der Serreta (MLH G.1.1); 4. Jahrhundert v. Chr.; Höhe: 6,2 cm; Museo Municipal Camilo Visedo, Alcoy (Alicante). Kat.-Nr. 82

Ensérune, mehr oder minder genau die Grenze des iberischen Kulturraums überhaupt, der allerdings nicht so klar abgegrenzt ist wie das Inschriftengebiet. Dabei muß jedoch auch berücksichtigt werden, daß iberische Inschriften aus Südfrankreich viele nichtiberische Bestandteile enthalten, die für diese Gegend die Gegenwart von Menschen erkennen lassen, die andere Sprachen als die iberische gesprochen haben (Untermann 1969; 1992; de Hoz 1995b; Correa 1993).

Westlich von Ensérune ist die Situation von Region zu Region verschieden. In Südfrankreich, in den spanischen Pyrenäen und angrenzenden Gebieten findet sich, je weiter wir uns von der Küste entfernen, immer weniger linguistische Information. Es gibt hier keine vorrömische Epigraphik, mit Ausnahme der soeben erwähnten Felsinschriften der Cerdagne, die eindeutig iberisch sind, bei denen es aber bis heute nicht gelungen ist, klar definierte Isoglossen aufzuzeigen. Lateinische Inschriften, die vorrömische Merkmale erkennen lassen – in diesem Fall eindeutig Merkmale, die dem Baskischen nahestehen (Michelena 1954; Gorrochategui 1984; de Hoz 1995b) –, fanden sich im Valle de Arán und weiter im Norden.

Die wenigen Inschriften aus dem Land westlich vom Cinca und am linken Ebroufer ab Zaragoza lassen keine eindeutigen sprachlichen Merkmale erkennen; in der lateinischen Epigraphik kommen iberische Personennamen zusammen mit baskoiden oder indoeuropäischen Namen vor (Gorrochategui 1987; de Hoz 1995d). Südlich des Ebro gibt es eine klare Sprachgrenze, die üblicherweise am Fluß Huerva lokalisiert wird und Inschriften in iberischer Sprache von keltiberischen trennt, das heißt von Schriftzeugnissen einer keltischen Sprache, die mit der iberischen nicht verwandt ist.

Südlich der Ebromündung finden sich epigraphische Zeugnisse und damit auch iberische Isoglossen wiederum nur an der Küste und in einem schmalen Streifen im Landesinneren, der durch den Verlauf der Gebirge begrenzt ist, wodurch es zu einer gewissen Häufung von Funden in den Tälern des Turia und des Segura, aber vor allem auch des Júcar kommt, wo die Funde sich bis in die Gegend von Abengibre und El Salobral erstrecken. Wir können jedoch keine Aussage über die sprachlichen Verhältnisse in den weiter westlich gelegenen Gebieten machen.

Als letztes müssen, unter Auslassung einiger Inschriften, deren Zuschreibung problematisch ist, weil ihr Fundort keine genauen Aussagen über ihre Herkunft zuläßt, die epigraphischen Zeugnisse aus dem Norden Andalusiens und aus Almería genannt werden.

Auch auf ihnen finden sich einige typisch iberische Isoglossen. Aber auch Inschriften des meridionalen Typs kommen hier vor, die mangels klar erkennbarer Merkmale nicht mit Sicherheit der iberischen Sprache zugeordnet werden können.

Sobald wir diese Sprachkarte derjenigen mit den vorrömischen Ethnien gegenüberstellen, stoßen wir auf offenkundige Schwierigkeiten. Wenn wir anstelle des globalen und ethnisch wenig hilfreichen Begriffes »iberisch« die spezifischen Namen verwenden, welche die antiken Quellen den verschiedenen Völkern gegeben haben, die an der materiellen iberischen Kultur Anteil hatten, ergeben sich vielerlei Probleme der geographischen Abgrenzung und der Chronologie, die hier nicht erörtert werden können. Deshalb beschränke ich mich hier auf weniger problematische Aspekte und werde nur für jede Landschaft gesondert auf die Situation der iberischen Epigraphik vor Ankunft der Römer und in den letzten beiden Jahrhunderten vor der Zeitenwende eingehen (de Hoz 1995a).

Vor der Ankunft der Römer gab es im iberischen Teil von Südfrankreich, in der Gegend von Ampurias und in den Gebieten, die später als Laietania und Contestania bekannt wurden, eine beachtliche epigraphische Dichte. Es gibt nur wenige Funde aus dem Edetanergebiet und aus Oberandalusien, und ethnisch sind diejenigen nicht mit Sicherheit zuzuordnen, die an der Peripherie des kontestanischen Kerngebiets erscheinen, denn die Frage nach der Grenze zwischen den Kontestanern und den Bastetanern ist nach wie vor ungelöst. Wir wissen also nicht, ob diese Inschriften auf einen spärlichen Gebrauch der Schrift in der Bastetania hindeuten oder eher den übrigen Funden aus der Contestania zuzuordnen sind.

Die Karte, die der römischen Zeit entspricht, zeigt eine erhebliche Ausdehnung des Gebietes mit iberischer Schrift. Bestimmte Regionen, insbesondere das Ebrotal, erscheinen hier zum ersten Mal, während die Schrift in der Contestania und um Ampurias einen gewissen Rückgang zu verzeichnen hat. Die Laietania hingegen ist weiterhin reich an epigraphischen Zeugnissen, und die Edetania verzeichnet einen erheblichen Zuwachs an Funden. Selbstverständlich sind die grobmaschigen Raster dieser Karten noch zu differenzieren. Obwohl unsere Kenntnisse nach wie vor lückenhaft sind, ist nicht anzunehmen, daß zukünftige Funde unsere gegenwärtigen Vorstellungen völlig auf den Kopf stellen werden.

Wichtiger jedoch als die Anzahl ist die Art der Funde. So ist es zum Beispiel beachtenswert, daß in der Laietania praktisch keine Bleitafeln vorkommen, mit Ausnahme der von Penya del Moro (*MLH* C.17.1), während sie in den anderen epigraphisch interessanten Regionen häufig zu finden sind.

Andererseits gibt es in der Gegend von Ampurias und in der Laietania kaum Grabinschriften, wie sie im Süden der Edetania, in Sagunt und Umgebung sowie südlich des Ebrodeltas vorkommen. Wahrscheinlich haben sie sich von dort aus in das Gebiet der Ilercavonen und Ilergeten, das heißt am unteren Flußlauf des Guadalope und am Zusammenfluß von Cinca und Segre, verbreitet.

Alle diese Erkenntnisse scheinen folgende vorläufige Deutung zuzulassen: Schon früh spielte die Schrift im Süden Frankreichs und im Ampurdán – beides Gebiete, die in das gleiche wirtschaftliche Umfeld eingebunden waren – sowie in der Contestania eine bedeutende Rolle. Das heißt jedoch nicht, daß es zahlreiche schriftliche Dokumente oder viele Schriftkundige gegeben hätte.

Mit der Ankunft der Römer kam es zu einer widersprüchlichen Entwicklung: Die bereits begonnene Verbreitung der Schrift beschleunigte sich, was zu einer größeren Anzahl iberischer Texte führte, die sich ab jetzt auch in Gebieten fanden, wo es sie früher nicht gegeben hatte. Gleichzeitig beginnt die Latinisierung jener Stämme, die den stärksten An-

Felsinschriften in der Cerdagne

teil an der Kultur der hellenistischen *Koine* hatten, was zur Folge hatte, daß die Produktion an iberischen Inschriften hier zurückging. Wiederum gleichzeitig verbreiteten sich neue soziale Verhaltensformen wie zum Beispiel die Verwendung von Grabsteinen, die sich mehr oder weniger durchsetzten, sowohl als von außen kommende Einflüsse als auch in Gestalt von eigenen gesellschaftlichen Traditionen, die wir bis jetzt noch kaum differenzieren können.

Was die soziale Identität derjenigen betrifft, die die Schrift verwandten, so veranlassen mich die wenigen Fundstätten mit reichen epigraphischen Funden und die Daten über die Motive zur Schriftverwendung bei den Iberern, soweit sie sich aus den Texten, die wir besitzen, erahnen lassen, anzunehmen, daß die iberische Epigraphik vorwiegend das Produkt von Kaufleuten war, die, ähnlich wie bei den Phöniziern, Puniern und Griechen, im Seehandel engagiert waren, aber auch, und dies sicher intensiver als die anderen, im Handel mit dem Binnenland, nicht zu vergessen den regionalen Handelsverkehr (de Hoz 1993a; 1993c; 1994).

Die Schrift kann einen Beitrag zur Identifikation der Iberer leisten oder, besser gesagt, sie ermöglicht es, den traditionellen Begriff »iberisch« mit Inhalt zu füllen. Grundsätzlich war ein Iberer ein Mensch, dessen Muttersprache das Iberische war. Diese Definition stimmt jedoch nicht unbedingt mit der Vorstellung überein, wonach diejenigen Iberer sind, die eine materielle iberische Kultur und iberische Inschriften besitzen. Solange wir keine genauen Informationen über die ethnischen Merkmale einer bestimmten Gesellschaft haben, können wir es nicht für sicher halten, daß die Sprache, die diese Gesellschaft in ihren schriftlichen Äußerungen benutzte, die einzige war, die sie kannte oder sprach, ja nicht einmal, daß es die am weitesten verbreitete Umgangssprache war. In Pech Maho, woher das älteste Zeugnis iberischer Sprache stammt, kommen auf der bereits erwähnten Bleitafel drei verschiedene Gruppen vor: eine griechische, eine iberische und eine dritte, schwer zu definierende Gruppe, die vielleicht der autochthonen Bevölkerung entsprach. Die Stellung der Iberer im Languedoc scheint der der Griechen vergleichbar gewesen zu sein: Beide Völker gehörten zur Welt des Handels und waren in der Lage, sich dauerhaft in die indigene Bevölkerung einzugliedern. Beide konnten Gemeinwesen von einer gewissen Bedeutung gründen und eine soziale Macht darstellen, die von den einheimischen Autoritäten nicht ignoriert werden konnte. Aber sie waren und blieben Fremde, die sich das Bewußtsein ihrer Andersartigkeit und die Tradition ihrer Sprache und Kultur bewahrt hatten. Jedenfalls unterschied sich diese fremde Minderheit durch ein grundlegendes Element von der indigenen Bevölkerung: Sie konnte schreiben. Deshalb ist es ihre Sprache, die in den archäologischen Funden klare Spuren hinterlassen hat, was uns dazu bringen könnte, sie mit der ortsansässigen Bevölkerung zu verwechseln. Die Iberer des Languedoc waren grundsätzlich Fremde, Repräsentanten der immer wieder an den Mittelmeerküsten gegenwärtigen Gemeinwesen, die vom Meer lebten, auf dem ihre Güter transportiert wurden.

Es gilt demnach festzuhalten, daß die Iberer auch außerhalb ihres eigenen Kulturbereiches zu finden waren. Sie lebten vom Handel zur See, was ihr Auftauchen an verschiedenen Orten erklärt, wo sie nur vorübergehend blieben, aber gelegentlich schriftliche Spuren hinterließen. Sie konnten sich jedoch auch endgültig niederlassen und Kolonien von Metöken mit belebten Hafenplätzen gründen, wodurch sie eine mehr oder minder intensive Emigration in Gang setzten.

Demgegenüber kann man die Contestaner als Iberer im engeren Sinn bezeichnen. In ihrem Gebiet entstand die graeco-iberische Schrift, mit der sie die iberische Sprache schrieben. Die Vermutung, daß irgendwelche weitgereisten Iberer in der Fremde ihre eigene Sprache schreiben gelernt hätten, ist absolut widersinnig. Die Bewohner der Contestania, die nicht nur Kontakt zu weiter westlich gelegenen Gebieten hatten, in denen die meridionale Schrift benutzt wurde, sondern auch zu griechischen Händlern und Siedlern, erlernten zwei Schriften, in denen sie sich auf Iberisch, das heißt in ihrer Muttersprache, ausdrückten. Diese beiden Schriftsprachen sollten schließlich in der Contestania selbst von einer dritten abgelöst werden, der levantinischen Schrift.

Wer hat die iberisch-levantinische Schrift geschaffen? Diese Frage stellt vielleicht, außer dem des Textverständnisses, das größte Problem der iberischen Epigraphik dar. Ich halte die levantinische Schrift für eine Adaption der meridionalen (de Hoz 1993b), die aber auch für die Wiedergabe der iberischen Sprache benutzt wurde. Wir wissen nicht, ob die Erfindung der levantinischen Schrift eine Reaktion auf Defizite der meridionalen Schrift darstellte oder ob ihre Erfinder die meridionale Schrift ausschließlich als Vehikel für eine oder mehrere nichtiberische Sprache kannten, und deshalb können wir nicht sagen, auch wegen fehlender archäologischer Belege, in welcher Gegend diese Anpassung stattgefunden hat.

Auf jeden Fall kann man aufgrund der Erfahrungen der letzten Jahre davon ausgehen, daß die Zahl der iberischen Inschriftenfunde sich weiter vervielfachen wird. Da neue Inschriften neue Erkenntnisse implizieren, könnte der Glücksfall einer gut erhaltenen, ergiebigen bilinguen Inschrift unseren gegenwärtigen Wissensstand revolutionieren. Damit würde nicht nur eine echte Dechiffrierung der bereits bekannten Inschriften beginnen, sondern auch ein entscheidender Beitrag zur Definition des iberischen Kulturraums geleistet werden. Gleichzeitig wären damit neue Erkenntnisse über die historische Bedeutung der Schrift für die Iberer möglich.

Die iberische Münze: Prestige und Wirtschaftsraum der Iberer

María Paz García-Bellido/Pere Pau Ripollès

Bleimarke in Münzform; Museo Arqueológico Nacional, Madrid. Kat.-Nr. 169

I. Wie haben die Iberer die Münze kennengelernt?

Die Münzprägung bei den Iberern begann nicht vor der Mitte des 3. Jahrhunderts v. Chr., und es dauerte sehr lange, bis sie sich endgültig durchgesetzt hatte. Die größte Prägeaktivität lag zwischen dem Ende des 2. Jahrhunderts v. Chr. und dem Ende des Sertorianischen Krieges im Jahr 72 v. Chr. Danach kam es bis in claudische Zeit, in der die Prägung hispanischer Münzen endgültig eingestellt wurde, zu einer raschen Latinisierung und Romanisierung, in deren Verlauf die Münzen die typischen iberischen Merkmale verloren. Aber die späte Hinwendung der Iberer zur Münzprägung bedeutet keineswegs, daß sie zwischen dem 5. und dem 3. Jahrhundert v. Chr. überhaupt nichts mit Münzen zu tun gehabt hätten, sondern nur, daß sie ihnen für die Entwicklung ihrer Handelsbeziehungen oder ihre sonstigen politisch-gesellschaftlichen Bedürfnisse entbehrlich schienen. Ihre Kenntnis resultierte aus den Kontakten mit Bereichen – besonders dem kommerziellen –, in denen Münzen ein Zahlungsmittel unter vielen waren. So verweist zum Beispiel der Text der Bleitafel von Pech Maho auf Iberer als Zeugen eines Geschäftes, das zumindest teilweise in Geld abgewickelt wurde. Auch kriegerische Unternehmungen führten die Iberer in Bereiche ein, wo Münzen eine Rolle spielten. So wissen wir, daß iberische Söldner an der Schlacht von Himera (480 v. Chr.) beteiligt waren, und seit dieser Zeit gibt es eine ständige iberische Präsenz auf Sizilien. Meistens kämpften sie auf Seiten der Karthager, die diese Söldner auf der Halbinsel und den Balearen rekrutierten, aber sie kämpften auch für Dionysios. Für diese Dienste erhielten sie Silbermünzen, die sie wahrscheinlich bei ihrer Rückkehr mit sich führten. Durch diese Kontakte erklärt sich die große Zahl von Münzen aus Ionien, vom griechischen Festland, aus Sizilien (Kat.-Nr. 100–103), der Magna Graecia, Etrurien und Massalia, in Schatzfunden (Emporion, Pont de Molins, Morella, Mongó, Rosas und Tarragona) und vielen Einzelfunden.

Es waren jedoch die griechischen Münzprägungen aus Rhode und Emporion, die dazu beigetragen haben, daß sich die Kenntnis von Münzen bei den Iberern allgemein verbreitete, besonders an der Mittelmeerküste. Als erste Münzprägungen der Iberischen Halbinsel werden die kleinen Münzen mit der Darstellung eines Widderkopfes aus der 2. Hälfte des 5. Jahrhunderts v. Chr. angesehen; ihnen folgen gegen Ende des 5. Jahrhunderts v. Chr., aber vor allem während des 4. Jahrhunderts v. Chr., ähnliche Exemplare, aber von unterschiedlichem Typ. Da es sich bei diesen Prägungen um Scheidemünzen (0,16–0,94 g) handelte, waren sie für viele Menschen erschwinglich und in Handelsgeschäften nützlich, und das nicht nur für Thesaurierungen (Kat.-Nr. 108–119). Die blühende Wirtschaft in Emporion im 4. Jahrhundert v. Chr. sowie die Handels- und Bevölkerungsmobilität trugen dazu bei, daß an der Küste und im Hinterland das Geld zirkulierte, ein Umlauf, der jedoch zwischen 300 und 218 v. Chr. erheblich zurückging. Das ist

Bronze, Semis, kese (Tarragona); 1. Jahrhundert v. Chr.; Museo Arqueológico Nacional, Madrid. Kat.-Nr. 167

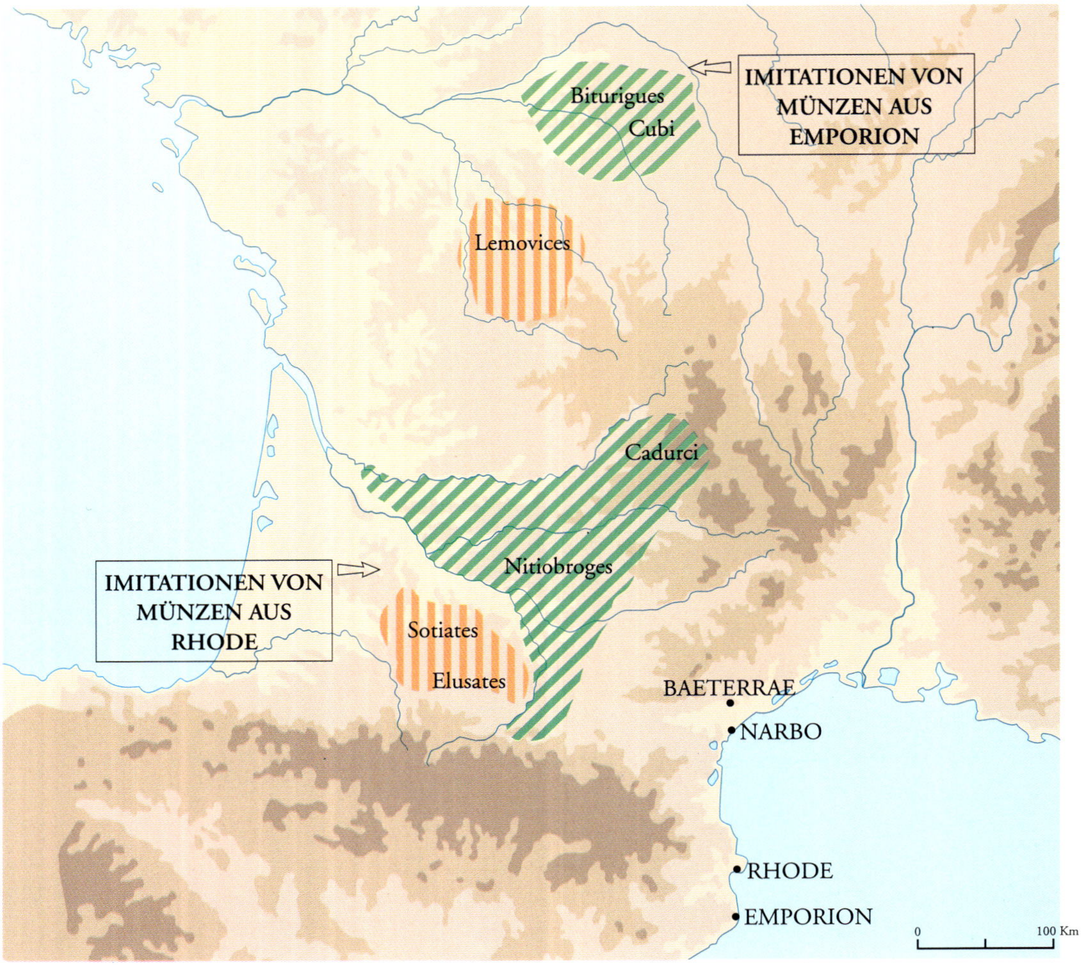

Verbreitung der keltischen Imitationen von Münzen aus Rhode und Emporion (nach: D. F. Allen, The coins of the ancient Celts, *Edinburgh 1980, 54)*

darauf zurückzuführen, daß die Prägung von Scheidemünzen durch die schwereren Geldstücke abgelöst wurde (Drachmen mit einem Gewicht von 4,7 g), die zwar für die beiden prägenden Städte Rhode und Emporion von Bedeutung waren (Kat.-Nr. 120–125), in der iberischen Welt jedoch keinen Anklang fanden. Zumindest war die Emission beschränkt, und die Funde auf iberischem Gebiet sind selten. Hingegen wurden diese Drachmen aus Rhode und Emporion mit geöffneter Rose beziehungsweise einem stehenden Pferd in Gallien an vielen Orten nachgeahmt, was darauf hindeutet, daß sie dort sehr bekannt waren.

Während des Zweiten Punischen Krieges zwischen 218 und 206 v. Chr. kam es im iberischen Raum zu einer intensiven Monetarisierung als Folge einer unerhörten Steigerung des Geldumlaufs. Grund dafür waren die Kriegskosten in den von den Heeren Roms und Karthagos besetzten Gebieten. In dieser Zeit gab es ein breites Spektrum von Münzen: Besonders verbreitet war die Prägung von Emporion (Kat.-Nr. 124–125), die für die Römer geprägt wurde. Für Karthago arbeiteten verschiedene Prägestätten (Kat.-Nr. 126–130), insbesondere diejenige von Carthago Nova. Die gewaltige Geldmenge, die die Finanzierung des Zweiten Punischen Krieges durch Silbermünzen entstehen ließ, ging zwar in gewissem Maße in die Hände der Bevölkerung über, wurde jedoch zum größeren Teil von den römischen Statthaltern wieder eingezogen, die die Münzen während der Zeit der »Befriedung« der Halbinsel, in der die kriegerische Situation jedoch weiterbestand, nach Rom schafften. Livius berichtet, daß von 195/94 bis 180 v. Chr. aus Hispanien

Die iberischen Münzprägestätten bis zur Zeit Caesars (nur die mit Sicherheit identifizierten Münzstätten, die etwa zwei Drittel der Gesamtzahl ausmachen, sind angegeben, wobei die Imitationen von Drachmen nicht mitgezählt sind)

außer *argentum infectum* (Gold und Silber) 1110639 Silbermünzen als Beute abgeführt wurden, nämlich *signati argenti, argentum Oscense* und *signatum Oscense,* Bezeichnungen, die sich nur auf die nichtrömischen Münzen des Zweiten Punischen Krieges beziehen, während das eigene Geld als *signati denarium* und *signati bigatorum* bekannt war. Dieser Aderlaß ging soweit, daß auch die Münzen, die nach Kriegsende noch bei den Iberern verblieben waren, eingezogen wurden und die Iberer damit erhebliche Reichtümer verloren. In der Tat enthalten Funde der Zeit nach 180 v. Chr. nur eine sehr geringe Anzahl von Prägungen aus den letzten Jahren des 3. Jahrhunderts v. Chr. Dies gilt für Münzen aus Karthago und Emporion ebenso wie für iberische Nachahmungen emporitanischer und massaliotischer Drachmen. Die Politik der monetären Ausbeutung hielt an, wie dem Protest einer »Gesandtschaft einiger Stämme« aus Hispanien im Jahre 171 v. Chr. zu entnehmen ist, die sich über den Mißbrauch und die Erpressung seitens römischer Magistrate beschwerten, die Tributzahlungen in klingender Münze verlangten, übrigens ein Zeugnis dafür, daß diese Münzen auch zur Steuerzahlung verwendet wurden. Es ist sehr wahrscheinlich, daß die Denare aus *iltiŕta, auśesken, kese* und *ikalesken* etwas mit diesen Steuerzahlungen zu tun hatten.

II. Wie kamen die Iberer dazu, Münzen zu prägen?

Die Kontakte der Iberer mit importierten griechischen und punischen Münzen oder den Prägungen in den hispanischen Kolonien Emporion, Rhode, Gades, Ebusus und Carthago Nova führten schließlich in den wichtigsten Städten, die engere Beziehungen zum Ausland hatten, zur Gründung erster indigener Prägestätten, wie zum Beispiel *arse* (Sagunt), *śaitabi* (Játiva, Valencia), *kese* (Cese-Tarraco) und *kaśtilo* (Castulo). Möglicherweise jedoch dauerte es bis in die Jahre vor 218 v. Chr., der Zeit der Vorbereitung des Zweiten Punischen Krieges, bis die Münzprägestätten hier ihre Arbeit aufnahmen, begünstigt durch Bündnisse mit den gegnerischen Parteien, Rom und Karthago, oder durch bestimmte Verpflichtungen genötigt. Es sind die Kriegssteuern, die im Bereich des heutigen Katalonien eine wahre Flut von indigenen Emissionen bewirken. Münzen, die die emporitanischen Drachmen »fälschen«, zu deren Wirtschaftskreislauf sie gehörten. Wir unterscheiden hier zwei Gruppen:

A) Iberische Städte, deren erste Münzprägungen auf die eigene Ikonographie, Metrologie und Schrift zurückgreifen, was für diese Städte eine Vergangenheit mit politischen, wirtschaftlichen und religiösen Gegebenheiten impliziert, in der sich im staatlichen Leben eine eigene Metrologie, eigene beschützende Gottheiten und ein offizieller Schriftgebrauch entwickelt hatten, die nun auf die Münze angewendet werden. Die Auswahl des Metalls wurde vom jeweiligen kulturellen Umfeld bestimmt, in dem die Münzen geprägt wurden: Im griechisch geprägten Bereich wurde Silber verwendet, im punischen Gebiet war die Bronze bestimmend. Sagunt – *arse* – prägte Silbermünzen mit verschiedenen iberischen Legenden, auf denen der Ortsname *Arse,* nicht jedoch der Name Sagunt erschien, während die schriftlichen Quellen genau umgekehrt verfuhren. Erst im 1. Jahrhundert v. Chr. gab es bilingue Legenden, die beide Namen enthalten: *Arse/Saguntinum.* Das wirft die Frage auf, ob es sich vielleicht bis zum Ende des 1. Jahrhunderts v. Chr. um zwei verschiedene Städte handelte (Kat.-Nr. 131, 132, 148, 149). Die erste bedeutende Prägung – mit Ausnahme eines *unicum* mit der Legende *arsesken,* einer Nachahmung des Obolus aus Massalia – zeigt das Bild einer behelmten Göttin, einer Tyche, das beständige Emblem der republikanischen Prägungen, zusammen mit dem Flußgott Acheloos und Herakles, die auf den mythischen Ursprung der Stadt verweisen, von dem Silius Italicus (I, 273) berichtet. Auch in *śaitabi* (Játiva), wurden schon früh Silbermünzen geprägt, allerdings in kleiner Menge und später als in Sagunt. *Kese,* das spätere Tarraco, prägte nur Bronzemünzen mit punischer Metrologie und der iberischen Legende *kese.* Es scheint, daß die Münzen aus der Zeit vor 218 v. Chr., der Ankunft der römischen Truppen, stammen und vielleicht in einer Beziehung zu Karthago standen, auf die verschiedene Quellen hinweisen (Polyb. III, 76, 1; Livius XXI, 60, 7 u. 61, 1). Es sind Münzen, die mit geringfügigen Variationen während der gesamten republikanischen Zeit das Vorbild der Prägung in der römischen Provinz Hispania Citerior bleiben sollten. Castulo, *kaśtilo,* prägte unter Hannibal, dessen Frau aus dieser Stadt stammte, seine ersten Münzen. Die große Bedeutung des Erzabbaus in dieser Gegend führte dazu, daß Castulo zusammen mit Cartagena während des gesamten Krieges die punische Seite finanzieren konnte. Sowohl die Metrologie, die der von *kese* ähnlich ist, als auch die Ikonographie scheinen punisch zu sein (Kat.-Nr. 133). Die Legende – *kaśtilo* – in linksläufiger meridionaler Schrift bestätigt den frühen Zeitpunkt der Prägung und die Zugehörigkeit zum Kulturkreis der Turdetania.

B) Iberische Imitationen emporitanischer Drachmen wurden in den Städten geprägt, die noch sehr rudimentäre staatliche Einrichtungen hatten. Es fehlte ihnen an einer eigenen Metrologie, Ikonographie und Schrift, und deshalb »fälschten« sie Münzen aus Emporion, zu dessen Wirtschaftsraum sie gehörten. Im Zweiten Punischen Krieg und während der nachfolgenden »Befriedung« dieses Gebietes, das heißt, von 218 bis 180 v. Chr., kam es im heutigen Katalonien zu einer wahren Massenproduktion von Nachahmungen dieser Art. Die ersten Legenden lauteten »ΕΜΠΟΡΙΤΩΝ«, dann folgten simulierte oder fehlerhafte griechische Legenden (Kat.-Nr. 134–136), und zum Schluß wurden für die eigenen Ortsnamen iberische Zeichen benutzt. Eine gute Parallele zu diesem Phänomen findet sich bei den Münzen der Kelten. Von all diesen Ortsnamen, die durch die iberischen Legenden auf den Drachmen belegt sind (insgesamt 118 Legenden, von denen etwas mehr als zehn Personennamen sein könnten), kennen wir nur die folgenden Städte

Silber, Hemidrachme, saiti (Játiva, Valencia); um 200 v. Chr.; Vorderseite: Kopf des Herakles nach rechts, die Keule auf der Schulter. Rückseite: Adler mit ausgebreiteten Flügeln, um den Rand die iberische Legende: »śa.i.ta.bi.e.ta.r.«; Gewicht: 1,48 g; Museo Arqueológico Nacional, Madrid

durch deren spätere Bezeugung: *iltiŕta* (Ilerda, Lérida), *iltiŕka* (*iltiŕkesken?*), *kese* (*cese,* Tarragona), *taŕakon* (*tarraco,* Tarragona) und *baŕkeno* (*barcino,* Barcelona). Alle übrigen Münzstätten verschwanden nach dem Krieg, und damit verlor sich ihre historische Spur. Was für politische Gebilde waren dies? Waren es iberische Städte, wie ihre Legenden andeuten, und wenn ja, warum waren ihre gesellschaftlichen und politischen Strukturen so unterschiedlich? Ist das Phänomen der »Kopie« und das der großen Menge von Münzstätten mit geringem Einzugsgebiet nicht typisch keltisch? Von diesen Stämmen wurde auch der bekannte Obolus aus Massalia nachgeahmt, auf dessen Vorderseite Apollon und auf dessen Rückseite ein vierspeichiges Rad abgebildet sind. Die griechischen und gallischen *auxilia,* die auf Seiten der Römer im Zweiten Punischen Krieg kämpften, hatten ihn mitgebracht. *Iltiŕta,* die Stadt der Ilergeten, prägte in dieser Zeit bereits ein breites Sortiment von Drachmen mit verschiedenen Legenden: *iltiŕta, iltiŕtaŕ* (aus *iltirta?*), *iltiŕtaśalir* (Silber aus *iltirta?*), *iltiŕtaśaliŕustin* (?). Diese Münzen weisen die Stadt schon im ausgehenden 3. Jahrhundert v. Chr. als wichtige *Polis* aus. Demgegenüber erwähnen schriftliche Quellen sie erst zur Zeit Caesars, und auch die Archäologie kann nur sehr unbedeutende Funde aus dem 2. Jahrhundert v. Chr. vorweisen. Ihre Münzstätte bleibt in republikanischer Zeit sehr aktiv. *Iltiŕkeśalir,* eine andere ilergetische – oder, korrekter, ilercavonische – Stadt, von der weder die geographische Lage noch die Geschichte überliefert ist, prägte in derselben Zeit Bronzemünzen mit der Legende *iltirkesken.* Es gibt auch Drachmen mit den Namen *kese* und *taŕakonśalir* (Silber aus Taracon?), die belegen, daß es in dieser Zeit zwei deutlich differenzierte Städte mit indigener Bevölkerung gab. Über diesem *taŕakon* sollten die Römer später *Tarraco* gründen, das »opus Scipionum«, das dann – nach den Münzlegenden zu urteilen – ab Mitte des 1. Jahrhunderts v. Chr. *kese* mit einschloß. Aus diesem Grund ist die traditionelle Annahme, nach der *kese* und *Tarraco* seit 218 v. Chr. identisch sind, nicht als gesichert anzusehen.

Diese reiche vorrömische Silberprägung im Gebiet des heutigen Katalonien, die im Namen von politischen Gemeinschaften geschaffen wurde, läßt vermuten, daß die Bevölkerung zwar noch keine städtisch strukturierten Siedlungen, aber gewisse politische Strukturen besaß, die es ihr ermöglichten, die öffentliche Münzprägung selbst zu beschließen, auszuführen und zu kontrollieren. Gleichzeitig erklärt sich damit auch die Schnelligkeit und Effizienz, mit der die Römer das Gebiet, möglicherweise nach den Vorstellungen Catos, neu organisierten, denn sie konnten dabei auf gewisse schon bestehende hierarchische Territorialstrukturen zurückgreifen.

III. Was wurde aus der Münzprägung unter römischer Herrschaft?

Nach der Verwaltungsreform, die Cato 195 v. Chr. durchführte, begann die Entfaltung der hispano-römischen Münzprägung, die bis in die Regierungszeit des Kaisers Claudius anhalten sollte, in der die autonomen hispanischen Münzstätten geschlossen wurden. Dieser lange Zeitraum ist in 3 Phasen unterteilt: 1. die iberische Epoche, die bis zum Jahr 72 v. Chr. dauerte, von wo an nach der Niederlage des Sertorius die iberische Schrift und ihre verschiedenen Typen allmählich verschwanden. In dieser Zeit erreichte die iberische Münzprägung ihren Höhepunkt. 2. Die Zeit von 72 bis 27 v. Chr., die wir als Übergangszeit bezeichnen, in der der Prozeß der Latinisierung und Romanisierung intensiver wird. Zunächst bedeutet dies noch iberisch-lateinische Zweisprachigkeit (Kat.-Nr. 149–150), bis rein lateinische Legenden dann die bilinguen ablösen. Das Bild des iberischen Reiters, Symbol des Sertorianischen Aufstands mit der Hauptstadt Osca, wird durch Darstellungen von Tychai und anderen römischen Motiven verdrängt. 3. Die Kaiserzeit, in der die hispanischen Provinzen dem monetären System Roms eingegliedert werden. Das gilt sowohl für die Metrologie als auch für die Ikonographie. – Hier werden wir nur den ersten Zeitabschnitt behandeln.

Vielleicht wurden unter Cato in Hispanien zwei unterschiedliche Steuerklassen eingeführt, die ihren direkten Niederschlag in zwei verschiedenen Geldwertsystemen fanden. In den reichen Städten der Hispania Ulterior wird die Prägung von Silbermünzen verboten, was möglicherweise damit zu tun hatte, daß der Silberabbau in den Händen römischer *equites* lag, die das Erz exportierten. Trotzdem aber hatten diese Städte die Münzhoheit hinsichtlich der Wahl ihrer Bilder, Schriften und Sprachen. So verwendete zum Beispiel Abdera bis in tiberische Zeit das Punische. In der Hispania Citerior hingegen wurden Silbermünzen geprägt: Eine große Anzahl von Drachmen in *arse* (Sagunt) und Ampurias und die von uns als »iberischer Denar« bezeichnete Münze sind bei katalonischen »Iberern«, Keltiberern, Beronen und Vaskonen, nicht jedoch bei den Edetanern und Contestanern in Gebrauch. Hier stoßen wir auf einen weiteren Unterschied zwischen den Regionen nördlich und südlich des Ebro. In der Hispania Citerior wurden auch Bronzemünzen geprägt, mit einer so großen Vielfalt an Prägestätten und mit Scheidemünzen von so unterschiedlichem Gewicht und Wert, daß hier mit nichtrömischen Metrologien und einer anderen Verwendungsweise der Münzen zu rechnen ist, so daß es oftmals nicht angemessen ist, hier von Assen, Semissen, Trienten oder Quadranten zu sprechen. Diese münzinternen Unterschiede stehen im Gegensatz zu einer strengen Einheitlichkeit der gesamten Ikonographie in der Hispania Citerior: Auf der Vorderseite der Denare und Asse ist immer ein männlicher Kopf, dazu unterschiedliche Symbole, und auf der Rückseite ein Reiter mit Lanze, Palmwedel, Pfeil u. ä. abgebildet; bei den Semissen ist es ein Pferd mit hängendem Zaumzeug und bei den Trienten und Quadranten ein halber Pegasus (Kat.-Nr. 140–144). Die Schrift auf allen Münzen der Provincia Citerior, sowohl der iberischen als auch keltiberischen, beronischen und vaskonischen sowie der Münzen der Narbonensis, ist die iberisch-levantinische.

Wir stellen somit fest, daß die iberische Kultur in so entscheidenden Elementen wie Schrift und Sprache von den angrenzenden Völkern übernommen wurde. In so weit entfernten Gegenden wie dem Ebrotal und dem Languedoc waren dies wichtige kulturelle Medien, die die Identität der jeweiligen Volksstämme bis zur Unkenntlichkeit überprägten. Diese Situation ist bereits gegeben, als gegen Ende des 3. Jahrhunderts v. Chr. die ersten indigenen Münzprägungen entstehen, und entwickelt sich weiter mit fortschreitender römischer Verwaltung, die, was wichtig ist, ein Fortschreiten der Iberisierung bewirkt. Dennoch ist es möglich, aus der Uniformität die »echten« Iberer – Edetaner, Contestaner und vielleicht Oretaner – und die »Iberer« aus Katalonien, Aquitanien, Narbonne und dem Languedoc sowie die Keltiberer und Beronen in ihren wesentlichen Merkmalen herauszukristallisieren. Das erlaubt zwar keine klare Differenzierung der Ethnien, aber doch eine Trennung der soziopolitischen Systeme, die ihrerseits den Unterschied zwischen den einzelnen Ethnien verdeutlichen.

Die iberischen Münzen der Hispania Citerior

Die eigentlichen Iberer, Contestaner und Edetaner, besitzen nur wenige Prägungen: *arse-saguntum*, *śaitabi-śaiti* (Játiva), *kili-gili* (unbekannt) und *kelin* (Los Villares). Valentia war eine latinische Kolonie, und in wichtigen Städten wie Edeta, Lucentum oder Dianium gab es keine Münzprägung, das heißt, es gab gewisse Schwierigkeiten auf dem Weg zur Monetarisierung im Rahmen der politischen Ökonomie. Die »Privatwirtschaft« hingegen benutzte in großem Umfang die unterschiedlichsten Münzen anderer Herkunft, die entlang der spanischen Mittelmeerküste und im andalusischen Binnenland verbreitet waren,

Bronze, kese (Tarragona); um 220 v. Chr.; Vorderseite: Männlicher Kopf nach rechts. Rückseite: Reiter, der einen Palmzweig trägt; iberische Legende »ke.s.e.«; Gewicht: 14,26 g; Museo Arqueológico Nacional, Madrid

was durch umfangreiche Schatzfunde dokumentiert ist. Die »Iberer« aus Katalonien, die intensiv das Nachprägen der emporitanischen Münzen betrieben hatten, prägten unter römischer Herrschaft erneut sehr intensiv, obwohl die Anzahl der Münzstätten insgesamt zurückging. Mit Ausnahme von *iltiŕta, iltiŕka* und *kese,* wo Drachmen aus Emporion nachgeprägt wurden (s. o.), gab es ausschließlich neue Münzstätten, die die alten aus vorrömischer Zeit ablösten. Es ist sehr gut möglich, daß dieses Phänomen – wie Antonio Pérez meint – mit der umfassenden Gebietsreform durch die Römer zu tun hatte, die ein besseres politisches und fiskalisches System anstrebten. Es fällt auf, daß nur bei den »iberischen« Katalanen die Ortsnamen der Münzlegenden jetzt zu Volksnamen werden, wenn es stimmt, daß das Suffix »-sken« wirklich den Pluralgenitiv anzeigt: *auśesken* = die aus Ausa, *iltiŕkesken* = die aus Iltirka usw. Diese Stammesnamen könnten die zahlreichen Ortsnamen auf früheren Drachmen emporitanischer Nachahmung einschließen; so verschwindet zum Beispiel die Münze mit der Legende *baŕkeno* (Barcino, Barcelona), weil sie möglicherweise in die Münzlegende *laiesken* (die aus der Laietania) (Kat.-Nr. 139) integriert wurde. Es gibt noch einen anderen Aspekt, der auf den Unterschied zwischen katalonischen »Iberern« und »echten« Iberern hinweist: Die Edetani und Contestani kennen keinen iberischen Denar, und die einzigen Silbermünzen, aus Sagunt und Saiti, reichen nur bis zum Jahr 170 v. Chr. In dieser Zeit erlebt der iberische Denar im iberischen Gebiet Kataloniens, aber auch bei den Keltiberern, Beronen und Vaskonen seine Blütezeit, nicht jedoch in der reichen Edetania und der Contestania, wo nach Einstellung der Drachmenprägung aus Sagunt und Saiti überhaupt keine eigenen Silbermünzen mehr emittiert wurden. Die Münzen scheinen die iberische Welt in zwei Hälften, südlich und nördlich des Ebro, zu trennen. Allerdings wird der nördliche Teil eher den Keltiberern und Beronen, Volksstämmen keltischen Ursprungs, zugeordnet als den eigentlichen Iberern.

Die iberischen Münzen aus dem Süden

Es gibt vier Prägestätten im iberischen Raum, die aufgrund ihrer geographischen Lage Besonderheiten aufweisen, die klar erkennen lassen, daß sie weder der Edetania noch der Contestania, sondern vielmehr der Turdetania zuzuordnen sind. Dies liegt zum einen am Gebrauch der iberisch-meridionalen statt der levantinischen Schrift, zum anderen an der Ikonographie: Die erste Münzstätte, *ikalesken,* möglicherweise in der Citerior gelegen, wird in schriftlichen Quellen nicht erwähnt, es sei denn, sie wäre identisch mit Egelasta an der sogenannten »Straße des Hannibal«. Daß es sich trotzdem um eine sehr bedeutende Stadt handelte, zeigt die große Menge an Denaren mit einer Legende, die im gesamten iberischen Raum und in der Sierra Morena gefunden wurden. Die Funktion dieser Prägung muß darin bestanden haben, Steuerzahlungen an Rom abzuleisten. Wahrscheinlich hatte die Stadt beschlossen, diese Zahlungen in »klingender Münze« statt in ungeprägtem Metall vorzunehmen, was die übliche Methode gewesen zu sein scheint. Eine weitere Münzstätte, jetzt schon in der Hispania Ulterior gelegen, war *kaśtilo* (Castulo), eine Bergwerksstadt in der Oretania, deren Münzen schon in karthagischer Zeit, aber vor allem während der römischen Republik zur Versorgung der Minengebiete der östlichen Sierra Morena dienten. Außerdem gab es noch *Obulco* (Porcuna) (*ibolka,* Kat.-Nr. 157), dessen quantitativ bedeutende Münzherstellung für seine landwirtschaftliche Produktion (Kat.-Nr. 158) bestimmt war, die durch moderne Ausgrabungen belegt ist, und *ilturir* (*Iliberri Florentia,* Granada), wo nur eine geringe Menge eigenartiger Münzen geprägt wurde, deren Zweckbestimmung unbekannt ist (Kat.-Nr. 159).

IV. Die Nachahmungen iberischer Münzen

Die Rolle, die die iberische Münze zur Zeit der römischen Republik bei benachbarten Völkern spielte, ähnelt der der emporitanischen Münzen aus vorrömischer Zeit. Ihr Vorbildcharakter unterstreicht den bedeutenden wirtschaftlichen und kulturellen Einfluß des iberischen Volkes im westlichen Mittelmeerraum, vom Languedoc bis nach Cartagena und, im Landesinneren, von der Seine bis Clunia, bis in die Carpetania und die Oretania. In diesen Gebieten kopieren die Bewohner des Languedoc und aus Narbonne sowie die Ambiani, Vaskonen, Beronen, Keltiberer und Carpetaner direkt oder indirekt die iberischen Münzen, wobei die letztgenannten vielleicht selbst Iberer waren.

Hispanische Imitationen

Alle diese Völker übernahmen ab 180 v. Chr. nach und nach die Schrift und Typen der iberischen Münzen. Die Keltiberer und die Beronen, nach Strabo (III, 4, 5 u. 12) aus Gallien eingewanderte Kelten, spielten hier eine Vorreiterrolle. Das Territorium der Beronen läßt sich nicht definieren, aber möglicherweise wird es durch die auf »-kos« endenden Legenden eingegrenzt; zumindest wissen wir, daß *uaŕakoś* (Varea, Logroño) ihr Hauptort war (Strabo III, 4, 12). Diese Prägung, die wir für beronischen Ursprungs halten, zeigen einen sehr keltischen Stil, in einigen Fällen einen Speer als Waffe, der von Caesar als typisch für die Beronen bezeichnet wurde (*Bell. Alex.* 53). Auch die Kennzeichnung des Geldwertes mit einem System, das sich von dem der Römer unterscheidet, verweist auf ein eigenes metrologisches System: ein Punkt = Münzeinheit, zwei Punkte = Semis, drei Punkte = Triens, 4 Punkte = Quadrans. Die Münzprägung der Beronen war sehr angesehen und vermutlich Vorlage für die Vaskonen, die sich später – laut Fatás – in beronisches und keltiberisches Gebiet ausdehnten. Beronische Städte wie *kalakoŕikoś* (*Calagurris*, Calahorra) (Kat.-Nr. 160) wurden deshalb von Strabo (III, 4, 10) als vaskonisch bezeichnet, und vaskonische Münzen wie die mit der Legende *baŕśkunes* (Pamplona?) bilden ebenfalls den Speer als Waffe ab (Kat.-Nr. 163). Außer den Beronen benutzten auch die Keltiberer Silber und Bronze für ihre Prägungen, wobei Silber nur in den Hauptstädten zum Einsatz kam (Burillo): *śekaisa* (Segeda), *kolounioku (Clunia), konteŕbia kaŕbika (Contrebia Carbica*, Fosos de Bayona), *śekobiŕikes* (unbestimmt, in der nördlichen Meseta), *tuŕiaso* (Tarazona) usw. Nur Bronze verwendeten zum Beispiel die Werkstätten von *konteŕbia bel* (*Contrebia Belaisca*, Botorrita), *bilbilis* (Calatayud) (Kat.-Nr. 161), *neŕtobiś* (*Nertobriga*, Calatorao) usw.

Es sollte noch einmal darauf hingewiesen werden, daß die Münzprägungen genau an der westlichen Grenze der Keltiberer, in Clunia (*finis Celtiberiae*), aufhören. Diese Grenze wurde nie überschritten, was zur Folge hatte, daß die Vaccäer, Vettonen, Lusitaner und Gallaecier keine eigenen Münzen kannten. Einmal mehr wird dadurch deutlich, daß es für die Münzprägung bestimmter soziopolitischer Strukturen bedurfte, die jedoch nichts über den Entwicklungsgrad einer Kultur oder den Stellenwert eines Volkes aussagen, da es andere Tauschmittel gab, die viel nützlicher und differenzierter waren als Münzen.

Keltische und gallische Imitationen

In Gallien gab es seit der Mitte des 2. Jahrhunderts v. Chr. einen deutlichen Trend zur Prägung »iberischer« Münzen. Schon früher hatten die Tectosagi große Mengen von Nachprägungen der Drachmen aus Rhode angefertigt, die sich zunächst sehr eng an den

Bronzemünze mit der Legende »IMONIO« (ambianisch-eburonische Münzstätte?); um 100/50 v. Chr.; Vorderseite: Stilisierte Kombination eines Torques mit kugelförmigen Enden und eines schlangenförmigen Gegenstandes, vielleicht eine Halskette, die in Tierköpfen endet. Rückseite: Reiter nach rechts, der einen Wurfspieß hält, darunter die Umdeutung der iberischen Legende »baśkunes«, die »IMONIO« gelesen wurde. Die Rückseite imitiert die Denare von baśkunes. Mit freundlicher Genehmigung von M. Ibáñez

Vorbildern orientierten, später jedoch, ohne Legende und mit einer starken Veränderung des Münztyps, diese in die sogenannten »monnaies à la croix« verwandelten (Kat.-Nr. 134). Im 2. Jahrhundert v. Chr. erschienen in den Balken des Kreuzes dann iberische Schriftzeichen (Kat.-Nr. 164). Zu diesen Kopien der Münzen aus Rhode und weiteren Münzen aus Emporion kommen im 2. und 1. Jahrhundert v. Chr. Nachahmungen der iberisch-katalonischen Reitermünzen, vor allem von *iltiŕta, iltiŕkesken* und *kese.* Wichtiger jedoch – denn hier handelt es sich nicht um Nachahmungen – sind die Münzprägungen, deren Legenden in iberischer Schrift verfaßt sind. Das heißt, daß die iberische Sprache und Schrift den städtischen Eliten bekannt war, zum Beispiel in *neronken* (vielleicht Mont-Laurés, Narbonne?), das eine eigene Typologie entwickelte (Kat.-Nr. 165), die ihrerseits in *śelonken, biŕikantin* und *kuŕukuŕu/atin* kopiert wurde. Die geographische Lage dieser Münzstätten ist unbekannt, aber möglicherweise waren sie westlich des Hérault angesiedelt. Östlich dieses Flusses war zwar Griechisch die Verkehrssprache, aber durch das Hinzutreten des Iberischen ergaben sich, als klarer Bilinguismus und Bigraphismus, Legenden wie λογγοσταλητων/*biuŕbi.* Diese Münzen waren zugleich Vorbild für gallische Stammesoberhäupter, die ihren Namen nur auf Griechisch schrieben, unter Hinzufügung des Titels βασιλευς. Das heißt, daß in bedeutenden kulturellen Zentren, die für ihre Nachbarn Vorbildcharakter besaßen, Iberisch eingeführt und das Monopol der griechischen Sprache verdrängt wurde. Diese Entwicklung fand zu Zeit der römischen Herrschaft statt und ging von Iberern oder »iberisierten« Volksstämmen aus.

Die Kopien der Münzen von *baśkunes* (Kat.-Nr. 163, 166) sind sehr interessant: Geprägt wurde in der Gegend nördlich der Seine, wo Ambianer, Bellovaker und Eburonen lebten. Es handelt sich um Münzen, die von den Keltologen als »IMONIO« bezeichnet werden, womit die lateinische Lesart der iberischen Zeichen gemeint ist, und die durch Neufunde wie zum Beispiel in Digeon (Somme) immer klarer bestätigt werden und das fehlende Glied in der Kette der keltischen Interpretation des Vorbildes liefern. Es stellt sich die Frage, warum diese Völker unter allen möglichen iberischen Münzen gerade die mit der Prägestätte *baśkunes* auswählten. Vielleicht lag es am Symbol des Wurfspeers oder Schwerts, die für die Ambianer eine besondere Bedeutung hatten.

V. Verwendung und Umlauf von Münzen im 2. und 1. Jahrhundert v. Chr.

Während des 2. Jahrhunderts v. Chr. findet im hispanischen Bereich eine bedeutende Veränderung in der Münzprägung statt. In zahlreichen Städten nahmen neue Prägestätten die Arbeit auf und leisteten damit einen Beitrag zur Verbreitung des Geldes in der iberischen Gesellschaft. Die verschiedenen Städte unterschieden sich jedoch bezüglich der Kontinuität und Intensität der Münzprägungen deutlich voneinander: Während die Münzstätten in *arse* oder *kese* ihre ältere Prägetätigkeit des vorausgehenden Jahrhunderts fortsetzten, gab es eine große Zahl von Städten, in denen man jetzt erstmals Münzen herstellte, einige von ihnen nur kurze Zeit; andere prägten unregelmäßig oder sogar nur ein einziges Mal, so daß eine chronologische Zuordnung ziemlich ungenau bleibt, zumal in Münzhorten keine auch noch so kleine Serie mit Münzen aus der Zeit der römischen Republik gefunden wurde, woraus sich Anhaltspunkte für eine Datierung ergäben.

Die Münzen, die im 2. Jahrhundert v. Chr. bei den Iberern in Umlauf waren, stammen fast ausschließlich aus eigener Herstellung. Da Hispanien zu dieser Zeit unter römischer Herrschaft stand, fehlten die Umstände, die die Einführung von Münzen aus anderen Gegenden des Mittelmeerraums begünstigten. Deshalb waren grundsätzlich iberische Silber- und Bronzemünzen in Umlauf. Die Silbermünzen hatten das gleiche Gewicht wie der römische Denar, mit Ausnahme von *arse,* das sich nach dem Vorbild des Victoriats richtete.

Bronze, Semis, oretanische Prägestätte; 1. Jahrhundert v. Chr.; Museo Provincial, Jaén. Kat.-Nr. 168

Und auch die Bronzemünzen orientierten sich zumindest teilweise am römischen Modell, wenngleich sich in dieser Hinsicht heute Zweifel einzustellen beginnen. Das Geld aus Rom floß nicht so regelmäßig und auch nicht in so großen Mengen wie man hätte erwarten können, obwohl die militärische Präsenz auf der Iberischen Halbinsel kontinuierlich war, was die Verwendung frisch geprägter Münzen für Soldzahlungen gerechtfertigt hätte. Es scheint, daß das Geldvolumen in Silber gegen Ende des Jahrhunderts mit der Ankunft von Denarserien allmählich zunahm, obwohl diese Zunahme anscheinend nicht staatlich gesteuert war, sondern privaten Charakter hatte. Es gibt auch einzelne Funde auf der Iberischen Halbinsel mit Münzen, die aus Städten Afrikas oder Galliens stammen; sie sind jedoch nicht sehr zahlreich.

Gegen Ende des 2. Jahrhunderts v. Chr. zeichneten sich die iberischen Städte durch eine kontinuierliche Entwicklung aus. Für ihre ständig expandierenden Märkte benötigten sie größere Mengen Geld, und dieser Bedarf, vor allem an Bronzemünzen, wurde durch die unregelmäßige Versorgung seitens der römischen Verwaltung in keiner Weise gedeckt. Diese Unterversorgung bewirkte sporadisch auftretende lokale Prägungen, die auch das Ziel hatten, den Gebrauch des Silbergeldes überhaupt möglich zu machen, da dieses aufgrund seines hohen Wertes für den täglichen Verkehr nicht geeignet war. Der lokale Charakter dieser Produktion von Bronzemünzen – wir sprechen nicht von denjenigen Prägestätten, die aus anderen Gründen große Mengen Geldes produzierten (*kese, kelse, kaśtilo, ibolka*) – wird bestätigt durch ihren geringen Verbreitungsgrad, der im Falle einer Werkstatt von durchschnittlich großer Produktion einen Radius von 100 Kilometern nicht überschritt. Die Münzfunde aus verschiedenen iberischen Städten belegen, daß alle möglichen Sorten von Münzen, römische ebenso wie iberische, in Umlauf waren. Es ist nicht bekannt, ob es bestimmte Auflagen für die Benutzung der einen oder anderen Münze gab. In Städten mit eigener Prägestätte, in denen große Mengen produziert wurden, liegt das Aufkommen an eigenen Münzen nicht über 50 Prozent der Gesamtmenge. Die andere Hälfte setzt sich aus Emissionen benachbarter Werkstätten und römischen Münzen zusammen.

Während des Sertorianischen Krieges nahm die Prägung hispanischer Münzen wieder zu. Im »echten« iberischen Territorium hatten die Kriegshandlungen wenig Einfluß auf die Münzprägung, da der größte Teil der Produktion außerhalb dieses Gebietes stattfand. Aber selbstverständlich gab es Rückwirkungen auf die Zusammensetzung der Geldmenge. Wie auch im Zweiten Punischen Krieg brauchten die kriegführenden Parteien Geld für die Besoldung ihrer Truppen. Metellus und Pompejus stützten sich dabei vorwiegend auf die römisch-republikanischen Münzen. Man darf aber annehmen, daß auch einige hispanische Bronzemünzen für diesen Zweck geprägt wurden. Sertorius hingegen ließ Denare und Bronzemünzen iberischen Typs herstellen, um damit die hispanische Bevölkerung für sich zu gewinnen. Die Schatzfunde aus dieser Zeit dokumentieren sowohl die Menge als auch die Bedeutung des iberischen Denars für die Finanzierung des Krieges. Allerdings dominieren in den auf iberischem Boden gemachten Münzfunden (zum Beispiel Alt Empordà, Oristà, Nerpio) die römischen Münzen, begleitet von einigen iberischen Denaren aus *kese* und *auśesken,* deren Abnutzung zeigt, daß sie nicht in der gleichen Zeit geprägt worden sind, und von Drachmen aus Emporion, deren Datierung wahrscheinlich der der Vergrabung des Schatzes sehr nahe kam.

Nach dem Tod des Sertorius und dem Ende des Krieges prägten die hispanischen Städte keine Denare mehr. In den in den Jahren nach dem Krieg versteckten Silberhorten (zum Beispiel aus Figueras, Lliria, Cartagena und Granjuela) war der römische Denar die häufigste Münze, wenn auch iberische Münzen aus früheren Emissionen weiterhin dabei sind, während neue Typen nicht auftreten. Bronzemünzen wurden offensichtlich in den Städten Hispaniens in dieser Zeit kaum noch geprägt, und wenn, dann nur in sehr geringer Auflage. Unter diesen waren auch bilingue Exemplare.

Es ist schwierig, etwas über die während des Sertorianischen Krieges geprägten Münzen auszusagen, da vergleichbare Geldmengen wie die der ersten Hälfte des 2. Jahrhunderts v. Chr. in den Kriegsjahren nicht belegt sind. Wahrscheinlich wurde das in Umlauf befindliche Geld noch bis in die Kaiserzeit hinein allmählich aufgebraucht. Ungeachtet dessen muß man daran denken, daß in Hispanien auch noch der Bürgerkrieg zwischen Caesar und Pompejus stattfand, der eine Vermehrung des Umlaufs römischer Silbermünzen und eine Abnahme der iberischen bewirkte. Einige Schatzfunde aus der Kaiserzeit dokumentieren, daß der iberische Denar noch in Umlauf war und zusammen mit republikanischen Denaren und kaiserzeitlichen Münzen gehortet wurde. Das gleiche gilt für iberische Bronzemünzen, die sogar noch in Funden aus dem späten 1. und frühen 2. Jahrhundert n. Chr. vorkommen. Das lange Leben dieser Münzen erklärt sich auch dadurch, daß vom Jahr 82 v. Chr. bis in augusteische Zeit keine Bronzemünzen mehr in Rom geprägt wurden und die iberische Gesellschaft deshalb mit den Überresten aus der Zeit des Sertorianischen Krieges und der Jahre davor auskommen mußte. Eine Aufstockung der Geldmenge fand nur durch die bereits erwähnten gelegentlichen Prägungen mit geringer Auflage statt. Diese Situation der Geldknappheit führte zu einer Unterversorgung mit Bronzemünzen, die sowohl durch die Prägungen des Pompejus für den Bürgerkrieg in Hispanien aufgefangen wurde als auch durch die staatlichen Prägungen der Kaiserzeit.

Lit.: Vives 1926; de Guadán 1955–1956; Almagro Basch/Oliva Prats 1960; Villaronga 1967; 1973; Untermann 1975; Campo 1976; Saves 1976; Furtwängler 1978; García-Bellido 1982; Ripollès 1982; Scheers 1983; Ripollès 1985; Delplace 1987; Ripollès 1989; Villaronga 1989; García-Bellido 1993a; 1993b; Campo 1994; García-Bellido 1994; Ripollès 1994; Villaronga 1994; Almagro-Gorbea 1995; Burillo 1995; Ripollès/Abascal 1995; Pérez Almoguera 1996; García-Bellido 1997

Von Tartessos bis in die römische Zeit

Die Geschichte der Iberer bis in die römische Zeit 6. – 1. Jahrhundert v. Chr.

Lorenzo Abad Casal/Manuel Bendala Galán

Krieger mit kurzer Tunika; im Wachsausschmelzverfahren hergestelltes Bronzevotiv; Höhe: 10,5 cm; Museo Arqueológico Nacional, Madrid. Kat.-Nr. 281

Die beachtlichen Fortschritte, die in den letzten Jahren in der archäologischen Forschung gemacht wurden, erlauben es heute, den Entwicklungsprozeß der iberischen Zivilisation genauer zu umreißen, obgleich noch manche Frage offen und sicher zu erforschen bleibt. Dennoch ist es bereits möglich, eine Geschichte der Iberer – im Sinne einer Kulturgeschichte, wohlgemerkt – in groben Zügen nachzuzeichnen. Konkretere Aussagen über die iberische Geschichte sind eigentlich nur hinsichtlich ihrer Spätphase zu machen, als sie in die von Römern und Puniern bestimmte Universalgeschichte eingebunden wird und somit eine Zeitlang in den Blickpunkt der Geschichte rückt.

Auf der soliden Grundlage der tartessischen Zivilisation repräsentiert die iberische Kultur die Phase der Ausbreitung städtischer Strukturen und ihrer endgültigen Konsolidierung, eine Phase mit immer deutlicheren Wesenszügen beziehungsweise regionalen Ausprägungen, Folge ihrer verschiedenartigen ethnischen Substrate und Gruppierungen, ihrer geoökonomischen Bedingungen, unterschiedlich nach Qualität und Standard (Abad Casal 1979; 1987; Bendala Galán/Blánquez Perez 1987; Bendala Galán 1989). Das, was im engeren Sinn als iberische Kultur oder klassische iberische Kultur gilt, beruht auf Merkmalen, die sich in den Zeugnissen einer sich von Oberandalusien, dem südöstlichen Teil der Meseta und dem Südosten der Halbinsel über die Levanteküste und den Nordosten bis nach Südfrankreich hin erstreckenden Kultur wiederfinden.

In einem derart großen Gebiet müssen regionale Unterschiede berücksichtigt werden, deren Grenzen sich nicht mehr mit den ethno-kulturellen Sektoren (Bastetania, Oretania, Contestania, Edetania, Ilercavonia usw.), auf die in den literarischen Quellen hingewiesen wird, decken (vgl. die aktuelle Diskussion zu dieser Fragestellung in: *Paleoetnología de la Península Ibérica* 1992). In Niederandalusien, insbesondere im tartessischen Raum (eingeschlossen sind Teile der heutigen Extremadura und Südportugals), läßt sich eine eigenständige kulturelle Entwicklung nachweisen, die durch das Weiterleben der tartessischen in der turdetanischen Kultur und durch eine stark phönizisch-punisch geprägte kulturelle Durchdringung gekennzeichnet ist (eine Analyse in: Bendala Galán 1987; 1994).

Kleiner Wagen; 2./1. Jahrhundert v. Chr.; Bronze; max. Höhe: 12 cm; Musée des Antiquités Nationales, Saint-Germain-en-Laye. Kat.-Nr. 352

Die Ausdehnung der tartessischen Kultur nach Südosten vom Ende der Bronzezeit bis zur orientalisierenden Phase konnte erstmalig durch die Ausgrabungen von Saladares bei Orihuela (Alicante) Anfang der 70er Jahre festgestellt werden (Arteaga/Serna 1974; 1975; Arteaga 1976–1978; 1982). An anderen Fundorten hat sich ihre weite Verbreitung bestätigt, wie etwa in La Peña Negra de Crevillente, in Alicante und allgemein, aber mit unterschiedlicher Intensität, in der gesamten Küstenregion (González Prats 1983; 1992; Ros Sala 1989). Mit dem Phänomen der tartessischen Kultur verbindet die Forschung die Präsenz oder den Einfluß der Phönizier, welche durch literarische Zeugnisse, die man noch vor einigen Jahren nicht glaubte deuten zu können und die deshalb nicht hinlänglich berücksichtigt wurden, bestätigt zu werden scheinen. In der *Ora Maritima* des Avienus wird, abgesehen von der Verbindung des Ortes *Mastia* (Cartagena?) mit der tartessischen Kultur (*Mastia Tarseion*, in Polybios III, 24, 2), von einer Verbreitung der Tartessier bis zu einem Ort in der Nähe von Alicante gesprochen. Dieser Ort lag wahrscheinlich im Mündungsgebiet des Segura, dort, wo sich die Stadt *Herna* befand und das tartessische Gebiet endete: *»Hic terminus quondam stetit Tartessiorum, hic Herna ciuitas fuit«* (*Ora Maritima* 462–463). Einige Abschnitte zuvor (459–460) ist in der *Ora Maritima* die Rede davon, daß dieses Gebiet einmal von den Phöniziern bewohnt war – *»ista Phoenices prius loca incolebant«*. Diese Äußerung wird durch die zahlreichen phönizischen Funde im Südosten Spaniens bestätigt sowie durch den Nachweis des phönizischen Einflusses an der gesamten Levanteküste (Bendala Galán 1992a; Santacana 1994).

Aus diesem kulturellen Substrat, das gerade in den letzten Jahren archäologisch gut dokumentiert wurde, entwickelte sich die iberische Kultur, wie durch ihre wichtigsten materiellen Zeugnisse ab dem 6. Jahrhundert v. Chr. belegt ist, mit erstaunlicher Kraft. Die bereits in großer Anzahl vorliegenden stratigraphischen und keramologischen Forschungen erlauben es, die wichtige Anfangsphase in den Zeitraum zwischen dem beginnenden 6. Jahrhundert v. Chr. bis etwa 540/30 v. Chr. zu datieren. In dieser Zeit ist eine homogene Kultur gerade in den iberischen Regionen festzustellen, die sehr früh und intensiv tartessischen und orientalisierenden Einflüssen ausgesetzt waren. Daß einige Forscher diese Epoche als die Endphase der tartessischen Kultur und andere sie als die Anfangsphase der iberischen bezeichnen, ist bezeichnend für die Abhängigkeit und Kontinuität der einheimischen Kultur in bezug auf das tartessische und vorher ostmediterrane Substrat (eine zusammenhängende Darstellung in: Ruiz/Molinos 1993, 97–99).

Die Vitalität dieser frühen Epoche zeigt sich besonders in der urbanen Entwicklung einiger Zentren, bezeichnend für einen zivilisatorischen Reifeprozeß des iberischen Raums und analog zur gesamtmediterranen Entwicklung. Im 6. Jahrhundert v. Chr. bilden sich urbane Strukturen, wie die großen *Oppida* in Oberandalusien, lösen ältere Strukturen ab und festigen ihre Position. Diese Stadtzentren haben ihre Wurzeln oft bereits in früheren Phasen, wie etwa die außergewöhnliche Plaza de Armas von Puente Tablas oder die wichtigen Siedlungen von Porcuna und Castulo, die alle in der heutigen Provinz Jaén liegen. Das Oppidum von Puente Tablas weist eine Befestigungsmauer aus dem ausgehenden 7. Jahrhundert v. Chr. auf, die ab dem 6. Jahrhundert v. Chr., als sich die städtischen Strukturen stabilisierten, verstärkt wurde. In dieser Zeit verfügten die Stadtzentren bereits über eine regelmäßige Raumplanung, die in zahlreichen parallelen Straßen zu erkennen ist. Deren Verlauf wurde in späterer Zeit sorgfältiger organisiert, als dies noch Mitte des 5. Jahrhunderts v. Chr. der Fall war. Ein weiterer Beweis für die starke gegenseitige Durchdringung der tartessischen und iberischen Kultur ist die formale und historische Übereinstimmung zwischen dem erwähnten Fundort in der Provinz Jaén und der Stadt Tejada la Vieja (dem antiken *Tucci*) in Escacena del Campo (Huelva), einem der bekanntesten und bedeutendsten Zentren der Tartessier (Fernández Jurado 1987).

Castulo bei Linares (Jaén) liegt am Oberlauf des Guadalquivir und war ein großes und bedeutendes Wirtschaftszentrum, bekannt für die Vermarktung von Metallen aus den reichen Bergwerken der Sierra Morena. Die Stadt spielte bereits in der frühen Phase der tartessischen Kultur eine wichtige Rolle und nahm in der orientalisierenden Phase und zu Beginn der iberischen Zeit, als sie beständig unter starkem phönizisch-punischen Einfluß stand, eine beachtliche Entwicklung. Der Fundplatz La Muela und sein bemerkenswertes Heiligtum mit Kieselfußböden und Grabstätten wie dem Grabhügel (A) »Los Higuerones« mit orientalisch beeinflußten Grabbeigaben und zahlreichen Zeugnissen einer hohen wirt-

Betende Frau mit langer Tunika; im Wachsausschmelzverfahren hergestelltes Bronzevotiv; Höhe: 13,8 cm; Museo Arqueológico Nacional, Madrid. Kat.-Nr. 301

schaftlichen Produktivität belegen die kulturelle Blüte der Stadt und ihren hohen Entwicklungsstand in diesen Phasen der Konsolidierung der iberischen Kultur (Blázquez Martínez/García-Gelabert 1994, 49–76). Neuere Ausgrabungen lieferten auch reichhaltiges archäologisches Material über die Stadt Ipolca/Obulco (Porcuna, Jaén), die Hauptstadt der Turduler. Sie beweisen eine starke Besiedlung in prähistorischer Zeit und später die erneute Besiedlung in der ausgehenden Bronzezeit, eng verbunden mit der tartessischen Gebietsorganisation. Es gab Phasen bedeutender Aktivität in der späten orientalisierenden Epoche und zu Beginn der iberischen Zeit im 6. Jahrhundert v. Chr. (Arteaga 1985). Die schöpferische Kraft dieser städtischen Kultur findet unter anderem in der außergewöhnlichen Skulpturengruppe des nahegelegenen Cerrillo Blanco ihren Ausdruck.

In der Provinz Albacete, dem hochgelegenen Gebiet zwischen der südlichen Mancha, Oberandalusien und dem Südosten der Halbinsel, illustrieren die beeindruckenden, reich ausgestatteten Nekropolen die schöpferische Kraft der iberischen Kultur zu Beginn des 6. Jahrhunderts v. Chr. Trotz ihrer bescheidenen Größe hat die Fundstätte von Los Villares de Hoya Gonzalo eine der genauesten archäologischen Dokumentationen zur iberischen Kultur im Südosten Spaniens erbracht (Blánquez Pérez 1990). Das in der zweiten Hälfte des 6. Jahrhunderts v. Chr. erreichte Niveau wird durch großartige Leistungen bezeugt, die auf eigenen, sehr charakteristischen iberischen Schöpfungen beruhen, die gleichzeitig die Fähigkeit der Iberer dokumentieren, über importierte Gegenstände aus dem gesamten Mittelmeerraum Anregungen aufzunehmen und zu verarbeiten, wie beispielsweise von den *Aryballoi* aus Fayence, die mit Sicherheit in Naukratis (Ägypten) hergestellt wurden.

Mit der selbständigen Verarbeitung von äußeren Kultureinflüssen war ab dem ausgehenden 6. Jahrhundert v. Chr. die Basis für die endgültige Konsolidierung der iberischen Kultur geschaffen, was sich bereits für das 5. Jahrhundert v. Chr. in der Nekropole von Albacete selbst nachweisen läßt. Zu den signifikantesten Hinweisen auf die Etablierung der iberischen Kultur gehört im Bereich des Totenkults die Errichtung von Grabstätten in Form von quadratischen, abgestuften Tumuli, ein charakteristisches Merkmal der iberischen Welt, das sich in weiten Teilen des spanischen Südostens findet und Großplastik von beachtlicher Qualität in seinen archäologischen Kontext einbindet (Blánquez Pérez 1990, 339ff., 434ff.).

Weitere Beispiele für einen ausgeprägten Totenkult sind anzuschließen (vgl. den Sammelband *Las necrópolis* 1992; s. auch Castelo Ruano 1995), beispielsweise die seit langem bekannte Nekropole von El Cigarralejo in Mula in der Provinz Murcia (Cuadrado Díaz 1987) oder die in jüngster Zeit erforschten Gräber vom Cabezo Lucero bei Guardamar del Segura in der Provinz Alicante (Aranegui u.a. 1993). Erwähnenswert ist auch die Nekropole von Pozo Moro (Chinchilla) in der Provinz Albacete, die mit ihrem berühmten Grabturm deutlich macht, wie wichtig die Kontakte der iberischen Welt mit der orientalischen und griechischen Kultur für ihre formbildende Phase waren, abgesehen davon, daß eine endgültige Wertung, vor allem in chronologischer Hinsicht, noch aussteht (Almagro-Gorbea 1983; zuletzt mit vollständiger Bibliographie ders. 1992). Auf jeden Fall ist die Großplastik ein Zeichen von hoher kultureller Reife, und sie läßt die iberische Kultur neben gleichzeitigen großen Mittelmeerkulturen durchaus bestehen (Bendala Galán 1992a; Chapa Brunet 1994).

Nach der Entwicklungsstufe, die in einzigartiger Weise von der Nekropole in Pozo Moro repräsentiert wird, favorisierten die iberischen Eliten eine Kunst mit stark griechischer Prägung, italischen Verbindungen und bereits in Ansätzen vorhandenen iberischen Elementen, deren Kenntnis sich bis vor kurzem auf die Funde aus dem Gebiet von Alicante und Murcia beschränkte und die insbesondere von der *Dama de Elche* repräsentiert wird.

Ihr Verbreitungsgebiet war, wie die jüngsten Forschungen ergeben haben, beträchtlich größer als bisher angenommen, insbesondere nach der Entdeckung des außergewöhnlichen Ensembles von Porcuna wurde dies deutlich (Negueruela 1990a).

Das 5. Jahrhundert v. Chr. wurde für die iberische Kultur zu einer Blütezeit mit einer stark hierarchisch strukturierten Gesellschaft. An ihrer Spitze standen mächtige städtische Eliten, die ihre Macht und ihren privilegierten Status in Bauwerken und Skulpturengruppen wie den bereits erwähnten zum Ausdruck brachten. In diesem Zusammenhang sei auf den Komplex von Obulco (Porcuna) hingewiesen, der im Hinblick auf die Analyse des gesellschaftlichen und politischen Lebens zu verschiedenen Interpretationen führte. Hier sei auf die von einigen Kollegen und uns entwickelte Hypothese – eine von vielen, wohlgemerkt – hingewiesen, wonach das Ensemble von Kriegern, sorgfältig restituiert und korrekt interpretiert als Teilnehmer einer grausamen Auseinandersetzung unter Gleichrangigen (Negueruela 1990, 191–230), die Darstellung eines blutigen Bestattungsrituals sein könnte, wobei einige Krieger sich opferten, indem sie sich freiwillig töten ließen. Für diese Interpretation spricht die Tatsache, daß sich die Konfrontation gewissermaßen unbewaffnet vollzieht: Die Unterlegenen haben weder Verteidigungswaffen noch Angriffswaffen (Blanco Freijeiro 1987, 445; 1988, 15; Bendala Galán 1992c; Blázquez Martínez/Montero 1993). Es handelte sich um Rituale, die zu Ehren von Fürsten und Heerführern zelebriert wurden. Für eine spätere Zeit ist durch literarische Quellen genaueres über diese Gebräuche bekannt. Sie berichten (Livius XXVIII, 21) von den Bestattungsfeierlichkeiten zu Ehren der Scipionen im Jahre 207 v. Chr. in Carthago Nova, dem heutigen Cartagena, und von den Feiern beim Tod des Viriathus, bei denen Hunderte von Kriegerpaaren in einer Art Gladiatorenkampf ihr Leben ließen (Diodor XXXI, 21a; Appian, *Iber.*, 71).

Bei diesen Ritualen handelte es sich um Machtbekundungen im Rahmen höfischer Zeremonien, die sich im antiken Spanien – von der tartessischen bis zur iberischen Epoche – in unterschiedlichen Ausprägungen entwickelten (Caro Baroja 1971; Almagro-Gorbea 1993). Durch die komplexe Organisation dieser politischen Mächte knüpften die Iberer ein wachsendes Netz von wirtschaftlichen und politischen Kontakten zu den damals wichtigsten Kulturen: der griechischen, der punischen und den italischen bei zunehmendem Einfluß Roms. Dies bezeugen die importierten Waren und die kulturellen Anregungen, die die iberische Kultur jener Epoche in ihren Siedlungen, Heiligtümern und Nekropolen aufnimmt.

Die Entstehung von Städten, das Niveau der urbanistischen Strukturen und die Qualität der Architektur spiegeln die wirtschaftliche und kulturelle Bedeutung ebenso wie die Autorität und die Organisationsfähigkeit der herrschenden Schicht Iberiens wider. Die Archäologie hat noch einen langen Weg vor sich, wenn es darum geht, die iberische Stadtkultur eingehender zu untersuchen, und es wird nicht einfach sein, das Leben und die Architektur in den damals wichtigsten Städten, die in römischer Zeit und auch heute wichtige Zentren geblieben sind, darzustellen. Aber auch kleinere Siedlungen, wie das vor kurzem ausgegrabene, an der Mündung des Segura gelegene El Oral (San Fulgencio, Alicante), zeigen, auf welch hohem Niveau städtebauliche Ideen und Planungen umgesetzt wurden, vor allem durch das regelmäßig angelegte Straßennetz, die Funktionalität der verschiedenen städtebaulichen Elemente und ihre Orientierung an einem vorgegebenen Plan.

Dieser hohe Entwicklungsgrad einer Stadtkultur setzte eine komplexe Organisation der Gesellschaft voraus und eine herrschende Schicht, die fähig war, diese zu regieren. All dies war in einer Siedlung möglich, die im ausgehenden 6. und beginnenden 5. Jahrhundert v. Chr. mit wenig mehr als einem Hektar Siedlungsfläche auskam (Abad Casal/Sala Sellés 1993). Ähnliches gilt für die kleinere und jüngere Ausgrabungsstätte La Picola in der Nähe von Santa Pola (Alicante), die einige Kilometer nördlich von El Oral liegt und vor

El Oral, San Fulgencio (Alicante): eine Siedlung aus der 1. Häifte des 5. Jahrhunderts v. Chr. (nach L. Abad)

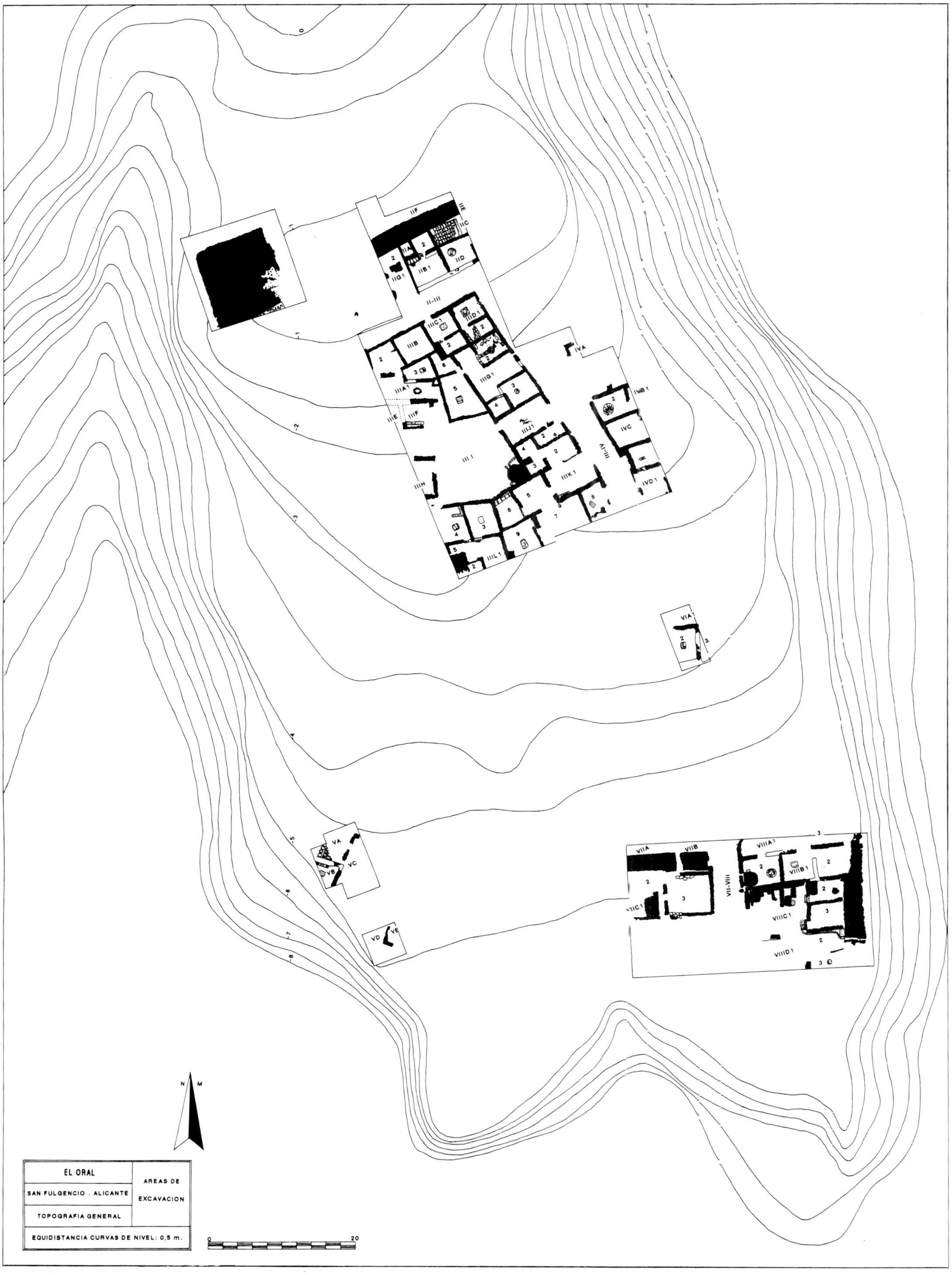
N
M
EL ORAL
SAN FULGENCIO . ALICANTE
TOPOGRAFIA GENERAL
AREAS DE EXCAVACION
EQUIDISTANCIA CURVAS DE NIVEL: 0,5 m.
0
20

kurzem von einem spanisch-französischen Team ausgegraben wurde (Moret u.a. 1995; Moret 1996). Die Ähnlichkeit des Stadtplans und der städtebaulichen Strukturen, die chronologische Nähe und die Tatsache, daß sich beide Siedlungen unweit des Einflußbereiches der iberischen Stadt La Alcudia bei Elche befanden, zeigen, daß die in El Oral zum ersten Mal analysierten oben erwähnten Merkmale nicht nur für diese Ausgrabungsstätte typisch sind.

Auf das 5. Jahrhundert v. Chr., das wegen der städtebaulichen und architektonischen Zeugnisse, der Menge und Mannigfaltigkeit der Importwaren und des Glanzes und der Kreativität seiner Kunstproduktion eine kulturelle Blütezeit darstellte, folgte eine Epoche, die zwar Spuren einer oder verschiedener Krisen zeigt, jedoch nicht unbedingt eine Zeit des Verfalls ist. Im 4. Jahrhundert v. Chr. bewahrten viele iberische Zentren nicht nur ihre wirtschaftliche und kulturelle Bedeutung, sondern steigerten sie sogar noch, was jüngste Forschungen zeigen. Dies wird in Siedlungen Turdetaniens, der iberischen Gebiete Oberandalusiens und im Südosten der Halbinsel deutlich. Darüber hinaus darf nicht vergessen werden, daß einige iberische Siedlungen oder Gebiete ihre Blütezeit erst im 3. oder 2. Jahrhundert v. Chr. erlebten.

Die aktuelle Forschung hat an einigen Stellen Anzeichen für Krisen dokumentiert, ohne aber einen historischen Zusammenhang herstellen zu können. Da es unter anderem schwierig ist, die Ereignisse und ihre Zusammenhänge, Abfolgen und Gleichzeitigkeiten chronologisch festzulegen, ist es vorerst kaum möglich, aus den archäologischen Ergebnissen sozio-historische und ökonomische Erklärungen abzuleiten. Erschwerend kommt die Verschiedenartigkeit der iberischen Regionen hinzu. Es scheint uns daher gegenwärtig unmöglich, die Ereignisse in allgemeiner Form zu charakterisieren.

Tatsache ist, daß sich seit dem ausgehenden 5. und beginnenden 4. Jahrhundert v. Chr. an vielen Fundplätzen vorsätzliche Zerstörungen feststellen lassen, so zum Beispiel die Vernichtung der Skulpturen vom Cerrillo Blanco in Porcuna, ein Vorfall, der sich mit vielen ähnlichen in Beziehung setzen läßt und eine lange wissenschaftliche Debatte darüber ausgelöst hat, wo, wann und warum diese Zerstörungen stattfanden (vgl. die neuere Analyse in: Blázquez Martínez/García-Gelabert 1991). In einigen Fällen gibt es kurz nach 400 v. Chr. deutliche Anzeichen für eine wirtschaftliche Krise, wie etwa die besonders geringe Anzahl von Amphoren in den Stratigraphien von Carmona oder Cerro Macareno in der Provinz Sevilla (s. Bendala Galán 1992a). Darüber hinaus ist bekannt, daß Ende des 4. Jahrhunderts v. Chr. mitunter ganze Ortschaften verlassen wurden, die Bevölkerung in andere Ortsteile umsiedelte oder neue Siedlungen gründete (eine aktuelle Untersuchung dieser Frage in: Ruiz/Molinos 1993, 271–275; s. auch Bonet 1995, 508ff., mit Bezug auf Sant Miquel de Lliria).

Wahrscheinlich geriet das gesellschaftliche Gleichgewicht durch innenpolitische Unruhen ins Wanken und veränderte sich derart, daß die Macht der traditionell herrschenden Schichten in Frage gestellt wurde, doch ist diese Hypothese weder verifizierbar noch zu widerlegen. Es ist auch nicht unwahrscheinlich, daß die im Binnenland lebenden Völker keltischer Abstammung zunehmend Druck auf die benachbarten Iberer ausübten. Derartige Auseinandersetzungen zwischen Nachbarn ungleichen Niveaus münden häufig in offene Konflikte, wie einige Jahrhunderte später die berühmten Lusitanischen Kriege und die kriegerischen Aktivitäten des Viriathus, deren Echo in der antiken Historiographie dazu führte, daß sie uns heute besser bekannt sind. Um 400 v. Chr. muß auch bereits mit dem zunehmenden Einfluß der Punier auf die iberische Kultur gerechnet werden, mit deutlichem Schwerpunkt in der Turdetania, aber nicht nur dort. Das war nichts weiter als ein Mittel, um karthagische Interessen – wirtschaftliche wie politische – im westlichen Mittelmeerraum durchzusetzen. Auch die Griechen hatten, ausgehend von ihrer wichtigsten Gründung Emporion, ihre Präsenz an der spanischen Ostküste direkt erweitert, indem sie Beziehungen unterschiedlichster Art zu den im Süden siedelnden Iberern aufnahmen, was durch eine große Anzahl von Produkten, mit denen die Griechen Handel trieben, nachweisbar ist. Allerdings sind weitere feste Ansiedlungen der Griechen archäologisch nicht nachgewiesen. Die griechische Präsenz diente später den Römern, die als ihre Alliierten auftraten, als Vorwand, die Iberische Halbinsel zu erobern.

Der iberische Raum geriet mehr und mehr in den Sog der internationalen Politik, die von den wichtigsten Mächten der Epoche bestimmt wurde. Diese Entwicklung bahnte sich bereits durch frühere Ereignisse an, deren Bedeutung und Folgen in der spanischen Historiographie häufig übertrieben wurden, wie die möglichen Auswirkungen der Schlacht von Alalia (535 v. Chr.), in der Karthager und Etrusker gegen die Phokäer kämpften, oder die Teilnahme iberischer Söldner an den Kämpfen der Griechen gegen die Karthager im 5. Jahrhundert v. Chr. (Quesada Sanz 1994). Mit der Verwicklung der Iberer in die Auseinandersetzungen der großen Mittelmeermächte um die Hegemonie gewinnt ihre Geschichte im 4. Jahrhundert v. Chr. neue und entscheidende Dimensionen. Während auszuschließen ist, daß der erste Vertrag Roms mit Karthago von 509 v. Chr. auf Hispanien Bezug nimmt, scheint es sicher, daß der zweite Vertrag von 348 v. Chr. die direkte Einbindung des spanischen Südens – südlich von *Mastia Tarseion* – in die karthagische Interessenssphäre zur Folge hatte (Polybios III, 24, 2).

Dies war der Beginn einer Reihe von Ereignissen, die die Eroberung des spanischen Südens ab 237 v. Chr. durch die Karthager Hamilcar, Hasdrubal und Hannibal zur Folge hatten. Bekanntlich ging es Karthago und Rom um die Vorherrschaft im Mittelmeer und zugleich um den Erhalt und die Ausdehnung ihrer Einflußsphären. Verträge wurden abgeschlossen, um die jeweiligen Machtbereiche voneinander abzugrenzen, wie etwa der Ebro-Vertrag 226 v. Chr., der von Hasdrubal und einer römischen Gesandtschaft als Vertreterin griechischer Interessen ausgehandelt wurde. Die Einnahme von Sagunt durch Hannibal im Jahre 219 v. Chr., der Ausbruch des Zweiten Punischen Krieges, die Landung der römischen Heere in Emporion im Jahre 218 v. Chr. und die Auseinandersetzung zwischen Rom und Karthago auf spanischem Boden bis 206 v. Chr. waren für die weitere Entwicklung Spaniens folgenreiche Ereignisse. Der Zweite Punische Krieg endete mit einem Triumph Roms: Der langwierige Prozeß der Eroberung und Eingliederung der Iberischen Halbinsel in das römische Reich konnte seinen Anfang nehmen. Zwei Jahrhunderte später sollte Augustus ihn zum Abschluß bringen.

Dies sind bekannte Vorgänge, auf die an dieser Stelle nicht näher einzugehen ist (s. die jüngste Zusammenfassung von Lozano Velilla 1987). Ihre Folgewirkung in der iberischen Geschichte war enorm, unter anderem deswegen, weil die Kultur der Iberer durch eine mediterrane Koine assimiliert wurde, die das politisch übermächtige Rom dominierte, was in letzter Konsequenz besagt, daß die iberische Kultur als solche im Laufe der Zeit verschwand. Diese hier nur kurz beschriebenen historischen Entwicklungen wurden von der traditionellen Geschichtsschreibung als bloße Substitution einer Kultur durch eine andere betrachtet. Heute sieht man diesen Prozeß als einen weitaus dynamischeren und nuancierteren Vorgang. Gleichzeitig mißt man den iberischen und nichtrömischen Kulturen heute im allgemeinen einen größeren Stellenwert bei: So wird bei Fragen nach dem Substrat, nach der Bestimmung von Strukturen und in manch anderen Zusammenhängen auf Beiträge der iberischen Kulturen hingewiesen, die vorher entweder nicht bekannt waren oder angesichts des enormen kulturellen und historiographischen Gewichts Roms unterbewertet wurden (Bendala Galán 1981).

Die Eroberung durch die Barkiden (237–206 v. Chr.) wurde oft nur als letzte Episode der phönizisch-punischen Kolonisation und in erster Linie als Ausgangspunkt der römischen Eroberungen aufgefaßt. Sie stellt sich heute als kulturelles und politisches Phänomen von großer Tragweite dar, weil sie die Einführung griechischer Kulturgüter und des damals maßgeblichen hellenistischen Formenkanons mit sich brachte. Darüber hinaus war dieses Ereignis bahnbrechend für eine historische und kulturelle Entwicklung, die schließlich Rom zum Triumph verhalf. Ohne sie wäre die Geschichte Roms auf der Iberischen Halbinsel von ihren Anfängen bis zu ihrer erfolgreichen Etablierung nicht nachzuvollziehen. Die Karthager wurden lange Zeit für die Zerstörung vieler iberischer Siedlungen verantwortlich gemacht (Blanco Freijeiro 1986–1987). Tatsächlich trugen sie jedoch zu einem starken politischen, wirtschaftlichen und kulturellen Aufschwung im Süden Spaniens bei, wobei hellenistische Konzeptionen zur Anwendung kamen, die auf die iberische Kultur beträchtlichen Einfluß hatten.

Das Zentrum, von dem die karthagischen Unternehmungen in Spanien ausgingen, war das von Hasdrubal gegründete *Kart Hadasht,* das in römischer Zeit unter dem Namen Carthago Nova (Cartagena) bekannt werden sollte. Von dort aus kontrollierten die Karthager, trotz ihrer kurzen Herrschaft, den gesamten Südosten der Iberischen Halbinsel. Mit dem Fortschritt der archäologischen Forschung setzt sich allmählich die Erkenntnis durch, daß diese Stadt Ausdruck einer umfassenden Stadtplanung war und den Charakter einer wahrhaftigen Metropole mit großem Wirtschaftspotential besaß, deren Einfluß sich in einer weiten Region bemerkbar machte (González Wagner 1983, 390ff.; Bendala Galán 1987, 141ff.; 1990).

Die letzten Jahrzehnte vor der römischen Eroberung waren bei den Iberern durch eine hochentwickelte Stadtkultur und den eigenständigen Charakter ihrer Zivilisation geprägt. Die Römer konnten sich daher, als sie sich auf der Iberischen Halbinsel etablierten, auf die bereits vorhandenen gut entwickelten Strukturen stützen. Die iberische Stadt diente den Römern als Basis für ihre eigene Stadtplanung und wurde in die von Rom aus gelenkten Projekte einbezogen. Dies bedeutete, daß mit wachsender Intensität römische Konzeptionen umgesetzt wurden, wobei man sich durch intelligente Auswahl und Umstrukturierung der einheimischen Hinterlassenschaft bediente und sie auf diese Weise erhielt (Bendala Galán u.a. 1987).

Die iberische Kultur wurde so gewissermaßen ein substantieller Teil der römischen Kultur. Dies erklärt, warum iberische Kulturleistungen noch in römischer Zeit geschätzt wurden und eine zweite Blütezeit erlebten. So entwickelten sich unter römischer Herrschaft, zum Beispiel auf dem Gebiet der Vasenmalerei, die bekannten Stile von Elche/Archena und Olivia/Lliria, die schon immer zu den ausdrucksstärksten kulturellen Manifestationen der Iberer gezählt wurden (Aranegui Gascó 1987, 69ff.; Abad Casal/Sanz Gamo 1995). Das gleiche Phänomen konnte nach den letzten Ausgrabungen auch in der kleinen griechischen Kolonie Emporion belegt werden: Nachdem Emporion von den Römern erobert worden war, nahm die Stadt dank ihrer Eingliederung in den Wirtschaftskreislauf der römischen Welt einen bedeutenden Aufschwung. So wurde im 2. Jahrhundert v. Chr. die alte griechische Kolonie urbanistisch aufgewertet, indem unter anderem eine südliche Umfassungsmauer errichtet und die *Agora* umgestaltet und mit einer prächtigen Säulenhalle ausgestattet wurde, ohne daß ihr griechischer Charakter Schaden nahm (Marcet/Sanmartí 1990). Eine dem römischen Imperium einverleibte griechische Stadt wurde gleichsam von den Römern wiederbelebt, wodurch sie mit verdoppelter Energie ihre kulturelle Identität weiterentwickelte.

Gleichwohl zeugen viele Fundorte auch von den Zerstörungen, die durch die geschichtlichen Vorgänge bewirkt wurden. Viele Siedlungen wurden verlassen, Einwohnerschaften umgesiedelt, teils unter Zwang, teils wegen der verschlechterten wirtschaftlichen Lage, teils aus strategischen oder anderen Gründen: Die neue Ordnung Roms setzte andere Schwerpunkte und machte ältere obsolet. Endlos wäre die Liste, wollte man alle diese Zerstörungen aufzählen, weswegen wir uns auf einige Beispiele beschränken, etwa La Es-

Hellenistisches Mosaik aus La Alcudia, Elche (Alicante)

cuera in San Fulgencio, La Serreta in Alcoy, El Tossal de la Cala in Benidorm, El Tossal de Sant Miquel in Lliria und weitere Siedlungen in der Umgebung, wie Castellet de Bernabé, um nur einige der bekanntesten zu nennen. Es fällt auf, daß alte iberische Siedlungen verlassen wurden und daß sich die Bevölkerung auf einige wenige konzentrierte, meist die wichtigsten Zentren, auch wenn bald darauf die Kolonisierung der Ebenen und der Bau von *villae* und anderer agrarischer Produktionsstätten begann. Viele der iberischen Siedlungen, in denen archäologisches Material aus dem 2. und 1. Jahrhundert v. Chr. gefunden wurde, bestehen in dieser oder jener Form in römischer Zeit weiter. Einige wurden im Laufe der römischen Kaiserzeit verlassen, andere überlebten sogar den Untergang des römischen Reiches.

Die durch die römische Eroberung geschaffene Kontinuität, der Übergang in eine neue Zeit und ihre Folgen – Romanisierung, Latinisierung und so weiter – lassen sich am Beispiel einer Stadt wie *Ilici* bei La Alcudia (Elche) darstellen, deren ununterbrochene Stratigraphie von der orientalisierenden Phase bis in westgotische Zeit reicht. *Ilici* erhält irgendwann Mitte des 1. Jahrhunderts v. Chr. den Rang einer römischen Kolonie, womit möglicherweise die hohe Bedeutung dieser Stadt in der Zeit der Anpassung iberischer und römischer Interessen auch juristisch sanktioniert wurde. Die Stadt behielt so weiterhin ihre Vormachtstellung in einem ausgedehnten Gebiet.

Einige archäologische Funde aus La Alcudia illustrieren diesen Prozeß: etwa das berühmte hellenistisch geprägte Mosaik mit Motiven, die zwar im ganzen Mittelmeerraum gebräuchlich waren, hier vom ausführenden Mosaizisten allerdings etwas eigenwillig gestaltet wurden. Auf dem Mosaik sind Namen von Einheimischen in lateinischer Schrift zu lesen (Abad Casal 1986–1987, 97–105), vergleichbar, wenn auch in umgekehrtem Sinne, mit Mosaiken aus *opus signinum* aus Teruel und Navarra, auf denen die Namen in iberischer Schrift stehen (Abad Casal, im Druck).

Der Anpassungsprozeß der iberischen Bevölkerung an die römischen Gebräuche war nicht uniform und verlief nicht überall gleich (Abad Casal/Bendala Galán, im Druck). In den meisten Fällen kann man von einem allmählichen Transkulturationsprozeß sprechen, initiiert von den führenden Gesellschaftsschichten, die den Errungenschaften der römischen Kultur aufgeschlossen gegenüberstanden. In anderen Fällen wurde die ursprüngliche Bevölkerung vertrieben und neue Kolonien, Siedlungen und Städte gegründet. Bei den Neugründungen wurde auf juristisch bewährte Modelle zurückgegriffen, etwa auf das der *dipolis* und der *contributio.* Mit dem Begriff *dipolis* wird das Modell einer Doppelstadt bezeichnet, die mit der Zeit materiell und funktional zusammenwuchs. So konnte, indem neben der alten Stadt eine neue römische errichtet wurde, aus den schon vorhandenen städtischen Strukturen und der Rolle, die diese Stadt bereits spielte, Nutzen gezogen werden. Das schon erwähnte Emporiae ist neben Sagunt und wahrscheinlich auch Lucentum ein anschauliches Beispiel für diesen Vorgang.

Im Gegensatz dazu setzt die *contributio* eine deutliche Veränderung der übernommenen Organisationen und Strukturen voraus, obwohl sie letzten Endes die Vorgängersiedlung beerbt; sie schafft jedoch ein neues städtisches Zentrum für die Zusammenführung verschiedener heterogener Bevölkerungsgruppen. Die Städte Corduba, Celsa und Barcino sind Beispiele für das zweite Modell. Dieser Prozeß wurde durch die Tatsache stark vereinfacht, daß die iberische Stadtorganisation der Idee der griechischen *polis* und der römischen *civitas* vergleichbar war. Danach wird das Wesen der Stadt weniger durch ihre äußere Form als durch die Integration der Bewohner bestimmt, wie durch das häufige Vorkommen von Münzlegenden bezeugt wird, die auf »sken« enden und den Endungen »-ton« und »-orum« der Legenden auf griechischen und römischen Münzen ähneln (Abad Casal/Bendala Galán, im Druck).

Die Geschichte der iberischen Welt bewegte sich seit augusteischer Zeit endgültig auf Wegen, die von der römischen Kultur geprägt wurden. In dieser Zeit erlangte das römische Reich seine politische und strategische Reife. Alte Erfahrungen weichen den Veränderungen der neuen Zeit, und so treten die alten iberischen Kulturen in den Hintergrund, wo sich ihre Spuren nach und nach verwischen.

Die Reliefs aus Osuna

Teresa Chapa Brunet

Die Skulpturen aus Osuna gehören zu den bekanntesten Werken der iberischen Plastik und sind ein Beispiel für die Technik und die Ästhetik der traditionellen einheimischen Kunst in der Phase des Übergangs und der Anpassung an den römischen Geschmack. Das vorrömische Urso war nach typisch iberischem Muster angelegt: Die Ansiedlung befand sich auf einem Hügel, und die Nekropole lag auf einer benachbarten Anhöhe. Ein Weg, die heutige *vereda de Granada,* führte durch das Tal zwischen beiden.

Die römischen Truppen schlugen gegen Ende des 3. Jahrhunderts v. Chr. ihr Lager etwas westlich des Ortes auf, der während dieser Phase bewohnt blieb. Auch die Nekropole wurde weiterhin benutzt und dehnte sich nach Norden, beidseitig des erwähnten Weges, aus. Es ist der römischen Stadtgründung und den damit verbundenen Bauaktivitäten zu verdanken, daß wenigstens einige wenige der dort gefundenen Skulpturen datiert werden konnten. Die Konfrontation zwischen Caesar und Pompejus führte zum überstürzten Bau einer Umfassungsmauer, die das Gebiet, auf dem die Nekropole lag, durchschnitt. Dabei nutzten die Römer architektonische Elemente und Skulpturen der ehemaligen Grabmonumente als Baumaterial.

Die Untersuchungen von Arthur Engel und Pierre Paris im Jahre 1903 förderten zahlreiche Fragmente von Skulpturen und Architekturornamentik aus den erwähnten Gräbern zutage. Einige waren zerbrochen, konnten aber wieder zusammengesetzt werden, woraus sich schließen läßt, daß sie in der Nähe ihrer ursprünglichen Aufstellung sekundär verwendet wurden. Eine präzise Datierung dieser Teile ist

Reiter aus Osuna; 3. Jahrhundert v. Chr.; hellgelber Kalkstein; Höhe: 78 cm; Museo Arqueológico Nacional, Madrid. Kat.-Nr. 336

äußerst schwierig, aber es ist klar, daß sie vor der Mitte des 1. Jahrhunderts v. Chr. entstanden sind.

Stilistisch können zwei Gruppen von Skulpturen deutlich unterschieden werden. Die eine zeigt die klassischen Merkmale der iberischen Plastik, während die andere neue Elemente aufgreift, die der römischen Skulptur eigen sind. In dem einen Fall sind die Dargestellten eindeutig Iberer, wie an ihrer Kleidung und den Waffen zu erkennen ist. Mit Ausnahme eines freistehenden Stieres sind alle anderen Teile Reliefs, die von den Eckpfeilern eines oder mehrerer Grabmonumente stammen dürften. Die abgebildeten Themen, das Material – Kalkstein – und die starren, konventionellen Formen und Stellungen belegen eine lange einheimische Tradition. Wahrscheinlich handelt es sich um die älteste Skulpturengruppe, die den turmförmigen Grabmonumenten aus dem 3. Jahrhundert v. Chr. zuzuordnen ist. Sie spiegelt die Blüte- und die beginnende Spätzeit der iberischen Plastik im mittleren und westlichen Andalusien wider.

Die zweite Skulpturengruppe befaßt sich grundsätzlich mit kriegerischen Themen. Hier verrät die Kleidung bereits die römische Präsenz. Bestimmte Haltungen der Figuren gehen zurück auf typisch hellenistische Vorbilder, die sich mit der Ankunft der Römer auf der Iberischen Halbinsel verbreiteten. Auch bei diesen Arbeiten handelt es sich vorwiegend um Reliefskulpturen. Obwohl Themen und Techniken sich unterscheiden, scheinen beide Monumenttypen doch eine Reihe von Berührungspunkten zu haben. Die zweite Gruppe wurde zwar zusammen mit der ersten gefunden, ist jedoch aufgrund stilistischer Erwägungen sicher jüngeren Datums. Es steht zu vermuten, daß diese Skulpturen zu Beginn des 1. Jahrhunderts v. Chr., eventuell auch etwas früher, auf jeden Fall jedoch nach der Festsetzung der Römer entstanden sind.

Die Werkstätten, die die Grabmonumente von Osuna herstellten, schufen auch die Ausstattung für die »Höhlen«-Bestattungen, Gräber, die in den Felsen des Hügels geschlagen wurden und namengebend für den hier verlaufenden Weg waren. Wahrscheinlich waren einige Eingänge dieser Gräber mit Skulpturen geschmückt, unter denen Löwen oder Männerköpfe mit Blattkranz Erwähnung verdienen. Paris und Engel fanden einige dieser Arbeiten in der Verfüllung der römischen Mauer, was darauf hindeutet, daß sie vor 45 v. Chr. angefertigt wurden. Es ist jedoch anzunehmen, daß solche Skulpturen auch nach den kriegerischen Auseinandersetzungen noch für unterirdische Bestattungsplätze herge-

Stier aus Osuna; 3./2. Jahrhundert v. Chr.; beigefarbener Kalkstein; Höhe: 56 cm; Musée des Antiquités Nationales, Saint-Germain-en-Laye. Kat.-Nr. 180

stellt wurden. Bereits im 16. und 17. Jahrhundert gab es Hinweise auf diese Felsenkammern. Es dauerte aber bis zum Ende des 18. Jahrhunderts, bis erste systematische Ausgrabungen stattfanden. Die spärlichen Grabungsberichte enthalten Hinweise darauf, daß auch im Inneren der Höhlen Fragmente von Plastiken gefunden wurden, die Tiere oder Menschen darstellten. Zum Beispiel wurden ein als Bacchus gedeuteter Kopf und ein Arm mit Hand, die einen Granatapfel hält, gefunden. Sie dürften nicht vor dem 1. oder 2. Jahrhundert n. Chr. zu datieren sein, was auf eine Kontinuität schließen läßt, die sicher bis in die späte Kaiserzeit reichte.

In Osuna wurden auch Kleinplastiken, vorwiegend Tiere, aber auch menschengestaltige Statuetten gefunden. Sie ähneln eher den Votiven aus den Heiligtümern als den Skulpturen von den Grabmonumenten. Da die Nekropole von Osuna an einem der Zugangswege lag, könnte es an gleicher Stelle auch eine Kultstätte gegeben haben. Heiligtümer am Eingang von Siedlungen waren bei den Iberern durchaus üblich, wie das Beispiel von Torreparedones (Morena López 1989) zeigt. Votivdepots, wie in Villaricos (Almagro-Gorbea 1983), kamen auch in der Nähe von Nekropolen vor. Zu diesen Beispielen könnte auch Osuna gehören.

Cornicen (Trompetenspieler) aus Osuna; Ende 2./Anfang 1. Jahrhundert v. Chr.; beigefarbener Kalkstein; Höhe: 107 cm; Museo Arqueológico Nacional, Madrid

Die Einordnung der iberischen Plastik, die Rekonstruktion der zugehörigen Monumente, ihres Kontextes und ihre Chronologie sind nach wie vor schwierig. Auch Osuna bildet keine Ausnahme. Hier fielen Grabbauten, die mit Reliefs geschmückt waren, der Ausführung eines militärischen Bauwerks zum Opfer, und ihre Plastiken wurden zum Füllmaterial einer Mauer degradiert. Dieses Schicksal ereilte Produkte der unterschiedlichsten Kunstgattungen und Traditionen. Trotzdem ist es gelungen, eine Kontinuität der Darstellungsmittel bis zu den Römern festzustellen und nachzuweisen, daß die Werkstätten sich immer wieder auf die jeweils neuen Wünsche ihrer Kunden einstellten.

Lit.: Engel/Paris 1904; Almagro Gorbea 1983; Morena López 1989a

Katalog

1 Thymiaterion

Anfang 7. Jahrhundert v. Chr.
Bronze
Höhe: 23 cm
Museo Arqueológico, Linares
Fundort: Nekropole von Los Higuerones, Castulo (Jaén)

Dieses Räucherbecken gehörte zur Ausstattung eines Grabes der Nekropole von Los Higuerones, in der sich außergewöhnliche, stark orientalisierende Arbeiten fanden, unter anderem die Henkel eines großen Bronzekessels, vier Gürtelschließen, Darstellungen eines Stieres und einer Sphinx sowie ein eiförmiger Behälter.
Das *Thymiaterion* besteht aus einem hohen, sich nach oben verjüngenden, hohlen Fuß, der von einer Lotosblüte bekrönt ist, auf der eine Weihrauchschale angebracht ist, deren Rand mit drei Tierfiguren (zwei Hirschkühen und einer Löwin) verziert ist. Ch. É.

Lit.: Blázquez 1975, 263–271, Taf. 94

2 Sphinx und Deckelfragment eines Thymiaterions

Anfang 7. Jahrhundert v. Chr.
Bronze
Höhe: 9,7 cm, Länge: 11 cm, Breite: 5 cm
Museo Arqueológico, Linares
Fundort: Nekropole von Los Higuerones, Castulo (Jaén)

Innen hohle Figur aus gegossener Bronze. Die Statuette zierte den (fragmentarisch erhaltenen) durchbrochenen Deckel eines *Thymiaterions*. Ch. É.

Lit.: Blázquez 1975, 267–268, Taf. 97

3 Stier

Anfang 7. Jahrhundert v. Chr.
Bronze
Höhe: 2,6 cm, Länge: 6,2 cm, Breite: 3 cm
Museo Arqueológico, Linares
Fundort: Nekropole von Los Higuerones, Castulo (Jaén)

Zum Teil beschädigte, stark schematisierte Figur eines hohlgegossenen Bronzestieres. Ch. É.

Lit.: Blázquez 1975, 263–271, Taf. 98A

4 Thymiaterion

Ende 6. Jahrhundert v. Chr.
Im Wachsausschmelzverfahren hergestellte Bronze. Der Schaft des Thymiaterions ist als weibliche Figur gestaltet. Auf dem Kopf der Statuette ruht ein kleiner Tiegel, in dem Duftstoffe verbrannt wurden
Höhe: 25,7 cm
Museo Provincial, Albacete
Inv.-Nr. 8366
Fundort: La Quéjola, San Pedro (Albacete)

Die nackte weibliche Figur stellt nach Ausweis der wenig betonten Brüste und Hüften eine Jugendliche dar. Die Frisur ist von ägyptischen Vorbildern beeinflußt: Das Gesicht wird zu beiden Seiten von langen, bis auf die Brust reichenden Locken gerahmt. Im übrigen beschränkt sich der Schmuck auf Reifen an den Oberarmen, die durch Ritzlinien angedeutet sind. Das linke Bein der aufrecht stehenden Figur ist leicht nach vorne gestellt, die Arme sind angewinkelt, in den Händen hält sie eine Taube und einen zweiten, nicht erhaltenen Gegenstand, vielleicht eine Blume. Die Ikonographie und auch die Tatsache, daß die Figur nackt dargestellt ist, deuten auf eine Zuordnung zum Kult der Astarte-Aphrodite hin. Der kleine Behälter zum Verbrennen der Duftstoffe hat die charakteristische Form einer umgekehrten Lotosblüte. Es handelt sich möglicherweise um eine Dienerin der Fruchtbarkeitsgöttin. J. B.

Lit.: Olmos/Fernández Miranda 1987; Blánquez/Olmos 1993; Blánquez 1993b

5 Thymiaterion

2. Hälfte 6. Jahrhundert v. Chr.
Bronze
Höhe: 27,4 cm, Durchmesser: 16 cm
Direction des Antiquités Historiques, Montpellier, aufbewahrt im Musée de Lattes (Hérault)
Inv.-Nr. BP 52
Fundort: Couffoulens (Aude), Urnen-Nekropole von Las Peyros, Grab 13

Ständer, auf den man möglicherweise ein Gefäß mit gewölbtem Boden stellen konnte. Der Ständer wurde gegossen, wobei die Oberfläche nebeneinandergelegte Drähte imitiert; in der Mitte des Schaftes ist ein plastisch ausgearbeiteter Hirsch angebracht, auf dem unteren Rand sitzen mehrere Vögel. Ein ähnlicher Ständer fand sich in San Antonio de Calaceite (Teruel). P. R.

Lit.: Solier/Rancoule/Passelac 1976, 15–16, 79–86, Abb. 83–87

6 Gürtelschließe

6./5. Jahrhundert v. Chr.
Bronze
Schließe: 9,4 x 6 cm, Platte: 6,9 x 6 cm
Museu d'Arqueologia de Catalunya, Ullastret
Inv.-Nr. 4284 u. 4285
Fundort: Ullastret (Gerona)

Gürtelschließe mit drei Haken und zwei einander gegenüberliegenden D-förmigen Durchbrüchen. Die Ränder der Schließe und der mit zwei rechteckigen Aussparungen versehenen gegenüberliegenden Platte sind mit einem Saum aus schrägen Ritzlinien verziert. Die gut erhaltenen Nietköpfe weisen auf die Art der Befestigung der beiden Teile auf dem Leder hin. Ch. É.

7 Krug mit orientalisierendem Dekor

650/550 v. Chr.
Auf der Töpferscheibe hergestelltes Gefäß aus ockerfarbenem Ton mit roter und brauner Bemalung. In der Antike mit Bleiklammern repariert. Rekonstruiert und restauriert.
Aus einer lokalen Werkstatt
Höhe: 75 cm, max. Durchmesser: 49 cm
Rathaus von Carmona
Fundort: Casa Saltillo, Carmona (Sevilla)

Tonkrug mit vier Henkeln und einem von breiten Zierstreifen begrenzten Fries. Auf diesem sind mit Brustschilden bewehrte Greifen (mit und ohne Bart) abwechselnd mit Lotosblüten und Pflanzenstielen mit Knospen wiedergegeben. Die Ausgestaltung spielt auf ein mythologisches Thema an, das Greifen und Blumen zueinander in Beziehung setzt. In dem Behälter, der mit einem grauen Deckel verschlossen war, befand sich eine zinnoberrote Substanz. Man fand ihn in einer Ecke eines für rituelle Handlungen genutzten Raumes. Es handelt sich um ein Beispiel für Vasen mit figürlichen Darstellungen aus der orientalisierenden Phase der iberischen Kultur, die vor allem durch Fundorte wie Setefilla, Montemolín, Sevilla und Castillo de Doña Blanca (Cádiz) bezeugt ist. Einige Jahrhunderte später griffen die iberischen Vasenmaler diese Themen in abgewandelter Form erneut auf (vergleiche die Keramikgruppe von Elche-Archena). C. A. G.

Lit.: Belén 1995, 17–32, Abb. 3; Belén u.a. im Druck

8 Krug mit orientalisierendem Dekor

650/550 v. Chr.
Auf der Töpferscheibe hergestelltes Gefäß aus beigefarbenem Ton mit roter und brauner Bemalung. In der Antike mit Bleiklammern repariert. Rekonstruiert und restauriert.
Aus einer lokalen Werkstatt
Höhe: 59 cm, max. Durchmesser: 43,5 cm
Rathaus von Carmona
Fundort: Casa Saltillo, Carmona (Sevilla)

Tongefäß mit vier Henkeln und einem von breitem Zierstreifen begrenzten Fries, den miteinander verbundene offene und geschlossene Lotosblüten zieren. Einer der Zwischenräume wird von einer Rosette ausgefüllt. In dem Behälter, der mit einem grauen Deckel verschlossen wurde, befand sich eine zinnoberrote Substanz. Auch dieses Gefäß entdeckte man (wie Kat.-Nr. 7) in einem für rituelle Handlungen genutzten Raum. Dieses Behältnis gehört ebenfalls zu den Vasen der orientalisierenden Phase der iberischen Kultur, deren Hauptfundorte Setefilla, Montemolín, Sevilla und Castillo de Doña Blanca (Cádiz) sind. Ähnlich sind die vegetabilen Motive in der iberischen Keramik aus Liria und Elche-Archena gestaltet. C. A. G.

Lit.: Belén 1995, 17–32, Abb. 4; Belén u.a. im Druck

9 Plakat zur 2500-Jahr-Feier der Stadtgründung von Marseille

Lithographie von David Dellepiane, Marseille, 1899
Höhe: 130 cm, Breite: 84 cm
Musée d'Histoire de Marseille
Inv.-Nr. 83. 5. 25

Das Plakat kündigt die verschiedenen Programmpunkte zur 2500-Jahr-Feier der Gründung von Marseille durch die Griechen aus Phokäa an (600 v. Chr.). Es zeigt den Augenblick, in dem sich Griechen und indigene Bevölkerung erstmals begegnen: Protis, der griechische *Oikistes,* wird von der Tochter des Königs von Segobriga, Gyptis, empfangen. Ihre Frisur ähnelt derjenigen, die die im Jahr 1897 gefundene *Dama de Elche* trägt. Das Plakat entstand nur zwei Jahre nach dieser Entdeckung. P. R.

Lit.: Musée d'Histoire de Marseille 1988, 29, Nr. 139; Rouillard 1996b

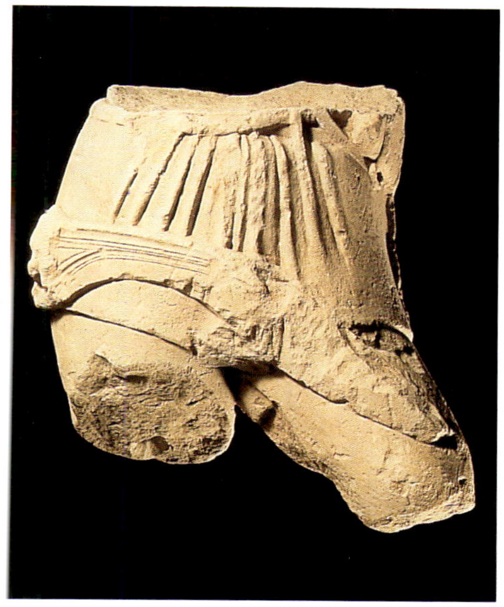

10 Torso eines Kriegers aus La Alcudia

4. Jahrhundert v. Chr.
Hellgelber Kalkstein, der obere Teil des Rumpfes und die Beine fehlen
Höhe: 43 cm, Breite: 35 cm, Tiefe: 27,5 cm
Museo Arqueológico Nacional, Madrid
Inv.-Nr. 1941/86/25
Fundort: La Alcudia, Elche (Alicante)

Der hier dargestellte Krieger trägt eine kurze, von einem Gürtel zusammengehaltene gefältelte Tunika. In der rechten Hand hielt er eine *Falcata,* das iberische Krummschwert; an seiner linken Hüfte erkennt man einen Teil der Schwertscheide mit dem dazugehörigen Befestigungsring (vgl. die Falcatas aus Almedinilla, Sagunt, El Cigarralejo und Ensérune, Kat.-Nr. 23–26, 195). Die linke Seite des Rückens wurde nicht ausgearbeitet. P. R.

Lit.: Ibarra 1899; Paris 1904a, I, 304–305, Abb. 307; García y Bellido 1943a, 65–66, Taf. VIII; Llobregat 1972, 152, Nr. 20; García y Bellido 1980, 44–45, Abb. 53; Ruano 1987, III, 530–532, A-3, Abb. 36, Taf. CXLVII; Quesada 1992a, 96–97, Abb. 21

11 Greifenkopf aus La Alcudia

1. Hälfte 4. Jahrhundert v. Chr.
Beigefarbener Sandstein, Körper, Schnabel und Ohren fehlen
Höhe: 43 cm, Breite: 20 cm, Tiefe: 34 cm
Museo Monográfico de La Alcudia de Elche, Sammlung Ramos
Fundort: La Alcudia, Elche (Alicante)

Der Schnabel des Greifen ist weit geöffnet, so daß man den Ansatz der Zunge erkennen kann. Über den runden Augen mit deutlich abgesetzten Lidern verlaufen gratige Brauen. Der Nacken ist dicht mit Federn bewachsen, die Umrisse der Flügelfedern sind gerundet.
Dieser Greifentypus ist in der griechischen Skulptur und Vasenmalerei des 4. Jahrhunderts v. Chr. häufig vertreten, die wohl die Vorbilder für diese Figur lieferten. Im iberischen Kulturraum findet man ihn zunächst in andalusischen Elfenbeinschnitzereien aus orientalisierender Zeit, dann in Stein gehauen in den Skulpturen von Redován (vgl. Kat.-Nr. 184), aber auch gemalt, etwa auf einer steinernen Urne aus Galera (vgl. Kat.-Nr. 194). P. R.

Lit.: Ramos Folqués 1950, 357–358, Abb. 2; Llobregat 1972, 155, Nr. 33; Vidal de Brandt 1973, 125–127, Taf. IV, 3; García y Bellido 1980, 67, Abb. 76; Chapa 1980a, I, 166–168, Abb. 4. 11. 4, II, 958–960, Taf. VIII, 2; 1985, 44, Nr. 1, 226

12 Torso eines Kriegers mit Brustpanzer aus La Alcudia

4. Jahrhundert v. Chr.
Hellgelber Kalkstein, erhalten ist nur die Brustpartie
Höhe: 41 cm, Breite: 32 cm, Tiefe: 19 cm
Museo Monográfico de La Alcudia de Elche, Sammlung Ramos
Fundort: La Alcudia, Elche (Alicante)

Torso einer männlichen Figur mit Tunika und rundem Brustpanzer. Dieser wird von zwei breiten Schulterriemen gehalten, die mit Lotosknospen oder Eicheln (?) verziert sind; unter den Armen halten ihn zwei mit Nieten befestigte Gurte. Unterhalb des Brustpanzers erkennt man noch den Teil einer Gürtelschnalle. In der Mitte des Brustpanzers sitzt ein Wolfskopf mit aufgerissenem Maul. Man schrieb diesen Tieren entweder unheilbringende oder – wie im vorliegenden Fall – übelabwehrende Kräfte zu. Weitere Wolfsdarstellungen finden sich auf einer Schale aus Tivissa (vgl. Kat.-Nr. 246) und auf dem Schild eines Soldaten aus Osuna (vgl. Kat.-Nr. 340). P. R.

Lit.: Ramos Folqués 1950, 354, Abb. 1; Llobregat 1972, 153, Nr. 21; Chapa 1980a, I, 168–171, Abb. 4. 12, II, Taf. IX, 2; García y Bellido 1980, 44, Abb. 52; Chapa 1985, 44, Nr. 2, 199; Olmos u.a. 1992, 151–152

13 Relieffragment mit der Darstellung eines Schildes aus La Alcudia

2. Hälfte 5. Jahrhundert v. Chr.
Hellgelber Kalkstein
Höhe: 39 cm, Breite: 28 cm, Tiefe: 33 cm
Museo Monográfico de La Alcudia de Elche, Sammlung Ramos
Fundort: La Alcudia, Elche (Alicante)

Relieffragment mit der Darstellung eines gewölbten Rundschildes. Der Krieger schützte sich mit dem in der linken Hand gehaltenen Schild. Der Griff war mit je zwei Halteringen auf der konkaven Seite des Schildes befestigt; zum Schutz des Handrückens ist ein kleines Polster mit konkaven Rändern angebracht. Die 1950 vom Entdecker des Schildes beschriebenen Spuren roter Farbe sind größtenteils verschwunden. P. R.

Lit.: Ramos Folqués 1950, 355–356, Abb. 7; Llobregat 1972, 154, Nr. 26; García y Bellido 1980, 44, Abb. 54

14 Bein eines Kriegers mit Beinschiene aus Elche

2. Hälfte 5. Jahrhundert v. Chr.
Hellgelber Kalkstein
Länge: 30 cm, max. Breite: 12,5 cm
Museo Monográfico de La Alcudia de Elche, Sammlung Ramos
Fundort: Elche (Alicante)

Bei diesem Stück handelt es sich wohl um das Fragment einer Kampfszene: Ein verwundeter Krieger fleht den Sieger um

Gnade an und hält dabei dessen Unterschenkel umfaßt. Erhalten ist nur ein Teil des (rundplastisch ausgearbeiteten) rechten Beines. Es wird durch eine Beinschiene geschützt, die oben und unten mit zwei dünnen Riemen verknotet und mit einem umlaufenden Flechtband verziert ist. Eine Hand umfaßt das Bein (auf der Vorderseite erkennt man den Daumen). P. R.

Lit.: Ramos Folqués 1966a; Llobregat 1972, 155, Nr. 39; Dehn 1988, 188–189 (M. Blech), Taf. 12

15 Stier (»Torito«) aus Porcuna

550/475 v. Chr.
Hellgelber Kalkstein, Maul und Hinterbeine fehlen, Oberfläche bestoßen
Höhe: 55 cm, Länge: 70 cm, Breite: 20 cm
Museo Provincial, Jaén
Inv.-Nr. 818
Fundort: Porcuna (Jaén)

Mit gesenktem Kopf und angewinkelten Vorderbeinen auf einer Plinthe lagernder Stier. Die Figur wurde aus einem rechteckigen Steinquader gearbeitet. Die Augen des Tieres sind oval, Iris und Augenlider durch Ritzlinien angegeben. Die Öffnungen am Kopf waren für das Einsetzen der Hörner bestimmt. Augenumrandungen, Nackenfell und Brustmuskulatur sind durch geometrische, parallel verlaufende Ritzlinien wiedergegeben; die Linie am linken Vorderbein schließt eine Lotosknospe ab. Die Stirnpartie ziert eine Palmette mit einer kleinen Öffnung, in die ein Zierelement – wahrscheinlich eine Blüte – eingepaßt war. Zwei weitere Öffnungen dieser Art finden sich auf den Wangen, eine vierte auf der linken Schulter. Die ruhige Körperhaltung des Stiers und die Pflanzenornamente gehören zu den Besonderheiten dieser Skulptur. P. R.

Lit.: Blanco 1960b, 37–40, Abb. 56–57; Nicolini 1973, 82, Abb. 57; Chapa 1980a, I, 480–481, J–40, Abb. 4. 90, Taf. LXXX; García y Bellido 1980, 69–70, Abb. 81; Chapa 1985, 86, Nr. 1; Negueruela 1990b, 27–28, 33; Negueruela 1992, 11, 17–18, III; Olmos u.a. 1992, 99–100

16 Krieger vom Cerrillo Blanco

1. Hälfte 5. Jahrhundert v. Chr.
Hellgelber Kalkstein, aus Fragmenten zusammengesetzt, die von einer absichtlichen Zerstörung zeugen
Kopf: Höhe: 37 cm, Breite: 20 cm, Tiefe: 24 cm
Torso: Höhe: 78 cm, Breite: 45 cm, Tiefe: 39 cm
Museo Provincial, Jaén
Inv.-Nr. 401, 503, 506, 514, 515, 695
Fundort: El Cerrillo Blanco, Porcuna (Jaén)

Teil einer rundplastischen Figur. Von dem im Kampf dargestellten Krieger sind nur der Kopf mit dem Helm und ein Teil des Körpers erhalten. Der Krieger hielt das Schwert wahrscheinlich in der rechten und den Schild in der linken Hand. Das Gesicht ist in eine quadratische Grundform eingeschrieben. Die Augen (Pupillen und Lider sind durch feine Ritzlinien angegeben) und der Mund sind in einer flachen Ebene angeordnet. Große, glatte Flächen beherrschen diesen Kopf. Der Einsatz für den Federbusch auf dem Helm war als katzenartiges Tier gestaltet, von dem nur die Pfoten und die Schwanzspitze erhalten sind. Es finden sich auch Öffnungen zur Befestigung von Hörnern oder anderen Zierelementen. Die iberische Bewaffnung ist realistisch

wiedergegeben. Über einer dünnen Tunika und einem Gewand aus dickerem Stoff trägt der Krieger einen von breiten Lederriemen gehaltenen runden Brustpanzer. Die (leere) Schwertscheide wurde mit einem Riemen an einem breiten Gürtel befestigt. Die Rüstung ist aus einzelnen flachen Scheiben zusammengesetzt. P. R.

Lit.: Blázquez/González Navarrete 1985, 64, Taf. 11, Abb. 5–6; González Navarrete 1987, 29–34, 71–74, Nr. 1, 9; Blanco 1987–1988, I; Negueruela 1990a, 49–56, Nr. 1, Taf. I–XI, LIV, Abb. 1–4; Olmos u.a. 1992, 95; Rolley 1994, 407, Abb. 444

17 Krieger mit Langschwert vom Cerrillo Blanco

1. Hälfte 5. Jahrhundert v. Chr.
Hellgelber Kalkstein, aus Fragmenten zusammengesetzt, die von einer absichtlichen Zerstörung zeugen
Höhe: 78 cm, Breite: 45 cm, Tiefe: 39 cm
Museo Provincial, Jaén
Inv.-Nr. 507, 511–513
Fundort: El Cerrillo Blanco, Porcuna (Jaén)

Teil einer rundplastischen Figurengruppe. Erhalten ist die mittlere Partie des Körpers eines Kriegers, der höchstwahrscheinlich im Zweikampf dargestellt war (die weniger ausgearbeitete rechte Seite der Taille dürfte im ursprünglichen Zustand des Ensembles nicht zu sehen gewesen sein). Auf der Rückseite erkennt man den auf die Rüstung fallenden unteren Teil des Helmbusches, den Gürtel sowie einen Teil eines rockartigen Kleidungsstücks, das die Tunika bedeckt. An dem breiten Gürtel ist links die Scheide für ein Langschwert zu erkennen. P. R.

Lit.: González Navarrete 1987, 75–82, Nr. 10; Blanco 1987–1988, I; Negueruela 1990a, 61–63, Nr. 3, Taf. XVII, a, b, c

18 Gruppe eines vom Pferd gestiegenen Reiters, der einem besiegten Gegner gegenübersteht, vom Cerrillo Blanco

1. Hälfte 5. Jahrhundert v. Chr.
Hellgelber Kalkstein, aus Fragmenten zusammengesetzt, die von einer absichtlichen Zerstörung zeugen
Pferd und stehender Reiter: Höhe: 90 cm, Länge: 105 cm, Breite: 40 cm
Museo Provincial, Jaén
Inv.-Nr. 1, 314, 517, 518, 524, 968, 969, 975
Fundort: El Cerrillo Blanco, Porcuna (Jaén)

Die rundplastisch gearbeitete Gruppe nimmt durch ihren komplexen Aufbau und ihren ausgeprägten Realismus einen besonderen Platz innerhalb der iberischen Skulptur ein. Sie zeigt einen vom Pferd gestiegenen, stehenden Krieger (das Pferd steht hinter ihm) und rechts von dieser Gruppe, halb liegend, den von der Lanze durchbohrten Gegner. Diese von Iván Negueruela vorgeschlagene, wahrscheinlich zutreffende Rekonstruktion kombiniert zwei einzelne Skulpturen, die ursprünglich unterschiedlich datiert wurden: zum einen den Krieger mit seinem Pferd, zum anderen den Besiegten. Das Besondere an dieser Skulpturengruppe, in der sich auch griechische Prototypen widerspiegeln (man vergleiche etwa die Metopen aus Olympia oder Athen), ist die Herstellung aus einem einzigen großen Block.
Obwohl einige Teile fehlen – die Pferdebeine, Kopf und Beine des Reiters, ein Großteil des Kopfes des besiegten Soldaten sowie dessen Unterkörper sind verloren –, lassen sich Rüstung, Kleidung (Tunika mit Schulterbesatz) und Waffen deutlich unterscheiden. Der am Boden liegende Krieger hatte sicherlich die Lanze seines Gegners umfaßt, die ihm dieser mit der Rechten in den Mund bohrte. P. R.

Lit.: Blázquez/González Navarrete 1985, 62–63, 67, Taf. 9, Abb. 2, Taf. 18, Abb. 19; González Navarrete 1987, 47–52, Nr. 5, 67–70, Nr. 8; Blanco 1987–1988, I; Negueruela 1990a, 63–77, Nr. 4, 5, Taf. XVIII–XXII, Abb. 6–13

19 Grypomachie vom Cerrillo Blanco

1. Hälfte 5. Jahrhundert v. Chr.
Hellgelber Kalkstein, aus Fragmenten zusammengesetzt, die von einer absichtlichen Zerstörung zeugen; bei dem Mann fehlen Kopf und Beine, bei dem Greif ein Teil des Körpers
Höhe: 70 cm, Breite: 84 cm
Museo Provincial, Jaén
Inv.-Nr. 2, 421, 424, 532, 622, 624, 1303
Fundort: El Cerrillo Blanco, Porcuna (Jaén)

Rundplastisch gearbeitete Gruppe: ein stehender Mann im Zweikampf mit einem Greifen, dessen Kopf von dem Krieger am Schnabel zur Seite gebogen wird. Der Mann trägt eine einfache kurze Tunika und einen breiten Gürtel.
Der Greif hatte ursprünglich eine apotropäische Funktion, daß heißt, er sollte drohendes Unheil abwehren; das Fabeltier wurde in der iberischen Steinskulptur häufig, jedoch fast immer allein dargestellt (vgl. Kat.-Nr. 11, Elche, Kat.-Nr. 184, Redován). Hier sieht man einen Greifen im Kampf mit einem Menschen,

in einem seit der orientalisierenden Zeit bekannten Schema, das auf der Iberischen Halbinsel auch in andalusischen Elfenbeinschnitzereien oder dem Schmuck von La Aliseda zu beobachten ist (im letzteren Fall handelt es sich aber wohl eher um einen Löwen). Außergewöhnlich an der Gestalt des Mannes, der sich in Haltung und Kleidung nicht von anderen Kämpfern aus Porcuna unterscheidet, ist das völlige Fehlen von Attributen, die eine Deutung der Darstellung als Szene aus einem orientalischen oder griechischen Mythos ermöglichen würden. P. R.

Lit.: García y Bellido 1980, 77–78, Abb. 181 (Beilage von J. González Navarrete u. A. Blanco); Blázquez/González Navarrete 1985, 63–64, Taf. 10, Abb. 3–4; González Navarrete 1987, 139–146, Nr. 25; Blanco 1987–1988, II; Negueruela 1990a, 255–257; Olmos u.a. 1992, 144

20 Verwundeter Krieger mit herabsinkendem Schild vom Cerrillo Blanco

1. Hälfte 5. Jahrhundert v. Chr.
Hellgelber Kalkstein, aus Fragmenten zusammengesetzt, die von einer absichtlichen Zerstörung zeugen; Kopf, Unterarme und Beine fehlen
Höhe: 84 cm, Breite: 48 cm, Tiefe: 52 cm
Museo Provincial, Jaén
Inv.-Nr. 505, 516
Fundort: El Cerrillo Blanco, Porcuna (Jaén)

Teil einer rundplastisch gearbeiteten Gruppe kämpfender Krieger. Erhalten ist nur der Torso einer der beiden Figuren. Dargestellt ist der Augenblick, in dem einer der Kämpfenden an der linken Schulter vom Kurzschwert seines Gegners verletzt wird. Er hielt sein Schwert in der Rechten, hatte sich aber mit seinem Schild nicht ausreichend gegen den Angriff geschützt – dieser fällt herab und erscheint in Bauchhöhe mit der Innenseite nach außen (der Haltegriff ist zu sehen). Auf der Brust erkennt man einen horizontal verlaufenden Gurt. Die Tunika mit wollenen Schulterbesätzen wird von einem breiten Gürtel zusammengehalten, an dem eine leere Schwertscheide hängt. Er trägt ein kurzes Untergewand, das in zwei breiten Stoffbahnen herabfällt. Auf der Rückseite ist das Ende des Helmbusches zu erkennen. Die rechte Hälfte der Statue ist sorgfältiger ausgearbeitet und somit als Ansichtsseite kenntlich. P. R.

Lit.: Blázquez/González Navarrete 1985, 61–62, Taf. 9, Abb. 1; González Navarrete 1987, 53–60, Nr. 6; Blanco 1987–1988, I; Negueruela 1990a, 82–85, Nr. 7, Taf. XXV–XXVII; Olmos u.a. 1992, 95–96

21 Wolf, der ein Schaf reißt, vom Cerrillo Blanco

1. Hälfte 5. Jahrhundert v. Chr.
Hellgelber Kalkstein, aus Fragmenten zusammengesetzt, die von einer absichtlichen Zerstörung zeugen; bei dem Wolf fehlen Körper und Pfoten, von dem Schaf ist nur das Vorderteil erhalten
Höhe: 70 cm, Länge: 62 cm
Museo Provincial, Jaén
Inv.-Nr. 10, 12, 18, 76, 440
Fundort: El Cerrillo Blanco, Porcuna (Jaén)

Neben Kampfdarstellungen zwischen zwei Menschen oder einem Menschen und ei-

nem Tier schuf der Bildhauer von Porcuna auch kraftvoll-realistische Szenen von miteinander kämpfenden Tieren wie diesen Wolf beim Reißen eines Schafes. Der Künstler wählt die Rundplastik für ein Sujet, das in keiner anderen Region des Mittelmeerraums so monumental entwickelt wurde. Ein Wolf (das Nackenfell wird von einer gezackten Linie begrenzt, wie sie auch auf dem Brustpanzer eines Kriegers aus La Alcudia, Elche, erscheint, vgl. Kat.-Nr. 12) beißt von oben in den Nacken des Schafes, das versucht, sich seinem Angreifer zu entwinden. Die Komplexität der wahrscheinlich auf Allansichtigkeit angelegten Komposition läßt sich deutlich an den beiden länglichen, in Gegenrichtung zueinander angeordneten Tierköpfen erkennen. P. R.

Lit.: Blázquez/González Navarrete 1985, 67, Taf. 19, Abb. 21–22; González Navarrete 1987, 173–178, Nr. 31; Blanco 1987–1988, III; Negueruela 1990a, 258–260, Abb. 31; Olmos u.a. 1992, 141

22 Auf einer Palmette ruhender Greif vom Cerrillo Blanco

1. Hälfte 5. Jahrhundert v. Chr.
Hellgelber Kalkstein, aus Fragmenten zusammengesetzt, die von einer absichtlichen Zerstörung zeugen
Höhe: 82 cm, Länge: 45 cm
Museo Provincial, Jaén
Inv.-Nr. 11, 293, 415, 431
Fundort: El Cerrillo Blanco, Porcuna (Jaén)

Rundplastisch gearbeitete Skulptur, deren ursprüngliche Größe nicht rekonstruiert

werden kann. Dargestellt ist ein Greif in Profilansicht (diese Seite war wahrscheinlich dem Betrachter zugewandt), dessen Fänge auf einer von einer Volute bekrönten Palmette ruhen, während sein Kopf nach hinten gedreht ist. Um den Greifenkörper windet sich ein Tier (?), wahrscheinlich eine Schlange. Es besteht ein auffälliger Kontrast zwischen der sorgfältigen Ausarbeitung von Greifenkopf und Palmette und der oberflächlichen Wiedergabe des Körpers und der Fänge. Mit dieser Darstellung hat der Bildhauer von Porcuna ein beliebtes und ausdrucksstarkes, aus dem orientalischen Formenschatz übernommenes Motiv – die von zwei Löwen gerahmte Palmette – seinem eigenen Repertoire angepaßt. P. R.

Lit.: Blázquez/González Navarrete 1985, 65, Taf. 13, Abb. 10; González Navarrete 1987, 165–172, Nr. 30; Blanco 1987–1988, III; Negueruela 1990a, 269–270; Olmos u.a. 1992, 140–141

23 Verzierte Falcata

4. Jahrhundert v. Chr.
Eisen mit Einlegearbeiten aus Silber
Länge: 59 cm
Museo Arqueológico Nacional, Madrid
Inv.-Nr. 10475
Fundort: Nekropole von Almedinilla (Córdoba)

Säbelartige Waffe mit gebogener Klinge. Der in Form eines Pferdekopfes gestaltete Griff ist mit geometrischen Motiven aus eingelegtem Silber verziert, unter anderem mit Voluten, Wellenbändern, Zickzackmustern, gebrochenen Linien sowie kleinen, D-förmigen Durchbrüchen. Die Klinge hat über zwei Drittel ihrer Länge einen dreieckigen Querschnitt. Zum Ende hin ist sie zweischneidig und mit einem Vogel aus eingelegten Silberfäden verziert. Der Abschnitt der Klinge mit dreieckigem Querschnitt ist auf dem Rücken mit einer Rille versehen. Wie weitere Exemplare mit eingelegtem Silberdekor vermuten lassen, galt die weit verbreitete *Falcata* den Iberern auch als Statussymbol. Die etwa zehn Beispiele von verzierten Falcatas sind sorgfältig untersucht worden, sie machen jedoch nur 15 Prozent der bis heute gefundenen Waffen dieses Typus aus, was die Vermutung bestätigt, daß es sich um Prestigeobjekte einer Elite handelte. J.-P. M.

Lit.: Nieto/Escalera 1970; Aranegui 1992; Quesada 1992a; 1992b

24 Falcata

4. Jahrhundert v. Chr.
Eisen
Länge: 53,3 cm, max. Breite der Klinge: 5 cm, Breite des Griffs: 5,3 cm
Musée du Louvre, Département des Antiquités Orientales, aufbewahrt im Musée des Antiquités Nationales, Saint-Germain-en-Laye
Inv.-Nr. AM 1673
Don Sandars 1913
Fundort: Nekropole von Almedinilla (Córdoba)

Waffe mit gebogener Klinge und Griff in Form eines Vogelkopfes. Die Klinge hat über zwei Drittel ihrer Länge einen dreieckigen Querschnitt und weist zu ihrem Ende hin auf beiden Seiten eine Schneide auf. Der Rücken des Teils mit dreieckigem Querschnitt ist mit einer Rille versehen. Am Knauf befinden sich Reste der Schwertscheide.
Die weite Verbreitung dieser säbelartigen Waffe sowie ihre häufige Darstellung auf Reliefs und in der Vasenmalerei machen die *Falcata* zur charakteristischen Waffe der Iberer. Gelegentlich wurde sie mit ähnlichen, in Illyrien gefundenen Waffen in Verbindung gebracht, doch sie dürfte eher lokalen Ursprungs gewesen sein: Man nimmt an, daß sie in der ausgehenden frühen Eisenzeit (6./5. Jahrhundert v. Chr.) oder zu Beginn der späten Eisenzeit (4. Jahrhundert v. Chr.) aus großen Eisenmessern mit gratigem Rücken entwickelt wurde. Das Exemplar aus Ensérune (vgl. Kat.-Nr. 26) stellt hierfür ein Beispiel dar. J.-P. M.

Lit.: Sandars 1913, Taf. XIII, Nr. 2; Aranegui 1992; Quesada 1992a; 1992b; Vaquerizo u.a. 1994, 36–37, Abb. 7

25 Verzierte Falcata

4./3. Jahrhundert v. Chr.
Eisen mit Einlegearbeiten aus Silber
Länge: 60 cm
Museo de Prehistoria Domingo Fletcher, Valencia
Inv.-Nr. 34
Fundort: Region von Sagunt (?)

Die rundgebogene (und damit unbrauchbar gemachte) Waffe aus Eisen wurde wahrscheinlich speziell für die Verwendung als Grabbeigabe hergestellt. Die Verzierungen und die Inschrift aus silberner Einlegearbeit machen diese *Falcata* zu einem außergewöhnlichen Beispiel ihrer Gattung. Ihr Hohlknauf und die im Querschnitt dreieckige Klinge mit abgeflachtem Rücken, die zur Spitze hin in zwei Schneidkanten ausläuft, ist typisch für die iberische Falcata. Den bogenförmigen Rücken der Waffe säumen fein gearbeitete Zierrinnen. Diese betonen zwei an der Spitze zusammenlaufende Bänder aus silberner Einlegearbeit: Das obere besteht aus einem Wellenband und einem parallel dazu verlaufenden Zickzackband. Das zweite Band verläuft geradlinig und ist aus einem Flechtmuster aus Efeublättern zusammengesetzt. Das gleiche Motiv findet sich in dem Dreieck wieder, in dem die beiden Bänder zusammenlaufen, darüber hinaus auch in einem kurzen Fries auf dem Griff der Waffe. Hier sind auch figürliche Motive wiedergegeben: ein Löwe, der ein Wildschwein angreift, während vier stilisierte Vögel die Szene überfliegen. Das Thema des Löwen, der ein Wildschwein reißt, findet sich auch auf der Schale aus Tivissa. Die stilistische Behandlung der Tiere und der herzförmigen Efeublätter erinnert an iberische Vasenbilder des 3. Jahrhunderts v. Chr.
Auf dem Rücken der Waffe befindet sich hinter einer silbernen Einlegearbeit (ein Wellenmuster) eine ebenfalls als Einlegearbeit ausgeführte Inschrift aus 5–7 Millimeter hohen iberischen Buchstaben: »**Kekebes-te-ekiar-te**«. Die genaue Bedeutung ist unklar. War »Kekebes« ein Eigenname? Dies ist möglich, jedoch nicht zu beweisen; »ekiar« taucht mehrfach in kurzen Inschriften auf, besonders auf den Vasen aus Lliria. Handelt es sich um eine Widmung? Hat »ekiar« vielleicht die Bedeutung des lateinischen »fecit« (»hat [es] gemacht«), wie es sich auf zahlreichen römischen Prunkgegenständen findet, zu denen uns hier das iberische Pendant vorläge?
Die typologische Einordnung, die dekorative Ausgestaltung und die Inschrift belegen den iberischen Ursprung der Waffe. Bis heute sind nur etwa zehn Waffen dieser Art mit silbernen Einlegearbeiten bekannt; die vorliegende ist die einzige, die eine Inschrift trägt, was sie zu einer Rarität macht, die in der damaligen Zeit sicherlich auch ein äußerst wertvolles Prestigeobjekt darstellte. J.-P. M.

Lit.: Aranegui 1992, 319–344, mit der epigraphischen Studie von de Hoz, 330–338

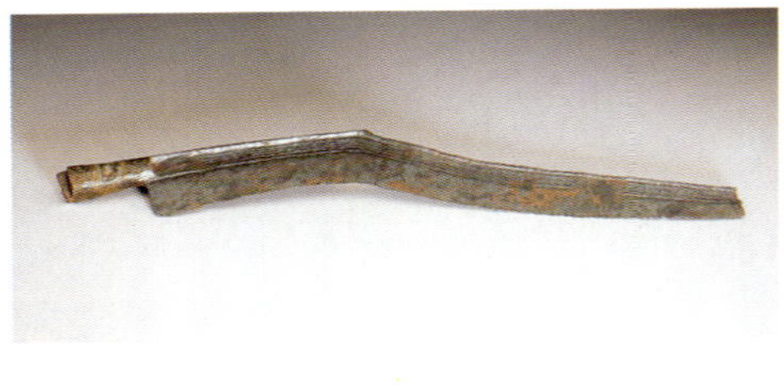

26 Großes Messer

4. Jahrhundert v. Chr.
Eisen
Länge: 42 cm
Musée d'Ensérune
Fundort: Grab Mouret IB 103, Ensérune (Nissan-lez-Ensérune, Hérault)

Die gebogene Messerklinge ist mit getriebenen Rillen versehen und am Griff in eine Tülle eingesteckt. In ihren Maßen ist die Waffe der iberischen *Falcata* vergleichbar. J.-P. M.

27 Unbekleideter Krieger

Im Wachsausschmelzverfahren hergestelltes Bronzevotiv, dunkle Patina
Höhe: 12,6 cm, Breite: 4,3 cm
Museo Arqueológico Nacional, Madrid
Inv.-Nr. 28.600
Fundort: Collado de los Jardines (Jaén)

Sorgfältig gearbeitete Statuette. Unter dem eng anliegenden Helm tritt die durch feine Ritzlinien angegebene Frisur hervor. Der Krieger trägt einen breiten Gürtel. In den nach vorn ausgestreckten

Händen hält er rechts einen Dolch und links einen Schild. L. P.

Lit.: Álvarez-Ossorio 1941, Nr. 202; Prados 1992, 185, Nr. 155

28 Reiter aus El Salobral

5./4. Jahrhundert v. Chr.
Im Wachsausschmelzverfahren hergestellte Bronzestatuette. Die Hinterbeine des Pferdes wurden abgesägt und glattgefeilt, was die Datierung des Werkes erschwert. Möglicherweise handelte es sich um ein Votiv oder um ein Dekorationselement für ein größeres Objekt. Helmbusch und Lanze fehlen
Höhe: 5,5 cm, Länge: 3,9 cm
Musée du Louvre, Département des Antiquités Orientales, aufbewahrt im Musée des Antiquités Nationales, Saint-Germain-en-Laye
Inv.-Nr. AM 1306
Mission Paris, 1904
Fundort: El Salobral (Albacete)

Reiter auf einem sich aufbäumenden Pferd. Der Kopf des Reiters ist voluminös; eine pyramidenförmige Nase, ein breiter Mund und ein spitz zulaufendes Kinn charakterisieren das Gesicht. Der Rumpf hat die Form einer gekrümmten Schwertklinge. Der Umhang fällt auf das linke Bein der Figur. Ihre Beine sind im Verhältnis zu denen des Pferdes nicht maßstabsgetreu dargestellt; die Füße des Reiters berühren die Vorderhufe des Pferdes. Als Bewaffnung trug der Reiter eine nicht erhaltene Lanze (man erkennt noch die Öffnung in der rechten Hand, in die sie eingesetzt war), eine dicht am Leib anliegende *Falcata*, deren als Vogelkopf gestalteter Knauf aus dem Umhang hervorschaut, sowie einen mit eingeritzten Kreisen verzierten Rundschild mit hervortretendem Schildbuckel (lat. *umbo*). Der Hals des Pferdes ist glatt belassen; es trägt Scheuklappen und eine Kandare mit doppelten Zügeln. P. R.

Lit.: Paris 1904a, II, 227–228, Abb. 273, Taf. III, 2; 1904b; Nicolini 1969, 31, 57–59, Taf. I, 1–5; Nicolini, in: Rouillard u.a. 1997, Nr. 191

29 a und b. Reiter

3./2. Jahrhundert v. Chr.
Im Wachsausschmelzverfahren hergestellte Bronzevotive, grünliche Patina
Höhe: 8,9 cm (a) und 9,2 cm (b)
Museu d'Arqueologia de Catalunya, Barcelona
Inv.-Nr. 19.898 u. 19.893
Fundort: Heiligtum von La Luz (Murcia)

Zwei Votive in Form von Reitern, die mit dem typischen Rundschild (der *caetra*), einem an einem breiten Koppel befestigten geraden Schwert und einer (nicht erhaltenen) Lanze in der rechten Hand bewaffnet sind. Die Kopfbedeckungen fehlen. Wie in La Luz üblich, ist das Zaumzeug (Halfter, Kandare, Zügel) sehr detailliert wiedergegeben, während die Darstellung der Anatomie stark schematisiert ist und die Proportionen von Pferd und Reiter nicht zueinander passen. C. A. G.

Lit.: Bosch Gimpera 1924, 4–5; 1931, 162–171; Jorge Aragoneses 1967–1968b, 169–176; Nicolini 1969, 62–64, Nr. 3; Lillo Carpio 1991–1992, 107–142

30 Reiter

Im Wachsausschmelzverfahren hergestelltes Bronzevotiv, olivgrüne Patina, der linke Fuß fehlt
Reiter: Höhe: 7,5 cm, Breite: 2,9 cm
Pferd: Höhe: 6,6 cm, Breite: 1,6 cm
Museo Arqueológico Nacional, Madrid
Inv.-Nr. 29.323
Fundort: Collado de los Jardines (Jaén)

Sorgfältig gearbeitete Gruppe eines Reiters mit seinem Pferd. Er reitet ohne Sattel und hält die Zügel in der Hand. Die weit ausgeschnittene Tunika wird von einem eng geschnürten Gürtel zusammengehalten; um den Kopf ist ein schmales Band geschlungen. L. P.

Lit.: Álvarez-Ossorio 1941, Nr. 601; Prados 1992, 207, Nr. 418

31 Reiter

Im Wachsausschmelzverfahren hergestelltes Bronzevotiv
Höhe: 5,5 cm, Breite: 1,7 cm
Musée des Antiquités Nationales, Saint-Germain-en-Laye
Inv.-Nr. 77876–2
Fundort: Heiligtum in der Provinz Jaén

Schwerfällig wirkendes, beim jähen Anhalten wiedergegebenes Pferd mit nach vorn gestreckten Beinen. Das Zaumzeug ist kaum sichtbar. Das Gesicht des Reiters ist als glatte dreieckige Fläche gestaltet. Er

trägt keine Waffen, ein Typus, der sich seltener als die Darstellung von bewaffneten Reitern findet. P. R.

Lit.: Lantier 1935, 39, Nr. 2, Taf. I

32 Krieger mit Umhang

Im Wachsausschmelzverfahren hergestelltes Bronzevotiv
Höhe: 7,2 cm, Breite: 2,8 cm
Musée des Antiquités Nationales, Saint-Germain-en-Laye
Inv.-Nr. 77876–18
Fundort: Heiligtum in der Provinz Jaén

Mit Tunika und doppelt gelegtem Umhang bekleideter Krieger. Er ist vollständig gerüstet wiedergegeben und trägt einen Wurfspeer, eine *Falcata*, deren Knauf sichtbar ist, und auf dem Rücken einen Rundschild. Der Kopf ist mit einer geflochtenen Mütze bedeckt. P. R.

Lit.: Lantier 1935, 43, Nr. 18, Taf. II

33 Dama aus Castellar de Santisteban

4./2. Jahrhundert v. Chr.
Im Wachsausschmelzverfahren hergestelltes Bronzevotiv, grünliche Patina
Höhe: 7,6 cm
Museu d'Arqueologia de Catalunya, Barcelona
Inv.-Nr. 14.445
Fundort: Castellar de Santisteban (Jaén)

Dargestellt ist eine iberische Aristokratin mit Mitra, langer Tunika und reichem Schmuck. Der Kopfschmuck, bestehend aus »Rädern«, die das Gesicht rahmen, und der kostbare Halsschmuck – an einer der Ketten hängt ein Anhänger, während die andere, größere aus Goldstäben gedreht ist – belegen als Prestigeobjekte den hohen gesellschaftlichen Rang der dargestellten Figur. Ihre starre, hieratische Haltung und die Schuhe an ihren Füßen unterscheiden sie vom Typus der im Anbetungsgestus wiedergegebenen Figuren. Verschiedene Forscher sehen in der Figur die Darstellung einer Priesterin. C. A. G.

Lit.: Nicolini 1969, 188–236

34 a und b. Betende Frauen aus Castellar de Santisteban

4./2. Jahrhundert v. Chr.
Im Wachsausschmelzverfahren hergestellte Bronzevotive, grünliche Patina
Höhe: 6,6 cm (a) und 8,1 cm (b)
Museu d'Arqueologia de Catalunya, Barcelona
Inv.-Nr. 19.292 u. 19.278
Fundort: Castellar de Santisteban (Jaén)

Zwei Votive, die reich geschmückte Frauen wiedergeben. Ihre Kleidung besteht aus einer bis zu den Ellbogen reichenden Tunika, einem dünnen, auf der linken Schulter geschlossenen Umhang sowie einem über die hohe Haube gelegten schweren Schleier. Beide tragen eine breite Halskette, wobei die erste Figur (19.292) zudem in Wangenhöhe die charakteristischen »Räder« der Haartracht aufweist. Die Hände sind im Anbetungsgestus mit nach oben gewandten Handflächen ausgestreckt, die nackten Füße symbolisieren Ehrerbietung gegenüber der Gottheit. C. A. G.

Lit.: Nicolini 1969, 188–236; *Los Iberos* 1983, 74

35 Gefäß mit der Darstellung eines jungen Mannes und eines Wolfes

200/50 v. Chr.
Auf der Töpferscheibe hergestelltes Gefäß aus ockerfarbenem Ton mit roter Bemalung.
Rekonstruiert und restauriert. Typ A I 2.1.
Aus einer lokalen Werkstatt
Höhe: 57 cm, Durchmesser: 26 cm
Museo Monográfico de La Alcudia de Elche, Sammlung Ramos
Inv.-Nr. 4/82
Fundort: La Alcudia, Elche (Alicante)

Tongefäß mit zwei Henkeln und einem Zierfries in der oberen Hälfte, der von Bändern, einem Zierfries mit S-förmigen Motiven sowie einem weiteren Band, das an der Stelle mit dem größten Durchmesser angebracht ist, begrenzt wird. Darunter sieht man zwei Reihen von Halbkreisen. Auf der Vorderseite ist ein Jüngling mit Federbusch auf dem Kopf, kurzem, weitem, gestreiftem Wams und leichten Stiefeln zu erkennen; ihm gegenüber steht ein großer Wolf (*carnassier*). Der junge Mann bringt das Tier in seine Gewalt, indem er es mit der linken Hand an der Zunge packt, während er einen Wurfspieß in der Rechten hält. Der Maler hat den intensiven Blick und die nach vorn drängende Bewegung des Jungen betont. Die Wildheit des Tieres ist durch seine Größe und die Betonung von Zähnen und Klauen hervorgehoben. Die dunkle, im Profil wiedergegebene Masse des Wolfskörpers betont die Tierfigur noch stärker. Spiralmotive mit Knospen, Rosetten und herzförmigen Blättern füllen den übrigen Gefäßkörper. Es handelt sich um die idealisierte Darstellung eines Initiationsritus zur Aufnahme eines Jünglings in die Gemeinschaft der erwachsenen Männer. C. A. G.

Lit.: Ramos Folqués 1966b, Taf. LXXXVIII, 34; Lucas 1981, 250–255, Abb. 4, 1; Olmos 1990, 23, Taf. 3

36 Gefäß mit der Darstellung von Kriegern

250/150 v. Chr.
Auf der Töpferscheibe hergestelltes Gefäß aus ockerfarbenem Ton mit roter Bemalung und einem kegelförmigen Deckel. Rekonstruiert und stark restauriert. Typ A I 2.1.1. und A V 1.1.1.
Aus einer lokalen Werkstatt
Höhe: 53 cm, Durchmesser: 27 cm
Museu d'Arqueologia de Catalunya, Barcelona
Inv.-Nr. 19442
Fundort: Grab 4 von El Castellar, Oliva (Valencia)

Großes Tongefäß mit zwei geflochtenen Henkeln und einem breiten, von Zierstreifen begrenzten Fries. Den unteren Zierstreifen begrenzen Halbkreise. Der Deckel ist mit dreiblättrigen Blumen und herzförmigen Blättern, die volutenartige Rispen aufweisen, verziert. Die Darstellung nimmt die beiden oberen Drittel des Gefäßes ein. In zwei großen Bildfeldern, die ihrerseits in mehrere Einzelfelder unterteilt sind, sind zahlreiche Personen wiedergegeben. Den übrigen Raum füllen Blumen, Blätter, Voluten- und Spiralmotive. Die beiden großen Bildfelder zeigen die gleiche Komposition, die einzigartig im Repertoire der iberischen Vasenmalerei ist: Auf der rechten Seite des Gefäßes sieht man Krieger zu Fuß, links Berittene, darüber erkennt man Krieger, die tot oder verletzt am Boden liegen. Gegenüber diesen Szenen befindet sich in sehr viel kleineren Feldern ein Zug von Lanzenreitern mit großen ovalen Schilden. In der linken Gruppe erkennt man einen Mann mit langer Tunika, der sich von den Kriegern mit ihrer kurzen Tunika und ihrem leichten Schurz mit den über Kreuz verlaufenden Trägern unterscheidet. Der Maler betonte die Bewegung der Figuren, indem er Füße und Hände in unterschiedlicher Haltung wiedergab. Die Umrisse der Pferde sind genau erfaßt. Bemerkenswert ist auch die Darstellung der gefallenen Krieger, deren Körper wie bei der »Kriegervase« von Archena in Seitenansicht wiedergegeben sind. Es handelt sich um die idealisierte Darstellung eines Trauerzuges. C. A. G.

Lit.: Colominas 1925; Pericot 1979, 143, Taf. 169–175

37 Pferd aus Casas de Juan Núñez

5. Jahrhundert v. Chr.
Hellgelber Kalkstein, Kopf und Beine fehlen
Höhe: 75 cm, Länge: 132 cm, Breite: 44 cm
Museo Provincial, Albacete
Fundort: Zufallsfund aus Casas de Juan Núñez (Albacete)

Die rechte (stark beschädigte) Körperseite des Tieres ist weniger sorgfältig ausgearbeitet als die linke, was darauf hindeutet, daß die Skulptur möglicherweise vor einer Wand aufgestellt war. Das Pferdegeschirr ist mit meisterhafter Präzision wiedergegeben. Auf dem Rücken des Pferdes liegt eine große, rechteckige Satteldecke, deren Ecken mit plastisch ausgearbeiteten Palmetten verziert sind. Jede Palmette wird von jeweils zwei symmetrisch angeordneten Voluten gerahmt, die in eine parallel zum Rand der Satteldecke verlaufende Borte übergehen. Über die Decke ist ein mit übereinanderliegenden Quadraten verzierter Steigbügelhalter gelegt. Am Halsansatz hält ein breiter Lederriemen eine große Falten werfende Stoffbahn. Weiter oben am (stark bestoßenen) Hals finden sich weitere Reste von verzierten Gurten, darunter ein Halfter. Die Mähne ist stilisiert und in Form von übereinanderliegenden, glatten Strähnen wiedergegeben. Am Hals sieht man Farbreste. Die Skulptur ist ausgewogen proportioniert, die technisch virtuose Ausführung der Arbeit findet wenige Parallelen. Anders als bei dem Pferd aus Los Villares (Hoya Gonzalo, Albacete) (vgl. Kat.-Nr. 181) hat zu dieser Skulptur anscheinend kein Reiter gehört. Mehrere skulptierte Bossen vor der Brust sind schwer zu deuten und gehörten möglicherweise nicht zu dem Pferd, sondern zu einer anderen Figur (Mensch oder Tier?); in diesem Fall hätte es sich um eine Skulpturengruppe gehandelt. P. R.

Lit.: Chapa 1980a, I, 288–290 AB–10, Taf. XXXIV–XXXV, Abb. 1.44; 1985, 63; Negueruela 1992, 23–24 und VIII

38 Tanzender Silen

500/450 v. Chr.
Bronze
Zierelement, das zu einem größeren Bronzegegenstand (einem Kessel?) gehörte
Höhe: 11,2 cm
Museo Arqueológico Nacional, Madrid
Inv.-Nr. 72/45/1
Fundort: Zufallsfund aus Tabla de las Cañas, Capilla (Badajoz)

Dargestellt ist ein sich beim Tanz um die eigene Achse drehender Silen. Der spitz zulaufende Bart ist durch parallele Ritzlinien strukturiert; die Tierohren sind nach oben gedreht. Der Körper scheint aus geometrischen Formen zusammengesetzt zu sein. Die Geschmeidigkeit der Bewegungen ist mit einer abstrahierenden Vereinfachung der glatten Flächen und der Gelenke kombiniert. Es handelt sich um die Arbeit einer lokalen Werkstatt, die von griechischen Vorbildern beeinflußt war, was etwa bei den Gesichtszügen deutlich wird, die von einem Typus inspiriert sind, zu dem auch die griechische Bronze vom Llano de la Consolación (Albacete) zählt. P. R.

Lit.: Almagro-Gorbea 1977, 252, Taf. 54, 1–2; Olmos 1977; Olmos/Fernández Miranda 1987, 216; Olmos u.a. 1992, 65; Croissant/Rouillard 1996

39 Oinochoe mit geflügelten Wesen und Vögeln

200/50 v. Chr.
Auf der Töpferscheibe hergestelltes Gefäß aus beigefarbenem Ton mit roter Bemalung.
Typ A III 2.1.3. Rekonstruiert und restauriert.
Aus einer lokalen Werkstatt
Höhe: 46 cm, Durchmesser: 16 cm
Museo Arqueológico Municipal Alejandro Ramos Folqués, Elche
Inv.-Nr. 4/1
Fundort: La Alcudia, Elche (Alicante)

Kanne mit kleeblattförmiger Öffnung. Das zentrale Motiv befindet sich in einem metopenartigen Rahmen auf dem Hals des Gefäßes. Zwei im Profil wiedergegebene Figuren mit weiten, glockenförmigen Tuniken und Flügeln halten einen Vogel auf der Hand; auf dem Boden liegt, von einer Schlangenlinie gerahmt, ein Tier, wahrscheinlich ein Schaf. Der Gefäßkörper ist mit einem breiten Fries verziert, auf dem Vögel mit ausgebreiteten Flügeln dargestellt sind; die Zwischenräume füllen Blüten, Spiralen und Wellenlinien. Ein breites Band und konzentrische Halbkreise schließen die Verzierung nach unten hin ab. Es handelt sich möglicherweise um die Darstellung von Auspizien oder eines Orakels, wobei Ähnlichkeiten mit der Opferung eines Widders auf einer Schale aus Tivissa bestehen, auf der ebenfalls geflügelte Figuren wiedergegeben sind. C. A. G.

Lit.: García y Bellido 1944, 113–115, Abb. 29; Ramos Folqués 1990, 168, Abb. 119, 1; Aranegui 1995b

40 Landwirtschaftliche Geräte aus der Gegend von Valencia

Die iberische Kunst kennt weder in Stein noch in getriebenem Metall ausgeführte Darstellungen von Werkzeugen. Auch in der Vasenmalerei war dieses Thema unbekannt. Dies gilt auch für Ackergeräte. Eine der wenigen Ausnahmen ist der von einem Bauern geschobene Pflug auf einem Gefäß aus Cabezo de la Guardia (Alcorisa, Teruel, Kat.-Nr. 41). Auch in den antiken Quellen werden Werkzeuge nicht erwähnt, und bei Ausgrabungen gefundene Stücke sind oft nur schwer identifizierbar. Indirekte Rückschlüsse auf die Tätigkeiten, bei denen diese Geräte verwendet wurden, lassen sich jedoch sehr wohl ziehen: Der blühende Handel mit den Mittelmeervölkern, von dem Strabo, Diodor, Plinius und Avienus berichten, schloß den Austausch landwirtschaftlicher Güter aus den fruchtbaren Ebenen des Ebro, des Segura und des Guadalquivir ein. Der Unterhalt einer hochentwickelten Bevölkerung, ihrer Führungsschicht und ihrer Handwerker setzte auch eine gut funktionierende Landwirtschaft voraus.

Die folgenden Geräte stellen eine repräsentative Auswahl aus verschiedenen Fundorten um Valencia und Alicante dar: La Bastida (Moixent, Valencia), San Miquel de Lliria (Lliria, Valencia) und El Charpolar (Alcalá de la Jovada, Alicante). Alle Gegenstände sind aus Eisen. J.-P. M.

40.1 Pflugschar

4. Jahrhundert v. Chr. (?)
Eisen
Länge: 23 cm
Museo de Prehistoria Domingo Fletcher, Valencia
Fundort: La Bastida (Valencia)

Die glatte, in einem altertümlichen Stil gearbeitete Pflugschar war durch zwei geschweißte Stifte mit dem Stiel des Gerätes verbunden. J.-P. M.

Lit.: Pla Ballester 1969, 308, Nr. III

40.2 Schabeisen zum Reinigen eines Pfluges

4. Jahrhundert v. Chr.
Eisen
Länge: 17 cm
Museo de Prehistoria Domingo Fletcher, Valencia
Fundort: La Bastida (Valencia)

Das am Ende einer Holzstange angebrachte Schabeisen diente zum Entfernen des Lehms, der an der Pflugschar haften geblieben war. J.-P. M.

Lit.: Pla Ballester 1969, 309, Nr. IV, 2

40.3 Dechsel

4./2. Jahrhundert v. Chr.
Eisen
Länge: 18 cm
Museo de Prehistoria Domingo Fletcher, Valencia
Fundort: El Charpolar (Alicante)

Das Werkzeug könnte zum Umgraben oder zum Pflanzen von Bäumen benutzt worden sein, möglicherweise aber auch zum Zerkleinern von Balken oder Holzlatten bei der Herstellung von Eimern oder Fässern. Im letzteren Falle würde es sich um ein Böttcherbeil handeln. J.-P. M.

Lit.: Pla Ballester 1969, 312, Nr. VII

40.4 Sichelförmiges Garten- oder Rebmesser

4. Jahrhundert v. Chr.
Eisen
Länge: 22 cm
Museo de Prehistoria Domingo Fletcher, Valencia
Fundort: La Bastida (Valencia)

Dieses sichelförmige Werkzeug läuft an einem Ende in einen flachen Zapfen aus, der zur Befestigung in einem langen, schmalen Griff gedient hat. J.-P. M.

Lit.: Pla Ballester 1969, 315–316, Nr. XI, 4

40.5 Holzfälleraxt

4. Jahrhundert v. Chr.
Eisen
Länge: 41 cm
Museo de Prehistoria Domingo Fletcher, Valencia
Fundort: La Bastida (Valencia)

Dieses verhältnismäßig große, schwere Werkzeug wurde zum Zerkleinern von Holz verwendet. J.-P. M.

Lit.: Pla Ballester 1969, 322, Nr. XXI, 1

40.6 Kleiner Hammer

4. Jahrhundert v. Chr.
Eisen
Länge: 8 cm
Museo de Prehistoria Domingo Fletcher, Valencia
Fundort: La Bastida (Valencia)

Das spitz zulaufende Werkzeug könnte von einem Zimmermann oder Maurer benutzt worden sein. J.-P. M.

Lit.: Pla Ballester 1969, 323, Nr. XXIII

40.7 Messer mit durchbohrter, breiter Klinge

4. Jahrhundert v. Chr.
Eisen
Länge: 14 cm
Museo de Prehistoria Domingo Fletcher, Valencia
Fundort: La Bastida (Valencia)

Der genaue Verwendungszweck des Werkzeugs, dessen Form an ein Käsemesser erinnert, ist nicht bekannt. J.-P. M.

Lit.: Pla Ballester 1969, 331, Nr. XXXVIII

40.8 Flechtnadel

4. Jahrhundert v. Chr.
Eisen
Länge: 13 cm
Museo de Prehistoria Domingo Fletcher, Valencia
Fundort: La Bastida (Valencia)

Besondere Kennzeichen dieser Nadel sind die beiden Löcher, die gebogene Form und die fehlende Verdickung. J.-P. M.

Lit.: Pla Ballester 1969, 333, Nr. XL, 3

40.9 Heugabel

2. Jahrhundert v. Chr.
Eisen
Länge: 31 cm
Museo de Prehistoria Domingo Fletcher, Valencia
Fundort: Sant Miquel de Lliria (Valencia)

Heugabel mit drei Zinken, einer Öffnung zum Einsetzen des Stiels und einem Befestigungsnagel. J.-P. M.

Lit.: Bonet Rosado 1995, 104, Nr. 1975, Abb. 40

40.10 Sichelförmiges Messer

4. Jahrhundert v. Chr.
Eisen
Länge: 15,5 cm
Museo de Prehistoria Domingo Fletcher, Valencia
Fundort: La Bastida (Valencia)

Dieses Instrument fand wohl ebenfalls als Garten- oder Rebmesser Verwendung. J.-P. M.

Lit.: Pla Ballester 1969, 309, Nr. IV. 3

Die archäologischen Ausgrabungen haben noch andere landwirtschaftliche Geräte des täglichen Gebrauchs ans Licht gebracht, die sich durch ethnographische Vergleiche identifizieren ließen: Scheren, Stichel, Jäthacken, Dechsel, Spitzhacken, Hauen, Sensen, Meißel, Sägen, Äxte, Doppeläxte, Hämmer, Zirkel, Zangen, Schustermesser, Nadeln, Messer, Angelhaken usw. Zwischen den Werkzeugen der iberischen Kultur und denen der römischen Zeit und späterer Epochen läßt sich kaum eine Weiterentwicklung feststellen. J.-P. M.

41 Kalathos »mit dem Pflug«

125/50 v. Chr.
Auf der Töpferscheibe hergestelltes Gefäß aus ockerfarbenem Ton mit roter Bemalung.
Rekonstruiert und restauriert. Typ A II 7.
Werkstatt aus Niederaragon
Höhe: 35 cm, Durchmesser: 39 cm
Museo Arqueológico, Teruel
Inv.-Nr. 1359
Fundort: Raum 2, Schicht III des Hauses vom Cabezo de la Guardia, Alcorisa (Teruel)

Kalathos mit einem Zierfries, der von schmalen Bändern eingefaßt ist. Übereinander angeordnete Motive (Vögel, vier-

beinige Tiere sowie Spiralen) gliedern den Gefäßkörper in drei senkrechte Streifen. Im ersten sind zwei Personenpaare abgebildet, die einander grüßend gegenüberstehen; zwischen ihnen befindet sich jeweils ein bauchig gewölbter Gegenstand (Gefäß?). Die ungewöhnliche Größe der Hände betont wohl die Bedeutung der hier getroffenen Abmachung. Der zweite Streifen zeigt einen Mann, der ein Feld mit einem von Ochsen gezogenen Pflug beackert; um ihn herum sieht man verschiedene Vögel, unter anderem einen Nachtvogel (wahrscheinlich eine Eule oder ein Kauz). Im dritten Streifen erkennt man zwei Lanzenreiter bei der Wildschweinjagd. Das zentrale Thema des Vasenbildes ist jedoch der Pakt zwischen den Bauern. Mit kleinen Abweichungen findet sich das gleiche Thema auf einem Kalathos vom Cabezo de Alcalá de Azaila (Teruel). C. A. G.

Lit.: Atrián/Martínez 1976; Maestro 1989, 60–63, Abb. 9

42 Krug mit der Darstellung eines Bauern

200/50 v. Chr.
Auf der Töpferscheibe hergestelltes Gefäß aus beigefarbenem Ton mit roter Bemalung.
Rekonstruiert und restauriert. Typ A I 2.1.
Aus einer lokalen Werkstatt
Höhe: 56 cm, Durchmesser: 21 cm
Museo Monográfico de La Alcudia de Elche, Sammlung Ramos
Inv.-Nr. 4/81
Fundort: La Alcudia, Elche (Alicante)

Tonkrug mit drei Henkeln und einem Fries mit figürlichen Darstellungen in der oberen Hälfte, der von verschieden brei-

ten Streifen, einem Zierband mit S-förmigen Motiven sowie einem weiteren breiten Band an der Stelle mit dem größten Durchmesser begrenzt wird. Darunter sind konzentrische Halbkreise und ein Zierstreifen angebracht. Der Fries besteht aus drei Feldern, die den Raum zwischen den drei Henkeln einnehmen, die ihrerseits von vertikalen Linien und volutenartigen Dekorationselementen gerahmt werden. Das zentrale Feld zeigt einen älteren bärtigen Mann, der ein *sagum* (Mantel) mit Kapuze und leichte Stiefel trägt. Er schreitet nach links und hält sein Pferd am Zügel. Auffällig ist das trompetenförmige Maul des Pferdes. Vor dem Pferd breitet ein Vogel wie warnend seine Schwingen aus; in einem der anderen Felder erscheint ein weiterer Vogel mit geöffneten Flügeln. Wie in La Alcudia üblich, füllen Spiralmotive, dreiblättrige Blüten, Blätter, S-förmige Motive und Knospen den übrigen freien Raum. Es handelt sich um die idealisierte Darstellung eines älteren Mannes, zu dem der Vogel und das Pferd gehören. Der Maler hat die Hauptfiguren durch einen opaken Farbauftrag besonders hervorgehoben. C. A. G.

Lit.: Lucas 1981, 252–255, Abb. 4, 7; Ramos Fernández 1982, 118, Taf. 4, 1, 5, 1; Olmos 1900, 24–25, Taf. 17, 1; Aranegui 1995c, Abb. 9

43 Gefäß mit der Darstellung einer Gottheit

200/50 v. Chr.
Auf der Töpferscheibe hergestelltes Gefäß aus ockerfarbenem Ton mit roter Bemalung. Stark restauriert, unvollständig erhalten. Typ A I 2.2.
Aus einer lokalen Werkstatt
Höhe: 66 cm, Durchmesser: 60 cm
Museo Monográfico de La Alcudia de Elche, Sammlung Ramos
Inv.-Nr. 4/79
Fundort: La Alcudia, Elche (Alicante)

Tongefäß mit zwei Henkeln, dessen oberes Drittel mit einem von Zierstreifen begrenzten Fries geschmückt ist. Teilweise erhalten ist die Darstellung der zentralen Gestalt, einer frontal abgebildeten Figur mit Flügeln, glockenförmigem Körper und kurzärmeliger Tunika mit vertikalen Streifen. In jeder Hand hält die Figur die Zügel eines Pferdes, das ihr seine Vorderbeine entgegenstreckt. Die Pferdemäuler sind trompetenförmig ausgebildet. Die Augen der Figur, aber auch die der Pferde sind betont. Ein mit Rauten verziertes Feld schließt die Szene nach unten ab. Zu beiden Seiten finden sich palisadenartige Motive sowie einzelne Blumen. Es handelt sich um die Schutzgottheit der Pferde, wie sie für die iberische Kunst typisch ist. Ob die Gottheit (*potnia hippon*) wirklich weiblich ist, kann man nicht mit Sicherheit feststellen. Die einfache Gestaltung des Kopfes mit den deutlich gezeichneten Ohren, das Fehlen von Farbe oder Schmuck weist eher auf einen Genius oder einen *Despotes* hin. C. A. G.

Lit.: Kukhan 1954, 147–157, Abb. 3; Blázquez 1956, 747–748, Abb. 3; Olmos 1990, 7–25, Taf. 1

44 Gefäß mit der Darstellung von Ziegen

3./2. Jahrhundert v. Chr.
Auf der Töpferscheibe hergestelltes Gefäß aus ockerfarbenem Ton mit roter Bemalung.
Rekonstruiert und restauriert. Typ A I 2.1.
Aus einer lokalen Werkstatt
Höhe: 23,5 cm, Durchmesser: 31,3 cm
Museo Arqueológico, Murcia
Inv.-Nr. 2177
Fundort: Nekropole von Cabecico del Tesoro, Verdolay (Murcia)

Tongefäß mit zwei Henkeln, dessen Körper mit zwei übereinanderliegenden Friesen geschmückt ist, die von Linien und Bändern begrenzt werden. Der obere Fries zeigt eine Ziegenherde und spielt damit auf den Raum an, in dem sich das irdische Leben abspielt. Im unteren sieht man abwechselnd Fische und sternförmige Wesen, sogenannte »Schuster« (Wasserspinnen), als Stellvertreter für die Lebewesen des Wassers bzw. des Himmels. Die Verwendung als Aschenurne ermöglicht eine recht einfache Interpretation der Dekoration: Es handelt sich um die symbolische Darstellung der drei Elemente, aus denen die Welt besteht (vgl. Kat.-Nr. 201, den »Fischteller« aus Tossal de la Cala). C. A. G.

Lit.: Tarradell 1968, Abb. 84–85

45 Urne mit kleinen Henkeln

5. Jahrhundert v. Chr.
Gefäß aus ockerfarbenem Ton mit Deckel und roter Bemalung. Aus einer iberischen Werkstatt
Höhe: 21,6 cm, Durchmesser: 19 cm
Museo Provincial, Jaén
Inv.-Nr. 7A
Fundort: Nekropole von Castellones de Ceal, Hinojares (Jaén)

Die Form dieser Aschenurne ist charakteristisch für die Frühphase und den Beginn der Blütezeit der iberischen Kultur. Sie besteht aus einem kugelförmigen Gefäßkörper und einem Deckel, der im gleichen Arbeitsgang hergestellt wurde; das Abschneiden des Deckels erfolgte vor dem Brennen im Ofen. Der Deckel und der obere Rand des Gefäßkörpers sind mit gegenständig angeordneten, durchbohrten Verdickungen versehen. Die Kombination von Henkeln und Verdickungen ist typisch für die frühiberische Zeit und Keramiken dieses Typs. C. A. G.

Lit.: Pereira/Rodero 1983, 47–56, Abb. 2,1

46 Kapitell aus Castulo

Iberische Zeit
Hellgelber Kalkstein
Höhe: 50 cm, Breite: 56 cm, Tiefe: 53 cm
Museo Arqueológico, Linares
Fundort: Castulo (Jaén)

Von der ionischen Ordnung beeinflußtes Kapitell, dessen Voluten in zwei Reihen übereinander und gegenläufig angeordnet sind, wobei alle vier Seiten des Kapitellkörpers verziert wurden. Die Mittelachse des Kapitells ist im unteren Teil durch ein zungenförmiges Dekorationselement oder ein Blatt (mit Mittelrippe) angedeutet, im oberen Teil durch eine Rosette. P. R.

Lit.: León 1979; García y Bellido 1980, 26, Abb. 19; Blázquez/García Gelabert 1987, 51, Abb. 6; Lucas/Ruano 1990

47 Kopf eines Wolfes aus El Pajarillo

Anfang 4. Jahrhundert v. Chr.
Gelblicher Sandstein, Fragment, nur der Kopf ist erhalten
Höhe: 50,5 cm, Länge: 51 cm, Breite: 28,5 cm
Museo Provincial, Jaén
Inv.-Nr. 29.23A
Fundort: El Pajarillo, Huelma (Jaén)

Dieser aus Sandstein gearbeitete Tierkopf ist durch seine elegante Schlichtheit eines der großartigsten Werke der iberischen Bildhauerkunst. Es handelt sich um einen angriffsbereiten Wolf mit aufgerissenem Maul, Falten oberhalb der Nase und weit geöffneten Augen. Die Stirn ist tief eingekerbt, dahinter sieht man die zweiteiligen, angelegten Ohren.
Möglicherweise war die Rundplastik Bestandteil einer Gruppe. Aus vergleichbaren Darstellungen läßt sich schließen, daß der Wolf einem Mann gegenüberstand, der seine linke Hand mit einem Umhang schützte, während er mit der Rechten die *Falcata* zog. In der iberischen Kunst findet sich die Gestalt des Wolfes ab dem 4. Jahrhundert v. Chr. häufiger, an dessen Beginn die vorliegende Arbeit datiert werden kann. Das Monument, von dem dieses Skulpturenfragment stammt, stand in einem weitläufigen Grenzgebiet, das zwischen einem gut erschlossenen und wirtschaftlich genutzten Landstrich und einer bergigen, waldreichen Region lag. Die hier gefundenen Skulpturen symbolisieren jenen Konflikt, der sich hier aus dem Aufeinandertreffen von Mensch und Wildnis ergab. T. C.

Lit.: Die Ausgräber dieser Fundstätte – A. Ruiz, M. Molinos und T. Chapa – bereiten derzeit eine Publikation zum Thema vor.

48 Pyxis

Nach dem 4. Jahrhundert v. Chr.
Auf der Töpferscheibe hergestelltes Gefäß aus ocker-grauem Ton mit Deckel und roter Bemalung. Rekonstruiert und restauriert.
Typ A II 4.2. Motive: Gruppe 4, Stil 1.
Aus einer lokalen Werkstatt
Höhe: 23,3 cm, Durchmesser: 19,8 cm
Museo de Prehistoria Domingo Fletcher, Valencia
Fundort: Abschnitt 111 vom Tossal de Sant Miquel, Liria (Valencia)

Pyxis mit gezacktem Rand, deren Deckel mit einem rechtsläufigen Volutenband und einer iberischen Inschrift geschmückt ist. Der Knauf des Deckels ist mit vier herzförmigen Blättern und einem Kreuz verziert. Zwischen den Henkeln verläuft ein breiter Fries, auf dem sich S-förmige Motive, Blumen, Blätter und Palmetten abwechseln. Darunter verläuft ein breites Band, an das sich mit dem Zirkel gezogene, hängende konzentrische Halbkreise anschließen. Auch die Henkel sind mit S-förmigen Motiven bemalt. Die Vasendekoration kombiniert geometrische und vegetabile Motive. Die

Inschrift ist beinahe vollständig erhalten, lediglich einige Anfangsbuchstaben fehlen: »]**kiskeŕ : ekiar : bankebeŕeiYbaŕ** [-] : **baltuśer: ban**«. Einige Elemente, die in den Inschriften Kat.-Nr. 50, 52 und 84 auftauchen, finden sich hier erneut. Bei dem ersten Wort handelt es sich wahrscheinlich um einen Eigennamen. Gefunden wurde das Gefäß zusammen mit schwarz gefirnister attischer Keramik, deren Datierung (4. Jahrhundert v. Chr.) einen Terminus post quem liefert, und einigen aufwendig dekorierten Fragmenten iberischer Gefäße. Mit Hilfe der Importkeramik und der Inschrift läßt es sich in die Zeit nach dem 4. Jahrhundert v. Chr. datieren. C. A. G./J. de H.

Lit.: *MLH* III 2, 451–453, vgl. Kat.-Nr. 50; *CVH* 1954, Lliria, 42, Taf. XL; Bonet Rosado 1995, 253, Abb. 124, 456, Nr. LXXVI; Aranegui u.a. 1997

49 Lebes mit der Darstellung einer Seeschlacht

250/150 v. Chr.
Auf der Töpferscheibe hergestelltes Gefäß aus rotbraunem Ton mit roter Bemalung.
Rekonstruiert und restauriert. Typ A II 6.1.
Aus einer lokalen Werkstatt
Höhe: 24 cm, Durchmesser: 34,4 cm
Museo de Prehistoria Domingo Fletcher, Valencia
Inv.-Nr. 2344
Fundort: Abschnitt 12 (Bothros) vom Tossal de Sant Miquel, Lliria (Valencia)

Die obere Hälfte dieser Lebes nimmt ein breiter Fries mit einer figürlichen Darstellung ein. Ein Krieger mit kurzer Tunika, Federbusch, Wehrgehänge und Speer oder Wurfholz wehrt mit einem ungewöhnlich geformten Rundschild ein Wurfgeschoß ab und bereitet gleichzeitig den Abwurf seines eigenen Speeres vor. Vor der Figur sieht man zwei Boote mit Steuerruder und einem kleinen rechteckigen Segel, das zwischen zwei drehbare Masten gespannt ist. An Bord der Boote befinden sich fünf Krieger, die ähnliche Schilde tragen wie die erste Figur. Fische deuten an, daß sich die Szene auf dem Wasser abspielt; sie erscheinen auch auf der Rückseite des Gefäßes, wo ein Pferd hinter drei herzförmigen Blättern mit gepunktetem Rand wiedergegeben ist. Neben zwei Blättern erscheint ein weiteres Tier, wahrscheinlich ein Vogel. Schwarze Dreiecke und Wellenlinien füllen das Bildfeld und bilden ein Muster, dessen Bedeutung in diesem Zusammenhang unklar ist. Die Szene wird von einem vertikalen Streifen in Schachbrettmuster und einer Säule mit volutenartiger Dekoration begrenzt.
Unter dem ersten Boot befindet sich eine Inschrift, die durch eine Übersetzung mit Hilfe des Baskischen berühmt wurde; sowohl die Lesung als auch die philologische Deutung erwiesen sich jedoch als unhaltbar. Obgleich das Zeichen »o« nicht völlig gesichert ist, dürfte die Inschrift wahrscheinlich »**kutur : oisor**« lauten. Da der Text in die figürliche Darstellung integriert ist, besteht wahrscheinlich ein Zusammenhang zwischen Inschrift und Bild, doch obwohl beide Wörter auch in anderen Inschriften aus Lliria auftauchen, ist ihre Bedeutung noch völlig ungeklärt.
C. A. G./J. de H.

Lit.: *MLH* III 2, 463–465; *CVH* 1954, Lliria, 58, Taf. LXI; Bonet Rosado 1995, 87, Abb. 27, 451, Nr. XII; Aranegui u.a. 1997

50 Lebes mit der Darstellung einer Frau mit einem Fächer

250/150 v. Chr.
Fragment eines auf der Töpferscheibe hergestellten Gefäßes aus beigefarbenem Ton mit roter Bemalung. Typ A II 6. Motive: Gruppe 2, Stil 1. Aus einer lokalen Werkstatt
Höhe: 14,2 cm, Breite: 8,1 cm
Museo de Prehistoria Domingo Fletcher, Valencia
Inv.-Nr. 2506
Fundort: Oberflächenfund vom Tossal de Sant Miquel, Lliria (Valencia)

Rand einer Lebes, auf dem der Oberkörper einer sitzenden Frau zu erkennen ist. Sie trägt eine Haube, an der ein Umhang befestigt werden konnte, drei Halsketten

und einen Fächer. Zierstreifen, S-förmige und volutenartige Zierbögen sowie ein herzförmiges Blatt rahmen die Figur. Es handelt sich um die Idealdarstellung einer aristokratischen iberischen Städterin.
Auf dem Rand des Gefäßes befindet sich eine iberische Inschrift, deren ursprüngliche Länge jedoch nicht rekonstruiert werden kann. Zu lesen ist: »]**+ban: unskeltekiar: ban**:[«. Man erkennt das Morphem »ban« sowie eine Zeichenfolge mit den Elementen »unskelte« und »ekiar« (auf einem anderen Gefäß aus Lliria steht »**unis[ke]ltekiar**«). Aufgrund der unterschiedlichen Kontexte, in denen »ekiar« immer wieder auftaucht – auf Gebrauchsgegenständen, bemalter Keramik und Mosaiken –, könnte das Wort dem Vokabular aus dem Bereich der Produktion zuzuordnen sein, obgleich mehrere Beispiele vorliegen, bei denen diese Deutung offensichtlich nicht zutrifft. Falls sie jedoch korrekt ist, würde der Begriff in Lliria den Töpfer oder den Vasenmaler (oder beide) nennen, wie man dies auch im antiken Griechenland kennt.
C. A. G./J. de H.

Lit.: *MLH* III 1, 186–187; III 2, 473–474; *CVH* 1954, Lliria, 75, Taf. LXXII; de Hoz 1992; 1995a, 74; Bonet Rosado 1995, 283, Abb. 145, 451, Nr. I; Aranegui u.a. 1997

51 Stier aus Sagunt

5. Jahrhundert v. Chr.
Grau-beigefarbener Sandstein, Unterkiefer und linke Kopfseite bestoßen, Ohren und Hörner fehlen
Höhe: 52 cm, Länge: 76 cm, Breite: 25 cm
Museo Arqueológico, Sagunt
Inv.-Nr. S.16–21
Fundort: Zufallsfund 4 Kilometer nördlich von Sagunt (Montiber)

Liegender Stier mit nach vorn gerichtetem Kopf, dessen glatter Körper, Vorder- und Hinterbeine mit der Plinthe einen Block bilden.
Das Maul ist geschlossen, doch lassen die leicht angehobenen Lefzen die rechteckigen Zähne sehen. Die Augen werden von zwei flachen Hautfalten gerahmt. Über der Stirn verlaufen vertikale Falten. Schmales, flaches Schulterblatt. Die sehr kurzen Vorder- und Hinterbeine ruhen unter dem Körper, die Hinterbeine sind leicht gespreizt, so daß man die Hoden sehen kann. Der auf dem linken Hinter-

bein eingerollte Schwanz endet in einer tropfenförmigen Quaste, die mit Ritzlinien verziert ist. P. R.

Lit.: González Simancas 1925–1926, 21–22, Taf. XVIII; Chapa 1980a I, 125–128, Abb. 4, 5, II, 814–815, Taf. I, 3; 1985, 39, 154; Aranegui u.a. o.J., 36–37

Der Behälter weist eine ähnliche Form auf wie die griechischen *Askoi*, in die von oben eine Flüssigkeit eingefüllt wurde, die man dann aus einer Öffnung ausschenkte, die sich meist im Maul des Tieres befand.
Die Inschrift ist aufgrund ihrer wenig sorgfältigen Ausführung und der Beschädigungen an dem Gefäß kaum lesbar. Umstritten ist die Frage, ob es sich um eine Inschrift aus vier mehr oder weniger regelmäßigen Zeilen handelt oder – so die gängige und auch von den Verfassern vertretene Auffassung – um sechs Zeilen mit unregelmäßiger Verteilung. Im letzteren Falle würde es sich vielleicht um zwei Inschriften handeln, und zwar die Zeilen 1 bis 4 sowie die Zeilen 5 und 6 umfassend. Es lassen sich heute nicht alle Zeichen mit Sicherheit entziffern, nur die folgenden zusammenhängenden Worte in den einzelnen Zeilen kann man transkribieren: »**neitiniunstir / ...ika / .... / 4 + ŕkelki / koenekia ŕakerbir ?? / auskeikar**«.

52 Figürliches Gefäß mit Inschrift (MLH C.2.8)

5./3. Jahrhundert v. Chr.
Auf der Töpferscheibe hergestelltes Gefäß aus grauem Ton in Form eines Schweines. Kopf, Hals und Henkel fehlen. Inschrift auf dem vorderen Drittel des Körpers. Aus einer lokalen Werkstatt
Höhe: 10,7 cm, Länge: 13 cm, Breite: 8,2 cm
Museu d'Arqueologia de Catalunya, Ullastret
Inv.-Nr. 1468
Fundort: Schicht III, Straße 1 vom Puig de Sant Andreu, Ullastret (Gerona)

»iunstir« findet sich häufig auch auf Bleitafeln im Zusammenhang mit Personennamen. »neitin« ist den Namenselementen im weiteren Sinn zuzuordnen. »ekiar« findet sich in Kontexten, in denen von der Herstellung bestimmter Gegenstände die Rede ist (vgl. Kat.-Nr. 50). Die Interpretation wird zusätzlich dadurch erschwert, daß der hier eingravierte Text keinerlei Parallelen zu anderen Inschriften aufweist. In Anbetracht des Schriftträgers (ein Gefäß zur Darbringung von Trankopfern) und der Länge des Textes könnte es sich um eine Weihinschrift

handeln. Falls hier zwei Inschriften angebracht sind, wäre die eine eine Widmung, während sich die andere auf die Herstellung des Gefäßes bezöge.
C. A. G./J. de H.

Lit.: *MLH* C. 2. 8; Guadán/Villaronga 1964; Oliva 1967, 77, Abb. 77, 78; Maluquer 1968, Nr. 107

53 Graue Keramik mit weißer Bemalung

5./4. Jahrhundert v. Chr.
Fragmente eines auf der Töpferscheibe hergestellten Gefäßes aus grauem Ton mit weißer Bemalung und einem dünnen Überzug (Engobe). Form: Martín 3. Aus einer indiketanischen Werkstatt
Höhe: 28 cm, Breite: 33 cm
Museu d'Arqueologia de Catalunya, Ullastret
Inv.-Nr. 2733
Fundort: Befestigte Siedlung vom Puig de Sant Andreu, Ullastret (Gerona)

Eine typische Arbeit aus dem nördlichsten Verbreitungsgebiet der iberischen Kultur. Die Dekoration des Gefäßes, die sich in dieser Form vor allem im 5. und 4. Jahrhundert v. Chr. findet, besteht aus Voluten, Rosetten und vegetabilen Elementen, ausnahmsweise wurden auch Tiere in weißer Farbe aufgemalt. C. A. G.

Lit.: Oliva 1963, 315–322; Kukhan 1964, 353–356; Martín 1976, 145–160

54 Gefäß mit Schiffsdarstellung

225/195 v. Chr.
Auf der Töpferscheibe hergestelltes Gefäß aus grauem Ton mit nach dem Brennen eingeritzten Motiven. Aus mehreren Fragmenten rekonstruiert. Form: Aranegui 3. Aus einer katalonischen Werkstatt
Höhe: 10,9 cm, max. Durchmesser: 12 cm
Museu de Badalona
Inv.-Nr. 4581
Fundort: Haus in der iberischen Siedlung von Turó d'en Boscà, Badalona (Barcelona)

Kleines, zweihenkliges, bikonisches Gefäß mit zwei schmalen Leisten am Hals und sechs zapfenförmigen Verdickungen am Ansatz der Gefäßwölbung. Beide Henkel und der Halsansatz sind mit einem geometrischen Muster verziert. Zwischen den Henkeln, auf der Vorder- und Rückseite des Gefäßes, sind zwei Schiffsszenen wiedergegeben. Die besser erhaltene Szene zeigt ein Schiff mit gebogenem Kiel in Seitenansicht, einem Rammsporn am Bug, rundem Heck, seitlich angebrachtem Steuerruder, Hauptmast, rechteckigem Segel und Rudern. Vertikale Wellenlinien deuten das Meer an. Das zweite Bild ist unvollständig erhalten und konventioneller: Dargestellt sind hier die Ruder zu beiden Seiten des Schiffes, das wie das andere einen Mast und ein rechteckiges Segel hat. Auch hier ist der Bug mit einem Rammsporn versehen. Am Bug beider Schiffe befindet sich ein *oculus* (Auge), das die Seeleute sicher ans Ziel bringen soll.
Typologie und Fundkontext dieser Arbeit verweisen auf eine Datierung zwischen 225 und 195 v. Chr. Die Bauweise der dargestellten Schiffe hat eine lange Tradition; solche Boote sind unter anderem auch auf den Graffiti im »Haus des Dionysos« auf Delos dargestellt (1. Jahrhundert v. Chr.). C. A. G.

Lit.: Maluquer 1965; Aranegui 1985, 106–107; 1987a, 89–90; Padrós 1992

55 Iberische Amphore

250/225 v. Chr.
Auf der Töpferscheibe hergestelltes Gefäß aus rötlich-braunem Ton mit Spuren von weißem Entfettungsmittel. Die Außenseite ist geglättet. Die beiden Henkel haben einen runden Querschnitt. Rekonstruiert. Typ Mañá B3. Aus einer laietanischen Werkstatt. Das Gefäß enthielt die Asche eines Erwachsenen
Höhe: 92,5 cm, max. Durchmesser: 43,5 cm
Museo Comarcal del Maresme-Mataró
Inv.-Nr. MCMM ex/TDP. 86.2.51.62
Fundort: Grab 62 der Nekropole von Turó dels Dos Pins, Cabrera de Mar (Barcelona)

In der Form an phönizisch-punische Gefäße angelehnte iberische Amphore, die für den Schiffstransport verschiedener Erzeugnisse – besonders Wein – verwendet wurde. Bekannt als »Amphore der katalonischen Küste«. Das verwendete Material weist auf seine Herkunft aus der Laietania hin, doch auch im País Valenciano gab es entsprechende Werkstätten.
Das Gefäß stammt aus einem zwischen 250 und 225 v. Chr. datierbaren, geschlossenen Fundkomplex. C. A. G.

Lit.: Mañà 1951, 203–210; Miró 1983–1984, 157–189; García Roselló 1993, 96–127

56 Bemaltes Gefäß aus Pech Maho

550/450 v. Chr.
Beigefarbener Ton, der untere Teil des Gefäßes fehlt
Höhe des erhaltenen Gefäßfragments: 18 cm, Durchmesser (Rand): 21 cm
Musée de Sigean
Fundort: Pech Maho (Sigean, Aude)

Pithosförmiges, bikonisches Gefäß mit geometrischen Verzierungen in rotbrauner Farbe: Bänder, Wellenlinien, hängende konzentrische Halbkreise und Strichornamente; auf den Henkeln sieht man zungenförmige Zierelemente. P. R.

Lit.: Solier 1976–1978, 240–241, Abb. 20, 2, 21, 5; Gailledrat 1996, Taf. 32, 3

57 Bemaltes Gefäß aus Montlaurès

525/450 v. Chr.
Orange-beigefarbener Ton. Rekonstruiert
Höhe: 60 cm, Durchmesser (Rand): 31 cm
Direction Régionale des Antiquités Historiques, Montpellier
Inv.-Nr. MLS-US 1210
Fundort: Montlaurès (Narbonne, Aude)

Bikonisches, pithosförmiges Gefäß mit zwei Henkeln und konkav gewölbtem Boden. Überzug aus beigefarbener Engobe. Geometrische Verzierungen in brauner Farbe: Bänder, vertikale Wellenlinien sowie konzentrische Kreise. P. R.

Lit.: Gailledrat 1995, 450, Abb. 5; Gailledrat 1996, Taf. 14

58 Graue Urne mit weißer Bemalung

450/350 v. Chr.
Grauer Ton
Höhe: 37 cm, max. Durchmesser: 26 cm
Musée d'Ensérune
Inv.-Nr. M 442
Fundort: Ensérune (Nissan-lez-Ensérune, Hérault)

Urne aus grauem Ton mit zwei Henkeln und Bemalung in weißer Farbe: auf dem Gefäßkörper Bänder und Voluten, auf dem Rand schmale Zungen-, auf den Henkeln ein Punktmuster. Iberische Gefäßform, die typisch für die um den Golf von Rosas (Alt Empordà) angesiedelten Indiketen ist. P. R.

Lit.: Mouret 1928; *CVA* Ensérune 1, 34–35, Taf. 31, 3, 41, 12; Martín 1976; Castanyer/Sanmartí/Tremoleda 1993, 486, Anm. 2

59 Bemalte Kanne

425/300 v. Chr.
Hellbeigefarbener Ton
Höhe: 18 cm, max. Durchmesser: 16 cm
Musée d'Ensérune
Inv.-Nr. M 484
Fundort: Ensérune (Nissan-lez-Ensérune, Hérault)

Krug mit konkav gewölbtem Boden und braun-schwarzer Bemalung: Bänder und Zierstreifen, eine Rautenreihe und ineinandergreifende konzentrische Kreise. P. R.

Lit.: Mouret 1928; *CVA* Ensérune 1, 31, Taf. 35, 8; Gailledrat 1996, Taf. 81, 1

60 Emporitanischer Kalathos (sombrero de copa)

175/125 v. Chr.
Auf der Töpferscheibe hergestelltes Gefäß aus ockerfarbenem Ton mit roter Bemalung. Restauriert. Typ A II 7.1. Gruppe A–2 (nach Conde). Form: Ib-peinte 2711 (1993). Aus einer emporitanischen Werkstatt
Höhe: 17 cm, Durchmesser: 26,5 cm
Musée d'Ensérune
Inv.-Nr. S.250
Fundort: Ensérune (Nissan-lez-Ensérune, Hérault)

Zylinderförmiges Gefäß mit zwei »falschen« Henkeln, das mit hängenden, konzentrischen Halbkreisen, vertikalen Wellenbändern und M-förmig geschwungenen Linien verziert ist, die mit dem Zirkel und verschieden dicken Pinseln ausgeführt wurden. Auf den flachen, nach außen gebogenen Rand sind Wolfs-

zähne gemalt. Die Verzierung ist in zwei verschieden hohen Friesen angebracht, von denen der obere in große Felder unterteilt ist. Diese *Kalathoi* waren im gesamten westlichen Mittelmeerraum verbreitet. C. A. G.

Lit.: Jannoray 1949, 448–462; Conde 1992, 145; Adroher 1993, 475

61 Gefäß aus der Sammlung Cazurro

Fragmente eines auf der Töpferscheibe hergestellten Gefäßes aus ockerfarbenem Ton mit dunkelroter Bemalung, aus denen ein Gefäß vom Typ A II 2.1 rekonstruiert wurde. Aus einer unbekannten Werkstatt
Höhe: 28 cm, Durchmesser: 30 cm
Museu d'Arqueologia de Catalunya, Barcelona
Inv.-Nr. 108
Fundort: Angeblich aus der Nekropole von Portitxol, Ampurias (Gerona); um 1908 aus dem Kunsthandel erworben, ehem. Sammlung Cazurro

Teil eines mit einer Jagdszene verzierten Tongefäßes mit zwei bandförmigen Henkeln. Auf einem umlaufenden Fries, dessen oberer Rand von einer Zackenleiste und von unregelmäßigen konzentrischen Halbkreisen begrenzt wird, während er unten von einem Zierstreifen mit linksläufigen Voluten abgeschlossen ist, sind mehrere Jäger im Lendenschurz bei der Hirschjagd wiedergegeben. Die Männer halten Holzstangen in der Hand. Ein Tier haben sie zur Strecke gebracht, es liegt verletzt am Boden. Ein Baum deutet die Landschaft an, in der sich die Szene abspielt. Kompositionell und motivisch weicht diese Darstellung von anderen Jagdszenen in der iberischen Kunst ab. Es

handelt sich um die einzige Arbeit dieser Art, die Empúries (Emporion, Ampurias) zugeschrieben wurde. Verschiedene Wissenschaftler betrachten dieses Gefäß als Beweis dafür, daß der Dekor der iberischen Keramik stark von griechischen Vorbildern beeinflußt wurde, obwohl weder in der von den Griechen gegründeten Siedlung noch in deren unmittelbarer Umgebung solche aufwendig gestalteten iberischen Gefäße hergestellt wurden. Bei dieser Arbeit ist eine Zuweisung nur unter großen Vorbehalten möglich. C. A. G.

Lit.: Cazurro 1909, 551–562; Paris 1917, 75–94; Carpenter 1925, 151; Bosch 1928, 14; Mélida 1929, 222, Abb. 116; Tarradell 1961; García y Bellido 1954, 665, Abb. 659; Pericot 1979, 204–205; Barberà/Sanmartí 1987, 14, Abb. 4; Aranegui 1992b, 26

62 Lebes mit der Darstellung tanzender Krieger

250/150 v. Chr.
Auf der Töpferscheibe hergestelltes Gefäß aus rotbraunem Ton mit roter Bemalung.
Rekonstruiert und restauriert. Einige Fragmente weisen Brandspuren auf. Typ A II 6.1.1. Figuren: Gruppe 2, Stil 1. Aus einer lokalen Werkstatt
Höhe: 29,5 cm, Durchmesser: 35,1 cm
Museo de Prehistoria Domingo Fletcher, Valencia
Fundort: Abschnitt 41 vom Tossal de Sant Miquel, Lliria (Valencia)

Die obere Hälfte dieser Lebes nimmt ein breiter Fries ein, der in zwei große Felder unterteilt ist; zwischen ihnen stehen Säulen aus Voluten, Glockenblumen und S-förmigen Motiven. Die Hauptszene ist in dem größeren Feld wiedergegeben. Man sieht zwei mit *Scutum*, *Falcata* und Lanze bewaffnete Krieger, die sich rhythmisch zu der Musik bewegen, die ein *Tubicen*

und eine *Auletris* spielen. Die Flötenspielerin trägt eine hohe Haube, eine Tunika und ein Untergewand mit Schachbrettmuster; ihre Füße klopfen den Takt, während sie auf der Doppelflöte spielt. Ein gesatteltes Pferd mit Stirnriemen und ein nach rechts reitender Krieger mit einer Lanze rahmen die Szene. Das kleinere Feld zeigt einen weiteren Lanzenreiter, dem ein Fußsoldat mit Lanze folgt. Die Räume zwischen den Figuren füllen vegetabile Motive, Spiralen und Sterne. Es handelt sich um eine idealisierende Darstellung, die die Meisterschaft der Iberer im Kriegshandwerk und in der Reitkunst thematisiert. Bemerkenswert ist die Sitzhaltung der Reiter, die im Damensitz mit nach oben weisenden Lanzen wiedergegeben sind. C. A. G.

Lit.: *CVH* 1954, Lliria, 60, Taf. LXIII; Bonet Rosado 1995, 176, Abb. 85; Aranegui u.a. 1997

63 Kalathos (sombrero de copa) mit der Darstellung eines Hochzeitstanzes

250/150 v. Chr.
Auf der Töpferscheibe hergestelltes Gefäß aus ockerfarbenem Ton mit roter Bemalung.
Rekonstruiert und restauriert. Typ A II 7.1.
Motive: Gruppe 2, Stil 1. Aus einer lokalen Werkstatt
Höhe: 14,1 cm, Durchmesser: 18,6 cm
Museo de Prehistoria Domingo Fletcher, Valencia
Inv.-Nr. 2357
Fundort: Abschnitt 12 (Bothros) vom Tossal de Sant Miquel, Lliria (Valencia)

Mit einem umlaufenden Fries verzierter Kalathos. Die hier dargestellte Szene zeigt einen Zug, der von zwei Musikanten angeführt wird: einem *Tubicen* mit kurzer Tunika und leichtem Schurz sowie einer *Auletris* mit Haube, Schleier, Tunika und Untergewand mit Schachbrettmuster sowie einem Gürtel, an dessen Ende eine Klapper angebracht ist. Ihnen folgen drei ähnlich gekleidete Männer, die sich an

den Händen halten und in die Höhe springen; sie tragen wollige, eng anliegende Mützen, eine kurze Tunika, einen Schurz mit über Kreuz verlaufenden Trägern und leichte Stiefel. Ihnen folgen mit schleppendem Gang vier Frauen. Sie sind mit einer Haube und einer Tunika mit Untergewand bekleidet, das mit einem Schachbrettmuster verziert ist. Schmuck tragen nur die beiden ersten Frauen: Die erste trägt einen Stern in der Mitte des Dekolletés, die zweite ist mit mehreren Halsketten geschmückt. Die dritte Frau greift nach der Hand der vierten, die den Zug abschließt. Der Raum zwischen den einzelnen Figuren ist mit S-förmigen Motiven, herzförmigen Blättern und verschiedenen Blüten gefüllt. Dargestellt ist wahrscheinlich ein Hochzeitstanz.
Auf dem Rand des Gefäßes erkennt man Wolfszähne und eine Inschrift in iberischer Sprache. Der Beginn der Inschrift ist vollständig erhalten und fällt teilweise mit der Bruchstelle am Gefäßrand zusammen, wobei nicht mit Sicherheit gesagt werden kann, welches Gewicht der Inschrift im Verhältnis zur Dekoration zukam. Zu lesen ist: »**abartanban : balkeunị**[«. »abartan« und »balkeuni« könnten Eigennamen sein. Die Buchstabenkombination »ban« findet sich wiederholt auf den Gefäßen aus Lliria, aber auch in anderen Texten und in unterschiedlichen Kombinationen, ohne daß sich mit Sicherheit sagen läßt, ob es sich stets um ein und dasselbe sprachliche Element handelt. C. A. G./J. de H.

Lit.: *CVH* 1954, Lliria, 36, Taf. XXXIII; Michelena 1976, 357; *MLH* III 1, 159–162; 2, 470–471; Bonet Rosado 1995, 87, Abb. 26, 451, Nr. XI; Aranegui u.a. 1997

64 Gefäß mit der Darstellung einer Tänzerin

50 v. Chr./50 n. Chr.
Auf der Töpferscheibe hergestelltes Gefäß aus beigefarbenem Ton mit roter Bemalung. Rekonstruiert und stark restauriert. Typ A I 2.1.
Aus einer lokalen Werkstatt
Höhe: 48 cm, Durchmesser: 28 cm
Museo Monográfico de La Alcudia de Elche, Sammlung Ramos
Fundort: La Alcudia, Elche (Alicante)

Tongefäß, in dessen oberem Drittel ein von Zierbändern gerahmter Fries zu erkennen ist, darunter verläuft ein Zierfries mit Blumen, Streifen und geometrischen Motiven. In der Nähe des einen Henkels ist eine junge Frau zu erkennen, ihr Gesicht und ihr Oberkörper sind frontal, die Beine in Seitenansicht wiedergegeben. Sie streckt eine Hand aus und vollführt dabei kleine Luftsprünge. Die Figur trägt eine unter der Brust geraffte Bluse und einen knielangen Rock; beide Kleidungsstücke sind mit Volants besetzt. Besonders auffällig sind ihre Augen und die Farbtupfer auf Kinn und Wangen. Die Figur gehört zu einem Festzug, der eine Feier mit einer Tanzdarbietung begleitet, ein Thema, das für die Keramik von Lliria (Valencia) besonders typisch ist. Die Zeremonie dient der feierlichen Einführung junger adeliger Mädchen in die Gesellschaft der Stadt und entspricht den Initiationsriten, denen sich die jungen Männer bei der Aufnahme in den Kreis der Krieger unterzogen. Die zahlreichen um die Figur angeordneten Tier- und Blumenmotive sind Symbole der Fruchtbarkeit, die den jungen Frauen beim Eintritt in den neuen Lebensabschnitt gewünscht wurde. C. A. G.

Lit.: Ramos Folqués 1964, Taf. III; Blázquez 1993; Aranegui 1996a

65 Gefäß mit der Darstellung tanzender Krieger

2. Jahrhundert v. Chr.
Auf der Töpferscheibe hergestelltes Gefäß aus ockerfarbenem Ton mit roter Bemalung. Rekonstruiert und restauriert. Aus einer lokalen Werkstatt
Höhe: 30,9 cm, Durchmesser: 40 cm
Museo Monográfico El Cigarralejo, Mula, Sammlung E. Cuadrado
Fundort: Außerhalb eines Grabes in der Nekropole von El Cigarralejo, Mula (Murcia)

Kraterförmiges Gefäß mit traditionellem Dekor aus horizontalen Bändern mit geometrischen Motiven, die mit unterschiedlich dicken Pinseln ausgeführt wurden; über diesen ist eine Tanzszene dargestellt. Im Hintergrund begleiten ein Flöten- und ein Lyraspieler den Zug mehrerer mit Lanzen und länglichen Schilden bewaffneter Männer. Einer von ihnen trägt unterhalb des Halses als Rangabzeichen über Kreuz angeordnete Bänder. Alle Figuren sind geschminkt, vor allem die Konturen der Augen sind nachgezogen. Die Füße der Tanzenden bewegen sich im Rhythmus der Musik. Den Raum zwischen den Tänzern füllen S-förmige Motive. Die Darstellung zeigt eine private Gedenkfeier, möglicherweise in Zusammenhang mit der Bestattung einer bedeutenden Persönlichkeit. C. A. G.

Lit.: Cuadrado 1982, 287–296; 1990, 131–135

66 Pinax 1 von der Serreta

Ende 3./Anfang 2. Jahrhundert v. Chr.
Handmodellierter ockerfarbener Ton, Vorderseite mit roter Bemalung, Rückseite geglättet. Am oberen Rand befinden sich Löcher zum Aufhängen der Tontafel. Unvollständig erhalten (zwei Fragmente)
Höhe: 13,3 cm, Breite: 10,2 cm
Museo Municipal Camilo Visedo, Alcoy
Inv.-Nr. 00000183 (2332)
Fundort: Oberflächenfund von der Serreta, Alcoy (Alicante)

Die gemalte Darstellung nimmt die gesamte Höhe der Tafel ein, nur oben und unten ist sie von Zierstreifen gerahmt. Die linke Hälfte der Tafel ist mit fünf übereinander angeordneten rechteckigen Feldern geschmückt, die mit S-förmigen Motiven, Glockenblumen, herzförmigen Blättern, Rauten und Voluten gefüllt sind. Die rechte Hälfte zeigt die Hauptszene. Eine im Profil dargestellte Frau arbeitet mit der linken Hand an einem Gerät, das als vertikaler Webstuhl gedeutet worden ist, während sie in der Rechten ein Wollknäuel hält, aus dem ein Faden gezogen ist, der auf eine Spindel gewickelt ist. Den freien Raum füllen zwei herzförmige Blätter. Die Kleidung der Figur mit ihrer Haube und der Tunika unter einem durchsichtigen Schleier, der vom Knie abwärts mit Volants besetzt ist, entspricht der Kleidung, die auch bei manchen Flötenspielerinnen auf iberischen Gefäßen zu finden ist. Der Künstler hat sich bemüht, den Gesichtsausdruck zu betonen, indem er das Auge besonders groß zeichnete. Auch Hände und Füße sind in Bewegung wiedergegeben. In der iberischen Kunst finden sich zahlreiche Darstellungen von Frauen beim Weben oder Spinnen. Das vorliegende iberische Pinakion (griech. »Bild«) ist die ausdrucksstärkste Fassung eines im Mittelmeerraum häufig dargestellten Themas. Das Bild wurde als Göttin oder als idealisierte Darstellung einer mütterlichen Schutzgottheit der Stadt gedeutet. Ein Vergleich mit anderen Vasenbildern erlaubt eine Datierung in das 3. oder an den Anfang des 2. Jahrhunderts v. Chr. C. A. G.

Lit.: Visedo/Pascual 1947, 57–59; Aranegui 1995a, 17–30

67 Webgewicht (MLH F.11.24)

Gebrannter Ton
Höhe: 10 cm, Breite: 5,5 cm
Museo Arqueológico, Sagunt
Fundort: Sagunt

Auf der Rückseite des Gewichtes lassen sich als Inschrift zwei Zeichen erkennen, die möglicherweise »**uka**« zu lesen sind,

wohl die Abkürzung eines Namens. Es könnte sich aber auch lediglich um Markierungen handeln; sicherlich diente die Inschrift zur Angabe des Besitzers oder zur werkstattinternen Registrierung.
J. de H.

Lit.: *MLH* III 2, 419

68 Ziegel mit iberischer Inschrift (MLH F.11.18)

Gebrannter Ton
Höhe: 6,5 cm, Breite: 10,5 cm
Museo Arqueológico, Sagunt
Fundort: Römisches Theater von Sagunt

Gefunden wurde dieser Ton in einem Abzugsgraben. Der ursprüngliche Anbringungsort des Fragments läßt sich nicht mehr bestimmen, da der Ziegel wahrscheinlich durch fließendes Wasser an den Fundort gespült wurde.
Der in den ausgehärteten Ton eingeritzte Graffito ist »**ebaiki**« zu lesen, für ihn gibt es keine Parallelen im iberischen Bereich. Die Schriftzeichen wurden wahrscheinlich ohne besonderen Anlaß und direkten Bezug zum Gegenstand angebracht. Eine Datierung ist nicht möglich.
J. de H.

Lit.: *MLH* III 2, 417; Beltrán 1956, 142, 164=1972, I, 822

Werkzeuge aus dem Grab eines Goldschmieds von Cabezo Lucero

In der zwischen 1980 und 1986 ausgegrabenen Nekropole von Cabezo Lucero (Guardamar del Segura, Alicante) fanden sich mehr als 100 Gräber, ausschließlich Brandbestattungen. Die frühesten Bestattungen lassen sich in die 1. Hälfte des 5. Jahrhunderts v. Chr. datieren, die Mehrzahl stammt jedoch aus dem 4. Jahrhundert v. Chr. Grab 100 von Cabezo Lucero nimmt hier eine Sonderstellung ein, denn es enthielt eine Reihe von Werkzeugen, wie sie bei der Metallbearbeitung und vor allem von Goldschmieden verwendet wurden. Ein kleiner Amboß und mehrere mit Schmuckmotiven versehene Matrizen weisen auf eine Tätigkeit hin, bei der Metallplatten mit dem Hammer bearbeitet und verziert wurden. Blattgold läßt sich gut treiben und eignet sich besonders für diese Art der Bearbeitung. Um einen plastischen Dekor zu erzielen, legte man das Blattgold auf die Matrize. Mit Hilfe solcher Matrizen konnten auch Schmuckanhänger hergestellt werden, beispielsweise kleine Amphoren oder Medaillons (Kat.-Nr. 72, 73). Sie können aber auch nur einen Teil eines Motivs wiedergeben, wie bei der Matrize für einen Greifen (Kat.-Nr. 77). Über das Goldschmiedehandwerk fanden zahlreiche orientalisierende Schmuckelemente Eingang in das iberische Bildrepertoire. Das Grab wird in das 4. Jahrhundert v. Chr. datiert. Ch. É.

Lit.: Uroz in: *Cabezo Lucero* 1992, 46–48; Aranegui u.a. 1993

69 Kleiner Amboß mit runder Arbeitsfläche (M3)

Höhe: 2,9 cm, Durchmesser: 4,7 cm,
Gewicht: 171 g
Museo Arqueológico Provincial, Alicante
Inv.-Nr. CLI86AIV
Ch. É.

70 Kegelförmiges durchbohrtes Werkzeug (M2)

Höhe: 10,7 cm, max. Durchmesser: 3,3 cm
Gewicht: 178,5 g
Museo Arqueológico Provincial, Alicante
Inv.-Nr. CLI86AIV
Ch. É.

71 Eiförmige Bronzematrize (M5)

Höhe: 3,8 cm, Breite: 2,4 cm, Tiefe: 1,1 cm,
Gewicht: 30,6 g
Museo Arqueológico Provincial, Alicante
Inv.-Nr. CLI86AIV

Das zentrale Motiv ist ein Löwenkopf; die Ränder sind mit auf der Spitze stehenden Dreiecken verziert. Ch. É.

73 Bronzematrize in Form einer Bulla (M9)

Höhe: 3,2 cm, Breite: 3,2 cm, Tiefe: 0,6 cm,
Gewicht: 29,9 g
Museo Arqueológico Provincial, Alicante
Inv.-Nr. CLI86AIV

Das zentrale Schmuckmotiv ist ein Lebensbaum. Um ihn herum sind vier Felder mit einander gegenüberstehenden Greifen angeordnet. Der Rand ist mit einem umlaufenden Eierstab verziert.
Ch. É.

72 Bronzematrize in Form einer kleinen Amphore (M8 A)

Höhe: 3 cm, max. Breite: 1,3 cm, Tiefe: 0,7 cm,
Gewicht: 7,2 g
Museo Arqueológico Provincial, Alicante
Inv.-Nr. CLI86AIV
Ch. É.

74 Bronzematrize in Form eines Pyramidenstumpfes (M8 B)

Höhe: 4,9 cm, Breite: 2 cm, Tiefe: 1,4 cm,
Gewicht: 6,5 g
Museo Arqueológico Provincial, Alicante
Inv.-Nr. CLI86AIV

Die Vorderseite der Matrize schmücken vier Felder, in denen der Gott Bes, ein Frauenkopf sowie zwei *Thymiaterien* dargestellt sind. Die Rahmen der vier Felder sind reliefiert. Ch. É.

75 Bronzematrize in Form eines Pyramidenstumpfes (M1)

Höhe: 4,2 cm, Breite: 2,5 cm, Tiefe: 1,4 cm,
Gewicht: 49,8 g
Museo Arqueológico Provincial, Alicante
Inv.-Nr. CLI86AIV

Oberhalb von Perllinien erkennt man schematisierte Köpfe. Ch. É.

77 Fragment einer Bronzematrize mit figürlicher Darstellung (M11)

Höhe: 2,5 cm, max. Breite: 2,3 cm,
Tiefe: 0,4 cm, Gewicht: 6,5 g
Museo Arqueológico Provincial, Alicante
Inv.-Nr. CLI86AIV

Das auf einer Seite beschädigte Fragment trägt eine eingestanzte Verzierung: oben sticht ein Mann sein Schwert in den Rücken eines Greifen. Darunter ist eine Sphinx zu erkennen. Ch. É.

76 Bronzematrize (M38)

Höhe: 2 cm, max. Breite: 1,2 cm, Tiefe: 0,5 cm
Museo Arqueológico Provincial, Alicante
Inv.-Nr. CLI86AIV

Männerkopf im Profil, auf dem ein Löwenkopf ruht. Ch. É.

78 Ringförmige Bronzematrize (M28)

Durchmesser: 3,8 cm, Stärke: 1,2 cm,
Gewicht: 30,9 g
Museo Arqueológico Provincial, Alicante
Inv.-Nr. CLI86AIV

Auf dem Ring erkennt man einen Flechtbanddekor, zwei einander gegenüberstehende Tierköpfe (oben) und eine Schlange, möglicherweise eine Uräusschlange (unten). Ch. É.

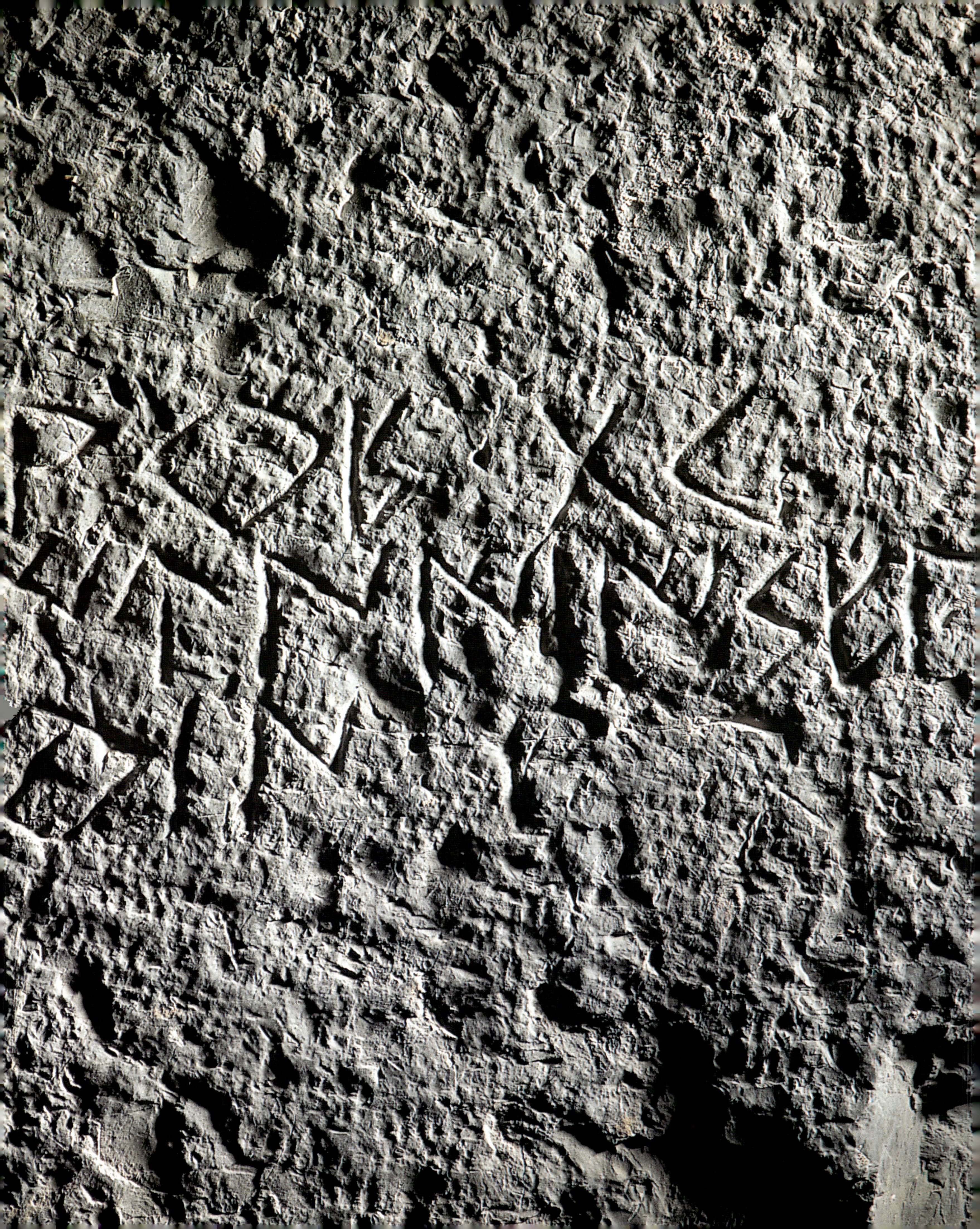

Tausch und Handel

In den meisten antiken Mittelmeerkulturen, die sich der Schrift bedienten, spielte diese eine wichtige Rolle in den Handelsbeziehungen und im wirtschaftlichen Leben allgemein. Aufgrund der begrenzten Haltbarkeit der verwendeten Schreibmaterialien sind heute aber nur wenige Überreste der einstmals zahlreichen Inschriften erhalten. Das Zusammenspiel einer Reihe glücklicher Umstände hat dafür gesorgt, daß die Schriftzeugnisse der iberischen Kultur außergewöhnlich reichhaltig sind.

79 Grab 2 von Orleyl

Mitte 4. Jahrhundert v. Chr.
Kelchkrater: Höhe: 33,5 cm,
Durchmesser: 35,5 cm
Bleistreifen: Breite: 14, 23 und 27 cm
Museo Comarcal de la Plana Baja, Burriana (Castellón)
Fundort: Nekropole von Punta de Orleyl (Vall d'Uxó, Castellón), südlich von Castellón de la Plana, 6 Kilometer von der Küste entfernt. Die Nekropole wurde vom 6. bis zum 4. Jahrhundert v. Chr. belegt

Ein rotfiguriger attischer Kelchkrater (verziert mit einem springenden Greifen und – auf der Rückseite – drei mit einem Himation bekleideten Jünglingen) diente hier als Aschenurne. Die Beigaben dieser Bestattung waren außergewöhnlich: Neben zwei schwarz gefirnisten attischen Vasen, einer Trinkschale und einem Teller mit nach innen gebogenem Rand enthielt das Grab verschiedene Meßinstrumente, fünf Gewichte sowie eine Waagschale. Darüber hinaus fand man drei Bleistreifen mit Inschrift (zwei im Krater sowie eine weitere unter dessen Fuß).

Bleiplatten aus Grab 2 von Orleyl

(MLH F.9.5–7)

a – Rechteckige Bleiplatte mit fünfeinhalb Textzeilen; die zweite Zeile (mit Ausnahme des ersten Wortes) und die dritte Zeile wurden durch eine Linie voneinander getrennt
Höhe: 4,4/4,1 cm, Breite: 27 cm, Höhe der Buchstaben: 0,4/0,8 cm
Text der Inschrift:
iŕe : bototaś : bitebakiŕśbane : baŕenYliki : antinYlitututuŕane : seken / iusu atilebeiu : lauŕiskeŕkate : banYliŕbaituŕane : kaisanYliŕbaituŕa : nei / tailiniŕe : kutur : biteŕoketetine : eŕatiaŕe : kokor : tauebartiate : aŕikaŕbinYlikise : / iunstirlaku : bototaśeai : selkeaibartuneai : unibeikeai : aneŕai : unibeikeai : iu⁵ / nstirlaku : uskeike : bototiki : keitisiatense : uśtalaril̲une : ban[-]iŕesu[-] / lu : bitiŕokebetense : uśkeane̲ŕlati

Dieser Bleistreifen wurde zusammengerollt unter dem rotfigurigen Kelchkrater gefunden, der die beiden im folgenden beschriebenen Bleitafeln enthielt. Möglicherweise war diese und die dritte Platte in ein Tuch eingewickelt.

b – Fragment einer rechteckigen Bleiplatte in sehr schlechtem Erhaltungszustand
Höhe: 4,2 cm, Breite: 14 cm, Höhe der Buchstaben: 0,6/1 cm
Text der Inschrift:
:]stir : atune[-]nisoŕbarai : ṛ́ṭi++[/] +ike : uskeike : iustir : aneŕ : iustir : /]ṭir : bototaśeike : uskeike : iu[ṣ]tir̲a̲ŕeḷi [/] ++ne : śaliṛ : oŕkeiabaŕạ[--] ị[⁵/]++[-c.10-]++[

c – Rechteckige Bleiplatte, auf beiden Seiten beschrieben
Höhe: 6,7 cm, Breite: 23 cm, Höhe der Buchstaben: 0,4/0,8 cm (Seite A), 0,5/1 cm (Seite B)
An der linken Seite beschädigte Bleitafel mit fast vollständig erhaltenem Text
Text Seite A:]+: [**ịụ]nstir : atune : baŕbinkeai : uskeike : iunsṭi[r-]+aŕ[/ : ḅọṭotaśeai : selkeaibartoneai : śanikeai : uskeike : auŕun [/]+keai : aneŕai : śanibeiŕai : leitaśeai : bototaśte : bantakikia /]ŕaṭite : isai . iltursaiŕsai : aŕikaŕbinisai : borarnYl ⁵ /] ạŕebin̲ise : kalaisebakaŕatuŕane : itaŕartetaŕa : aśti /]ebakaŕatuŕane : iunsirYi : beleśakineai : kaŕestareai[?] /]ton : bataŕatite : uskeikeai : siai : keitiatelu : akiniŕte : /]ṣẹ : iakikinuŕe : b̲a̲siaukeku : kuŕsiaukeku**

Text Seite B: **aŕine : itikereuteti : belaike : baseŕnYlḅe+ / aŕeŕe : kutuboike : basbiteŕoketine : iŕika : / iunstirika : selkiniustai : iunstir : baŕbin / uskeikeai : iunstir : lakunYiltiŕṭe : [5]/ atabeŕai : anYbeŕai : uskeike : iunstir**

Gefunden in dem als Aschenurne verwendeten Kelchkrater. Möglicherweise war das Blei (wie Tafel 1) in ein Tuch eingewickelt.
Die Inschriften auf der ersten und der dritten Platte (MLH F.9.5 und 7) könnten von derselben Person angefertigt worden sein, denn beide weisen eine spezielle orthographische Variante auf. Bestimmte Buchstabenkombinationen tauchen auf allen drei Platten auf, insbesondere aber auf der ersten und dritten, in denen sich außerdem Abschnitte mit Wiederholungen finden, die zweifellos grammatische Bedeutung haben. Die Schrift der zweiten Bleiplatte weist Analogien zu einigen Texten aus Katalonien auf.
Die Ausstattung des Grabes mit einer Waage und Gewichten – bei gleichzeitigem Fehlen von Waffen – könnte auf die

Tätigkeit hinweisen, die der Verstorbene zu Lebzeiten ausgeübt hat. Vielleicht handelte es sich um einen Kaufmann, der sich zur Durchführung seiner Geschäfte schriftlicher Dokumente wie den als Grabbeigaben verwendeten Bleiplatten bediente. Es könnte sich aber auch um religiöse Texte mit Instruktionen für die Reise ins Jenseits handeln, obgleich es in der iberischen Kultur sonst keine Hinweise auf einen solchen Brauch gibt. Die nächsten Parallelen sind die orphischen Plättchen in Griechenland, doch diese bestanden stets aus Edelmetall.
Dieses Grab eines wohlhabenden, wahrscheinlich als Kaufmann tätigen Mannes belegt vor allem den intensiven Kontakt zwischen den Mittelmeervölkern im 4. Jahrhundert v. Chr. und die Integration der Iberer in die Kultur der griechischen Welt. J. de H./P. R.

Lit.: Lázaro u.a. 1981, bes. 63–131 (Fletcher), 32–38 (Lázaro/Mesado), 59–61 (Aranegui); *MLH* III 2, 385–395; de Hoz 1995a, 60–61

80 Bleiplatte mit griechischer und etruskischer Inschrift

Seite A gut erhalten, Seite B korrodiert
Höhe: 5,2 cm, Breite: 11,5 cm
Musée de Sigean
Fundort: Pech Maho (Sigean, Aude), ein kleiner befestigter Handelsplatz im Languedoc. Die Platte wurde 1950 in der Nähe der Stadtmauer auf der nicht bewohnten Südterrasse der Siedlung in einer Schicht aus dem 5./4. Jahrhundert v. Chr. gefunden
Griechischer Text: 1. Hälfte 5. Jahrhundert v. Chr.

Die Platte ist auf beiden Seiten mit einer Inschrift versehen. Die Inschrift der einen Seite ist in Griechisch verfaßt; auf der anderen Seite findet sich eine etruskische Inschrift sowie ein einzelner Hinweis, der sich auf den griechischen Text beziehen dürfte. Beide Texte wurden unabhängig voneinander eingraviert, der etruskische ist wahrscheinlich älter.
Text der griechischen Inschrift:

ἀκ̣ατί̣ [––]ἐπίατο..πρι[παρὰ τῶν] vac.
Εμποριτέων · ἐπίατο τε.[   ] vac.
ἐμοὶ μετέδωκε τὤμυσυ τ[ρίτ]ο ἡ̔[μι]οκταγ̣-
ίο · τρίτον ἡμιεκτάνιον ἔδωκα ἀριθμῶ-
ι καὶ ἐγγυητήριον τρίτην αὐτός · καὶ κε-
ῖνἐλαβεν ἐν τῶι ποταμῶι · τὸν ἀρρα-
βῶνἀνεδωκα ὅκο τἀκάτια ὁρμίζεται ·
μάρτυρ. Βασιγερρος κἀι Βλερυας κἀι
Γολο.βιυρ καῖ Σεδεγων · οὗτοι μάρτ-
vac. υρες εὖτε τὸν ἀρραβῶνἀνέδωκα,
vac. [ε]ὖτε δὲ ἀπέδωκα τὸ χρῆμα τρίτον
vac. [ἡμ]ι̣οκτά̣νι̣[ο] ν.αυαρυας Ναλβε..ν
verso
Ηρ̣ωνοίιος

Die Übersetzung lautet wahrscheinlich: »X [Sohn des X ?] kaufte x Schiff(e) [von den] Ampuritanern. Er kaufte auch [. . .] Mich beteiligte er für einen Preis von zweieinhalb »octanios« zur Hälfte an dem Kauf. Ich händigte ihm zweieinhalb »sextanios« in bar aus und versicherte, daß ich ein Drittel (der letztgenannten Summe) [Alternat. eine »trite«] selbst bezahlen würde. Er nahm die Schiffe dann auf dem Fluß in Empfang. Das Handgeld zur Anzahlung überreichte ich ihm am Anlegeplatz. Zeugen: Basigerros, Bleruas, Golo[-]biur und Sedegon. Diese waren zwar Zeugen, als ich ihm die Anzahlung aushändigte; als ich ihm aber die Kaufsumme von zweieinhalb »octanios« vollständig abbezahlte (waren die Zeugen) [-]auaruas, Nalbe[--]n. (Eine Angelegenheit des) Heronoiyos.«

Text der etruskischen Inschrift:

ve[n]elus : [--]is
zeke : kisnee : heki[
veneluz : ka : utavu[
heitva : kiven : miṣ[
maṭaliai : me[
zik : hinu : tuz[.

Der Text erwähnt möglicherweise die Stadt Marseille (mataliai), zwei Eigennamen (venelus/z, utavu) sowie Zahlen (die Buchstabenfolge »ki« [drei] in »kisnee«). Der griechische Text wurde als private Aufzeichnung niedergeschrieben, weshalb der Sinn nicht in allen Einzelheiten verständlich ist; Anlaß war eine verhältnismäßig wichtige geschäftliche Transaktion. Die etruskische Inschrift unterscheidet sich im Texttyp nicht wesentlich. Die beiden stellen das aufschlußreichste Dokument dar, das uns vom internationalen Handelsaustausch der Seekaufleute jener

Zeit erhalten ist. Im griechischen Text werden Münzen, Zahlungsweisen und Schiffe erwähnt sowie Verben aus der Fachsprache des Handels verwendet, außerdem der Begriff »arrabón« (»Handgeld«), ein aus dem Phönizischen übernommenes Lehnwort. Von besonderer Bedeutung ist die Erwähnung der Zeugen, von denen einige iberische Namen tragen (Basigerros, iberisch »basikeŕe«) und die, wie die Griechen, Kaufleute waren; auch andere Personen, wie Bleruas, waren wahrscheinlich Einheimische. Die Erwähnung von Ampurias ist – zusammen mit einer weiteren, in der Stadt selbst gefundenen griechischen Bleiplatte – die früheste heute bekannte. Durch die im Text erwähnten Eigennamen ist hiermit das älteste Zeugnis der iberischen Sprache überliefert. J. de H.

Lit.: Lejeune/Pouilloux/Solier 1988; Lejeune 1991; de Hoz im Druck

81 Bleiplatte aus El Cigarralejo (MLH G.13.1)

1. Hälfte 4. Jahrhundert v. Chr.
Runde Bleiplatte aus einem Grab, nur teilweise erhalten, weil sie auf dem Scheiterhaufen des Grabes lag
Durchmesser: 12 cm, Höhe der Buchstaben: 0,3/0,6 cm
Museo Monográfico El Cigarralejo, Mula
Fundort: Grab 21 von El Cigarralejo, Mula

Die Bleiplatte trägt auf einer Seite eine iberische Inschrift in griechischem Alphabet, die teils konzentrisch, teils in Schlangenlinien angeordnet ist. Konzentrische Inschriften auf runden Gegenständen sind in den Mittelmeerkulturen häufig anzutreffen. In der griechischen Kultur beispielsweise finden sie sich bei rituellen oder magischen Texten. In diesem Falle handelt es sich aber wohl nicht um eine

Fluchformel, denn die Platte gehört zur Erstausstattung des Grabes. Es könnte sich um eine rituelle Inschrift handeln oder – wie beim Grab von Orleyl – um einen Gegenstand, der sich auf die Tätigkeit bezieht, die der Verstorbene zu Lebzeiten ausübte. In diesem Fall muß man jedoch von einer Verstorbenen sprechen, denn anscheinend handelt es sich um das Grab einer Frau, das außerdem eine Waage enthielt. Die sparsame Interpunktion, die nur zur Abtrennung ganzer Sätze verwendet wird, erschwert die Textentschlüsselung zusätzlich. Bedeutsam könnte hier das Fehlen der für iberische Bleiplatten sonst typischen Elemente sein; dieser Umstand könnte darauf hinweisen, daß dieser Text einer völlig anderen Textgruppe zuzuordnen ist.
Die Funde aus dem Grab lassen sich in die 1. Hälfte des 4. Jahrhunderts v. Chr. datieren. J. de H.

Lit.: *MLH* III 2, 615–619; Cuadrado 1987, 121–123, 591–592

82 Sogenanntes »erstes Blei« von der Serreta (MLH G.1.1)

4. Jahrhundert v. Chr.
Rechteckige, gebrochene Bleiplatte
Höhe: 6,2 cm, Breite: 17,1 cm, Höhe der Buchstaben: 0,5/1 cm
Museo Municipal Camilo Visedo, Alcoy
Fundort: Iberische Siedlung von der Serreta, Alcoy (Alicante), wahrscheinlich aus einem Wohnhaus

Auf beiden Seiten in griechischer Schrift beschriebene Bleiplatte. Auf einer Seite findet sich außerdem quer über die ersten Zeichen aller Zeilen geschrieben die Buchstabenfolge **»sakarisker / aŕenai«**. Diese Folge besteht aus einem iberischen Personennamen, gefolgt von Suffixen, die in iberischer Schrift durch »-ar-Yi«, wiedergegeben würden. Sie bezeichnen zweifellos eine Form des Besitzes: Das Blei gehört Sakarisker, oder, falls es sich um einen Brief handelt, das Blei ist entweder von oder an Sakarisker geschickt worden. Der Inhalt des Textes bezieht sich auf eine Angelegenheit, bei der es um die Berechnung bestimmter Positionen geht. Dies läßt sich aus den Zeichen ΣΣΣΧ< schließen, die ohne Zweifel Ziffern darstellen, wie auf der graeco-iberischen Bleiplatte aus Coimbra del Barranco Ancho (Murcia). Sowohl die Schrift als auch die Zahlen orientieren sich an einem griechischen Vorbild. Manche Wörter wie »śaliŕ« und »iunstiŕ« finden sich häufig auf Bleiplatten. Es ist nicht sicher, ob ein Zusammenhang zwischen beiden Seiten der Platte besteht; eine ist möglicherweise erst später beschrieben worden.
Aus dem archäologischen Zusammenhang läßt sich dieses Stück nicht datieren, die Parallelen zu anderen Inschriften empfehlen jedoch eine Datierung in das 4. Jahrhundert v. Chr. J. de H.

Lit.: *MLH* III 2, 564–568; Gómez Moreno 1922; Visedo 1959, 66

83 Bleiplatte vom Pico de los Ajos (MLH F.20.1)

Unregelmäßig rechteckige Bleiplatte mit abgerundeten Rändern
Maximale Höhe: 10,5 cm, Breite: 18,8 cm, Höhe der Buchstaben des jüngsten Textes: 0,7/1 cm
Museo de Prehistoria Domingo Fletcher, Valencia
Fundort: Iberische Siedlung vom Pico de los Ajos (Yátova, Valencia), wo die Platte bei einer Raubgrabung ausgegraben, aber übersehen wurde. Sie befand sich wahrscheinlich mit zwei anderen Bleiplatten (MLH F.20.2–3), mit denen sie zusammengerollt war, im Inneren eines eingestürzten Hauses

Es handelt sich um ein Palimpsest, daß heißt, die Platte wurde mehrfach neu beschrieben, auf Seite A dreimal, auf Seite B zweimal. Sicher entziffert werden können lediglich die jüngste Inschrift von A, der untere Teil der zweiten Inschrift (hier befinden sich keine Schriftreste von der ersten Inschrift) sowie die zweite Inschrift auf der Seite B. Möglicherweise bildeten die jeweils zweite Inschrift von »A« und »B« einander ergänzende Textteile, die nach Ausweis des verwendeten Wortschatzes mit den beiden anderen Bleiplatten in Zusammenhang stehen. Man hat mehrere Eigennamen sowie den Begriff »śalir« identifiziert, der auf Bleiplatten, die geschäftliche Transaktionen dokumentieren, häufig vorkommt. Das verwendete Zahlensystem ist ungewöhnlich. Für eine zeitliche Einordnung stehen nur die wenig verläßlichen paläographischen Daten zur Verfügung. J. de H.

Lit.: *MLH* III 2, 528–537; Fletcher 1980, 5–6, 47–66

84 Gewicht aus Santa Coloma de Gramanet (MLH C.8.2)

Undatiert
Halbkugelförmiges Steingewicht. Der in das Gewicht eingelassene Eisenring diente als Aufhängevorrichtung. Rostreste
Durchmesser: ca. 7 cm
Museu d'Arqueologia de Catalunya, Barcelona
Inv.-Nr. 9075
Fundort: Iberische Siedlung von Puig Castellar (Turó del Pollo, Santa Coloma de Gramanet, Barcelona)

Text der Inschrift: »**ustainabaŕarban**«. Wahrscheinlich handelt es sich um einen Personennamen, an den die Suffixe »-arban« angefügt sind. Die Inschrift nannte wahrscheinlich den Eigentümer, vielleicht enthält sie aber auch meßtechnische Angaben. Man kennt mehrere iberische Gewichte mit Inschriften; sich regelmäßig wiederholende Textelemente ließen sich jedoch nicht identifizieren.
Eine Datierung ist nicht möglich.
J. de H.

Lit.: *MLH* III 2, 99–100

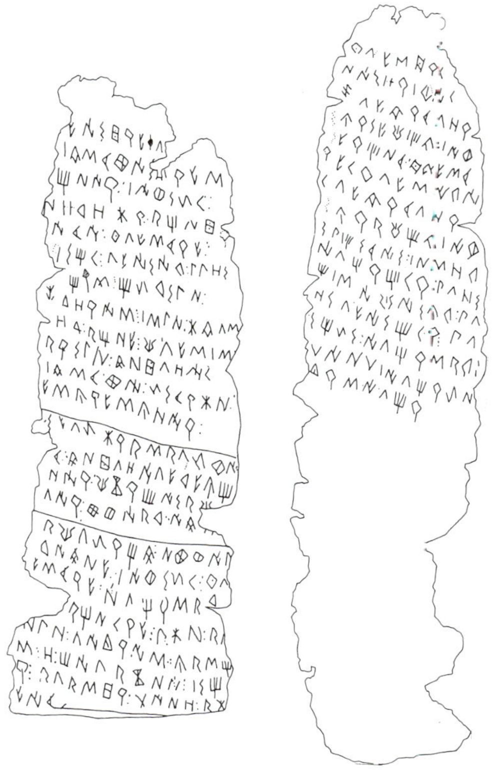

85 Bleiplatten aus Pech Maho

Ende 3. Jahrhundert v. Chr.
Zwei mit Inschrift versehene Bleiplatten
Platte 1: Höhe: 28 cm, Breite: 9,6 cm, Höhe der Buchstaben: 4/11 cm
Platte 2: Höhe: 33 cm, Breite: 7,5 cm, Höhe der Buchstaben: 5/10 cm
Musée de Sigean
Inv.-Nr. 58.B.39 u. 58.B.111
Fundort: Befestigter Handelsplatz von Pech Maho (Sigean, Aude). Die Platten gehörten zu einer Gruppe von Bleien, von denen drei ineinandergerollt und eines flach ausgebreitet war; man fand sie in einem Lagerraum neben einem Wohnhaus in der letzten Schicht der Siedlung, die die Aufgabe des Ortes belegt

Platte 1 trägt drei Texte. Diese und die auf den anderen Bleiplatten scheinen von verschiedenen Personen verfaßt worden zu sein, doch entspricht die Schrift in allen Fällen einer nördlichen Schriftvariante, die zwischen stimmhaften und stimmlosen Lauten unterscheidet. Man erkennt mehrere Eigennamen, fast ausschließlich iberische, aber auch den einen oder anderen gallischen Personennamen, etwa »lituŕiś« (= Liturix; Platte 1, Zeile 21).
Die Aufbewahrung der Bleiplatten in einem Magazin zusammen mit den Resten von Tongefäßen bestätigt die Annahme, daß die Iberer Bleitafeln gewöhnlich als Träger von Geschäftsdokumenten verwendeten.
Die Platten lassen sich in die Zeit kurz vor der Zerstörung der Siedlung gegen Ende des 3. Jahrhunderts v. Chr. datieren. J. de H.

Lit.: Solier 1979; *MLH* III 1, 155–192, 207–238; Correa 1992, 275–278; 1993, 115

86 Bleiplatte aus Ensérune

Undatiert
Höhe: 5,1 cm, Breite: 17,1 cm
Musée d'Ensérune
Fundort: Stark gestörtes Terrain am Fuße des Hügels (Nordseite), auf dem die befestigte Siedlung von Ensérune (Nissan-lez-Ensérune, Hérault) lag; hier befand sich zwischen dem 3. und dem 1. Jahrhundert v. Chr. eine unsystematisch angelegte Siedlung

Auf einer Seite eingravierter iberischer Text, der das Völkergemisch dieser Region widerspiegelt: Bereits das erste Wort, »katubaŕe«, ist die iberische Adaption eines gallischen Eigennamens (Catumaros). Die Schrift unterscheidet stimmhafte und stimmlose Konsonanten. So erscheint beispielsweise »tuntike« zweimal mit dem Anlaut »tu«, das /tu/ gesprochen wird, und einmal mit dem Anlaut »ti«, das wie /di/ ausgesprochen wird; außerdem existieren zwei verschiedene Formen des »te«, die man /te/ und /de/ lesen kann. J. de H.

Lit.: Solier/Barbouteau 1988, 73–85; Correa 1992, 275; 1993, 114

87 Grabstele aus Sagunt
(MLH F.11.1)

Stele aus dolomitischem Kalkstein
Höhe: 48,5/52 cm, Breite: 37 cm, Tiefe: 13 cm, Höhe der Buchstaben: 3,1/4,2 cm
Museo Arqueológico, Sagunt
Inv.-Nr. S.1.211
Fundort: Sagunt; im Jahr 1887 in einem Hauseingang an der Plaza del Mercado Nr. 12 gefunden

Text der Inschrift: »**aŕe : take / aiunibaisea+ / teban : a**«. Die erste Zeile ist eine für Grabinschriften typische Formel, die zweite enthält einen oder zwei Eigennamen. Möglicherweise ist das Wort »teban« eine Verwandtschaftsbezeichnung, vielleicht »Tochter (von)« – vergleichbar mit dem häufiger vorkommenden »eban«, das »Sohn« bedeuten könnte. Der letzte Buchstabe ist wohl eine Abkürzung. Sekundäre Datierungshinweise liegen nicht vor, doch scheint die Mehrzahl der iberischen Grabsteine aus römischer Zeit zu stammen; auch die Verwendung von Abkürzungen in Inschriften weist auf römischen Einfluß hin. J. de H.

Lit.: *MLH* III 2, 401–402; Untermann 1986; Velaza 1994

Graeco-iberische Graffiti von der Illeta de Campello, Alicante
(MLH G.9.6 u. G.9.11)

Die Illeta de Campello (Alicante) war eine kleine Halbinsel, die im 4. Jahrhundert v. Chr. wegen ihrer günstigen Lage als Ankerplatz benutzt wurde. Hier fand man nur wenige Siedlungsreste, aber zahlreiche Belege für eine Nutzung als Produktions- und Handelsplatz, besonders zu erwähnen sind ein Magazingebäude und zwei »Tempel«. Die Kombination von Handelsstützpunkt und Heiligtümern war in den Hafenstädten des Mittelmeers nichts Ungewöhnliches. Die hier gefundenen Keramikfragmente weisen phönizische Graffiti sowie verschiedene andere Zeichen auf, die denjenigen von dem in der Bucht von Mallorca gesunkenen Schiff vergleichbar sind (Wrack von Sec), das den Handel mit der iberischen Küste bezeugt. Darüber hinaus fanden sich in Campello zahlreiche, sicherlich vor Ort eingeritzte iberische Graffiti in griechischer Schrift.
Die Funde werden im Museo Arqueológico Provincial von Alicante aufbewahrt.

Lit.: Llobregat 1972, 62–63; 1993

88 Graeco-iberisches Graffito von der Illeta de Campello
(MLH G.9.11)

4. Jahrhundert v. Chr.
Fragment eines schwarz gefirnisten attischen Gefäßes
Ursprünglicher Durchmesser des Fußes: ca. 11 cm

Graffito mit der Buchstabenfolge »**saka**«; abgekürzte Form eines iberischen Personennamens, wohl des Eigentümers. Des weiteren ist die Buchstabenkombination »**AI**« zu erkennen, was iberisch oder griechisch sein kann, sowie die iberischen Zeichen »**ko**«, möglicherweise nur eine Markierung. Die beiden kurzen Graffiti beziehen sich sicherlich auf den Handel. J. de H.

Lit.: *MLH* III 2, 604; Llobregat 1989, 153, Nr. 16

89 Graeco-iberisches Graffito von der Illeta de Campello (MLH G.9.6)

4. Jahrhundert v. Chr.
Fragment eines schwarz gefirnisten attischen Gefäßes
Ursprünglicher Durchmesser des Fußes: ca. 10 cm, Höhe der Buchstaben: 0,7/1,1 cm

Griechische Schriftzeichen mit dem Wortlaut »**arst[**«, wahrscheinlich der Anfang eines Eigennamens, möglicherweise die Angabe des Eigentümers. J. de H.

Lit.: *MLH* III 2, 602; Llobregat 1989, 153, Nr. 13

90 Attische Schale mit iberischen Graffiti auf der Unterseite des Fußes (MLH B.1.13)

375/350 v. Chr.
Fragmentarisch erhaltene attische Schale: Fuß und ein Teil des Gefäßbodens
Erhaltene Höhe: 6,8 cm, Durchmesser (Fuß): 10,8 cm, Durchmesser (Schale): 12,6 cm
Musée d'Ensérune
Inv.-Nr. S. 92
Fundort: Ensérune (Nissan-lez-Ensérune, Hérault)

Rotfigurige attische Schale. Von der im griechischen Stil bemalten Innenseite ist ein Teil einer geflügelten weiblichen Figur erhalten. Außen sieht man einen nackten Fuß und Palmetten. Unter dem Fuß der Schale sind iberische Schriftzeichen eingraviert (MLH B.1.13).
Text der Inschrift: a) »**bikilako**«; b) »**kelboio**«; c) »**okator**«. Die Zeichen wurden von verschiedenen Personen eingeritzt und spiegeln die Geschichte des Gefäßes wider: a) ist anscheinend ein Personenname, b) wohl ein zweiter Personenname, der in identischer Form auf dem Fuß eines iberischen Gefäßes aus dem 4. Jahrhundert aus Ullastret erscheint (C.2.13), jedoch kein bei den Iberern gebräuchlicher Name ist; c) ist ein weiterer Personenname, für den es keine Parallelen gibt. Das Gefäß hat offensichtlich mehrmals den Besitzer gewechselt, wobei zumindest b) ein Zwischenhändler gewesen sein könnte. Die um den Rand des Fußes verlaufende Wellenlinie könnte eine Art »Markenzeichen« des Händlers gewesen sein. J. de H./P. R.

Lit.: *MLH* II, 90–92; *MLH* III 2, 55–56

91 Schwarz gefirniste attische Schale mit iberischem Graffito auf der Unterseite des Fußes (MLH B.1.59)

350/325 v. Chr.
Durchmesser (Fuß): 15 cm, Höhe der Buchstaben: ca. 1,2/1,6 cm
Musée d'Ensérune
Inv.-Nr. M 65
Fundort: Ensérune (Nissan-lez-Ensérune, Hérault)

Glänzend schwarz gefirniste Schale mit nach innen oder nach außen gebogenem Rand. Im Inneren eine aufgeprägte Verzierung: verschränkte Palmetten und Kreuzmuster. Die Unterseite des Schalenbodens ist mit iberischen Schriftzeichen versehen.
Text der Inschrift: »**ọśịobaŕenYị**«.
Es handelt sich möglicherweise um einen iberisierten gallischen Eigennamen, an den besitzanzeigende iberische Suffixe (»-en, -Yi«) angehängt wurden.
Wenn es sich tatsächlich um einen Personennamen handelt, wäre dies ein wichtiger chronologischer Hinweis, der Aufschluß über die Ankunft der Gallier in diesem Gebiet geben würde. J. de H./P. R.

Lit.: Untermann, *MLH* II, 135–137

92 Kampanische Schale mit iberischem Graffito auf der Unterseite des Fußes

2. Jahrhundert v. Chr.
Fragmentarisch erhaltene Schale: Teil des Gefäßbodens
Höhe: 5,5 cm, Durchmesser: 1,1 cm
Musée d'Ensérune
Inv.-Nr. M. 62
Fundort: Ensérune (Nissan-lez-Ensérune, Hérault)

Schwarz gefirniste Schale. Auf der Innenseite des Fußes befinden sich iberische Schriftzeichen (MLH B.1.54).

Text der Inschrift: »**kuleśba**« oder »**kuleś I**«. Bei ihr handelt es sich wohl um die Kurzform eines Eigennamens oder eine Abkürzung des Namens sowie vielleicht um eine Zahlenangabe. Es handelt sich um den Namen des Besitzers oder, falls auch eine Zahl eingraviert wurde, des Zwischenhändlers. J. de H./P. R.

Lit.: *MLH* II, 131–132; Jannoray 1955, 435, Taf. LXV, 25

93 Graeco-italische Amphore mit iberischer Inschrift (MLH B.7.17)

250/200 v. Chr.
Höhe: 60 cm
Musée de Sigean
Inv.-Nr. 308
Fundort: Abschnitt 12 von Pech Maho (Sigean, Aude)

Die graeco-italische Amphore wurde in einem Lagerareal in der letzten Schicht der Siedlung vergraben. Auf der Schulter der Amphore sind drei iberische Graffiti angebracht: »**uŕYYbeŕ / leistikeŕarYi / Y**«. Die zweite Buchstabenkombination nennt sicherlich den Eigentümer; es handelt sich um einen Eigennamen mit den Suffixen »-ar-Yi«. Die dritte nennt eine Zahl oder bezeichnet den Inhalt der Amphore. Die erste ist unverständlich und ergibt phonetisch keinen Sinn; es handelt sich wohl um eine Kombination aus Abkürzungen und logographischen Zeichen. J. de H./P. R.

Lit.: *MLH* II, 338; Solier 1960–1961, 65, 70–71; Pericay 1974, 235–237; Solier 1979, 79, 80, 84, 89, Abb. 15

94 Phiale aus Vielle-Aubagnan (MLH B.10.1)

Um 200 v. Chr. (?)
Vergoldetes Silber, aus Fragmenten zusammengesetzt
Durchmesser: 15 cm, Höhe der Buchstaben: 2,2 cm
Musée de Mont-de-Marsan
Fundort: Grabhügel in Vielle-Aubagnan (Landes), Lande Mesplède

In einem aquitanischen Grab aus der jüngeren Eisenzeit fand man zwei Phialen mit iberischen Inschriften, von denen eine hier wiedergegeben ist. Die eingravierten Texte sind ein seltenes Beispiel für in der Goldschmiedewerkstatt selbst angebrachte Inschriften. Die auf der Iberischen Halbinsel hergestellten Opferschalen kamen durch Tauschhandel oder als Beutestücke nach Aquitanien; die iberische Schrift war in dieser Region wahrscheinlich unbekannt.
Die mit einer figürlichen Darstellung geschmückte Schale ist nur fragmentarisch erhalten: Der *Omphalos* auf dem Gefäßboden ist als Wolfskopf gestaltet, an der Innenwand sind zwei weitere Figuren dargestellt. Die eine läuft, und ein Hund scheint ihr entgegenzuspringen (möglicherweise handelt es sich um die Darstellung einer Szene aus dem Aktaion-Mythos); die andere Figur trägt eine Tunika, die ihre Schulter bedeckt, und steht vor einem kleinen Gebäude. Eine iberische Inschrift ist gut lesbar. Diese Phiale läßt sich mit Exemplaren aus dem Schatz von Tivissa vergleichen (siehe Kat.-Nr. 246, 247).
Text der Inschrift: »]+**titeeki**[«.
Die ersten Zeichen könnten »be« oder »ku« bedeuten und ein Namenselement meinen (vgl. »beti[n]«, *MLH* III 1, § 7.37). Die Deutung ist zwar nicht gesichert, dennoch mögen die Parallelen auf Gefäßen aus Lliria, bei denen sich mehrfach Kombinationen aus einem Personennamen mit dem Suffix »te + ekiar« finden (Kat.-Nr. 48, 50), die Identifikation bestätigen. Diese Folgen wiederholen sich auch im Mosaik von Andelos und in anderen Inschriften. J. de H./P. R.

Lit.: Kimmig 1954, 41–98; Mohen 1980, 134–135, Abb. 80, Taf. 130; Hébert 1990, 14–31; *MLH* II, 381–382

95 Teller mit iberischem Graffito (MLH G.16.2)

4./3. Jahrhundert v. Chr. (?)
Dieser Silberteller entspricht dem am häufigsten vorkommenden der drei Tellertypen aus dem Schatz von Abengibre
Durchmesser: 31,8 cm, Höhe der Buchstaben: 1,6/2,2 cm, die kleineren sind 0,4 cm hoch
Museo Arqueológico Nacional, Madrid
Inv.-Nr. 38216
Fundort: Vallejo de las Viñas, 2 Kilometer südlich von Abengibre (Albacete)

Text der Inschrift: »**aiEron : ebiaren : EtíaW**«.
Im Süden gebräuchliche, linksläufige Schriftvariante. Die Lesart einiger Zeichen des Textes ist nicht zweifelsfrei geklärt; zwei dieser Zeichen sind in Großbuchstaben wiedergegeben, die der gängigen Form ähneln, aber nicht eindeutig interpretierbar sind: »bi« wird in *MLH* als »ba« gelesen. Die hier verwendeten senkrechten Trennlinien stellen eine seltene Form der Interpunktion dar. Außerdem weist der Teller mehrere Markierungen am Boden und eine am Rand auf.
Die Teller von Abengibre gehören zu einem Hortfund mit Silbergeschirr, das vielleicht aus einem Heiligtum stammte. Mehrere der Fundstücke tragen von verschiedenen Händen eingravierte Inschriften, aus denen sich Eigennamen sowie eine in Varianten wiederholte Sequenz von Worten bzw. Zeichen herauslesen lassen, wie z. B. in der vorliegenden Inschrift das »EtíaW«, wobei es sich wahrscheinlich um eine Widmung oder eine Gottheit handelt. J. de H.

Lit.: *MLH* III 2, 629–630. Zum Schatz von Abengibre allgemein: Sánchez Jiménez/Beltrán 1962, 5–13; Olmos/Perea 1994

96 Graeco-italische Amphore mit iberischem Stempel (MLH B.1.369)

250/200 v. Chr.
Hals und Henkel einer Weinamphore vom Typ Will E mit gestempelter Markierung und Buchstaben am Bauchansatz
Beigefarbener, feiner Ton
Höhe des Stempels: 1,8 cm, Breite: 2,3 cm
Musée d'Ensérune
Inv.-Nr. S 1220
Fundort: Silos von Ensérune, Grabungen von Sigal (genauere Angaben liegen nicht vor)

Das Besondere an diesem Gefäß ist die Kombination eines für den Handel mit italischem Wein typischen Gefäßes mit einem vor dem Brennen aufgeprägten iberischen Stempel. Dieser Umstand läßt darauf schließen, daß das Gefäß auf der Iberischen Halbinsel hergestellt wurde, die Iberer also graeco-italische Amphorenformen imitierten.
Auf den Henkel ist der iberische Schriftzug »**tiŕi**« gestempelt. Er nennt den Hersteller, der möglicherweise einen mit

»tri-« beginnenden, nichtiberischen Personennamen trug (vgl. das gallische »Tritos«). C. A. G./J. de H.

Lit.: *MLH* III 2, 305; Formigé 1943, 14, Abb. 12; Whatmough 1949–1951, 147; Jannoray 1955, 437; Claustres 1959, 51; Evans 1967, 378–380; Tchernia 1986, 94; Laubenheimer 1990, 35

Gemalte Buchstaben auf Gefäßen aus Lliria

Die bemalten Gefäße aus Lliria tragen häufig auch Schriftzeilen in iberischer Sprache. Gelegentlich, wenn auch selten, sind diese in die Szene integriert und erscheinen neben und zwischen den Figuren. Häufiger jedoch nimmt die Beschriftung teilweise oder ganz den Raum unterhalb der Öffnung des Gefäßes ein. Bei Gefäßen mit sehr breitem Rand ist die Schrift oft auch unmittelbar dort aufgemalt, so zum Beispiel bei den sogenannten *sombreros de copa*. Da die Bilder und die Beschriftung in derselben Herstellungsphase angebracht wurden, ist es unwahrscheinlich, daß sich die Texte direkt auf die Eigentümer beziehen, es sei denn, es handelte sich um Auftragsarbeiten, was im allgemeinen aber wohl eher selten vorkam. Es ist vielmehr davon auszugehen, daß es sich, wie bei den vergleichbaren Schriftzeilen auf griechischen Gefäßen, um den Namen des Töpfers bzw. Malers oder um Begriffe aus dem Bereich der Religion, des Spiels oder des gesellschaftlichen Lebens im weitesten Sinne handelt. Möglicherweise gaben die Inschriften aber auch Informationen über die dargestellten Szenen. J. de H.

Lit.: Bähr 1948, 83 (= 416); *MLH* III 2, 440; de Hoz 1992, 334–335; Bonet 1995, 437–464

97 Rand eines Gefäßes mit Inschrift (F.13.2.4)

Rand eines auf der Töpferscheibe hergestellten Gefäßes aus ockerfarbenem Ton mit roter Bemalung. Typ A II 2.2. Aus einer lokalen Werkstatt
Höhe: 2,9 cm, Durchmesser: 12,5 cm
Museo de Prehistoria Domingo Fletcher, Valencia
Fundort: Abschnitt 67 vom Tossal de Sant Miquel, Lliria (Valencia)

Fragmentarisch erhaltene Inschrift: »]**iarban : bastesiltiŕte**[«.
Das Element »iltiŕ« ist ein wichtiger Bestandteil der iberischen Personennamen und der Ortsbezeichnungen in weiten Gebieten von Süd- und Ostspanien, aber auch in bestimmten Teilen Südfrankreichs; »-te« ist wahrscheinlich ein Suffix. C. A. G./J. de H.

Lit.: *MLH* III 2, 476; Fletcher 1985; Bonet Rosado 1995, 455, Nr. LVII

98 Punisch-ebusitanische Amphoren

A: 300/200 v. Chr.
B: 125/75 v. Chr.
Auf der Töpferscheibe hergestellte Gefäße aus beigefarbenem, porösem Ton mit zahlreichen kleinen Einschlüssen. Die Oberfläche ist mit Rillen versehen. Halbkreisförmige Henkel.
Form: Ramón PE 15 und PE 18. Aus einer ebusitanischen Werkstatt
Gefäß A: Höhe: 108 cm, max. Durchmesser: 31,5 cm
Gefäß B: Höhe: 108 cm, max. Durchmesser: 31,4 cm
Museo Arqueológico Provincial, Alicante
Inv.-Nr. anf. 002 u. anf. 035
Fundort: Iberisch-römische Siedlungen vom Tossal de Manises (Lucentum) und Tossal de la Cala de Benidorm (Alicante)

Zwei im iberischen Kulturraum häufig vorkommende Amphoren mit bikonischem Körper. Sie stellen eine Variante des Typs Mañá E dar und belegen den Handel mit verschiedenen Erzeugnissen – vor allem Wein – zwischen Ibiza und dem iberischen Kulturbereich.
Mit der Ankunft der Römer wurde die Zahl der iberischen Inschriften nicht nur nicht geringer, sondern sie stieg sogar noch an, einerseits durch die Fortführung einer Tendenz, die bereits früher eingesetzt hatte, teilweise aber auch durch den römischen Einfluß. Dieser sorgte vor der Verdrängung der iberischen Sprache und Schrift durch das Lateinische und das entsprechende Alphabet für neue Formen und Anwendungsmöglichkeiten. C. A. G.

Lit.: Ramón 1995

99 Graeco-italische Amphoren mit iberischen tituli picti

1. Hälfte 2. Jahrhundert v. Chr.
Fragmente von Amphoren: Körper und Hälse
Direction Régionale des Antiquités Historiques, Toulouse
Fundort: Schacht in Vieille-Toulouse (Haute-Garonne)

Die graeco-italischen, für Transportzwecke verwendeten Amphoren stammen aus Sizilien oder Süditalien und gelangten erst später in den Schacht, in dem sie gefunden wurden. Die auf den Hals gemalten iberischen Schriftzeichen stehen in Zusammenhang mit dem Weinhandel und belegen die kaufmännischen Aktivitäten eines wahrscheinlich an der Küste des Languedoc angesiedelten Iberers, der als Zwischenhändler zwischen italischen Kaufleuten, die das Produkt nach Gallien transportierten, und dem Stamm der Volcae, die in der Region um Toulouse siedelten, tätig war. Jede Inschrift besteht aus der Abkürzung eines Personennamens – nur einmal findet sich ein mit dem lateinischen Alphabet wiedergegebener römischer Eigenname – und einer komplizierten Zahlenangabe; gelegentlich taucht ein zweiter Eigenname auf. Manche Amphoren tragen lateinische Stempel oder Inschriften, die mit ihrer ursprünglichen Herkunft in Zusammenhang stehen. Einzelheiten des numerischen Systems und des genauen Geschäftsablaufes sind noch ungeklärt.
J. de H.

Lit.: Lejeune 1983; Vidal/Magnol 1983; Oroz 1987; Bats 1988, 139; Laubenheimer 1990, 37–38; de Hoz 1995a, 70–71

99a Fragment Nr. 24 aus Schacht XLIV

Höhe: 12,5 cm, Breite: 10 cm,
Breite der Inschrift: 6 cm,
Höhe der Buchstaben: 0,7/0,9 cm

Text der Inschrift: »**iu : ΧΣΣΣLΠΨ**«.
Die Abkürzung am Anfang könnte einen iberischen oder gallischen Eigennamen bezeichnen, es läßt sich aber auch nicht ausschließen, daß es sich um einen Eigennamen handelt, der ursprünglich aus dem Languedoc stammte. Er taucht darüber hinaus auf einer Amphore aus dem Schacht XLVIII auf. J. de H.

Lit.: Vidal/Magnol 1983, 4, 6, 14

99b Fragment Nr. 30 aus Schacht XLIV

Höhe: 15 cm, Breite: 11 cm, Breite der Inschrift: 4,7 cm, Höhe der Buchstaben: 0,6/0,9 cm

Text der Inschrift: »**ka ΧΣΣΣΨIIII**«.
Die Abkürzung des Eigennamens ist ein einzelnes Zeichen, das auch als »l« gelesen werden könnte, doch gibt es vergleichbare Inschriften, in denen der Buchstabe eindeutig »ka« bedeutet. Die gleiche Inschrift fand sich auf Amphoren der Schächte A2, XLVI (2 Beispiele) sowie auf einer Amphore aus demselben Schacht. J. de H.

Lit.: Vidal/Magnol 1983, 3, 4, 12–13

99c Fragment Nr. 47 aus Schacht XLIV

Fast vollständig erhaltener Hals einer Amphore mit Henkelansätzen
Höhe: 16 cm, Breite: 18 cm, Durchmesser: 15 cm, Breite der Inschrift: 2,5 cm, Höhe der Buchstaben: 0,4/0,5 cm

Text der Inschrift: »**binuki ΧΣL**
ΨΠΙ«.

Der Eigenname ist möglicherweise nicht abgekürzt, jedoch nicht identifizierbar. Eine identische Inschrift fand sich im gleichen Schacht. J. de H.

Lit.: Vidal/Magnol 1983, 4, 12

99d Fragment Nr. 53 (= 27 bis) aus Schacht XLIV

Höhe: 11,5 cm, Breite: 6,5 cm,
Breite der Inschrift: 5 cm,
Höhe der Buchstaben: 0,4/0,7 cm

Text der Inschrift: »**ŕuba ΧLIIΨΠΙ/**
sakaŕ«.
Der abgekürzte Personenname ist nicht identifizierbar, das ergänzende Element »sakaŕ« ist in der iberischen Namengebung mehrfach bezeugt. Die gleiche Inschrift fand sich in diesem Schacht noch dreimal. J. de H.

Lit.: Vidal/Magnol 1983, 4, 5, 15

I – Erster Kontakt der Iberer mit Münzen

I A Der Import von griechischen Münzen und anderen Handelsgütern auf die Iberische Halbinsel

In einer Zeit (6. und 5. Jahrhundert v. Chr.), in der die Verwendung von Münzen in den zentralen und östlichen Mittelmeerregionen bereits stark verbreitet war und in der zahlreiche griechische Manufakturen Erzeugnisse für den iberischen Markt herstellten, ist es nur verständlich, daß Silbermünzen aus dem Besitz der reisenden Händler auch in iberische Hände gelangten. Aufgrund ihrer Datierung in das 6. und 5. Jahrhundert v. Chr. lassen sich die Münzen den Aktivitäten von Kaufleuten aus Phokäa zuordnen. Entweder handelt es sich um Münzen aus Kleinasien oder solche aus dem Umfeld phokäischer Siedlungen im Westen. Im 4. Jahrhundert v. Chr. übernahmen Großgriechenland und Sizilien die Führungsposition im Handel auf den westlichen Märkten und produzierten auch einen Teil der dort umgeschlagenen Güter. Auch die Anwesenheit iberischer Söldner auf Sizilien mag zur stärkeren Verbreitung sizilischer Münzen auf der Iberischen Halbinsel beigetragen haben, die im Gegensatz zu den älteren Münzen größer und schwerer sind.
M. P. G-B./P. P. R.

Importierte griechische Münzen

100 Silber, Tetradrachme, syrakosion (Syrakus)

Um 485/425 v. Chr.
Durchmesser: 2,3 cm, Gewicht: 17,14 g

Vorderseite: Fahrende Quadriga nach rechts, darüber fliegende Siegesgöttin mit einem Kranz in der Hand. Rückseite: Kopf der Artemis-Arethusa nach rechts, um den Rand vier Delphine und die Legende »ΣΥΡΑΚΟΣΙΟΝ«.
M. P. G-B./P. P. R.

Lit.: Boehringer Nr. 129; Delepierre Nr. 620

101 Silber, Tetradrachme, leontinon (Leontinoi)

Um 466/422 v. Chr.
Durchmesser: 2,4 cm, Gewicht: 17,5 g

Vorderseite: Kopf des Apollon nach rechts. Rückseite: Kopf eines Löwen nach rechts, um den Rand vier Getreidekörner und die Legende »ΛΕΟΝΤΙΝΟΝ«.
M. P. G-B./P. P. R.

Lit.: Delepierre Nr. 568

102 Silber, Tetradrachme, selinontion (Selinunt)

Um 465/409 v. Chr.
Durchmesser: 2,5 cm, Gewicht: 17,13 g

Vorderseite: Von Artemis gesteuerte Quadriga nach rechts, im Segment unterhalb der Figur ein Getreidekorn. Rückseite: Selinos nach links vor einem Altar, darüber die Legende »ΣΕΛΙΝΟΝΤΙΟΝ«.
M. P. G-B./P. P. R.

Lit.: Delepierre Nr. 606

Die Münzen Nr. 100–166 stammen aus dem Cabinet des Monnaies et Médailles, Bibliothèque Nationale de France, Paris
CNH L. Villaronga, *Corpus Nummum Hispaniae ante Augusti Aetatem,* Madrid 1994
MHC L. Villaronga, *Las monedas hispano-cartaginesas,* Barcelona 1973

103 Silber, Stater (Korinth)

5. Jahrhundert v. Chr.
Durchmesser: 2 cm, Gewicht: 8,35 g

Vorderseite: Pegasus nach rechts, darunter der Buchstabe »ϙ«. Rückseite: Kopf der Athena nach rechts in einem eingetieften Quadrat. M .P. G-B./P. P. R.

Lit.: Ravel Nr. 249; Delepierre Nr. 1860

104 Silber, Obolus (Massalia, Marseille)

Durchmesser: 1 cm, Gewicht: 0,85 g

Vorderseite: Kopf eines Mannes nach rechts. Rückseite: Zwischen den Speichen eines Rades die Buchstaben »M A«.
M. P. G-B./P. P. R.

Lit.: Delepierre Nr. 48

I B Der Umlauf der Münzen aus lokalen Prägestätten, Handelszentren, zu denen die Iberer direkten Zugang hatten

Der Schatz von Morella

Im Jahre 1862 wurde in der Nähe von Morella (Castellón) ein Münzhort gefunden, dessen genaue Fundumstände und Gesamtumfang nicht bekannt sind. Durch die 1877 veröffentlichte Beschreibung von Zobel und den in der Bibliothèque Nationale in Paris erhaltenen Bestand an Münzen dieses Hortes ließ sich der Fund als Informationsquelle zumindest teilweise nutzbar machen. Der Schatz bietet quasi eine Momentaufnahme des gegen Mitte des 4. Jahrhunderts v. Chr.

auf dem Gebiet der iberischen Ilercavonen in Umlauf befindlichen Geldes. Bei allen erhaltenen Münzen handelt es sich um silberne Scheidemünzen. Die Mehrzahl stellen von der Iberischen Halbinsel stammende griechische Münzen, die sogenannten emporitanischen Scheidemünzen dar, aber auch nicht genauer bestimmbare Münzen aus Ionien und Massalia kommen vor. Andere Schatzfunde bestätigen Typologie und Herkunft der im 4. Jahrhundert v. Chr. in Umlauf befindlichen Münzen.
M. P. G-B./P. P. R.

105 Silberne Münze aus Ionien, Prägestätte unbekannt

6. Jahrhundert v. Chr.
Durchmesser: 0,8 cm, Gewicht: 1,26 g

Vorderseite: Kopf eines Kriegers mit ionischem Helm nach links. Rückseite: Eingetieftes Quadrat. M .P. G-B./P. P. R.

Lit.: Muret Nr. 494; Ripollès Nr. 1

106 Silberne Münze aus Ionien (Phokäa ?)

6. Jahrhundert v. Chr.
Durchmesser: 0,8 cm, Gewicht: 1,13 g

Vorderseite: Kopf einer Frau mit Haube und Ohrgehänge in Form einer Blüte nach links. Rückseite: Eingetieftes Quadrat. M .P. G-B./P. P. R.

Lit.: Muret Nr. 495; Ripollès Nr. 2

107 Silberne Münze vom Typ Auriol

2. Hälfte 5. Jahrhundert v. Chr.
Durchmesser: 0,8 cm, Gewicht: 0,72 g

Vorderseite: Kopf eines Widders nach rechts. Rückseite: Perlenkreuz innerhalb einer eingetieften Fläche.
M .P. G-B./P. P. R.

Lit.: Muret Nr. 493; Ripollès Nr. 3

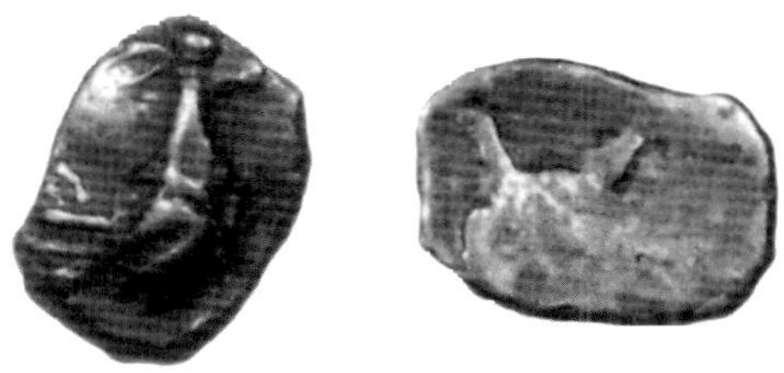

108 Silberne Scheidemünze aus Ampurias

Durchmesser: 0,8 cm, Gewicht: 0,41 g

Vorderseite: Hahn nach rechts. Rückseite: Krebs. M. P. G-B./P. P. R.

Lit.: Muret Nr. 491; Ripollès Nr. 9

109 Silberne Scheidemünze aus Ampurias

Durchmesser: 0,7 cm, Gewicht: 0,53 g

Vorderseite: Adler nach rechts. Rückseite: Krebs. M. P. G-B./P. P. R.

Lit.: Muret Nr. 490; Ripollès Nr. 10

110 Silberne Scheidemünze aus Ampurias

Durchmesser: 0,7 cm, Gewicht: 0,29 g

Vorderseite: Schildkröte. Rückseite: Astragal (kleiner Würfelknochen).
M. P. G-B./P. P. R.

Lit.: Muret Nr. 476; Ripollès Nr. 11

111 Silberne Scheidemünze aus Ampurias

Gewicht: 0,47 g

Vorderseite: Kopf eines Wildschweins nach links. Rückseite: Gorgonenhaupt.
M. P. G-B./P. P. R.

Lit.: Muret Nr. 485; Ripollès Nr. 12

112 Silberne Scheidemünze aus Ampurias

Durchmesser: 0,7 cm, Gewicht: 0,37 g

Vorderseite: Kopf eines Wildschweins nach links. Rückseite: Gorgonenhaupt.
M. P. G-B./P. P. R.

Lit.: Muret Nr. 486; Ripollès Nr. 13

113 Silberne Scheidemünze aus Ampurias

Durchmesser: 0,8 cm, Gewicht: 0,93 g

Vorderseite: Kopf einer Frau nach rechts. Rückseite: Tintenfisch.
M. P. G-B./P. P. R.

Lit.: Muret Nr. 489; Ripollès Nr. 14

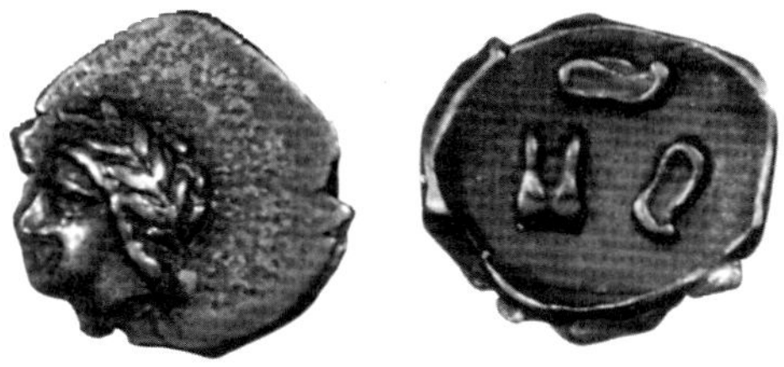

114 Silberne Scheidemünze aus Ampurias

Durchmesser: 1 cm, Gewicht: 0,47 g

Vorderseite: Kopf des Apollon nach links. Rückseite: Drei Astragale.
M. P. G-B./P. P. R.

Lit.: Zobel 1877–1879, 118, Nr. 2; Ripollès Nr. 15; Bibliothèque Nationale, Paris, Nr. 477

115 Silberne Scheidemünze aus Ampurias

Durchmesser: 1 cm, Gewicht: 0,94 g

Vorderseite: Kopf eines Stiers in Frontalansicht. Rückseite: Kopf einer Frau nach rechts, davor die Legende »EMΠ«.
M. P. G-B./P. P. R.

Lit.: Zobel 1877–1879, 118, Nr. 1; Ripollès Nr. 16; Bibliothèque Nationale, Paris, Nr. 492

116 Silberne Scheidemünze aus Ampurias

Durchmesser: 0,8 cm, Gewicht: 0,96 g

Vorderseite: Kopf der Athena nach rechts. Rückseite: Eule in Frontalansicht zwischen zwei Olivenzweigen; zu beiden Seiten die Legende »E[M]«.
M. P. G-B./P. P. R.

Lit.: Muret Nr. 487; Ripollès Nr. 17

Kleine Scheidemünzen aus Ampurias

Die ersten auf der Iberischen Halbinsel geprägten Münzen stammen von im Nordosten ansässigen Griechen. Man bezeichnet sie als »kleine Scheidemünzen«, weil es sich stets und über zwei Jahrhunderte hinweg um Münzen von geringem Gewicht (unter einem Gramm) und Durchmesser (zwischen 6 und 10 Millimeter) handelt. Diese Münzen trugen fast ein Jahrhundert lang keine Legende, weshalb ihr Ursprung nicht genau zu bestimmen ist. Es ist jedoch sehr wahrscheinlich, daß sie in Emporion geprägt wurden, denn der Name dieser Stadt erscheint in abgekürzter Form auf den im 4. Jahrhundert v. Chr. geprägten Scheidemünzen. Ihre Bilder waren sehr abwechslungsreich gestaltet und verarbeiteten Einflüsse von anderen damals in Umlauf befindlichen Münzen, wobei man sich besonders häufig an Vorbildern aus Sizilien und Großgriechenland orientierte. M. P. G-B./P. P. R.

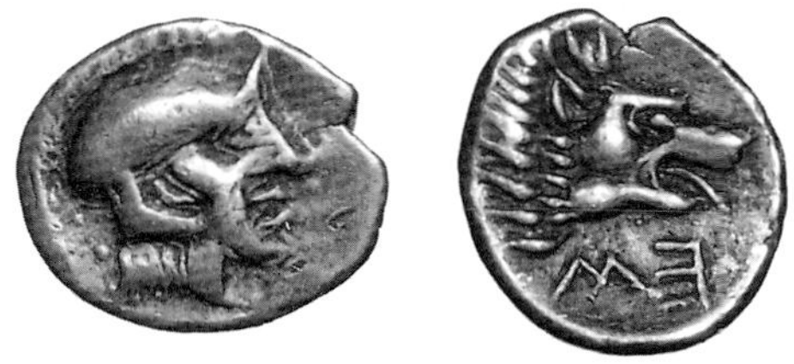

117 Silberne Scheidemünze aus Ampurias

Durchmesser: 1 cm, Gewicht: 0,9 g

Vorderseite: Behelmter Kopf nach rechts. Rückseite: Kopf eines Löwen nach rechts; darunter die Legende »MƎ«.
M. P. G-B./P. P. R.

Lit.: Guadán Nr. 108; Bibliothèque Nationale, Paris, Nr. 34 (Luynes)

118 Silberne Scheidemünze aus Ampurias

Durchmesser: 1,1 cm, Gewicht: 0,86 g

Vorderseite: Behelmter Kopf nach rechts. Rückseite: Menschenköpfiger Stier nach rechts; darüber die Legende »EMΠ«.
M. P. G-B./P. P. R.

Lit.: Guadán Nr. 63; Bibliothèque Nationale, Paris, Nr. 35 (Luynes)

119 Silberne Scheidemünze aus Ampurias

Durchmesser: 1,2 cm, Gewicht: 0,95 g

Vorderseite: Kopf einer Frau in Frontalansicht, zu beiden Seiten die Legende »E M«. Rückseite: Reiter nach rechts. M. P. G-B./P. P. R.

Lit.: Bibliothèque Nationale, Paris 2222 (Galas)

Rhode und Emporion

Die griechische Kolonie Rhode begann in der ersten Hälfte des 3. Jahrhunderts v. Chr. mit der Prägung von etwa 4,7 Gramm schweren Silbermünzen. Ob hier bereits früher Scheidemünzen geprägt wurden, ist nicht völlig sicher; nun wurden die Münzen jedoch erstmals mit der Legende »ΡΟΔΕΤΩΝ« versehen. Die Münzen aus Rhode sind keine Scheidemünzen wie die bis zu diesem Zeitpunkt geprägten lokalen Münzen. Möglicherweise kam dieses neue Geld – im allgemeinen bezeichnet man die Münzen als Drachmen – den Bedürfnissen der Stadt eher entgegen. Mehr oder weniger gleichzeitig mit der Ausgabe von Silbermünzen prägte die Stadt für den lokalen Gebrauch auch bronzene Scheidemünzen, die ähnlich gestaltet waren wie die Drachmen und häufig Umprägungen sardischer Münzen darstellten (300–264 v. Chr.). Dies beweist, daß Rhode engen Kontakt mit dem punischen Kulturkreis hatte.
Etwa gleichzeitig mit Rhode begann auch das benachbarte Emporion mit der Prägung von Drachmen mit ähnlichem Standardgewicht (4,7 Gramm). Diese Münzen wurden aber in weit größerer Menge und über einen deutlich längeren Zeitraum ausgegeben. Die erste Emission mit dem Motiv eines stehenden Pferdes belegt die guten Beziehungen, die die Stadt zur punischen Welt unterhielt. Später, wohl kurz vor dem Jahr 218 v. Chr., prägte Emporion erneut große Münzen, diesmal allerdings zusammen mit silbernen Scheidemünzen. Für die Rückseite wählte man einen Pegasus, dessen Kopf kurze Zeit später in spielerischer Variation des Motivs zum Kopf eines Kindes wurde, das mit ausgestreckten Armen seine Füße berührt. Von den Drachmen mit der Pegasus-Rückseite und ihren Varianten gelangte eine sehr große Zahl in Umlauf. Mit diesen Münzen finanzierten die Römer einen Großteil der Kosten des Zweiten Punischen Krieges. Im 2. und zu Beginn des 1. Jahrhunderts v. Chr. wurden immer wieder Silbermünzen mit Pegasus-Motiv auf der Rückseite ausgegeben. M. P. G-B./P. P. R.

120 Silber, Drachme, rodeton (Rhode)

1. Hälfte 3. Jahrhundert v. Chr.
Durchmesser: 1,7 cm, Gewicht: 4,4 g

Vorderseite: Kopf einer Frau nach links, davor die Legende »ΡΟΔΗΤΩΝ«. Rückseite: Rosette. M. P. G-B./P. P. R.

Lit.: Guadán Nr. 31; Bibliothèque Nationale, Paris, Nr. 9 (Luynes)

121 Silber, Drachme, rodeton (Rhode)

1. Hälfte 3. Jahrhundert v. Chr.
Durchmesser: 3 cm, Gewicht: 4,62 g

Vorderseite: Kopf einer Frau nach links, davor die Legende »ΡΟΔΗΤΩΝ«. Rückseite: Rosette. M. P. G-B./P. P. R.

Lit.: Guadán Nr. 30; Bibliothèque Nationale, Paris, Nr. 4

Fraktionen aus Emporion

122 Silber, Drachme, enporiton (Emporion)

Um 300/241 v. Chr.
Durchmesser: 1,8 cm, Gewicht: 4,49 g

Vorderseite: Kopf einer Frau nach links, davor die Legende »[E]Ν[ΠΟ]ΡΙΤΩΝ«. Rückseite: Stehendes Pferd nach rechts, darüber eine fliegende Nike mit Kranz. M. P. G-B./P. P. R.

Lit.: Guadán Nr. 134; Bibliothèque Nationale, Paris, Nr. 40

Scheidemünzen aus Emporion

123 Silber, Drachme, emporiton (Emporion)

Um 300/241 v. Chr.
Durchmesser: 3,5 cm, Gewicht: 4,46 g

Vorderseite: Kopf einer Frau nach links, davor die Legende »ENΠΟΔΕΙΤΩΝ«. Rückseite: Pferd nach rechts, darüber eine fliegende Nike. M. P. G-B./P. P. R.

Lit.: Guadán Nr. 138; Bibliothèque Nationale, Paris, Nr. 41

124 Silber, Drachme, emporiton (Emporion)

Letztes Drittel 3. Jahrhundert v. Chr.
Durchmesser: 1,8 cm, Gewicht: 4,85 g

Vorderseite: Kopf einer Frau nach rechts; vor dem Gesicht zwei Delphine, im Nacken ein weiterer. Rückseite: Pegasus nach rechts, darunter die Legende »ΕΜΠΟΡΙΤΩΝ«. M. P. G-B./P. P. R.

Lit.: Guadán Nr. 509; Bibliothèque Nationale, Paris, Nr. 20 (Luynes)

125 Silber, Drachme (Emporion)

Letztes Drittel 3. Jahrhundert v. Chr.
Durchmesser: 2 cm, Gewicht: 4,7 g

Vorderseite: Kopf einer Frau nach rechts; vor dem Gesicht zwei Delphine, im Nacken ein weiterer. Rückseite: Pegasus nach rechts mit verändertem Kopf.
M. P. G-B./P. P. R.

Lit.: Guadán Nr. 509; Bibliothèque Nationale, Paris, Nr. 17 (Luynes)

Die hispanisch-karthagischen Münzen

Nach dem Verlust Siziliens wandten sich die Karthager im Jahr 237 v. Chr. auf der Suche nach neuen Rohstoffquellen der Iberischen Halbinsel zu. Schon kurze Zeit später begann die karthagische Münzprägung zur Finanzierung ihrer Unternehmungen und insbesondere zur Entlohnung des Söldnerheeres, das ihre Eroberungen und ihren Herrschaftsbereich sichern sollte. Wenige Jahre später steigerte man die Münzemission, um die Kosten des erneuten Krieges gegen Rom (218–206 v. Chr.) zu decken. Die Karthager brachten ein vollständiges Münzsystem auf die Iberische Halbinsel und prägten Geld aus Gold, Silber und Kupfer. Der Umlauf der Münzen aus Gold oder der Gold-Silber-Legierung Elektron hat nur wenige Spuren hinterlassen. Im Gegensatz dazu fanden sich zahlreiche Silbermünzen, die in der Einheit des Schekel in Umlauf waren; es gab Münzen zu 3, 2, 1, 1/2 und 1/4 Schekel. Das Durchschnittsgewicht eines Schekels betrug zunächst etwa 7,2 Gramm, doch im Laufe des Krieges und im Zuge eines starken Anstiegs der Neuprägungen vollzog sich eine Abwertung auf etwa 6 Gramm. Dies hing darüber hinaus mit einer gespannten Finanzlage und dem Versuch zusammen, die karthagischen Münzen an die römische Währung (diese war leichter und von geringerem Feingehalt) anzunähern. Die Karthager brachten aber auch zahlreiche Kupfermünzen in Umlauf, die ihnen kleinere finanzielle Transaktionen erlaubten. Das Standardgewicht einer Münze betrug 8–9 Gramm, stieg später aber auf 10–11 Gramm.
M. P. G-B./P. P. R.

126 Silber, hispano-karthagisches Zwei-Schekel-Stück

Um 237/218 v. Chr.
Durchmesser: 2,2 cm, Gewicht: 14,75 g

Vorderseite: Kopf eines Mannes mit Diadem nach links. Rückseite: Schiffsbug nach rechts. M. P. G-B./P. P. R.

Lit.: *MHC* Nr. 14; Bibliothèque Nationale, Paris, Nr. 497a

127 Silber, hispano-karthagisches Zwei-Schekel-Stück

Um 237/218 v. Chr.
Durchmesser: 2,6 cm, Gewicht: 14,61 g

Vorderseite: Kopf des Herakles-Melkart nach links. Rückseite: Elefant mit Führer nach rechts. M. P. G-B./P. P. R.

Lit.: *MHC* Nr. 31; Bibliothèque Nationale, Paris, Nr. 3958 (Luynes)

128 Silber, hispano-karthagisches 1,5-Schekel-Stück

Um 237/218 v. Chr.
Durchmesser: 2,6 cm, Gewicht: 11,8 g

Vorderseite: Kopf des Herakles-Melkart nach links. Rückseite: Elefant nach rechts, ohne Führer. M. P. G-B./P. P. R.

Lit.: *MHC* Nr. 37; Bibliothèque Nationale, Paris, Nr. 3959 (Luynes)

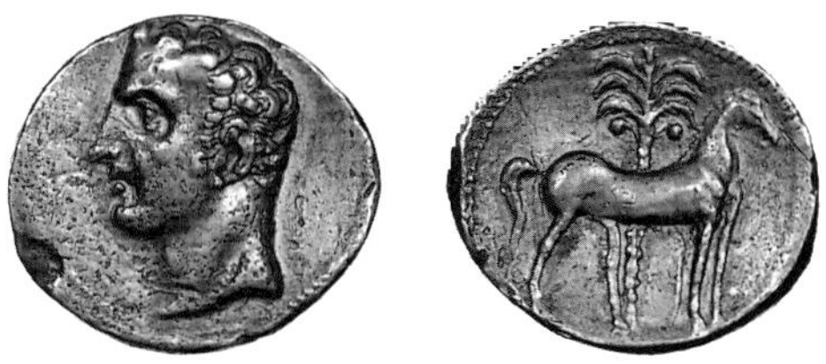

129 Silber, hispano-karthagischer Schekel

Um 218/206 v. Chr.
Durchmesser: 2,2 cm, Gewicht: 7,28 g

Vorderseite: Kopf eines Mannes nach links. Rückseite: Stehendes Pferd nach rechts, dahinter eine Palme.
M. P. G-B./P. P. R.

Lit.: *MHC* Nr. 129–1; Vogüé Nr. 706

130 Silber, Drachme (Ebusus, Ibiza)

Ende 3. Jahrhundert v. Chr.
Durchmesser: 1,7 cm, Gewicht: 2,57 g

Vorderseite: Der ägyptische Gott Bes. Rückseite: Schreitender Stier nach links, Kopf in Frontalansicht.
M. P. G-B./P. P. R.

Lit.: Campo Nr. 24; Bibliothèque Nationale, Paris, Nr. 1563

II – Der Übergang zu einer eigenständigen Münzprägung

II A Iberische Münzen vorrömischer Zeit

Die Griechen und Karthager lehrten die Iberer nicht nur, wie man Münzen sinnvoll verwendet, sondern auch, wie man sie durch die Auswahl entsprechender Bilder zu Wahrzeichen des staatlichen Lebens macht. Die iberische Elite wählte ihre Bilder in Anlehnung an das Repertoire der anderen Mittelmeervölker, jedoch aus dem eigenen Götterpantheon. Die waffentragende Göttin aus Sagunt und Indica (die iberische Siedlung von Ampurias) war sehr wahrscheinlich diejenige, die Strabo als Artemis der Iberer bezeichnete. Es handelte sich um eine echte Tyche, die die Stadtbewohner an Land und auf See beschützte, wie die zahlreichen Attribute deutlich machen, die ihr beigegeben wurden: ein Schiffsbug (Kat.-Nr. 50), Delphine, Muscheln usw. Man sollte sich in diesem Zusammenhang daran erinnern, daß zu jener Zeit auch auf römischen Denaren deren eigene Tyche wiedergegeben wurde, die Göttin Roma. Die iberische Gottheit, deren Namen wir nicht kennen, weil die klassischen Autoren fremde Götter stets mit Hilfe ihres eigenen Pantheons klassifizierten, wurde von Strabo als Diana und von Polybios als Aphrodite bezeichnet; sie war somit gleichzeitig jungfräulich und fruchtbar wie alle *Magnae Matres* (Große Muttergottheiten) des Mittelmeerraums. Die Darstellungen auf den Münzrückseiten beziehen sich im allgemeinen auf Gründungsmythen, vor allem den von Sagunt, wie ihn Silius Italicus (I, 273) überliefert: Herakles und Acheloos, der älteste Fluß der Erde (ein Stier mit Menschengesicht), kämpfen um Deianeira. Dabei wird dem Stier eines seiner Hörner abgebrochen, das sich in ein fruchtbarkeitsspendendes Füllhorn für das Tal von Sagunt verwandelt. Der auf iberischen Münzen immer wieder abgebildete Herakles ist häufig mit Meeressymbolen wiedergegeben und ähnelt dadurch eher dem phönizischen Melkart als dem klassischen Herakles.
Die Iberer begnügten sich nicht mit einer eigenen Ikonographie und eigenen Maßeinheiten, sie verwendeten auch ihre eigene Schrift, die durch den Münzumlauf auch bei ihren Nachbarn, etwa den Keltiberern und den Galliern, bekannt wurde. Die Ortsbezeichnung »Arse« taucht in verschiedenen Zusammenhängen auf, wobei sich die genaue Bedeutung nicht eindeutig klären läßt: »arsesken« (»die Bewohner von Arse«?), »arsakiskuekiar« (»Werk« oder »Münzprägung aus Arse«?).
M. P. G-B./P. P. R.

131 Silber, iberische Drachme, arse (Sagunt)

Um 220/212 v. Chr.
Durchmesser: 1,4 cm, Gewicht: 2,67 g

Vorderseite: Behelmte Göttin nach rechts. Rückseite: Acheloos (Stier mit Menschengesicht) nach rechts, darüber die Legende »arseetar«. M. P. G-B./P. P. R.

Lit.: *CNH* Nr. 305,4; Bibliothèque Nationale, Paris, Nr. 960

Der gleiche Münztyp findet sich auch in Kampanien, von wo aus die Saguntiner, nach Ausweis einiger antiker Quellen, auf die Iberische Halbinsel gekommen waren.

132 Silber, iberische Drachme, arse (Sagunt)

Um 195/180 v. Chr.
Durchmesser: 1,4 cm, Gewicht: 2,56 g

Vorderseite: Kopf des Herakles nach links, mit Keule, davor ein Stern und ein Dreizack, Symbole einer Himmels- bzw. Meeresgottheit. Rückseite: Stier mit Menschenkopf, davor ein Halbmond, darüber die Legende »arskitar«. M. P. G-B./P. P. R.

Lit.: *CNH* Nr. 306,12; Bibliothèque Nationale, Paris, Nr. 256 (Luynes)

»Castulo, starke, edle Stadt, so sehr mit den Karthagern verbunden, daß die Gattin Hannibals von dort kam.« Die Macht Castulos beruhte auf den reichen Silbervorkommen, durch die die Stadt zum Zentrum der Bergwerksregion in der östlichen Sierra Morena wurde. Die ersten Münzen stammen aus der Zeit Hannibals und zeigen auf der Rückseite eine Sphinx in punischem Stil (dem einzigen Kulturkreis, der zu jener Zeit noch orientalisierende ikonographische Vorbilder aufgriff), doch die Bedeutung der Darstellung ist nicht eindeutig geklärt. Vielleicht handelt es sich um eine Anspielung auf eine chthonische Gottheit, die das Silber im Erdinneren entstehen ließ, eine Astarte-Tanit, die, wie die sogenannte *Dama de Galera* im Museo Arqueológico in Madrid, häufig auf einem von zwei Sphingen gerahmten Thron wiedergegeben wurde. Der Kopf auf der Vorderseite ist von hellenistischen Vorbildern inspiriert und stellt möglicherweise einen lokalen Stammesfürsten oder Hannibal selbst dar, denn das Diadem, das er trägt, ist ein königliches Symbol. Die Sphinx von Castulo bleibt über verschiedene Münzserien hinweg unverändert (vgl. Kat.-Nr. 157). Die Legenden der Münzen aus Castulo bedienten sich der südlichen, linksläufigen Schriftvariante, ein Beleg dafür, daß die Stadt eher dem turdetanischen als dem mittelmeerischen iberischen Kulturkreis angehörte. M. P. G-B./P. P. R.

133 Bronze, Duplo, kastilo (Castulo, Cazlona)

Um 220/209 v. Chr.
Durchmesser: 3,1 cm, Gewicht: 21,03 g

Vorderseite: Kopf eines Mannes mit Diadem nach rechts. Rückseite: Schreitende Sphinx nach rechts; davor ein Stern, darunter die linksläufige Legende »kastilo«. M. P. G-B./P. P. R.

Lit.: García-Bellido 1982, 14; Bibliothèque Nationale, Paris, Nr. 911

II B Gallische und iberische Nachahmungen von Münzen aus Rhode/Emporion

Die Nachahmung fremder Münzen ist ein typisch keltisches Phänomen. Sie beginnt mit der getreuen Imitation fremder Münzen und entnimmt später dem Bildrepertoire anderer Kulturkreise all jene Elemente, die sich den eigenen Traditionen anpassen lassen. Die Münzen aus Rhode und Emporion standen dem westlichen gallisch-keltischen Kulturkreis am nächsten; sie entwickelten sich schließlich zur festen Währung, zum Zahlungsmittel und zum Grundstock von Vermögen. Diese Kopien finden sich von der Mitte des 3. Jahrhunderts bis zum 1. Jahrhundert v. Chr., als Rhode und Emporion selbst bereits aufgehört hatten, Münzen zu prägen. Am beliebtesten und langlebigsten waren die sogenannten »à la croix«-Münzen, die zum größten Teil von den Volcae Aquitaniens und der Narbonensis geprägt wurden. Dabei wurde die Rose auf der Rückseite der Münzen aus Rhode so stark stilisiert, daß sie schließlich wie ein einfaches Kreuz aussah.
Wenig später begannen die katalonischen »Iberer«, die emporitanischen Drachmen mit dem Pegasus nachzuahmen. Diese Imitationen setzten mit dem Zweiten Punischen Krieg ein und verschwanden langsam zwischen 206 und 180 v. Chr., als sie vom iberischen Denar abgelöst wurden. Die iberischen Drachmen spielten zu Beginn der römischen Eroberungskriege eine wichtige wirtschaftliche Rolle. Mit ihnen war die Kriegskasse der römischen Eroberer gefüllt, die Historiker bezeichneten sie anachronistisch als »argentum Oscense« (vgl. Kat.-Nr. 162). Die Gestalt auf der Vorderseite ist eine dem Meer verbundene Artemis, die Emporion und Rhode von syrakusanischen Münzen übernommen hatten. M. P. G-B./P. P. R.

134 Silber, gallische Drachme, Imitation einer Münze aus Rhode (Narbonensis, Languedoc?)

Anfang 2. Jahrhundert v. Chr.
Durchmesser: 1,7 cm, Gewicht: 4,8 g

Vorderseite: Kopf einer Frau von keltischem Typus nach links, mit üppigen Locken und Halsschmuck. Rückseite: Vier Rosenblätter, die in der Mitte Raum für eine weitere Blüte lassen; keine Legende. M. P. G-B./P. P. R.

Lit.: Saves Nr. 503; Bibliothèque Nationale, Paris, Nr. 5

135 Silber, iberische Drachme, Imitation einer Münze aus Emporion

Um 218/195 v. Chr.
Durchmesser: 1,9 cm, Gewicht: 4,51 g

Vorderseite: Kopf einer Frau mit Diadem und Ähren nach rechts (Artemis?), um den Rand drei Delphine. Rückseite: Pegasus nach rechts, darunter die fehlerhafte griechische Legende »ΗΜΠΡΙΤΙ«.
M. P. G-B./P. P. R.

Lit.: Guadán Nr. 812; Bibliothèque Nationale, Paris, Nr. 48

136 Silber, iberische Drachme, Imitation einer Münze aus Emporion

Um 218/195 v. Chr.
Durchmesser: 1,5 cm, Gewicht: 4,55 g

Vorderseite: Kopf einer Frau mit Diadem und Ähren nach rechts (Artemis?), um den Rand drei Delphine. Rückseite: Pegasus nach rechts, darunter die fehlerhafte griechische Legende »CHLOINM«.
M. P. G-B./P. P. R.

Lit.: Guadán Nr. 816; Bibliothèque Nationale, Paris, Nr. 26B

III – Die iberische Münzprägung unter römischer Herrschaft

III A Iberische Münzen aus der Hispania Citerior

Unter römischer Verwaltung wurde eine Neuordnung des iberischen Territoriums vorgenommen; es wurden Hauptstädte geschaffen, denen einzelne Regionen unterstellt wurden. Die Zahl und die Aktivität der Münzprägestätten im heutigen Katalonien wurden beträchtlich eingeschränkt, während ihre Zahl im Ebrotal und in den Vorpyrenäen zunahm (vgl. Karte). Nur die Hauptstädte der jeweiligen Regionen durften silberne iberische Denare prägen, die in der Hauptsache zum Bezahlen der Steuern verwendet wurden. Die übrigen Städte prägten Bronzemünzen, wahrscheinlich, um die Beschaffung der Rohstoffe zu finanzieren, die die Römer benötigten. In bestimmten Städten, etwa Undica, Ausa oder Kese, setzte die Münzprägung bereits früh und intensiv ein. An anderen Orten wurden nur gelegentlich Münzen geprägt, weil man dort die Steuerschulden in Form von Rohmetall bezahlte.
Gemeinsam war allen Prägungen aus der Hispania Citerior auf der Vorderseite der Kopf eines Mannes im Profil und auf der Rückseite ein Reiter mit einem Palmzweig, einer Lanze, einem Schwert oder einer Wurfwaffe: Wurfpfeil, Sichel oder Doppelaxt. Wir wissen nicht viel über diesen »iberischen Reiter«. Handelt es sich um eine Gottheit oder um einen Krieger aus der herrschenden sozialen Schicht? Zweifellos treffen beide Deutungen zu, wenn man Almagro-Gorbea folgen möchte, der vermutet, daß die iberischen und die keltiberischen Städte ihre gesellschaftliche Struktur um eine Reiterklasse aufgebaut hatten, deren mythifiziertes Bild mit den Münzen verbreitet wurde. Der Kopf des Mannes auf der Vorderseite ist manchmal von Delphinen umgeben, eine Darstellung, die von den emporitanischen Münzen kopiert wurde, die hier jedoch eine andere Bedeutung hat. Vielleicht handelt es sich, wie in Sagunt, um eine Himmels- und Meeresgottheit, einen iberischen Herakles.
M. P. G-B./P. P. R.

Undica, die iberische Siedlung von Ampurias, prägte keinen männlichen Kopf auf ihre Münzen, sondern – wie Sagunt und Valentia – eine bewaffnete Göttin, die iberische Artemis (vgl. oben). Der Pegasus auf der Rückseite ist von Münzbildern aus Ampurias kopiert und könnte (nach Olmos) auf eine durch den Hufschlag des Pegasus entsprungene Süßwasserquelle am Ufer des Meeres anspielen.

137 Bronze, As, untikesken (Undica, Ampurias)

Um 150 v. Chr.
Durchmesser: 2,5 cm, Gewicht: 25,37 g

Emission, die den iberischen Namen des für die Münzprägung zuständigen Beamten nennt. Vorderseite: Kopf einer behelmten Göttin nach rechts, davor der Personenname »iskeřbeleś«. Rückseite: Über dem Wort »untikesken« springender Pegasus nach rechts, darunter der Eigenname »iltiřařker«. M. P. G-B./P. P. R.

Lit.: *CNH* Nr. 147,43; Bibliothèque Nationale, Paris, Nr. 69

138 Bronze, untikesken (Undica, Ampurias), eine halbe Münzeinheit

Um 150 v. Chr.
Durchmesser: 2,4 cm, Gewicht: 11,59 g

Vorderseite: Kopf einer behelmten Göttin nach rechts, davor die Legende »untikesken«. Rückseite: Laufender Stier nach rechts, darunter die Legende »eterter«.
M. P. G-B./P. P. R.

Lit.: *CNH* Nr. 148,17; Bibliothèque Nationale, Paris, Nr. 77

Die Stadt **Barcino** (Barcelona) ist bereits im 3. Jahrhundert v. Chr. durch iberische Drachmen mit der Legende »bařkeno« bezeugt. Nach der römischen Gebietsneuordnung verschwand dieser Ortsname aus den Münzlegenden. Er wurde durch das Ethnikon »laiesken« (Laietaner) ersetzt, das sich auf die Bewohner und nicht mehr auf die Stadt bezieht. Erst in westgotischer Zeit tauchen erneut Münzen mit der Ortsbezeichnung »Barcino« auf.

139 Bronze, As, laiesken

Um 180/150 v. Chr.
Gewicht: 20,75 g

Vorderseite: Kopf eines Mannes mit Diadem nach rechts. Rückseite: Reiter mit einem Palmzweig als Friedenssymbol nach rechts, darunter die Legende »laiesken«. M. P. G-B./P. P. R.

Lit.: *CNH* Nr. 191,1; Bibliothèque Nationale, Paris, Nr. 590

Kese, die Hauptstadt der Cessetani, war die erste von den Scipionen im Jahr 218 v. Chr. angegriffene und besiegte Stadt. Im gleichen Jahr gründen sie Tarraco, »opus Scipionum« – entweder in unmittelbarer Nähe oder anstelle des ursprünglichen Kese. Kese war auch die erste katalonische Stadt, die iberische Denare prägte. In republikanischer Zeit hatte ihre Münzemission das breiteste Spektrum, was die Sonderrolle dieser Stadt dokumentiert, die Rom wahrscheinlich als tributpflichtig unterstand. Tarraco prägte in republikanischer Zeit keine Münzen, sondern erst unter Augustus. Die hier gezeigte Auswahl der in Kese geprägten Münzen gibt einen repräsentativen Überblick über ihre Emissionen. Die Vielfalt an Scheidemünzen, die man aus anderen Städten nicht kennt, belegt die Bedeutung, die die Münzprägung für die Stadt hatte.

140 Silber, Denar, kese (Tarragona)

Um 180/130 v. Chr.
Durchmesser: 1,9 cm, Gewicht: 3,58 g

Vorderseite: Kopf eines Mannes nach rechts. Rückseite: Reiter mit Palmzweig und zwei Pferden nach rechts. Das Bild wurde als Darstellung der Dioskuren gedeutet, doch zeigen die römischen Denare, die als Vorbild gedient haben könnten, stets zwei Reiter und niemals einen Palmzweig; darunter die Legende »kese«. M. P. G-B./P. P. R.

Lit.: *CNH* Nr. 161,19; Bibliothèque Nationale, Paris, Nr. 136 (Luynes)

141 Bronze, As, kese (Tarragona)

Um 160/130 v. Chr.
Durchmesser: 2,7 cm, Gewicht: 12,38 g

Vorderseite: Kopf eines Mannes mit Umhang und Ringfibel (?) nach rechts, dahinter eine Keule. Rückseite: Reiter mit Palmzweig nach rechts, darunter die Legende »kese«. M. P. G-B./P. P. R.

Lit.: *CNH* Nr. 163,34; Bibliothèque Nationale, Paris, Nr. 144 (Luynes)

142 Bronze, Semis, kese (Tarragona)

Um 170/140 v. Chr.
Durchmesser: 2,3 cm, Gewicht: 7,64 g

Vorderseite: Wie Kat.-Nr. 141, jedoch hinter dem Kopf ein *Caduceus.* Rückseite: Trabendes Pferd nach rechts, darunter die Legende »kese«. M. P. G-B./P. P. R.

Lit.: *CNH* Nr. 161,23; Bibliothèque Nationale, Paris, Nr. 158

143 Bronze, Triens, kese (Tarragona)

Um 180/150 v. Chr.
Durchmesser: 1,8 cm, Gewicht: 3,08 g

Vorderseite: Wie Kat.-Nr. 141, jedoch hinter dem Kopf vier Punkte (d.h. vier Unzen, also 1/3 As, daher die Bezeichnung »triens« für diese Münze). Rückseite: Grasendes Pferd nach rechts, darüber vier Punkte, zwischen den Hufen die Legende »kese«. M. P. G-B./P. P. R.

Lit.: *CNH* Nr. 160,13; Bibliothèque Nationale, Paris, Nr. 160

144 Bronze, Quadrans, kese (Tarragona)

Um 170/140 v. Chr.
Durchmesser: 1,5 cm, Gewicht: 2,77 g

Vorderseite: Wie Kat.-Nr. 141, jedoch hinter dem Kopf ein *Caduceus.* Rückseite: Pegasus-Protome nach rechts, darüber drei Punkte (d.h. drei Unzen, also 1/4 As, daher die Bezeichnung »quadrans« für diese Münze); darunter die Legende »kese«.
M. P. G-B./P. P. R.

Lit.: *CNH* Nr. 161,26; Bibliothèque Nationale, Paris, Nr. 163

Die Stadt **Ilerda** (Lérida), die Hauptstadt der Ilergeten, ist im 3. Jahrhundert v. Chr. allein durch ihre Münzprägung bekannt (Drachmen und kleinere Einheiten). Unter römischer Herrschaft wurden hier viele Münzen geprägt: Der Wolf, der sich auf Münzen aus Ilerda sehr häufig findet, ist zweifellos ein Symbol für den Namen der Stadt (»iltir-ta« hat die gleiche

Wurzel wie »iltir-aka«, eine turdetanische Stadt, auf deren Münzen ebenfalls ein Wolf wiedergegeben wurde). Der Kopf zwischen Delphinen auf der Vorderseite ist die Kopie eines emporitanischen Vorbildes, hier bezieht er sich jedoch auf eine Wassergottheit.

145 Silber, Denar, iltirta (Ilerda, Lérida)

Um 180/130 v. Chr.
Durchmesser: 2 cm, Gewicht: 3,98 g

Vorderseite: Kopf eines Mannes mit Halsschmuck nach rechts zwischen drei Delphinen. Rückseite: Reiter in Chlamys und kurzer Tunika mit Palmzweig nach rechts, darunter, dem Kreisbogen folgend, die Legende »iltirta-salir-ban« (»salir« bedeutet »Silber«; also »Silber aus Iltirta«?).
M. P. G-B./P. P. R.

Lit.: *CNH* Nr. 177,13; Bibliothèque Nationale, Paris, Nr. 230

Die Stadt **Iltirca** wird in den Schriftquellen nicht erwähnt, doch die Münzlegenden »iltiŕke-śalir« und »iltiŕke-sken« belegen eine Stadt dieses Namens, die vielleicht die Hauptstadt der im Ebrodelta ansässigen Ilercavonen war. Die hier gezeigte Drachme ist außergewöhnlich, sowohl wegen der technischen Qualität ihrer Ausführung als auch wegen des Reiters mit dem auf dem Rücken hängenden Schild. Die ikonographischen Vorbilder, für die es auf der Iberischen Halbinsel keine Parallele gibt, sind in Süditalien zu suchen, wo es eine ähnlich ausgestattete leichte Reiterei (»terentina«) gab. Die Stadt »iltirka« war möglicherweise die Vorgängerin des augusteischen Munizipiums Dertosa (Tortosa) im Ebrodelta. Die hier abgebildete Münze hat die Abmessungen und das Gewicht einer Drachme, jedoch die Typologie eines Denars, und stellt somit ein wichtiges Bindeglied am Übergang von einem Münzsystem zum anderen dar.

146 Silber, iberische Drachme, iltirka (?)

195/180 v. Chr.
Durchmesser: 1,9 cm, Gewicht: 4,65 g

Vorderseite: Kopf eines Mannes nach rechts, dahinter »ban«. Rückseite: Reiter mit Schild auf dem Rücken nach rechts, darunter, dem Kreisbogen folgend, die Legende »iltiŕke-śaliŕ« (»Silber aus Iltirca«?). M. P. G-B./P. P. R.

Lit.: *CNH* Nr. 36,1; Bibliothèque Nationale, Paris, Nr. 232 (Luynes)

Wie bereits erwähnt, war der Ebro in der Antike ein wichtiger Verkehrsweg. Die an seinen Ufern ansässigen Stämme besaßen seit dem 4. Jahrhundert v. Chr. eine mediterrane iberische Kultur. Ihre geographische Lage zwischen Keltiberern, Beronen, Pyrenäenvölkern und der reichen Edetania weist ihnen eine kulturelle und wirtschaftliche Mittlerrolle zu. Eine der reichsten Städte war Celsa, das bereits unter Caesar römische Kolonie wurde. Auf ihren Münzen ist die Fibel ein Statussymbol der gesellschaftlich Privilegierten.

147 Bronze, As, kelse (Velilla del Ebro)

Um 150/125 v. Chr.
Durchmesser: 3 cm, Gewicht: 16,11 g

Vorderseite: Kopf eines Mannes mit Umhang und Ringfibel nach rechts. Rückseite: Reiter mit Palmzweig nach rechts, darunter die Legende »kelse«.
M. P. G-B./P. P. R.

Lit.: *CNH* Nr. 223,11; Bibliothèque Nationale, Paris, Nr. 233

Edetania und Contestania

Diese beiden Regionen bildeten sozusagen das iberische Kernland und standen in engem Kontakt mit den Griechen des westlichen Mittelmeerraums. Im Gegensatz zu den Griechen gründeten die Iberer ihr Münzsystem jedoch nicht auf das Silber. Die iberischen Münzen bestehen zumeist aus Bronze, und nur Sagunt und Saiti prägten in einer frühen Phase zunächst auch in Silber. In der gesamten Region existierten nur vier Münzprägestätten; keine davon – mit Ausnahme Sagunts – gab Denare aus, und die Zahl der Bronzemünzen war gering. In diesen Regionen spielten Münzen nur eine untergeordnete Rolle, da es anscheinend andere, flexiblere Zahlungs- und Tauschmittel gab. Nach dem Sieg über Sertorius wurden die Emissionen der Edetania und der Contestania (mit Ausnahme von Sagunt) völlig eingestellt, ohne daß ein Niedergang der entsprechenden Städte nachzuweisen wäre. In der Kaiserzeit waren »Ilici« in der Contestania und Sagunt in der Edetania die einzigen Städte, die Münzen prägten. M. P. G-B./P. P. R.

»**arse**«/Sagunt gab regelmäßig und in großer Zahl Münzen aus. Wie Ampurias war Sagunt eine durch Bündnis an Rom gebundene Stadt und hielt an seinem auf die Drachme begründeten System fest. Seine Bronzeemissionen dauerten bis in die Regierungszeit des Tiberius (14–37 n. Chr.), während die Silberprägungen bereits um 170 v. Chr. eingestellt wurden. Die Tatsache, daß die Namen iberischer Magistrate in den Münzlegenden erscheinen, ist ein Hinweis auf das auch in den antiken Schriftquellen erwähnte demokratische System der Stadt. Die Ikonographie ist (Kat.-Nr. 131, 132), graeco-italisch, abgesehen von einer kurzen Phase, in der wie auch in der übrigen Hispania Citerior die sogenannten Reitermünzen geprägt wurden. Wir kennen die historischen Hintergründe dieser Veränderung nicht, die bald wieder rückgängig gemacht wurde, als die Stadt sich ihrer beiden traditionellen Embleme erinnerte, der behelmten Göttin und des Schiffsbugs. Die Quellentexte nennen die Stadt stets Sagunt, obwohl diese Bezeichnung erst um 100 v. Chr. auf den Münzen erscheint. Waren »arse« und Saguntum bis dahin zwei verschiedene Städte?

148 Bronze, As, arse (Saguntum)

Um 150 v. Chr.
Gewicht: 13,8 g

Kopf eines Mannes mit Umhang nach links, dahinter ein *Caduceus*. Rückseite: Lanzenreiter nach rechts, hinter ihm ein Stern, darunter die Legende »arse«.
M. P. G-B./P. P. R.

Lit.: *CNH* Nr. 308,29; Bibliothèque Nationale, Paris, Nr. 598

149 Bronze, As, arse (Saguntum)

Um 100 v. Chr.
Durchmesser: 3,1 cm, Gewicht: 22,33 g

Zweisprachige Emission. Vorderseite: Behelmter Kopf nach rechts, mit umlaufender Legende »SAGVNTINV(M)«. Rückseite: Von Siegesgöttin bekrönter Schiffsbug, darunter die Legende »arse«.
M. P. G-B./P. P. R.

Lit.: *CNH* Nr. 310,44; Bibliothèque Nationale, Paris, Nr. 608

Es ist erstaunlich, daß eine der vier edetanischen Städte, die Münzen prägten, bislang nicht identifiziert werden konnte. Auf den Münzen, den einzigen Funden, die auf die Existenz der Stadt hinweisen, wird sie mit der Legende »kili« bezeichnet. Später ist die Legende zweisprachig, iberisch und lateinisch: »kili-gili«. Wir wissen, daß »ili-« in der iberischen Sprache »Stadt« bedeutet (Iliberri, Iliturgi, Ilturo etc.); dieses Lexem konnte an den Anfang oder an das Ende eines Wortes gesetzt werden, möglicherweise bedeutet »ki-ili« also das gleiche wie »ili-ki«. In diesem Fall würde es sich um republikanische Münzen der berühmten Stadt Ilici (Elche) handeln, der Heimatstadt der *Dama de Elche*, die möglicherweise schon unter Caesar römische Kolonie war und wo sich in augusteischer Zeit auch eine Münzprägestätte befand.

150 Bronze, As, kili/gili

Um 150 v. Chr.
Durchmesser: 2,5 cm, Gewicht: 12,22 g

Vorderseite: Kopf eines lorbeerbekränzten Mannes mit Umhang und Fibel (Ring- oder Omegafibel) am Hals nach rechts, dahinter ein Palmzweig. Rückseite: Reiter mit Palmzweig nach rechts, darunter die Legende »kili«. M. P. G-B./P. P. R.

Lit.: *CNH* Nr. 318,1; Bibliothèque Nationale, Paris, Nr. 832

Valentia wurde im Jahr 138 v. Chr. von D. Iunius Brutus Callaicus als Siedlung für die römischen Veteranen aus den lusitanischen Kriegen gegründet. Hier prägte man Bronzemünzen nach römischem Vorbild, die möglicherweise vom Denar des Q. Maximus inspiriert waren. Auch lokale Traditionen fanden auf den Münzen ihren Niederschlag, hier findet sich beispielsweise die Darstellung der behelmten Göttin aus Undica und Sagunt. Diese Gottheit, die Züge der Göttin Roma trägt, war eine Fortuna-Tyche, die für den Wohlstand der Stadt und die Fruchtbarkeit der Ebene von Valentia sorgt, worauf auch das Füllhorn auf der Rückseite anspielt. Die Beamten, die ihre Namen auf die Münzen aus Valentia setzen ließen, werden seltsamerweise, wie in Ampurias, als Quästoren bezeichnet und nicht als Ädile, »quattuorviri« oder »duumviri«, wie man in einer von Rom gegründeten Stadt erwarten würde. Auch in Sagunt war das Quästorenamt die höchste Stufe des »cursus honorum«.

151 Bronze, As, Valentia (Valencia)

Um 138/100 v. Chr.
Durchmesser: 3 cm, Gewicht: 18,57 g

Vorderseite: Kopf einer behelmten Frau nach rechts (Typus der Roma), davor »C LVCIEN, C. MVNI Q.« (quaestores). Rückseite: Füllhorn vor einem Blitzbündel, darunter die Legende »VALENTIA« in einem Lorbeerkranz.
M. P. G-B./P. P. R.

Lit.: *CNH* Nr. 317,4; Bibliothèque Nationale, Paris, Nr. 631

Contestania

In dieser wohlhabenden Region, in der sich die bedeutendsten Handelszentren für den Vertrieb griechischer Keramik der gesamten Küstengegend befanden, war Játiva die einzige Stadt, die Münzen prägte. Zweifellos beruhte die Wirtschaft der Contestania nicht auf Münzbasis, und ihre Städte griffen auf andere Zahlungsmittel zurück, beispielsweise Metallbarren oder importierte Güter. Offen für die epigraphische Akkulturation, welche bereits die graeco-iberische Schrift belegt hat, führte die Edetania in den 90er Jahren des 1. Jahrhunderts v. Chr. die lateinische Schrift für die Münzlegenden ein, wobei das Iberische jedoch weiterhin verwendet wurde. Es sei daran erinnert, daß Saiti oder Saetabi (auf den Münzen finden sich beide Schreibweisen) gegen Ende des Zweiten Punischen Krieges Silbermünzen geprägt hatte. Unter römischer Herrschaft wurden nur noch Bronzemünzen ausgegeben, und nach dem Sertorianischen Krieg brach die Münzprägung endgültig ab. Vergleicht man Kat.-Nr. 152 und 153, so wird deutlich, wie schnell das Geld innerhalb sehr kurzer Zeit seinen Wert verloren hat. In beiden Fällen handelt es sich um ein As, wobei das ältere Exemplar jedoch doppelt soviel wiegt wie das jüngere. Wir wissen, daß die älteren Münzen nicht systematisch abgewertet wurden, denn in Münzfunden finden sie sich neben neueren

Emissionen. Es ist jedoch nicht klar, ob beim Handel ihr Gewicht oder ihr Nennwert ausschlaggebend war, ob also Kat.-Nr. 152 doppelt soviel wert war wie Kat.-Nr. 153, wenn diese in Umlauf kam. In augusteischer Zeit schnitt man alte Münzen häufig in zwei Teile, um ihr Gewicht den neuen Gegebenheiten anzupassen.

152 Bronze, As, saiti (Saetabi, Játiva, Valencia)

Um 150/130 v. Chr.
Durchmesser: 3,3 cm, Gewicht: 25,11 g

Vorderseite: Kopf eines Mannes mit Umhang und Fibel nach rechts, dahinter ein Zepter (auch hier ist die Fibel, neben dem Zepter, ein Statussymbol). Rückseite: Reiter mit Palmzweig nach rechts, darunter die Legende »śaiti«.
M. P. G-B./P. P. R.

Lit.: *CNH* Nr. 326,12; Bibliothèque Nationale, Paris, Nr. 860

153 Bronze, As, saiti (Saetabi, Játiva, Valencia)

Um 125/80 v. Chr.
Durchmesser: 2,6 cm, Gewicht: 13,17 g

Vorderseite: Kopf eines Mannes mit Umhang und Fibel nach rechts, dahinter ein Palmzweig. Rückseite: Reiter mit Palmzweig nach rechts, darunter die Legende »śaiti«. M. P. G-B./P. P. R.

Lit.: *CNH* Nr. 315,3; Bibliothèque Nationale, Paris, Nr. 864

154 Bronze, As saetabi/saiti (Játiva, Valencia), zweisprachig

Um 90/50 v. Chr.
Durchmesser: 2,8 cm, Gewicht: 14,62 g

Vorderseite: Kopf eines Mannes nach rechts, davor die Legende »SAETABI«. Rückseite: Lanzenreiter, darunter die Legende »śaiti«. M. P. G-B./P. P. R.

Lit.: *CNH* Nr. 316,15; Bibliothèque Nationale, Paris, Nr. 874

III B Münzen mit iberischer Legende in der südlichen Schriftvariante

Carpetania und Oretania

Die Legenden »kaśtilo«, »ibolka«, »ilturir« und »iltiŕaka« sind die einzigen Beispiele für Ortsbezeichnungen auf Münzen, die uns von der offenbar in der gesamten Turdetania vewendeten sogenannten südlichen (meridionalen) Schriftvariante erhalten sind. Viele andere Städte prägten zwar Münzen, deren Legenden waren jedoch lateinisch geschrieben. In der Tat ließen sich in der Turdetania seit Beginn der römischen Eroberung Italiker nieder, um Rohstoffquellen zu erschließen, und sie waren es wohl, die in den von ihnen beeinflußten Städten die lateinischen Legenden einführten.
Auch im Inneren der Carpetania läßt sich die südliche Schriftvariante nachweisen, und zwar auf den Silber- und Bronzemünzen einer ansonsten unbekannten Stadt, deren Einwohner in den Legenden als »ikalesken« bezeichnet werden. Die Fundverteilung läßt darauf schließen, daß sie im Inneren des Landes an der sogenannten »Straße des Hannibal« lag. In diesem Fall hätte sich die turdetanische Kultur wesentlich weiter nach Norden ausgedehnt, als man bisher angenommen hat, was wahrscheinlich eine Folge des Silberhandels war, der über diese Route Keltiberien und die iberisierten Gebiete im Ebrotal erreichte.
Die Ikonographie der ikalesken-Münzen kann möglicherweise Auskunft über die Ansiedlung numidischer Söldner zur Zeit Hannibals geben, über die in den Schriftquellen zwar berichtet wird, die archäologisch aber nicht nachweisbar ist. Es fällt auf, daß die Reiter auf den Münzen mit der Legende »ikalesken« ihren Schild wie ein Emblem vorzeigen – im Gegensatz zum »iberischen Reiter« – und daß sie zwei Pferde haben. Dies stimmt mit der Beschreibung des Livius überein (XXIII, 29, 5): »Die Numider [führten] zwei Pferde mit sich und hatten die Gewohnheit, in voller Bewaffnung von dem müden Pferd auf das frische zu springen.«

155 Silber, Denar ikale(n)sken (Egelasta [?], nördlich von Albacete/südlich von Cuenca [?])

Um 175/125 v. Chr.
Durchmesser: 2,1 cm, Gewicht: 3,88 g

Vorderseite: Kopf eines Mannes mit Halskette nach rechts. Rückseite: Gerüsteter Reiter mit Schild und zwei Pferden nach links; unterhalb der Figur die Legende »ikalesken«. M. P. G-B./P. P. R.

Lit.: *CNH* Nr. 324,1; Bibliothèque Nationale, Paris, Nr. 1148

156 Bronze, As, ikalensken (Egelasta [?], nördlich von Albacete/südlich von Cuenca [?])

Um 175/125 v. Chr.
Durchmesser: 3,2 cm, Gewicht: 21,22 g

Vorderseite: Kopf eines Mannes nach links; davor ein *Caduceus*, dahinter ein

Delphin. Rückseite: Reiter mit Schild nach links, auf dem Rücken Pfeile, unterhalb der Figur die Legende »ikalensken«. M. P. G-B./P. P. R.

Lit.: *CNH* Nr. 326,15; Bibliothèque Nationale, Paris, Nr. 1155

Castulo und Obulco

Diese Münzprägestätten stehen aufgrund ihrer Legenden in südlicher Schrift, der Maßeinheiten und ihrer Ikonographie der Turdetania näher als der Edetania. Castulo und Obulco waren bedeutende wirtschaftliche Zentren, die Bronzemünzen in beträchtlicher Zahl ausgaben: Castulo, um die Förderung von Bodenschätzen zu finanzieren, und Obulco für die Landwirtschaft. Castulo war eine oretanische Stadt, in deren Prägestätte die erste bekannte »Bergbaumünze« der römischen Welt geschlagen wurde (vgl. Kat.-Nr. 168). Die Ikonographie Castulos und Obulcos gehört einem ganz anderen Kulturkreis an als die Prägungen aus der Hispania Citerior. Es wurde bereits erwähnt, daß das Motiv der schreitenden Sphinx orientalisierender Prägung zur Zeit Hannibals wieder aufgegriffen wurde und mit den reichen Bodenschätzen der Stadt in Verbindung gebracht werden muß (vgl. Kat.-Nr. 133). Die Symbolsprache in Obulco bezieht sich hingegen auf die Landwirtschaft: eine Himmelsgottheit wird hier mit Sternen, Mondsicheln, einem Pflug und Ähren in Verbindung gebracht. Diese Ikonographie findet Parallelen in den Darstellungen der karthagischen Gottheit Tanit, wie sie auf afrikanischen Stelen des 3. Jahrhunderts v. Chr. abgebildet ist. Tanit gelangte mit den Barkiden nach Spanien. In Obulco werden in den Münzlegenden bereits sehr früh, um 180 v. Chr., Münzbeamte (falls es sich nicht um lokale Fürsten handelt) erwähnt. Diese Beamten wurden später in lateinischer Sprache als Ädile bezeichnet. M. P. G-B./P. P. R.

157 Bronze, As, kastilo (Castulo, Cazlona, Jaén)

195/175 v. Chr.
Durchmesser: 3,3 cm, Gewicht: 30,79 g

Vorderseite: Kopf eines Mannes nach rechts. Rückseite: Schreitende Sphinx nach rechts, davor ein Stern, zwischen den Läufen das iberische Zeichen »ko«, unterhalb der Figur die Legende »kaśtilo«. M. P. G-B./P. P. R.

Lit.: García-Bellido 1982, 125; Bibliothèque Nationale, Paris, Nr. 892

158 Bronze, As, ibolka (Obulco, Porcuna)

Um 195/175 v. Chr.
Durchmesser: 3,4 cm, Gewicht: 35,71 g

Vorderseite: Kopf einer Frau mit Nackenknoten nach rechts, davor die Legende »OBVLCO«, um den Rand eine Blattgirlande. Rückseite: Pflug, Ähre und zwei Namen von Magistraten: »situbolai« und »urkail«. M. P. G-B./P. P. R.

Lit.: *CNH* Nr. 342,8; Bibliothèque Nationale, Paris, Nr. 999

159 Bronze, As, ilturir (Iliberi, Granada)

Um 150 v. Chr.
Durchmesser: 2,9 cm, Gewicht: 16,59 g

Vorderseite: Kopf eines bärtigen, behelmten Mannes nach rechts, davor ein Palmzweig. Rückseite: Triquetra (fratzenhaftes Gesicht, um das drei nackte Beine herumlaufen), darunter die Legende »ilturiŕ«. M. P. G-B./P. P. R.

Lit.: *CNH* Nr. 357,2; Bibliothèque Nationale, Paris, Nr. 1143

IV – Einflußbereiche der iberischen Münzproduktion

IV A Keltiberien, das Gebiet der Beronen und Vasconen

Die materielle Kultur, die Schrift und die Sprache der Iberer breiteten sich auch unter den Nachbarvölkern aus und beeinflußten deren Kultur. Deshalb ist es in den Kontaktzonen schwierig zu erkennen, ob es sich um Iberer oder iberisierte Völker handelt, vor allem am oberen und mittleren Ebro, wo die Prägestätten besonders dynamisch waren. Obwohl das Aussehen dieser Münzen typisch iberisch blieb, wurden sie von den Keltiberern, den Beronen, den Vasconen und anderen Völkern aus dem Norden emittiert, von denen wir nicht einmal die Namen kennen. Zu den produktivsten Prägestätten gehörten die mit den Legenden »bolśkan«, »aŕekoŕatas«, »kalakoŕikoś«, »tuŕiaso«, »bilbilis«, »śekaisa« und »baśkunes«. Die Ikonographie dieser Münzen stimmt mit der der iberischen Vorbilder überein, die einzigen Unterschiede finden sich bei der Bewaffnung der Reiter: Bei den Beronen sind es Wurfwaffen (Speere, hammerartige Waffen), bei den Keltiberern Lanze und Wurfspieße (*pilum*), bei den Vasconen Kurzschwerter. Männerköpfe sind in der Regel von Delphinen umgeben – möglicherweise handelt es sich um die Personifikation des Ebro.
M. P. G-B./P. P. R.

160 Bronze, As, kalakorikos (Calagurris, Calahorra, Logroño)

Um 150 v. Chr.
Gewicht: 13,6 g

Beronische Stadt, die später von den Vasconen besetzt wurde, die Strabo für die Einwohner der Stadt hielt.
Vorderseite: Kopf eines Mannes nach rechts, davor eine Mondsichel und ein Stern, dahinter ein Delphin. Rückseite: Lanzenreiter nach rechts, darunter, dem Kreisbogen folgend, die Legende »kalakoŕikoś«. M. P. G-B./P. P. R.

Lit.: *CNH* Nr. 276,1; Bibliothèque Nationale, Paris, Nr. 335A

161 Bronze, As, bilbilis (Calatayud, Zaragoza)

2./1. Jahrhundert v. Chr.
Durchmesser: 2,7 cm, Gewicht: 13,95 g

Keltiberische Stadt, in der das Eisenerz aus den Lagerstätten des Moncayo verarbeitet wurde. Ihre metallverarbeitenden Werkstätten waren berühmt. In Bilbilis wurden keine Silbermünzen geprägt, weil man die Abgaben an Rom möglicherweise in Waffen bezahlte. Statt dessen prägte man Bronzemünzen, unter anderem eine Serie von Bergbaumünzen im Wert von Quadranten.
Vorderseite: Kopf eines Mannes mit Halsschmuck nach rechts, davor ein Delphin, dahinter das Zeichen »s«. Rückseite: Lanzenreiter nach rechts, darunter die Legende »bilbilis«. M. P. G-B./P. P. R.

Lit.: *CNH* Nr. 238,3; Bibliothèque Nationale, Paris, Nr. 417

162 Silber, sertorianischer Denar, bolskan (Osca, Huesca)

Um 82/72 v. Chr.
Durchmesser: 1,8 cm, Gewicht: 3,88 g

Die berühmte Hauptstadt des Sertorianischen Aufstandes produzierte aus diesem Anlaß eine so große Mengen an Denaren, daß die Historiker der Kaiserzeit zur Bezeichnung der vorrömischen iberischen Drachme fälschlicherweise den Begriff »argentum Oscense« prägten, den die früheren Annalisten nicht kennen konnten.
Vorderseite: Kopf eines bärtigen Mannes mit Torques nach rechts, dahinter »bon«. Rückseite: Lanzenreiter nach rechts, darunter die Legende »bolśkan«.
M. P. G-B./P. P. R.

Lit.: *CNH* Nr. 212,13; Bibliothèque Nationale, Paris, Nr. 295 (Luynes)

163 Silber, Denar, barskunes (Pamplona?)

Um 150 v. Chr.
Durchmesser: 1,8 cm, Gewicht: 4,13 g

Vaskonische Stadt, vielleicht die Hauptstadt dieses Volkes. Die Typologie wurde von den Beronen übernommen, bei denen die Vasconen auch den Gebrauch von Münzen kennengelernt hatten.
Vorderseite: Kopf eines bärtigen Mannes nach rechts, davor ein Delphin, dahinter »bentian«. Rückseite: Gerüsteter Reiter mit Kurzschwert nach rechts, darunter, dem Kreisbogen folgend, die Legende »baŕskunes«. M. P. G-B./P. P. R.

Lit.: *CNH* Nr. 250,10; Bibliothèque Nationale, Paris, Nr. 449

IV B Gallische Münzen: Aquitanien, Narbonensis und Languedoc

In Aquitanien und der Narbonensis wurden bereits im 3. Jahrhundert v. Chr. Drachmen aus Rhode und Emporion kopiert (s. o.). Im 2. und 1. Jahrhundert v. Chr. tauchen auf den aquitanischen »à la croix«-Münzen iberische Legenden auf. Außerdem finden sich nun auch in der Narbonensis und im Languedoc Kopien iberischer Münzen, besonders aus »iltiŕta«, »kese« und »iltiŕkesken«, die jedoch ausschließlich für den lokalen Gebrauch bestimmt waren. Vor allem aber wird die Zugehörigkeit von Iberern zur führenden Gesellschaftsschicht der Narbonensis durch den Gebrauch der iberischen Schrift und Sprache im Hérault bewiesen, und dies nicht nur auf den Tongefäßen und in privaten Inschriften, sondern auch in den Münzlegenden. Die iberische Sprache scheint so das Griechische als Verkehrssprache ersetzt oder zumindest neben ihm existiert zu haben.
Aus einem ganz anderen kulturellen Bereich stammen die Münznachahmungen von »baśkunes«, einer vasconischen Münzstätte, die bei den Ambianern oder den Velocassiern lokalisiert wurde. Der lange Weg, den dieser Typus ging, erinnert an die erheblich älteren Nachahmungen von Münzen aus Emporion und Rhode, für die der Schatz von Bridiers ein wichtiger Beleg ist. Man weiß aber immer noch nicht, warum ein iberischer Münztyp und die Legende »baśkunes« in diesen Gebieten des nördlichen Gallien übernommen wurden. M. P. G-B./P. P. R.

164 Silber, Drachme (volkische Imitation »à la croix«)

2. Jahrhundert v. Chr.
Durchmesser: 1,4 cm, Gewicht: 3,41 g

Vorderseite: Kopf eines Mannes nach links. Rückseite: Kreuz, in dessen Viertel die iberische Legende »ake-ŕe-kon-ton« geprägt ist. M. P. G-B./P. P. R.

Lit.: *CNH* Nr. 432,1; Bibliothèque Nationale, Paris, Nr. 3558A

165 Bronze, As, neronken (Montlaurès, Narbonne)

1. Jahrhundert v. Chr.
Durchmesser: 2,3 cm, Gewicht: 9,05 g

Vorderseite: Kopf einer Frau mit Schleier (?) oder einer Frisur mit Nackenknoten nach rechts. Rückseite: Springender Stier nach rechts, darüber ein Lorbeerkranz, darunter die Legende »neronken«. M. P. G-B./P. P. R.

Lit.: Bibliothèque Nationale, Paris, Nr. 2490

166 Bronzene Scheidemünze (?) (ambianische Kopie eines vaskonischen Denars)

1. Jahrhundert v. Chr.

Vorderseite: Kopf eines bärtigen Mannes mit Torques nach rechts, davor das Zeichen »ku«, dahinter die Legende »bentata« (fehlerhafte Imitation der iberischen Legende »benkota«). Rückseite: Reiter im Galopp nach rechts mit Speer oder Kurzschwert, darunter die Legende »IMONIO« (fehlerhafte Imitation des iberischen »baskunes«). M. P. G-B./P. P. R.

Lit.: Bibliothèque Nationale, Paris, Nr. 1987–376

Münzen und Tesserae aus dem Bergbau und der Landwirtschaft

Die bedeutende Entwicklung der iberischen Bergbaubetriebe führte bereits zur Zeit der Barkiden zur Ausbildung einer zahlreichen Arbeiterschaft – Sklaven und Freie –, die mit Bronzemünzen bezahlt wurde. Dieses Geld war für die Arbeiter notwendig, um die Ausgaben in ihren Unterkünften fern von normalen Siedlungen zu bestreiten. Der Geldumlauf in den Bergbaugebieten war außerordentlich intensiv; die Münztypen waren archaisierend, und neben den Bronzemünzen findet man Imitationen in Blei, echte Tesserae in Münzform sowie offizielle Münzen, die von den Bergbaugesellschaften mit Gegenstempeln versehen wurden, um ihren Gebrauch außerhalb des Bergbaugebiets zu verhindern. Darüber hinaus wurden nach der Meinung von Chaves die in dieser Gegend am weitesten verbreiteten Münzen, die aus Castulo, in Bronze imitiert und bis zu den Bergwerken von Río Tinto (Huelva) benutzt. All dies deutet auf eine andauernd schlechte Versorgung der Region mit Geld hin. Es fällt auf, daß sich die Gegenstempel der Münzen auch auf den Werkzeugen der Bergleute (Schaufeln, Eimer usw.) finden; bei ihnen handelt es sich tatsächlich um Eigentümerzeichen der Bergwerksgesellschaften, z.B. »S(ocietas) C(astulonensis), S(ocietas) S(isaponensis), S(ocietas) P(ublica)«.
Die mit Gegenstempeln versehenen Münzen stammen fast alle aus kese, obwohl »kese«-Tarraco die Hauptstadt der Hispania Citerior war, während Castulo zur Hispania Ulterior gehörte. Gegenstempel finden sich in geringerer Zahl auch auf Münzen aus der Baetica (Castulo, Carmo, Acci usw.). M. P. G-B./P. P. R.

167 Bronze, Semis, kese (Tarragona)

1. Jahrhundert v. Chr.
Museo Arqueológico Nacional, Madrid

Vorderseite: Kopf eines Mannes nach rechts, davor der punktierte Gegenstempel »S(ocietas) C(astulonensis)«. Rückseite: Lanzenreiter nach rechts, unter den Beinen des Tieres die iberische Legende »kese«. M. P. G-B./P. P. R.

Lit.: García-Bellido 1982, 149

Neben diesen Tesserae und den Gegenstempeln aus Bergwerken hat man auf der Iberischen Halbinsel auch die erste Bergbaumünze der römischen Welt gefunden. Dieser Typus wurde erst wieder in antoninischer Zeit (2. Jahrhundert n. Chr.) aufgenommen, und zwar in den Bergbauregionen Pannoniens, Dalmatiens und Noricums. Die hier vorgestellte Münze wurde von einer vielleicht öffentlichen Bergbaugesellschaft geschlagen (»metalla Oretana«?), denn die gleiche Bezeichnung erscheint auch auf den Münzen des 2. Jahrhunderts vom Balkan. Die Münze wurde bei den Ausgrabungen von Claude Domergue am Cerro del Plomo (Linares, Jaén) gefunden. Vergleichbar sind mit der Legende »OR(etani?)« versehene Bleiplomben, auf denen ein Bergmann mit einer Schaufel auf der Schulter wiedergegeben ist.

168 Bronze, Semis, oretanische Prägestätte

1. Jahrhundert v. Chr.
Gewicht: 6,27 g
Museo Provincial, Jaén

Vorderseite: Spitzhacke und Bergwerkshaken, links »M(etalla)« oder »M(etalli)«. Rückseite: Weintraube, links »OR(etana)« oder »O(retani)«. M. P. G-B./P. P. R.

Lit.: Domergue 1971, Nr. 216; García-Bellido 1980; 1986, Abb. 1

Tesserae

Die Iberer verwendeten, wie viele andere antike Völker, gelegentlich kleine, mit einer Legende versehene Marken (»tesserae«) anstelle von Münzen. Diese konnten aus Terrakotta, Bein, Leder usw. bestehen, das gebräuchlichste Material war jedoch Blei. In Rom wurden sie häufig als Geschenke an das Volk verteilt und gegen Lebensmittelrationen (»tesserae frumentariae«) oder gegen Geld (»tesserae nummariae«) eingetauscht. Man verwendete sie auch in Gegenden, in denen Münzgeld als Zahlungsmittel im internen Zahlungsverkehr rar war. In den Bergwerksgesetzen von Vipasca (Aljustrel, Portugal) werden auch die Badepreise für die Bergarbeiter aufgeführt: Frauen zahlten ein As, Männer ein halbes. Bei den Ausgrabungen wurden zahlreiche Beispiele für diese Tesserae gefunden, die in den Bergbau- und Landwirtschaftsgebieten in Umlauf waren. Kat.-Nr. 169 gehörte möglicherweise einer »P(ublica) S(ocietas)«.

169 Bleimarke in Münzform

Museo Arqueológico Nacional, Madrid
Fundort: Lucena

Vorderseite: Unbekleideter Mann mit einer Glocke in der rechten Hand und einer über die Schulter gelegten Schaufel in der Linken nach links. Auf der Schaufel »PRVM«, links und rechts des Mannes »P(ublica) S(ocietas)«. Um den Rand Lorbeerkranz (?). Rückseite: Mann beim Ausgießen einer Amphore. Zwischen seinen Beinen Kornähren oder Zweige, davor ein Insekt (?); seitlich »Q(uintus) Ocili(us) Q(uaestor)«. Darunter »IVSO«.
M. P. G-B./ P. P. R.

Lit.: García-Bellido 1986; Casariego 1987, 26,2

Der Schatz von Cheste, Safa (Valencia)

Diesen Schatz fand man im Jahre 1864 oder 1865 in der »Huerta de la Safa« beim Ausheben eines Grabens. Er war in einem Tongefäß mit silbernem Deckel verborgen. Unweit dieser Fundstelle stieß man kurze Zeit später auf ein zweites Gefäß; es war ebenfalls mit einem Silberdeckel verschlossen und mit Silbermünzen gefüllt. Das Bestandsverzeichnis des ersten Schatzes ist nicht sehr genau (neben den hier vorgestellten Stücken enthielt er Armreifen, Ringe, Silberbarren und -münzen). Der zweite Schatz scheint nach seiner Entdeckung aufgelöst worden zu sein, oder er ist verschwunden. Ch. É.

170.1 Halskette mit drei Anhängern

Ende 3. Jahrhundert v. Chr.
Gold
Gewicht der Kette: 110 g, Gewicht jedes Anhängers: 9 g
Museo Municipal, Valencia

Der Halsschmuck besteht aus drei starken Drähten mit quadratischem Querschnitt, die zu einer Kette geflochten sind; zu den Enden wird die Kette dünner, die beiden letzten Glieder sind hakenförmig. An der Kette waren drei hohle Anhänger aus dünnem Goldblech in Form von Schlangenköpfen befestigt, die mit Filigranauflagen verziert sind. Ch. É.

Lit.: Raddatz 1969, 207–208

170.2 Ringfibel

Ende 3. Jahrhundert v. Chr.
Gold
Gewicht: 14 g
Museo Municipal, Valencia

Ring, der aus mehreren Drähten besteht, die ein Flechtband bilden. Den Bogen der Fibel bildet ein Schlangenkopf.
Ch. É.

Lit.: Raddatz 1969, 208

171 Löwe

500/430 v. Chr.
Beigefarbener Sandstein, der hintere Teil und die rechte Seite der Plinthe sowie die Ohrenspitzen sind bestoßen. Diese Skulptur und die anschließend beschriebene wurden am gleichen Ort gefunden und dürften symmetrisch zueinander angeordnet gewesen sein, denn bei der ersten Figur (A) ist die rechte Seite sorgfältiger ausgearbeitet, bei der zweiten Figur (B) die linke
Höhe: 76 cm, Länge: 129 cm, Breite: 40 cm
Privatbesitz, Sammlung Várez Fisa
Fundort: Andalusien

Ruhender Löwe mit Kopf in Frontalansicht; die Vorderbeine ruhen flach auf der Plinthe, die Klauen greifen über deren Rand. Das Maul ist geöffnet, die Zunge hängt herab, die Lefzen werden von drei parallelen Linien betont. Eingetiefte Augen mit eingeritzten Umrißlinien. Der rundliche, massige Körper erhält durch eine bewegte Modellierung an Flanken und Brustkorb sowie durch die mächtigen, kraftvollen Pranken Lebendigkeit. Die Mähne ist flach und nur durch Ritzlinien strukturiert, ihr Umriß mit einer kleinen Kante betont. Der Schwanz ist um den rechten Hinterlauf gerollt. P. R.

Lit.: Stilistisch ähnelt diese bislang unveröffentlichte Arbeit anderen Löwen aus Huelma (Jaén), La Guardia (Jaén) und Nueva Carteya (Córdoba); zu diesen Skulpturen siehe Chapa 1980a, 448–449, J–22, Abb. 4.80b, Taf. LXIX, 463–464, J–33, Abb. 4.85.2, Taf. LXXV, 557–561, Co–15, Abb. 4.113, Taf. CVIII, CIX; 1985, 81, Nr. 1, 83, Nr. 1, Taf. XIV, 101–102, Nr. 1, Taf. XI; Negueruela 1990b

172 Löwe

Beigefarbener Sandstein, die rechte vordere und linke hintere Ecke der Plinthe sind bestoßen
Höhe: 75 cm, Länge: 132 cm, Breite: 40,5 cm
Privatbesitz, Sammlung Várez Fisa
Fundort: Andalusien

Die Skulptur gleicht Kat.-Nr. 171 sehr stark, bei diesem Löwen ist der Brustkorb jedoch flacher modelliert und der Schwanz um den linken Hinterlauf gerollt. P. R.

173 Grabmonument aus Monforte del Cid

Um 500 v. Chr.
Hellgelber Sandstein, rekonstruierte Pfeilerstele. Bei dem Stier fehlen ein Teil des Kopfes und die Beine. Das Gesims mit einer ägyptisierenden Hohlkehle und der mit einer Scheintüre verzierte Pfeiler sind teilweise erhalten
Stier: Höhe: 65 cm, Länge: 127 cm, Breite: 30 cm
Gesims: Höhe: 46 cm, Breite: 170 cm
Pfeiler: rekonstruierte Höhe: 150 cm
Museo Arqueológico Municipal Alejandro Ramos Folqués, Elche
Fundort: Monforte del Cid (Alicante)

Dieses Monument wurde aus mehreren großen Fragmenten rekonstruiert und stellt einen der ältesten Grabbauten dar, die zu Beginn der iberischen Zeit entstanden. Es bietet einen Zugang zum Verständnis von Funktion und Konzeption der iberischen Tierskulptur. Die Pfeilerstele ist eines der vollendetsten Beispiele der iberischen Baukunst.
Das auf einem Stufenpodium stehende Monument setzt sich aus vier Einzelteilen zusammen: einer zuoberst plazierten rundplastischen Stierskulptur und drei architektonischen Elementen (eine Plinthe, ein am oberen und unteren Rand mit einem Eierstab verziertes »Kapitell« mit ägyptisierender Hohlkehle sowie ein Pfei-

ler, der mit einer Scheintüre verziert ist). Der Stier weist eine Reihe von Merkmalen auf, die auf Vorbilder im östlichen Griechenland schließen lassen. Er war stehend wiedergegeben, sein Kopf ist leicht geneigt und nach rechts gewandt; zu erkennen sind die naturalistisch gestalteten Hautfalten, die Wamme und Stirnlocken. P. R.

Lit.: Chapa 1980a, I, 216–218, A–38, Abb 4.24, Taf. XVII–XVIII; 1985, 51, Nr. 3; Almagro-Gorbea/Ramos Fernández 1986; Ramos Fernández 1987, 53–56

174 Grabcippus aus Jumilla

4./3. Jahrhundert v. Chr.
Hellgelber Sandstein, Oberfläche beschädigt, eine Seite fast völlig zerstört
Höhe: 92 cm, Breite: 56 cm, Tiefe: 47 cm
Bohrung oben und unten, Durchmesser: 12 cm
Museo Municipal Jerónimo Molina García, Jumilla
Inv.-Nr. 299bis
Fundort: Nekropole von Coimbra del Barranco Ancho, Jumilla (Murcia)

Jede der vier Seiten dieses Grabcippus ist mit einem Relief verziert, auf dem ein regelrechtes ikonographisches »Programm« zu sehen ist. Diese Bildkonzeption war in der iberischen Kunst neu und ungewöhnlich.

Im ersten Bild legt eine sitzende Gestalt (wahrscheinlich ein Mann) mit unbedecktem Haupt ihre rechte Hand auf den Kopf eines Kindes, dessen linke Hand auf dem Knie des Erwachsenen ruht. Auf diese einführende Szene mit der Darstellung des Übergangs von einem Lebensalter in das nächste folgt auf den anderen drei Seiten des Pfeilers eine sich nach links bewegende Prozession aus drei Reitern. Das Pferd der Seite »2« hat den rechten Hinterhuf auf einen Vogel und den rechten Vorderhuf auf einen Dämonenkopf gesetzt. Sein Reiter hält einen Stab in der Hand. Das Pferd der Seite »3« setzt den rechten Hinterhuf auf ein Kaninchen. Der letzte Reiter führt eine Hand an die Stirn (wobei unklar ist, ob es sich um einen Gruß oder einen Klagegestus handelt). Alle Reiter haben welliges Haar (der Reiter der Seite »2« hat das Haar aus der Stirn gekämmt, bei ihm enden die Strähnen in Buckellocken). Die Köpfe sind in Dreiviertelansicht wiedergegeben, alle Reiter tragen Ohrringe.
Die Darstellungen und die Komposition erinnern an die Bestattungs- oder Heroisierungsszenen auf einigen attischen Grabstelen der klassischen Zeit. P. R.

Lit.: Muñoz 1983; 1987; Olmos 1987a; Blázquez 1988; Olmos u.a. 1992, 147–148; García Cano 1994; Aranegui 1995b; Olmos 1996a, 96–97

175 Sphinx aus El Salobral

Ende 6. Jahrhundert v. Chr.
Hellgelber Kalkstein, fragmentarisch erhaltenes Relief, der rundplastisch gearbeitete Kopf fehlt, Spuren zinnoberroter Bemalung
Höhe: 55 cm, Breite: 57 cm, Tiefe: 22 cm
Musée du Louvre, Département des Antiquités Orientales, aufbewahrt im Musée des Antiquités Nationales, Saint-Germain-en-Laye
Inv.-Nr. AM 1131
Fundort: El Salobral (Albacete)

Liegende Sphinx, deren Löwenkörper dem vieler iberischer Löwen ähnelt. Sichelförmige Flügel mit zwei Federreihen: Hier findet sich die im Orient (z. B. in phönizischen Elfenbeinschnitzereien) übliche Darstellung des Gefieders und die einem griechischen Vorbild folgende diagonale Stellung des Flügels in einem Werk vereint. Der Kopf war deutlich vom Körper abgehoben und nach links gewendet. Eine andere, am gleichen Ort gefundene Sphinx bildet das Gegenstück zu dieser Arbeit (Museo Arqueológico Nacional, Madrid, García y Bellido 1943a, 153–154, Nr. 26; Chapa 1985, 75, Nr. 1); beide Skulpturen waren wohl in einer gewissen Höhe auf dem Mauervorsprung eines Monumentes angebracht. P. R.

Lit.: Paris 1904a, I, 128, Abb. 97; Chapa 1980a, I, 381–382, AB–57, Taf. LII, 2, Abb. 4. 64. 2; 1980b, 319, Taf. VI, 2; 1985, 75, Nr. 2; *El Mundo Ibérico* 1995 (J. Blánquez), 259–266; Truszkowski in: Rouillard u.a. 1997, Nr. 138

176 Sphinx aus Agost

Ende 6. Jahrhundert v. Chr.
Hellgelber Kalkstein, Gesicht und Läufe fehlen zum größten Teil, Flicken auf dem rechten Hinterlauf und der rechten Bauchseite
Höhe: 88 cm, Länge: 78 cm, Breite: 26 cm
Musée du Louvre, Département des Antiquités Orientales, aufbewahrt im Musée des Antiquités Nationales, Saint-Germain-en-Laye
Inv.-Nr. AM 868
Fundort: Agost (Alicante)

Rundplastische Darstellung einer fast aufrecht stehenden Sphinx. Der Kopf ist nach links gewendet, über beide Seiten des Halses fallen lockige Haarsträhnen (zwei rechts und drei links). Die geraden Flügel sind auf den Rücken gelegt und in mehrere Gefiederschichten unterteilt, deren Reliefstruktur sich deutlich von dem geglätteten, früher wahrscheinlich bemalten Körper abhebt. Wie bei den iberischen Löwen ist der Schwanz der Sphinx um den linken Hinterlauf gerollt. Den Mischwesen aus dem Orient vergleichbar, hat auch diese Figur horizontal ausgestreckte Flügel. Am gleichen Fundort entdeckte man eine weitere, ähnlich gearbeitete Sphinx (Museo Arqueológico Nacional, Madrid, García y Bellido 1943a, 149–150, Nr. 25; Chapa 1985, 40, Nr. 1), die jedoch sitzend und mit aufgerichteten Flügeln wiedergegeben ist. Beide Statuen gehörten wahrscheinlich zur Ausstattung von Grabbauten. P. R.

Lit.: Engel 1896, 204–206; Paris 1904a, I, 125, Abb. 95; García y Bellido 1963, 569, 575, Abb. 499; Chapa 1980a, I, 138–139 A–2, II, 944, Taf. IV, 1; 1980b, Taf. III, 2; 1985, 41, Nr. 2; Truszkowski in: Rouillard u.a. 1997, Nr. 139

177 Gruppe mit Sphinx aus dem Park von Elche

Um 500 v. Chr.
Hellgelber Kalkstein, aus einem rechteckigen Block gearbeitete, rundplastische Darstellung mit unbearbeiteter Rückseite, der Kopf des Reiters, Kopf und Flügel der Sphinx und der Kopf der vor ihr stehenden Person fehlen, die Oberfläche weist zahlreiche Spuren einer Nachbearbeitung auf
Höhe: 62 cm, Länge: 117 cm, Breite: 31 cm
Museo Arqueológico Municipal Alejandro Ramos Folqués, Elche
Fundort: Park von Elche (Alicante), zerbrochen in einem Graben gefunden, in dem die Plastik im 4. Jahrhundert v. Chr. versteckt worden war

Die Skulptur war wahrscheinlich an der Wand eines Grabmonumentes angebracht. Die Sphinx fungierte hier als Seelenbegleiterin (*Psychopompos*) des Verstorbenen ins Jenseits. Sie ruht ausgestreckt auf dem Boden, die Hinterbeine sind unter den Leib gezogen, die Vorderläufe nach vorn ausgestreckt. Eine kleine Person (wahrscheinlich der Verstorbene) reitet zwischen den aufgerichteten Flügeln auf dem Rücken des Tieres, ihre nach vorn gestreckten Arme umfassen den Hals der Sphinx. Davor steht eine kleine weibliche Figur mit gekreuzten Armen und einer Lotosblüte auf der Brust. Die Wiedergabe ihrer Kleidung (eine Tunika mit Umhang) und vor allem deren Faltenwurf erinnern an Büsten der Göttin Tanit oder an die Darstellungen auf dem sogenannten »Sarkophag der Priesterin« aus Karthago. P. R.

Lit.: Aubet 1976; Ramos Folqués/Ramos Fernández 1976, 684, Taf. XVI; Chapa 1980a, I, 188–191, Abb. 4.16, Taf. XII; 1980b, 315–317, 329–330; 1985, 46–47, Nr. 3; de Griñó 1987, 345; Marín Ceballos 1987, 65–66; Olmos u.a. 1992, 148; Ramos Fernández/Ramos Molina 1992; Olmos 1996a, 90

178 Löwe aus Bujalance

5. Jahrhundert v. Chr.
Hellgelber Kalkstein, die Beine fehlen
Höhe: 62 cm, Länge: 89 cm, Breite: 28 cm
Museo Arqueológico Provincial, Córdoba
Inv.-Nr. 7292
Fundort: Los Aguillones-Manga Granada, Bujalance (Córdoba)

Der Kopf des Löwen ist nach vorn gerichtet. Obwohl die Zähne aufeinandergepreßt sind, ist die aus dem Maul hängende Zunge sichtbar. Besonders auffällig sind die kubische Form des Kopfes und der lange Hals. Die durch eingeritzte Linien angedeutete Mähne ist symmetrisch angeordnet. Der Schwanz ist um das linke Hinterbein gerollt. P. R.

Lit.: Chapa 1980a, 541–543, Co-9, Taf. CIII, CIV, 1, Abb. 4, 108, 1; 1985, 100; Olmos u.a. 1992, 99

179 Hirschkuh aus Caudete

5./4. Jahrhundert v. Chr.
Hellgelber Kalkstein, Hinterläufe und Maul fehlen, die Ohren sind bestoßen
Höhe: 77 cm, Länge: 74 cm, Breite: 25 cm
Museo de Albacete
Inv.-Nr. 4289
Fundort: Caudete (Albacete), Zufallsfund unter anderen Skulpturen

Skulptur einer Hirschkuh, die mit angewinkelten Vorderläufen auf einer Plinthe liegt. Die Figur wurde aus einem regelmäßigen Steinquader gearbeitet. Die runden Augen in dem frontal ausgerichteten Kopf sind durch einfache Ritzlinien angedeutet. Der Hals ist glatt, der Körper ohne die Angabe anatomischer Details wiedergegeben. Die wahrscheinlich als

Grabschmuck dienende Skulptur ist durch eine hieratische Haltung und eine sehr geometrische, stilisierte Darstellung gekennzeichnet. P. R.

Lit. Sánchez Jiménez 1961, 163–164, Taf. I, II; Benoit 1962; Chapa 1980a, I, 276–278, AB-4, Abb. 4. 40, Taf. XXX; 1985, 64, Taf. XXII; Olmos u.a. 1992, 103

180 Stier aus Osuna

3./2. Jahrhundert v. Chr.
Beigefarbener Kalkstein, die Beine unterhalb der Knie fehlen, Schwanz, Ohrspitzen und Hörner sind stark bestoßen
Höhe: 56 cm, Länge: 121 cm, Breite: 31 cm
Musée du Louvre, Département des Antiquités Orientales, aufbewahrt im Musée des Antiquités Nationales, Saint-Germain-en-Laye
Inv.-Nr. AM 1213
Fundort: Osuna (Sevilla)

Stehender Stier in realistischer und gleichzeitig stilisierter Wiedergabe. Die Augen umranden breite Ritzlinien, die von der Stirn auf die Nase laufen und dort ein symmetrisches Muster bilden. Das Maul ist leicht geöffnet. Die Wamme des Tieres ist durch bogenförmige, parallele Grate wiedergegeben. Der Körper ist verhältnismäßig mager, der Bauch betont. P. R.

Lit.: Engel/Paris 1904, 382, 431–433, Taf. VIII B, IX; García y Bellido 1963, 586, Abb. 523, 524; Chapa 1980a, I, 633–636, SE–18, Abb. 4. 133; 1985, 112, Nr. 5; Chapa in: Rouillard u.a. 1997, Nr. 31

181 Reiter mit Pferd aus Los Villares

Um 410 v. Chr.
Ockergelb verfärbter Kalkstein
Höhe: 100 cm, Länge: 120 cm, Breite: 30 cm
Museo de Albacete
Inv.-Nr. 95/192/1
Fundort: Hügelgrab Nr. 20 der iberischen Nekropole von Los Villares, Hoya Gonzalo (Albacete)

Die Reiterskulptur diente als Grabschmuck und befand sich auf einem rechteckigen, stufenförmig ansteigenden Hügelgrab aus unbearbeiteten Steinen, die später mit Lehm aus derselben Gegend verputzt wurden. Man fand die Skulptur neben dem Hügelgrab liegend, eine rechteckige Vertiefung in der obersten Stufe, deren Maße mit denen der Basis des Pferdes übereinstimmen, zeigte jedoch den ursprünglichen Standort der Skulptur. Sie war in Nord-Süd-Richtung auf das Grab gestellt und dürfte es um etwa einen halben Meter überragt haben. In der unmittelbaren Umgebung befanden sich weitere Hügelgräber, die ebenfalls Aufsätze in Form von Kriegerstatuen (so das Hügelgrab Nr. 1) oder stelenförmige Pfeiler mit Tierskulpturen trugen.
Die Plastik zeigt einen Mann zu Pferde, der aber nur von der Hüfte abwärts erhalten ist; auch die Arme und die die Zügel haltenden Hände des Mannes sind noch vorhanden, denn der massive Körper der Pferdefigur bot hier entsprechenden Schutz vor Beschädigung. Rumpf und Kopf des Reiters konnten bei den Ausgrabungen nicht gefunden werden, doch sind die Bruchstellen antik, was zusammen mit anderen, besser dokumentierten Beispielen aus derselben Nekropole auf eine Zerstörung der Skulpturen von Los Villares bei sozialen Unruhen hindeutet. Die Figur stellte den nach seinem Tode heroisch überhöhten Verstorbenen zu Pferde dar.
Der gute Erhaltungszustand erlaubt eine eingehendere Analyse des Werkes. Die linke Seite des Pferdes ist stark beschädigt, was auf die Einwirkung einer Pflugschar zurückzuführen ist (das Grab lag nicht sehr tief unter der Erdoberfläche). Die rechte Seite hingegen ist sehr gut erhalten, sogar Spuren von Bemalung lassen sich noch erkennen. Die Bearbeitung des Kalksteinblocks läßt in mancher Hinsicht auf eine gewisse Unsicherheit bei dem ausführenden Bildhauer schließen. So findet sich unterhalb des Pferdebauches in der Mitte eine Stütze. Außerdem wurde auf eine Bearbeitung der Bereiche zwischen den Vorder- und den Hinterbeinen des Tieres verzichtet; letztere sind unmittelbar mit dem bis zum Boden reichenden Schweif verbunden. Insgesamt sind dies eindeutige Indizien für das Bestreben, der Skulptur durch dreifachen Kontakt mit dem Sockel einen festen Stand zu verleihen. Gleichzeitig aber läßt sich bei manchen Details eine große Sorgfalt in der Bearbeitung feststellen, so bei der präzise ausgearbeiteten Mähne des Tieres, der leinenen Kleidung und dem Schuhwerk des Reiters, jenen formalen Elementen also, die den hohen sozialen Status eines zur Aristokratie gehörigen berittenen Kriegers zum Ausdruck bringen (Pferd, Kleidung, Schuhe). Das Zaumzeug hingegen ist so stark vereinfacht, daß seine Funktion kaum noch zu erkennen ist. Als Zeichen seines Besitzstandes und seiner Macht hält der Reiter die Zügel des Pferdes in Händen. J. B.

Lit.: J. Blánquez Pérez 1992a, 121–143; 1994a, 121–143

182 Griechische Gefäße aus Los Villares

Um 410 v. Chr.
Unterschiedliche Maße
Museo de Albacete
Fundort: Hügelgrab Nr. 19 der iberischen Nekropole von Los Villares, Hoya Gonzalo (Albacete)

Auswahl attischer Vasen, die bei den Bestattungsfeierlichkeiten für ein Mitglied der iberischen Aristokratie verwendet und im gleichen Hügelgrab niedergelegt wurden. Zur Grabausstattung gehörten neben den Gefäßen, die man beim Bankett zu Ehren des Toten benutzte, auch metallene Gegenstände, Schmuckstücke aus Gold und vielleicht auch eine Schmuckschatulle aus Holz, die mit Elfenbeintäfelchen etruskischer Herkunft verziert war. Das Grab wurde von der Skulptur eines Reiters bekrönt. Das Ensemble grie-

chischer Vasen bestand aus insgesamt 53 attischen Gefäßen, vor allem Trinkschalen, Krügen vom Typ Saint Valentin usw., die belegen, daß bei diesen Feierlichkeiten der Genuß von Wein eine besondere Rolle spielte. Weil sie auf der Iberischen Halbinsel so selten sind, müssen besonders drei rotfigurige Choenkannen erwähnt werden, auf denen typische Kinderspiele dargestellt sind. Die typologische und zeitliche Einordnung der Funde ist durch den geschlossenen Charakter des Komplexes gesichert. Sie finden Parallelen auf der Athener Agora und bestätigen gleichzeitig die wichtige Rolle, die Emporion im Handel zwischen Griechenland und der Iberischen Halbinsel spielte. J. B.

Lit.: Blánquez 1992a; Roldán Gómez 1993; Blánquez 1994a; 1995

183 Kapitell vom Cerro del Real

1. Hälfte 4. Jahrhundert v. Chr.
Hellgelber Kalkstein, das Kapitell wurde durch einen Abguß ergänzt und auf eine Holzsäule montiert
Erhaltenes Fragment: Höhe: 25 cm, Breite: 25 cm, Tiefe: 31 cm
Museo Arqueológico Nacional, Madrid
Inv.-Nr. 1918/66/1
Fundort: Grab 75 (Grabkammer) der Nekropole vom Cerro del Real (das antike Tutugi, Galera, Granada)

Fragment des Kapitells auf dem zentralen Stützpfeiler der Grabkammer. Das nach oben ausladende Kapitell ist an den Seiten mit ineinandergreifenden Efeublättern verziert. Die Voluten unter der Kapitellplatte sind mit vertikal verlaufenden Perlstäben und Profilen sowie mit einer mittig geführten Kordel geschmückt. P. R.

Lit.: Cabré/Motos 1920, 38–39, Taf. XII; García y Bellido 1963, 400, 424–425, 433–434, Abb. 269, 270, 299

184 Greifenkopf aus Redován

550/450 v. Chr.
Hellgelber Kalkstein, Schnabel, Ohren und Hinterkopf fehlen
Höhe: 18,5 cm, Breite: 28 cm, Tiefe: 20 cm
Museo Arqueológico Nacional, Madrid
Inv.-Nr. 1941/200
Fundort: Redován (Alicante)

Große, hervortretende Augen mit deutlich angegebenen Pupillen und kräftigen Augenlidern. Auf der Stirn eine Palmette, aus der zwei bis unter die Ohren reichende Blütenblätter mit eingerollten Enden treten. Der Schnabel war weit geöffnet, das Nackengefieder ist gestuft. Oben am Kopf eine tiefe, kreisrunde Öff-

nung zur Anbringung einer Knospe, wie sie sich auch bei archaischen Bronzeprotomen findet. Die einzelnen Entwicklungsschritte, die zu dieser außergewöhnlichen Arbeit führten, sind schwer nachzuvollziehen. Als Elemente orientalischer Herkunft weisen sich jedoch die ausdrucksstarken Gesichtszüge und die Palmette aus. Wie die Skulpturen aus Porcuna (vgl. Kat.-Nr. 19) und La Alcudia (vgl. Kat.-Nr. 11) und die bemalte Urne aus Galera (vgl. Kat.-Nr. 194) belegen, taucht der Greif als Mischwesen im Lauf der Jahrhunderte immer wieder in der iberischen Kunst auf. P. R.

Lit.: Engel 1896, 222; Paris 1904a, I, 130, Abb. 98–99; García y Bellido 1943a, 145–146, Abb. 119, Taf. XL–XLI; Blanco 1960b, 36–37, Abb. 38; García y Bellido 1963, 575, Abb. 495–496; Vidal de Brandt 1973, 123–125, Taf. IV, 1–2; Chapa 1980a, I, 220–223, A–41, Taf. XIX, 1, Abb. 4.25; 1985, 52, Nr. 1, 225

185 Männerkopf vom Llano de la Consolación

Anfang 5. Jahrhundert v. Chr.
Hellgelber Kalkstein, rechte Seite, Nase, Mund und Kinn sind stark bestoßen
Höhe: 23,5 cm, Breite: 17 cm, Tiefe: 21,5 cm
Musée du Louvre, Département des Antiquités Orientales, aufbewahrt im Musée des Antiquités Nationales, Saint-Germain-en-Laye
Inv.-Nr. AM 874 (AM 1140)
Fundort: Llano de la Consolación, Montealegre del Castillo (Albacete)

Gerundete Stirn, ausladender Hinterkopf. Die Frisur ist durch gewellte, parallel verlaufende breite Strähnen angedeutet; den Rand der Haarkappe bilden drei flache Locken auf der Stirn und zwei auf den Schläfen. Schrägstehende Augen mit durch eine Ritzlinie betonten Lidern. P. R.

Lit.: Engel 1892, 195; Nicolini 1977a, 31–32, Abb. 16–21; Ruano 1987, III, 475–476, AB–376, Taf. CLIII–CLIV; Truszkowski in: Rouillard u.a. 1997, Nr. 166

186 Männerkopf vom Llano de la Consolación

Anfang 5. Jahrhundert v. Chr.
Hellgelber Kalkstein, die Oberfläche ist stark bestoßen
Höhe: 20,5 cm, Breite: 16,3 cm, Tiefe: 20,5 cm
Musée du Louvre, Département des Antiquités Orientales, aufbewahrt im Musée des Antiquités Nationales, Saint-Germain-en-Laye
Inv.-Nr. AM 875
Fundort: Llano de la Consolación, Montealegre del Castillo (Albacete)

Kubischer Kopf mit fast halbkreisförmigem Hinterkopf. Die glatte Haarkappe endet an ihrem äußeren Rand in fünf flachen, gewellten Strähnen auf Stirn und Schläfen. Deutlich markierte Lidbögen; schrägstehende Augen, deren Lider durch feine Ritzlinien angegeben sind. Kleiner Mund mit vollen Lippen. P. R.

Lit.: Engel, 1892 194, Taf. X, 5; Paris 1904a, I, 262, Nr. 10, Abb. 299; Nicolini 1977a, 29, Abb. 1–7; Ruano 1987, III, 451–452, AB–351, Taf. CLV; Blech/Ruano 1992, Taf. 4; Truszkowski in: Rouillard u.a. 1997, Nr. 167

187 Männerkopf vom Llano de la Consolación

Anfang 5. Jahrhundert v. Chr.
Hellgelber Kalkstein, die Oberfläche ist stark bestoßen
Höhe: 19,8 cm, Breite: 13 cm, Tiefe: 14,8 cm
Musée du Louvre, Département des Antiquités Orientales, aufbewahrt im Musée des Antiquités Nationales, Saint-Germain-en-Laye
Inv.-Nr. AM 876
Fundort: Llano de la Consolación, Montealegre del Castillo (Albacete)

Ein sich nach unten verjüngender, kubischer Kopf. Glatt belassene Haarkalotte (der Dargestellte trug möglicherweise einen Helm), um deren Rand ein sich deutlich abhebendes Band verläuft. Unter diesem schauen neun flache, gewellte Haarsträhnen hervor; hinter den asymmetrisch plazierten Ohren sind zwei weitere Haarsträhnen zu erkennen. Schrägstehende Augen sind von Lidern gerahmt, die durch eingeritzte Umrißlinien angedeutet sind. P. R.

Lit.: Engel 1892, 194, Taf. X, 4; Paris 1904a, I, 261–262, Nr. 9, Abb. 298; Nicolini 1977a, 30, Abb. 8–15; Ruano 1987, III, 502, AB–398, Taf. CLII; Truszkowski in: Rouillard u.a. 1997, Nr. 168

188 »Kore von Alicante«

Um 500 v. Chr.
Hellbeigefarbener Sandstein, nur der Kopf ist erhalten, Nase und Mund fehlen, die Oberfläche des Gesichtes ist stark bestoßen
Höhe: 24 cm, Breite: 14 cm
Museu d'Arqueologia de Catalunya, Barcelona
Fundort: Nach Aussage des Käufers aus der Region Alicante (?); die Forschung vermutet als Herkunftsort eine Werkstatt in der Gegend des Llano de la Consolación (Albacete)

Der auch als »Kore von Alicante« bekannte Kopf könnte zu einer Sphinx gehört haben. Er saß auf einem breiten Hals, war leicht nach rechts gewendet und unterscheidet sich durch seine Überlängung und seinen schmalen Schnitt von den meisten iberischen Skulpturen. Der Mund ist klein und vorstehend, die Nase gerade geschnitten. Die kleinen, schrägstehenden Augen mit deutlich angegebener Iris sind durch feine Umrißlinien betont und stehen durch die spitz zulaufenden Augenwinkel noch enger zusammen. Die Stirn ist schmal, aber hoch und glatt; sie wird von sechs flachen, gleichmäßig angeordneten Zungenlocken gerahmt, die an anderen Stellen – z. B. auf den Ohren – voluminöser wirken. Die Frisur wird von einem Band zusammengehalten, das mit einem feinen Ritzmuster verziert ist. Die Kore trägt ein Diadem aus Blättern, das über der Stirn höher und stärker reliefiert ist; das Haar ist mit flachen und – auf der Stirn – parallelen Wellenlinien wiedergegeben. Die Ohren sind groß und stehen leicht vom Kopf ab, das linke Ohr schmückt ein knopfförmiger Ohrring. Der Kopf ist sicherlich eines der ältesten iberischen Kunstwerke und ähnelt dem in der Gegend von Úbeda la Vieja (Jaén) gefundenen (Blech/Ruano 1992). Die Komposition ist eklektisch; auch wenn sich der Weg zu den Vorbildern nicht geradlinig zurückverfolgen läßt, spiegeln sich vor allem in der Gesichtsform und der Darstellung der Augen Einflüsse der attisch-ionischen Koren wider. P. R.

Lit.: García y Bellido 1935a; Ruano 1987, III, 506–511, Taf. 70; Blech/Ruano 1992, Taf. 3; Rolley 1994, 406–407, Abb. 443; Croissant/Rouillard 1996

189 Kopf aus Verdolay

Ende 5./Anfang 4. Jahrhundert v. Chr.
Hellgelber Kalkstein, die untere Hälfte des Gesichtes und der Hinterkopf fehlen
Höhe: 15,3 cm, Breite: 14,5 cm, Tiefe: 8,7 cm
Museo Arqueológico, Murcia
Fundort: Nekropole von Cabecico del Tesoro, Verdolay, La Alberca (Murcia)

Rundplastisch gearbeiteter Kopf eines Mannes. Mandelförmige Augen mit stark hervortretenden inneren Augenwinkeln und kräftig eingetieften Ritzlinien unter den Augen. Zwischen den schräg nach vorn gekämmten Haarsträhnen verläuft ein Mittelscheitel; um den Kopf ist eine doppelte Binde gelegt, um die sich breite Lockensträhnen winden.
Kennzeichnend für dieses und andere Werke von diesem Fundort ist die ausgeprägte Tendenz zur Geometrisierung. Der Lockenwulst über der Stirn läßt sich hierfür als Beispiel nennen: Zwar ist er stark schematisiert, doch weist er eindeutige Bezüge zu griechischen Frisuren des Strengen Stils auf; die einzelnen Locken haben einen beinahe quadratischen Querschnitt.

Mehrfach wurde – wohl zu Unrecht – eine Zuweisung des Kopfes an eine sitzende Figur aus derselben Nekropole vorgeschlagen. P. R.

Lit.: Nieto Gallo 1939–1940, 142, Taf. XIIIa; García y Bellido 1940; Trillmich 1975; García y Bellido 1980, 56–57, Abb. 60; Ruano 1987, III, 55–57, Mu 3, Taf. CLVII, Abb. 34; Ruiz Bremón 1991; Page del Pozo/García Cano 1993, 39, Nr. 2; Croissant/Rouillard 1996

190 Kopf aus Corral de Saus (Sirene?)

Um 425/375 v. Chr.
Hellgelber Kalkstein, Nase, linker Lidbogen, Hinterkopf und Ohren sind stark bestoßen
Höhe: 18 cm, Breite: 12,8 cm, Tiefe: 12,5 cm
Museo de Prehistoria Domingo Fletcher, Valencia
Inv.-Nr. 13580
Fundort: Nekropole von Corral de Saus, Moixent (Valencia); man hat häufig vermutet, daß die folgende Skulptur (Kat.-Nr. 191) zur gleichen Figurengruppe gehörte

Frauenkopf (?) mit kubisch geformtem Gesicht und niedriger Stirn; die länglichen Augen stehen leicht schräg: Die Augäpfel sind stark nach vorn gewölbt und nur in ihren Umrißlinien deutlich markiert. Volle Lippen mit kantigem Profil, vorstehendes Kinn. Auf dem Kopf eine hohe Krone aus spitzen, dreieckigen Blättern über einem runden Wulst. Vor den Ohren fallen zu beiden Seiten drei flache Haarsträhnen herab, von denen die erste in eine stilisierte Locke ausläuft. Den Scheitel der Frisur ziert eine dreiblättrige Blume. Auf der Stirn sind Spuren rötlicher Bemalung erhalten.

Der wulstförmige Rand der Krone ist möglicherweise ein ferner Anklang an die Frisuren des Strengen Stils, die auch bei dem Kopf aus Verdolay (vgl. Kat.-Nr. 189), allerdings in einer noch stärker stilisierten Variante, zitiert werden. P. R.

Lit.: Fletcher/Pla 1977; Aparicio 1984, 175–205; Chapa 1985, 36, Nr. 3; Almagro-Gorbea 1987; Ruano 1987, III, 550–552, V2, Taf. LXXII–LXXIII; Blech/Ruano 1992, 74, Taf. 5a, 5b; Izquierdo 1995; Croissant/Rouillard 1996

191 Vogelkörper aus Corral de Saus (Sirene?)

Um 425/375 v. Chr.
Beige-grauer Kalkstein, Kopf und Beine fehlen
Höhe: 29,5 cm, Breite: 52 cm, Tiefe: 19 cm
Museo de Prehistoria Domingo Fletcher, Valencia
Inv.-Nr. 13570
Fundort: Nekropole von Corral de Saus, Moixent (Valencia)
Es ist bereits mehrfach vermutet worden, daß der zuvor beschriebene Kopf (Kat.-Nr. 190) zu dieser Skulptur gehörte, was aber aufgrund der unterschiedlichen Proportionen wenig wahrscheinlich ist. Auch die stilistische Behandlung des Vogelgefieders, das nicht so schematisch wiedergegeben ist, weicht von der der Krone auf dem Kopf aus Corral de Saus ab

Die Skulptur ist rundplastisch ausgearbeitet. Der Körper ist stark gebogen. Die angelegten Flügel bestehen aus drei Lagen von Federn: Die erste weist kurze Federn mit abgerundeten Rändern auf, die zweite und dritte breite, zungenförmige Federn. Der Unterkörper ist glatt und leicht abgeschliffen. P. R.

Lit.: Fletcher/Pla 1977; Chapa 1980a, I, 111–115, Abb. 4.2.1, Taf. II, 2, III, 1; Aparicio 1984, 175–205; Chapa 1985, 36, Nr. 1, Taf. IV; Almagro-Gorbea 1987; Izquierdo 1995

192 Rotfiguriger attischer Glockenkrater

1. Viertel 4. Jahrhundert v. Chr.
Ton
Höhe: 34 cm, Durchmesser: 36 cm
Retorted Painter
Museo Arqueológico Nacional, Madrid
Inv.-Nr. 32721
Fundort: Nekropole von La Toya
In La Toya (das antike Tugia, Peal Becerro, Jaén), das durch seine Nekropole bekannt geworden ist, fanden sich zahlreiche attische Kratere aus dem 4. Jahrhundert v. Chr.

A: Dionysische Szene. In der Mitte sitzt Ariadne, sie hält eine Phiale in den Händen. Links von ihr ein Satyr mit einem Thyrsosstab und eine tanzende Mänade, die ein Tympanon schlägt; auf der rechten Seite eine weitere tanzende Mänade und ein Satyr mit einem Pantherfell und einer Fackel.
B: Drei Jünglinge im Himation. P. R.

Lit.: García y Bellido 1948, II, 184, Nr. 75, 2, Taf. CXL, 2; Trias 1967–1968, I, 467–468, Nr. 3, Taf. CCXX, CCXXI, 1; Beazley 1968, ARV², 1429, 6; de Griñó/Olmos 1982, Taf. 23, 2, 30, 2, 37; Villanueva Puig 1987, Nr. XXIII; Sánchez Fernández 1996

193 Rotfiguriger attischer Glockenkrater

400/350 v. Chr.
Ton
Höhe: 42 cm, Durchmesser: 42 cm
Toya-Maler
Museo Arqueológico Nacional, Madrid
Inv.-Nr. 32709
Fundort: Nekropole von La Toya (das antike Tugia, Peal Becerro, Jaén)
Der Krater gehörte zu den Beigaben in der Grabkammer

A: Dionysische Szene. Zwei Eroten setzen einem nackten, sitzenden Mann (Dionysos?) einen Kranz auf. Links davon zwei weitere Männer, rechts eine sitzende Frau mit einem Thyrsosstab (Ariadne?).
B: Drei Jünglinge im Himation. Die Bedeutung der Darstellung ist ungeklärt, man könnte sie vielleicht als Apotheose deuten, bei der ein heroisierter Verstorbener in einer dionysischen Szene dargestellt wird. Die ikonographische Mehrdeutigkeit des Bildes könnte darauf zurückzuführen sein, daß das Werk nicht in Athen, sondern in einer einheimischen Werkstatt geschaffen wurde. P. R.

Lit.: García y Bellido 1935b, Taf. I; 1948, II, 185, Nr. 75, 4, Taf. CXLI, 4; Trias 1967–1968, I, 468–469, Nr. 5, Taf. CCXXI, 2, CCXXII; Beazley 1968, ARV², 1448, 3; de Griñó/Olmos 1982, Taf. 22, 1; Fernández-Miranda/Olmos 1986, 146–148, Taf. 31–32; Villanueva Puig 1987, Nr. XXIV; Sánchez Fernández 1996

194 Bemalte Urne vom Cerro del Real

1. Hälfte 4. Jahrhundert v. Chr.
Gelb-grauer Kalkstein
Höhe: 28 cm, Breite: 41 cm, Tiefe: 32 cm
Museo Arqueológico Nacional, Madrid
Inv.-Nr. 1979/70/t.76/1
Fundort: Grab 76 (Grabkammer) der Nekropole vom Cerro del Real (das antike Tutugi, Galera, Granada)
Die Wände der Grabkammer waren mit Wandmalereien geschmückt, die 1916 bei Raubgrabungen zerstört wurden

In Ostandalusien, im Süden der Provinz Alicante oder in der Provinz Murcia verwendete man gelegentlich Steinurnen (oder attische Vasen) anstelle der mit Bandmustern verzierten Tonurnen, in denen die Asche des Verstorbenen aufbewahrt wurde.
Deckel: auf der Oberseite Reste eines rundplastisch gearbeiteten, liegenden Löwen (?), seine Basis ist auf dem Rand mit Wellenspiralen und oben mit Wolfszähnen verziert. Der Deckel war mit übereinander angeordneten Spiralen verziert, der Rand trägt Zierstreifen mit Dreieckmustern und Eierstäben. Auf zwei Seiten der Urne hat sich die Bemalung erhalten. Auf der von geometrischen Verzierungen (Spiralen, Mäander, Rauten) und Blumenranken gerahmten Hauptseite sieht man zwei antithetisch angeordnete Perso-

nen in Profilansicht (das zentrale Element – eine kniende Person – ist nicht erhalten); die eine sitzt auf der rechten Seite und hält eine Lanze, während die andere links stehend wiedergegeben ist. Auf der anschließenden Seite, die mit Wolfszähnen und Mäandern gerahmt ist, hockt ein roter Greif mit schwarzer Binnenzeichnung, der wie auf griechischen Vasen im Profil dargestellt ist, vor rotem Hintergrund. Das furchteinflößende Tier kommt in der Grabplastik sehr häufig vor (vgl. die Skulpturen aus Redován, Kat.-Nr. 184, und Elche, Kat.-Nr. 11). P. R.

Lit.: Cabré/Motos 1920, 40–41; García y Bellido 1945, 252–254, Abb. 5–7; Schüle/Pellicer 1963, 42–43; Vidal de Brandt 1973, 119–123; Almagro-Gorbea 1982b; Olmos 1982; 1987a; Olmos u.a. 1992, 75

Die Nekropole von El Cigarralejo, Mula (Murcia)

Die 1946 entdeckte Nekropole umfaßt mehr als 400 Gräber, die seit ihrer monographischen Veröffentlichung im Jahr 1987 einen archäologischen Fixpunkt darstellen. Sowohl die Wohnsiedlung als auch das Heiligtum (siehe Kat.-Nr. 230, 231), die zur Nekropole gehören, sind ausgegraben worden. Dabei ließen sich drei aufeinanderfolgende Phasen der Belegung der Nekropole unterscheiden:
– die mit dem Ende der Spätbronzezeit einsetzende protoiberische Phase (Ende 6./Anfang 5. Jahrhundert v. Chr.).
– die klassische Phase der iberischen Kultur, die man mit Hilfe attischer Keramik in die zweite Hälfte des 5. und das 4. Jahrhundert v. Chr. datieren kann.
– die Spätzeit, die zeitgleich mit der Verbreitung der Campanaware im 3. Jahrhundert v. Chr. anzusetzen ist. J.-P. M.

Lit.: Cuadrado 1987

195.1 Grab 124

400/375 v. Chr.

Das Grab mit seiner fast quadratischen Grundfläche (1,8 x 1,7 m) bestand aus übereinandergeschichteten Steinen. Es enthielt keine Aschenurne, sondern nur Beigaben. Es handelte sich um die Bestattung eines Kriegers. J.-P. M.

Falcata mit Aufhängevorrichtung

Eisen
Länge: 61 cm
Museo Monográfico El Cigarralejo, Mula
Inv.-Nr. 1092

Zwei Lanzenspitzen

Eisen
Länge: 25,7 u. 31 cm
Museo Monográfico El Cigarralejo, Mula
Inv.-Nr. 1093 u. 1095

Lanzenaufsatz

Eisen
Länge: 12,7 cm
Museo Monográfico El Cigarralejo, Mula
Inv.-Nr. 1096
Lit.: Cuadrado 1987, 265–266

195.2 Grab 161

400/375 v. Chr.

Tumulus mit Urne und Waffen als Grabbeigaben. J.-P. M.

Aufhängering für eine Falcata-Scheide

Eisen
Länge: 10 cm
Museo Monográfico El Cigarralejo, Mula
Inv.-Nr. 1596

195.3 Grab 217

425/375 v. Chr.

Das 1957 entdeckte Brandgrab 217 enthielt eine Aschenurne: ein mit geometrischen Mustern verziertes, eiförmiges Tongefäß mit einem mit Bandmustern verzierten Deckel.
In der Urne fand man die Reste einer Brandbestattung, stark oxydierte Teile von Eisenwaffen, eine bronzene Ringfibel, ein kleines Gefäß aus Alabaster oder Marmor und eine beinerne Anstecknadel. Die übrigen Beigaben lagen außerhalb der Urne. Besonders zu erwähnen ist eine schwarz gefirniste attische Schale aus dem späten 5./frühen 4. Jahrhundert v. Chr. Die Grabanlage befand sich im Zentrum eines Steinhügels von drei Metern Seitenlänge. Bei diesem Grab handelte es sich um die Bestattung eines gesellschaftlich hochstehenden Kriegers. J.-P. M.

Schildgriff

Eisen
Länge: 23 cm
Museo Monográfico El Cigarralejo, Mula
Inv.-Nr. 2002

Lanze

Eisen mit niellierter Silberverzierung
Länge: 50,5 cm
Museo Monográfico El Cigarralejo, Mula
Inv.-Nr. 1997

Lanzenaufsatz

Eisen
Länge: 10 cm
Museo Monográfico El Cigarralejo, Mula
Inv.-Nr. 1998

Sporn

Eisen
Länge: 7 cm
Museo Monográfico El Cigarralejo, Mula
Inv.-Nr. 2003

Soliferreum – langer Wurfspieß (verbogen)

Eisen
Länge: 150 cm
Museo Monográfico El Cigarralejo, Mula
Inv.-Nr. 2001
Lit.: Cuadrado 1987, 399–402

196 Grab 3 von 1987

Dieses Grab stammt aus der letzten Besiedlungsphase der Stadt, die in die jüngeren Eisenzeit, d. h. vom ausgehenden 4. bis ins dritte Viertel des 3. Jahrhunderts v. Chr. datiert. Es befand sich im Westen des *Oppidums*, sein oberer Abschnitt war zerstört. Das Grab barg einen Knochenbehälter, einen schwarz gefirnisten Krater mit einem vertikalen Ritzmuster und Doppelhenkeln, eine schwarz gefirniste Schale und eine Urne aus orange-gelbem Ton, die mehrere Metallgegenstände und ein Schwert mit Scheide sowie eine Lanzenspitze, die Reste eines Schildes und eine Fibel mit bogenförmiger Spange enthielt. J.-P. M.

Schwert

Eisen
Länge: 73,1 cm
Musée d'Ensérune

Langes Schwert mit teilweise erhaltener Scheide. Typisches Beispiel für ein keltisches La-Tène-Schwert. J.-P. M.

Gürtelkette

Eisen
Länge: 14,5 cm
Musée d'Ensérune

Gewundene, an den Enden in abgeflachte Ringe auslaufende Kette. J.-P. M.

Lanzenspitze

Eisen
Länge: 41 cm
Musée d'Ensérune

Sehr spitz zulaufend, mit Aufsteckmanschette. J.-P. M.

Rand eines Schildes

Eisen
Länge: 28 cm
Musée d'Ensérune

Durch den gebogenen Rand wurde das Leder auf dem darunterliegenden Holzrahmen festgehalten. J.-P. M.

Fibel

Eisen
Länge: 7 cm
Musée d'Ensérune

In eine Scheibe auslaufendes Schmuckstück mit über den Bogen gelegtem Fuß und kurzer, zweiseitiger Spannfeder.
J.-P. M.

Lit. Schwaller/Duday/Janin/Marchand 1995, 212–216

Die Nekropole von Ensérune (Nissan-lez-Ensérune, Hérault)

Ensérune liegt auf einem schwer zugänglichen Felsplateau oberhalb der Küstenebene zwischen dem Meer und den ersten Ausläufern der Cevennen. Dieser Ort war seit dem Ende der frühen und während der mittleren Eisenzeit besiedelt. Drei Siedlungsphasen von Häusern mit viereckigem Grundriß konnten bei den Grabungen freigelegt werden.
Zahlreiche griechische, italische und iberische Gefäßfragmente belegen, daß in Ensérune ein reger Handelsaustausch mit den seefahrenden Völkern des Mittelmeers stattfand. Weitere Funde aus dieser Siedlung sind keltischen Ursprungs. Die Nekropole des Ortes befand sich im Westabschnitt des Vorgebirges. Es lassen sich drei Typen von Gräbern unterscheiden.
Die ältesten Anlagen fanden sich im tiefsten Grabungsniveau. Von diesen Gräbern sind häufig nur noch die unteren Bereiche erhalten, da die weiter oben, unter der Erdoberfläche gelegenen Partien bereits zerstört waren. Eine Vielzahl von Scherben rotfiguriger attischer Trinkschalen und *Skyphoi* mit weißer Bemalung weisen auf eine Datierung in das ausgehende 5. und erste Viertel des 4. Jahrhunderts v. Chr. hin. In einer Aufschüttung über der ersten Schicht befanden sich die Gräber des zweiten Typs, die vor allem bemalte Urnen aus hellem Ton enthielten, in deren Dekor sich iberische und ionische Stilelemente miteinander verbanden. Der dritte Grabtypus erinnert an kampanische Ossuarien und beherbergte verschiedene Haushaltsgefäße. J.-P. M.

Lit.: Jannoray 1955; Gallet de Santerre 1968; Schwaller/Duday/Janin/Marchand 1995

197 Grab Nr. 13 von 1945

Das Nebeneinander von gallischen Waffen keltischer Tradition und einem iberischen Gefäß ist charakteristisch für Ensérune, einen Ort, an dem sich viele Kulturen begegneten.
Das Grab läßt sich in das 4. Jahrhundert v. Chr. datieren. J.-P. M.

Schwert

Eisen
Länge: 78 cm
Musée d'Ensérune

Spitz zulaufende, lange, zweischneidige Klinge mit einem Zapfen am Ende, wie sie typisch ist für die gallische La-Tène-Kultur. J.-P. M.

Schwertscheide (verbogen)

Eisen
Länge: 35 cm
Musée d'Ensérune

An einer Seite zusammengedrücktes Doppelblech zum Schutz des hier beschriebenen Schwertes. Das herzförmige Ansatzstück ist typisch für die gallische La-Tène-Kultur. Mit Hilfe der Schlaufe ließ sich die Waffe am Gürtel befestigen.
J.-P. M.

Lanzenspitze

Eisen
Länge: 46 cm
Musée d'Ensérune

Ein ebenfalls für die gallischen Waffen charakteristisches Element mit schmalen Stabilisierungsrippen und einer langen Manschette zum Aufsetzen auf den Lanzenstiel. J.-P. M.

Iberische Kanne

Ton
Höhe: 19,5 cm
Musée d'Ensérune

Das auf der Töpferscheibe hergestellte krugförmige Gefäß hat einen Henkel und ist mit zwei Ritzlinien und einem schmalen, aufgemalten Band dekoriert. J.-P. M.

Lit.: Jannoray 1955

198 Grab Nr. 60 von 1945

Der Leichenbrand wurde in einer iberischen Amphore mit zwei Henkeln verwahrt, die mit dem Unterteil einer Amphore aus Massalia verschlossen war. Unter den metallenen Grabbeigaben befanden sich drei bronzene Armreifen.

Iberische Amphore

Bemalter Ton
Höhe: 26 cm
Musée d'Ensérune

Das auf der Töpferscheibe hergestellte Gefäß hat zwei symmetrische Henkel und ist mit roten Zierbändern sowie mit konzentrischen Halbkreisen bemalt.
J.-P. M.

Lit.: Jannoray 1955

Drei Armreifen

Bronze
Durchmesser: 8 cm
Musée d'Ensérune
Lit.: Jannoray 1955

199 Kalathos (sombrero de copa)

1. Hälfte 2. Jahrhundert v. Chr.
Auf der Töpferscheibe hergestelltes Gefäß aus ockerfarbenem Ton mit roter Bemalung.
Form A II 7. 1. Gruppe D 1 (nach Conde).
Form ib-peinte Lattara 2722 (1993)
Höhe: 35 cm, max. Durchmesser: 31,3 cm
Museo Arqueológico, Murcia
Inv.-Nr. 2689
Fundort: Grab 213 der Nekropole von Cabecico del Tesoro, Verdolay (Murcia)

Der Kalathos ist mit einem breiten Fries dekoriert, auf dem Wölfe wiedergegeben sind, zwischen denen große, herzförmige Blätter erscheinen, aus denen Blüten, volutenartige Zierelemente und kleine Strichmuster hervortreten. Den flachen Rand des Gefäßes schmückt ein Wolfszahnornament. Der Künstler hat die Drohgebärde der Raubtiere mit ihren aufgerissenen Mäulern und spitzen Krallen besonders eindrucksvoll wiedergegeben. Die Tiere symbolisieren eine männliche Gottheit, der durch entsprechende Grabbeigaben gehuldigt werden sollte.
C. A. G.

Lit.: Conde 1992; Adroher 1993, 476

200 Urne mit durchbohrten Henkeln

5./4. Jahrhundert v. Chr.
Auf der Töpferscheibe hergestelltes Gefäß aus hellgrauem Ton mit Deckel. Der Gefäßkörper wurde mit durchbohrten Verdickungen versehen, was eine stabile Verbindung zwischen Deckel und Gefäß ermöglichte. Aus einer iberischen Werkstatt
Höhe: 18 cm, Durchmesser: 14 cm
Museo de Albacete
Inv.-Nr. 3812
Fundort: Nekropole vom Llano de la Consolación, Montealegre del Castillo (Albacete)

Diese Aschenurne ist typisch für die Frühzeit und die beginnende Blütezeit der iberischen Kultur. Sie ist kugelförmig und hat einen Deckel, der im gleichen Arbeitsgang hergestellt und vor dem Brennen abgetrennt wurde. Der Deckel trägt die gleichen Verdickungen wie der Urnenrand. Die Verzierung mit horizontalen Bändern und Linien sowohl auf dem Gefäßkörper als auch auf dem Deckel ist typisch für die Keramik dieser Zeitstellung. C. A. G.

Lit.: Sánchez Jiménez 1953; Fletcher 1964; Pereira/Rodero 1983, 47–56

201 »Fischteller«

200/50 v. Chr.
Auf der Töpferscheibe hergestellter Gefäßdeckel aus ockerfarbenem Ton mit roter Bemalung.
Rekonstruktion aus wenigen Fragmenten.
Aus einer lokalen Werkstatt
Höhe: 4 cm, Durchmesser: 33 cm
Museo Arqueológico Provincial, Alicante
Inv.-Nr. TCB 1086
Fundort: Wahrscheinlich die Nekropole vom Tossal de la Cala, Benidorm (Alicante)

Möglicherweise zu einem Kalathos gehöriger Deckel, der außen mit großen, herzförmigen Blättern und innen mit zwei konzentrischen Friesen mit Darstellungen von Fischen verziert ist. Die dazwischen abgebildeten Voluten, Blüten und Sterne stehen stellvertretend für das Meer, das Göttliche und den Himmel. Sie geben Auskunft über die Jenseitsvorstellungen der Iberer, in denen süditalische Einflüsse deutlich werden und die sich im Dekor von Tellern, *Phialen* (vergleiche die Phiale aus Tivissa) und Urnendeckeln spiegeln. Bei dieser Darstellung wird der Glaube an ein Paradies zum Ausdruck gebracht, dessen Eingang in den Tiefen des Meeres liegt und zu dem man gelangt, wenn man einem den Fischen vertrauten Weg folgt. Dieses Dekorationsschema findet sich in weiten Teilen der Iberischen Halbinsel, von Tarragona bis Elche (Alicante) und landeinwärts bis Albacete. C. A. G.

Lit.: Nordström 1973, Abb. 16; Tarradell 1985; Aranegui 1996

202 Kelchförmiges Gefäß

150/100 v. Chr.
Auf der Töpferscheibe hergestelltes Gefäß aus ockerfarbenem Ton mit roter Bemalung.
Rekonstruiert und restauriert. Typ A III 4.1.2
Höhe: 13,4 cm, Durchmesser: 12 cm
Museo de Prehistoria Domingo Fletcher, Valencia
Inv.-Nr. 1906
Fundort: Sektor A der unteren Nekropole von Corral de Saus, Moixent (Valencia)

Kelchfömiges Gefäß, auf dessen Hals ein von Zierstreifen gerahmter Fries verläuft. Der Gefäßbauch ist mit Zierbändern und von Linien überschnittenen Halbkreisen dekoriert. Das Hauptmotiv ist ein relativ schematisch und stilisiert wiedergegebener Vogel mit ausgebreiteten Flügeln. Der Künstler hat sich sehr auf die Details des Gefieders konzentriert. Eine kleine Rosette rechts des Vogelkopfes unterstreicht den Symbolcharakter der Darstellung. Auf der gegenüberliegenden Seite ist ein vegetabiles Motiv abgebildet. Das Gefäß war eine Grabbeigabe. Wie die in Elche gefundenen Gefäße belegen, waren der Vogel und die Rosette mit einer weiblichen Gottheit verbunden. C. A. G.

Lit.: Aparicio 1977, Taf. XIV; Izquierdo 1996

203 Gefäß mit der Darstellung eines jungen Mannes und einer Sphinx

150/125 v. Chr.
Auf der Töpferscheibe hergestelltes Gefäß aus ockerfarbenem Ton mit roter Bemalung.
Unvollständig erhalten. Typ A II 2.2.1
Höhe: 23,5 cm, Durchmesser: 12 cm
Museo de Prehistoria Domingo Fletcher, Valencia
Inv.-Nr. 60516
Fundort: Sektor A der unteren Nekropole von Corral de Saus, Moixent (Valencia)

Gefäß mit Zierfries, der von Bändern eingefaßt wird; an das untere Band stoßen konzentrische Halbkreise. Die erste Szene auf dem Fries zeigt einen Krieger, der in eine kurze, von einem Gürtel zusammengehaltene Tunika gekleidet ist und ein Tierfell auf dem Kopf trägt. Mit Dolch und Lanze greift er ein geflügeltes, vierbeiniges männliches Fabeltier an. In der zweiten Szene durchbohrt derselbe Krieger mit seiner Lanze eine geflügelte weibliche Sphinx, deren Menschenkopf mit volutenartigen Elementen geschmückt ist. Die Bilder zeigen zwei nacheinander stattfindende oder sich ergänzende Szenen, in denen der Mensch die Bestie besiegt und zum Heros wird. Blumen, Blätter und Spiralmotive füllen den Bildgrund zwischen den Hauptfiguren der Darstellung. C. A. G.

Lit.: Izquierdo 1995, Abb. 5

204 Gottheit von der Serreta

Ende 3./Anfang 2. Jahrhundert v. Chr.
Rötlicher, handmodellierter Ton mit der plastischen Darstellung einer rituellen Handlung auf der Vorderseite. Die glatte Rückseite weist eine unregelmäßige Öffnung auf. Das Innere ist hohl, die Bodenfläche offen. Der Mittelteil ist beschädigt, der Kopf der mittleren Figur nicht erhalten. Aus einer lokalen Werkstatt
Höhe: 16,7 cm, Breite: 18,2 cm
Museo Municipal Camilo Visedo, Alcoy
Inv.-Nr. 00000368 (2075)
Fundort: Sektor 1 (1956) von der Serreta, Alcoy (Alicante)

Auf einem Thron sitzende Frauenfigur, die zwei Kinder stillt; links neben ihr sitzt ein Vogel. Neben der Kourotrophos (griech. »Nährerin junger Männer«) stehen auf der einen Seite zwei Flötenspieler, auf der anderen zwei weitere Figuren. Die in der Mitte dargestellte Person und die Taube sind größer als die Figuren des Gefolges. Die Darstellung hat religiösen Charakter: Die nährende Muttergottheit in der Mitte wird von den umstehenden Gläubigen durch eine musikalische Darbietung angerufen. Flötenspieler finden sich sowohl in der Keramik als auch in der Skulptur der Iberer; ebenso wurden Vögel in der iberischen Kunst immer wieder dargestellt. Die Einfachheit der Ausführung kennzeichnet auch andere Terrakotten aus diesem Heiligtum, das wahrscheinlich einer Fruchtbarkeitsgöttin geweiht war. C. A. G.

Lit.: Llobregat 1972, 56–57, Taf. XV; Blázquez 1977, 339, 503, Abb. 128; Aranegui 1987b, 139–145; Juan 1987–1988, 295–329, Taf. IX

205 Kalathos (sombrero de copa) »mit den Puppen«

200/50 v. Chr.
Auf der Töpferscheibe hergestelltes Gefäß aus ockerfarbenem Ton mit roter Bemalung und plastischen Aufsätzen (falschen Henkeln). Rekonstruiert und restauriert. Typ A I 7.2.1. Aus einer lokalen Werkstatt
Höhe: 53 cm, Durchmesser: 41 cm
Museo Monográfico de La Alcudia de Elche, Sammlung Ramos
Fundort: Aus der iberischen Siedlung von La Alcudia, Elche (Alicante)

Großer *Kalathos* mit drei übereinander angeordneten, verschieden hohen Zierfriesen, die von Bändern und Streifen begrenzt werden. Die szenische Komposition ist umlaufend, wobei die Themen mit kleinen Unterschieden in der Ausführung wiederholt oder variiert werden. Der obere Fries zeigt eine Wolfsprotome und einen Vogel mit ausgebreiteten Flügeln. Unter jedem der bogenförmigen »falschen« Henkel sieht man ein rundes, frontal wiedergegebenes Gesicht. Daneben findet sich eine Rosette bzw. ein herzförmiges Blatt. Die Gestaltung dieser Gesichter ist wesentlich freier und expressiver als die Wiedergabe der Gesichter der anderen Motive. Betont wird diese Ausdruckskraft durch den asymmetrischen Verlauf der Brauen- und Augenlinien, durch den Gesichtsausdruck und die Farbgebung der Wangen. Die auf dem Kinn eines dieser Gesichter erscheinende Lotosblüte hat zu einer Deutung als weibliche Gottheit geführt. Auf dem zentralen Fries ist ein großer *carnassier* mit zurückgewandtem Kopf und einem Vogel auf dem Rücken abgebildet; auf der gegenüberliegenden Seite ein Vogel zwischen Wolfsprotomen. Der untere Fries ist als Zierband mit Efeublättern gestaltet. Rosetten, Knospen, Spiralmotive und herzförmige Blätter füllen den übrigen Bildgrund. Es handelt sich um die Kombination zweier gegensätzlicher, sich aber zugleich ergänzender Themen: zwei Menschengesichter (Mann und Frau) und zwei Tiere (Raubtier und Vogel). Diese Art der dekorativen Gestaltung symbolisiert die Zweiteilung der Kräfte, die unser Universum beherrschen. C. A. G.

Lit.: Fernández de Avilés 1944, 169–170, Abb. 8; Kukhan 1962, 34, Abb. 31, 32; Olmos 1990, 162, Abb. 10, 1–2; Ramos Folqués 1990, 162, Abb. 108

206 Räuchergefäß aus Camarles

2. Jahrhundert v. Chr.
Zweiteiliges, in der Matrize hergestelltes Tongefäß. Der obere, handmodellierte Teil wurde aufgesetzt und weist fünf Öffnungen auf. Eine weitere Öffnung befindet sich auf der Rückseite, die Standfläche ist massiv. Das Gesicht war ursprünglich weiß und rot bemalt. Typ A.
Aus einer iberischen Werkstatt
Höhe: 16,1 cm
Museu d'Arqueologia de Catalunya, Barcelona
Inv.-Nr. 27090
Fundort: rechteckiger Brunnen (2,8 x 1,2 Meter) von El Bordisal, Camarles (Tarragona); gefunden mit 30 ähnlichen Stücken, Terrakotten und Campanaware

Figürliches Gefäß in Gestalt einer weiblichen Büste mit klassischen Zügen. Diese stellt eine Gottheit dar, deren Tunika von einer Ringfibel oder Brosche zusammengehalten wird. Auf dem welligen Haar sitzt ein mit Blättern, Weinranken, zwei schlanken Vögeln und in Dreiecksform angeordneten Kügelchen verzierter *Kalathos* (Kopfschmuck); die Figur trägt Ohrringe. Diese Art der Darstellung findet sich auch in der Kunst anderer Mittel-

meervölker. Die Figur wurde aufgrund ihrer Attribute als Demeter oder Tanit gedeutet. Man hat das Räuchergefäß in einem *Bothros* (Opfergrube) gefunden, obgleich ähnliche Stücke auch in Gräbern und Siedlungen entdeckt wurden. Bei den Iberern weisen solche Räuchergefäße keinerlei Brandspuren auf. C. A. G.

Lit.: Muñoz 1963; Marín Ceballos 1987, 44–58; Pena 1989, 349–357

207 Räuchergefäß vom Tossal de la Cala

4. Jahrhundert v. Chr.
Ockerfarbener Ton
Höhe: 22 cm
Museo Arqueológico Provincial, Alicante
Inv.-Nr. TCB 1492
Fundort: Tossal de la Cala, Benidorm (Alicante)

Dieses *Thymiaterion* (Räuchergefäß) hat einen konkaven Boden und einen Aufsatz in Form eines mit fünf Bohrlöchern versehenen Schälchens. Solche Stücke werden gewöhnlich mit dem Demeterkult in Verbindung gebracht.
Im vorliegenden Fall handelt es sich um den »Typ D« (nach einer Klassifizierung von Muñoz Amilibia): Stirn und Schläfen der Göttin sind mit Früchten verziert, am Halsansatz sind der Faltenwurf der Tunika und eine halbkreisförmige Brosche zu erkennen.

Dieser Typus von Räuchergefäßen war in der Umgebung von Alicante, besonders in der Nekropole von La Albufereta sehr verbreitet. Die Göttin wird mit harmonischen, ebenmäßigen Gesichtszügen dargestellt. Ihre Attribute können Vögel sein (Tauben), aber auch Früchte, wie die hier dargestellten Weintrauben. Demeter galt als Göttin der Fruchtbarkeit und des Wohlstands. Ihr Kult gleicht dem der griechischen Demeter oder der punischen Tanit des 4. Jahrhunderts v. Chr. Der Demeterkult war im westlichen Mittelmeerraum weit verbreitet, und das Vorhandensein dieser Räuchergefäße in den Gräbern weist auf Gebete hin, die man an die Göttin richtete, um Beistand und Hilfe für die Seele des Verstorbenen zu erlangen. J.-P. M.

Lit.: Muñoz Amilibia 1963, 22–23; Ruiz de Arbulo 1994

208 Relief aus Villaricos

3./2. Jahrhundert v. Chr.
Beigefarbener Kalkstein
Höhe: 31 cm, Breite: 38 cm
Museu d'Arqueologia de Catalunya, Barcelona
Inv.-Nr. 19892
Fundort: Villaricos (Almería)

Flachrelief auf einer der Seitenflächen eines rechteckigen Kalksteinblocks. Eine in Frontalansicht dargestellte Person mit

zwei Gesichtern hält zwei auf den Hinterbeinen stehende Pferde am Maul fest. Die Vorderbeine der links und rechts stehenden Pferde berühren den Körper der Person. Die Oberfläche des Reliefs ist geglättet, schematisierte Gravierungen geben die Details des Kopfes der Person (Mund, Augen, Haar) und der Pferde (Augen, Mähne, Muskulatur) an. Dieses Relief dokumentiert eine wichtige Etappe in der Entwicklung der anthropomorphen Darstellung von Gottheiten in der iberischen Kunst; in diesem Fall handelt es sich um eine Schutzgottheit der Tiere. P. R.

Lit.: Nicolini 1973, 49, Abb. 26; Chapa 1980a, 388–389, Al 2, Taf. XLIV, Abb. 4. 66. 1; García y Bellido 1980, 72, Abb. 89; Chapa 1985, 58, Nr. 2, Taf. XVII; Abásolo in: Aranegui u.a. 1990, 81–82

209 Kopf mit der Inschrift »Dea Caelestis« (?), aus Torreparedones

1. Jahrhundert v. Chr./1. Jahrhundert n. Chr. (?)
Hellgelber Kalkstein
Höhe: 6,7 cm, Breite: 7 cm, Tiefe: 6 cm
Museo Arqueológico Provincial, Córdoba
Inv.-Nr. 30941
Fundort: Cortijo de las Vírgenes, Torreparedones (Castro del Río, Baena, Córdoba), Heiligtum außerhalb der Südmauer

Im Heiligtum von Torreparedones wurden mehr als 100 rundplastische Steinvotive gefunden – vor allem Statuetten –, außerdem etwa 20 Nachbildungen von Körperteilen. Dieser symmetrisch angelegte Kopf hat tiefliegende Augen und ist mit einem Schleier bedeckt. Er unterscheidet sich von den übrigen Köpfen (vgl. Kat.-Nr. 240) durch eine expressive, aber nicht sehr detailgenaue Bearbeitung. Ein besonderes Merkmal der Arbeit ist die in die Stirn geritzte Inschrift, die

»Dea Caelestis« gelesen wird; es handelte sich möglicherweise um die Gottheit, der das Heiligtum geweiht war. P. R.

Lit.: Morena López 1989a, 48–49, 70, Nr. 36, Taf. XLII; Marín Ceballos 1994

210 Opfer darbringendes Ehepaar

2. Jahrhundert v. Chr.
Beigefarbener Kalkstein
Rückseite unbearbeitet. Die Oberfläche ist leicht bestoßen. Auf dem Körper der Männerfigur saß bis vor kurzem ein mit Zement angestückter, nicht zugehöriger Kopf, den die Konservatoren des Madrider Museo Arqueológico Nacional wieder entfernt haben. Nach einer Reinigung wurde deutlich, daß die Steinqualität des Kopfes nicht mit derjenigen der Figurengruppe identisch ist. Der Kopf des Mannes gehörte demnach nicht zu dem Körper der Figur, weshalb wir die Gruppe ohne den Kopf zeigen
Höhe: 63 cm, Breite: 37 cm, Tiefe: 17 cm
Museo Arqueológico Nacional, Madrid
Inv.-Nr. 3508
Fundort: Cerro de los Santos, Montealegre del Castillo (Albacete)

Diese Skulpturengruppe stellt unter den Funden vom Cerro de los Santos etwas Außergewöhnliches dar: Ein Mann und eine Frau halten gemeinsam ein Weihgefäß in Händen. Der links stehende Mann trägt eine kurzärmlige Tunika und einen Umhang, der seine rechte Schulter freiläßt. Die Frau ist mit einem langen Gewand und einem den Kopf bedeckenden Umhang bekleidet; ihre Haare sind zu Zöpfen geflochten. Beide Figuren tragen Halsketten. P. R.

Lit.: Rada y Delgado 1875, Taf. V, 2; Paris 1904a, I, 177, Abb. 146; García y Bellido 1963, 491, 494, Abb. 396; Ruano 1987, III, 207–208, AB–113, Taf. CCLIVbis; Ruiz Bremón 1989, Nr. 155; Olmos u.a. 1992, 108; Aranegui 1995a, 26, Abb. 17 (alle diese Publikationen bilden die Gruppe mit dem nicht zugehörigen Kopf ab)

211 Libationsgefäß

2. Jahrhundert v. Chr.
In der Matrize hergestelltes Gefäß aus ockerfarbenem Ton mit roter und weißer Bemalung, Ritzlinien, geprägten Motiven, plastischen Elementen und ebener Standfläche. Aus einer iberischen Werkstatt
Höhe: 11,2 cm, Breite: 19 cm
Museo de Albacete
Inv.-Nr. 5807
Fundort: Votivgrube der Siedlung von El Amarejo, Bonete (Albacete)

Taubenförmiges Gefäß mit einer Tülle auf dem Rücken und einer Öffnung im Schnabel des Vogels. Die Flügel sind durch rote und weiße Bemalung und Ritzlinien angedeutet. Der Kopf ist mit einfachen Streifen und einem eingeprägten Rosettenmuster geschmückt, das, wie auf den bemalten Gefäßen aus Elche, auf die Verbindung zwischen Vögeln und Blumen hinweist. Diese Arbeit ist mit punischen Trinkgefäßen vergleichbar. Bei den Iberern benutzte man solche Gefäße bei bestimmten Ritualen; ihre Form erinnert an eine weibliche Gottheit. C. A. G.

Lit.: Brocano 1989

212 Libationsgefäß

200/50 v. Chr.
Auf der Töpferscheibe hergestelltes Gefäß aus ockerfarbenem Ton mit plastisch gestalteten Dekorationselementen und roter Bemalung.
Typ A VI. Gruppe des »Meisters der Vögel und der Hasen«. Aus einer lokalen Werkstatt
Höhe: 9,7 cm, Durchmesser: 13,5 cm
Museo Monográfico de La Alcudia de Elche, Sammlung Ramos
Fundort: La Alcudia, Elche (Alicante)

Kernos (Ritualgefäß) mit röhrenförmiger Standfläche und vier amphoren- und pithosförmigen Aufsätzen, die um eine Schale herum angeordnet sind, auf deren Grund das frontal wiedergegebene Gesicht einer Frau zu erkennen ist, dessen Ausdruck durch die Asymmetrie von Augen und Augenbrauen sowie die Farbgebung der Wangen gesteigert wird. Die Frau trägt ein Stirndiadem und Ohrringe. Kleine Fische, Hasen und Vögel sowie

Rosetten und Sterne stehen für die beim Trankopfer angerufenen kosmischen Kräfte. C. A. G.

Lit.: Ramos Folqués 1966c, 296–297, Taf. I; Nordström 1973, 197; Page 1984, 139–140, Abb. 22

213 Klammer

Bronze
4. Jahrhundert v. Chr.
Höhe: 11,3 cm, Breite: 2,2 cm
Museo Arqueológico Camilo Visedo, Alcoy
Fundort: Grab 11 der Nekropole von der Serreta, Alcoy (Alicante)

Zu der Klammer gehörte ein Band, das an einen dünnen Ring angehängt war. Der durchbrochene Dekor der Klammer zeigt u. a. kleine Räder mit vier Speichen. Ch. É.

Lit.: Cortell u.a. 1992, 108–111, Abb. 17,4

214 Ritualschaufel

5. Jahrhundert v. Chr.
Max. Länge: 17,2 cm, max. Breite: 13,8 cm, Höhe der Ränder: 5 cm, Gewicht: 1,15 kg
Museo Arqueológico Provincial, Murcia
Inv.-Nr. 3333
Fundort: La Luz, Verdolay (Murcia)

Die stark beschädigte Schaufel wurde zusammen mit einem Exemplar der sogenannten grauen iberischen Ware gefunden, in der sich die Asche einer Brandbestattung befand. Die Schaufel ist rechteckig und wurde aus Bronze gegossen; die Ränder sind mit Durchbruchmotiven verziert und zeigen schreitende Tiere: ein Pferd, einen Hirsch und eine Sphinx. Der Stiel war wahrscheinlich an den oberen Rand genietet. Ch. É.

Lit.: Jorge Aragoneses, 1967–1968a, 7–13, Abb. 3–9

215 Gürtelapplik

4./3. Jahrhundert v. Chr.
Höhe: 4,7 cm, Breite: 5,5 cm, Tiefe: 0,3 cm
Museo de Albacete
Fundort: El Amarejo, Bonete (Albacete)

Rechteckige Platte aus dünnem Silberblech, das auf einem darunterliegenden Kern aus Eisen befestigt ist. Zur Befestigung ist in jeder der vier Ecken eine Bronzeniete angebracht. Zentrale Schmuckmotive sind ein Pferd und ein davorstehender iberischer Krieger mit Helm und Schild. Hinter dem Pferd erscheint ein vegetabiles Motiv. Der Hintergrund der Szene ist körnig strukturiert, den Rahmen bildet eine Doppellinie, die große, plastische Punkte umschließt.
Diese Applik ist bisher die einzige, die in einem Votivdepot gefunden wurde.
Ch. É.

Lit.: Broncano 1989, 84–86

216 Zwei opfernde Frauen vor einer Säule

2./1. Jahrhundert v. Chr.
Hellgelber Kalkstein, links gebrochen
Höhe: 83 cm, Breite: 75 cm, Tiefe: 46 cm
Museo Histórico Municipal de Cañete de Las Torres, Córdoba
Fundort: Cortijo de las Vírgenes, Torreparedones (Castro del Río, Baena, Córdoba)

Das Relieffragment stammt von einem unbekannten Bauwerk. Es zeigt zwei Frauen in Frontalansicht in nicht korrekt wiedergegebenen Proportionen beim gemeinsamen Darbringen eines Opfers. Beide tragen eine Tunika und einen Umhang. Die rechte Figur, deren Umhang in einer Stoffbahn von ihrem linken Arm herabfällt, reicht der anderen ein Gefäß. Die Darstellung zeigt ein Opfer vor einem Tempel (?): Auf einer kannelierten Säule sitzt ein Tierkapitell (ein liegender Löwe?) und ein mit Palmetten verziertes Gesims. P. R.

Lit.: Serrano Carillo/Morena López 1988; Morena López 1989a, 35, Taf. LVIII; 1989b; Olmos u.a. 1992, 127–128

217 Männerkopf vom Cerro de los Santos

3. Jahrhundert v. Chr.
Hellgelber Kalkstein, die Nase fehlt, die Oberfläche ist stark bestoßen
Höhe: 27 cm, Breite: 16,5 cm, Tiefe: 20 cm
Musée du Louvre, Département des Antiquités Orientales, aufbewahrt im Musée des Antiquités Nationales, Saint-Germain-en-Laye
Inv.-Nr. AM 944
Fundort: Cerro de los Santos, Montealegre del Castillo (Albacete)

Kubischer Kopf mit länglichem Gesicht. Haarkalotte mit tiefen Ritzlinien auf dem Kopf und über der Stirn, die das Haar andeuten; im Nacken sind die Strähnen stärker verrieben. Die asymmetrisch geformten Augen stehen eng zusammen, ihre Umrisse sind durch Ritzlinien betont. Vorstehendes Kinn. Ohrringe. P. R.

Lit.: Paris 1901, 132, Nr. 75, Taf. VI, 2; Ruiz Bremón 1989, Nr. 287; Truszkowski in: Rouillard u.a. 1997, Nr. 141

218 Männerkopf vom Cerro de los Santos

3. Jahrhundert v. Chr.
Hellgelber Kalkstein, das Gesicht ist stark bestoßen, der Hinterkopf fehlt
Höhe: 23,5 cm, Breite: 19 cm, Tiefe: 15 cm
Musée du Louvre, Département des Antiquités Orientales, aufbewahrt im Musée des Antiquités Nationales, Saint-Germain-en-Laye
Inv.-Nr. AM 945
Fundort: Cerro de los Santos, Montealegre del Castillo (Albacete)

Auf einem breiten Hals sitzt ein Haupt mit spitzem Hinterkopf und länglichem Gesicht. Deutlich konturierte, im Nacken abgerundete Haarkappe mit durch Ritzlinien angegebenen Haarsträhnen. Die Augen liegen eng beieinander, die Umrisse der Augenlider sind durch eine eingetiefte Linie hervorgehoben. Volle Lippen. Ohrringe. P. R.

Lit.: Paris 1901, 131, Nr. 73, Taf. VIII, 3–3a; 1904a, I, 249, Nr. 19, Abb. 164, 280; Ruiz Bremón 1989, Nr. 285; Truszkowski in: Rouillard u.a. 1997, Nr. 142

219 Männerkopf vom Cerro de los Santos

3. Jahrhundert v. Chr.
Hellgelber Kalkstein, die linke Gesichtshälfte fehlt fast vollständig
Höhe: 20 cm, Breite: 17,5 cm, Tiefe: 13 cm
Musée du Louvre, Département des Antiquités Orientales, aufbewahrt im Musée des Antiquités Nationales, Saint-Germain-en-Laye
Inv.-Nr. AM 943
1907 von Géry Piéret gestohlen, im September 1911 durch die Vermittlung des *Paris-Journal* von Apollinaire und Picasso wiederbeschafft
Fundort: Cerro de los Santos, Montealegre del Castillo (Albacete)

Längliches Gesicht. Frisur aus langen, parallel verlaufenden, regelmäßigen Haarsträhnen. Die Augäpfel sind tief hinterschnitten. Das rechte Ohr ist verhältnismäßig groß und steht leicht ab. Volle Lippen, kantiges, vorstehendes Kinn. P. R.

Lit.: Paris 1904a, I, 250, Nr. 20, Abb. 281; Ruano 1987, III, 505–506, AB 401, Taf. CCIV; Ruiz Bremón 1989, 283, Nr. 246; Truszkowski in: Rouillard u.a. 1997, Nr. 144

220 Frauenkopf vom Cerro de los Santos

4./3. Jahrhundert v. Chr.
Hellgelber Kalkstein, die rechte Seite ist stark bestoßen
Höhe: 18 cm, Breite: 11 cm, Tiefe: 13 cm
Musée du Louvre, Département des Antiquités Orientales, aufbewahrt im Musée des Antiquités Nationales, Saint-Germain-en-Laye
Inv.-Nr. AM 1141 (AO 2645)
1907 von Géry Piéret gestohlen, im September 1911 durch die Vermittlung des *Paris-Journal* von Apollinaire und Picasso wiederbeschafft
Fundort: Cerro de los Santos, Montealegre del Castillo (Albacete)

Der Kopf ist mit einem Schleier bedeckt, die Stirn schmückt ein Band mit Dreiecken, die in sich noch einmal geriefelt sind. Das ovale Gesicht rahmen radförmig aufgerollte Zöpfe. Die eng zusammenstehenden Augen sind groß und mandelförmig. P. R.

Lit.: Paris 1904a, I, 189–190, Abb. 166; Ruano 1987, III, 397–398, AB 292, Taf. XCIX, Abb. 24; Ruiz Bremón 1989, Nr. 71; Truszkowski in: Rouillard u.a. 1997, Nr. 151

221 Männerkopf vom Cerro de los Santos

3. Jahrhundert v. Chr.
Beigefarbener Kalkstein, die Nase fehlt, die Oberfläche ist stark bestoßen
Höhe: 23 cm, Breite: 15,9 cm
Museo de Albacete
Inv.-Nr. 4321
Fundort: Cerro de los Santos, Montealegre del Castillo (Albacete)

Kopf mit sehr einfach gearbeiteten Zügen und großen, vorstehenden Augen mit gravierten Umrißlinien und kaum markierten Lidbögen. Die Haarkalotte ist glatt belassen. Schmaler Mund mit tief eingekerbten Mundwinkeln. Stilisierte Ohren mit Ohrringen. P. R.

Lit.: Fernández de Avilés 1966, 22, Nr. 20, Taf. XXI; Ruano 1987, III, 183, AB–83; Ruiz Bremón 1989, Nr. 137

222 Torso einer Männerstatue vom Cerro de los Santos

3. Jahrhundert v. Chr.
Beigefarbener Kalkstein, Kopf, Arme und Beine fehlen, Rückseite unbearbeitet
Höhe: 131 cm, Breite: 55 cm
Museo de Albacete
Inv.-Nr. 4329
Fundort: Cerro de los Santos, Montealegre del Castillo (Albacete)

Die Schultern und die Oberarme der Statue sind leicht zurückgenommen, die Oberarme lagen am Körper an (und stützen ihn so), während die Unterarme höchstwahrscheinlich waagerecht in einer Opfergeste ausgestreckt waren. Die Figur trägt eine kurzärmlige Tunika mit V-förmigem Halsausschnitt und ein schmales Band um den Hals. Der kurze, in schrägen Falten fallende Umhang läßt die rechte Schulter frei; der Saum trägt plastisch ausgearbeitete Verzierungen. Darunter erkennt man ein in der Taille eng geschnürtes Gewand (eine Art Rock?) mit breiten, nach rechts schwingenden Falten. P. R.

Lit.: Fernández de Avilés 1966, 23–25, Nr. 28, Taf. XXVI; Ruano 1987, III, 189–190, AB–91, Taf. CXXVIII–CXXIX, Abb. 14; Aranegui 1995b

223 Männerkopf vom Cerro de los Santos

3. Jahrhundert v. Chr.
Hellgelber Kalkstein, rechte Kopfseite und Nase fehlen
Höhe: 26 cm, Breite: 16 cm, Tiefe: 18,5 cm
Musée du Louvre, Département des Antiquités Orientales, aufbewahrt im Musée des Antiquités Nationales, Saint-Germain-en-Laye
Inv.-Nr. AM 872
Fundort: Cerro de los Santos, Montealegre del Castillo (Albacete)

Längliches Gesicht mit vorstehendem Kinn. Das ansonsten kurze Haar reicht bis tief in den Nacken. Kugelförmige Augen mit eingeritzten Umrißlinien. Große Ohren mit ringförmigem Ohrschmuck. P. R.

Lit.: Engel 1892, 189, Abb. 14, Taf. X, 2; Paris 1901, 130, Nr. 69, Taf. IV, 6; Paris 1904a, I, 252, 254, Nr. 8, Abb. 289; Ruano 1987, III, 489–490, AB 389, Taf. CLXVIII–CLXIX; Ruiz Bremón 1989, Nr. 302; Truszkowski in: Rouillard u.a. 1997, Nr. 146

224 Frauenkopf vom Cerro de los Santos

4. Jahrhundert v. Chr.
Gelblicher Kalkstein, von der Statue einer (stehenden oder sitzenden?) Frau beim Darbringen eines Opfers ist nur der Kopf erhalten
Höhe: 19,8 cm, Breite: 20,5 cm, Tiefe: 12 cm
Musée du Louvre, Département des Antiquités Orientales, aufbewahrt im Musée des Antiquités Nationales, Saint-Germain-en-Laye
Inv.-Nr. AM 880
Von Géry Piéret am 7. Mai 1911 gestohlen, am 30. August 1911 durch die Vermittlung des *Paris-Journal* wiederbeschafft
Fundort: Cerro de los Santos, Montealegre del Castillo (Albacete)

Der Kopf ist mit einem Tuch bedeckt. In die Stirn sind lange Haarsträhnen gekämmt, das Gesicht rahmen zusammengerollte Zöpfe. Die Tunika ist V-förmig ausgeschnitten. Die Umrißlinien der eng zusammenstehenden, mandelförmigen Augen sind tief ausgearbeitet, die Augenbrauen durch flache Wülste angedeutet. P. R.

Lit.: Paris 1901, 131, Nr. 71, Taf. VIII, 1; Paris 1904a, I, 189–190, Abb. 167; Ruiz Bremón 1989, Nr. 82; Truszkowski in: Rouillard u.a. 1997, Nr. 153

225 Sitzende Dama vom Cerro de los Santos

3./2. Jahrhundert v. Chr.
Grau-beigefarbener Kalkstein, Rückseite unbearbeitet
Höhe: 32,7 cm, Breite: 14 cm, Tiefe: 14 cm
Museo de Albacete, aufbewahrt im Museo Arqueológico Nacional, Madrid
Inv.-Nr. 7602
Fundort: Cerro de los Santos, Montealegre del Castillo (Albacete)

Die Frau mit rundem Gesicht ist in einer hieratischen Haltung wiedergegeben. Sie sitzt auf einem Thron, die Hände ruhen auf den Armlehnen. Sie trägt eine langärmlige gefältelte Tunika, drei Umhänge, die in dreieckigen Faltenzipfeln herabfallen und über dem Kopf einen Schleier. Die Frisur ist durch feine Ritzlinien angedeutet; die Zöpfe an den Schläfen sind nach hinten gerollt und rahmen das Gesicht. Der Schmuck der Frau besteht aus einem Stirndiadem und drei Halsketten. P. R.

Lit.: Paris 1904a, I, 212; García y Bellido 1963, 496, 506, Abb. 403; Bandera 1977; 1978; Ruano 1987, III, 349–350, AB–245, Taf. LVII

226 Sitzende Dama vom Cerro de los Santos

3./2. Jahrhundert v. Chr.
Gelblicher Kalkstein, Rückseite unbearbeitet
Höhe: 39,4 cm
Museo Arqueológico Nacional, Madrid
Inv.-Nr. 7601
Fundort: Cerro de los Santos, Montealegre del Castillo (Albacete)

Die auf einem Thron sitzende Frau hat die Hände in hieratischer Haltung auf die Knie gelegt. Über dem Haar trägt sie einen Schleier und ein plastisch ausgearbeitetes Diadem, den Körper umhüllen mehrere Umhänge, deren Falten in dreieckigen Zipfeln herabfallen. Die Frisur besteht aus flachen, geritzten Haarsträhnen, die zu Dreiecken geordnet sind. Den Hals schmücken drei schwere Colliers. P. R.

Lit.: Paris 1904a, I, 213, Abb. 200; Bandera 1977; 1978; Ruano 1987, III, 347–349, AB–244, Taf. LVII

227 Sitzende Dama vom Cerro de los Santos

3./2. Jahrhundert v. Chr.
Beigefarbener Kalkstein, Rückseite unbearbeitet
Höhe: 42,5 cm
Museo Arqueológico Nacional, Madrid
Inv.-Nr. 7600
Fundort: Cerro de los Santos, Montealegre del Castillo (Albacete)

Auf einem Sessel mit hoher Rückenlehne sitzende Frau. Körper und Thron gehen scheinbar ineinander über. Über dem Haar trägt sie einen kurzen Schleier, über den ein weiterer langer Schleier gelegt ist. Der Schleier und der Umhang sind fein gefältelt; sie trägt eine Tunika, die unter der Brust gegürtet ist, und einen zweireihigen Halsschmuck. Die Unterarme liegen auf den Oberschenkeln, die Hände berühren einander. P. R.

Lit.: Paris 1904a, I, 214, Abb. 205; Bandera 1977; 1978; Ruano 1987, III, 345–347, AB–243, Taf. LVI

228 Weibliche Büste vom Cerro de los Santos

3. Jahrhundert v. Chr.
Hellgelber Kalkstein, Rückseite unbearbeitet, nur der obere Teil der Büste ist erhalten
Höhe: 20,5 cm, Breite: 25 cm, Tiefe: 10 cm, Höhe der Buchstaben: 1,7/2 cm
Museo de Albacete
Inv.-Nr. 12
Fundort: Cerro de los Santos, Montealegre del Castillo (Albacete)

Die beim Opfer dargestellte Frau trägt eine bis zum Halsansatz reichende Tunika und einen mantelartigen Umhang mit breiten, parallelen Falten, der auf der Vorderseite gerafft war und den sie wahrscheinlich mit den Händen festhielt. Auf der Tunika befindet sich eine Inschrift in der südlichen Schriftvariante, die sehr schwer zu entziffern ist: »**aiun / i++bía**«. Ein Vergleich mit ähnlichen römischen Arbeiten vom gleichen Fundort läßt vermuten, daß es sich um den Namen der Opfernden handelt. J. de H./P. R.

Lit.: Engel 1892, 192; Paris 1901, 122, Nr. 40, Taf. III, 1; Paris 1904a, I, 186, Abb. 159; Gómez Moreno 1949b, 308; García y Bellido 1963, 506, Abb. 416; Ruano 1987, III, 114–115, Taf. CXIII; Aranegui 1995a, 25, Abb. 15; *MLH* III 2, 620

229 Mann mit Umhang vom Cerro de los Santos

3. Jahrhundert v. Chr.
Bronze
Höhe: 5,7 cm
Musée du Louvre, Département des Antiquités Orientales, aufbewahrt im Musée des Antiquités Nationales, Saint-Germain-en-Laye
Inv.-Nr. AM 927
Geschenk von P. Serrano an Pierre Paris, 1898
Fundort: Cerro de los Santos, Montealegre del Castillo (Albacete)

Unproportional großer Kopf auf sehr kurzem Hals; die Frisur ist durch vertikale Ritzlinien wiedergegeben. Kurze, breite Nase; durch Gravur markierter Mund mit vollen Lippen, fliehendes Kinn; die Augen sind durch kleine Kreise dargestellt. Langer Mantel mit Umschlag, der mit der linken Hand auf der Vorderseite gerafft wird. Die dicht am Körper anliegenden Arme und Hände sind durch tiefe Ritzlinien markiert. Die pyramidenförmigen Füße stehen leicht auseinander. Die Figur steht auf einer kleinen runden Platte.
Im Heiligtum des Cerro de los Santos, das über eine der größten Werkstätten für Steinplastik verfügte, stellt die vorliegende Bronzestatuette eine Ausnahme dar. Ihre Formen imitieren jedoch die von steinernen Skulpturen. P. R.

Lit.: Paris 1901, 133–134, Abb. 18, Taf. IV, 7; 1904a, II, 184–185, Abb. 289–290; Nicolini 1969, 31, 71–72, Taf. XI, 1–4; Nicolini in: Rouillard u.a. 1997, Nr. 190

230 Kleines Pferd aus El Cigarralejo

4. Jahrhundert v. Chr.
Beigefarbener Sandstein, Beine stark beschädigt. Im Heiligtum von El Cigarralejo wurden mehr als 200 Pferdestatuetten und nur 17 Darstellungen von Menschen gefunden. Man verehrte dort wahrscheinlich eine Fruchtbarkeits- und Schutzgottheit der Tiere
Höhe: 12 cm, Länge: 12 cm, Breite: 3,7 cm
Sammlung Emeterio Cuadrado
Fundort: Heiligtum von El Cigarralejo, Mula (Murcia)

Wie dieses rundplastisch gearbeitete Pferd (mit als Relief wiedergegebenen Beinen) belegt, erreichten die Votive hier häufig eine sehr hohe Qualität. Das auf einer Plinthe stehende Tier trägt ein aufwendig gearbeitetes Geschirr. Das Stück ist insgesamt sehr sorgfältig und detailliert gearbeitet. Es hat einen besonders virtuos modellierten Kopf und durch eine feine Ritzlinie angegebene Augen. P. R.

Lit.: Cuadrado 1950, 185–186, Nr. 21, Taf. XXXVI

231 Flachrelief mit zwei Eseln aus El Cigarralejo

4. Jahrhundert v. Chr.
Beigefarbener Sandstein, links gebrochen
Höhe: 8 cm, Breite: 12 cm, Tiefe: 2,8 cm
Sammlung Emeterio Cuadrado
Fundort: Heiligtum von El Cigarralejo, Mula (Murcia)

Schematisch ausgeführtes Flachrelief mit zwei nach rechts laufenden Eseln. Das Relief hat eine ebene Oberfläche und ist leicht trapezförmig. Durch einzelne Ritzlinien hervorgehoben sind lediglich die Augen, Nüstern und das Maul der beiden Tiere. P. R.

Lit.: Cuadrado 1950, 226, Nr. 127, Taf. LXXVIII; García y Bellido 1980, 72, Abb. 92

232 Votiv von der Serreta

Ende 3./Anfang 2. Jahrhundert v. Chr.
Stehende weibliche Figur aus ockerfarbenem Ton, bei deren Herstellung mit der Töpferscheibe (Körper), mit Modeln (Kopf) und mit der Hand (Kopfschmuck) gearbeitet wurde. Auf den innen hohlen Körper mit offener Standfläche wurde der massive Kopf der Figur aufgesetzt. Im Rücken befindet sich eine kreisrunde Öffnung. Restauriert und rekonstruiert. Aus einer lokalen Werkstatt
Höhe: 16,5 cm, Breite: 6 cm, Tiefe: 6,1 cm
Museo Municipal Camilo Visedo, Alcoy
Inv.-Nr. 00000370 (3024)
Fundort: Gelände des Heiligtums von der Serreta, Alcoy (Alicante)

Diese idealisierte Darstellung einer iberischen Frau trägt eine enge Tunika, die an den Hüften von einer Schärpe zusammengehalten wird, einen gefältelten Rock und pantoffelartige Schuhe. Den Kopf schmückt eine hohe Tiara, aus der ein Schleier über die Schultern bis zu den Hüften fällt. Das Gesicht ist leicht nach oben gewendet. Die Gesichtszüge sind nicht besonders detailliert ausgearbeitet, man erkennt aber das Haar über der Stirn und die Schläfenlocken. Die Hände sind gefaltet und ruhen auf dem Leib. Das Fehlen jeglichen Schmucks kann mit dem jugendlichen Alter der Frau zusammenhängen, aber auch mit der Zugehörigkeit zu einer sozialen Schicht, in der man keinen Schmuck trug.
Die für das Gesicht verwendete Form war die gleiche wie diejenige, die zur Herstellung des Männerkopfes Kat.-Nr. 235 benutzt wurde. C. A. G.

Lit.: Juan 1987–1988, Taf. I

233 Votiv von der Serreta

Ende 3./Anfang 2. Jahrhundert v. Chr.
Figur aus ockerfarbenem Ton, die auf der Töpferscheibe (Körper) und in der Hohlform (Kopf) hergestellt wurde. Andere Elemente wurden von Hand gearbeitet und nachträglich angesetzt. Details der Tunika sind durch Ritzlinien angegeben. Vorder- und Rückseite sind verschieden sorgfältig ausgearbeitet; offenbar war die Statuette auf Vorderansicht gearbeitet. Im Rücken befindet sich eine Öffnung. Bruchstelle in Hüfthöhe. Aus einer lokalen Werkstatt
Höhe: 16,5 cm, Breite: 6 cm, Tiefe: 6,5 cm
Museo Municipal Camilo Visedo, Alcoy
Inv.-Nr. 00000454 (967)
Fundort: Gelände des Heiligtums von der Serreta, Alcoy (Alicante)

Bei dieser Votivstatuette handelt es sich um die Idealdarstellung einer iberischen Frau mit Tunika, plissiertem Rock und Schleier, der über die Schultern bis zu den Hüften fällt. Nach iberischem Brauch trägt die Dame ein Stirndiadem, auf Wangenhöhe herabhängende »Haarräder« sowie einen breiten Halsreif. Sie scheint zu einer Gottheit aufzublicken, ihre Hände waren über den Bauch gelegt. Die nachträglich aufgesetzten Augen (ebenfalls aus Ton) betonen die Ausdruckskraft der Darstellung, ihr separat gearbeiteter Schmuck belegt die Zugehörigkeit zu einer wohlhabenden Schicht. C. A. G.

Lit.: Juan 1987–1988

234 Votiv von der Serreta

Ende 3./Anfang 2. Jahrhundert v. Chr.
Kopf einer Figur aus ockerfarbenem Ton. In der Hohlform hergestellt und von Hand nachbearbeitet; Mantel, Mitra und Ohrgehänge wurden von Hand modelliert und nachträglich angesetzt. Der Schleier ist nur zum Teil erhalten. Am Halsansatz gebrochen. Aus einer lokalen Werkstatt
Höhe: 8,8 cm, Breite: 4,3 cm, Tiefe: 3,6 cm
Museo Municipal Camilo Visedo, Alcoy
Inv.-Nr. 00000463 (953)
Fundort: Gelände des Heiligtums von der Serreta, Alcoy (Alicante)

Unvollständig erhaltene Votivstatuette. Idealisierte Darstellung einer Frau, bei der die Details, etwa die Augenlider, durch die Verwendung einer abgenutzten Form sehr verschliffen sind. An den Schläfen sind einzelne Locken zu erkennen. Zu beiden Seiten des Gesichts sieht man die für iberische Frauendarstellungen typischen Haarräder. Auf dem Kopf trägt die Figur eine hohe Mitra, an der ein Schleier befestigt werden konnte. C. A. G.

Lit.: Juan 1987–1988

235 Votiv von der Serreta

Ende 3./Anfang 2. Jahrhundert v. Chr.
Kopf einer Figur aus ockerfarbenem Ton. In der Hohlform hergestellt und von Hand nachbearbeitet. Es handelt sich um den massiven Kopf und den höhlen Hals einer fragmentarisch erhaltenen männlichen Figur. Die Ohren wurden separat gearbeitet und nachträglich angesetzt.
Aus einer lokalen Werkstatt
Höhe: 5,6 cm, Breite: 2,9 cm, Tiefe: 3,2 cm
Museo Municipal Camilo Visedo, Alcoy
Inv.-Nr. 00000451 (698)
Fundort: Gelände des Heiligtums von der Serreta, Alcoy (Alicante)

Unvollständig erhaltene Votivstatuette; Augenlider und Iris sind zu erkennen, die Ohren überproportional groß. Die Figur trägt eine kegelförmige Kappe, wie sie in der iberischen Ikonographie häufig zu finden ist.
Die für das Gesicht verwendete Form war die gleiche, die zur Herstellung des weiblichen Kopfes Kat.-Nr. 232 benutzt wurde. C. A. G.

Lit.: Juan 1987–1988

236 Votiv von der Serreta

Ende 3./Anfang 2. Jahrhundert v. Chr.
In der Hohlform hergestellte Figur aus ockerfarbenem Ton. Tiefe, vor dem Brand gezogene Ritzlinien und von Hand modellierte, nachträglich angesetzte Ohren. Es handelt sich um den massiven Kopf eines Mannes, der aus zwei Fragmenten rekonstruiert wurde. Aus einer lokalen Werkstatt
Höhe: 5,9 cm, Breite: 5 cm, Tiefe: 4,8 cm
Museo Municipal Camilo Visedo, Alcoy
Inv.-Nr. 00000376 (720)
Fundort: Gelände des Heiligtums von der Serreta, Alcoy (Alicante)

Votivkopf, dessen Augenlider und Iris sorgfältig ausgearbeitet wurden. Die Frisur ist durch parallel verlaufende Ritzlinien angedeutet, die Ohren sind überproportional groß; der Gehörgang ist durch Bohrungen gekennzeichnet, was darauf hinweist, daß sich die Person im Dialog mit der Gottheit befindet. Dieser Votivtypus, bei dem verschiedene Herstellungstechniken miteinander kombiniert sind, findet sich häufig in der Serreta. C. A. G.

Lit.: Juan 1987–1988, Taf. II

237 Votiv von der Serreta

Ende 3./Anfang 2. Jahrhundert v. Chr.
In der Hohlform hergestellter massiver Kopf. Von Hand nachbearbeitet, das rechte Ohr wurde separat gefertigt und nachträglich angesetzt. Das linke Ohr ist nicht erhalten. Am Hals gebrochen. Aus einer lokalen Werkstatt
Höhe: 6,5 cm, Breite: 4,3 cm, Tiefe: 3,1 cm
Museo Municipal Camilo Visedo, Alcoy
Inv.-Nr. 00000452 (833)
Fundort: Gelände des Heiligtums von der Serreta, Alcoy (Alicante)

Der Votivkopf zeigt einen Mann mit großer Nase; die Augen und der Mund sind sorgfältig ausgearbeitet, das erhaltene rechte Ohr hingegen steht ab und ist unproportional groß. Die Figur trägt eine Kappe, unter der mehrere Haarlocken hervorschauen und die Stirn bedecken. Einige der Kalksteinköpfe vom Cerro de los Santos sind diesem Terrakottakopf sehr ähnlich. C. A. G.

Lit.: Juan 1987–1988

238 Votiv von der Serreta

Ende 3./Anfang 2. Jahrhundert v. Chr.
Handgearbeitete Figur aus braunem Ton mit Einschlüssen aus organischem Material. Einzelne Elemente wurden nachträglich angesetzt. Der Kopf sitzt auf einem sehr langen Hals; beide sind massiv. Aus einer lokalen Werkstatt
Höhe: 9 cm, Breite: 3,7 cm, Tiefe: 4 cm
Museo Municipal Camilo Visedo, Alcoy
Inv.-Nr. 00000378 (755)
Fundort: Gelände des Heiligtums von der Serreta, Alcoy (Alicante)

Dieser Kopf ist ein Beispiel für ein stark schematisiertes Votiv. Die Nase wirkt wie eine Vertikalachse in dem Gesicht, das auf die beiden kugelförmigen Augen und einen winzigen Mund reduziert ist. Das Kinn ist deutlich ausgearbeitet, womit der Eindruck erzeugt wird, daß die Figur ihren Blick nach oben auf eine Gottheit richtet. Die gesamte Ausdruckskraft des Kopfes ist auf die Augen konzentriert. Diese sehr reduzierte Form der Wiedergabe findet sich auch bei vielen Bronzevotiven. C. A. G.

Lit.: Juan 1987–1988

239 Votiv von der Serreta

Ende 3./Anfang 2. Jahrhundert v. Chr.
Handgearbeitete Figur aus braunem Ton mit Einschlüssen aus organischem Material. Einzelne Elemente wurden nachträglich angesetzt. Massiver Kopf, der am Hals in einen Zapfen ausläuft. Aus einer lokalen Werkstatt
Höhe: 7,5 cm, Breite: 4,4 cm, Tiefe: 4,2 cm
Museo Municipal Camilo Visedo, Alcoy
Inv.-Nr. 00000380 (928)
Fundort: Gelände des Heiligtums von der Serreta, Alcoy (Alicante)

Ein weiteres Beispiel für ein stark schematisiertes Votiv (vgl. Kat.-Nr. 238). Das Gesicht mit der großen Nase und dem spitzen Kinn erhält Ausdruckskraft durch die aufgesetzten Augen, Augenlider und Lippen. Die Verlängerung des Halses dient dem Einsetzen des Kopfes in einen Körper. C. A. G.

Lit.: Juan 1987–1988, Taf. VIII

240 Drei weibliche Votive aus Torreparedones

2./1. Jahrhundert v. Chr. (?)
Kalkstein
1. Höhe: 28,5 cm, Breite: 13 cm, Tiefe: 9,8 cm
2. Höhe: 17 cm, Breite: 7,3 cm, Tiefe: 6,2 cm
3. Höhe: 19 cm, Breite: 8 cm, Tiefe: 7,2 cm
Museo Arqueológico Provincial, Córdoba
Fundort: Cortijo de las Vírgenes, Torreparedones (Castro del Río, Baena, Córdoba), Heiligtum außerhalb der Südmauer

Bei den im Heiligtum von Torreparedones gefundenen anthropomorphen Figuren handelt es sich zum größten Teil um weibliche Votivstatuetten (betende oder opfernde Figuren). Wie bei den Stücken vom Cerro de los Santos sind die Frauen frontal wiedergegeben, entweder sitzend (Figur 1, wahrscheinlich auch 2) oder stehend (3). Die runden Köpfe haben außerordentlich große Augen. Die Arme sind dicht an den Körper gelegt, gekreuzt oder angewinkelt. In einem Fall (Figur 3) läßt sich die Bekleidung noch erkennen: ein Schleier über dem mit einer Mitra bedeckten Kopf, Tunika und mantelartiger Umhang. Die Darstellungen sind stets grob und schematisch, die Rückseiten weisen keinerlei Bearbeitung auf. P. R.

Lit.: Morena López 1989a, 61–62, Nr. 2, 3, 4, Taf. XIV–XVI, LV, LVIB

241 Ohrring

6./5. Jahrhundert v. Chr. (?)
Gold
Durchmesser: 3,8 cm, Stärke: 0,2 cm
Museo Arqueológico Municipal José María Soler, Villena
Fundort: La Condomina, Villena (Alicante)

Runder Goldohrring, der glatte und gedrehte Filigrandrähte kombiniert; auf der Oberfläche sind zu beiden Seiten von Filigran gerahmte kleine Kugeln angeordnet. Die durchbrochene Verzierung in der Mitte besteht aus Drähten, die zu flachen Spiralen gedreht wurden. An der Aussparung am oberen Ende sitzen zwei runde Ösen. Ch. É.

Lit.: Perea 1991, 206

242 Ohrring

7./6. Jahrhundert v. Chr. (?)
Gold
Durchmesser: 4,5 cm
Museo de Prehistoria Domingo Fletcher, Valencia
Fundort: Castillarejo de Peñarroya, Villar del Arzobispo (Valencia)

Einzelheiten über die Entdeckung dieses Stückes sind nicht bekannt. Der Ohrring trägt eine charakteristische Verzierung aus kleinen, getriebenen Kugeln (die die Technik der Granulation nachahmen): In der Mitte sieht man eine große Rosette, um den Rand kleine, nebeneinander angeordnete Masken. An die Aussparung am oberen Rand sind vier kleine Ösen gelötet. Ch. É.

Lit.: Perea 1991, 164, 187

243 Nadel mit Kette

Mitte 4. Jahrhundert v. Chr.
Gold
Länge: ca. 25,5 cm, Durchmesser der Kette: ca. 0,3–0,4 cm
Länge der Nadel: 4 cm
Museo de Prehistoria Domingo Fletcher, Valencia
Inv.-Nr. 3101
Fundort: La Bastida de les Alcuses, Moixent (Valencia)

Aus vier Drähten geflochtene Kette mit kreisförmigem Durchmesser. Das eine Ende läuft in eine Art Manschette mit einer Öse aus, das andere in eine Tülle, auf die ein Zwischenglied aufgelötet wurde; hier ist die kleine Nadel befestigt. Die Kette diente möglicherweise zum Hochstecken des Haares. Ch. É.

Lit.: Nicolini 1990, 521–522; Vall de Plà 1959, 239–243

Der Schatz von Tivissa, Castellet de Banyoles, Tivissa (Tarragona)

In Tivissa wurden mehrere Silberschätze entdeckt. Der hier vorgestellte Silberschatz wurde im Jahr 1927 in Castellet de Banyoles, einer festungsartig ausgebauten Siedlung der Eisenzeit, gefunden. Der Schatz bestand aus zehn Trinkbechern bzw. Fragmenten von Gefäßen sowie einem Halsreif und einem spiralförmigen Armreif.
Der Schatz kann in das 3. Jahrhundert v. Chr. datiert werden. Ch. É.

244 Halsreif (Torques)

Silber
Durchmesser: 11.8 cm
Museu d'Arqueologia de Catalunya, Barcelona
Inv.-Nr. 19447

Schmuckstück aus drei umeinandergedrehten Silberstäben. Ch. É.

Lit.: Raddatz 1969, 263, Taf. 72,5

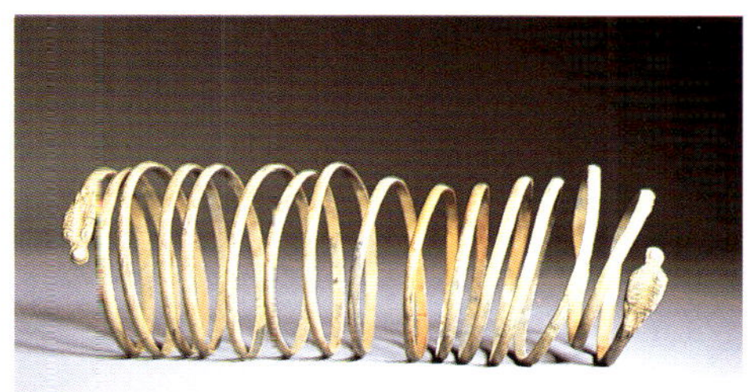

245 Armreif

Silber
Durchmesser: 6,5 cm
Museu d'Arqueologia de Catalunya, Barcelona
Inv.-Nr.: 19450

Der Armreif besteht aus einem langen, in 15 Drehungen gewundenen, abgeflachten Draht, der an beiden Enden mit einem Schlangenkopf verziert ist. Ch. É.

Lit.: Raddatz 1969, 263, Taf. 72,5

246 Schale mit einem Wolfskopf

Silber
Höhe: 3 cm, Durchmesser: 15,6 cm
Museu d'Arqueologia de Catalunya, Barcelona
Inv.-Nr. 19445

Auffällig an dieser Schale ist ihr erhöhter Mittelteil (griech. *Omphalos*), der durch Treiben und Punzieren entstand. Dieses Relief stellt den Kopf eines bedrohlich aussehenden Tieres dar, höchstwahrscheinlich eines Wolfes. Die Zähne sind durch eine zickzackförmige Gravurlinie angedeutet. Die Nasenlöcher des Tieres werden durch drei kleine stilisierte Bögen zusätzlich betont. Das Maul und die Ohren begrenzt ein Wulst, der mit feinen, schrägen Ritzlinien verziert ist. Um den Kopf verlaufen zwei erhabene, ebenfalls mit Ritzlinien verzierte Kreise; diese rahmen eine Reihe plastisch ausgearbeiteter eichelförmiger Motive. Ch. É.

Lit.: Raddatz 1969, 263, Abb. 25,3, Taf. 75

247 Schale mit Fischen

Silber, teilweise vergoldet
Max. Höhe: 2,9 cm, Durchmesser: 12,8 cm
Museu d'Arqueologia de Catalunya, Barcelona
Inv.-Nr. 19446

Schale mit gewölbtem Mittelteil (griech. *Omphalos*). Dieser ist deutlich herausgearbeitet und von einer Punktreihe gerahmt. Um diese herum findet sich in einem breiten konzentrischen Feld eine Reihe von Spiralmotiven, die an die stilisierte Darstellung von Pflanzen erinnern. Die Verzierung ist vergoldet. Der innere Rand des Gefäßes zeigt neben zwei knotenförmigen Motiven (Tintenfische? Pflanzen?) drei ziselierte, vergoldete Fische. Alle Verzierungen sind mit Quecksilber vergoldet. Ch. É.

Lit.: Raddatz 1969, 263, Abb. 25,2, Taf. 74

248 Becher mit Fuß und zwei Henkeln

Silber
Höhe: 5,2 cm, Höhe des Fußes: 1,4 cm, max. Durchmesser: 7,3 cm
Museu d'Arqueologia de Catalunya, Barcelona
Inv.-Nr. 19452

Der Becher ist halbkugelförmig; die Innenseite des Randes ist leicht verdickt. Die Henkel laufen in spitzen Lanzetten aus. Der kegelstumpfförmige Fuß ist mit einem Eierstab, einem mit Ritzlinien verzierten Wulst und mit durch Punktreihen verbundenen Kreisen verziert. Ch. É.

Lit.: Raddatz 1969, 262, Abb. 25,1, Taf. 72,5

249 Trinkbecher

Silber
Höhe: 9,8 cm, Durchmesser (Rand): 9,1 cm
Museu d'Arqueologia de Catalunya, Barcelona
Inv.-Nr. 19 456

Bikonischer Trinkbecher mit nach außen gebogenem Rand und scheibenförmigem Fuß. Durch Punzieren und Treiben von der Innenseite der Wandung her wurde eine abwechslungsreiche Verzierung des Gefäßes erzielt: unterhalb des Gefäßhalses ein rechtsläufiges Spiralband, darunter ein Wulst mit Strichmuster. Dieser Dekor findet sich auch oberhalb des Bauches des Gefäßes, wo er ein Flechtband rahmt. Der untere, bauchige Teil des Gefäßes zeigt eichel- oder tropfenförmige Reliefs, die sich mit schmalen, länglichen Rippen abwechseln, die bis an den Fuß des Gefäßes reichen. Ch. É.

Lit.: Raddatz 1969, 260, Abb. 24,8, Taf. 71,2

Der Schatz von Sanlúcar de Barrameda, Évora (Cádiz)

Der Schatz von Évora gehört zu einer Reihe von iberischen Schätzen archaischer Zeit, zu denen u.a. auch die Schatzfunde von La Aliseda und Serradilla zählen. Zu den Arbeiten, die im wesentlichen zwischen dem 7. und dem 5. Jahrhundert v. Chr. entstanden sind, zählen jedoch auch jüngere Schmuckstücke. Auch der Schatz von Évora enthielt Schmuckstücke, die zu unterschiedlichen Zeiten gefertigt wurden, so daß seine Datierung schwierig ist.
Entdeckt wurde der Schatz zufällig im Jahr 1958. Eine 1959 durchgeführte Grabung vervollständigte die Kenntnisse über die anscheinend seit dem 7. Jahrhundert v. Chr. bewohnte Siedlung. Die Schmuckstücke aus dem Schatz von Évora sind dennoch heterogen, denn typologisch läßt sich ein Teil der Arbeiten in das 7. bis 5. Jahrhundert v. Chr. datieren (Diadem, Perlencolliers, Anhänger, Ohrgehänge usw.), während eine kleinere Anzahl von Stücken (Siegelringe, Halskette oder Armreif, drei Paar Ohrringe) eher zwischen dem 4. und 3. Jahrhundert v. Chr. entstanden ist. Ch. É.

250 Diadem

7./5. Jahrhundert v. Chr.
Gold
Höhe: 7,7 cm, Länge: 16,3 cm
Dreieckige Elemente: Höhe: 4,4 cm,
Breite: 6,1 cm
Zwischenstücke: Höhe: 2,6/1,9/1,5/2,1 cm
Durchschnittliche Stärke: 0,1 cm
Museo Arqueológico Provincial, Sevilla
Inv.-Nr. 9040
Fundort: Sanlúcar de Barrameda, Évora (Cádiz)

Der ursprüngliche Zustand des Schmuckstücks kann nicht mit völliger Sicherheit rekonstruiert werden, da die als Rahmen dienenden dreieckigen Schmuckplatten später (6./5. Jahrhundert v. Chr.) als die Zwischenstücke, besonders die Masken (7. Jahrhundert v. Chr.), entstanden sind. Im Originalzustand dürfte das Diadem größer gewesen sein und aus erheblich mehr Teilen bestanden haben. Heute ist es aus zwei gleichseitigen Dreiecken zusammengesetzt, zwischen denen sich vier Reihen aus je sieben Einzelelementen befinden, die durch ein in Röhren oder Ringe eingesetztes System von dünnen Stäbchen oder Fäden miteinander verbunden waren. Einzelne Teile waren möglicherweise auf eine Unterlage aus Leder oder Stoff aufgenäht.
Stabilisiert wurde das Schmuckstück wahrscheinlich durch ein Band, das in die breiten Ösen an den beiden Enden eingefädelt wurde. (Diese Ösen haben spiralförmige Enden, die an der Spitze der Dreiecke verlötet wurden.) Jedes der dazwischenliegenden Elemente besteht aus einem über eine Matrize gezogenen Blättchen; die Verzierung der Oberfläche erfolgte durch Treiben und Granulation. Die Granulationskügelchen wurden zu geometrischen Motiven und Masken angeordnet. Alle Einzelelemente sind mit ihrer Rückseite auf ein glattes Goldplättchen montiert. Zu diesem Zweck weist das Diadem an den Rändern einen weiteren Verstärkungsstreifen auf. So erhält das Schmuckstück die notwendige Stabilität. Ch. É.

Lit.: Carriazo 1973, 13–15, Taf. I–VII; Nicolini 1990, Taf. 164–167

Der Schatz von Mairena del Alcor (Sevilla)

Der aus verschiedenen goldenen Schmuckstücken bestehende Schatz wurde zufällig gefunden. Er war anscheinend ohne ein weiteres Behältnis direkt unter der Erdoberfläche vergraben worden. Zu dem Schatz gehörten goldene Schmuckstücke – ein Halsreif (Torques), zwei Armreifen, ein Diadem, eine Fibel, ein Gürtelblech, ein Ring und zwei Anhänger – sowie drei silberne Gefäße.
Diese Zusammensetzung ist typisch für iberische Schatzfunde, die überwiegend aus persönlichem Goldschmuck (darunter sehr häufig Diademe) sowie einigen Silbergefäßen und gelegentlich auch Münzen bestehen. Der Schatz von Mairena del Alcor läßt sich ins 3. oder 2. Jahrhundert v. Chr. datieren. Ch. É.

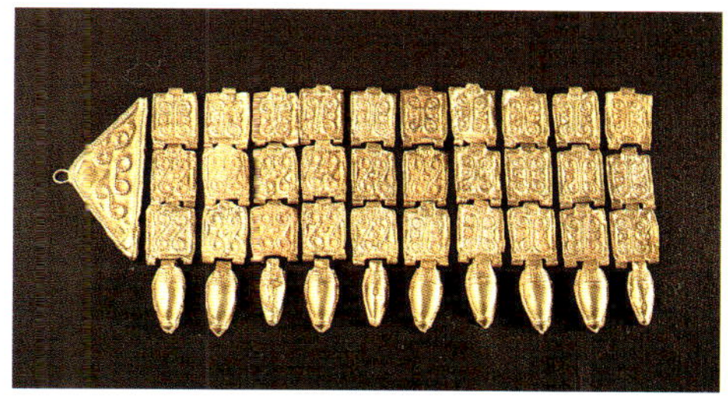

251 Diadem

1. Hälfte 3. Jahrhundert v. Chr.
Gold
Gesamtlänge: 22 cm
Dreieckiges Element: Höhe: 2,6 cm,
Breite: 6,4 cm, Gewicht: 2,75 g
Rechteckige Elemente: Höhe: 2 cm,
Breite: 1,6 cm, Gewicht: je 7,2 g
Anhänger: Höhe: 2,4 cm, Gewicht: je 7,1 Gramm
Museo Arqueológico Provincial, Sevilla
Inv.-Nr. RE 1981/547
Fundort: Mairena del Alcor (Sevilla)

In seinem gegenwärtigen unvollständigen Zustand besteht das Schmuckstück aus einer dreieckigen Platte, deren Befestigungsöse – ein Draht mit spiralförmigen Enden – an der Innenseite verlötet wurde. Den Mittelteil bilden drei Reihen mit jeweils zehn rechteckigen Plättchen, an denen eine weitere Reihe von zehn tropfenförmigen Anhängern befestigt ist. Alle Teile waren ursprünglich auf Fäden aufgezogen oder aufgehängt, die mit großer Wahrscheinlichkeit aus Metall bestanden. Die Laschen der rechteckigen Elemente sind alternierend angeordnet und hakenförmig gekrümmt; jedes der rechteckigen Elemente ist mit einem getriebenen, S-förmig geschwungenen Perlstab verziert. Das dreieckige Element an der Seite trägt die gleiche Verzierung.
Die Anhänger des Diadems bestehen aus tropfenförmigen Elementen mit kleinen gebogenen, am oberen Ende verlöteten Laschen, die zur Befestigung dienten. Ihre Rückseite ist mit einem kleinen angelöteten Blättchen verschlossen. Die größeren Anhänger weisen einen weißlichen Kern auf, während die kleinen hohl sind.

Solche »Diademe« kennt man auch aus anderen Schatzfunden, etwa von dem aus Jávea (Alicante) (aus geflochtenem Filigran) oder aus Évora (Cádiz) (ebenfalls aus einzelnen Plättchen, Kat.-Nr. 250). Sie sind ganz und gar einzigartig in der iberischen Goldschmiedekunst. Ch. É.

Lit.: Fernández Gómez 1985, Abb. 8, 9, Taf. III

252 Halsreif (Torques)

2. Hälfte 3. Jahrhundert v. Chr.
Gold
Länge: 41,3 cm, Durchmesser des Drahtes: 0,2 cm, Gewicht: 322 g
Museo Arqueológico Provincial, Sevilla
Inv.-Nr. RE 1981/539
Fundort: Mairena del Alcor (Sevilla)

Der Halsschmuck besteht aus vier Reihen von wellenförmig gebogenen, ineinander verwobenen Golddrähten. Den Verschluß bilden eine Öse und ein Haken. Ch. É.

Lit.: Fernández Gómez 1985, Abb. 3, 4, 5, Taf. I

253 Zwei Armreifen

2. Hälfte 3. Jahrhundert v. Chr.
Gold
Höhe: 13,5 cm, max. Durchmesser: 5 cm, Gewicht: 102,1 g
Museo Arqueológico Provincial, Sevilla
Inv.-Nr. RE 1981/537 u. 538
Fundort: Mairena del Alcor (Sevilla)

Die Armreifen sind, abgesehen von einigen dekorativen Details, identisch und bestehen aus je zwei umeinander gewundenen Goldstäben mit kreisförmigem

Durchmesser, die an beiden Enden mit einem Schlangenkopf verziert sind. Ch. É.

Lit.: Fernández Gómez 1985, Abb. 6, 7, Taf. II

254 Fibel

1. Hälfte 3. Jahrhundert v. Chr.
Gold
Breite: 6,2 cm, Länge der Feder: 5,1 cm, Gewicht: 24,6 g
Museo Arqueológico Provincial, Sevilla
Inv.-Nr. RE 1984/540
Fundort: Mairena del Alcor (Sevilla)

Fibel mit langer Feder, die an jedem Ende mit einem kleinen Stück polierter Glaspaste verziert ist. Auf dem aus einem einzelnen Draht bestehenden Bogen der Fibel sitzen zwei kleine und eine große Kugel, die an der Stelle ihres größten Durchmessers mit einem Perldraht verziert sind. Die Ansätze des Bogens stecken in mit Perldraht verzierten Manschetten. Ch. É.

Lit.: Fernández Gómez 1985, Abb. 11

255 Haarreifen

Gold
Gesamtlänge: 16 cm, Durchmesser: 4 cm, Gewicht: 32,4 g
Museo Arqueológico Provincial, Sevilla
Inv.-Nr. RE 1981/542
Fundort: Mairena del Alcor (Sevilla)

Geschlossener, massiver Metallstab, dessen Enden sich überschneiden. Ch. É.

Lit.: Fernández Gómez 1985, Abb. 12

256 Trinkschale

1. Hälfte 3. Jahrhundert v. Chr.
Silber
Höhe: 10,6 cm, Durchmesser: 12,9 cm, Gewicht: 202 g
Museo Arqueológico Provincial, Sevilla
Inv.-Nr. 1981/548
Fundort: Mairena del Alcor (Sevilla)

Trinkbecher mit sich nach unten verjüngendem Profil und nach außen gewölbtem Rand. An die Wandung sind zwei Henkel angelötet, deren untere Befestigung mit Efeublättern kaschiert wurde. Der Becher ist auf einen glockenförmigen, mehrfach eingekehlten Fuß montiert. Ch. É.

Lit.: Fernández Gómez 1985, Abb. 16

257 Unbekleideter, ithyphallischer Adorant

Im Wachsausschmelzverfahren hergestelltes Bronzevotiv
Höhe: 9,8 cm, Breite: 4 cm
Museo Arqueológico Nacional, Madrid
Inv.-Nr. 28.882
Fundort: Collado de los Jardines (Jaén)

Kleine ithyphallische Figur. Sie steht breitbeinig und hat die Hände auf die Hüften gelegt. Grob gearbeitet. P. R.

Lit.: Álvarez-Ossorio 1941, Nr. 347; Prados 1992, 175, Nr. 41

258 Unbekleideter, ithyphallischer Adorant

Im Wachsausschmelzverfahren hergestelltes Bronzevotiv, grünliche Patina
Höhe: 12,1 cm, Breite: 4,3 cm
Museo Arqueológico Nacional, Madrid
Inv.-Nr. 29292
Fundort: Collado de los Jardines (Jaén)

Mann mit nach oben gestreckten Armen und nach vorn weisenden Handflächen. Über den Oberkörper verläuft eine achtförmige Ritzlinie. Die Geschlechtsorgane sind deutlich angegeben. Die eng nebeneinanderstehenden Beine sind auf einer kleinen Standplatte befestigt. Die Wirbelsäule ist durch eine breite, senkrechte Gravurlinie angegeben. L. P.

Lit.: Álvarez-Ossorio 1941, Nr. 523; Prados 1992, 181, Nr. 113

259 Unbekleideter Adorant

Im Wachsausschmelzverfahren hergestelltes Bronzevotiv, beide Unterarme fehlen
Höhe: 13,6 cm, Breite: 4,2 cm
Musée des Antiquités Nationales, Saint-Germain-en-Laye
Inv.-Nr. 77876.26
Fundort: Heiligtum in der Provinz Jaén

Die Arme waren in einem Adorationsgestus erhoben. Der wie von Krankheit ausgezehrte Körper der Figur ist außergewöhnlich realistisch wiedergegeben. Das Haar ist im Nacken zu einem Bausch zusammengefaßt. P. R.

Lit.: Lantier 1935, 45, Nr. 26, Taf. III

260 Unbekleideter Adorant

Im Wachsausschmelzverfahren hergestelltes Bronzevotiv
Höhe: 12,1 cm, Breite: 3,9 cm
Musée des Antiquités Nationales, Saint-Germain-en-Laye
Inv.-Nr. 77876.36
Fundort: Heiligtum in der Provinz Jaén

Flach wiedergegebener Körper; die Arme sind angewinkelt, die Hände zu Fäusten geballt. Großer eiförmiger Kopf mit spitzem Kinn; grob ausgeführte Arbeit. P. R.

Lit.: Lantier 1935, 48, Nr. 36, Taf. V

261 Unbekleideter Adorant

Im Wachsausschmelzverfahren hergestelltes
Bronzevotiv
Höhe: 9,5 cm, Breite: 3,2 cm
Musée des Antiquités Nationales,
Saint-Germain-en-Laye
Inv.-Nr. 77876.107
Fundort: Heiligtum in der Provinz Jaén

Die Füße der Figur stehen dicht nebeneinander. Seitlich an die Oberschenkel gelegte Arme mit nach vorn weisenden Handflächen. Das Haar ist im Nacken zu einem Bausch zusammengefaßt. Brustwarzen, Kniescheiben, Fußknöchel und Gesäß sind durch aufgelegte Metallplättchen angegeben. P. R.

Lit.: Lantier 1935, 56, Nr. 107, Taf. X

262 Unbekleideter, ithyphallischer Adorant

Im Wachsausschmelzverfahren hergestelltes
Bronzevotiv, olivgrüne Patina
Höhe: 10,5 cm, Breite: 4,1 cm
Museo Arqueológico Nacional, Madrid
Inv.-Nr. 1942/100/60
Fundort unbekannt

Große, mandelförmige Augen. Nach vorne ausgestreckte Hände mit nach oben weisenden Handflächen, auf denen eine Frucht oder ein kleiner Brotlaib liegt. L. P.

Lit.: Prados 1992, 277, Nr. 1265

263 Unbekleideter, ithyphallischer Adorant

Im Wachsausschmelzverfahren hergestelltes
Bronzevotiv, der linke Unterarm fehlt
Höhe: 11,2 cm, Breite: 5,2 cm
Musée des Antiquités Nationales,
Saint-Germain-en-Laye
Inv.-Nr. 77876.27
Fundort: Heiligtum in der Provinz Jaén

Der rechte Unterarm ist angehoben, die Hand geöffnet. Pyramidenförmige Nase. Die Figur steht breitbeinig auf einer Standplatte. P. R.

Lit.: Lantier 1935, 45, Nr. 27, Taf. IV

264 Unbekleideter, ithyphallischer Krieger

Im Wachsausschmelzverfahren hergestelltes
Bronzevotiv, flaschengrüne Patina
Höhe: 13,3 cm, Breite: 4,5 cm
Museo Arqueológico Nacional, Madrid
Inv.-Nr. 31.883
Fundort: Collado de los Jardines (Jaén)

In der erhobenen rechten Hand hält die Figur ein sichelförmiges Instrument. Mit der linken Hand faßt sie einen Schild. Die Figur steht auf einer Standplatte.
L. P.

Lit.: Álvarez-Ossorio 1941, Nr. 1359; Prados 1992, 186, Nr. 164

265 Unbekleideter Krieger

Im Wachsausschmelzverfahren hergestelltes
Bronzevotiv, glatte, graugrüne Patina
Höhe: 13 cm, Breite: 5,2 cm
Museo Arqueológico Nacional, Madrid
Inv.-Nr. 81/67/4
Fundort unbekannt (Sammlung Christie's)

Das Haar wird von einem breiten Band zusammengehalten. Große Augen mit fein ausgearbeiteten Lidern und Augenbrauen. Die Unterlippe des geöffneten Mundes ist sensibel modelliert. Breite Schultern. Die Unterarme sind angewinkelt und weisen nach vorn: Rechts hält der Krieger einen Krummdolch (?), links einen kleinen Rundschild. Breiter, glatter Gürtel. Brustwarzen und Kniescheiben sind durch kleine, eingeritzte Kreise angedeutet. Die Figur steht auf einer quadratischen Standplatte. L. P.

Lit.: Prados 1992, 294, Nr. 1465

266 »Priester«

Im Wachsausschmelzverfahren hergestelltes
Bronzevotiv, smaragdgrüne Patina
Höhe: 7 cm, Breite: 1,4 cm
Museo Arqueológico Nacional, Madrid
Inv.-Nr. 29.286
Fundort: Collado de los Jardines (Jaén)

Kleine Figur, deren üppiges Haar von einem Band oder Diadem zusammengehalten wird und sich im Nacken nach außen rollt. Die Augen sind auffällig konturiert, die Pupillen deutlich angegeben. Betonte Leistenlinie. Kleidung ist nicht zu erkennen, die Nacktheit ist aber auch nicht betont. Die Arme liegen am Rumpf an; die nackten Füße stehen leicht gespreizt. L. P.

Lit.: Álvarez-Ossorio 1941, Nr. 463; Nicolini 1969, 68–69, Taf. IX, 5–7; 1977b, Nr. 37; Prados 1992, 187, Nr. 174

267 »Priester«

Im Wachsausschmelzverfahren hergestelltes
Bronzevotiv
Höhe: 8 cm, Breite: 1,3 cm
Musée des Antiquités Nationales,
Saint-Germain-en-Laye
Inv.-Nr. 77876.133
Fundort: Heiligtum in der Provinz Jaén

Die Figur, deren Körper flach ausgearbeitet ist, trägt eine Tunika, auf die ein Umhang graviert ist. Die Hände sind seitlich an die Oberschenkel gelegt. Länglicher Kopf mit mandelförmigen Augen und großen, stilisierten Ohren. Die Haare sind im Nacken zu einem Bausch zusammengefaßt. P. R.

Lit.: Lantier 1935, 59, Nr. 133, Taf. XII

268 »Priester«

Im Wachsausschmelzverfahren hergestelltes
Bronzevotiv
Höhe: 7,1 cm, Breite: 1,7 cm
Musée des Antiquités Nationales,
Saint-Germain-en-Laye
Inv.-Nr. 77876.135
Fundort: Heiligtum in der Provinz Jaén

Die Figur trägt eine Tunika und einen Umhang mit eingravierten Falten; die Hände sind seitlich an die Oberschenkel gelegt. Auf dem Kopf eine große Tonsur (oder Haarkalotte). P. R.

Lit.: Lantier 1935, 60, Nr. 135, Taf. XII

269 Adorant

Im Wachsausschmelzverfahren hergestelltes Bronzevotiv, dunkelgrüne Patina, rechte Hand und Füße fehlen
Höhe: 10,4 cm, Breite: 2,8 cm
Museo Arqueológico Nacional, Madrid
Inv.-Nr. 29.194
Fundort: Collado de los Jardines (Jaén)

Die Frisur der sorgfältig ausgearbeiteten kleinen Figur ist durch feine, eingeritzte Strähnen und Locken vor den Ohren angegeben. Die Gesichtszüge sind durchmodelliert, auf den Lippen deutet sich ein Lächeln an. Die Figur trägt eine Tunika mit spitz zulaufendem Ausschnitt und verziertem Rand (ebenso sind die Ärmelsäume verziert). Ein Umhang ist über die rechte Schulter geführt. Der rechte Arm ist im Grußgestus erhoben, während der linke am Körper anliegt. L. P.

Lit.: Álvarez-Ossorio 1941, Nr. 458; Nicolini 1977b, Nr. 11; Prados 1992, 194, Nr. 262

270 Adorant

Im Wachsausschmelzverfahren hergestelltes Bronzevotiv
Höhe: 7,9 cm, Breite: 2 cm
Musée des Antiquités Nationales, Saint-Germain-en-Laye
Inv.-Nr. 77876.69
Fundort: Heiligtum in der Provinz Jaén

Die Figur trägt eine Tunika und einen Umhang, ihr rechter Arm ist angewinkelt

und vor die Brust gelegt. Auf dem Kopf erkennt man eine Tonsur oder Haarkalotte. P. R.

Lit.: Lantier 1935, 52, Nr. 69, Taf. VIII

271 Adorant

Im Wachsausschmelzverfahren hergestelltes Bronzevotiv
Höhe: 7,7 cm, Breite: 2 cm
Musée des Antiquités Nationales, Saint-Germain-en-Laye
Inv.-Nr. 77876.71
Fundort: Heiligtum in der Provinz Jaén

Figur mit Tunika und Umhang. Die Arme sind vor dem Körper gekreuzt. Die Finger sind durch einfache Ritzlinien angedeutet. Das Haare ist im Nacken zu einem Bausch zusammengefaßt. P. R.

Lit.: Lantier 1935, 52, Nr. 71, Taf. VIII

272 Adorant

Im Wachsausschmelzverfahren hergestelltes Bronzevotiv
Höhe: 7 cm, Breite: 1,9 cm
Musée des Antiquités Nationales, Saint-Germain-en-Laye
Inv.-Nr. 77876.83
Fundort: Heiligtum in der Provinz Jaén

Figur mit Tunika und Umhang; die Hände sind auf die Oberschenkel gelegt. Die Augen stehen schräg; in der Mitte gescheiteltes Haar. P. R.

Lit.: Lantier 1935, 54, Nr. 83, Taf. IX

273 Adorant

Im Wachsausschmelzverfahren hergestelltes Bronzevotiv
Höhe: 9 cm, Breite: 1,5 cm
Musée des Antiquités Nationales, Saint-Germain-en-Laye
Inv.-Nr. 77876.153
Fundort: Heiligtum in der Provinz Jaén

Schematisch dargestellter, gebogener Körper eines Mannes. Der Umhang fällt in breiten, schräg verlaufenden Bahnen. Die Körperglieder sind nur durch Einkerbungen angegeben. Großer Kopf mit vorspringender Mundpartie. Auf dem Kopf ist eine Tonsur oder Haarkalotte zu erkennen. P. R.

Lit.: Lantier 1935, 62, Nr. 153, Taf. XIII

274 Krieger mit Umhang

Im Wachsausschmelzverfahren hergestelltes Bronzevotiv
Höhe: 9,7 cm, Breite: 3 cm
Museo Arqueológico Nacional, Madrid
Inv.-Nr. 22.705
Fundort unbekannt (Südostspanien?)

Krieger mit eng sitzendem Helm, kurzer Tunika und in breite Falten gelegtem Umhang, der auf der rechten Schulter von einer Fibel zusammengehalten wird. Das Schwert schaut rechts aus dem Umhang hervor. Der Darstellungstypus läßt darauf schließen, daß die Figur aus römischer Zeit stammt. Der Mann trägt einen Reifen am linken Oberarm. L. P.

Lit.: Álvarez-Ossorio 1941, Nr. 1653; Nicolini 1977b, Nr. 74; Prados 1992, 226, Nr. 1121

275 Krieger mit Umhang

Im Wachsausschmelzverfahren hergestelltes Bronzevotiv
Höhe: 9,4 cm, Breite: 3,2 cm
Museo Arqueológico Nacional, Madrid
Inv.-Nr. 28.617
Fundort: Collado de los Jardines (Jaén)

Krieger mit Tunika, der Umhang umhüllt die rechte Körperseite und die rechte Schulter. Der Rundschild hängt auf dem Rücken. Der rechte Arm befindet sich unter dem Umhang, der angewinkelte linke Arm hält eine Lanze. L. P.

Lit.: Álvarez-Ossorio 1941, Nr. 228; Prados 1992, 195, Nr. 275

276 Krieger mit Umhang

Im Wachsausschmelzverfahren hergestelltes Bronzevotiv, grüne Patina, die in der linken Hand getragene Lanze fehlt
Höhe: 6,6 cm, Breite: 5,3 cm
Museo Arqueológico Nacional, Madrid
Inv.-Nr. 31.888

Krieger mit Helm, unter dem das Haar hervorschaut. Er trägt eine Tunika und einen an der Seite offenen Umhang, unter dem in Gürtelhöhe die *Falcata* zu sehen ist. Die Arme sind nach vorne gestreckt, die rechte Handfläche zeigt nach oben; die linke Hand umfaßte eine Lanze. Auf dem Rücken hängt der Schild des Kriegers. L. P.

Lit.: Álvarez-Ossorio 1941, Nr. 1360; Prados 1992, Nr. 280

277 Adorant

Im Wachsausschmelzverfahren hergestelltes Bronzevotiv, die rechte Hand fehlt
Höhe: 8,5 cm
Musée des Antiquités Nationales, Saint-Germain-en-Laye
Inv.-Nr. 77876.24
Fundort: Heiligtum in der Provinz Jaén

Figur eines Kriegers mit Tunika und Umhang. Das Haar ist im Nacken zu einem Bausch zusammengefaßt. Der linke Arm liegt am Körper an. Die nach vorne weisende, fragmentierte rechte Hand hielt vermutlich eine Lanze. P. R.

Lit.: Lantier 1935, 45, Nr. 24, Taf. III; Nicolini 1969, 176

278 Mann mit kurzer Tunika

Im Wachsausschmelzverfahren hergestelltes Bronzevotiv, erodierte Patina
Höhe: 12,8 cm, Breite: 4,4 cm
Museo Arqueológico Nacional, Madrid
Inv.-Nr. 33.106
Fundort: Heiligtum von La Luz (Murcia)

Figur mit fein gearbeiteter Frisur und volutenförmigen Ohren. Die großen Augen sind von einem flachen Wulst gerahmt. Kurze, in der Taille mit einem Gürtel eng geschnürte Tunika. Deutlich zu erkennende Genitalien. Die Hände sind in Gebetshaltung auf die Oberschenkel gelegt. Die gespreizten Beine sind leicht gebeugt. Die Füße stehen auf einer Standplatte. L. P.

Lit.: Álvarez-Ossorio 1941, Nr. 1765; Prados 1992, 254, Nr. 1009

279 Mann mit kurzer Tunika

3. Jahrhundert v. Chr.
Im Wachsausschmelzverfahren hergestelltes Bronzevotiv, Füße und Standplatte fehlen
Höhe: 13,2 cm
Musée du Louvre, Département des Antiquités Orientales, aufbewahrt im Musée des Antiquités Nationales, Saint-Germain-en-Laye
Inv.-Nr. AM 887
Mission Engel
Fundort: Cehegín (Murcia) (?). Die genaue Herkunft dieser Bronze ist umstritten, es handelt sich jedoch um eine für die Region von Murcia typische Arbeit

Stehender Mann mit flachem Körper und leicht gebeugten Beinen. Die Arme hängen herab, die Hände liegen seitlich an den Oberschenkeln. Der ansonsten glatt belassene Kopf weist im Nacken die Andeutung eines Haarbauschs auf. Die Ohren sind durch Ritzlinien angegeben; die Nase ist stabförmig ausgebildet. Die Füße sind zweifellos abgebrochen. Kurze Tunika, die die Arme freiläßt; der spitz zulaufende Ausschnitt ist durch ein eingeritztes Kreuz angedeutet. P. R.

Lit.: Paris 1904a, II, 177–179, Abb. 272–273; Nicolini 1969, 31; Lillo 1991–1992; Nicolini in: Rouillard u.a. 1997, Nr. 192

280 Krieger mit kurzer Tunika

Im Wachsausschmelzverfahren hergestelltes Bronzevotiv, dunkelgrüne Patina, das rechte Bein ist restauriert
Höhe: 11,1 cm, Breite: 3,1 cm
Museo Arqueológico Nacional, Madrid
Inv.-Nr. 37.817
Fundort: Collado de los Jardines (Jaén)

Das Haar des Kriegers wird von einer dünnen Binde zusammengehalten; hinter den Ohren ist es zu Zöpfen geflochten, davor ist es gelockt. Um die Augen verläuft ein feiner Wulst. Die kurze Tunika mit eingeritztem Rautenmuster wird von einem Gürtel zusammengehalten. Mit

der linken Hand hält der Krieger einen auf den Oberschenkel gestützten Schild; die Rechte umfaßt den Griff einer *Falcata*. L. P.

Lit.: Álvarez-Ossorio 1941, Nr. 2377; Nicolini 1977b, Nr. 65; Prados 1992, 205, Nr. 394

281 Krieger mit kurzer Tunika

Im Wachsausschmelzverfahren hergestelltes Bronzevotiv, der linke Unterarm fehlt
Höhe: 10,5 cm
Museo Arqueológico Nacional, Madrid
Inv.-Nr. 28.615
Fundort: Collado de los Jardines (Jaén)

Krieger mit Helm und Helmbusch. Die Gesichtszüge sind sorgfältig ausgearbeitet. Die *Falcata* ist am Gürtel befestigt. Auf der ausgestreckten rechten Hand hält der Krieger eine Schale. L. P.

Lit.: Álvarez-Ossorio 1941, Nr. 232; Prados 1992, 205, Nr. 398

282 Krieger mit kurzer Tunika

Im Wachsausschmelzverfahren hergestelltes Bronzevotiv, der linke Unterarm und die möglicherweise dazugehörige Waffe fehlen
Höhe: 15 cm, Breite: 3,2 cm
Museo Arqueológico Nacional, Madrid
Inv.-Nr. 33.105
Fundort: Heiligtum von La Luz (Murcia)

Schreitender Krieger, dessen Füße auf einer nach oben gebogenen Standplatte befestigt sind. Er trägt einen Helm und an der linken Hüfte ein Wehrgehänge, von dem die *Falcata* herabhängt. Der rechte Arm ist angewinkelt; die linke Hand war vermutlich nach vorn ausgestreckt und hielt eine Lanze. L. P.

Lit.: Álvarez-Ossorio 1941, Nr. 1766; Prados 1992, 255, Nr. 1014

283 Ithyphallischer Krieger mit kurzer Tunika

Im Wachsausschmelzverfahren hergestelltes Bronzevotiv, dunkelgrüne Patina
Höhe: 12 cm
Museo Arqueológico Nacional, Madrid
Inv.-Nr. 22.811
Fundort unbekannt (ehemals Sammlung Vives)

Ithyphallische Figur eines Kriegers mit kurzer Tunika und einem Gürtel mit eingeritztem Kreismuster. Die gleiche Verzierung schmückt auch den Saum der Tunika und den Helm. Die Figur steht auf einer Standplatte. L. P.

Lit.: Álvarez-Ossorio 1941, Nr. 1662; Prados 1992, Nr. 1103

284 Mann mit kurzer Tunika

Im Wachsausschmelzverfahren hergestelltes
Bronzevotiv, erodierte Patina
Höhe: 6,2 cm, Breite: 1,4 cm
Museo Arqueológico Nacional, Madrid
Inv.-Nr. 28.941
Fundort: Collado de los Jardines (Jaén)

Figur eines Betenden mit Helm, unter dem das Haar hervorschaut. Die Tunika ist durch einen Gürtel mit breiter Schnalle eng geschnürt. Die Arme sind seitlich ausgestreckt mit offenen, nach vorn weisenden Handflächen. Kurze Beine. L. P.

Lit.: Álvarez-Ossorio 1941, Nr. 250; Prados 1992, 200, Nr. 335

285 Mann mit kurzer Tunika

Im Wachsausschmelzverfahren hergestelltes
Bronzevotiv, der linke Unterarm fehlt
Höhe: 9,2 cm, Breite: 2,4 cm
Musée des Antiquités Nationales,
Saint-Germain-en-Laye
Inv.-Nr. 77876.30
Fundort: Heiligtum in der Provinz Jaén

Kurze, in der Taille mit einem breiten Gürtel eng geschnürte Tunika. Das Gesicht wirkt knochig, die Augen sind punktförmig. Oberhalb des Nackens rollt sich das Haar in einer halbkreisförmigen Welle nach außen. P. R.

Lit.: Lantier 1935, 46, Nr. 30, Taf. IV

286 Mann mit kurzer Tunika

Im Wachsausschmelzverfahren hergestelltes
Bronzevotiv, die Hände fehlen
Höhe: 14,5 cm, Breite: 4,3 cm
Musée des Antiquités Nationales,
Saint-Germain-en-Laye
Inv.-Nr. 77876.44
Fundort: Heiligtum in der Provinz Jaén

Die Beine sind leicht gespreizt, die Unterarme nach vorn ausgestreckt. Sehr kurze, in der Taille gegürtete Tunika. Ausgeprägter Oberkiefer, breite, flache Nase. Das Haar ist durch gerade Strähnen wiedergegeben. P. R.

Lit.: Lantier 1935, 48, Nr. 44, Taf. VI

287 Mann mit kurzer Tunika

Im Wachsausschmelzverfahren hergestelltes
Bronzevotiv, die Hände fehlen
Höhe: 7,5 cm, Breite: 2,9 cm
Musée des Antiquités Nationales,
Saint-Germain-en-Laye
Inv.-Nr. 77876.45
Fundort: Heiligtum in der Provinz Jaén

Die Beine sind leicht gespreizt, die Unterarme nach vorn gestreckt. Sehr kurze, in der Taille mit einem breiten Gürtel zusammengefaßte Tunika. Auf dem Kopf ist eine Tonsur oder Haarkalotte zu erkennen; die Ohren sind auffällig groß. P. R.

Lit.: Lantier 1935, 49, Nr. 45, Taf. VI

288 Mann mit kurzer Tunika

Im Wachsausschmelzverfahren hergestelltes Bronzevotiv
Höhe: 8,9 cm, Breite: 4,1 cm
Musée des Antiquités Nationales, Saint-Germain-en-Laye
Inv.-Nr. 77876.55
Fundort: Heiligtum in der Provinz Jaén

Die Beine stehen dicht nebeneinander, die Arme sind seitlich ausgestreckt mit offenen, nach vorn weisenden Handflächen. Kurze Tunika, die mit einem breiten Gürtel in der Taille eng geschnürt ist. Der Kopf zeigt eine Tonsur oder Haarkalotte und Zöpfe hinter den Ohren. P. R.

Lit.: Lantier 1935, 50, Nr. 55, Taf. VII

289 Mann mit kurzer Tunika

Im Wachsausschmelzverfahren hergestelltes Bronzevotiv
Höhe: 7 cm, Breite: 5,2 cm
Musée des Antiquités Nationales, Saint-Germain-en-Laye
Inv.-Nr. 77876.57
Fundort: Heiligtum in der Provinz Jaén

Die Beine der Statuette sind leicht gespreizt, die Arme sind seitlich ausgestreckt mit offenen, nach vorn weisenden Handflächen. Kurze Tunika, deren Saum mit einem Kreismuster verziert ist und die von einem breiten Gürtel zusammengehalten wird. Die rechteckige Gürtelschnalle ist mit einem Kreuz und kleinen Kreisen in den Ecken verziert. Der Kopf zeigt eine Tonsur oder Haarkalotte und Zöpfe hinter den Ohren. P. R.

Lit.: Lantier 1935, 51, Nr. 57, Taf. VIII

290 Mann mit kurzer Tunika

Im Wachsausschmelzverfahren hergestelltes Bronzevotiv
Höhe: 7 cm, Breite: 4,9 cm
Musée des Antiquités Nationales, Saint-Germain-en-Laye
Inv.-Nr. 77876.60
Fundort: Heiligtum in der Provinz Jaén

Die Beine berühren sich an den Waden; die Arme sind seitlich ausgestreckt mit offenen, nach vorn weisenden Handflächen. Kurze Tunika, die von einem breiten Gürtel zusammengehalten wird. Die rechteckige Gürtelschnalle ist mit einem Kreuz und kleinen Kreisen in den Ecken verziert. Gewelltes Haar. Die Figur steht auf einer runden Standplatte. P. R.

Lit.: Lantier 1935, 51, Nr. 60, Taf. VII

291 Mann mit kurzer Tunika

Im Wachsausschmelzverfahren hergestelltes Bronzevotiv
Höhe: 9 cm, Breite: 2,5 cm
Musée des Antiquités Nationales, Saint-Germain-en-Laye
Inv.-Nr. 77876.101
Fundort: Heiligtum in der Provinz Jaén

Die Arme liegen an dem stabförmigen Körper an, die Handflächen sind nach vorn gestreckt. Die Beine sind leicht gespreizt. Kleidung und anatomische Details sind durch einfache Ritzlinien angedeutet. P. R.

Lit.: Lantier 1935, 56, Nr. 101, Taf. X

292 Mann mit kurzer Tunika

Im Wachsausschmelzverfahren hergestelltes Bronzevotiv, der rechte Unterarm fehlt
Höhe: 8,4 cm, Breite: 2,5 cm
Musée des Antiquités Nationales, Saint-Germain-en-Laye
Inv.-Nr. 77876.121
Fundort: Heiligtum in der Provinz Jaén

Die Beine stehen eng nebeneinander, die Arme liegen an den Oberschenkeln, die Handflächen weisen nach vorn. Kurze, in der Taille eng gegürtete Tunika. Das Haar ist erst unterhalb der Haarkalotte (oder Tonsur) durch Ritzlinien angegeben. P. R.

Lit.: Lantier 1935, 58, Nr. 121, Taf. XII

293 Reiter

Im Wachsausschmelzverfahren hergestelltes Bronzevotiv, rauhe Oberfläche, die Waffe fehlt
Höhe: 12 cm, Länge: 8,6 cm
Museo Arqueológico Nacional, Madrid
Inv.-Nr. 33.104
Fundort: Heiligtum von La Luz (Murcia)

Bewaffneter Reiter. Er trägt eine kurze Tunika mit V-förmigem, verziertem Ausschnitt und verzierten Ärmelsäumen. Von dem breiten Gürtel hängt rechts ein gerades Schwert herab. Die linke Hand hält die Zügel, die erhobene Rechte ist mit einer Bohrung versehen, in die eine Waffe eingesetzt war. Das Pferd ist angeschirrt (man erkennt die Lederriemen des Zaumzeugs) und steht auf einer seitlich eingezogenen Standplatte. L. P.

Lit.: Álvarez-Ossorio 1941, Nr. 1778; Prados 1992, 255, Nr. 1019

294 Reiter

Im Wachsausschmelzverfahren hergestelltes Bronzevotiv, olivgrüne Patina
Reiter: Höhe: 5 cm, Breite: 1,2 cm
Pferd: Höhe: 5,4 cm
Museo Arqueológico Nacional, Madrid
Inv.-Nr. 29.328
Fundort: Collado de los Jardines (Jaén)

Unbekleideter Reiter, der auf einem ungesattelten Pferd sitzt und einen Rundschild auf dem Rücken trägt. Mit der linken Hand hält er die Zügel, in der Rechten zwei Lanzen. Das Pferd scheint zu rasten. L. P.

Lit.: Álvarez-Ossorio 1941, Nr. 593; Prados 1992, 208, Nr. 426

295 Reiter

Im Wachsausschmelzverfahren hergestelltes Bronzevotiv, olivgrüne Patina
Reiter: Höhe: 5,8 cm, Länge: 3,4 cm
Pferd: Höhe: 4,8 cm
Museo Arqueológico Nacional, Madrid
Inv.-Nr. 31.842
Fundort: Collado de los Jardines (Jaén)

Bewaffneter Reiter mit Pferd. Der Mann trägt den typischen eng anliegenden Helm, unter dem zwei Zöpfe hervorschauen. Er ist mit einer kurzen Tunika bekleidet, deren Säume mit kleinen Kreisen verziert sind. Über die Tunika ist ein Umhang gelegt. Auf dem Rücken hängt ein ebenfalls mit eingravierten Kreisen verzierter Rundschild, am Gürtel ist rechts die *Falcata* befestigt. Das mit Zaumzeug wiedergegebene Pferd paßt in seinen Proportionen nicht zu dem Reiter. L. P.

Lit.: Álvarez-Ossorio 1941, Nr. 594; Prados 1992, 207, Nr. 423

296 Reiter

Bronzevotiv
Höhe: 6,5 cm, Breite: 2 cm
Musée des Antiquités Nationales,
Saint-Germain-en-Laye
Inv.-Nr. 77876.4
Fundort: Heiligtum in der Provinz Jaén

Die kleine Figur steht auf zwei Voluten, die auf einer zylindrischen Basis angebracht sind; die Gruppe diente möglicherweise als eine Art Aufsatz zur Zügelführung. Pferd und Reiter sind silhouettenartig aus Metallplatten ausgeschnitten. Der Reiter ist unbekleidet und trägt einen Helm mit großem Helmbusch. P. R.

Lit.: Lantier 1935, 40, Nr. 4, Taf. I

297 Gewickeltes Kind

Im Wachsausschmelzverfahren hergestelltes
Bronzevotiv, olivgrüne Patina
Höhe: 6 cm
Museo Arqueológico Nacional, Madrid
Inv.-Nr. 37.850
Fundort: Collado de los Jardines (Jaén)

Kleine Figur eines Neugeborenen, das ganz in ein Tuch gewickelt ist. Die Gesichtszüge sind durch Ritzlinien angegeben. L. P.

Lit.: Álvarez-Ossorio 1941, Nr. 2410; Prados 1992, 196, Nr. 284

298 Unbekleidete Frau

Im Wachsausschmelzverfahren hergestelltes
Bronzevotiv, olivgrüne Patina, die linke Hand
fehlt
Höhe: 7,9 cm, Breite: 4,2 cm
Museo Arqueológico Nacional, Madrid
Inv.-Nr. 28.829
Fundort: Collado de los Jardines (Jaén)

Die kleine Figur ist grob gearbeitet. Große Augen mit eingetieften Umrißlinien. Der rechte Arm ist mit offener Handfläche seitlich nach oben gestreckt, der linke Arm weist ebenfalls nach vorn. Die Geschlechtsmerkmale sind kaum betont. Die Figur steht auf einer sehr kleinen Standplatte. L. P.

Lit.: Álvarez-Ossorio 1941, Nr. 176; Prados 1992, 215, Nr. 526

299 Unbekleidete Frau

Im Wachsausschmelzverfahren hergestelltes
Bronzevotiv, olivgrüne Patina
Höhe: 13,1 cm, Breite: 4,4 cm
Museo Arqueológico Nacional, Madrid
Inv.-Nr. 28.639
Fundort: Collado de los Jardines (Jaén)

Kleine Frauenfigur mit wenig ausgearbeiteten Zügen, die bei einer Opferhandlung wiedergegeben ist. Sie trägt ein Stirndiadem, die Ohren sind aufgebohrt. Die »schlangenartig« gebogenen Arme sind nach oben gestreckt; in der rechten Hand hält sie eine Taube, in der Linken einen runden Gegenstand (möglicherweise eine Frucht). Der Gürtel ist wulstförmig. Die Scham ist durch eine Ritzlinie angegeben. Die Figur steht auf einer Standplatte. L. P.

Lit.: Álvarez-Ossorio 1941, Nr. 173; Prados 1992, 216, Nr. 532

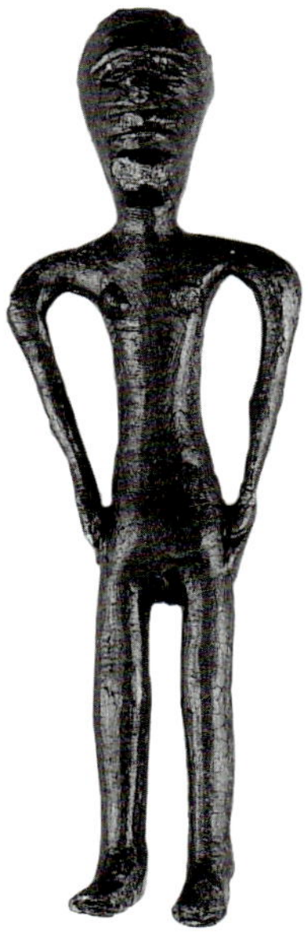

300 Unbekleidete Frau

Im Wachsausschmelzverfahren hergestelltes Bronzevotiv
Höhe: 10,9 cm, Breite: 3,4 cm
Musée des Antiquités Nationales, Saint-Germain-en-Laye
Inv.-Nr. 77876.263
Fundort: Heiligtum in der Provinz Jaén

Die Beine der Figur sind leicht gebeugt und gespreizt. Die Arme sind vom Körper abgewinkelt, die Hände seitlich auf die Hüften gelegt. P. R.

Lit.: Lantier 1935, 75, Nr. 263, Taf. XX

301 Opfernde Frau mit langer Tunika

Im Wachsausschmelzverfahren hergestelltes Bronzevotiv, stark glänzende Patina, der rechte Unterarm fehlt
Höhe: 13,8 cm, Breite: 3,8 cm
Museo Arqueológico Nacional, Madrid
Inv.-Nr. 28.619
Fundort: Collado de los Jardines (Jaén)

Kleine Figur mit knöchellanger Tunika, deren Rückseite mit einem kleinen Volant besetzt ist; die Tunika hat kurze Ärmel und einen spitz zulaufenden Ausschnitt. Sehr eng geschnürter Gürtel und auf dem Rücken über Kreuz verlaufende Träger. Flach am Kopf anliegende, auf der Rückseite glatte Frisur, die zu zwei in Kugeln auslaufenden Zöpfen zusammengefaßt ist.

In die Stirn fallen zungenförmige Haarsträhnen; die Locken auf den Ohren sind achtförmig. Kleine knopfartige Scheiben markieren die Brüste. In der linken Hand hält die Frau eine Taube (oder ein Gefäß in Form einer Taube). L. P.

Lit.: Álvarez-Ossorio 1941, Nr. 1; Prados 1992, 217, Nr. 549

302 Opfernde Frau mit langer Tunika

Im Wachsausschmelzverfahren hergestelltes Bronzevotiv, dunkle Patina mit mehreren hellen Flecken
Höhe: 9,9 cm, Breite: 2,6 cm
Museo Arqueológico Nacional, Madrid
Inv.-Nr. 28.634
Fundort: Collado de los Jardines (Jaén)

Die Figur ähnelt der zuvor beschriebenen (Kat.-Nr. 301). Die Haare sind zu zwei Zöpfen zusammengefaßt, die auf die Schultern fallen. Die Arme sind nach vorne ausgestreckt; auf der linken Hand trägt die Frau einen Gegenstand, der die Form eines Fladenbrotes hat. L. P.

Lit.: Álvarez-Ossorio 1941, Nr. 4; Prados 1992, 217, Nr. 550

303 Opfernde Frau mit langer Tunika

Im Wachsausschmelzverfahren hergestelltes Bronzevotiv, der rechte Unterarm fehlt
Höhe: 10,3 cm, Breite: 3 cm
Museo Arqueológico Nacional, Madrid
Inv.-Nr. 29.181
Fundort: Collado de los Jardines (Jaén)

Die Figur ähnelt der zuvor beschriebenen (Kat.-Nr. 302), ihr Haar ist jedoch nicht zu Zöpfen geflochten. An jedem Oberarm trägt sie drei Reifen. L. P.

Lit.: Álvarez-Ossorio 1941, Nr. 11; Prados 1992, 218, Nr. 557

304 »Priesterin«

Im Wachsausschmelzverfahren hergestelltes Bronzevotiv, flaschengrüne Patina
Höhe: 10,1 cm, Breite: 2,5 cm
Museo Arqueológico Nacional, Madrid
Inv.-Nr. 28.643
Fundort: Collado de los Jardines (Jaén)

Sorgfältig ausgearbeitete kleine Figur. Sie trägt eine Mitra, über die ein feiner Schleier mit verziertem Saum gelegt ist. Große, durch Ritzlinien betonte Augen, die Pupillen sind deutlich angegeben; gerade Nase. Der über die Schultern fallende Schleier bedeckt eine leichte Tunika, unter der die durch Punkte angegebenen Brüste, der Bauch und die Füße zu erkennen sind. Das Gewand ist hoch geschlossen mit einem Saum, den kleine Kreise zieren, die sich auch seitlich an den Oberschenkeln finden. Zweireihiger Halsschmuck. Am Körper anliegende Arme mit jeweils vier Reifen an den Oberarmen. Der Schleier ist erheblich länger als der Umhang. L. P.

Lit.: Álvarez-Ossorio 1941, Nr. 112; Prados 1992, 224, Nr. 630

305 Betende Frau

Im Wachsausschmelzverfahren hergestelltes Bronzevotiv, dunkle Patina, geglättete Oberfläche
Höhe: 15,3 cm, Breite: 3,4 cm
Museo Arqueológico Nacional, Madrid
Inv.-Nr. 3515
Fundort: Heiligtum von La Luz (Murcia)

Auf dem Kopf trägt die Figur eine Mitra, über die ein Umhang oder ein Schleier gelegt ist. Ein weiterer Schleier darunter bedeckt das Haar, das an den Schläfen zu Locken gekämmt ist. Unter dem Umhang sind der Ausschnitt der Tunika und

der Halsschmuck zu erkennen. Die zusammengelegten Hände treten unter dem in der Mitte geöffneten Umhang hervor. Die kleinen Füße stehen nicht ganz dicht zusammen auf einer Standplatte. L. P.

Lit.: Álvarez-Ossorio 1941, Nr. 1741; Prados 1992, 256, Nr. 1021

306 Betende Frau

Im Wachsausschmelzverfahren hergestelltes Bronzevotiv, dunkle Patina
Höhe: 8,8 cm, Breite: 2,3 cm
Museo Arqueológico Nacional, Madrid
Inv.-Nr. 18.537
Fundort unbekannt (ehemals Sammlung Saavedra)

Frau mit einer Mitra, über die ein schwerer, in Zickzackfalten fallender Umhang gelegt ist. Die Arme sind völlig verdeckt; unter dem Kinn ist der Ausschnitt der Tunika zu erkennen. Das Gesicht ist sorgfältig modelliert. L. P.

Lit.: Álvarez-Ossorio 1941, Nr. 1739; Prados 1992, 288, Nr. 1405

307 Betende Frau

Im Wachsausschmelzverfahren hergestelltes Bronzevotiv, sehr dunkle Patina
Höhe: 9,3 cm, Breite: 2,7 cm
Museo Arqueológico Nacional, Madrid
Inv.-Nr. 18.538
Fundort unbekannt (ehemals Sammlung Saavedra)

Kopf mit einer hohen, spitz zulaufenden Tiara, über die ein dünner Schleier gelegt ist. Die Tunika fällt in schräge Falten, der Umhang läßt die rechte Schulter frei. Die nach vorn gestreckten Arme mit den geöffneten Handflächen zeigen die Figur im Adorationsgestus. L. P.

Lit.: Álvarez-Ossorio 1941, Nr. 2744; Prados 1992, 288, Nr. 1407

308 Betende Frau

Votiv aus geschmiedeter Bronze, braune Patina mit goldfarbenen Flecken
Höhe: 7,5 cm, Breite: 1,7 cm
Museo Arqueológico Nacional, Madrid
Inv.-Nr. 1913/59/7
Fundort unbekannt

Schematische kleine Figur mit hoher, spitz zulaufender Mitra. Die auf den Brustkorb gelegten Arme sind durch einen umlaufenden Grat markiert. L. P.

309 Betende Frau

Im Wachsausschmelzverfahren hergestelltes Bronzevotiv
Höhe: 9,3 cm, Breite: 3,6 cm
Musée des Antiquités Nationales, Saint-Germain-en-Laye
Inv.-Nr. 77876.211
Fundort: Heiligtum in der Provinz Jaén

Die Frau trägt ein langes, figurbetonendes Gewand, der Kopf ist in den Nacken gelegt, die Züge nur grob angedeutet. Die Arme sind angewinkelt nach vorn vor den Oberkörper geführt. P. R.

Lit.: Lantier 1935, 68, Nr. 211, Taf. XV

310 Opfernde Frau

Im Wachsausschmelzverfahren hergestelltes Bronzevotiv
Höhe: 10,5 cm, Breite: 2,7 cm
Musée des Antiquités Nationales, Saint-Germain-en-Laye
Inv.-Nr. 77876.213
Fundort: Heiligtum in der Provinz Jaén

Frau mit langem, in der Taille eng geschnürtem und figurbetonendem Gewand. Sie trägt eine flache Mitra; das Haar ist zu zwei Zöpfen geflochten. Auf ihren vor dem Oberkörper ausgestreckten Händen hält sie zwei runde Gegenstände (Früchte oder Fladenbrote). Die Träger der Tunika sind achtförmig. P. R.

Lit.: Lantier 1935, 68, Nr. 213, Taf. XVI; Nicolini 1969, 90, 197

311 Betende Frau

Im Wachsausschmelzverfahren hergestelltes Bronzevotiv, der rechte Fuß fehlt
Höhe: 15,5 cm, Breite: 4,8 cm
Musée des Antiquités Nationales, Saint-Germain-en-Laye
Inv.-Nr. 77876.217
Fundort: Heiligtum in der Provinz Jaén

Frau mit langem Gewand, auf dessen Rock kannelurenartige, eingeritzte Falten verlaufen und das in der Taille gegürtet ist. Die anatomisch zu weit unten dargestellten Brüste sind klein und spitz. Die Figur hat die linke Hand an die Brust und die rechte an die Schulter gelegt. Das Haar wird von einem breiten Band zusammengehalten, von dem ein Schleier auf den Rücken fällt. P. R.

Lit.: Lantier 1935, 69, Nr. 217, Taf. XVI; Nicolini 1969, 192f.

312 Betende Frau

Im Wachsausschmelzverfahren hergestelltes
Bronzevotiv
Höhe: 9,1 cm, Breite: 3,3 cm
Musée des Antiquités Nationales,
Saint-Germain-en-Laye
Inv.-Nr. 77876.227
Fundort: Heiligtum in der Provinz Jaén

Die Frau trägt ein langes, figurbetonendes Gewand, dessen Säume kaum zu erkennen sind. Die Gesichtszüge sind nur grob eingraviert. Die Arme sind angewinkelt vor den Leib gelegt. P. R.

Lit.: Lantier 1935, 71, Nr. 227, Taf. XVIII

313 Betende Frau

Im Wachsausschmelzverfahren hergestelltes
Bronzevotiv, grob modelliert
Höhe: 9,3 cm, Breite: 3,4 cm
Musée des Antiquités Nationales,
Saint-Germain-en-Laye
Inv.-Nr. 77876.219
Fundort: Heiligtum in der Provinz Jaén

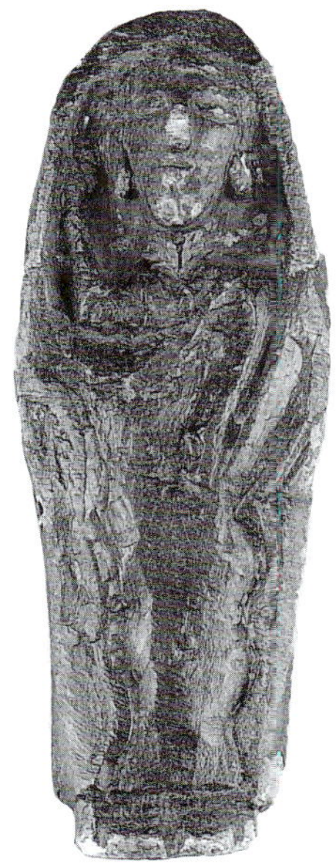

Frau mit einem langen, über die linke Schulter geführten Mantel; von der Mitra fällt ein langer Schleier herab. An den Ohren trägt sie den charakteristischen radförmigen Haarschmuck. P. R.

Lit.: Lantier 1935, 70, Nr. 219, Taf. XVII;
Nicolini 1969, 189

314 Betende Frau

Im Wachsausschmelzverfahren hergestelltes
Bronzevotiv
Höhe: 8,8 cm, Breite: 1,7 cm
Musée des Antiquités Nationales,
Saint-Germain-en-Laye
Inv.-Nr. 77876.230
Fundort: Heiligtum in der Provinz Jaén

Frau mit Umhang und Mitra, an der ein Schleier befestigt ist. Die Füße sind leicht gespreizt, der rechte Arm ist durch eine Gravurlinie angedeutet. P. R.

Lit.: Lantier 1935, 72, Nr. 230, Taf. XVIII

315 Betende Frau

Im Wachsausschmelzverfahren hergestelltes
Bronzevotiv
Höhe: 9,7 cm, Breite: 2,2 cm
Musée des Antiquités Nationales,
Saint-Germain-en-Laye
Inv.-Nr. 77876.243
Fundort: Heiligtum in der Provinz Jaén

Frau in einem langen, eng anliegenden Gewand. Sie trägt eine Mitra mit Schleier. Die Brüste sind durch zwei Metallplättchen angedeutet. Der linke Arm liegt am Körper an, die rechte Hand ist nach vorne ausgestreckt. P. R.

Lit.: Lantier 1935, 72, Nr. 243, Taf. XIX

316 Betende Frau

Im Wachsausschmelzverfahren hergestelltes
Bronzevotiv
Höhe: 9 cm, Breite: 1,7 cm
Musée des Antiquités Nationales,
Saint-Germain-en-Laye
Inv.-Nr. 77876.251
Fundort: Heiligtum in der Provinz Jaén

Der von der Mitra herabfallende Schleier umschließt wie ein Rahmen das ebenmäßig gebildete Gesicht und bedeckt den gesamten, in eine Tunika mit spitzem Ausschnitt gehüllten Körper. Die sorgfältig modellierten Hände sind auf die Oberschenkel gelegt. P. R.

Lit.: Lantier 1935, 74, Nr. 251, Taf. XX

317 Betende Frau

Im Wachsausschmelzverfahren hergestelltes
Bronzevotiv
Höhe: 7,7 cm, Breite: 1,8 cm
Musée des Antiquités Nationales,
Saint-Germain-en-Laye
Inv.-Nr. 77876.289
Fundort: Heiligtum in der Provinz Jaén

Der von der Mitra herabfallende Schleier rahmt das Gesicht und bedeckt den gesamten, schematisch gebildeten Körper. P. R.

Lit.: Lantier 1935, 78, Nr. 289, Taf. XXII

318 Betende Frau

Im Wachsausschmelzverfahren hergestelltes
Bronzevotiv, Gußzapfen unter den Füßen
Höhe: 11,9 cm, Breite: 2,3 cm
Musée des Antiquités Nationales,
Saint-Germain-en-Laye
Inv.-Nr. 77876.264
Fundort: Heiligtum in der Provinz Jaén

Frau mit einer leichten, eng anliegenden Tunika und einer Mitra, über die ein Schleier gelegt ist. Die Arme sind dicht an den Körper gelegt. P. R.

Lit.: Lantier 1935, 72, Nr. 264, Taf. XX

319 Betende Frau

Im Wachsausschmelzverfahren hergestelltes
Bronzevotiv
Höhe: 6,3 cm, Breite: 1,7 cm
Musée des Antiquités Nationales,
Saint-Germain-en-Laye
Inv.-Nr. 77876.301
Fundort: Heiligtum in der Provinz Jaén

In einen eng anliegenden Schleier gehüllte Frau. Hohe, spitz zulaufende Mitra. Halsschmuck aus zwei Reihen kleiner Kreise und Dreiecke. P. R.

Lit.: Lantier 1935, 79, Nr. 301, Taf. XXIII

320 Betende Frau

Bronzevotiv
Höhe: 6,6 cm, Breite: 1,6 cm
Musée des Antiquités Nationales,
Saint-Germain-en-Laye
Inv.-Nr. 77876.307
Fundort: Heiligtum in der Provinz Jaén

In ein enges Gewand gehüllte Frau. Hohe, spitz zulaufende Mitra. Die Arme sind angewinkelt und gekreuzt. P. R.

Lit.: Lantier 1935, 79, Nr. 307, Taf. XXIII

321 Anatomisches Votiv

Aus einer Bronzetafel ausgeschnitten
Höhe: 5,6 cm, Breite: 0,8 cm
Museo Arqueológico Nacional, Madrid
Inv.-Nr. B/6/16 (31 355)
Fundort: Collado de los Jardines (Jaén)

Arm und Hand mit leicht gespreizten Fingern. L. P.

Lit.: Prados 1991, 319, Nr. 30; 1992, 235, Nr. 762

322 Anatomisches Votiv

Bronzestab, olivgrüne Patina
Höhe: 8,5 cm, Breite: 0,3 cm
Museo Arqueológico Nacional, Madrid
Inv.-Nr. B-1-14
Fundort: Collado de los Jardines (Jaén)

Aus einem dünnen Stab ist ein zickzackförmiger Körper gebogen. L. P.

Lit.: Prados 1992, 243, Nr. 870

323 Schematisches Votiv

Bronzestab
Höhe: 4,9 cm, Breite: 0,3 cm
Museo Arqueológico Nacional, Madrid
Inv.-Nr. 31.872
Fundort: Collado de los Jardines (Jaén)

Die Darstellung ist sehr schematisch gehalten. Kleiner, runder Kopf auf breitem Hals. L. P.

Lit.: Álvarez-Ossorio 1941, Nr. 1327; Prados 1992, 212, Nr. 487

324 Schematisches Votiv

Bronzetäfelchen, olivgrüne Patina
Höhe: 4,4 cm, Breite: 1 cm
Museo Arqueológico Nacional, Madrid
Inv.-Nr. A-12–37

Flacher, ausgeschnittener Kopf und Körper in Profilansicht. L. P.

Lit.: Prados 1992, 243, Nr. 874

325 Schematisches Votiv

Bronzevotiv
Höhe: 6 cm
Musée des Antiquités Nationales,
Saint-Germain-en-Laye
Inv.-Nr. 77876.66
Fundort: Heiligtum in der Provinz Jaén

Schematisierte kleine Figur. Runder Kopf; flacher Rumpf mit als seitlich vorspringenden Elementen wiedergegebenen Armen. P. R.

Lit.: Lantier 1935, 52, Nr. 66, Taf. VII

326 Schematisches Votiv

Bronzestab
Höhe: 6,7 cm, Breite: 0,4 cm, Tiefe: 0,2 cm
Musée des Antiquités Nationales,
Saint-Germain-en-Laye
Inv.-Nr. 77876.193
Fundort: Heiligtum in der Provinz Jaén

Flacher, an den Füßen gebogener Metallstab, Mund und Augen sind angegeben. P. R.

Lit.: Lantier 1935, 65, Nr. 193, Taf. XIV

327 Schematisches Votiv

Bronzestab
Höhe: 5,2 cm, Breite: 0,2 cm, Tiefe: 0,2 cm
Musée des Antiquités Nationales,
Saint-Germain-en-Laye
Inv.-Nr. 77876.201
Fundort: Heiligtum in der Provinz Jaén

An den Füßen gebogener Metallstab mit fast quadratischem Querschnitt. Das Profil des flach gebildeten Kopfes ist oberflächlich angedeutet. P. R.

Lit.: Lantier 1935, 65, Nr. 201, Taf. XIV

328 Betende Frau

Aus einem Bronzestab gearbeitetes Votiv
Höhe: 6,2 cm, Breite: 1 cm
Musée des Antiquités Nationales,
Saint-Germain-en-Laye
Inv.-Nr. 77876.258
Fundort: Heiligtum in der Provinz Jaén

In einen engen Schleier gehüllte Frau mit vor den Körper genommenen Armen. P. R.

Lit.: Lantier 1935, 75, Nr. 258, Taf. XXI

329 Betende Frau

Bronzestab
Höhe: 6,3 cm, Breite: 1,1 cm
Musée des Antiquités Nationales,
Saint-Germain-en-Laye
Inv.-Nr. 77876.260
Fundort: Heiligtum in der Provinz Jaén

In einen engen Schleier gehüllte Frau mit vor den Körper genommenen Armen. P. R.

Lit.: Lantier 1935, 75, Nr. 260, Taf. XXI

330 Schematisches Votiv

Bronzestab
Höhe: 4,5 cm, Breite: 0,4 cm
Musée des Antiquités Nationales,
Saint-Germain-en-Laye
Inv.-Nr. 77876.279
Fundort: Heiligtum in der Provinz Jaén

Flacher, an den Füßen gebogener Metallstab. Mund und Augen des flach gebildeten Kopfes sind oberflächlich angedeutet. P. R.

Lit.: Lantier 1935, 77, Nr. 279, Taf. XXII

331 Schematisches Votiv

Bronzestab
Höhe: 5,9 cm, Breite: 0,6 cm
Musée des Antiquités Nationales,
Saint-Germain-en-Laye
Inv.-Nr. 77876.325
Fundort: Heiligtum in der Provinz Jaén

Flacher Metallstab; die Figur trägt eine Mitra. P. R.

Lit.: Lantier 1935, 80, Nr. 325, Taf. XXIV

332 Pferd

Im Wachsausschmelzverfahren hergestelltes
Bronzevotiv, grünliche Patina
Höhe: 6,9 cm
Musée des Antiquités Nationales,
Saint-Germain-en-Laye
Inv.-Nr. 77876.362
Fundort: Heiligtum in der Provinz Jaén

Figur eines Pferdes mit überlängtem Körper und einem dicken Schweif, der bis zu den Hufen herabfällt. Der Rücken, die Beine und die Kruppe sind flach gearbeitet und durch zarte Ritzlinien voneinander abgesetzt. Mähne und Maul des Tieres sind deutlich zu erkennen. Pferde galten bei den Iberern nicht nur als Prestigeobjekte, sondern sie lassen sich in einigen Fällen als Darstellung einer Gottheit deuten. Infolgedessen weist dieses Pferdevotiv keinesfalls auf ein tatsächliches oder symbolisches »Pferdeopfer« zu Ehren einer Gottheit hin. C. A. G.

Lit.: Lantier 1935, 85, Nr. 362, Taf. XXVI

333 Anatomisches Votiv

Im Wachsausschmelzverfahren hergestelltes
Bronzevotiv, grünliche Patina
Höhe: 5,9 cm
Musée des Antiquités Nationales,
Saint-Germain-en-Laye
Inv.-Nr. 77876.346
Fundort: Heiligtum in der Provinz Jaén

Bein und Fuß (mit kaum ausgearbeiteten Zehen); das Votiv wurde mit der Bitte um Heilung dargebracht oder kennzeichnete die Durchführung eines Übergangsritus. C. A. G.

Lit.: Lantier 1935, 84, Nr. 346, Taf. XXV

334 Krieger aus Osuna (Gruppe »A«)

3. Jahrhundert v. Chr.
Hellgelber Kalkstein
Höhe: 73,5 cm, Breite: 27,5 cm,
Tiefe: 17/19,5 cm
Musée du Louvre, Département des Antiquités Orientales, aufbewahrt im Musée des Antiquités Nationales, Saint-Germain-en-Laye
Inv.-Nr. AM 1123
Fundort: Osuna (Sevilla)

Krieger ohne Kopfbedeckung im Profil nach rechts; er trägt die traditionelle kurze Tunika; der linke Fuß ist in Schrittstellung vorgesetzt und berührt mit der Spitze den Boden; in der rechten Hand trägt er einen Dolch. Links und rechts sind Klammerlöcher zu erkennen.
Diese Figur und die beiden im folgenden beschriebenen (Kat.-Nr. 335, 336) gehörten wahrscheinlich zu einem geschlossenen Ensemble (das mit »A« bezeichnet wird). Die einzelnen Figuren dieser Gruppe sind in einer für die iberische Skulptur typischen Weise wiedergegeben, ebenso die Kleidung, die Waffen, Frisuren und Wehrgehänge; auch das reiche Zaumzeug des Pferdes entstammt der gleichen Bildhauertradition. Diese Skulpturen gehörten zu Grabbauten, deren Tradition auf das Ende des 6. Jahrhunderts v. Chr. zurückgeht (Pozo Moro). Die Reliefs waren höchstwahrscheinlich für die Anbringung in einer gewissen Höhe konzipiert und zeigten wahrscheinlich Spiele zu Ehren des Verstorbenen mit einer Prozession und einer Kampfszene. P. R.

Lit.: Engel/Paris 1904, 416; León 1981, 186–190; Almagro-Gorbea 1983a, 239; Olmos u.a. 1992, 47–48; Chapa in: Rouillard u.a. 1997, Nr. 6

335 Krieger aus Osuna (Gruppe »A«)

3. Jahrhundert v. Chr.
Hellgelber Kalkstein
Höhe: 74,5 cm, Breite: 36 cm,
Tiefe: 17/19,5 cm
Musée du Louvre, Département des Antiquités Orientales, aufbewahrt im Musée des Antiquités Nationales, Saint-Germain-en-Laye
Inv.-Nr. AM 1204
Fundort: Osuna (Sevilla)

Der mit einem Flachrelief geschmückte Steinblock (er bildet ein symmetrisches Gegenstück zu Kat.-Nr. 334) gehört zur gleichen Figurengruppe »A«. Es handelt sich um einen Krieger in Profilansicht nach links; keine Kopfbedeckung; er trägt eine Tunika mit Gürtel. Am linken Ohr befand sich höchstwahrscheinlich ein Anhänger. Mit der rechten Hand hat er ein Kurzschwert umfaßt, in der Linken trägt er einen hohen, ovalen Schild mit Schildbuckel (lat. *scutum* mit *umbo*), der den Körper vom Hals bis zu den Knien bedeckt. Rechts hinter dem Krieger ist ein Klammerloch zu erkennen. P. R.

Lit.: Engel/Paris 1904, 415–416, Taf. XV; García y Bellido 1963, 550, Abb. 477; León 1981, 186–190; Almagro-Gorbea 1983a, 239; Olmos u.a. 1992, 47–48; Chapa in: Rouillard u.a. 1997, Nr. 5

336 Reiter aus Osuna (Gruppe »A«)

3. Jahrhundert v. Chr.
Hellgelber Kalkstein, dreieckiges Fragment eines Flachreliefs, das bei seiner Entdeckung in zwei Teile zerbrochen war und restauriert wurde
Höhe: 78 cm, Breite: 75 cm, Tiefe: 18 cm
Museo Arqueológico Nacional, Madrid
Inv.-Nr. 1941/86/5
Fundort: Osuna (Sevilla)

Reiter auf einem galoppierenden Pferd. Der obere Teil des Pferdekopfes ist mit einer schildartigen Platte geschützt. Auf seinem überproportional großen Kopf trägt der Reiter keinen Helm (die kurzen Locken sind durch Ritzlinien angegeben). Das Auge erscheint beinahe in Frontalansicht. Die Figur ist mit einer kurzen Tunika bekleidet und hält ein Kurzschwert in der rechten Hand. P. R.

Lit.: Engel/Paris 1904, 416–420, Taf. XVI; García y Bellido 1943a, 103–104, Taf. XXII–XXIII; 1963, 551, Abb. 478; Chapa 1980a, I, 636–638, SE–19, Taf. CXXV, 1, Abb. 4, 133, 1; León 1981, 189–190; Almagro-Gorbea 1983a, 239; Chapa 1985, 112, Nr. 6; Olmos u.a. 1992, 132–133

337 Zwei Krieger aus Osuna (Gruppe »B«)

Ende 2./Anfang 1. Jahrhundert v. Chr.
Hellgelber Kalkstein
Höhe: 73 cm, Breite: 66,5 cm, Tiefe: 14/9,5 cm
Musée du Louvre, Département des Antiquités Orientales, aufbewahrt im Musée des Antiquités Nationales, Saint-Germain-en-Laye
Inv.-Nr. AM 1208
Fundort: Osuna (Sevilla)

Zwei nach links schreitende, mit Lanzen oder Schwertern und Rundschilden (der sogenannten *caetra*) bewaffnete Krieger; sie tragen eine kurze Tunika, deren Falten auffallend linear gestaltet sind, und Sandalen. Die Modellierung ist auf ein Minimum beschränkt.

Das Werk gehörte zu einer Skulpturengruppe (die üblicherweise mit »B« bezeichnet wird), die eine Kampfszene darstellt (zu dem im Madrider Museo Arqueológico Nacional aufbewahrten Block s. García y Bellido 1943a, Nr. 17, 127–130, Taf. XXXIV), in der verschiedenartig gekleidete Krieger gegeneinander kämpfen. Die Kampfszene, wie sie auch andere Werke aus Andalusien zeigen, gehörte zu einem Grabmonument. Die Datierung der Skulpturen ist mit Hilfe der dargestellten Szene möglich. Die unterschiedliche Tracht und Bewaffnung deuten auf Römer und Einheimische hin. Damit aber können die Kämpfe zwischen Römern und indigener Bevölkerung während der Eroberungskriege gemeint sein oder die Auseinandersetzungen zwischen den Anhängern Caesars und Pompejus', die in Andalusien stattfanden. P. R.

Lit.: Engel/Paris 1904, 404–405, Taf. XI A; García y Bellido 1963, 554, Abb. 482; León 1981 190–193; Almagro-Gorbea 1983a, 240; Chapa in: Rouillard u.a. 1997, Nr. 7

338 Akrobat aus Osuna (Gruppe »B«)

Ende 2./Anfang 1. Jahrhundert v. Chr.
Hellgelber Kalkstein, Gesicht und Arme sind stark bestoßen
Höhe: 77 cm, Breite: 37 cm, Tiefe: 22 cm
Museo Arqueológico Nacional, Madrid
Inv.-Nr. 38927
Fundort: Osuna (Sevilla)

Profildarstellung eines auf den Händen gehenden Akrobaten; die angewinkelten Beine sind nach vorn über den Kopf geführt, die Bewegungen unter Beachtung der Körperproportionen wiedergegeben. Spuren von zwei Klammern haben sich erhalten.

Trotz seiner andersartigen Ikonographie läßt sich dieses Relief der zuvor beschriebenen Skulptur (Kat.-Nr. 337) zuordnen; die Wiedergabe der Kleidung und der Sandalen ähnelt der Darstellung der Soldaten mit den Rundschilden auf dem zuvor beschriebenen Stück. P. R.

Lit.: Engel/Paris 1904, 409, Taf. XIII; García y Bellido 1943a, 131–132, Taf. XXXIV; 1963, 555, Abb. 484; León 1981, 192; Almagro-Gorbea 1983a, 241

339 »Gefangener« aus Osuna

Ende 2./Anfang 1. Jahrhundert v. Chr.
Hellgelber Kalkstein, der Kopf, die Vorderseite des rechten Beines und die Füße fehlen
Höhe: 78 cm, Breite: 25 cm, Tiefe: 26/32,5 cm
Musée du Louvre, Département des Antiquités Orientales, aufbewahrt im Musée des Antiquités Nationales, Saint-Germain-en-Laye
Inv.-Nr. AM 1214
Fundort: Osuna (Sevilla)

Es handelt sich um einen reliefierten Block, der von einem Gebäude stammt. Das Relief zeigt einen frontal wiedergegebenen Mann mit eng am Körper anliegender Tunika; die Haltung der Hände auf dem Rücken hat zu der Bezeichnung der Figur als »Gefangener« geführt und unterscheidet diese Skulptur ikonographisch von den meisten anderen iberischen Menschendarstellungen. Auf der Oberseite des Blockes befinden sich Klammerlöcher. P. R.

Lit.: Almagro-Gorbea 1983a, 241; Chapa in: Rouillard u.a. 1997, Nr. 11

340 Mit einem Schild mit Löwenkopf bewaffneter Krieger aus Osuna

Ende 2./Anfang 1. Jahrhundert v. Chr.
Hellgelber Kalkstein, die Skulptur wurde mit starken Beschädigungen im Bereich der Knie gefunden. Der Kopf fehlt fast ganz, beim erneuten Zusammensetzen wirkte seine Höhe unproportional groß
Höhe: 84 cm, Breite: 42 cm, Tiefe: 6,8 cm
Musée du Louvre, Département des Antiquités Orientales, aufbewahrt im Musée des Antiquités Nationales, Saint-Germain-en-Laye
Inv.-Nr. AM 1125
Fundort: Osuna (Sevilla)

Als Hochrelief gestalteter Block aus einem architektonischen Zusammenhang. Der im Profil wiedergegebene Krieger trägt einen Rundschild, dessen Buckel (lat. *umbo*) mit dem Kopf eines Wolfes verziert ist (vergleiche auch Kat.-Nr. 12, 246). Er setzt das linke Bein nach vorn und etwas nach oben, die Lanze ist auf den Boden gestützt und kennzeichnet so die Ruhestellung; um den Hals liegen vorn überkreuzte Bänder. P. R.

Lit.: Engel/Paris 1904, 420; Chapa in: Rouillard u.a. 1997, Nr. 12

341 Fragment eines Kriegertorsos aus Osuna

Ende 2./Anfang 1. Jahrhundert v. Chr.
Hellgelber Kalkstein, Fragment des Körpers, von dem nur die Partie zwischen Taille und Knien erhalten ist
Höhe: 29 cm, Breite: 17,5 cm, Tiefe: 16 cm
Musée du Louvre, Département des Antiquités Orientales, aufbewahrt im Musée des Antiquités Nationales, Saint-Germain-en-Laye
Inv.-Nr. AM 1217
Fundort: Osuna (Sevilla)

Als Hochrelief gestalteter Kalksteinblock. Der frontal wiedergegebene Krieger trägt zwei kurze Tuniken übereinander, von denen eine stark plissiert ist und deren Falten unterhalb des Saumes des Obergewandes sichtbar sind. P. R.

Lit.: Engel/Paris 1904, 437, Taf. X C; Almagro-Gorbea 1983a 241; Chapa in: Rouillard u.a. 1997, Nr. 18

342 Relief aus Osuna: Säugende Hirschkuh mit Kitz

2. Jahrhundert v. Chr.
Hellgelber Kalkstein, Block in Höhe der Läufe stark beschädigt, die linke Seite fehlt
Höhe: 52 cm, Breite: 37 cm, Tiefe: 20 cm
Museo Arqueológico Provincial, Sevilla
Inv.-Nr. 639
Fundort: Osuna (Sevilla)

Relief mit einer Hirschkuh, die sich nach rechts bewegt; den Kopf hat sie nach hinten gewendet. Sie säugt ihr Kitz und zupft dabei Blätter von einer Palme. Die Arbeit greift auf ein ikonographisches Schema der orientalischen Elfenbeinschnitzereien archaischer Zeit zurück. P. R.

Lit.: Engel/Paris 1904, 402–403; Paris 1904a, I, 328–329, Abb. 315; García y Bellido 1943a, 74, Abb. 75; Chapa 1980a, I, 640–642, SE-21, Taf. CXXII, 2; 1985, 112, Nr. 8, Taf. XIX; Olmos 1986a, 91–92

343 Relief mit einem Pferd aus Osuna

2. Jahrhundert v. Chr.
Hellgelber Kalkstein, der obere Teil des Kopfes und das Maul fehlen
Höhe: 36 cm, Breite: 45 cm, Tiefe: 16 cm
Musée du Louvre, Département des Antiquités Orientales, aufbewahrt im Musée des Antiquités Nationales, Saint-Germain-en-Laye
Inv.-Nr. AM 1126
Fundort: Osuna (Sevilla)

Reliefierter, rechteckiger Block, die Rückenlinie des Pferdes ist fast völlig freiplastisch ausgeführt. Das im Profil nach rechts wiedergegebene Pferd hebt das linke Vorderbein. Es könnte sich bei diesem Kalksteinrelief um ein Weihgeschenk handeln, was ein Vergleich mit der Skulptur eines Widders (Kat.-Nr. 344) und verschiedenen anderen Tierskulpturen derselben Provenienz wahrscheinlich macht. P. R.

Lit.: Engel/Paris 1904, 430–431, Taf. VII D; Chapa in: Rouillard u.a. 1997, Nr. 41

344 Kleiner Widder aus Osuna

2. Jahrhundert v. Chr.
Hellgelber Kalkstein, das Maul fehlt
Höhe: 35 cm, Breite: 53 cm, Tiefe: 19 cm
Musée du Louvre, Département des Antiquités Orientales, aufbewahrt im Musée des Antiquités Nationales, Saint-Germain-en-Laye
Inv.-Nr. AM 1127
Fundort: Osuna (Sevilla)

Rundplastische Darstellung eines Widders; nicht bearbeitet wurden die Fläche zwischen den Läufen und die Rückseite der Skulptur. Der Kopf hingegen ist mit besonderer Sorgfalt wiedergegeben, und auch die Hörner sind sehr naturgetreu gearbeitet. Das Fell ist durch summarische Ritzungen der Oberfläche angedeutet (vgl. Kat.-Nr. 343). P. R.

Lit.: Engel/Paris 1904, 397, 431, Taf. VII E; Chapa in: Rouillard u.a. 1997, Nr. 42

345 Kleiner Krater

50 v. Chr./50 n. Chr.
Auf der Töpferscheibe hergestelltes Gefäß aus beigefarbenem Ton mit roter Bemalung.
Rekonstruiert und bis auf einen der unteren Henkel vollständig erhalten. Typ A VI.
Aus einer lokalen Werkstatt
Höhe: 17,5 cm, Durchmesser: 17,5 cm
Museo Monográfico de La Alcudia de Elche, Sammlung Ramos
Fundort: Sektor 5–F der Stadt, iberisch-römische Schicht, La Alcudia, Elche (Alicante)

Kleiner Krater mit geschwungenen Henkeln und einem breiten Zierfries, der in zwei zwischen den Henkeln liegende Felder aufgeteilt ist. Hauptthema ist das ausdrucksstarke Gesicht einer aus einem Blütenkelch hervortretenden geflügelten Figur mit gelocktem Stirnhaar, deutlich angegebenen Ohren und kräftigem Teint; in den oberen Ecken des Bildes sind zwei kleine Vögel wiedergegeben. Auf der gegenüberliegenden Seite erscheinen zwei bärtige Männerköpfe im Profil. Der linke hat kurzes, gelocktes Haar, das Ohr ist deutlich sichtbar; der andere trägt eine über die Ohren gezogene und bis zum Hals reichende Mütze. Zwei sich kreuzende gehörnte Schlangen füllen die Fläche zwischen beiden Gesichtern. Der Rand und die Henkel des Gefäßes sind mit Linien und Wolfszähnen verziert. Es handelt sich wahrscheinlich um die Darstellung einer weiblichen Gottheit, deren Gefolge die beiden Männer bilden. Die kleinen Vögel und die Schlangen symbolisieren die Herrschaft der Dargestellten über Himmel und Erde. C. A. G.

Lit.: Ramos Fernández 1992

346 Schale aus Jaén (MLH H.5.1)

150/100 v. Chr.
Silber, hellenistischer Mastos
Höhe: 7,5 cm, Durchmesser: 13,4 cm
Musée du Louvre, Département des Antiquités Grecques, Etrusques et Romaines
Inv.-Nr. BJ 1935

Die Berichte über die Fundumstände dieses Gefäßes sind widersprüchlich. Nach der zuverlässigsten Quelle wurde es 1618 in Torres (Jaén) gefunden. Es enthielt einen kleinen Schatz aus fast ausschließlich römischen Silbermünzen. Der Schatz ist mit einer Reihe von ähnlichen Hortfunden vergleichbar, die alle an den Beginn des 1. Jahrhunderts v. Chr. datiert werden können und an verschiedenen Orten in der Sierra Morena vergraben worden waren. Dies steht möglicherweise im Zusammenhang mit Überfällen der Lusitaner, die in jener Zeit das einzige Volk auf der Halbinsel waren, das gegen Rom zu Felde zog.
Die sehr sorgfältig ausgeführte Inschrift auf dem schalenförmigen Gefäß mit spitz zulaufendem Boden, an deren Echtheit kein Zweifel besteht, weist auf die Arbeit eines sachkundigen Handwerkers hin. Sie befindet sich unterhalb des Randes auf der Außenseite und ist tief in das Metall eingraviert. Entweder nennt sie den Namen des Künstlers, was wegen ihrer Größe aber eher unwahrscheinlich ist, oder sie wurde auf Wunsch des Auftraggebers angefertigt. Sie unterscheidet sich jedoch von den Gewichtsangaben und den Besitzermarken, die man gewöhnlich auf solchen Gefäßen findet. Es handelt sich um die südliche Schriftvariante, und ihre Deutung ist umstritten; es konnte kein bestimmter Personenname identifiziert werden. J. de H.

Lit.: Héron de Villefosse 1892, 403–408; Raddatz 1969, 265–266, Taf. 80,2; *MLH* III 2, 649–650; de Hoz, 1976, 294, 288–297 (zu andalusischem Silbergeschirr mit Inschriften allgemein)

347 Bekleideter Männertorso vom Cerro de los Santos

1. Jahrhundert v. Chr.
Beigefarbener Kalkstein, Kopf und Beine fehlen, Rückseite unbearbeitet
Höhe: 63 cm, Breite: 32 cm
Museo Arqueológico Nacional, Madrid
Inv.-Nr. 7641
Fundort: Cerro de los Santos, Montealegre del Castillo (Albacete)

Die dem Heiligtum geweihte Skulptur trägt eine römische Toga. Der rechte Arm malt sich unter den Falten ab und ist angewinkelt vor die Brust gelegt. Hier befindet sich auch eine lateinische Inschrift: »L. LIC(I)NI« (Weihgabe/Bild des Lucius Licinius), die die lange Belegungszeit des Heiligtums und die große Anziehungskraft verdeutlicht, die dieser Ort auf die lokale Oberschicht ausübte (in diesem Fall ein vielleicht aus der indigenen Bevölkerung stammender Mann, der den Status eines römischen Bürgers erlangt hatte). P. R.

Lit.: Paris 1904a, I, 228–229, Abb. 232; García y Bellido 1963, 511, Abb. 424; 1980, 35, Abb. 24; Ruano 1987, III, 391–393, AB–287, Taf. CCXLVI; Olmos u.a. 1992, 157; Aranegui 1995a, 24

348 Bekleideter Männertorso vom Cerro de los Santos

1. Jahrhundert v. Chr.
Beigefarbener Kalkstein, Kopf und Unterleib fehlen, Rückseite unbearbeitet
Höhe: 60 cm
Museo Arqueológico Nacional, Madrid
Inv.-Nr. 7645
Fundort: Cerro de los Santos, Montealegre del Castillo (Albacete)

Der Mann trägt eine V-förmig ausgeschnittene Tunika und einen über die linke Schulter gelegten Umhang, von dem eine Stoffbahn im Zickzackmuster über den Körper fällt, während das andere Ende um die Hüften geschlungen ist. Den linken Oberarm schmückt ein Armreif, ein Schmuckstück, das sich auch bei anderen iberischen Männerstatuen findet. P. R.

Lit.: Paris 1904a, I, 226–227, Abb. 229; Ruano 1987, III, 396–397, AB–291, Taf. CCXXXII

349 Architekturfragment mit Inschrift (MLH F.11.8)

1. Jahrhundert v. Chr.
Länglicher Kalksteinblock, der ursprünglich an einem Monument oder an einem Gebäude unbekannter Funktion angebracht war. Zwei Fragmente sind seit 1892 bekannt; das dritte, das rechts an die beiden anderen Stücke anschließt, wurde 1974 entdeckt
Höhe: 12/14 cm, Breite: 27/21 cm, Tiefe: 15/19 cm
Museo Arqueológico, Sagunt
Fundort: Sagunt (Valencia)

Die drei Fragmente wurden in Sagunt gefunden, die beiden ersten in der Calle de Araig Nr. 9 (heute Calle Amalia Danés), das dritte in der Calle del Castillo Nr. 24. Zweisprachiger Text. Die obere Zeile in lateinischer Sprache lautet: »F]ABIVS .

M . L . ISIDORVS . COERAV[«. Die untere Zeile ist iberisch geschrieben und wirft bezüglich ihrer Lesung verschiedene Probleme auf; das einzige bekannte Element ist »tebanen«, das keinem Wort in dem lateinischen Text direkt zu entsprechen scheint. Man weiß nur, daß ein Mann namens Isidorus (das war sein Cognomen, d.h. sein Familienname), ein freigelassener Sklave des Marcus Fabius, allein (falls man das COERAVIT durch CURAVIT ersetzt) oder zusammen mit anderen (falls man COERAVERVNT ergänzt) für die Errichtung des Monumentes sorgte, an dem sich die Inschrift befand (sei es ein Grabmal oder ein öffentliches Bauwerk). Die Formulierung des Textes ließ vermuten, daß es sich bei ihm um eine echte Bilingue handelt, doch läßt sich die iberische Inschrift mit dem lateinischen Text nicht in Beziehung setzen.

Die epigraphischen Charakteristika des lateinischen Textes lassen darauf schließen, daß die Inschrift im 1. Jahrhundert v. Chr. entstand. J. de H.

Lit.: *MLH* III 2, 410–411; Roca 1974; Beltrán 1980, 96

350 Stele aus Sinarcas (MLH F.14.1)

Oberteil einer Stele aus Kalkstein mit abgerundetem oberen Abschluß
Erhaltene Höhe: 78 cm, Breite: 43 cm, Tiefe: 12 cm, Höhe der oberen Zeichen: 8,5/9 cm, Höhe der Buchstaben: 2/3,5 cm
Museo de Prehistoria Domingo Fletcher, Valencia
Fundort: Umgebung von Sinarcas (Valencia), möglicherweise aus einer Nekropole

Die Stele zeigt sechs durch parallele Ritzlinien getrennte Zeilen, darüber hinaus im gewölbten Teil eine Reihe von Zeichen, die sich nur teilweise und unter Vorbehalt als iberische Buchstaben deuten lassen; andere wiederum zeigen große Ähnlichkeit mit Zahlzeichen. Der untere Text enthält zwei Paar paralleler Sequenzen sowie einige nicht deutbare Elemente: »**baisetaś iltutaś eba**[**ne**] **/ n-Yi**« (Zeile 1–2) und »**seltar ban-Yi**« (Zeile 2) entsprechen »**seltar ban-Yi**« (Zeile 5–6) und »**basi balkar Ybaŕ-Yi**« (Zeile 6). Es handelt sich um zwei Bezeichnungen, mit denen anscheinend der Name des Vaters angegeben wird, also jeweils um einen Eigennamen, an den das Suffix »Yi« sowie

eine mehrfach bezeugte Formel aus dem Bereich der Grabinschriften angehängt wurden. In diesem Text befinden sich – entgegen der bei iberischen Grabinschriften gebräuchlichen Praxis – erzählerische oder Emotionen ausdrückende Formeln, wie sie aus griechischen Grabinschriften bekannt sind. Besonders auffällig ist die Wiederholung des Wortes »ieukiar«.

Das Werk läßt sich nicht datieren. Ein Vergleich mit anderen iberischen Grabinschriften ist angesichts der außergewöhnlichen Form dieser Stele ebenfalls nicht möglich. J. de H.

Lit.: *MLH* III 2, 509–512

351 Zwei Kalathoi (sombrero de copa) mit Vogeldarstellungen

200/50 v. Chr.
Auf der Töpferscheibe hergestellte Gefäße aus ockerfarbenem Ton mit roter Bemalung.
Typ A II 7. 2. Gruppe D 1 (nach Conde).
Form: ib-peinte 2722. Aus einer lokalen Werkstatt
Gefäß A: Höhe: 28 cm, Durchmesser: 27 cm
Gefäß B: Höhe: 9 cm, Durchmesser: 12,5 cm
Museo Arqueológico Nacional, Madrid
Inv.-Nr. 1941/46/49 u. 1941/46/48
(ehemals Sammlung Heiss)
Fundort: Nekropole vom Cabezo del Tío Pío, Archena (Murcia)

Die verschieden großen Gefäße haben einen zylindrischen Körper und sind beide mit einem von Zierbändern eingefaßten Fries dekoriert. Das größere Gefäß ist zusätzlich mit S-förmigen Motiven geschmückt. Auf dem überstehenden, flachen Gefäßrand sind Wolfszähne zu erkennen. Auf der Vorderseite ist ein Vogel abgebildet, der bei dem größeren Gefäß vollständig und bei dem kleineren nur als Protome wiedergegeben ist. Daneben erscheinen spiralförmige Verzierungen, Blütenknospen und andere vegetabile Motive; auf der Rückseite sind ebenfalls Knospen und Blätter dargestellt. Beide *Kalathoi* illustrieren ein inhaltlich genau festgelegtes dekoratives Schema, bei dem der Vogel eine von Blütenmotiven umgebene weibliche Gottheit symbolisiert. Aufgrund der Ähnlichkeit mit Arbeiten aus Elche lassen sich die Gefäße zwischen 200 und 50 v. Chr. datieren. C. A. G.

Lit.: Obermaier/Heiss 1929, 56–74; Aranegui 1975, 45–64; Menéndez 1988; Conde 1992, 163; Adroher 1993, 476

352 Kleiner Wagen

2./1. Jahrhundert v. Chr.
Bronze
Max. Höhe: 12 cm, max. Länge: 28 cm
Musée des Antiquités Nationales, Saint-Germain-en-Laye
Inv.-Nr. 76267bis
Fundort: Mérida (Badajoz)

Auf der rechteckigen Plattform des vierrädrigen, sechsspeichigen Streitwagens stehen mehrere Figuren; die Szene wird allgemein als Wildschweinjagd interpretiert. Tatsächlich schwingt ein über den Hals seines Pferdes gebeugter Krieger in der rechten Hand eine Lanze; er trägt eine gemusterte Kniehose und ein ver-

ziertes, eng anliegendes Gewand, Beinschienen, die die Waden freilassen, und einen Helm mit Schließgurt oder Schuppenbesatz. Vor ihm läuft ein Wildschwein (das Fell ist durch ein Zickzackmuster angedeutet), während neben ihm ein sehr zierlicher Hund an der Hatz teilnimmt (die Standspuren links neben dem Wildschwein lassen darauf schließen, daß es sich ursprünglich vielleicht um zwei Hunde handelte). Alle massiven Figuren wurden im Wachsausschmelzverfahren gegossen und sind an der Standfläche mit Stiften versehen und in entsprechende Öffnungen auf der Plattform eingelassen. Vor dem Pferdemaul und hinten an der Platte hängen kleine Glocken. Eine vor kurzem durchgeführte Metallanalyse ergab, daß das Werk mehrfach restauriert wurde. Das Nebeneinander typisch iberischer Elemente (die Darstellung des Reiters und seine Kleidung) und sehr viel späterer Stilzüge (die realistische Darstellung des Hundes, des Wildschweines und des Pferdes, die Dynamik der Bewegungen, die tiefliegenden Augen sowie die Darstellung von Hose und Beinschienen) weisen auf eine Datierung des Werkes an das Ende des 2. Jahrhunderts v. Chr.
Ch. È.

Lit.: Forrer 1932, Taf. IV; Almagro-Gorbea 1977, 251–252, Taf. III

Katalogautoren

C. A. G.	Carmen Aranegui Gascó
J. B.	Juan Blánquez
T. C.	Teresa Chapa Brunet
Ch. É.	Christiane Éluère
M. P. G.-B.	María Paz García-Bellido
J. de H.	Javier de Hoz
J.-P. M.	Jean-Pierre Mohen
L. P.	Lourdes Prados
P. P. R.	Pere Pau Ripollès
P. R.	Pierre Rouillard

Glossar

Carmen Aranegui Gascó

Amphore: Keramikgefäß für den Transport und Handel von Lebensmitteln. Iberische Amphoren sind eichelförmig, ohne Hals und mit zwei kleinen Henkeln versehen. Sie sind vom phönizisch-punischen Typus beeinflußt. In einigen iberischen Amphoren wurden Reste von Bier bzw. Wein gefunden.

Amphoriskos: Anhänger aus Metall oder Glas in Form einer kleinen Amphore, der Teil des Halsschmucks der iberischen *Damas* war.

Aryballos: Bauchiges, kleines Gefäß, in dem Salben oder parfümierte Öle für die Körperpflege aufbewahrt wurden. Die Iberer übernahmen diese Form für ihre lokale Keramikproduktion.

As: Römische Bronzemünze, die von den Iberern imitiert und ab dem 2. Jahrhundert v. Chr. geprägt wurde. Sie war bis zum Ende der lokalen Emissionen zwischen der Regierungszeit des Tiberius (14 – 37 n. Chr.) und des Claudius (37 – 54 n. Chr.) im Umlauf. Kleinere Einheiten waren der *Semis* und der *Quadrans.*

Auletes – Auletris: Männlicher oder weiblicher Flötenspieler. Die Flöte war bei den Iberern das verbreitetste Musikinstrument. Die Musiker, die die einfache Flöte und die Doppelflöte mit zwei Rohren spielten, gehörten zur gesellschaftlichen Elite. Davon zeugen die erhaltenen Denkmäler, die Flötenspieler in religiösem, funeralem oder festlichem Zusammenhang zeigen.

Baitylos: Begriff aus dem Semitischen. Bezeichnung für einen Stein, der die Präsenz eines Gottes symbolisiert und einen sakralen Ort markiert.

Bothros: Brunnen oder Schacht, in dem die Votivgaben gesammelt wurden, wenn ein Heiligtum «aufgeräumt» wurde.

Bulla: Zungenförmiges Futteral, das häufig an den Halsketten der iberischen *Damas* hing.

Bustum: Besonderer Bezirk für die Einäscherung von Verstorbenen. Siehe auch *Ustrinum.*

Caetra: Runder Schild aus Leder und Holz, der aus übereinandergeschichteten Scheiben bestand und in der Mitte von einem metallenen, oft dekorierten Buckel zusammengehalten wurde. Die Iberer benutzten ihn seit dem Beginn des 5. Jahrhunderts v. Chr. Sie trugen ihn um den Hals oder über die Schulter gehängt. Er wurde sowohl von Fußsoldaten als auch von Reitern verwendet.

Carnassier: Als *carnassier* wurde von den ersten Wissenschaftlern, die sich mit der iberischen Kultur beschäftigten, ein wildes Raubtier bezeichnet, das auf den Keramiken von Alicante und Murcia zwischen 200 und 50 v. Chr. dargestellt ist. Das Tier wurde mit offenem Maul und spitzen Krallen wiedergegeben. Vermutlich war sein Aussehen vom Wolf oder Löwen inspiriert, die mit einer männlichen Gottheit in Verbindung gebracht wurden. Der *carnassier* symbolisierte Stärke, Macht und Wildheit.

Castro (von lat. castrum – Militärlager): Die Castros dienten in vorrömischer Zeit der militärischen Besetzung weiter Territorien, insbesondere im Nordwesten der Iberischen Halbinsel, der sich hinsichtlich der Siedlungsformen und ihrer inneren Struktur von den Siedlungen unterschied, die sich im östlichen Teil der Halbinsel entwickelten.

Cista: Kasten aus Ton oder Stein, der als Aschenurne diente.

Contributio: Verwaltung einer kleinen Siedlung durch eine größere.

Dama: Bezeichnung für die Frauendarstellungen in der iberischen Archäologie. Der Begriff wurde Ende des 19. Jahrhunderts von französischen Archäologen eingeführt. Es handelt sich um weibliche Büsten sowie um stehende und auf einem Thron sitzende Frauen. Die iberischen *Damas* trugen eine altertümliche Tracht, die aus drei übereinanderliegenden Tuniken, einem den ganzen Körper bedeckenden Wollmantel und aufwendigem Kopfschmuck bestand. Die *Damas* stellten stets ihren wertvollen Schmuck zur Schau, insbesondere ein Diadem, das über der Stirn getragen wurde. Darüber hinaus trugen sie Ohrringe und Ketten mit Anhängern, Ringe und

Armreifen. Die *Dama* ist ein Sinnbild der iberischen Kultur, deren herausragendste Vertreterin die *Dama de Elche* ist (Madrid, Museo Arqueológico Nacional).

Despotes: Darstellung einer imposanten männlichen Gestalt als Tierbändiger. In der iberischen Archäologie kennt man die Figur des «Herrn der Pferde» von Reliefdarstellungen und aus der spätiberischen, stark symbolhaften Vasenmalerei von Elche-Archena.

Devotio: Extremste Form der *fides iberica* (siehe auch dort). Sie bestand darin, das eigene Leben für das einer hochgestellten Persönlichkeit zu opfern (Strabo III, 4, 18). Diese Hingabe begründete den guten Ruf der Iberer als Leibwache.

Denar: Römische Silbermünze, die die Iberer zwischen dem 2. Jahrhundert und dem 1. Viertel des 1. Jahrhunderts v. Chr. nachprägten.

Dipolis: Bezeichnung für eine »Doppelstadt« mit Bewohnern, die aufgrund ihrer Herkunft oder ihrer Position einen unterschiedlichen juristischen Status haben.

Drachme: Silbermünze, die in Griechenland und den griechischen Kolonien in Umlauf war. Auf der Iberischen Halbinsel wurden *Drachmen* in Rhode (Roses) und Emporion (Ampurias) geprägt. Von dort aus gelangte diese Münze zu den iberischen Völkern, die sie am Übergang vom 3. zum 2. Jahrhundert v. Chr. nachprägten.

Ethnie: Menschengruppe mit einheitlicher Kultur.

Exvoto: s. Votivgabe.

Falcata: Bezeichnung, die 1872 von M. Fulgosio für das gekrümmte Schwert der Iberer eingeführt wurde. Es handelt sich dabei um ein kurzes, der griechischen *machaira* über ihre italisch-adriatischen Varianten nachempfundenes Schwert mit einem der menschlichen Hand angepaßten Griff, einer asymmetrischen, ca. 50 cm langen Klinge, scharfer, teilweise doppelter Schneide und scharfer Spitze. Die Iberer kannten die *Falcata* seit dem 5. Jahrhundert v. Chr. und benutzten sie bis in augusteische Zeit. Es wurden zahlreiche *Falcatas* mit silbernen Einlegearbeiten gefunden.

Fibel: Brosche, die dazu diente, Kleidungsstücke zusammenzuhalten und zu schließen. Besonders typisch für die Iberische Halbinsel ist die ringförmige Fibel, die aus einem Ring mit einem schifförmigen Steg und einer Nadel mit oder ohne Schließband oder einem Scharnier bestand. Es wurden Fibeln aus Gold, Silber, Bronze und Eisen gefunden.

Fides iberica: Mit diesem Begriff verbanden die Römer ein moralisches Werturteil über die Iberer. Die Iberer waren bei den Römern durch die Treue und Redlichkeit bekannt, die ihre zwischenmenschlichen Beziehungen bestimmten.

Fürstengrab: Begriff, der für die iberische Archäologie von E. Cuadrado geprägt wurde, um die iberischen Gräber des 4. Jahrhunderts v. Chr. zu bezeichnen, die mit Beigaben in Form von Waffen und schwarz gefirnister attischer Keramik ausgestattet waren. Heute bezieht sich dieser Begriff in erster Linie auf turmförmige Grabmäler, aber auch auf Grabkammern, große Tumuli oder Pfeiler-Stelen mit Skulpturen, die in den iberischen Nekropolen gefunden wurden.

Gewichte: Die Iberer benutzten als Gewichte Bronzescheiben von 210 bis 1400 Gramm, die häufig zusammen mit kleinen Waagen gefunden wurden. Kleine kegelstumpfförmige Gegenstände aus Ton, die durchbohrt waren, dienten ebenfalls als Gewichte.

Grabkammer: Raum, der die Reste einer oder mehrerer Bestattungen enthielt. Die Iberer bauten diesen Grabtypus aus Kalksteinquadern oder aus Ziegeln. Eine Variante ist das *Hypogäum*, eine in den Boden eingelassene Grabkammer.

Greif: Fabeltier, halb Raubkatze, halb Vogel, mit Adlerschnabel und Rückenkamm. Die iberischen Bildhauer schufen Greifen aus Kalkstein, die als Dekoration und Schutz von Grabmälern aufgestellt wurden.

Hauskapelle: Raum im iberischen Haus, der religiösen Zwecken vorbehalten war. Er enthielt auch eine Feuerstelle oder einen Herd. Kleine Gefäße und Terrakottastatuetten, die in Bezug zu den Vorfahren standen, wurden in der Nähe dieser Feuerstellen gefunden. Es wurden manchmal auch Tieropfer dargebracht. Die Tiere wurden neben der Feuerstelle begraben, wo man häufig auch Altäre errichtete.

Hypogäum: In den Erdboden eingelassene Kammer, die durch einen Gang (Dromos) oder einen Schacht zugänglich war und die Überreste eines oder mehrerer Verstorbener und ihre Grabbeigaben enthielt.

Iberia: Begriff aus dem Griechischen. Dieser Terminus wird in den antiken Schriftquellen in geographischem, ethnographischem und kulturellem Sinn verwandt und bezeichnet sowohl ein Gebiet am *Pontos Euxeinos* (Schwarzes Meer) als auch die Iberische Halbinsel, die im Westen das Mittelmeer abschließt (Strabo III, 4, 19).

In antis (Antentempel): Tempel mit an den Enden verstärkten Längswänden und vorgelagerter Säulenstellung.

Interpretatio: »Übersetzung« einer fremden Götterwelt in die eigenen Religion, indem man den fremden Göttern die Namen der eigenen gibt.

Kalathos: Zylindrisches Tongefäß mit breitem Rand. Er wurde in den Töpfereien von Ampurias (Gerona), Fontscaldes (Tarragona), Camp de Túria (Valencia), Alicante und Murcia hergestellt und verbreitete sich in hochiberischer und spätiberischer Zeit über das gesamte westliche Mittelmeerbecken, Marokko und die kantabrische Küste. Was in ihm aufbewahrt wurde, ist nicht bekannt. Er wurde auch als Zeremonialgefäß benutzt. In diesem Falle wies er figürliche Motive und gemalte Inschriften auf.

Kernos: Gefäß, das aus mehreren Behältern zusammengesetzt ist und für die Aufbewahrung von Weihgaben oder die Ausführung von Trankopfern bestimmt war. Die iberische Keramik kennt den ringförmigen *Kernos* mit vegetabilen und figürlichen Darstellungen.

Koine: Verbindungen und Gemeinsamkeiten zwischen den Völkern, ohne daß diese auf eine offizielle Vereinbarung zurückgehen.

Koroplastik: Töpferarbeit, bei dem der Ton mit der Hand geformt wird oder mit Hohlformen (Modeln) kleine Figuren oder andere Objekte geschaffen werden. Beeinflußt von den Puniern, stellten die Iberer auch sogenannte Kopfgefäße und tierförmige Behälter her.

Kourotrophos: Nährende und mütterliche Göttinnen, die von den Iberern, wie von vielen Mittelmeervölkern, als stillende Mütter dargestellt wurden.

Krater: Gefäß, das bei den Griechen zum Mischen von Wein und Wasser verwandt wurde. Er wurde regional in den iberischen Töpfereien als Kolonettenkrater mit vertikalen Henkeln, als Glockenkrater mit horizontalen Henkeln oder als kleiner, grauer Krater mit sogenannten Daumenhenkeln, in die der Daumen zum Greifen genau hineinpaßte, hergestellt.

Kylix: Breite, flache Weinschale, mit hohem oder niedrigem Fuß und Henkeln, die die Iberer in regionalen Werkstätten herstellten.

Lebes: Mittelgroßes oder großes, eher breites als hohes Gefäß, mit einer weiten Öffnung, für die Lagerung von Flüssigkeiten. Viele der mit figürlichen Szenen bemalten Gefäße aus Lliria sind *Lebetes.*

Lekythos: Kleine Kanne, die Salben oder parfümierte Öle für die Körperpflege enthielt. Die Iberer stellten sie nach importierten Vorbildern her.

Libation (Trankopfer): Das Ausgießen einer Flüssigkeit (Wein, Saft, Milch) zu rituellen Zwecken. Die Iberer führten Trankopfer bei Bestattungen mit verschiedenen attischen Schalen aus, die anschließend zerbrochen und neben Gräbern deponiert wurden. Für Trankopfer wurden auch kelchförmige Gefäße und *Phialen* benutzt.

Loculus: Zentraler Bereich des Grabes, der die sterblichen Überreste des Verstorbenen enthielt. Bei den Iberern war es üblich, die Asche in einer Tonurne oder, in Ausnahmefällen, in einem attischen *Krater* zu bergen. Die Kammer, die die Urne enthielt, war nicht unbedingt mit dem Ort der Einäscherung identisch.

Luftziegel: Roher Ziegel aus Ton und organischem Material, der mit Hilfe einer Holzmatrize geformt wurde. Die Iberer verwandten ihn für öffentliche und private Bauten, da sie den (gebrannten) Ziegel noch nicht kannten.

Mantik: Riten zur Weisagung der Zukunft. Es konnte sich dabei um eine erlernte oder eine angeborene Fähigkeit des Menschen handeln. Aus einigen Vasenbildern läßt sich schließen, daß die Iberer Wahrsager befragt haben.

Nekropole: Totenstadt. Die Iberer praktizierten die Brandbestattung und setzten die Asche außerhalb der Siedlungen bei. Die großen Grabmäler in Form eines Turmes, einer Pfeiler-Stele, einer Kammer, eines *Hypogäums*, eines *Tumulus* oder einer rechteckigen, abgestuften Plattform bestimmten das Aussehen der meisten Nekropolen. Die größten bekannten Nekropolen zählten bis zu 600 Gräber.

Oculus: Augenförmiges Motiv mit dem der Schiffsbug verziert wurde, um für eine glückliche Überfahrt zu sorgen. Das Motiv erscheint ausnahmsweise als Graffito auf einem Krug aus grauem Ton, der in Mas Boscá (Badalona) gefunden wurde.

Oinochoe: Weinkrug mit einem Henkel.

Oppidum: Kern einer auf einer Anhöhe liegenden befestigten Ortschaft. In der iberischen Archäologie bezieht sich dieser Begriff auf die befestigten Siedlungen, wie sie sich in Oberandalusien fanden, in denen sich die Bevölkerung zwischen dem 6. und dem

5. Jahrhundert v. Chr. konzentrierte. Die *Oppida* übten Herrschaft und Kontrolle über das unmittelbare Umland aus.

Ornithomantia (Vogelschau): Weissagung durch die Beobachtung von Vögeln. Die Vasenmalerei macht deutlich, wie wichtig diese für die Weissagung waren.

Palliatus: Kalksteinskulpturen, die männliche, mit einer Tunika und einem Mantel (*pallium*) bekleidete Personen wiedergeben. Die Figuren wurden auf dem Cerro de los Santos (Montealegre, Albacete) gefunden und stammen aus der Blütezeit dieses Heiligtums.

Panoplie: Komplette Rüstung eines Kriegers. Bei den Iberern bestand die Panoplie aus einer Lanze, einem Schwert und einem Schild, der eine *Caetra* oder ein *Scutum* sein konnte.

Pfeiler-Stele: Grabmal. Der Begriff stammt von M. Almagro-Gorbea (1983). Pfeiler-Stelen sind typisch für den südöstlichen Teil Iberiens. Sie bestehen aus einer abgestuften Basis, einem Pfeiler oder einer Säule, die mit einem »Kapitell« abschließt, das häufig verziert ist und worauf eine Skulptur, im allgemeinen ein Stier, ruht. Die ältesten Exemplare gehen auf das 5. Jahrhundert v. Chr. zurück.

Phiale: Tellerförmige Schale mit zentralem Spiegel. Sie wird mit dem Zeigefinger unter dem Spiegel und dem Daumen auf dem Tellerrand gehalten. Die Phiale diente zum Trankopfer: Zu Ehren der Götter wurde Wein, Milch oder Honig hineingegossen und getrunken. Das Gefäß bestand aus Silber, importierter oder einheimischer Keramik und fand in hochiberischer Zeit Verwendung.

Pinax: Kleine Tafel mit einer eingeritzten Zeichnung oder einem Text, der einen an eine Gottheit gerichteten Wunsch enthielt. Aus der iberischen Kultur sind auch Tafeln aus Bronze oder bemaltem Ton bekannt.

Pithos: Mittelgroßes oder großes Gefäß für die Lagerung von Lebensmitteln. Es wurde mit figürlichen Szenen oder geometrischen Mustern verziert.

Potnia: Griechischer Beiname einer weiblichen Gottheit, die die Naturgewalten beherrschte. In der spätiberischen Vasenmalerei von Elche-Archena erscheint sie als ein von Tieren und Pflanzen umgebenes geflügeltes Wesen.

Psychopompos: Seelengeleiter, der die Seele des Verstorbenen ins Jenseits führt. Bei den Iberern waren Sphingen, Sirenen und Fische Seelengeleiter.

Pyxis: Kleiner Behälter mit Deckel. Bei den Iberern hatte die Pyxis häufig einen gezahnten Rand, was auf punischen Einfluß zurückzuführen ist.

Räder: Schneckenförmiger Kopfschmuck, der Ohren und Wangen der iberischen Frauen bedeckte. Es handelte sich dabei um ein enges Netz, in das das Haar eingerollt wurde. Oft war es mit kleinen Perlen und Anhängern aus Edelmetall verziert. Darstellungen dieses Kopfschmucks sind an Steinskulpturen, aber auch an Bronzestatuetten zu sehen.

Räuchergefäß (Thymiaterion): Gefäß, in dem wohlriechende Substanzen zu Ehren der Gottheit verbrannt wurden. Die iberische Kultur kannte in der altiberischen Epoche kostbare orientalisierende Räuchergefäße aus Bronze. In der hochiberischen Epoche wurden büstenförmige Räuchergefäße aus Terrakotta mit Löchern im Deckel hergestellt. Sie stellten die Göttin Demeter dar und kamen in der Magna Graecia (Unteritalien), in Sizilien, Sardinien und in Karthago besonders häufig vor. Die Iberer benutzten diese Art von Räuchergefäß jedoch wahrscheinlich als Opfergefäß, da sie meist keine Brandspuren aufweisen.

Scheiterhaufen: Holzgerüst zur Einäscherung von Verstorbenen. Aus den verkohlten Überresten kann geschlossen werden, daß bei der Kremation Kiefern-, Eichen-, Pappel- und Buchsbaumholz verwandt wurde. Die Iberer verbrannten ihre Toten in ihrer Kleidung und mit einigen persönlichen Gegenständen, unter denen sich oft Waffen befanden. Die Temperatur konnte, nach dem Zustand der Knochenreste zu urteilen, 600 oder 700 Grad erreichen.

Scutum: Langer, rechteckiger Schild aus Holz und Leder und einem Metallgriff in der Mitte, mit dem der Körper des Soldaten geschützt wurde. Er war bei den Iberern ab der Mitte des 3. Jahrhunderts v. Chr. in Gebrauch.

Siedlung: Iberische Siedlungen bestanden aus viereckigen Gebäuden, die längs der Straße angeordnet waren und Häuserblöcke bildeten, auch wenn sie nicht nach einem regulären Plan errichtet wurden. Die Topographie bestimmte die Lage der Häuser, die entweder stufenförmig an einem Abhang oder auf einem Hochplateau gebaut waren. In den kleineren Ortschaften gab es nur eine Straße, die sie längs durchquerte.

Silicernium: Depot für Gegenstände, die bei einer Bestattung verwandt wurden. Sie wurden zum Zeichen großer Trauer zerbrochen und in der Nähe des Grabes vergraben.

Sirene: Phantastisches Wesen mit Vogelkörper und Frauenkopf. Bei den Iberern gab es offensichtlich den Glauben an die helfende Kraft der Sirenen, die die kultischen Handlungen begünstigten und den Toten auf seinem Weg ins Jenseits begleiteten.

Skyphos: Hoher Weinkelch mit zwei Henkeln.

Soliferreum: ca. zwei Meter langer Wurfspieß aus Eisen. Diese Waffe war für die Iberer typisch und von der altiberischen bis zur römischen Epoche in Gebrauch.

Sombrero de copa: s. Kalathos.

Sphinx: Fabeltier, das aus dem Körper einer geflügelten Raubkatze (Löwe) und einem Frauenkopf besteht. In der iberischen Kunst finden sich Sphingen als Skulpturen und im Relief. Sie hatten die Funktion von Seelengeleitern (s. *Psychopompos*).

Spinnwirtel: Kleiner, runder Gegenstand aus Ton mit vertikaler Bohrung, durch den das Ende des Fadens aus dem Spinnrocken gezogen wurde. Durch eine Drehbewegung wurde die Faser aufgewickelt.

Straße des Hannibal (Camino de Aníbal): Moderne Bezeichnung für die Straße, die von Valencia nach Andalusien führte. Sie verlief über der alten iberischen Route zwischen Saitabi (Játiva) und Castulo (Cazlona) und bildete die nördliche Verbindung vom Guadalquivirtal bis zur alten Küstenstraße, der *Via Heraclea* am Mittelmeer. Am *Camino de Aníbal* lagen einige bedeutende iberische Siedlungen wie La Bastida de les Alcuses (Moixent), La Font de la Figuera, der Cerro de los Santos und der Llano de la Consolación (Montealegre), Chinchilla und Lezuza.

Symposium: Gesellschaft von Männern, die gemeinsam tafeln. Die Funde von Trinkgefäßen in den Gräbern der Wohlhabenden lassen vermuten, daß dieser Brauch auch bei den Bestattungsriten der Iberer eine Rolle spielte.

Synoikismus: Umsiedlung von verschiedenen Bevölkerungsgruppen an einen neugegründeten Ort, wo sie aufgrund einer politisch-administrativen Neuordnung zusammen wohnten. Die letzte und bedeutendste dieser Umsiedlungen fand bei den Iberern zur Zeit des Kaisers Augustus statt.

Synkretismus: Verehrung einer Gottheit in einer anderen als in ihrer ursprünglichen Form. Die Iberer übernahmen das klassische Bild der Demeter und der geflügelten karthagischen Tanit in synkretistischer Form.

Temenos: Heiliger Bezirk, in dem sich die Gläubigen versammelten, um die Gottheiten anzurufen, Opfer oder Votivgaben darzubringen oder an Zeremonien teilzunehmen. Zum Temenos konnte auch ein Altar oder ein Felsheiligtum gehören.

Tessera hospitalis: Dokument, das im allgemeinen aus Bronze und mit Duplikat hergestellt wurde. Es hat in einigen Fällen die Form einer Hand oder eines Tieres, auf dem ein in iberischer Schrift abgefaßter keltischer oder lateinischer Text zu lesen ist. Durch dieses Dokument hatten die Vertragspartner benachbarter Völker oder von Einzelpersonen gegenseitiges Gastrecht.

Thymiaterion: s. Räuchergefäß.

Tiara (Mitra): Kopfputz der iberischen Frauen, wahrscheinlich aus Leinen, der sich über dem Scheitel erhob. Er diente als Kopfbedeckung und zur Befestigung des Schleiers und des Mantels.

Toreutik: Handwerk der Bronzeverarbeitung. Die Iberer kannten die Technik des Vollgusses und stellten kleine Figuren im Wachsausschmelzverfahren her. Auch mit Hilfe von Schablonen, Sägen, Treiben und Stanzen wurden Gegenstände aus Metall hergestellt.

Tubaspieler: Musiker, der eine lange, bogenförmige Trompete spielte, die der Tuba ähnlich war. Die Vasenmalerei belegt den Gebrauch des Instruments ab dem 3. Jahrhundert v. Chr.

Tumulus: Kleiner Hügel, der über einem Grab errichtet wurde. Die iberische Grabarchitektur kennt verschiedene Typen, von der einfachen Form, die nur ein Grab bedeckt, bis zu *Tumuli* mit fast 10 Metern Durchmesser.

Unguentarium (Salbenfläschchen): Mehr oder weniger stilisierte, spindelförmige Ampulle für Salben, die die Iberer als Opfergabe oder als rituelles Gefäß ab dem Ende des 4. und vor allem vom 3. bis zum 2. Jahrhundert v. Chr. benutzten.

Urne mit ohrenförmigen Henkeln: Mittelgroßes Gefäß mit gerundetem oder bikonischem Profil und einem Deckel. Gefäß und Deckel wurden in einem Stück auf der Töpferscheibe gedreht und vor dem Brennen voneinander getrennt. Durch die durchbohrten Verdickungen (Öhrchen) an der Seite der Urne wurden Schnüre oder Drähte gezogen, die Gefäß und Deckel zusammenhielten. Diese Urnen aus der frühiberischen bis hochiberischen Epoche sind typisch für die Nekropolen.

Urnenfelder: Nekropolen einer Kultur, die die Brandbestattung praktizierte. Der Einäscherung folgte die Bestattung der Leichenreste in Urnen, die vergraben wurden. Der Begriff bezeichnete ursprünglich die Nekropolen der mitteleuropäischen Hallstattkultur und wurde auf die iberische Kultur ausgedehnt. Der Einfluß der Hallstattkultur war im Nordosten der Iberischen Halbinsel besonders stark.

Ustrinum: Ort, an dem der Scheiterhaufen für die Einäscherung der Toten errichtet wurde. In vielen Fällen wurde das Grab über dem *Ustrinum* errichtet.

Via Heraclea: Antiker Name für die Küstenstraße, die einen Großteil des iberischen Territoriums durchquerte und es mit dem Norden Italiens verband. Timaios erwähnte die Route im 4./3. Jahrhundert v. Chr. unter diesem Namen (Pseudo-Aristoteles, *De mirac. aus.,* 85). Die am Mittelmeer verlaufende Straße, die die Säulen des Herakles (Gibraltar) mit dem Rhônegebiet verband, war schon sehr lange bekannt. Polybios gab um 124 v. Chr., als er über militärische Expeditionen berichtete, die Entfernungen zwischen den verschiedenen Haltestationen seiner Rast an. In augusteischer Zeit entsprachen der iberische Abschnitt dieser Straße und der *Camino de Aníbal* der *Via Augusta*, die von den Pyrenäen bis Cádiz führte.

Votivgabe: Opfer, das in Heiligtümern dargebracht wurde, um die Gunst, den Dank oder die Fürbitte einer Gottheit zu erlangen. Dazu gehören Gegenstände aus dauerhaftem Material ebenso wie Lebensmittel. Zu den iberischen Votivgaben zählen unterschiedlich große Vasen, Spindeln, kleine Gegenstände aus Metall, hauptsächlich aber männliche oder weibliche, bekleidete oder unbekleidete Statuetten in betender oder opfernder Haltung aus Kalkstein, Bronze oder Terrakotta. Später gab es auch Votive, die nur aus einem Kopf bestanden, sowie anatomische Votive, die auf die Existenz von Heilritualen schließen lassen.

Wachstation: Aus einer Umwallung und einem Turm bestehende Anlage, die kleiner als ein Hektar war und in Sichtweite anderer Ansiedlungen lag. Sie hatte die Funktion, ein größeres Gebiet zu kontrollieren.

Zeittabelle

1100	Gründung von Cádiz (nach den antiken Quellen), tatsächlich im 9. oder 8. Jahrhundert v. Chr.
814	Gründung von Karthago durch die Phönizier
um 775	Landung euböischer und phönizischer Händler auf Pithecussae (Ischia) im Golf von Neapel
753	Gründung von Rom
750	Gründung von Cumae durch die Euböer
733	Gründung von Syrakus durch die Korinther
709	Gründung von Sybaris und Kroton
	Gründung von Tarent durch die Lakedaimonier
675	Gründung von Poseidonia (Paestum)
654	Gründung von Ebusus (Ibiza) durch die Karthager
um 600	Gründung von Massalia (Marseille) durch die Phokäer
um 590	Niederlassung der Phokäer in Emporion (Ampurias)
um 565	Gründung von Alalia auf Korsika durch die Phokäer
um 540	Schlacht von Alalia (Phokäer gegen Etrusker und Karthager, letztere sind siegreich)
um 500	Ende des Königreiches von Tartessos
um 480	Sieg von Syrakus über die Karthager auf Sizilien
um 480	Sieg Athens über die Perser
um 474	Die Etrusker werden bei Cumae von den Syrakusanern geschlagen
um 453	Einfälle der Syrakusaner in das nördliche Etrurien
seit 428	Krieg zwischen Rom und den Etruskern
um 390	Die Gallier in Rom
Ende 4. Jh.–2. Jh.	Hellenistische Zeit
	Bau der Via Aurelia, Via Claudia, Via Cassia, Via Amerina und Via Flaminia
302–264	Rom erobert Etrurien
279	Die Gallier in Delphi
241	Sieg der Römer über Karthago
229/226	Gründung von Carthago Nova (Cartagena) durch Hasdrubal
226	Vertrag zwischen Karthago und Rom, sogenannter Ebro-Vertrag
225	Sieg der Römer über die Gallier am Kap Telamon
219	Zu Beginn des Zweiten Punischen Krieges wird Sagunt von Hannibal erobert
219	Römische Landung in Ampurias
206	Scipio gründet Italica (bei Sevilla)
202	Hannibal wird bei Zama geschlagen
197	Einrichtung der Provinzen Hispania Ulterior und Hispania Citerior
seit 195	Romanisierung des Ostens und Südens der Iberischen Halbinsel
195	Expedition des Konsuls Cato nach Spanien, um die iberischen Stämme zu unterwerfen, die sich weigern, den Römern Steuern zu zahlen
155–153	Expeditionen gegen die Keltiberer
133	Belagerung und Eroberung von Numantia (Soria) durch Rom
82–72	Sertorius in Spanien, viele iberische Stämme stellen sich auf seine Seite
49–44	Caesar und Pompejus bekämpfen sich in Spanien
19	Die gesamte Iberische Halbinsel steht unter römischer Herrschaft

Chronologie

Frühiberische Zeit:	600/550–450/25
Hochiberische Zeit:	450/25–200
Spätiberische Zeit:	200–50

1000–700	Tartessische Bronzezeit im Südwesten der Iberischen Halbinsel
900–700	Grabstelen im Südwesten
700	Ältere orientalisierende Phase im Süden der Iberischen Halbinsel
600	Jüngere orientalisierende Phase im Süden, Regierung des Arganthonios (630–550 v. Chr.)
um 500	Grabmal von Pozo Moro (Chinchilla, Albacete)
500–450	Skulpturen vom Cerrillo Blanco de Porcuna (Jaén)
425–375	*Dama de Elche* (Alicante)
4. Jh.	Die ersten Skulpturen im Heiligtum vom Cerro de los Santos (Albacete)
3. Jh.	Erste Kalathoi (sombrero de copa)
250–150	Narrative Darstellungen auf der Keramik aus Oliva-Lliria
250–50	Symbolische Darstellungen auf der Keramik aus Elche-Archena
250–50	Skulpturen von Osuna
um 230	Gründung von Akra Leuke durch Hamilkar Barkas
208	Edeco, der die Stadt Edeta (Lliria) regiert, unterwirft sich Scipio
206	Der König Culchas beherrscht 28 iberische Städte zwischen Murcia und Jaén Indibilis, der Führer der Ilergeten, rebelliert gegen Rom
205–203	Die Saguntiner schicken eine Gesandtschaft nach Rom, mit der Bitte um Unterstützung beim Wiederaufbau ihrer Stadt nach ihrer Zerstörung durch die Karthager
205	Mandonius übernimmt von seinem Bruder Indibilis die Führung der Ilergeten

Bibliographie

Abkürzungen

AA Archäologischer Anzeiger
AAA Anuario Arqueológico de Andalucía
AAC Anales de Arqueología Cordobesa
AE L'Année Épigraphique
AEspA Archivo Español de Arqueología
AEspAA Archivo Español de Arte y Arqueología
AIEC Anuari del Institut d'Estudis Catalans
AJA American Journal of Archaeology
AM Mitteilungen des deutschen archäologischen Instituts, Athenische Abteilung
AN Acta Numismática
ANRW Aufstieg und Niedergang der römischen Welt
AnSt Anatolian Studies
AO Aula Orientalis
APL Archivo de Prehistoria Levantina
BAEAA Boletín de la Asociación Española de Amigos de la Arqueología
BCH Bulletin de Correspondance Hellénique
BCV Bibliothèque de la Casa de Velázquez
BEFAR Bibliothèque des Écoles Françaises d'Athènes et de Rome
BH Bulletin Hispanique
BJ Bonner Jahrbücher
BMC Boletín de Museo de Cádiz
BPH Bibliotheca Praehistórica Hispana
BRAH Boletín de la Real Academia de la Historía
BSEAA Boletín del Seminario de Estudios de Arte y Arqueología
BSPF Bulletin de la Société Préhistorique Française
CCV Collection de la Casa de Velázquez
CNA Congreso Nacional de Arqueología
CNN Congreso Nacional de Numismática
CollEFR Collection de l'École Française de Rome
CPAC Cuadernos de Prehistoria y Arqueología Castellonense
CPG Cuadernos de Prehistoria de la Universidad de Granada
CRAI Comptes Rendus de l'Académie des Inscriptions et Belles-Lettres
CuPAUAM Cuadernos de Prehistoria y Arqueología Universidad Autonoma de Madrid
DAM Documents d'Archéologie Méridionale
DHA Dialogues d'Histoire Ancienne
EAA Estudios de Arqueología Alavesa
EAE Excavaciones Arqueológicas de España
HA Huelva Arqueológica
IM Informes y Memorias de la Comisaria general de excavaciones arqueológicas
JdI Jahrbuch des deutschen archäologischen Instituts
JPEK Jahrbuch für Prähistorische und Ethnographische Kunst
KZ Zeitschrift für vergleichende Sprachforschung auf dem Gebiet der indogermanischen Sprachen
MB Madrider Beiträge
MCV Mélanges de la Casa de Velázquez
MF Madrider Forschungen
MHA Memorias de Historia Antigua
MJSEA Memorias de la Junta Superior de Excavaciones y Antigüedades
MLH Monumenta Linguarum Hispanicarum I–III
MM Madrider Mitteilungen
NAH Noticiario Arqueológico Hispánico
NH Numario Hispánico
RA Revue Archéologique
RABM Revista de Archivos, Bibliotecas y Museos
RAN Revue Archéologique de Narbonnaise
REA Revue des Études Anciennes
REF Revista Española de Filología
REG Revues des Études Grecques
REIb Revista de Estudios Ibéricos
RSEL Revista Española de Lingüística
RSFen Rivista di Studi Fenici
RSLig Rivista di Studi Liguri
Saguntum-PLAV Saguntum-Papeles del Laboratorio de Arqueología de Valencia
TMA Ibiza Trabajos del Museo Arqueológico de Ibiza
TP Trabajos de Prehistoria
TAVO Tübinger Atlas des Vorderen Orients
TV del SIP Trabajos Varios del Servicio de Investigación Prehistória
ZPE Zeitschrift für Papyrologie und Epigraphik

Abad Casal L.
1979, Consideraciones en torno a Tartessos y el origen de la cultura ibérica, *AEspA* 52, 175–193
1986–1987, En torno a dos mosaicos ilicitanos: el »helenístico« y el de conchas marinas, *Homenaje a Gratiano Nieto Gallo II, CuPUAM* 13–14, 97–105
1987, El poblamento ibérico en la provincia de Alicante, *Iberos*, 157–169
Im Druck, Formas artísticas en la Hispania republicana, *II Congreso Histórico-Arqueológico Hispano-Italiano* (Toledo 1993)

Abad L./Bendala M.
1996, Urbanismo y ciudad: de las formaciones ibéricas a la consolidación del modelo romano, *CNA* 23 (Elche 1995), Elche, II, 11–20

Abad L./Sala F.
1993, *El Poblado Ibérico del Oral (San Fulgencio, Alicante)* (TV del SIP 90), Valencia

Abad L./Sanz Gamo R.
1995, La cerámica ibérica decorada de El Tolmo de Minateda (Hellín, Albacete). Iconografía y territorialidad, *Saguntum-PLAV* 29, 73–84

Abascal Palazón J. M./Sanz Gamo R.
1993, *Bronces antiguos del Museo de Albacete*, Albacete

Actas del I coloquio sobre lenguas y culturas prerromanas de la Península Ibérica
1976 (Salamanca 1974), Salamanca

Actas del II coloquio sobre lenguas y culturas prerromanas de la Península Ibérica
1979 (Tübingen 1976), Salamanca

Actas del III coloquio sobre lenguas y culturas paleohispánicas
1985 (Lissabon 1980), Salamanca

Actas del IV coloquio sobre lenguas y culturas paleohispánicas
1987 (Vitoria 1985) = Studia Paleohispánica, *Veleia* 2–3, Vitoria

Actas del V coloquio sobre lenguas y culturas prerromanas de la Península Ibérica
1993 (Köln 1989), Salamanca

Actas del VI coloquio sobre lenguas y culturas prerromanas de la Península Ibérica
1995 (Coimbra 1994), Salamanca

Adroher A. M.
1993, Céramique ibérique peinte, *Dictionnaire des Céramiques Antiques*, 470–484

Adroher A. M./Pons E./Ruiz de Arbulo J.
1993, El yacimiento de Mas Castellar de Pontós y el comercio del cereal ibérico en la zona de Emporion y Rhode (ss. IV–II A.C.), *AEspA* 66, 31–70

Akurgal E.
1969, *Orient et Occident*, Paris

Albertini E.
1906, Fouilles d'Elche, *BH* 8, 333–362
1907, Fouilles d'Elche, *BH* 9, 1–17, 109–130

Almagro Basch M.
1979, Los orígenes de la toreútica ibérica, *TP* 36, 173–211
1980, Un tipo de exvoto de bronce ibérico de origen orientalizante, *TP* 37, 247–308

Almagro Basch M./Oliva Prats M.
1960, El tesorillo monetal de »La Barroca«, San Clemente de Amer (Gerona), *NH* 9, 18, 145–169

Almagro-Gorbea M.
1977, *El bronce final y el período orientalizante en Extremadura* (BPH 14), Madrid
1978, Los relieves mitológicos orientalizantes de Pozo Moro, *TP* 35, 251–278
1982a, El monumento de Alcoy, Aportación preliminar a la arquitectura funeraria ibérica, *TP* 39, 161–210
1982b, Tumbas de cámara y cajas funerarias ibéricas. Su interpretación socio-cultural y la delimitación del área cultural ibérica de los bastetanos, *Hom. C. Fernández Chicarro*, Madrid, 250–257
1983a, Pozo Moro, El monumento orientalizante, su contexto socio-cultural y sus paralelos en la arquitectura funeraria ibérica, *MM* 24, 177–293
1983b, Pilares-estela ibéricos, *Homenaje al Prof. M. Almagro Basch* III, Madrid, 7–20
1983c, El »Paisaje« de las necrópolis ibéricas y su interpretación socio-cultural, *RSLig* 44, 1–4, 199–218
1987, El pilar-estela de las Damitas de Mogente (Corral de Saus, Mogente, Valencia), *APL* 17, 199–228

1992, Las necrópolis ibéricas en su contexto mediterráneo, *Las necrópolis*, 37–75
1993, Palacio y organización social en la Península Ibérica, *Actas del V coloquio sobre lenguas*, 21–48
1995, Iconografía numismática hispánica: jinete y cabeza varonil, *La moneda hispánica*, 53–64

Almagro-Gorbea M./Domínguez de la Concha A./López-Ambite F.
1990, Cancho Ruano. Un palacio Orientalizante en la Península Ibérica, *MM* 31, 251–308

Almagro-Gorbea M./Ramos Fernández R.
1986, El monumento ibérico de Monforte del Cid, *Lucentum* 5, 45–63

Almagro-Gorbea M. J.
1983, *Un depósito votivo de terracotas de Villari*, Madrid, 291–307

Al otro lado del espejo, Aproximación a la imagen ibérica
1996, Coll. Lynx 1 (hrsg. von R. Olmos), Madrid

Álvarez-Ossorio F.
1941, *Catálogo de los exvotos de bronce ibéricos del Museo Arqueológico Nacional*, Madrid

Amador de los Rios R.
1862, *El arte de España*, Bd. I; 1883, Bd. II
1889, *España. Sus monumentos y artes. Su naturaleza e historia. Murcia y Albacete*, Barcelona

Antonelli L.
1997, *I Greci oltre Gibilterra*, Rom

Aparicio Pérez J.
1977, *Las raíces de Mogente*, Valencia
1984, Tres monumentos ibéricos valencianos: La Bastida, Meca y el Corral de Saus, *Varia III, La cultura ibérica*, Valencia, 145–205

Aranegui Gascó C.
1975, Las artes decorativas en la cerámica ibérica valenciana, *XXIII Congreso Internacional de Historia del Arte* 1, 45–64
1985, Las jarritas bicónicas grises de tipo ampuritano, *Ceràmiques gregues i helenístiques a la península Ibèrica* (Monografíes Emporitanes 7), Barcelona, 101–113
1987a, La cerámica gris de tipo ampuritano; las jarritas grises, *Céramiques hellénistiques et romaines* II (Annales Littéraires de l'université de Besançon 331), Paris, 87–97
1987b, *Historia de la cerámica valenciana* I, Valencia
1992a, Una falcata decorada con inscripción ibérica. Juegos gladiatorios y venationes, *Homenaje a E. Pla Ballester* (TV del SIP 89), Valencia, 319–344
1992b, *La cerámica ibérica* (Cuadernos de Arte Español 34), Madrid
1994, Iberica sacra loca. Entre el Cabo de La Nao, Cartagena y el Cerro de Los Santos, *REIb* 1, 115–138
1995a, *Sacra loca iberica, Sur les pas des Grecs en Occident* (Études Massaliètes 4), Paris/Lattes, 17–30
1995b, Signos de prestigio en la sociedad ibérica. Distintivos de carácter civil o religioso, *REIb* 2 (im Druck)
1995c, Los iberos y los auspicios. A propósito de un vaso decorado de la antigua Edeta (Llíria, Valencia), *Homenaje a Fernando Gascó, Kolaios* 4, 39–51
1996, Los peces y el más allá, *Homenaje a Manuel Fernández Miranda,* Complutum 6 (I), 401–414
Im Druck 1, Scènes de la cité ibérique. Les céramiques d'Edeta-Lliria (Valencia, Espagne), *DHA*
Im Druck 2, Mostrarse en imágenes. Un recorrido a través de las decoraciones de la cerámica ibérica, *Homenaje a E. Llobregat*, Alicante

Aranegui C./Jodin A./Llobregat E./ Rouillard P./Uroz J.
1993, *La nécropole ibérique de Cabezo Lucero (Guardamar del Segura, Alicante)* (CCV 41), Madrid

Aranegui C./Martí M. A./Mata C./ Pérez Ballester J.
1997, *Damas y caballeros en la ciudad ibérica,* Madrid (= *Dames et cavaliers dans la cité ibérique*, Paris)

Aranegui C. u. a.
1990, *Espai públic i espai privat, Les escultures romanes del Museu de Sagunt* (hrsg. von C. Aranegui), Valencia
Im Druck, *Guía de los monumentos romanos y del Castillo de Sagunto.* Valencia

Aranegui C./Pla E.
1981, La cerámica ibérica, *La baja época de la cultura ibérica*, 73–114

Argente Oliver J. L.
1986–1987, Hacia una clasificación tipológica y cronológica de las fíbulas de la edad del hierro en la Meseta norte, *Zephyrus* 39–40, 139–157
1994, *Las fíbulas de la edad del hierro en la Meseta oriental, Valoración tipológica, cronológica y cultural* (EAE 168), Madrid

Arqueología de la Magna Grecia, Sicilia, y Península Ibérica
1994, Actas del Encuentro Internacional celebrado en la Universidad de Córdoba, 1993 (hrsg. von D. Vaquerizo Gil), Córdoba

Arqueología del vino, Los orígenes del vino en Occidente
1995, Actas del Simposio celebrado en Jerez de la Frontera, 1994 (hrsg. von S. Celestino Pérez), Jerez de la Frontera

Arqueología en Albacete 1977–1982, Albacete 1983

Arqueología en Albacete
1993, Jornadas de arqueología albacetense en la Universidad Autónoma de Madrid (hrsg. von J. Blánquez, R. Sanz und M. T. Musa), Albacete

Arribas A.
1982, *The Iberians*, London (= *Los Iberos*, Barcelona, 1. Aufl. 1965)

Arteaga O.
1976–1978, Problemática general de la iberización en Andalucía oriental y en el Sudeste de la Península, *Ampurias* 38–40, 23–60
1982, Los Saladares–80. Nuevas directrices para el estudio del horizonte protoibérico en el Levante meridional y Sudeste de la Península, *HA* 6, 131–183
1985, Excavaciones arqueológicas sistemáticas en el Cerro de los Alcores (Porcuna, Jaén). Informe preliminar sobre la campaña de 1985, *AAA* 2, 279–293

Arteaga O./Serna M. R.
1974, Die Ausgrabungen von Los Saladares, Prov. Alicante, *MM* 15, 108–121
1975, Los Saladares–71, *NA* 3, 7–140

Atrián Jordán P. u. a.
1980, *Carta arqueológica de España, Teruel*, Teruel

Atrián P./Martínez M.
1976, Excavaciones en el poblado ibérico del Cabezo de la Guardia (Alcorisa, Teruel), *Teruel*, 55–56, 59–97

Aubet M. E.
1971, Los hallazgos púnicos de Osuna, *Pyrenae* 7, 111–132
1976, Algunos aspectos sobre iconografía púnica: las representaciones aladas de Tanit, *Hom. a García y Bellido* I, Madrid, 61–82
1978, Los marfiles fenicios del bajo Guadalquivir I, Cruz del Negro, *BSEAA* 44, 15–77
1982, *El santuario de Es Cuieram (Ibiza)* (TMA Ibiza 8)
1994, *Tiro y las colonias fenicias de Occidente*, Barcelona (2. Aufl.)

Aubet M. E./Delgado A.
Im Druck, Fenicios e indígenas en Occidente, *CPG*

Bähr G.
1948, *Baskisch und Iberisch*, Bayonne (= *Eusko-Jakintza* 2, 3–20, 167–194, 381–445)

Bammer A.
1985, Spuren der Phöniker im Artemision von Ephesos, *AnSt* 35, 103–108

Bandera M. L. de la
1977, El atuendo femenino ibérico (I), *Habis* 8, 1977, 253–297
1978, El atuendo femenino ibérico (II), *Habis* 9, 1978, 401–440

Barbera J./Sanmartí E.
1987, *Arte griego en España*, Barcelona

Barceló P. A.
1988, *Karthago und die Iberische Halbinsel vor den Barkiden*, Bonn

Bats M.
1988, La logique de l'écriture d'une société à l'autre en Gaule méridionale protohistorique, *RAN* 21, 121–148

Beazley J. D.
1968, *Attic Red-Figure Vase-Painters*, Oxford, 2. Auflage (zitiert als ARV²)

Beck F.
1982, *Archéologie comparée 1, Catalogue sommaire illustré des collections du Musée des Antiquités Nationales de Saint-Germain-en-Laye, Péninsule Ibérique*, Paris, 284–317

Belarte M. C.
1997, *Arquitectura domèstica i estructura social a la Catalunya protohistòrica*, Arqueo Mediterrània 1, Barcelona

Belarte M. C./Barberà J.
1994, La casa ibèrica a la Catalunya litoral: els elements i distribució, *Cota Zero* 10, 38–48

Belén M.
1994, Carmona Prerromana. Nuevos datos para la historia de la ciudad durante el I milenio a. C., *Leyenda y arqueología de las ciudades prerromanas de la Península Ibérica* III, Madrid, 17–32

Belén M. u. a.
Im Druck, Presencia e influencia fenicia en Carmona. El conjunto de Saltillo, *IV Congreso Internacional de Estudios Fenicios y Púnicos* (Cádiz 1995)

Beltrán P.
1956, Excavaciones en Sagunto (Valencia), *NAH* 3–4, 131–168 (= 1972, *Obra* I, 782–828)
1972, *Obra completa, Antigüedad*, Zaragoza

Beltrán Lloris F.
1980, *Epigrafía latina de Saguntum y su territorium* (TV del SIP 67), Valencia
1993, La epigrafía como índice de aculturación en el valle medio del Ebro (s. II a. e.–II d. e.), *Actas del V coloquio sobre lenguas*, 235–272
1995, La escritura en la frontera. Inscripciones y cultura epigráfica en el valle medio del Ebro, *Roma y el nacimiento*, 169–195

Bencivenga Trillmich C.
1985, Observaciones sobre la difusión de la cerámica en Italia, *CNA* 17 (Logroño 1983), 551–556

Bendala Galán M.
1981, La etapa final de la cultura ibero-turdetana y el impacto romanizador, *La baja época de la cultura ibérica*, 33–48
1987, Los cartaginenses en España, *Historia general de España y America* I.2, Madrid, 115–170
1989, La génesis de la estructura urbana en la España antigua, *CuPAUAM* 16, 127–147
1990a, El plan urbanístico de Augusto en Hispania: precedentes y pautas macroterritoriales, *Stadtbild und Ideologie. Die Monumentalisierung hispanischer Städte zwischen Republik und Kaiserzeit*, München, 25–42
1990b, *Introducción al arte español, La Antiguedad de la Prehistoria a los Visigodos*, Madrid

1992a, El mundo feniciopúnico y su expansión mediterránea, *La Prehistòria de les Illes de la Mediterrània Occidental* (X Jornades d'estudis històrics locals), Palma de Mallorca, 375–391
1992b, *Introducción al arte ibérico* (Cuadernos de Arte Español 71, Historia 16), Madrid
1992c, Mundo ibérico y Cultura Clásica, *Andalucía y el Mediterráneo*, Almeria, 91–99
1994, El influjo cartaginés en el interior de Andalucía, *Cartago, Gadir, Ebusus y la influencia púnica en los territorios hispanos, VIII Jornadas de arqueología fenicio-púnica, Ibiza 1993* (TMA Ibiza 33), 59–74

Bendala M./Fernández Ochoa C./ Fuentes A./Abad L.
1987, Aproximación al urbanismo prerromano y a los fenómenos de transición y de potentación tras la conquista, *Los asentamientos ibéricos ante la romanizacion*, 121–140

Bendala M./Blánquez Pérez J.
1987, Los orígenes de la cultura ibérica y un par de notas sobre su arte, *Iberos*, 9–18

Benoit F.
1962, La biche d'Albacete, Cernunos et le substrat indigène, *Publicaciones del Seminario de Historia y Arqueología de Albacete*, Albacete, 37–51

Bernabeu J./Bonet H./Mata C.
1987, Hipótesis sobre la organización del territorio Edetano en época ibérica: el ejemplo del territorio de Edeta-Lliria, *Iberos*, 137–156

Besques S.
1994, *Figurines et reliefs grecs en terre cuite*, Paris

Bittel K.
1976, *Les Hittites*, Paris

Blanco Freijeiro A.
1956, Orientalia, *AEspA* 29, 3–51
1960a, Die klassischen Wurzeln der Iberischen Kunst, *MM* 1, 101–121
1960b, Orientalia II, *AEspA* 33, 3–43
1981, *Historia del Arte Hispanico I. La Antigüedad*, 2, Madrid
1986–1987, Destrucciones antiguas en el mundo ibérico y mediterráneo occidental, *CuPAUAM* 13–14, 3–8
1987–1988, Las esculturas de Porcuna, *BRAH:* I, Estatuas de guerreros, Bd. 184, III, 405–445; II, Hierofantes y cazadores, Bd. 185, I, 1–27; III, Animalia, Bd. 185, II, 205–234

Blánquez J.
1990, *La formación del mundo ibérico en el Sureste de la Meseta (Estudio arqueológico de las necrópolis ibéricas de la Provincia de Albacete)*, Albacete
1992a, Nuevas consideraciones en torno a la escultura ibérica, *CuPAUAM* 19, 121–143
1992b, Las necrópolis ibéricas en el Sureste de la Meseta, *Las necrópolis*, 235–278
1993a, El mundo funerario albacetense y el problema de la escultura ibérica: la necrópolis de Los Villares, *Arqueología en Albacete* 1993, 111–128
1993b, El poblado ibérico de La Quéjola (San Pedro, Albacete), *Patina* 6, 99–107
1994a, El impacto del mundo griego en los pueblos ibéricos de la Meseta, *Griegos y Iberos* I, 319–354
1994b, El mundo funerario ibérico en la fachada oriental de la Península Ibérica y Andalucía. Los componentes indígena y foráneo, *Arqueología de la Magna Grecia, Sicilia y Península Ibérica*, Córdoba, 317–362
1995, El vino en los rituales funerarios ibéricos, *Arqueología del vino*, 213–240
Im Druck, Caballeros y aristócratas en el s. V. a. C., *Iconografía ibérica e iconografía itálica*

Blánquez J./Olmos R.
1993, El poblamiento ibérico antiguo en la provincia de Albacete: el timiaterio de La Quéjola (San Pedro) y su contexto arqueológico, *Arqueología en Albacete* 1993, 85–108

Blas Guerrero A.
1995, *Nacionalismos y naciones en Europa*, Madrid

Blasco M./Rafel N.
1995, El taller tèxtil del Coll del Moro de Gandesa (Terra Alta), *Tribuna d'Arqueologia*, 37–50

Blázquez J. M.
1956, Las diosas sagradas de Elche, *IV Congreso Internacional de Ciencias Prehistóricas y Protohistóricas (Madrid 1954)*, Zaragoza, 747–748
1975, *Tartessos y el origen de la colonización fenicia en Occidente*, Salamanca (2. Aufl.)
1977, *Imagen y mito, Estudio sobre religiones mediterráneas e ibéricas*, Madrid
1979, Las raíces clásicas de la cultura ibérica, Estado de la cuestión, Últimas aportaciones, *AEspA* 52, 141–174
1983, *Primitivas religiones ibéricas II. Religiones prerromanas*, Madrid
1988, Iberian Art with Greek Influence. The Funerary Monument of Jumilla (Murcia, Spain), *AJA* 92, 503–508
1991, *Religiones en la España antiqua*, Madrid
1993, Las danzas sagradas de Illici, Alicante, *Homenaje a Alejandro Ramos Folqués*, Elche, 67–82

Blázquez J. M./García Gelabert M. P.
1987, El iberismo en la ciudad de Castulo, *Los asentamientos ibéricos ante la romanización*, 43–54
1991, Destrucciones de la escultura ibérica religiosa; posibles causas, J. M. Blázquez, *Religiones en la España antigua*, Madrid, 189–195
1994, *Cástulo, ciudad ibero-romana*, Madrid

Blázquez J. M./González Navarrete J.
1985, The Phokaian Sculpture of Obulco in southern Spain, *AJA* 89, 61–69

Blázquez J. M./Montero S.
1993, Ritual funerario y status social: los combates gladiatorios prerromanos en la Península Ibérica, *Veleia* 10, 71–84

Blech M.
1993, Die Terrakotten, *Mulva* III (MB 21), Mainz, 117–123

Blech M./Ruano Ruiz E.
1992, Zwei iberische Skulpturen aus Ubeda la Vieja (Jaén), *MM* 33, 70–101

Boardman J.
1994, *The Diffusion of Classical Art in Antiquity*, London

Bonet Rosado H.
1995, *El Tossal de Sant Miquel de Llíria, La antigua Edetania y su territorio*, Valencia

Bonet H./Guérin P.
1989, Techniques de construction et aménagement des espaces domestiques ibériques en région valencienne, *Habitats et structures domestiques en Méditerranée occidentale durant la protohistoire (Arles-sur-Rhône)*, Aix-en-Provence, 128–132
1995, Propuestas metodológicas para la definición de la vivienda ibérica en el área valenciana, *Ethno-Archéologie Méditerranéenne, finalités, démarches et résultats (Madrid 1990)*, Madrid, 85–104

Bonet H./Guérin P./Mata C.
1994, Urbanisme et habitatge ibèrics al País Valencià, *Cota Zero* 10, 115–130

Bonet H./Mata C./Sarrion I./ Dupré M./Renault-Miskovski J.
1981, *El poblado ibérico del Puntal dels Llops (El Colmenar) (Olocau, Valencia)* (TV del SIP 71)

Bonsor G.
1899, Les colonies agricoles pré-romaines de la vallée du Bétis, *RA*, 126–159, 232–325, 376–391

Bosch Gimpera P.
1913, *El problema de la cerámica ibérica*, Madrid
1919, *Prehistòria catalana*, Barcelona
1920, *La arqueología pre-romana hispánica*, Barcelona
1924, Bronzes ibèrics de la Luz (Múrcia) al Museu de Barcelona, *Gaseta de les Arts*, I, 10, Barcelona, 4–5
1926, *Historia de Oriente*, Barcelona
1928, Relaciones entre el arte ibérico y el griego, *APL* 1, 163–173
1931, Troballes del posible santuari ibèric de Sant Antoni el Pobre (El Palmar, Múrcia) ingressades al Museu de Barcelona, *AIEC* 7, 162–171
1932, *Etnología de la Península Ibérica*, Barcelona
1937, *España* (Lliçó inaugural del curs 1937–1938), Valencia
1939, Two Celtic Waves in Spain, *Proceedings of the British Academy*, Oxford
1943a, Els factors ètnics en la formació de Catalunya et Per una doctrina catalana d'Espanya, *Revista de Catalunya*, Barcelona
1943b, España, un mundo en formación, *Mundo libre*, Mexiko
1944, *El poblamiento antiguo y la formación de los pueblos de España*, Mexiko
1946, Fuerzas progresistas y retardatarias en la historia de España, *Revistas de las Indias* 28, Bogotá, 321–349
1948, Los Iberos, *Cuadernos de Historia de España* 9, Buenos Aires, 5–93
1971, *La Universitat i Catalunya*, Barcelona
1974, *Paletnología de la Península Ibérica. Colección de trabajos sobre los Celtas, Iberos, Vascos, Griegos y Fenicios*, Graz
1976, *La España de todos*, Madrid
1978, *Correspondencia* (mit R. Olivar-Bretrand), Barcelona
1980, *Memories*, Barcelona

Broncano S.
1986, *El Castellar de Meca, Ayora (Valencia)* (EAE 147), Madrid
1989, *El depósito votivo ibérico de El Amarejo, Bonete (Albacete)* (EAE 156), Madrid

Broncano S./Alfaro del Mar M.
1990, *Los caminos de ruedas de la ciudad ibérica de El Castellar de Meca (Ayora, Valencia)* (EAE 162), Madrid

Broncano S./Blánquez J.
1985, *El Amarejo (Bonete, Albacete)* (EAE 139), Madrid

Brotóns F./Ramallo S. F.
1995, Un santuario suburbano: La Encarnación de Caravaca (Murcia), *La ciudad en el mondo romano (XIV Congreso Internacional de Arqueología Clásica) (Tarragona 1993)*, Tarragona, 2, 74–75

Brun P.
1987, *Princes et princesses de la Celtique, Le premier âge du Fer en Europe, 850–450 av. J.-C.*, Paris

Bruni S.
1992, Presenze di ceramica iberica in Etruria, *RSLig* 58, 37–65

Buchholz H.-G./Karageorghis V.
1971, *Altägäis und Altkypros*, Tübingen

Burch i Ruis J.
1996, *L'emmagatzematge de cereals en sitges d'època ibèrica al nordest de Catalunya*, Dissertation, Universidad de Gerona (unveröffentlicht)

Burillo F.
1995, Celtiberia monedas, ciudades y territorios, *La moneda hispánica*, 161–178

Buxó R.
1996, *Arqueología de las plantas. La explotación económica de las semillas y frutos en el marco mediterraneo de la Península ibérica*, Barcelona

Cabezo Lucero
1992, *Cabezo Lucero, Necrópolis Ibérica (Guardamar del Segura, Alicante)* (hrsg. von E. Llobregat), Alicante

Cabré J.
1920, La necrópolis de Tútugi: objetos exóticos o de influencia oriental en las necrópolis turdetanas, *Boletín de la Sociedad Española de Excursionistas*, Madrid, 1–44

Cabré J./Motos F. de
1920, *La necrópolis ibérica de Tútugi (Galera, Provincia de Granada)* (MJSEA 25), Madrid

Cacciotti B./Mora G.
1995, La moneda ibérica en las colecciones y tratados de numismática españoles de los siglos XVI a XIX, *La moneda hispánica*, 351–359

Campmajo P./Untermann J.
1990, Nouvelles découvertes de graffiti ibériques en Cerdagne. Les apports de la culture ibérique en Cerdagne. Données contradictoires, *La romanització del Pirineu (8e Col.loqui internacional d'arqueologia de Puigcerdà 1988*), Puigcerdà, 69–78

Campo M.
1976, *Las monedas de Ebussus*, Barcelona
1994, Moneda griega y púnica de Hispania: las primeras emisiones, *Actas del IX Congreso Nacional de Numismática*, Elche, 75–92

Caprile P.
1986, *Estudio de los objetos de adorno del Bronce final y Edad del Hierro en la provincia de Alava* (EAA 14), Vitoria

Caro Baroja J.
1971, La »realeza« y los reyes en la España antigua, *Estudios sobre la España Antigua* (Cuadernos de la Fundación Pastor 17), 51–159
1981, *Los pueblos de España*, Madrid

Carpenter R.
1925, *The Greeks in Spain*, Bryn Mawr, Pennsylvania

Carriazo de Mata J.
1973, *Tartessos y El Carambolo, Investigaciones arqueológicas sobre la protohistoria de la Baja Andalucía*, Madrid

Cartailhac E.
1886, *Les âges préhistoriques de l'Espagne et du Portugal*, Paris

Casal García R.
1990, *Colección de glíptica del Museo Arqueológico Nacional* I, Madrid

Casariego A. u. a.
1987, *Catálogo de los plomos monetiformes de la España Antigua*, Madrid

Castanyer P./Sanmartí E./Tremoleda J.
1993, Céramique indikète, *Dictionnaire des Céramiques Antiques*, 485–487

Castelo Ruano R.
1995, *Monumentos funerarios del Sureste Peninsular: elementos y técnicas constructivas* (Monografías de Arquitectura Ibérica), Madrid

Cazurro M.
1909, Fragments de vases ibèrics d'Empuries, *AIEC* 2, 551–562

Ceán-Bermúdez J. A.
1832, *Sumario de las antigüedades romanas que hay en España*, Madrid

Celestino S./Jiménez F. J.
1993, *El Palacio-Santuario de Cancho Roano, IV, El sector norte*, Badajoz

Celtíberos
1988, *Catalogo de la Exposición, Zaragoza* (hrsg. von F. Burillo Mozota, J. Angel Pérez Casas und M. L. de Sus Gimenez), Zaragoza

Chapa Brunet T.
1980a, *La escultura zoomorfa ibérica en piedra*, Madrid
1980b, Las esfinges en la plástica ibérica, *TP* 37, 309–344
1980c, Nuevas excavaciones en el Cerro de los Santos (Montealegre, Albacete), Campaña de Octubre de 1977, *Al-Basit* 7, 81–111
1982, Primeros resultados de las excavaciones en el Cerro de Los Santos (Montealegre del Castillo, Albacete), Campañas de 1977–1981, *CNA* 16 (Murcia/Cartagena 1982), Zaragoza, 643–653
1985, *La escultura ibérica zoomorfa*, Madrid
1986a, *Influjos griegos en la escultura zoomorfa ibérica* (Iberia Graeca, Serie Arqueología 2), Madrid
1986b, Escultura ibérica: una revisión de sus interpretaciones, *TP* 43, 43–60
1990, La escultura ibérica de Jaén en su contexto mediterráneo, *Escultura ibérica en el Museo de Jaén*, 43–51
1993, La destrucción de la escultura funeraria ibérica, *TP* 50, 185–195
1994, Algunas reflexiones acerca del origen de la escultura ibérica, *REIb* 1, 43–59
1995, Escultura ibérica: algunas reflexiones, *BAEAA* 35, 189–192

Chaves F.
1987–1988, Aspectos de la circulación monetaria de dos cuencas mineras andaluzas: Riotinto y Cástulo, *Habis* 18–19, 613–638

Claustres G.
1959, Des amphores utilisées en Roussillon, *Bulletin de la Société Agricole, Scientifique et Littéraire des Pyrénées-Orientales* 74, Perpignan, 43–55

Colominas J.
1925, La necrópolis d'Oliva, *Butlletí de l'Associació Catalana d'Antropologia, Etnografia i Prehistòria* III, Barcelona, 113–114

Conde Berdós M. J.
1990, Los kalathoi »sombrero de copa« de la necrópolis del Cabecico del Tesoro de Verdolay (Murcia), *Verdolay* 2, 149–160
1991, Las produccions de kalathoi d'Empúries i la seva difusió mediterrània (ss. II–I a. C), *Cypsela* 9, 141–168

1992, Una producció ceràmica característica del món ibèric tardà: el kalathos »barret de copa«, *Fonaments* 8, 117–169

Contribution au problème ibérique dans l'Empordà et en Languedoc-Roussillon
1993 (hrsg. von C.-A. de Chazelles), *DAM* 16, 11–110

Corpus Vasorum Hispanorum, Azaila
1954, Cabré Aguiló, J., *Cerámica de Azaila*, Madrid

Corpus Vasorum Hispanorum, Lliria
1954, Ballester I./Fletcher D./Pla E./ Alcacer J., *Las cerámicas del Cerro de San Miguel (Liria)*, Madrid

Correa J. A.
1989, El origen de la escritura paleohispánica, *Estudios sobre Urso*, 281–302
1992, Representación gráfica de la oposición de sonoridad en las oclusivas ibéricas (semisilabario levantino), *AIōN* 14, 253–293
1993, Antropónimos galos y ligures en inscripciones ibéricas, *Studia palaeohispanica J. Untermann*, 101–116
1994a, La transcripción de las vibrantes de la escritura paleohispánica, *APL* 21, 337–341
1994b, La lengua ibérica, *RSEL* 24, 263–287

Cortell E./Juan J./Llobregat E./ Reig C./Sala F./Segura J. M.
1992, La necrópolis ibérica de La Serreta: resumen de la campaña de 1987, *Homenaje a E. Pla Ballester* (TV del SIP 89), Valencia, 83–116

Corzo Sánchez R.
1977, *Osuna de Pompeyo a Cesar, Excavaciones en la muralla republicana* (Anales de la Universidad Hispalense, Serie Filosofía y Letras 37), Sevilla
1991, Piezas etruscas del santuario de la Algaida (Sanlúcar de Barrameda, Cádiz), *Presencia de material etrusco en la Península Ibérica (Barcelona 1990)*, Barcelona, 399–407

Croissant F.
1983, *Les protomés féminines archaïques. Recherches sur les représentations du visage dans la plastique grecque de 550 à 480 av. J.-C.* (BEFAR 250), Paris

Croissant F./Rouillard P.
1996, Le problème de l'art »gréco-ibère«: état de la question, *Formes archaïques et arts ibériques*, 55–66

Cuadrado E.
1950, *Excavaciones en el santuario ibérico del Cigarralejo (Mula, Murcia)* (IM 21), Madrid
1957, La fíbula anular hispánica y sus problemas, *Zephyrus* 8, 5–76
1963, *Precedentes y prototipos de la fíbula anular hispánica* (TP 7), Madrid
1968, Corrientes comerciales de los pueblos ibéricos, *Estudios de economía antigua*, 117–142
1982, Decoración extraordinaria de un vaso ibérico, *Homenaje a Sáenz de Buruaga*, Madrid, 287–296
1984, Restos monumentales funerarios de El Cigarralejo, *TP* 41, 251–290
1987, *La necrópolis ibérica de El Cigarralejo* (BPH 23), Madrid
1990, Un nuevo análisis de la crátera del desfile militar, in: *Homenaje a Jerómino Molina*, Murcia, 131–135
1992, *La panoplia ibérica de El Cigarralejo (Mula, Murcia)*, Murcia

Cunliffe B.
1993, Core-Periphery relationships: Iberia and the Mediterranean, *Centre and Periphery in the Hellenistic World*, (hrsg. von P. Bilde u.a.), 53–85
1995, Diversity in the Landscape: The Geographical Background to Urbanism in Iberia, *Social Complexity*, 5–28

Cunliffe B./Fernández M. C.
1988a, Informe sucinto. Prospección arqueológica superficial. Torreparedones (Castro del Río, Baena, Córdoba), *AAA* 2, 56–58
1988b, Informe sobre el estudio de materiales cerámicos. Torreparedones (Castro del Río, Baena, Córdoba), *AAA* 2, 226–234

Cunliffe B./Fernández M. C./Poole C./ Brown L./Davenport P./Brook I./ Pressey S./Morera J. A./Torres B.
1993, Torreparedones, poblado fortificado en altura y su contexto en la Campiña de Córdoba, *Investigaciones Arqueológicas en Andalucía, 1985–1992, Proyectos*, Huelva, 519–528

La Dama de Elche, Lecturas desde la diversidad
1997, Actas de la Mesa redonda, Dezember 1995 (hrsg. von R. Olmos und T. Tortosa) (Lynx 2), Madrid

Daryll Forde C.
1965, *Habitat, economía y sociedad*, Barcelona

Daugas J.-P./Texier L.
1977, Les fibules annulaires hispaniques: essai de technologie et de typologie. À propos d'un exemplaire découvert au pic d'Ysson (communes de Vodable Solignat, Puy-de-Dôme), *BSPF* 74, 243–256

Déchelette J.
1908–1909, Essai sur la chronologie préhistorique de la Péninsule Ibérique, *RA* 1908, 2, 218–265, 389–415, 1909, 1, 15–38
1927, *Manuel d'archéologie préhistorique, celtique et gallo-romaine II, Archéologie celtique ou protohistorique, Troisième partie: second âge du fer ou époque de La Tène*, Paris

Dehn W.
1988, Eisenzeitliche Beinschienen in Südwesteuropa, Eine Ausstrahlung griechischer Hoplitenrüstung, *MM* 29, 174–190

Delaunay J.-M.
1994, *Des Palais en Espagne. L'Ecole des hautes études hispaniques et la Casa de Velázquez au cœur des relations franco-espagnoles du XXe siècle (1898–1979)* (BCV 10), Madrid

Delplace C.
1987, Monnaies du sanctuaire de Digeon (Somme), in: J. L. Brunaux/K. Gruel, *Monnaies gauloises découvertes en fouilles*, Paris, 125–137

Dictionnaire des Céramiques Antiques en Méditerranée Nord-Occidentale
1993 (hrsg. von M. Py) (Lattara 6), Lattes

Domergue C.
1971, El Cerro del Plomo. Mina El Centenillo (Jaén), *NAH* 16, 265–280
1990, *Les mines de la Péninsule Ibérique dans l'antiquité romaine* (CollEFR 127), Rom

Domínguez A.
1983, Los términos »Iberia« e »Iberos« en las fuentes grecolatinas: estudio acerca de su origen y ámbito de aplicación, *Lucentum* 2, 203–224
1995, Religión, rito y ritual durante la protohistoria peninsular. El fenómeno religioso en la cultura ibérica, *3rd. Deia International Conference on Prehistory* (BAR Int. S. 611), 21–91

Dubosse C.
1997, *Corpus Vasorum Antiquorum*, France 36, Musée national d'Ensérune 2, Paris

Ducat J.
1966, *Les vases plastiques rhodiens archaïques en terre cuite* (BEFAR 209), Paris

El Mundo Ibérico
1995, J. Blánquez (Hrsg.), *El Mundo Ibérico, una nueva imagen en los albores del año 2000*, Toledo

El mundo púnico
1994, *Historia, sociedad y cultura* (hrsg. von A. González Blanco, J. L. Cunchillos und M. Molina), Murcia

Els origens del món ibèric
1976–1978, Simposi internacional, Barcelona-Empúries 1977 (hrsg. von E. Ripoll), Ampurias, 38–40

Éluère C.
1990, *Les secrets de l'or antique*, Paris

Engel A.
1892, Rapport sur une mission archéologique en Espagne (1891), *Nouvelles Archives des Missions Scientifiques et Littéraires* 3, 111–197
1896, Nouvelles et correspondance, *RA*, 204–229

Engel A./Paris P.
1904, Une forteresse ibérique à Osuna (fouilles de 1903), *Nouvelles Archives des Missions Scientifiques et Littéraires* 13, 357–487

Escultura ibérica en el Museo de Jaén
1990 (hrsg. von J. L. Chicharro Chamoro), Jaén

Estudios de arqueología ibérica y romana
1992, Homenaje a Enrique Pla Ballester, Valencia

Estudios de economía antigua de la Península Ibérica
1968 (hrsg. von M. Tarradell), Barcelona

Estudios sobre Urso, Colonia Iulia Genetiva
1989 (hrsg. von J. González), Sevilla

Ethno-Archéologie méditerranéenne, finalités, démarches et résultats
1995, Actes de la table ronde organisée par la Casa de Velázquez, Madrid 1990 (hrsg. von A. Bazzana und M. C. Delaigue), *CCV* 54, Madrid

Evans D. E.
1967, *Gaulish Personal Names*, Oxford

Facundo Riaño J.
1872, *Athenaeum*, London, Bd. 2, 72ff.

Fatás G.
1973, *La Sedetania, Las tierras zaragozanas hasta la fundación de Caesaraugusta*, Zaragoza
1980, *Contrebia Belaisca-II, Tabula Contrebiensis*, Zaragoza

Fernández J. H.
1983, *Guía del Museo Monográfico del Puig de Molins* (TMA Ibiza 10)

Fernández de Avilés A.
1943, Escultura del Cerro de los Santos. La colección Velasco (M. Antropológico) en el Museo Arqueológico Nacional, *AEspA* 16, 361–387
1944, Rostros humanos de frente en la cerámica ibérica, *Ampurias* 6, 161–178
1948, Escultura del Cerro de los Santos. La colección del Colegio de PP. Escolapios, de Yecla, *AEspA* 21, 360–377
1953, Excavaciones en el Llano de la Consolación (1891–1946), *APL* 4, 195–209
1966, *Cerro de los Santos, Montealegre del Castillo (Albacete) (Primera campaña 1962)* (EAE 55), Madrid

Fernández Castro M. C.
1995, The shrines of the Iberians, *Iberia in Prehistory*, Oxford/USA, 251–311

Fernández Gómez F.
1985, El tesoro turdetano de Mairena del Alcor (Sevilla), *TP* 42, 149–194

Fernández Jurado J.
1987, Tejada la Vieja: Una ciudad protohistórica, *HA* 9
1988–1989, Tartessos y Huelva, *HA* 10–11

Fernández Mateu G.
1985, *El sombrero de copa ibérico*, Lizentiatsarbeit, Universidad de Valencia

Fernández-Miranda M./Olmos R.
1986, *Las ruedas de Toya y el origen del carro en la Península Ibérica*, Madrid

Fletcher Valls D.
1949, Defensa del iberismo, *Anales del centro de cultura valenciana* 10, Nr. 23, 168–187
1964, Las urnas de orejetas perforadas, *CNA* 8 (Sevilla/Malaga 1963), Zaragoza, 305–319

1965, *La necrópolis de La Solivella (Alcalá de Chivert)* (TV del SIP 32), Valencia
1977, *La necrópolis ibérica de Corral de Saus (Mogente, Valencia)*, Valencia
1980, *Los Plomos ibéricos de Yátova (Valencia)* (TV del SIP 66), Valencia
1985, *Textos ibéricos del Museo de Prehistoria de Valencia* (TV del SIP 81), Valencia

Fletcher Valls D./Mata C.
1981, Aportación al conocimiento de los ponderales ibéricos, *Saguntum-PLAV* 16, 165–175

Fletcher Valls D./Pla Ballester E.
1977, Restos escultóricos de la necrópolis ibérica de Corral de Saus (Mogente, Valencia), *Hom. a García y Bellido* III, Madrid, 55–62

Fletcher Valls D./Silgo Gauche L.
1992, Plomo ibérico, en escritura jonia procedente de Sagunto, *Arse* 26, 2–6

Formes archaïques et arts ibériques
1996 (hrsg. von R. Olmos und P. Rouillard) (CCV 59), Madrid

Formigé J.
1943, L'oppidum d'Ensérune. Nissan (Hérault), *Gallia* 1, 1, 5–14

Forrer R.
1932, Les chars cultuels préhistoriques et leurs survivances aux époques historiques, *Préhistoire* 1, 19–123

Fortificacions
1991, La problemàtica del Ibèric ple (segles IV–III a. C.), Simposi internacional d'arqueologia ibèrica (Manresa 1990), Manresa

Freyer-Schauenburg B.
1966, *Elfenbeine aus dem samischen Heraion, Figürliches, Gefäße und Siegel*, Hamburg

Furtwängler A.
1978, *Monnaies grecques en Gaules*, Fribourg

Gailledrat E.
1993a, Céramique peinte ibéro-languedocienne, *Dictionnaire des Céramiques Antiques*, 461–469
1993b, Les céramiques peintes ibériques au Ve siècle avant J.-C. en Languedoc occidental et en Roussillon, *Contribution au problème ibérique*, 64–79
1995, Le Languedoc-Roussillon ibérique (VIe–IVe siècle avant J.-C.), acquis et problèmes, *X Col.loqui Internacional d'Arqueologia de Puigcerdà (Puigcerdà/Osseja 1994)*, Puigcerdà, 435–451
1996, *Les Ibères en Catalogne et Languedoc-Roussillon (VIe–IVe siècle avant J.-C.), Échanges et modèles culturels*, Dissertation, Université de Paris I, Paris

Gallet de Santerre H.
1968, Fouilles dans le quartier ouest d'Ensérune, Insula Nr. X, *RAN* 1, 39–83

Gamer-Wallert I.
1978, *Ägyptische und ägyptisierende Funde von der Iberischen Halbinsel* (TAVO B/21), Wiesbaden

Garcés i Estallo I.
1993, Terracotas femeninas de aspecto ibérico en Cataluña y Aragón, *Pyrenae* 24, 206–226

García D.
1987, Observations sur la production et le commerce des céréales en Languedoc méditerranéen durant l'Âge du fer: les formes de stockage des grains, *RAN* 20, 43–98

García y Bellido A.
1935a, Una cabeza ibérica, arcaica, del estilo de las »korai« átticas, *AEspAA* 11, 165–178
1935b, La cámara sepulcral de Toya (Jaén) y sus paralelos mediterráneos, *Actas y Memorias de la Sociedad de Antropología, Etnografía y Prehistoria* 14, 1, 67–106
1940, Arte griego provincial. La figura sedente de Verdolay (Murcia). *AEspA* 14, 350–352
1943a, *La Dama de Elche y el conjunto de piezas arqueológicas reingresadas en España en 1941*, Madrid
1943b, Algunos problemas de arte y cronología ibéricos, *AEspA* 16, 78–108
1944, Nuevos ejemplares de cerámica ibérica del SE, *AEspA* 17, 363–365
1945, La pintura mayor entre los iberos, *AEspA* 18, 250–257
1947, El arte ibérico, *Ars Hispaniae*, 199–297
1948, *Hispania Graeca*, Barcelona
1954 (wiederaufgelegt 1963 und 1976) Arte Ibérico, *Historia de España de R. Menéndez-Pidal* 1, 3, Madrid, 371–675
1970, Algunas novedades sobre la arqueología púnico-tartessia, *AEspA* 43, 3–49
1980, *Arte ibérico en España*, Madrid (hrsg. von A. Blanco Freijeiro)
1993, *Album de dibujos de la colección de bronces antiguos de Antonio Vives Escudero* (Anejos de AEspA 13), Madrid (hrsg. von M. P. García-Bellido)

García-Bellido M. P.
1980, A propósito de una moneda minera aparecida en Sierra Morena, *II Simposi Numismàtic de Barcelona, 1978*, Barcelona, 199–203
1982, *Las monedas de Cástulo con escritura indígena*, Barcelona
1986, Nuevos documentos sobre minería y agricultura, *AEspA* 59, 13–46
1992, La moneda, libro en imágenes de la ciudad, in: R. Olmos u. a., *La sociedad ibérica a través de la imagen*, 237–249
1993a, El proceso de monetización del Levante y Sur hispánico durante la Segunda Guerra Púnica, *Actas del V coloquio sobre lenguas*, 317–347
1993b, Origen y función del denario ibérico, *Sprachen und Schriften*, 97–1213
1994, Las relaciones económicas entre Massalia, Emporion, y Gades a través de la moneda, *Iberos y Griegos*, 117–149

1997, Coinage and ethnicity in Celtic Spain, *Zeitschrift für keltische Philologie*, im Druck

García Cano J. M.
1994, El pilar estela de Coimbra del Barranco Ancho (Jumilla, Murcia), *REIb* 1, 173–201

García Cano J. M./Page del Pozo V.
1990, La necrópolis ibérica de Archena. Revisión de los materiales y nuevos hallazgos, *Verdolay* 2, 109–147
1997, Exvotos de Coimbra del Barranco Ancho (Jumilla), *CPAC*, im Druck

Garcia Mauriño J.
1993, Los cascos de tipo Montefortino en la Península Ibérica, *Complutum* 4, 95–146

García Rosselló J.
1993, *Turò dels Dos Pins. Necròpolis ibèrica*, Sabadell

Gil-Mascarell M.
1975, Sobre las cuevas ibéricas del País Valenciano; materiales y problemas, *Saguntum-PLAV* 11, 281–332

Gómez Bellard C./Costa B.u.a.
1990, *La colonización fenicia de la isla de Ibiza* (EAE 157), Madrid

Gómez-Moreno M.
1922, De epigrafía ibérica. El plomo de Alcoy, *REF* 9, 341–366 (= *Miscelaneas*, 219–231)
1925, Sobre los íberos y su lengua, *Homenaje a Menéndez Pidal* III, Madrid, 475–499 (= *Miscelaneas*, 219–231)
1949a, *Misceláneas. Historia-Arte-Arqueología. Primera serie: la Antigüedad*, Madrid
1949b, Suplemento de epigrafía ibérica, *Miscelaneas*, 283–330

González Navarrete J. A.
1987, *Escultura ibérica de Cerrillo Blanco, Porcuna, Jaén*, Jaén

González Prats A.
1983, *Estudio arqueológico del poblamiento antiguo de la Sierra de Crevillente (Alicante)* (Jg. 1 von Lucentum), Alicante
1990, *Nueva luz sobre la Protohistoria del Sudeste*, Alicante
1991, La presencia fenicia en el Levante peninsular y su influencia en las comunidades indígenas, *I–V Jornadas de arqueología fenicio-púnica, Ibiza 1986–1989* (TMA Ibiza 24), 109–118
1992, El proceso de formación de los pueblos ibéricos en el Levante y el Sudeste de la Península Ibérica, *Paleoetnología*, 137–150

González Simancas M.
1925–1926, *Excavaciones en Sagunto. Memoria de los trabajos realizados durante los años 1923–1924* (MJSEA 10), Madrid

González Wagner C.
1983, *Fenicios y Cartagineses en la península ibérica*, Dissertation, Universidad Complutense, Madrid

Gorrochategui J.
1984, *Estudio sobre la onomástica indígena de Aquitania*, Bilbao
1987, Situación lingüística de Navarra y adelaños en la antigüedad a partir de fuentes epigráficas, *Primer Congreso General de Historia de Navarra* (Principe de Viana, Anejo 7), Pamplona 2, 435–445

Gracia F./Munilla G./García E.
1994, Models d'anàlisi de l'arquitectura ibèrica. Espai públic i construccions religioses en medis urbans, *Cota Zero* 10, 90–101

Gran-Aymerich E. und J.
1991, Les échanges franco-espagnols et la mise en place des institutions archéologiques (1830–1939), *Historiografía de la arqueología y de la historia antigua en España (siglos XVIII–XX)*, Madrid, 117–124

Gras M.
1995, *La Méditerranée archaïque*, Paris

Gras M./Rouillard P./Teixidor J.
1995, *L'univers phénicien*, Paris (2. Aufl.)

Grecs et Ibères au IVe siècle avant J.-C. commerce et iconographie
1987, Actes de la table ronde de Bordeaux 1986 (hrsg. von P. Rouillard und M.-C. Villanueva-Puig), *REA* 89

Griñó Frontera B. de
1987, Aproximación a la iconografia de las divinidades femeninas de la península ibérica en época prerromana, *Grecs et Ibères*, 339–347

Griñó Frontera B. de/Olmos R.
1982, La pátera de Santisteban del Puerto (Jaén), *Estudios de iconografía* I, Madrid, 7–111

Guadán A. M. de
1955–1956, *Las monedas de plata de Rhode y Emporion*, Barcelona
1980, *La moneda ibérica. Catálogo de numismática ibérica e ibero-romana*, Madrid

Guadán A. M. de/Villaronga L.
1964, En torno a la interpretación del grafito de un rhyton de Ullastret, *AEspA* 37, 33–39

Guérin P.
1995, *El poblado del Castellet de Barnabé (Lliria) y el horizonte ibérico pleno edetano*, Dissertation, Universidad de Valencia

Guérin P./Bonet H./Mata C.
1989, La deuxième Guerre Punique dans l'est ibérique à travers les données archéologiques, *Punic Wars (Antwerpen 1988)* (Studia Phoenicia 10), Louvain, 193–204

Guérin P./Calvo M./Grau H./Guillén P.
1989, Tumbas infantiles en El Castellet de Bernabé (Liria, Valencia), *CPAC* 14, 63–93

Guerrero V./Miró J./Ramón Torres J.
1989, L'épave de Binisafuller (Minorque). Un bateau de commerce punique du IIIe siècle avant J.-C. *Punic wars (Antwerpen 1988)* (Studia Phoenicia 10), Louvain, 115–125

Hàbitat i habitació a la protohistòria de la Mediterrània nord-occidental
1994 (hrsg. von E. Pons, M. Molist und W. Cruells), *Cota Zero* 10

Hebert J. C.
1990, Les deux phiales à inscriptions ibériques du tumulus Nr. III de la lande »Mesplède« à Vielle-Aubagnan (Landes), *Bulletin de la société de Borda, Dax* 115 (Nr. 417), 1–40

Héron de Villefosse A.
1892, Vase d'argent trouvé en Espagne et portant une inscription ibérique, *CRAI*, 403–408

Heuzey L.
1890, L'archaïsme gréco-phénicien en Espagne, *CRAI*, 125–127
1891, Statues espagnoles de style gréco-phénicien, *BCH* 15, 608–625
1897, Mission de M. Pierre Paris en Espagne (la Dame d'Elche), *CRAI*, 505–509

Homenatje a Miguel Tarradell
1993 (hrsg. von J. Padró, M. Prevosti, M. Roca und J. Sanmartí), Barcelona

Hoyo J. del
1990, Liber Pater dans l'épigraphie hispanique: relations entre la viticulture et le culte du dieu, *Archéologie de la vigne et du vin* (Caesarodunum 24), 99–122

Hoz J. de
1976, La epigrafía prelatina meridional en Hispania, *Actas del I congreso sobre lenguas*, 227–317
1981, Algunas precisiones sobre textos metrológicos ibéricos, *APL* 16, 475–486
1983, Las lenguas y la epigrafía prerromanas de la Península Ibérica, *Unidad y pluralidad en el mundo antiguo* (Actas del VI Congreso Español de Estudios Clásicos, Sevilla 1981), I, 351–396
1985, El origen de la escritura del S.O., *Actas del III coloquio sobre lenguas*, 423–464
1987, La escritura greco-ibérica, *Actas del IV coloquio sobre lenguas*, 285–298
1989, El desarrollo de la escritura y las lenguas de la zona meridional, *Tartessos*, 523–587
1991, Epigrafía y lingüística paleohispánicas, *Veinte años*, 181–193
1992, La inscripción de la falcata, *Homenaje a E. Pla Ballester* (TV del SIP 89), Valencia, 330–338
1993a, La lengua y la escritura ibéricas, y las lenguas de los íberos, *Actas del V coloquio sobre lenguas*, 635–666
1993b, De la escritura meridional a la escritura ibérica levantina, *Sprachen und Schriften*, 175–190
1993c, Las sociedades paleohispánicas del área no indoeuropea y la escritura, *AEspA* 66, 3–29
1994, Griegos e iberos? testimonios epigráficos de una cooperación mercantil, *Iberos y Griegos* II, 243–271
1995a, Escrituras en contacto: ibérica y latina, *Roma y el nacimiento*, 57–84
1995b, El poblamiento antiguo de los Pirineos desde el punto de vista lingüístico, *Muntanyes i població*, 271–299
1995c, Notas sobre nuevas y viejas leyendas monetales, *La moneda hispánica*, 317–324
1995d, Areas lingüísticas y lenguas vehiculares en el extremo Mediterráneo occidental, *L'Italia e il Mediterraneo antico* (Atti della Società Italiana di Glottologia 1993), Pisa, 11–44
1995e, El origen de las escrituras paleohispánicas quince años después, *Actas del VI coloquio sobre lenguas*, 171–206
1995f, Panorama provisional de la epigrafía rupestre paleohispánica, *Saxa Scripta*, 9–33
1995g, La epigrafía ibérica de los noventa, *REIb* 2, im Druck
Im Druck, Los negocios del señor Heronoiyos. Un documento Mercantil, jonio clásico temprano, del Sur de Francia, *Estudios actuales sobre textos griegos* (1994), Madrid

Hübner E.
1888, *La arqueología de España*, Barcelona
1893, *Monumenta Linguae Ibericae*, Berlin
1898, Die Büste von Ilici, *JdI* 13, 114–134

Humbolt W. von
1821, *Prüfung der Untersuchungen über die Urbewohner Hispaniens, vermittels der baskischen Sprache*, Berlin

Ibarra y Ruiz P.
1899, Nouvelle découverte à Elche, *BH* 1, 20–21

Iberos
1987, Actas de las I Jornadas sobre el Mundo Ibérico, Jaén 1985 (hrsg. von A. Ruiz und M. Molinos), Jaén

Iberos y Griegos
1994, Lecturas desde la diversidad, Simposio celebrado en Ampurias 1991 (hrsg. von P. Cabrera, R. Olmos und E. Sanmartí) (= HA 13, 1 und 2), Huelva

Iconografía ibérica e iconografía itálica
1996 (im Druck), Coloquio internacional: Iconografía ibérica e iconografía itálica: propuestas de interpretación y lectura, Rom 1993 (Serie Varia 3), Madrid

Immerwahr H. R.
1990, *Attic Script. A survey*, Oxford

Inhumaciones infantiles en el ámbito mediterráneo español (siglos VII a. E. al II d. E.)
1989, *CPAC* 14

Iniesta Sanmartín A.
1983, *Las fibulas de la region de Murcia*, Murcia

Iniesta Sanmartín A./Page del Pozo V./García Cano J. M.
1987, *Sepultura 70 de la necrópolis del Poblado, Excavaciones arqueológicas en*

Coimbra del Barranco Ancho 1, Murcia

Izquierdo M. I.
1995, Un vaso inédito con exceptional decoración pintada procedente de la necrópolis ibérica de Corral de Saus (Moixent, Valencia), *Saguntum-PLAV* 29, 93–104
1996, Reminiscencias mediterráneas en la cerámica ibérica. El ejemplo de Corral de Saus (Mogente, Valencia), *AEspA* 69, 239–262

Jacob P.
1985, Le rôle de la ville dans la formation des peuples ibères, *MCV* 21, 15–56

Jacobsthal P.
1932, Zum Kopfschmuck des Frauenkopfes von Elche, *AM* 57, 67–73

Jannoray J.
1949, La poterie ibérique et l'extension des ibères en Gaule méridionale, *Mélanges d'archéologie et d'histoire offerts à Charles Picard* I, 448–462
1955, *Ensérune, Contribution à l'étude des civilisations préromaines de la Gaule méridionale* (BEFAR 181), Paris

Jorge Aragoneses M.
1967–1968a, La badila ritual de La Luz (Murcia) y la topografía arqueológica de aquella zona según los últimos descubrimientos, *Anales de la Universidad de Murcia, Filosofía y Letras* 26, 2, 5–48
1967–1968b, La cabezada y la gamarra de la montura ibérica según un bronce inédito del santuario de La Luz (Murcia), *Anales de la Universidad de Murcia, Filosofía y Letras* 26, 2, 169–176
1969, El vaso ibérico de Santa Catalina del Monte (Murcia), *AEspA* 42, 200–204

Juan i Moltó J.
1987–1988, El conjunt de terracotes votives del santuari ibèric de La Serreta (Alcoi, Cocentaina, Penàguila), *Saguntum-PLAV* 21, 295–329

Juaristi J.
1987, *El linaje de Aitor. La invención de la tradición vasca*, Madrid

Junyent E./Baldellou V.
1972, *Una vivienda ibérica de Mas Boscà* (Publicaciones Eventuales 21), Barcelona

Kimmig W.
1954, Zur Urnenfelderkultur in Südwesteuropa, *Festschrift für P. Goessler*, 41–98

Kukahn E.
1954, Estatuilla de bronce de un guerrero a caballo del poblado ibérico de la Bastida de les Alcuses (Mogente, Valencia), *APL* 5, 147–157
1962, Los símbolos de la Gran Diosa en las pinturas de los vasos ibéricos levantinos, *Caesaraugusta*, 19–20, 79–85
1964, El origen de la pintura blanca en la cerámica antigua del NE de Cataluña, *CNA* 8 (Sevilla/Malaga 1963), Zaragoza, 353–356
1967, Zur Frühphase der iberischen Bronzen, *MM* 8, 159–171

Kurtz W. S.
1992, Guerra y guerreros en la cerámica ibérica, in: Olmos u.a., *La sociedad ibérica a través de la imagen. Exposicion*, 206–215

La baja época de la cultura ibérica
1981, Actas de la mesa redonda, Madrid 1979 (hrsg. von E. Cuadrado), Madrid

L'Âge du Fer en Europe sud-occidentale
1994, Actes du XVIe colloque de l'Association Française pour l'Étude de l'Âge du Fer, Agen 1992 (Aquitania 12)

La moneda hispánica, Ciudad y territorio
1995, Actas del I encuentro peninsular de numismática antigua, Madrid 1994 (hrsg. von M. P. García-Bellido und R. M. Sobral Centeno) (Anejos de AEspA 14)

Langlotz E.
1966, *Die kulturelle und künstlerische Hellenisierung der Küsten des Mittelmeeres durch die Stadt Phokaia*, Köln/Opladen
1975, *Studien zur nordostgriechischen Kunst*, Mainz

Langlotz E./Hirmer M.
1963, *Die Kunst der Westgriechen in Sizilien und Unteritalien*, München

Lantier R.
1917, *El santuario ibérico de Castellar de Santisteban*, Madrid
1935, *Bronzes votifs ibériques*, Paris

La presencia de material etrusco en la Península Ibérica
1991, Actas de la Mesa Redonda, Barcelona 1990 (hrsg. von J. Remesal und O. Musso), Barcelona

Lasalde P.
1880–1881, Las antigüedades de Yecla, *La ciencia cristiana*

Las necrópolis
1992, Congreso de Arqueología ibérica, Madrid 1991 (hrsg. von J. Blánquez Pérez und V. Antona del Val), Serie Varia 1, Universidad Autónoma, Madrid

Laubenheimer F.
1990, *Le temps des amphores en Gaule*, Paris

Laurens A.-F./Schwaller M.
1987, Vases attiques importés sur l'oppidum d'Ensérune: essai d'approche anthropologique, *Grecs et Ibères*, 385–395

Lazaro Mengod A./Mesado Oliver N./Aranegui C./Fletcher Valls D.
1981, *Materiales de la necrópolis ibérica de Orleyl (Vall d'Uxó, Castellón)* (TV del SIP 70), Valencia

Legendre M.
1933, Souvenirs sur Pierre Paris. L'homme, le fondateur, *BH*, 155–167

Lejeune M.
1983, Vieille-Toulouse et la métrologie ibérique, *RAN* 16, 29–37
1985, *Recueil des Inscriptions Gauloises I. Textes gallo-grecs* (Gallia, Suppl. 45), Paris
1991, Ambiguïtés du texte de Pech Maho, *REG* 104, 311–329

Lejeune M./Pouilloux J./Solier Y.
1988, Étrusque et ionien archaïques sur un plomb de Pech Maho (Aude), *RAN* 21, 19–59

Lenerz de Wilde M.
1986–1987, Problemas de la datación de fíbulas en la Meseta hispánica, *Zephyrus* 39–40, 199–213
1991, *Iberia Celtica: archäologische Zeugnisse keltischer Kulturen auf der Pyrenäenhalbinsel*, Stuttgart

León M. P.
1979, Capitel ibérico del Cerro de las Vírgenes (Córdoba), *AEspA* 52, 195–204
1981, Plástica ibérica e iberromana, *La baja época de la cultura ibérica*, 183–199

Les Princes celtes et la Méditerranée
1988, Rencontres de l'École du Louvre (hrsg. von J.-P. Mohen, A. Duval und C. Éluère), Paris

Lillo Carpio P. L.
1981, *El poblamiento ibérico en Murcia*, Murcia
1991–1992, Los exvotos de bronce del santuario de La Luz y su contexto arqueológico (1990–1992), *Anales de Prehistoria y Arqueología, Universidad de Murcia* 7–8, 107–142

Llobregat E.
1972, *Contestania Ibérica*, Alicante
1988, Un conjunto de templos ibéricos del siglo IV a. C. hallado en las excavaciones de la isla de Campello (Alicante), *Homenaje a Samuel de los Santos*, Albacete, 137–145
1989, Los »graffiti« en escritura grecoibérica y púnica de la Illeta dels Banyets, El Campello (Alicante), *APL* 19, 149–166
1993, L'Illeta dels Banyets (El Campello, Camp d'Alacant) fou un empòrion?, *Homenatge a Miquel Tarradell*, Barcelona, 421–428

Llobregat E./Cortell E./Juan J./ Segura J. M.
1992, El urbanismo ibérico en la Serreta, Recerques del Museu d'Alcoi 1, *Alcoy*, 37–70

López F.
1994, *Yecla y el padre Lasalde*, Murcia

López Castro J. L.
1995, *Hispania poena, Los fenicios en la Hispania romana*, Barcelona

Los asentamientos ibéricos ante la romanización
1987, Coloquio, Ministerio de Cultura-Casa de Velázquez (Madrid 1986), Madrid

Los Celtas: Hispania y Europa
1993, (hrsg. von M. Almagro-Gorbea und G. Ruiz Zapater), Madrid

Los fenicios en la Península Ibérica
1986 (hrsg. von G. del Olmo und M. E. Aubet Sabadell)

Los Iberos
1983, Ministerio de Cultura, Madrid

Lozano Velilla A.
1987, Conquista de España por Roma, *Historia General de España y América* 1–2, Madrid, 385–502

Lucas M. R.
1981, Santuarios y dioses de la baja época ibérica, *La baja época de la cultura ibérica*, 233–293
1994, Historiografía de la escultura ibérica hasta la ley de 1911 (1. Teil), *REIb* 1, 15–42

Lucas M. R./Ruano Ruiz E.
1990, Sobre la arquitectura ibérica de Cástulo (Jaén): reconstrucción de una fachada monumental, *AEspA* 63, 43–64

Maestro E. M,
1989, *Cerámica ibérica decorada con figura humana*, Zaragoza

Maluquer de Motes J.
1965, Vasija excepcional del poblado de Mas Boscà, *Pyrenae* 1, 129–138
1968, *Epigrafía prelatina de la Península Ibérica*, Barcelona
1981a, *El santuario protohistórico de Zalamea de la Serena, Badajoz I (1978–1981)*, Barcelona
1981b, *El santuario protohistórico de Zalamea de la Serena, Badajoz II (1981–1982)*, Barcelona
1985, Comercio continental focense en la Extremadura central, *Ceràmiques gregues i helenístiques a la Península Ibèrica*, Barcelona, 19–25

Mañá J. M.
1951, Sobre tipología de ánforas púnicas, *IV Congreso Arqueológico del Sudeste Español, Alcoy 1950*, Cartagena, 203–210

Mangas J.
1977, Servidumbre comunitaria en la Bética preromana, *MHA* 1, 151–161

Mangas J./Plácido D.
1994, *Avieno* (Testimonia Hispaniae Antiqua I), Madrid

Maraver L.
1867, Expedición arquelógica a Almedinilla, *Revista de Bellas Artes é Histórico-Arqueológica* 2,2, Nr. 71, 307–311, 323–328

Marcet R./Sanmartí E.
1989, *Empuries*, Barcelona

Marín Ceballos M. C.
1979–1980, El supuesto santuario del Llano de la Consolación, *Habis* 10–11, 233–240
1987, Tanit en España?, *Lucentum* 6, 43–79
1994, Dea Caelestis en un santuario ibérico, *El mundo púnico. Historia, sociedad y cultura (Cartagena 1990)* (hrsg. von A. González, J. L. Cunchillos und M. Molina), Murcia, 217–225

Martín A.
1976, La ceràmica decorada amb pintura blanca de les comarques costeres del N.E. de Catalunya, *Cypsela* 2, 145–160
1980, *Ullastret. Guía de las excavaciones y su museo,* Gérona
1987, El poblamiento ibérico en el Empordà, *Iberos*, 19–33

Martín A./Genís T.
1993, Els jaciments ibèrics del Puig de Serra (Serra de Daró), segles VI–IV aC, *Estudis del Baix Empordà* 12, 5–55

Martín Bueno M./García Martínez-Toledo F.
1981, Análisis de pigmento para cerámica ibérica, Bajo Aragón, *Prehistoria* 3, 1981, 89–90

Mascort M. T./Sanmartí J./Santacana J.
1991, *El jaciment protohistòric d'Aldovesta (Beni-fallet) i el comerç fenici arcaic a la Catalunya meridional*, Tarragona

Mata Parreño C.
1991, *Los Villares (Caudete de las Fuentes, Valencia), Origen y evolución de la cultura ibérica* (TV del SIP 88), Valencia

Mata C./Bonet H.
1992, La cerámica ibérica: ensayo de tipología, *Homenaje a Enrique Pla* (TV del SIP 89), Valencia, 117–173

Maya J. L.
1993, En torno al origen del mundo ibérico catalán: problemas de sustrato, *Laietania* 8, 7–19

Mélida J. R.
1897a, Bulletin archéologique d'Espagne, *Revue des Universités du Midi* 3, 105–118
1897b, Busto anterromano descubierto en Elche, *RABM*, 440–445
1898, Archéologie ibérique et romaine, *Revue des Universités du Midi* 4, 219–232
1929, *La Arqueología Española*, Madrid

Memorias sobre las notables excavaciones hechas en el Cerro de los Santos publicados por los PP. Escolapios de Yecla, Madrid 1871

Menéndez M.
1988, *La cerámica ibérica de estilo Elche Archena*, Madrid

Michelena L.
1954, De onomástica aquitana, *Pirineos* 10, 409–455 (= 1985, *Lengua e historia*, 409–445)
1974, Sobre la posición lingüística del ibérico, *Homenaje P. Beltrán*, 147–153 (= 1985, *Lengua e historia*, 334–340)
1976, Ibérico, in: *Actas del I coloquio sobre lenguas*, 353–362 (= 1985, *Lengua e historia*, 379–387)
1979, La langue ibère, *Actas del II coloquio sobre lenguas*, 23–39 (= 1985, *Lengua e historia*, 341–356)
1985, *Lengua e historia*, Madrid

Miró J.
1983–1984, Algunas consideraciones sobre las ánforas ibéricas Maña B–3, *Pyrenae* 19–20, 157–189

Miró M. T.
1990, Les màscares del temple d'Ullastret, *Zephyrus* 43, 305–309

Mohen J.-P.
1980, *L'âge du fer en Aquitaine du VIIIe au IIIe siècle avant J.-C.* (Mémoires de la Société préhistorique française 14), Paris

MLH I, II, III: siehe Untermann

Molas M. D./Sánchez E.
1994, Coneixement actual sobre l'hàbitat i l'habitació a la Catalunya Central, *Cota Zero* 10, 60–72

Molinos M./Risquez C./Serrano J. L./Montilla S.
1994, *Un problema de fronteras en la periferia de Tartessos: las Calañas de Marmolejo* (Monografías de Arqueología Histórica), Jaén

Molinos M./Ruiz Rodríguez A./Nocete F.
1988, El poblamiento ibérico de la campiña del Alto Guadalquivir: proceso de formación y desarrollo de la servidumbre territorial, *I Congreso Peninsular de Historia Antigua (Santiago de Compostela 1986)*, II, Santiago de Compostela, 79–88

Morel-Fatio A.
1888, *Etudes sur l'Espagne I, Comment la France a connu l'Espagne, depuis le Moyen Âge jusqu'à nos jours*, Paris, 1–114

Morena López J. A.
1989a, *El santuario ibérico de Torreparedones (Castro del Río – Baena, Córdóba)*, Córdoba
1989b, Relieve ibérico de Torreparedones (Córdoba), *Estudios sobre Urso*, 335–343

Moret P.
1989, Les »araignées d'eau« de la céramique peinte ibérique, *MCV* 25, 5–29
1994, Alguns aspectes del desenvolupament de l'hàbitat organizat a l'àrea ibèrica, *Cota Zero* 10, 19–26
1996, *Les fortifications ibériques, de la fin de l'Âge du bronze à la conquête romaine* (CCV 56), Madrid

Moret P./Puigcerver A./Rouillard P./Sánchez M. J./Sillières P.
1995, The Fortified Settlement of La Picola (Santa Pola, Alicante) and the Greek Influence in South-east Spain, *Social Complexity and the Development of Towns in Iberia* (hrsg. von B. Cunliffe und S. Keay) (Proceedings of the British Academy 86), London, 109–125

Moscati S.
1989, *Tra Tiro e Cadice* (Studia Punica 5), Rom

Mouret F.
1928, *Corpus Vasorum Antiquorum*, France 9, Ensérune 1, Paris

Muñoz Amilibia A. M.
1963, *Pebeteros ibéricos en forma de cabeza femenina*, Barcelona
1983, Cipo funerario ibérico decorado con esculturas, *CNA* 16 (Murcia/Cartagena 1982), Zaragoza, 741–750
1987, La escultura funeraria de la necrópolis de Coimbra del Barranco Ancho (Jumilla, Murcia), *APL* 17, 229–255

Muntanyes i població
1995, *El passat dels Pirineus des d'una perspectiva multidisciplinària* (hrsg. von J. Bertandpetit und E. Vives), Andorre-la-Vieille

Musée d'histoire de Marseille
1988, L'Antiquité, Marseille

Navarro Villoslada F.
1879, *Amaya o los vascos en el siglo VIII*, Madrid

Negueruela I.
1987, Monomachias de carácter helenizante en la escultura ibérica de Ipolca (Porcuna), *Grecs et Ibères*, 319–338
1990a, *Los monumentos escultóricos del Cerrillo Blanco de Porcuna (Jaén)*, Madrid
1990b, Algunas aportaciones al conocimiento y a la cronología de la escultura y de la arquitectura del Museo de Jaén, *Escultura ibérica en el Museo de Jaén*, 23–34
1992, *La escultura ibérica* (Cuadernos de Arte Español 57, Historia 16), Madrid

Nickels A.
1989, *Agde, la nécropole du premier âge du fer* (RAN Suppl. 19), Paris

Nicolás J. de/Conde M. J.
1992, *La ceràmica ibèrica pintada de les Illes Balears i Pitiüses*, Col.lecio Recerca Nr. 3, Mahon

Nicolini G.
1968, Gestes et attitudes cultuels des figurines de bronze ibériques, *MCV* 4, 27–50
1969, *Les bronzes figurés des sanctuaires ibériques*, Paris
1973, *Les Ibères, art et civilisation*, Paris
1974, La dame d'Elche: question d'authenticité, *Bulletin de la Société des Antiquaires de France*, 60–72
1976–1978, Quelques aspects du problème des origines de la toreutique ibérique, *Ampurias* 38–40, 463–486
1977a, A propos de l'archaïsme ibérique: trois têtes du Llano de la Consolación au musée du Louvre, *Revista de la Universitad Complutense* 26, 109, 25–54
1977b, *Bronces ibéricos*, Barcelona
1990, *Techniques des ors antiques. La bijouterie ibérique du VIIe au IVe siècle*, Paris
1993, Les fils d'or plats ouvragés en Méditerranée occidentale du VIe au IVe siècle, *Outils et ateliers d'orfèvres*, 29–35

Nicolini G./Parisot J.
1995, Les bronzes de Castellar, analyses et recherches en filiation, *Les métaux dans l'antiquité*, Poitiers 1995, im Druck

Nicolini G./Ruiz A./Zafra N.
1987, Informe sobre la campaña de excavaciones arqueológicas de 1987 en »Los Altos del Sotillo«, Castellar de Santisteban (Jaen), *AAA* 2, 216–220

Nieto Gallo G.
1939–1940, Noticias de las excavaciones realizadas en la necrópolis hispánica de Cabecico del Tesoro, Verdolay (Murcia), *BSEAA* 6, 137–160
1942–1943, La Necropolis hispánica del Cabecico del Tesoro, Verdolay (Murcia), *BSEAA* 9, 191–196
1943–1944, La Necropolis hispánica del Cabecico del Tesoro, Verdolay (Murcia), *BSEAA* 10, 165–175
1948, La necrópolis hispánica del Cabecico del Tesoro, Verdolay-Murcia, *III Congreso Arqueológico del Sudeste Español (Murcia 1947)*, Murcia, 176–183

Nieto Gallo G./Escalera Ureña A.
1970, Estudio y tratamiento de una falcata de Almedinilla, *Informes y Trabajos del ICROA* 10, 5–31

Noguera J. M.
1994, *La escultura romana de la provincia de Albacete (Hispania Citerior – Conventus Carthaginensis)*, Albacete

Nordström S.
1973, *La céramique peinte ibérique de la province d'Alicante* (Acta Universitatis Stockholmensis, Stockholm Studies in Classical Archaeology 6), Stockholm

Obermaier H./Heiss C. W.
1929, Iberische Prunkkeramik vom Elche-Archena-Typus, *IPEK*, 56–74

Oliva Prat M.
1963, Cerámica con decoración de pintura blanca en las excavaciones de Ullastret (Gerona), *CNA* 7 (Barcelona 1961), Zaragoza, 315–322
1967, *Ullastret, Guía de las excavaciones y su museo* (2. Aufl.), Gerona

Oliver A./Gusi F.
1995, *El Puig de la Nau, Benicarló, Castellón. Un hábitat fortificado ibérico en el ámbito mediterráneo peninsular* (Monographies de Préhistòria i Arqueologia Castellonenques 4), Castellon

Olmos R.
1977, El Sileno Simposiasta de Capilla (Badajoz), *TP* 34, 371–388
1982, Vaso griego y caja funeraria en la Bastetania Ibérica, *Homenaje C. Fernández Chicarro*, Madrid, 260–268
1985, The assimilation of classical iconography in the Iberian world (Vth–IVth B. C.), *Congrès International d'Archéologie Classique (Athen 1983)*, Athen, 191–196
1987a, Iconogafía griega, iconografía ibérica: una aproximación metodológica, *Grecs et Ibères*, 283–296
1987b, Posibles vasos de encargo en la cerámica ibérica del sureste, *AEspA* 60, 21–42

1988–1989, Originalidad y estímulos mediterráneos en la cerámica ibérica: el ejemplo de Elche, *Lucentum* 7–8, 79–102
1990, Original elements and mediterranean stimuli in Iberian Pottery, *Mediterranean Archaeology* 3, 7–25
1991, Nuevos enfoques y propuestas de lectura en el estudio de la iconografía ibérica, *Nuevas tendencias*, Arqueología-CSIC (hrsg. von A. Vila), Madrid, 209–230
1994, Algunos problemas historiográficos de cerámica e iconografía ibéricas: de los pioneros a 1950, *REIb* 1, 311–333
1996a, Signos y lenguajes en la escultura ibérica. Lecturas conjeturales, *Al otro lado del espejo*, 85–98
1996b, Una aproximación historiográfica a las imágenes ibéricas, *Al otro lado del espejo*, 41–59

Olmos R./Fernández Miranda M.
1987, El timiaterio de Albacete, *AEspA* 60, 211–219

Olmos R./Perea A.
1994, Los platos de Abengibre: una aproximación, *Iberos y Griegos* I, 377–401

Olmos R. u. a.
1992, *La sociedad ibérica a través de la imagen*, Madrid

Oroz F. J.
1987, Sobre los epígrafes ibéricos de las ánforas de Vieille-Toulouse, *Actas del IV coloquio sobre lenguas*, 355–370

Outils et ateliers d'orfèvres des temps anciens
1993, hrsg. von C. Éluère (Antiquités nationales, mémoire 2), Saint-Germain-en-Laye

Padrós P.
1992, El vas de les naus, *Carrer dels arbres* 3, Badalona, 17–22

Page del Pozo V.
1984, *Imitaciones de influjo griego en la cerámica ibérica de Valencia, Alicante y Murcia* (Iberia Graeca, Serie Arqueología 1), Madrid

Page del Pozo V./García Cano J. M.
1993, La escultura en piedra del Cabecico del Tesoro (Verdolay, La Alberca, Murcia), *Verdolay* 5, 35–60

Paleoetnología de la Península Ibérica
1992, Actas de la Reunión celebrada en Madrid 1989 (hrsg. von M. Almagro-Gorbea und G. Ruiz Zapatero), *Complutum* 2–3

Panosa M. I.
1993, Nuevas inscripciones ibéricas de Cataluña, *Complutum* 4, 175–222

Paris P.
1897, Buste espagnol de style gréco-asiatique trouvé à Elche (musée du Louvre), *Monuments et Mémoires de la Fondation Piot* 4.2, 137–168
1901, Sculptures du Cerro de Los Santos, *BH* 3, 2, 113–134
1904a, *Essai sur l'art et l'industrie de l'Espagne primitive*, Paris
1904b, Petit cavalier ibérique (Figurine de bronze au musée du Louvre), *BH* 6.1, 1904, 1–2
1906a, Antiquités ibériques du Salobral (Albacete), *BH* 8, 3, 221–224
1906a, Le trésor de Javea (Espagne), *RA*, 424–435
1907a, Note sur la céramique ibérique, *L'Anthropologie* 17, 626–632
1907b, Quelques vases ibériques inédits (Museo municipal de Barcelona und Musée du Louvre), *AIEC* 1907, 76–88
1908, Fouilles et découvertes archéologiques en Espagne et au Portugal, *BH* 10, 333–352
1910, *Promenades archéologiques en Espagne*, Paris
1911, L'archéologie en Espagne et en Portugal, Mai 1908–Mai 1910, *BH* 13, 2, 109–132
1913, L'archéologie en Espagne et en Portugal, Mai 1910–Mai 1912, *BH* 15, 1–17, 117–153
1917, La poterie peinte ibérique d'Emporion, *RA* 1917, II, 75–94
1930, Chronique, *BH* 32, 88
1979, *L'Espagne de 1895 et 1897, Journal de voyage* (Publications du Centre Pierre Paris 5), Paris

Paris P./Engel A.
1906, Fouilles et recherches à Almedinilla (Province de Cordoue), *RA* 1906, 2, 49–92

Pellicer Catalán M./Escacena Carrasco J. L./Bendala Galán M.
1983, *El Cerro Macareno* (EAE 124), Madrid

Pena M. J.
1987, Los »thymiateria« en forma de cabeza femenina hallados en el N.-E. de la Península Ibérica, *Grecs et Ibères*, 349–358
1991, Considerazioni sulla diffusione nel Mediterraneo Occidentale dei bruciaprofumi a forma di testa femminile, in: *Atti del II Congreso Internazionale di Studi Fenici e Punici (Rom 1987)*, 3, 1109–1118
1996, El culto a Deméter y Core en Cartago. Aspectos iconográficos, *Faventia* 18, 1, 39–55

Perea A.
1991, *Orfebrería prerromana. Arqueología del oro*, Madrid
1993, Les premiers ateliers d'orfèvre dans la Péninsule Ibérique, *Outils et ateliers d'orfèvres*, 23–28

Pereira de Lima J. M.
1902, *Iberos e Bascos*, Paris/Lissabon

Pereira Sieso J.
1979, La cerámica ibérica procedente de Toya (Peal de Becerro, Jaén) en el Museo Arqueológico Nacional, *TP* 36, 289–340
1988, La cerámica ibérica de la cuenca del Guadalquivir I, Propuesta de clasificación, *TP* 45, 143–173
1989, La cerámica ibérica de la cuenca del Guadalquivir II, Conclusiones, *TP* 46, 149–159

Pereira J./Rodero A.
1983, Aportaciones al problema de las urnas de orejetas perforadas, *Homenaje al Prof. M. Almagro Basch* III, Madrid, 47–56

Pérez Almoguera A.
1996, Las cecas catalanas y la organización territorial romano-republicana, *AEspA* 69, 37–56

Pérez Jordá G.
1993, *La producció d'oli al Món Ibèric: l'exemple del Camp de Túria*, Lizentiatsarbeit Universidad de Valencia

Pericay P.
1974, Lengua griega y lengua ibérica en sus contactos en el nordeste peninsular y sudeste de Francia a la luz de los documentos epigráficos, *Simposio internacional de colonizaciones (Barcelona 1971)*, Barcelona, 223–245

Pericot L.
1979, *Cerámica ibérica*, Barcelona

Perrot G./Chipiez C.
1882–1914, *L'histoire de l'art dans l'antiquité*, Paris

Pla Ballester E.
1968, Instrumentos de trabajo ibéricos en la región valenciana, *Estudios de economía antigua*, 143–190
1969, Notas de economía antigua del Païs Valenciano, El instrumental metálico de los obreros ibéricos, *CNA* 10 (Mahon 1967), Zaragoza, 306–337

Pla Ballester E./Ribera Lacomba A.
1980, *Los Villares (Caudete de Las Fuentes, Valencia)* (TV del SIP 68), Valencia

Plácido D.
1994, Diversidad de identidades políticoculturales en la Andalucía de época prerromana, *Actas del II congreso de Historia de Andalucía (Córdoba 1991)*, Córdoba, 31–46

Plácido D./Alvar J./Wagner C. G.
1991, *La formación de los estados en el mediterráneo occidental*, Madrid

Pons E.
1993, L'expansió septentrional del món iber: el jaciment de Mas Castellar-Pontós i les seves especialitzacions, *Laietania* 8, 103–128

Pons E./Molist M./Buxó R.
1994, Les estructures de combustió i d'emmagatzematge durant la Protohistòria en els assentaments de la Catalunya litoral, *Cota Zero* 10, 49–59

Pottier E.
1918, Le problème de la céramique ibérique, *Journal des Savants*, 281–294

Prados Torreira L.
1988, Exvotos ibéricos de bronce: aspetos tipológicos y technológicos, *TP* 45, 171–200
1991, Los exvotos anatómicos del santuario ibérico de Collado de los Jardines (Santa Elena, Jaén), *TP* 48, 313–332
1992, *Exvotos ibéricos de bronce del Museo Arqueológico Nacional*, Madrid
1994, Santuarios ibéricos de bronce. Apuntes para el desarrollo de una arqueología del culto, *TP* 51.1, 127–140
1996, Imagen, religión, y sociedad en la toréutica ibérica, *Al otro lado del espejo*, 131–143

Presedo Velo M. J.
1973, La dama de Baza, *TP* 30, 187–205
1982, *La necrópolis de Baza* (EAE 119), Madrid

Quesada Sanz F.
1989, *Armamento, guerra y sociedad en la necrópolis ibérica de El Cabecico del Tesoro (Murcia, España)* (BAR Int. S. 502), Oxford
1992a, *Arma y símbolo: La falcata ibérica*, Alicante
1992b, Notas sobre el armamento ibérico de Almedinilla, *AAC* 3, 113–135
1993, Soliferrea de la Edad del Hierro en la Península Ibérica, *TP* 50, 159–183

1994, Vías de contacto entre la Magna Grecia e Iberia; la cuestión del mercenariado, *Encuentro internacional Arqueología de la Magna Grecia, Sicilia y la Península Ibérica (Córdoba 1993)*, Córdoba, 191–246

Rada y Delgado J. de Dios de la
1875, *Antigüedades del Cerro de los Santos en término de Montealegre, Discurso leído ante la Real Academia de la Historia*, Madrid

Raddatz K.
1969, *Die Schatzfunde der Iberischen Halbinsel vom Ende des dritten bis zur Mitte des ersten Jahrhunderts vor Chr.* (MF 5), Berlin

Rafel i Fontanals N./Blasco i Arasanz M./Sales i Carbonell J.
1994, Un taller ibérico de tratamiento del lino en el Coll del Moro de Gandesa (Tarragona), *TP* 51.2, 121–142

Ramallo Asensio S. F.
1992, Un santuario de época tardo-republicana en la Encarnación, Caravaca, Murcia, *Cuadernos de Arquitectura Romana* 1, Murcia, 39–65
1993, La monumentalización de los santuarios ibéricos en época tardo-republicana, *Ostraka, Rivista di antichità* 2.1, 117–144

Ramallo Asensio S. F./Noguera J. M./Brotóns F.
1995, El Cerro de los Santos y la monumentalización de los santuarios ibéricos tardíos, *REIb* 2, im Druck

Ramallo Asensio S. F./Ros Sala M. M.
1993, *Itinerarios arqueológicos de la región de Murcia*, Murcia

Ramón J.
1991, *Las ánforas púnicas de Ibiza* (TMA Ibiza 23)
1995, *Las ánforas fenicio-púnicas del Mediterráneo central y occidental*, Barcelona

Ramos Fernández R.
1975, *La ciudad romana de Illici, Estudio arqueológico*, Alicante
1982, Precisiones para la clasificación de la cerámica ibérica, *Lucentum* 1, 117–133
1987, *El museo arqueológico de Elche*, Elche
1992, La crátera iberroromana de La Alcudia, *Homenaje a E. Pla* (TV del SIP 89), Valencia, 175–189

Ramos Fernández R./Ramos Molina A.
1992, *El monumento y el témenos ibéricos del parque de Elche*, Elche

Ramos Folqués A.
1950, Hallazgos escultóricos en »La Alcudia«, de Elche, *AEspA* 23, 353–360
1964, Los peces en la cerámica pintada de la Alcudia de Elche, *CNA* 8 (Sevilla/Malaga 1963), Zaragoza, 357–364
1966a, Fragmento de escultura ibérica de Elche, *APL* 11, 149–153
1966b, La cerámica ibérica de la Alcudia de Elche (Alicante), *VI Congresso Internazionale delle Scienze Prehistoriche e Protostoriche* (*Roma 1962*), Rom, 400–404
1966c, Un kernos y otros vasos de La Alcudia de Elche, *CNA* 9 (Valladolid 1965), Zaragoza, 296–297
1990, *Cerámica ibérica de La Alcudia (Elche, Alicante)* (hrsg. von R. Ramos und L. Abad), Alicante

Ramos Folqués A./Ramos Fernández R.
1976, Excavaciones al este del Parque infantil de tráfico en Elche (Alicante), *NAH Arq* 4, 669–700

Reinach T.
1898, La tête d'Elche au musée du Louvre, *REG* 11, 39–60

Reulaux, F.
1891, *Los grandes inventos*, Bd. 8, Madrid

Ripollès P. P.
1982, *La circulación monetaria en la Tarraconense Mediterránea* (TV del SIP 77), Valencia
1985, Las monedas del tesoro de Morella, conservadas en la B. N. de París, *AN* 15, 47–64
1989, Fraccionarias ampuritanas. Estado de la investigación, *APL* 19, 303–317
1994, Circulación monetaria en Hispania durante el período republicano y el inicio de la dinastía Julio-Claudia, *VIII Congreso Nacional de Numismatica (Avila 1992)*, Madrid, 115–148

Ripollès P. P./Abascal J. M.
1995, Metales y aleaciones en las acuñaciones antiguas de la Península Ibérica, *Saguntum-PLAV* 29, 131–155

Rix H.
1991, *Etruskische Texte* I–II, Tübingen

Roca F.
1974, Una inscripción latino-ibérica inédita en Sagunto, *Arse* 13, 95–97

Rodríguez Adrados F.
1946, La fides Ibérica, *Emerita* 14, 128–209

Roldán Gómez L.
1993, Choes y Anthesteria. Nuevos ejemplares en la Península Ibérica, *Anuario del Dpto. de Historia y Teoria del Arte* 5, 9–18

Rolley C.
1994, *La sculpture grecque I, Des origines au milieu du Ve siècle*, Paris

Roma y el nacimiento de la cultura epigráfica en Occidente
1995 (hrsg. von F. Beltrán Lloris), Zaragoza

Ros Sala M. M.
1989, *Dinámica urbanística y cultura material del Hierro Antiguo en el valle del Guadalentin*, Murcia

Rouillard P.
1991, *Les Grecs et la Péninsule Ibérique du VIIIe au IVe siècle avant Jésus-Christ* (Publications du Centre Pierre Paris 21), Paris
1994, L'usage des vases grecs chez les Ibères, *Iberos y Griegos* I, 263–274
1995, Le Pays Valencien et les archéologues français à la fin du XIXe siècle, *Saguntum-PLAV* 29, 105–112
1996, Dis-moi qui tu es: »Espagnole«, »Salammbô« ou »Carmen«, *Formes archaïques et arts ibériques*, 33–42
1997, Une Dame à Paris, *La Dama de Elche*, 1996, 93–99

Rouillard P. u. a.
1990, Du nouveau sur la civilisation ibérique: les fouilles de Cabezo Lucero (Alicante), *CRAI*, 538–557
1997, *Antiquités de l'Espagne, Louvre et Saint-Germain-en-Laye*, Paris

Ruano Ruiz E.
1987, *La escultura humana de piedra en el mundo ibérico*, Madrid
1988, El Cerro de los Santos (Montealegre del Castillo, Albacete): una nueva interpretación del santuario, *CuPAUAM* 15, 253–273
1990, Algunos fragmentos escultóricos poco conocidos procedentes del Llano de la Consolación (Montealegre del Castillo, Albacete), *Verdolay* 2, 173–178

Rubio Gomis F.
1986, *La necrópolis ibérica de la Albufereta de Alicante*, Valencia

Ruiz A.
1988, Reflexiones sobre algunos conceptos de la Arqueología Espacial a partir de una experiencia: Iberos en el Alto Guadalquivir, *Arqueología Espacial* 12, 157–182
1990, El contexto histórico-cultural del conjunto escultórico de Porcuna: los iberos de la campiña de Jaén entre los siglos VII y V a.n.e., *Escultura ibérica en el Museo de Jaén*, 13–21
1994, Una reflexió teòrica sobre l'urbanisme ibèric, *Cota Zero* 10, 147–156

Ruiz A./Molinos M.
1979, Algunas consideraciones para la reconstrucción de las relaciones sociales en los sectores dominantes de la producción económica ibérica (agricultura y minería), *MHA* 3, 147–155
1985, Informe preliminar de la Campaña de excavación sistemática de 1985 en el Cerro de la Plaza de Armas (Puente Tablas, Jaén), *AAA* 2, 345–352
1986, Excavación arqueológica sistemática en Puente Tablas (Jaén), *AAA* 2, 401–408
1988, Tribus y ciudades: planteamiento de un sistema de contradicciones en la estructura del estado de los pueblos ibéricos del sur de la Península Ibérica, *Studia Historica, Historia Antigua* 6, 53–60
1990, Informe de la Campaña de 1990 en el Cerro de la Plaza de Armas de Puente Tablas (Jaén), *AAA* 2, 216–224
1993, *Los Iberos, Análisis arqueológico de un proceso histórico*, Barcelona

Ruiz A. u. a.
1986, Concepto de producto en Arqueología, *Arqueología Espacial* 7, 63–80
1987, El poblamiento ibérico en el alto Guadalquivir, *Iberos*, 239–256

Ruiz Bremón M.
1988, El santuario del Cerro de los Santos y su interpretación religiosa, *I Congreso de Historia de Castilla-La Mancha III*, Toledo, 385–393
1989, *Los exvotos del santuario ibérico del Cerro de los Santos*, Albacete
1991, La supuesta dama sedente del Cabecico del Tesoro (Verdolay, Murcia), *AEspA* 64, 83–97

Ruiz de Arbulo J.
1994, Los cernos figurados con cabeza de Core. Nuevas propuestas en torno a su denominación, función y origen, *Saguntum-PLAV* 27, 155–171

Ruiz-Gálvez M. L.
1995, *Ritos de paso y puntos de paso: La ría de Huelva en el mundo del Bronze Final Europeo* (Complutum, Sonderheft 5), Madrid

Saxa Scripta
1995, Actas del Simposio Internacional Ibero-Itálico sobre epigrafía rupestre (Anejos de Larouco 2), Santiago de Compostela

Sala Sellés F.
1992, *La Tienda del Alfarero del yacimiento ibérico de La Alcudia (Elche, Alicante)*, Alicante

Sanahuja M. E.
1971, Instrumental de hierro agrícola e industrial de la época ibero-romana en Cataluña, *Pyrenae* 7, 61–110

Sánchez Fernández C.
1996, Códigos de lectura en iconografía griega hallada en la Península Ibérica, *Al otro lado del espejo*, 73–84

Sánchez Jiménez J.
1947, *Excavaciones y trabajos arqueológicos en la provincia de Albacete de 1942 a 1946* (IM 15), Madrid
1953, Llano de la Consolación (Albacete), La Torrecilla, campaña de 1947, *NAH* 1, 1–3, 92–96
1961, Escultura ibérica zoomorfa descubierta recientemente en Caudete, *CNA* 6 (Oviedo 1959), Zaragoza, 163–166

Sánchez Jiménez J./Beltrán P.
1962, Los platos de Abengibre, *Publicaciones del Seminario de Historia y Arqueología de Albacete*, Albacete, 5–36

Sandars H.
1906, Pre-Roman Bronze Votive Offerings from Despeñaperros, in the Sierra Morena, Spain, *Archaeologia* 60, 1, 69–92
1913, The Weapons of the Iberians, *Archaeologia* 64, 205–294

Sanmartí J.
1994, Éléments de type celtique du nord-est de la Péninsule Ibérique, *L'âge du Fer en Europe sud-occidentale*, 335–351

Sanmartí J./Santacana J.
1987, Un recinte cultual al poblat ibèric d'Alorda Park (Calafell, Baix Penedès), *Fonaments* 6, 157–169
1991, El sistema defensiu del poblat ibèric d'Alorda Park (Calafell, Baix Penedès, Tarragona), *Fortificacions*, 329–335
1992, *El poblat ibèric d'Alorda Park, Calafell. Baix Penedès, campanyes 1983–1988*, Barcelona, 1992

Santacana J.
1994, Difusión, aculturación e invasión: apuntes para un debate sobre la formación de las sociedades ibéricas en Cataluña, Cartago, Gadir, Ebusus y la influencia púnica en los territorios hispanos, *VIII Jornadas de Arqueología fenicio-púnica, Ibiza 1990* (TMA Ibiza 33), 145–163

San Valero Aparisi J./Fletcher Valls D.
1947, *Primera campaña de excavaciones en el Cabezo del Tío Pío (Archena)* (IM 13), Madrid

Sanz Gamo R./López Precioso F.
1994, Las necrópolis ibéricas de Albacete. Nuevas aportaciones al catalogo de la escultura funeraria, *REIb* 1, 203–246

Savès G.
1976, *Les monnaies à la croix*, Toulouse

Savirón P.
1873, Estatua de piedra procedente del Cerro de los Santos en la provincia de Albacete, *RABM* 3, 177–180
1875, Noticias de varias excavaciones del Cerro de los Santos en el término de Montealegre, *RABM* 5, 125–129, 161–164, 193–197

Scheers S.
1983, *La Gaule Belgique. Numismatique celtique*, Louvain

Schmoll U.
1961, *Die südlusitanischen Inschriften*, Wiesbaden
1963, Althispanische Miszellen I, *KZ* 78, 47–52

1966, Althispanische Miszellen II, *KZ* 80, 182–198

Schüle W.
1969, *Die Meseta-Kulturen der Iberischen Halbinsel* (MF 3), Berlin

Schüle W./Pellicer Catalán M.
1963, Ein Grab aus der iberischen Nekropole von Galera (Prov. Granada), *MM* 4, 1963, 39–50

Schulten A.
1922, *Avieno, Ora Maritima, Fontes Hispaniae Antiquae* I, Barcelona
1955, *Iberische Landeskunde. Geographie des antiken Spanien*, Strasbourg-Kehl

Schwaller M.
1994, *Ensérune, Hérault, Carrefour des civilisations protohistoriques*, Paris

Schwaller M./Duday H./Janin T./Marchand G.
1995, Cinq tombes du deuxième Âge du fer à Ensérune (Nissan-lez-Ensérune, Hérault), *Sur les pas des Grecs en Occident* (Études Massaliètes 4), 205–230

Serrano Carrillo J./Morena López J. A.
1988, Un relieve de baja época ibérica procedente de Torreparedones (Castro del Río-Baena, Córdoba), *AEspA* 61, 245–248

Serrano Gómez P.
1899, La plaine de la Consolation et la ville ibérique d'Ello, *BH* 1, 11–19

Sigaut F.
1978, *Les réserves de grain à long terme, techniques de conservation et fonction sociale*, Maison des Sciences de l'Homme, Paris

Sillières P.
1977, Le »Camino de Anibal«, itinéraire des Gobelets de Vicarello, de Castulo à Saetabis, *MCV* 13, 31–83
1990, *Les voies de communication de l'Hispanie méridionale* (Publications du Centre Pierre Paris 20), Paris

Siret L.
1890, *Las primeras edades del metal en el Sudeste de España*, Barcelona
1907a, Essai sur la chronologie protohistorique de l'Espagne, *RA*, 373–395
1907b, À propos de poteries pseudo-mycéniennes, *L'Anthropologie* 18, 277–299
1908, Nouvelle note sur la céramique ibérique, *L'Anthropologie* 19, 88–91

Social Complexity and the Development of Towns in Iberia From the Copper Age to the second Century AD
1995 (hrsg. von B. Cunliffe und S. Keay) (Proceedings of the British Academy 86), Oxford

Solier Y.
1960–1961, Les fouilles 1958 à l'Oppidum de Pech Maho, *Bulletin de la Commission Archéologique de Narbonne* 25, 61–73
1976, Pech Maho, oppidum préromain (VIe–IIIe siècle avant J.-C.), *Livret-Guide de l'excursion C3, Provence et Languedoc méditerranéen* (IXe congrès U.I S.P.P.), Nizza, 253–262
1976–1978, La culture ibéro-languedocienne aux VIe–Ve siècles, *Els origens del món ibèric*, 211–264
1979, Découverte d'inscriptions sur plombs en écriture ibérique dans un entrepôt de Pech Maho (Sigean), *RAN* 12, 55–123

Solier Y./Barbouteau H.
1988, Découverte de nouveaux plombs, inscrits en ibère, la région de Narbonne, *RAN* 21, 61–94

Solier Y./Rancoule G./Passelac M.
1976, *La nécropole de Las Peyros, VIe siècle avant J.-C. à Couffoulens (Aude)* (RAN Suppl. 6), Paris

Sprachen und Schriften des antiken Mittelmeerraums
1993, *Festschrift für Jürgen Untermann* (hrsg. von F. Heidemanns, H. Rix und E. Seebold), Innsbruck

Stary P. F.
1994, *Zur eisenzeitlichen Bewaffnung und Kampfesweise auf der Iberischen Halbinsel* (MF 18), Berlin/New York

Ste. Croix G. E. M. de
1988, *La lucha de clases en el Mundo Griego Antiguo*, Barcelona

Studia palaeohispanica et indogermanica J. Untermann
1993, *ab amicis hispanicis oblata* (hrsg. von I. J. Adiego, J. Siles und J. Velaza), Barcelona

Stylow A. U.
1995, Von Emil Hübner zur Neuauflage von CIL II: Zu einer neuen Pales-Inschrift aus Mirobriga, *MM* 36, 17–29

Taffanel O. und L.
1962, Deux tombes de cavaliers du Ier Âge du fer à Mailhac (Aude), *Gallia* 20, 1, 3–32

Tarradell M.
1961, *Historia dels catalans*, Barcelona
1968, *Arte Ibérico* (auch franz. Ausgabe), Barcelona
1977, *Imagen del arte ibérico*, Barcelona
1985, El poblat ibèric del Tossal de la Cala de Benidorm, Notes d'excavació, *Fonaments* 5, 113–128

Tartessos
1989, *Arqueología protohistórica del Bajo Guadalquivir* (hrsg. von M. E. Aubet Semmler), Sabadell

Tchernia A.
1986, *Le vin de l'Italie romaine* (BEFAR 261), Rom

Tortosa T.
1995, La ambivalencia de los símbolos vegetales: el ejemplo de la cerámica de Elche (Alicante), *Trabalhos de Antropologia e Etnologia* 25, 2, Porto, 287–294

Tovar A.
1974–1989, *Iberische Landeskunde*, Baden-Baden

Trías de Arribas G.
1967–1968, *Cerámicas griegas de la Península Ibérica*, Valencia

Trillmich W.
1975, Ein Kopffragment aus Verdolay bei Murcia. Zur Problematik iberischer Großplastik, Aufgrund griechischer Vorbilder, *MM* 16, 208–245
1990, Early Iberian Sculpture and Phocean Colonization, Greek Colonists and Native Populations *(I Australian Congress of Classical Archaeology, Sydney 1985)* (hrsg. von J.-P. Descudres), Canberra/Oxford, 607–611

Ugolini D.
1993, Civilisation languedocienne et ibérisme: un bilan de la question (VIIe–IVe siècle avant J.-C.), *Contribution au problème ibérique*, 26–40

Untermann J.
1969, Lengua ibérica y lengua gala en la Galia Narbonensis, *APL* 12, 99–161
1975, *Monumenta Linguarum Hispanicarum I, Die Münzlegenden*, Wiesbaden (zitiert als *MLH* I)
1980, *Monumenta Linguarum Hispanicarum II, Inschriften in iberischer Schrift aus Südfrankreich*, Wiesbaden (zitiert als *MLH* II)
1983, Die althispanischen Sprachen, *ANRW* 2, 29, 2, Berlin, 791–818
1986, Inscripciones sepulcrales ibéricas, *CPAC* 10, 111–119
1987a, Repertorio antroponímico ibérico, *APL* 17, 289–318
1987b, La gramática de los plomos ibéricos, *Actas del IV coloquio sobre lenguas*, 35–56
1990, *Monumenta Linguarum Hispanicarum III, Die iberischen Inschriften aus Spanien*, Wiesbaden (zitiert als *MLH* III)
1992, Quelle langue parlait-on dans l'Hérault pendant l'antiquité?, *RAN* 25, 19–27
1995, La lengua ibérica: nuestro conocimiento y tareas futuras, *Veleia* 12, 243–256
1997, Neue Überlegungen und eine neue Quelle zur Entstehung der althispanischen Schriften, *MM* 38, 49–66

Vall de Pla M. A.
1959, La cadenilla de oro de La Bastida de Les Alcuses, *CNA* 5 (Zaragoza 1957), Zaragoza, 239–243

Vaquerizo Gil D.
1988–1989, Ensayo de sistematización de la cerámica ibérica de las necrópolis de Almedinilla (Córdoba), *Lucentum* 7–8, 103–132
1990, *El Yacimiento Ibérico de Cerro de la Cruz (Almedinilla, Córdoba), Avance a su excavación arquelógica sistemática*, Córdoba

Vaquerizo Gil D./Murillo Redondo J. F./Quesada Sanz F.
1992, Excavación arqueológica con sondeos estratigráficos en Cerro de Las Cabezas (Fuente Tójar, Córdoba). Campaña de 1991 Avance a su estudio, *AAC* 3, 171–197

Vaquerizo Gil D./Quesada Sanz F./Murillo Redondo J. F.
1991, Avance al estudio de los materiales arqueológicos recuperados en el yacimiento ibérico de »Cerro de la Cruz« (Almedinilla, Córdoba), *AAC* 2, 171–224
1992, La cerámica ibérica del »Cerro de la Cruz« (Almedinilla, Córdoba). Departamentos O, P, Ñ, *AAC* 3, 51–11
1994, Unidades de habitat y técnicas constructivas en el yacimiento ibérico del Cerro de la Cruz (Almedinilla, Córdoba), *AAC* 5, 61–97

Vaquerizo Gil D. u. a.
1994, *Arqueología Cordobesa, Almedinilla*, Córdoba

Velaza J.
1991, *Léxico de las inscripciones ibéricas* (1976–1989), Barcelona
1994, Iberisch eban, teban, *ZPE* 104, 142–150
1996, *Epigrafía y lengua ibéricas*, Madrid

Viallaneix P./Ehrard J. (Hrsg.)
1982, *Nos ancêtres les gaulois*, Actes du Colloque International de Clermont-Ferrand

Vidal P./Magnol J.-P.
1983, Les inscriptions peintes en caractères ibériques de Vieille-Toulouse (Haute-Garonne), *RAN* 16, 1–28

Vidal de Brandt M. M.
1973, La iconografía del grifo en la Península ibérica, *Pyrenae* 9, 7–151

Villanueva Puig M.-C.
1987, Images de Dionysos et de son cortège dans la céramique grecque du IVe siècle en provenance de la Péninsule Ibérique, *Grecs et Ibères*, 297–317

Villaronga L.
1967, *Las monedas de Arse-Saguntum*, Barcelona
1973, *Las monedas Hispano-Cartaginesas*, Barcelona
1987, *Numismática antigua de Hispania*, Barcelona (2. Aufl.)
1989, Imitacions gàlliques de les dracmes de Rhode i Emporion, *AN* 16, 21–51
1994, *Corpus Nummum Hispaniae ante Augusti aetatem*, Madrid

Visedo C.
1920–1923, *Excavaciones en el monte de la Serreta, próximo a Alcoy* (MJSEA 41, 45 und 46)
1959, *Alcoy. Geología. Prehistoria*, Alcoy (Faksimileausgabe Alcoy 1995)

Visedo C./Pascual V.
1947, Unos fragmentos cerámicos de La Serreta de Alcoy, *Comunicaciones del S.I.P. al I Congreso Arqueológico de Levante (Valencia 1946)* (TV del SIP 10), Valencia, 57–63

Vives A.
1926, *La moneda hispánica*, Madrid

Whatmough J.
1949–1951 (Neuausgabe 1970), *The dialects of ancient Gaule*, Ann Arbor

Copyright- und Fotonachweis

Katalog
Bei den angegebenen Zahlen handelt es sich um die Katalognummern.

Archivo Fotográfico. Museo Arqueológico Nacional, Madrid: 10, 210, 275, 234
Ayuntamiento de Carmona – Marc Llimargas: 7, 8
Ayuntamiento de Valencia – Marc Llimargas: 170
Bibiliothèque nationale de France, Paris: 100–147, 149–166
Centre Camille Jullian. C.N.R.S. Université de Provence, 56; Chéné: 80; Foliot: 93
Centro de Estudios Históricos, C.S.I.C. Proyecto de iconografía ibérica: 35
Cellection Emeterio Cuadrado – Marc Llimargas: 230, 231
Collection José Luis Várez Fisa – Marc Llimargas: 171, 172
Collection Ramos, Museo Monográfico de la Alcudia – Marc Llimargas: 11, 12
Manolo Laguillo – Patrimonio 2001: 337
Musée d'Ensérune – Marc Llimargas: 26, 58–60, 86, 90, 91, 96, 197, 198
Musée d'Histoire de la Ville de Marseille – A. Ravis: 9
Musée des Antiquités Nationales, Saint-Germain-en-Laye, L. Hamon–96: 270–273, 292, 331, 334
Musée des Antiquités Nationales, © R.M.N.: 24, 28, 31–34, 175, 176, 229, 267, 268, 288, 300, 309, 312, 313, 317, 318, 329, 330, 333–335; – Arnaudet: 180, 185–187, 217–220, 223, 224, 259–261, 263, 272, 277, 279, 285–287, 289–291, 296, 310, 311, 314–316, 319, 320, 325–328, 332, 339, 341, 343, 352
Musée Dubalen – Marc Llimargas: 94
Musée du Louvre – Hervé Lewandowski: 346
Museo Arqueológico de Alicante – Marc Llimargas: 69–78, 88, 89, 98, 201, 207
Museo Arqueológico de Alicante – Gabinete fotográfico, Diputación de Alicante: 201
Museo Arqueológico de Córdoba – Marc Llimargas: 178, 209, 216
Museo Arqueológico de Murcia – Marc Llimargas: 44, 189, 199, 214
Museo Arqueológico de Sagunto – Marc Llimargas: 51, 67, 68, 349
Museo Arqueológico de Sevilla – Marc Llimargas: 250–256, 342
Museo Arqueológico José María Soler – Marc Llimargas: 241
Museo Arqueológico Municipal «Alejandro Ramos Folqués» – Marc Llimargas: 39, 173, 177
Museo Arqueológico Nacional – Marc Llimargas: 23, 27, 30, 38, 95, 167–169, 183, 184, 192–194, 226, 227, 257, 258, 262, 264–266, 269, 274–276, 278, 280–284, 292–295, 297–299, 301–308, 321–324, 336–338, 345, 347, 348, 351
Museo de Albacete – Marc Llimargas: 4, 37, 179, 181, 182, 200, 211, 215, 221, 222, 225, 228
Museo de «El Cigarralejo» – Marc Llimargas: 65, 81, 195, 196
Museo de Teruel – Marc Llimargas: 41
Museo Monográfico de Cástulo – Marc Llimargas: 1–3, 46
Museo Municipal Jerónimo Molina – Marc Llimargas: 174
Museo de Prehistoria de Valencia – Marc Llimargas: 25, 40, 48–50, 62, 63, 83, 97, 190, 191, 202, 203, 242, 243, 350
Museo Provincial de Jaén – Marc Llimargas: 15–22, 45, 47
Museu Arqueològic Comarcal de la Plana Baixa – Marc Llimargas: 79
Museu Arqueològic Municipal d'Alcoi, Camil Visedo Moltó – Marc Llimargas: 66, 82, 204, 213, 232–240
Museu d'Arqueologia de Catalunya – Marc Llimargas: 6, 13, 14, 29, 33, 34, 36, 42, 43, 52, 53, 61, 64, 84, 188, 205, 206, 208, 212, 244–249, 345
Museu de Badalona – Marc Llimargas: 54
Museu Comarcal del Maresme – Marc Llimargas: 55
Pere Pau Ripollès: 148
Service Régional de l'Archéologie Languedoc-Roussillon – Loïc Damelet: 5, 57

Aufsätze
Bei den angegebenen Zahlen handelt es sich um die Seitenzahlen.

Carmen Aranegui: 25, 29 links, 110, 111
Juan Blánquez: 29 rechts, 123, 137
Diputación Provincial de Huelva, Arqueología: 28
Manolo Laguillo – Patrimonio 2001: 13, 26, 83, 85, 132, 133, 139, 201
Archivo fotográfico, Museo Arqueológico Nacional: 34
Proyecto Carteia – Diputación de Huelva: 44
Archivo Museo Numantino, Photo Alejandro Plaza, Cortesía de la Junta de Castilla y León: 49
Sopraintendenza di Archeologia di Ostia. Ministeri per i Beni Culturali e Ambientali, Becatti: 55
Museo Arqueológico Nacional – Marc Llimargas: 67, 69, 142 oben, 143, 150 rechts, 204, 214, 229
Archives Jerôme Blanc: 71
Arxiu Fotogràfic, Museu d'Arqueologia de Catalunya: 46, 47, 73, 74
A. Ibáñez: 209, 211, 213
Museu d'Eivissa i Formentera: 45 rechts
Museo de Prehistoria de Valencia – Helena Bonet: 90, 91 links
Archivo del SIAP, Castellón – Helena Bonet: 91 rechts
Museo de Prehistoria de Valencia – Consuelo Mata: 95, 97
Museo de Prehistoria de Valencia: 100, 101
Marcel Soler: 106
Martín Almagro: 132 oben links
Familie Gómez–Moreno: 137
A. López Cánovas: 150 links
Deutsches Archäologisches Institut, Madrid – Peter Witte: 172